程蔷 / 董乃斌 著 后浪

浮世长安

唐代的民俗与人文

【上】

北京联合出版公司

图书在版编目（CIP）数据

浮世长安：唐代的民俗与人文：全二册 / 程蔷，董乃斌著. -- 北京：北京联合出版公司，2025.3.
ISBN 978-7-5596-8172-0

Ⅰ.K892；I206.42

中国国家版本馆CIP数据核字第2024SU2169号

浮世长安：唐代的民俗与人文

著　　者：程　蔷　董乃斌
出 品 人：赵红仕
选题策划：后浪出版公司
出版统筹：吴兴元
编辑统筹：梅天明　宋希於
特约编辑：何　唯
责任编辑：肖　桓
营销推广：ONEBOOK
装帧设计：昆　词
装帧制造：墨白空间

北京联合出版公司出版
（北京市西城区德外大街83号楼9层　100088）
嘉业印刷（天津）有限公司印刷　新华书店经销
字数487千字　880毫米×1194毫米　1/32　24.5印张
2025年3月第1版　2025年3月第1次印刷
ISBN 978-7-5596-8172-0
定价：128.00元（全二册）

后浪出版咨询（北京）有限责任公司　版权所有，侵权必究
投诉信箱：editor@hinabook.com　fawu@hinabook.com
未经书面许可，不得以任何方式转载、复制、翻印本书部分或全部内容
本书若有印、装质量问题，请与本公司联系调换，电话010-64072833

目 录

上 册

导 论 i

岁时节日 1
  一、唐人的时间意识和对节俗传统的改造 3
  二、享受人生和亲近自然的强烈渴望：从上元、寒食到
      端午、重阳 16
  三、女儿节的情思：七夕和唐人七夕诗文 42
  四、年终之祭 72
  五、归一化：节俗与相关传说的动态结合过程 91

都市民俗 111
  一、都市的兴起 113
  二、唐两京之民俗圈 123
  三、长安一日：官街鼓、早朝与京官之邸 132
  四、市署管理 145
  五、长安东、西市行业种种 151
  六、长安市井生态图景 181

七、扬州之夜 198

八、都市民俗心理举要 220

妇女生活与习俗 **243**

一、唐人妇女观概述 246

二、唐代妇女的一生 262

三、唐代婚嫁礼仪和习俗 287

四、唐宫妇女的生活与习俗 323

五、农村、市井及其他妇女的生活与习俗 359

下　册

文人士子风貌 **403**

一、宦与婚：士子人生的两大关键 407

二、人格理想：民间侠文化对儒道释互补结构的补益 429

三、作家的养成和文学的人文精神 455

四、时代迁易与士风演变 481

神灵崇拜与巫术禁忌 **497**

一、与人共存的神灵世界：现象的泛观 499

二、祷祝、娱神及其他 511

三、迷信中的实用功利 521

四、祈求、诅咒和驱鬼的巫术 534

五、预兆和占卜巫术 543

六、梦和占梦..................................555
　　七、随处可见的禁忌..........................564

民间文学与技艺..................................581
　　一、神话的流传与再创造......................583
　　二、神话原型与唐人传奇......................600
　　三、丰富多彩的民间传说......................619
　　四、民间歌谣谚语............................646
　　五、民间技艺................................660

结　语..675
参考书目..679

后　记..685
新版后记..689
附　唐代风华图录................................691

※ 导论

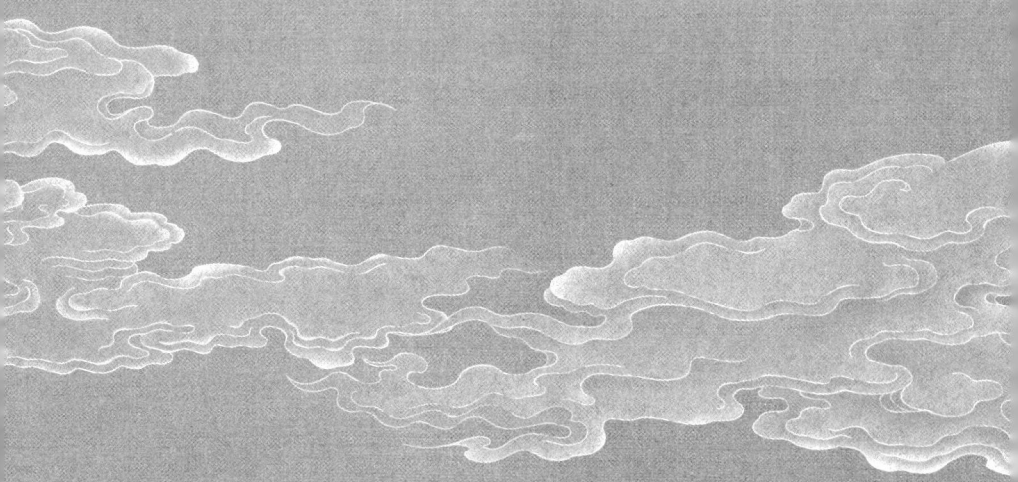

在中国历史上,唐代是继汉代以后政治、经济、文化均取得杰出成就的鼎盛时期。唐帝国不但建成了中国古代文明的高峰,而且在当时世界范围内居于领先地位。《剑桥中国隋唐史》的编者说:隋唐两代不但是领土统一的帝国,"还建立了唯中国的军事和政治势力马首是瞻的外围领土地带;也许更重要的是,它们建立了由若干独立国家组成的隔离地带,中国的文化、思想体系、文学、艺术、法律和政治制度和使用的文字在这些国家中处于支配地位"①。

唐朝立国三百年,其亡距今亦已一千一百多年。其间虽经无数天灾人祸、战火兵燹,但遗留至今的文物和文献还是十分丰富。经过历代考古学者、历史学者和古籍文献研究者的发掘整理,我们今天可见的唐代文物文献蔚为大观,并且新的材料,比如近年出土的碑铭墓志之类,还在不断涌现。唐研究不仅在国内是显学,也是国际汉学的热门。关于唐代历史文化的研究在全面深入,相关学术论著、文艺作品、普及读物,可谓层出不穷。唐诗和唐代文学,乃至唐代那些人与事,为大众所喜闻乐见,所津津乐道,近年几乎形成某种新的高潮,成为新时代文化自信的一个标志。

因应这样的时势,《唐帝国的精神文明》一书得以修订,改名为

---

① [英]崔瑞德编《剑桥中国隋唐史》第一章《导言》,中国社会科学院历史研究所译,中国社会科学出版社1990年。

《浮世长安：唐代的民俗与人文》，与读者重见。

本书的内容，除部分增补修订，大体仍旧。分六编，通过对岁时节日风俗、都市民俗、各类妇女和文人士子习俗、民间的崇拜与禁忌，以及对种种民俗文化产品物化形式的描述和分析，勾勒唐人世俗生活的大致轮廓和某些细部，从一个比较新颖和更为具体细微的角度，介绍唐代社会与文化的方方面面，希望读者读来有兴味，又能借以增添对唐代的理解和把握。

"浮世长安"，其实就是唐朝日常社会、世俗生活的另一种说法。长安是大唐国都，是唐人、也是今人共同的骄傲。一提长安，便会想到唐朝，这个联想真是再自然不过。"浮世"，亦如"浮生"，本是对人生在世犹如浮沫般普通平淡日子的一种说法。如果追溯语源，那么，庄周曾有"其生若浮，其死若休"的话（《庄子·刻意》），阮籍写过"逍遥浮世，与道俱成"的句子，也算得是有点来头的古语。当然，如果有人由此书名及其内容联想到日本著名的浮世绘艺术，觉得本书略具描绘唐代市井世俗生活图景的意味，那作者更将欣慰地会心一笑。

本书的主体是对于唐代民俗的具体展示和分析。但为了使这种介绍和分析比较系统并具理论色彩，在进入具体描述之前，有一些学理性和概念术语方面的内容需要先做一些说明。这样就形成了所谓的"导论"。

其实，这个导论的许多内容，也可以放在书末再说；也可以不必叫导论，而叫作结论，作为对于全书内容的抽象概括。

在抽象说明和具体描述孰先孰后的问题上，我们曾颇费踌躇，这次修订又一次遇到这个问题。最后觉得还是先说明一下我们有关的基本观念和学科性质较好。当然，从作者角度视之，这样做固然有其必要，但读者仍有自己的自由。读者如果愿意先从具体民俗看起，也完全可以。最后把所谓导论当作结论来读，也许另有意味。甚至不妨略而不读，搁置作者的概述自陈，而由读者根据自己的阅读感受来对本书内容和作者的理念做一番解析和批评，不失为一种好的阅读方式。

下面进入导论的正文。

一、历史民俗学和文学史研究的民俗视角

> 关于唐代文学与民俗研究的资料——民俗研究涉入历史层面——从民俗视角看文学史——文学创作源泉论的深化与具体化——本书性质的界定和理论贯穿线

话得从研究对象说起。本书的研究对象有两个，一个是唐代文学，一个是唐代民俗。它们是有区别的，又是有联系的。

唐代文学比较实，因为它有大量的古代文本为依据。唐人的诗文集（包括留存至今的原编本和后人的辑佚本），唐人所写的小说与笔记，敦煌宝库、佛道两藏中的唐人作品，唐人编纂的史书、类书以及历年来出土的许多唐人碑志墓铭，等等，件件都是实实在在的存在。

唐代的民俗则比较虚。渗透在历史生活中的民情风俗，在当时几乎无处不见、无时不在，但它们除了一小部分通过文字被记载下来（姑且认为这种记载都还准确），另一小部分有幸穿过历史的长河，在以后的时代继续延伸（同时发生着种种变异），绝大部分都已经在时光的迁易中消逝了。

因此，研究唐代文学，我们可以面对现成的大体无讹的唐人文本；而研究唐代民俗，却缺少现成的资料，需要依靠我们对于当日民俗生活的重构与复现。

民俗学本来是一门现实性很强的学科。它的强大活力，来自它所依赖的田野作业方式。可以说，离开了广泛、深入、耐心、细致的调查，民俗学简直无以成立。

然而，民俗学能不能够进入历史研究的领域呢？或者说能不能在民俗学的范畴内，进一步提出历史民俗学的概念呢？

从学理上说，回答应该是肯定的。民俗不但有它的现实层面，也必定有它的历史渊源。从学术史的实际来说，对于这个问题的最好回答，便是由来已久的风俗史研究。既称史的研究，自应被视为民俗学的历史部分。

但是，我们所说的历史民俗学和风俗史研究，虽有种种联系，但又是有区别的。这个区别的实质，不在于两者的对立，而在于前者是对后者的深入与理论化。

风俗史的主要职志，是尽可能系统、忠实地描绘各类风俗习惯的历史发展，考订与描述是它的主要手段。而历史民俗学虽然也离不了对风俗习惯的梳理与描述，但其主要目的却在于对它们做理论分析，它是民俗学体系中理论性更强的一门学科。如果说风俗史研究允许以弄清楚"是怎样的"而止步，那么历史民俗学则需要继续前进，探索"为什么会这样"或"这说明了什么"等问题。风俗史是历史科学庞大体系中的一个分支，其学科范畴比较单纯而清晰；历史民俗学比它复杂模糊而不稳定。民俗学固然是它的基本领域，但它还可以同种种友邻学科交叉，从而形成多种审视角度，采用多种研究方法，例如本书便是同文学研究的交叉。别的研究者自然也不妨把它置于与史学

（政治史、经济史、社会史），或与宗教学、伦理学、典章制度研究交叉的视角之下。

钟敬文先生在1986年《关于民俗学结构体系的设想》这一学术报告中，提出民俗学的学科体系应该包括民俗学原理、民俗史、民俗志、民俗学史、民俗学方法论、民俗资料学六个部分，而又可以概括为三个方面：(1)理论的民俗学；(2)历史的民俗学；(3)方法及资料的民俗学。[①]在具体的论述中，钟先生指出"民俗史的编著，主要采用历史的考察和叙述的方法"，并特别强调"这种风俗史的著作，是跟一般理论著作有相当差别的"。这实际上就指明了风俗史研究，与历史民俗学侧重于逻辑方法和理论表达方式的区别。1991年，钟先生又阐述了他关于建立民俗文化学的理论。在《民俗文化学发凡》的报告中，他对学科体系成立的依据、由来，学科的性质、概念、范围和特点，以及学科体系的构成，等等，均做了具体的论述。这个学科中很重要的一个部分，钟先生称之为历史民俗文化学，定义为"指以古代民俗文化为研究对象的这种学问"，并具体地说明："历史民俗文化学，它应该面对祖国漫长的社会发展时期中，积累起来的丰富物质民俗和精神民俗财富，给予科学的研究和阐明。"[②]在同一篇报告中，钟先生还特地论述了民俗文化学与文化人类学、民族学、社会学、文艺学、伦理学、宗教学、语言学等的关系。他以《说文解字》为例，说它记述了大量有关我国古代动、植物字源以及民俗信仰的资料，因而可以成为民俗文化学者的重要研究对象。而换一个角度，一个语言学者如果能够运用民俗文化学的知识来研究《说文解字》，那对许慎的工作成绩也会有新的认识。钟先生的上述思想对我们是具有指导性

[①] 见《钟敬文学术论著自选集》，首都师范大学出版社1994年。
[②] 见《钟敬文学术论著自选集》，首都师范大学出版社1994年。

的。它启发我们举一反三、更自觉地把民俗学（或民俗文化学）的知识和方法去和唐代文学研究交叉，使我们对提出历史民俗学的概念，确立其学科地位具有更强的信心。而在研究实践和撰写本书的过程中，我们也深切感受到从民俗学视角去看唐代文学（乃至全部古典文学），可以发现许多以往被忽略或熟视无睹的问题，为文学史研究开拓出一片新的天地。

中国自古以来十分重视对于民情风俗的体察、了解、掌握和改造。许多统治者的理想之一，便是"化民成俗"和所谓"人文化成"，其核心都是对于民众的教化，对于已有民俗的选择和改变。周代就有"命大师陈诗，以观民风"①的政治措施，汉代有"假节，分行天下，览观风俗"②的记载。到唐代，则正式设立过"观风俗使"，以大员充任。后来的巡察、按察、巡抚等使，也都负有此项任务。历代学者，尤其是史学家，对此也极为关注，因此群经诸子著作中关于风俗的言论比比皆是。史部书，自《史记》的《货殖列传》和《汉书》的《地理志》起，就按地域分布系统地记述了当时人民的不同习俗与民风。以后的历代正史、野史无不把记述民情风俗作为一个重要内容，还出现了许多记载风土人情的专书，如《荆楚岁时记》（南朝梁宗懔）、《桂林风土记》（唐代莫休符）、《桂海虞衡志》（宋代范成大）之类，至近现代，则出现了《中国风俗史》这样通代的民俗史著作。可见，历史民俗学在我国实在是源远而流长的。

研究民俗的历史层面，自然必须借助于一切有关的历史资料和文物。就中，我们认为，历代文学（从作家、作品到形形色色的文学现象）乃是极值得重视的民俗资料渊薮。民俗和文学两者的根本性

---

① 见《礼记·王制》。
② 见《汉书·平帝纪》。

质，决定了它们之间具有非常深厚的千丝万缕的联系。我们注意到，在已有的中国历史民俗学和文化史研究论著中，许多研究者已经程度不等地利用了文学方面的资料。只是这种利用往往还缺乏系统性，自觉和深入的程度也嫌不够。前人的研究为我们打开了思路，也激发了我们进一步钻研的兴趣，我们愿意做一次历史民俗学研究的尝试。限于学力，目前我们只能选择一个断代来着手进行。考虑到我们的知识积累，也考虑到唐代文学的高度繁荣、高度成就与民俗文化及其传统确实存在着十分密切的关系，而对此前人虽已注意到，但深入研究甚少，因此，我们就决定了以唐代民俗及其与文学之关系作为自己的研究方向。

从民俗的角度来看唐代文学，我们自觉收获良多。视角的变化，使我们注意到以往被忽略的一些有关资料，从而扩大了文学史研究的对象范围（从某种意义上说，也就是扩大了文学史本体），又使我们在对以往熟知的资料做重新审视时有某些新的发现。而更重要的，是使我们对一个被以往文艺理论讲得烂熟的命题"社会生活是文学艺术创作的唯一源泉"，有了一些新的认识与体会。

文学是人学。人的本质在于他的社会性，在于他作为一切社会关系总和的根本特性。因此，表现人的喜怒哀乐，反映人的命运际遇的文学，只能以人的社会性存在和实际的社会生活为源泉，而且是唯一取之不竭、用之不尽的源泉。这些都是没有疑义的。

现在我们需要补充的是：世上不存在一种抽象笼统的社会生活。社会生活的景象五花八门，万万千千，任何社会生活都是打上民俗印记，具有民俗特征的，抽去了民俗特征，也就没有了具体可感的社会生活。试想抽去了中国传统样式的家庭伦理关系，抽去了四合院的住宅布局，抽去了具有浓郁民俗风味的房内用具和一应摆设，特别是抽去了种种人物所具有的中国式思维和言语方式，老舍的《四世同堂》还能剩下什么？说《四世同堂》反映了抗战时期北平沦陷区的社会生活固然不错，但说这部小说描写了那一时期的民俗万象，岂不更为具体贴切而符合实际？以此观察古典文学作品也是一样。无论是古典诗词，还是古典的小说、散文、戏剧，那里面具体描述的，只能是中国式的、充满了民俗风情意味的衣食住行、婚丧嫁娶、生老病死乃至七情六欲之类。即便写到文人的仕进、官宦的浮沉或种种政治的举措与变故，也一律都是打上民俗印记的、地道中国风味的。与别族、别国写同类社会生活的作品，有着鲜明的不同。而这不同的根源，就在于同类的社会生活具有大不相同的民俗内容和特色。因此，与其笼统空泛地说社会生活是文学创作的唯一源泉，不如说纷纭多彩的民俗生活才是文学创作的真正源泉。虽然这里只是两字之差，但在文艺理论上，其切实和深入的程度是不一样的。民俗二字以往在文艺理论上有意无意地被忽略了，因此格外需要唤起注意。

基于上面的认识，我们对于本书性质的界定包括两个侧面。

一方面，它属于历史民俗学，是对于唐代民俗的断代性研究，我们的企望，是使其成为唐代文化，特别是唐代精神文明研究的一部分；另一方面，它又是民俗学对于文学史研究的介入，是从民俗视角研究文学史，即民俗学与文学史研究两门学科交叉的一次实践。这两个方面有一个交点，或曰焦点，那就是文学与民俗文化（及其传统）的关系。我们认为，它们之间的关系异常密切而复杂，揭示这种关系的方方面面，是填补前人研究的空白，对唐代文化和文学的研究会有所裨益。而从这两个方面指向唐代的精神文明，则是本书理论旨趣之所在。

二、本书涉及的民俗学基本问题之一：民俗释义

民俗释义——萨姆纳的民俗观——民俗的形成：利益与有效原则——德范与法制——民俗：一定程度的超阶级性——民俗实际与文献记载

关于何谓民俗，即民俗的定义、民俗的内涵和外延等问题，国内外学术界有许多种不同的说法，反映了各国、各时代的民俗学者对此的认识分歧。本书既以民俗为论述重点，则不能不首先对这个问题提出自己的看法。

这个问题的实质，是对于民俗性质的认识。

其实顾名思义，民俗，就是民众的风俗习惯，民众长期共同实行的某种行为模式。这种风俗习惯或行为模式，很难追溯其源头，更难于确指其开端。它是在民众的日常生活中渐渐形成，并且确确实实存在于民众的日常生活之中，为大家所公认，所自觉维护、自觉遵守，从而成为一个民族或一个社会群体的不可随意违反的文化规范，同时也就构成了一个民族或一个社会群体文化的有机组成部分。

一位美国社会学家曾对这个问题做过理论探讨，并写过一本颇具深度的著作。那就是 W. G. 萨姆纳（William Graham Sumner, 1840—1910）所写的《民俗》（副题：论惯例、风度、风俗、德范和精神的社会学意义）。①

---

① 《民俗》一书，原名 *Folkways*，《简明不列颠百科全书》1986 年中译本将其译为《民风》。我们在这里所引的书名、副题和下面的引述，依据的是我国学者高丙中对该书的选译，高氏译文见于他的著作《民俗文化与民俗生活》（收入《中国社会科学博士论文文库》，中国社会科学出版社 1994 年），系作为该书附录而刊出。

本书本节所要说明的问题，与萨姆纳民俗观的几个要点颇有关系，因此，我们打算结合对萨姆纳观点的介绍来进行自己的阐述。

萨姆纳认为形成民俗的直接动因，是由于人类内在需求所驱动而贯彻于社会生活中的利益和有效原则，"利益使个体产生习惯，并使群体产生风俗"。在他看来，人类一切社会活动不出以下四大动机：饥饿（食）、对异性的激情（色）、空虚与对鬼神精灵的恐惧。所谓人的内在需求即指这四个方面，而任何一个群体对于这四种需求的合理调控和适度满足，也便是民俗产生的根本原因。

中国民俗，或具体到唐代民俗，是否如萨姆纳所说产生于这样的动机，尚可商榷——因为萨姆纳的观点毕竟主要是依据西方的民族特征和西方民俗概括出来的，但其基本精神却具有广泛的适合性。根据对中国古代民俗的考察，我们认为，民俗产生于社会人群的共同利益需要这一观点是可以成立的。至于具体原因，除了食、色等本能欲望以及各种形式（因此不仅是空虚与对鬼神精灵的恐惧）的精神需求而外，也许调整人际关系和加强群体凝聚力等，也应予以考虑。

民俗是一种公认的行为方式的规范，因此具有相当的权威性。对于群体中的每一个成员，它有相当的强制性。萨姆纳把民俗视为产生一系列文化派生物的基因。他说："世界观、生活策略、是非、权利和道德都是民俗的产物……而且，我们所有的哲学和科学都是从中发展出来的。"而当民俗上升为德范时，它的权威性与强制性就更强了。

"德范"[①]这个概念是萨姆纳的创造。德范由民俗提升而来，"是包含了关于社会福利的普遍的哲学和伦理内容的民俗"，"是民俗中禁忌

---

① 原词 mores，萨姆纳借自拉丁文以之表示道德习俗。《简明不列颠百科全书》1986 年中译本将它译为"民德"，与"民风"相对应。高丙中的译文则将它译成与"民俗"对应的"德范"。

与规则的总和"，因而比民俗要高级和精致，对群体成员的约束力也愈强。违反民俗的要求，将会引起社会的不满而遭到指责，但这种指责和不满一般还比较温和；倘若违反德范，那就要遭到严厉得多的责备或惩罚。

也许我们不妨把德范理解为道德规范，就字面看，德范也很像是道德规范的缩略。那么，它便是一种在民间约定俗成而为群体成员或全社会所公认的行为准则。我国古代社会中以礼制形式出现的一系列不成文法，大致就与萨姆纳所说的德范相通。

对于这一点，中国古人已有相当明晰的看法。

《汉书·艺文志》在记载诸子十家的著作之后简论它们产生的背景和价值，以礼法与民俗的关系为比，道："仲尼有言：礼失而求诸野。"颜师古注曰："言都邑失礼，则于外野求之，亦将有获。"何以如此呢？就因为都邑礼制，其根源实在乡野，乡野之俗化升为礼，故礼中不免含有某些民俗的成分。所以一旦都邑之礼有所佚失，若能去乡野寻求，或许尚能有所收获。班固借这个例子说明诸子之文与正经道术的关系："方今去圣久远，道术缺废，无所更索，彼九家者，不犹愈于野乎？"在班固看来，诸子价值虽不能与正经相比，但在正经丧而不全的情况下，诸子之文还能够多少有些补充的作用。民俗与礼法的关系，以及民俗之价值，亦可以此类比。

唐人杜牧对此另辟蹊径加以专论，见其《三子言性辩》一文。三子指孟子、荀子、杨子，他们对人的本性善恶看法不同，"孟子言人性善，荀子言人性恶，杨子言人性善恶混"。杜牧同意荀子的"人性恶"说，认为人的七情（喜、哀、惧、恶、欲、爱、怒）中，以爱、怒二者为根本，是与生俱来的，其他均属派生。爱、怒如得不到节制，就只能造成行为的恶。天生极善或极坏的人是很少很少的，绝大部分人是身蕴爱、怒二情而可善、可坏者。于是杜牧论述礼法对于人性的节制作用说:"中人可以上下者(按:指品性行为可好可坏的社会芸芸众生),有爱拘于礼,有怒惧于法。世有礼法,其有逾者,不敢恣其情;世无礼法,亦随而炽焉!"① 人性既然如此,就需要约束,而民俗、德范和礼法就是对自然人性不同程度(也可以说是不同级别)的约束。

比民俗、德范更高,因而对社会成员的行为更带强制性的另一类文化规范,是法制。诚如萨姆纳所说,"制度和法律出自德范","立法行为源自德范"。古代至少有一部分成文的法律制度,是由民俗和德范提升上来的。也可以说这一部分成文法,其根基就在于民俗与德范之中,只是由于受到国家和政府的干预,列为条令,颁入法典,因而使其由下而上的过程变得模糊了。

阐明民俗——德范——法制的演变过程和三者的关系,对于理解民俗的实质,确定它在民众生活中的位置以及它的其他特性是必要的。

基于以上认识,我们所谓的民俗,并不只存在于下层文化或一部分中层文化之中。当代民俗学研究的一个趋势,就是对象和范围的扩大。美国著名民俗学家阿兰·邓迪斯在他为《世界民俗学》中译本所写的序言中说:"我希望研究者们从我的书中,了解到'民间'(folk)的概念已不再局限于农民或无产者。所有的人群——无论其民族、宗教、职业如何,都可以构成一个独特的民间,并具有值得研究的相应民俗。"② 这是一种很明确的、有代表性的陈述。

如果对一个民族的文化进行分析,确实可以根据它的创造者、拥

---

① 见《樊川文集》卷6,第106页,上海古籍出版社1978年。
② 见[美]阿兰·邓迪斯编《世界民俗学》,陈建宪、彭海斌译,上海文艺出版社1990年。引文见"中文版序",第2页。

有者、享用者社会地位的不同而将其相对地区分为上层、中层和下层。这三层文化之间有种种的差别甚至某种对立。但这三层文化并不是绝缘的、互不交往、互不相通的，它们之间又存在着千丝万缕的联系，而民俗就是沟通它们，将它们结合为一个整体的重要桥梁。许多民俗根本不分等级、不分阶层而为一个民族的全体所共有。最明显的如年节风俗，尽管由于社会地位、经济条件的不同，各个阶级、阶层过节的具体方式有所差异，但一年中的那些重要节日却是全民都过、都予以重视的。有些节日，如唐代的上元节，一度几乎成为全民参与的狂欢节。至于由民俗上升而成的德范和法制，其适用面也不仅仅限于下层百姓，至少在理论上，并且一定程度地在实际上，也适用于全民族各个阶层。当然，这并不妨碍不同阶级、不同群体，又有各自适合其自身的德范乃至法制。

有鉴于此，本书论述唐代民俗，也就不能把视线仅停留在下层文化，或与之基本同义的民间文化、俗文化上。民俗文化并不只是下层民众的创造，在文人士子中，在各级官员中，甚至在王公大臣、皇亲国戚乃至帝王后妃中，也存在着某种群体性的风俗习惯——其中既有他们各自的特色，又有与下层民众风习相通相同之处。在雅文化、士大夫文化乃至宫廷文化中，也有不少与下层文化相关的因素和成分。既然如此，我们在全面地考察唐代民俗及其人文表现时，自然没有理由将其撇除在观察审视的范围之外。

萨姆纳对于文献记载反映实际民俗的可信性表示怀疑。他认为："有文字的阶级的书面东西，也许并不代表群众的信念、思想、趣味、标准等。"他举出一个西方的例子："公元一世纪的文献几乎不能告诉我们那个时代实际存在于群众的信念和实践中的任何德范。"

萨姆纳这种说法的合理性在于强调了民俗实际状况与文献记载的

距离，提醒人们不要简单地将两者画上等号。但他的观点有可能从根本上取消历史民俗学，未免稍嫌绝对，并且也不适合于中国的情况。我们之所以取民俗为研究历史（主要是文化史）的特定视角，之所以取唐代文学作为重建和复现唐代民俗的主要依据，就因为唐代文学虽然绝大部分是"有文字的阶级的书面东西"，却与官修史书不同[①]，能够一定程度地"代表群众的信念、思想、趣味、标准等"，不但能够用作民俗史而且能够充当整个文化史的资料。萨姆纳在另一个地方也说道："小说、戏剧作品通常比历史记载提供给我们更多关于德范的资料。"只是我们在操作中需要避免简单化，要从文献记载的矛盾、差异之处去深入挖掘，并以之与历代乃至迄今仍然活着的某些相关民俗事象进行必要的对照比较，从而寻找唐代民俗文化的真正内涵和精神。

民俗是一个多层次的文化集合体，它存在于社会生活的所有方面，涉及所有的社会成员，而且是社会生活潜在的灵魂和支配力量，也是一个时代文化精神的真正负载者，它必然这样那样地渗透在那个时代留存下来的文献和文物之中。因此，只要我们有足够的耐心和细心，我们还是能够通过对于文献和文物的分析，做一番民俗的考古，使当日的民俗生活和贯穿在文学与民俗文化中的时代精神，成为可供认识的对象。

[①] 《剑桥中国隋唐史》的导言在《史料的问题》一节中，详细说明了官修史书在研究唐史中的作用与局限。一方面，近代史学家至今仍"几乎完全依靠官修史书和取材于官修史书的著作来进行研究"；另一方面，这些官修正史因为种种原因，"很少叙述关于被统治者的事"，"很少涉及在政府中活动的其他集团"，如专业行政人员、军人、宦官的活动，也很少专门述及某一地区的状况，因此具有普遍的局限性。

三、本书涉及的民俗学基本问题之二：民俗的内部构造

> 民俗构造四层次说——物质生产和生活民俗——社会组织民俗——信仰意识民俗——价值观念体系：民俗的最深层——语言中的民俗现象

民俗存在于、表现于、渗透于社会生活的一切方面，它是由民众协力完成、共同享用并长期传承的一种文化创造物，或者说得确切些，是一系列文化创造物的集合体。民俗不是一件简简单单的东西，也不是一桩简简单单的事情，而是一种极其庞大而复杂的客观存在。

许多民俗学家、社会学家、人类学家对民俗这个复杂的客体做过介绍，对民俗的内部构造提出过种种意见。前面引述的萨姆纳的观点，特别是他提出的民风习俗——德范——法律制度的演变、提升过程，实已触及民俗内部构造的层次问题。

现在民俗学界一般认为，民俗（folklore）本身存在着多层次的结构，按其表现于民众生活的隐显深浅程度，可以依次排列为：物质生产和生活层面、社会组织层面、信仰意识层面、价值体系层面。

物质性的生产和消费，是人类社会生活的基本内容，这其中就存在着大量的民俗现象。如果我们有意忽略或抽去人类这些基本活动的民俗色彩，而只就其本质来说，那么它们在各民族、各国家并无什么两样。生产可以有农业生产、工业生产、林业、牧业、渔猎业乃至商贸业等形式，生活则无非是衣食住行之类。但若从这些基本活动的具体内容、操作方式和与之相关的一系列其他行为来看，那么，世界各族、各国、各文化圈的物质生产和生活都有其迥异于他人的特色。这种特色的内涵，其实就是各自不同的民俗。

农业生产是中国自古以来最重要的物质生产方式，但中国农民在生产中所创制的农具种类、样式及其使用方法，中国农民对农作物品种的选择，对四时季节的认识与掌握，对庄稼的侍弄方式乃至对避免灾害、祈求谷物丰收的一整套禳祭仪式和禁忌，等等，都与世界上别的农业国所通行的有所不同。

无论衣食还是住行，各族、各国也都有各自的情况。拿住房来说，虽然人人都需要这种能够遮风避雨的栖身之处，但房屋的外部形状、内部构造，饮食起居住所的分布，建筑房屋的材料以及房屋同周围环境关系的安排处理等，却又形形色色，异彩纷呈。不要说不同族别、国别的情况迥然有异，就是同一个民族、同一个国家之内不同的民俗圈，也都存在着明显的差别。

上述种种差异，在民俗学者看来，就是民俗的差异，它们往往呈现在民俗事象的最表层，因而较容易被观察到，也就很自然地成为民俗学和民俗史研究的首要对象。不过，由于本书的性质，这个层次不是我们所论的重点。

社会组织层面的民俗，比前一个层次深，它涉及由数量不等的人所构成的种种群体，家庭、家族、乡里、村镇街坊、行帮社团、宗教道门乃至民族、国家，每一种群体都有其独特的组织形式、礼仪制度、惯用语言和行为模式，要求本群体所有成员都予以恪守严遵。

本书将论述唐人在岁时节令方面的种种风俗习惯，和在这些年节中各色人等的行为表现和心态特征，还将以长安、扬州等城市生活为中心，论述唐时城市居民的生活与风习，并集中论述唐人种种民间游艺与娱乐习俗，就主要是对于上述两个民俗层面的复现与剖示。

本书还拟从民俗群体的角度展开论述。我们选择了与唐代文化和民俗关系至为密切的几个群体，如文士和由文士变成的官僚；如妇女，包括她们中的上层（后妃命妇）和她们中的下层乃至底层（从贵人的姬妾、城乡妇女到歌女娼妇）；以及随着城市的兴起而产生并日益活跃的那些商业和手工业者，等等。我们将多侧面地展现这些群体所拥有的共同习俗，对其形成原因，与当时全民习俗的关系和在唐代文明中的影响、地位等，进行比较深入的探讨。这些论题的列出，其依据即在于民俗构成中社会组织及相关制度这一层面的客观存在。不过，我们对这些民俗群体的论析，也涉及了物质生产和生活的层面，而且并不限于这第一、第二个层面，许多地方已进入下两个层面，主要是文化心理、价值体系层面。

信仰意识是民俗中涉及群体文化心理的重要层面。它的表现主要是现代人视为迷信，甚至已经抛弃的一系列神灵崇拜、巫术和禁忌。另外，在现代人已不熟悉、不习惯，也很少再采用的一套人生礼仪，诸如婚丧嫁娶（民间所谓红白喜事）时的种种仪式之中，也隐含着一定的信仰意识成分。

民俗构成的最深层次，是群体行为（无论是有意抑或无意的行为）所体现出来的价值观念体系。与民俗的前三个层次相比，它的形而上性质是显而易见的。它常常曲折、隐晦地蕴含于一些民俗活动、民俗事象之中，需要我们透过这一层面才能把握到。

萨姆纳论述了民俗形成的有效与利益原则，这是很精辟的。与之相关，民俗还与表达、满足人们心中潜在的愿望有关。人们在生活中有某种需求，由此孕育出内心的愿望。这个愿望与人们的切身利益息息相关，却并不那么容易实现。于是它便要采取一种形式，哪怕是象征性的、假定性的、经过了变形或伪装的形式来予以表现与宣泄。这种形式往往就凝聚为或寄托于一种普遍的民俗。从这个意义上说，民俗的实质就是一种心态，具有社会普遍意义的心态。比如源远流长的七夕乞巧、拜月和祷祝民俗，就与中国妇女对于婚姻、家庭幸福的渴望有着非常深刻的联系。在这种潜藏于内心的深沉愿望中，体现出来的是中国妇女普遍的价值观。

无论古今，无论哪一种民俗，在其最深微之处，就是一个群体或一个民族所共持的价值观念体系。这无疑是这个群体或民族的精神世界的核心，是形成他们的伦理道德、哲学思想和宗教意识的原动力和制约因素。本书每一篇在论及有关的民俗事象时，均已涉及这问题，虽然我们未再另以"民俗观念与唐人精神世界"作为专门命题单独列篇，但实际上每一篇都是围绕这个核心来进行论述的。

语言作为一种重要的文化载体，在民俗生活中总是十分活跃。它虽然不属于上述四层次中的任何一个，却与每一个层次都有关系。一个社会没有语言就无法运转。语言其实也就是一种文化规范，是全社会或某一群体（如行会、帮派）全体成员都必须遵守的。就这个意义而言，语言就是一种民俗。

从语言现象的角度研究民俗，可以做很多工作。流传至今的唐代文献，特别是某些诗歌作品、野史、笔记、小说和民间文学的传载，显示出唐人的语言正如整个唐代文明一样，既继承了本民族的传统，又吸收了境内各族乃至境外各国文化的某些成分，加上唐人自身的创造，确实是一个非常丰富多彩的世界。

深入研究这个问题，需要专门的知识，并且应当写成专著。这当然不是本书所能承担的。但我们仍然觉得必须花费相当的篇幅对唐人口语和口头文学做一些民俗学的分析，以使我们对唐代民俗生活的复现能够较为丰满而生动。这就是我们安排《民间文学与技艺》一篇的考虑。

四、本书涉及的民俗学基本问题之三：
　　民俗文化发展的辩证观

> 民俗文化的传承性——在传承中发展：民俗变异之源——新俗的发生与传统的变化——民俗的地域特征与群体特征——聚与散、同与异、一与多：民俗发展中的辩证运动

传承性是民俗文化的基本特征之一。

对于一个社会成员来说，早已约定俗成并为前人和世人所一贯遵守的民俗，主要是经过传承——这里，大部分为口头方式、日常行为仪范方式，也有少部分借助于书面文字方式——而习得。由于社会人群自觉不自觉地传承着民俗，年长日久，世代相续，也就形成了民俗文化之流。

因此，民俗本是一个历时性的范畴。它在历史生活中逐步积淀成形，它也在历史生活中代代相传。需要注意的是，传承并不是简单的原封不动的延续，同时也意味着在变动不居的历史条件下相应的演变。民俗既是一条历史悠久、有很强继承性的文化之流，又是随时代而变化的充满生命力的有机活体。从这个角度看，民俗的变异性就存在于它的传承性之中，变异性乃是传承性的必然产物。

这一理论概括，作为一项原则，自始至终贯穿于本书之中。

我们论述的唐代民俗，绝大部分并非以唐代为起点，而是从前代传承而来。它与先唐诸代的民俗有着切割不断的联系。正因为如此，才有所谓"民俗文化传统"一说。民俗文化只能在传统中存活，或者说，民俗文化本身就是一种传统，是整个民族传统的重要组成部分。

但是，唐代毕竟是一个新的时代。随着社会的渐趋安定，生产力

和科技文化水平有了不同程度的提高；政府制定了一系列新的政策，这些政策直接影响到社会各阶层的生活状况，于是，社会各色人等的心理状态和价值观念，也必然随之发生这样那样的变化；国内外交通改善颇大，特别是陆路和海上的几条丝绸之路，把中华本土与西域乃至中亚、欧洲诸国联系得相当密切，物质文化与精神文化的交流都异常地频繁而深入起来；佛教流行，唐僧西去求经，胡僧东来传法，佛教一面与道教争胜，一面与儒、道二家融合，其中国化的进程不但已经开始，而且正逐步加速和深化……这一切都给唐人的社会生活带来许多新的、前所未有的因素，一方面推动着昔日民俗的某些演变，一方面外来民俗的融渗又促使许多新民俗的孕育与产生。于是，民俗文化传统在唐代就发生了种种变化，呈现出发展的态势和特定的时代特征。

我们将尽可能注意发掘和论析唐代民俗在传承中的变化。做到这一点是相当困难的，但也不是毫无办法。因为我们是以后世而观前代，因此对于许多唐人来说，也许是不自觉的表现，如当日群趋的好尚、风靡的时髦等，在今天冷静的分析之下，就会呈现出不同的意义，而这正是历史民俗学所关注的一大问题。

我们说民俗变异性是传承性的产物，还有一个理由。与传承性相联系，民俗文化存在着扩布性，即一种民俗习惯能够从这个区域传播到另一个区域，从这一人群扩散到另一人群。与上述在时间长河中的传承不同，这可以说是一种在空间范围的传承。没有这个范围内的传承，那种全民性的民俗便难以形成。然而，在这一类型的传承扩布之中，也就不能不包含着演变，即因地域与人群不同而对某一民俗造成一定程度的变异。从总体与本质看，是同一种民俗，比如，同样是衣食住行，同样是婚丧嫁娶，同样是过年，是过七夕或重九，是祭神求雨，禳祝丰收，等等；但在具体内容，特别是一系列细节上，这种民俗在各地或不同群体之中，却有着种种不同的表现。民俗文化鲜明的地域性和群体性特征，使它在严格的意义上说来，就是一种地方文化和群体文化。关于这一点，只要看一看各种地方志所记载的当地民俗，并对尚存留在各地民间的同一民俗做实地调查和相互比较，就可以一目了然。

根据这样的认识，本来可以按地理位置如关中、荆楚、燕赵、吴越、西北和西南边地之类来划分唐代的民俗圈，并按这种民俗圈来分章立节，这也不失为一种论述角度和方法，但本书不拟这样做。本书的做法是将对于民俗地域特色的关注，贯穿在全书的具体的论述之中。如设立《都市民俗》一篇，即是把长安、扬州等大都市作为一种特殊的区域来考察的。又如在《作家的养成和文学的人文精神》一节中，则将随着某些作家生活环境的流徙变迁而展开论述。

至于民俗由于群体之差异而造成的各自特征，本书也将有集中的展示与阐述。从不同群体的角度来看民俗文化，其要点就在于抓住各自的特色，亦即他们的相异之处。

在民俗由形成到流传扩布、世代相承的过程之中，始终存在着一种看似矛盾对立，其实是辩证统一的双向运动。

一方面，各民俗文化圈，分散独立地发展起自己具有区域特色的民风习俗。这些民风习俗在传布过程中，有所交流，有所融合，久而久之，其适用的地域愈来愈大，有些便发展成为整个民族的、全民性的习俗。这是一个由散而聚、由多而一的运动趋势。

另一方面，由前代沿袭而来的种种民俗，不但在时间的长河中发生着磨损、增益乃至易性的变异，尤其在不同地域、不同人群的扩布中，为适应各地、各群体的条件和需要而发生着种种变化。一个原本比较一致、相同的民俗，往往在本质未变的前提下，细节乃至形貌有了很大的不同。这是一个由合而分、由一而多的运动趋势。

这两种运动趋势的同时存在和相互影响，构成了民俗文化发展演变的历史过程。美国民俗学家阿兰·邓迪斯在其所编《世界民俗学》一书《民俗的形成》部分的导言中说："保持形式的持久稳定性是民俗的特征之一。民俗的内容可以变化，但形式却是相对稳定的。"他举例解释道："尽管新的谜语和民谣不断地涌现，但是，谜语的形式和民谣的程序却始终如一。"[①] 谜语和民谣这种形式是长久稳定的，其内容则可以随时变化。这正如民俗节日的名目历久不变，但如何过节的具体内容却历代不尽相同。阿兰·邓迪斯从民俗内容与其形式的稳定性各不相同立论，实际上也触及了民俗文化的变与不变的辩证关系，与我们所说的民俗文化上述两种运动趋势的观点是相通的。

民俗文化持久稳定与随时变化的辩证法，是我们观察唐代民俗的指导思想之一。我们对唐代民俗种种方面的论述，或许会侧重于两个对立统一方面中的一个，但我们希望，它不会使人有固定、僵死、只是如此而无例外与变化的印象，从而体现出民俗文化发展过程的这个辩证规律。

五、民俗文化与文化体系

    经典文化的提出 —— 民俗文化与经典文化区别之一：创造者不同 —— 区别之二：内容与形式的差异 —— 区别之三：传播继承

[①] 见《世界民俗学》，第179页，上海文艺出版社1990年。

方式不同——民俗文化与经典文化的同一性与依存关系——贤智学于圣人，圣人学于百姓——主流文化、它的基础和辅翼——一个需要弥补的学术缺陷

民俗文化渗透在一个民族的社会生活之中，几乎无处不在，无时不在，它的涵盖面无疑是非常广阔的。但是，与这个民族的整个文化体系相比，民俗文化依然只占其中的一部分，尽管是很重要的一部分。

与民俗文化既有联系，又有很大不同，但在民族文化精神的哺育与养成中同样具有决定性意义的，是经典文化。民俗文化与经典文化共同构成了民族文化体系的主干。

民俗文化与经典文化确实有着明显的区别。

民俗文化的创造者是这个民族的大众（或其中的某些群体）。由于这个创造不是一时一次完成的，而往往是一个累进、叠加和逐步积淀的过程，所以就使民俗文化的创造者有了集体而无名这个特征。我们很难确知中国古代民居的式样，是由谁首创；也无法考实许多民俗节日的时间和内容，是由谁规定；那些民间歌谣、传说故事、谜语俗谚乃至工艺美术、舞蹈小戏之类民俗文化作品，大抵都无主名而被认为是无名氏所作。

这就显示了它与经典文化的第一个不同点。

经典文化是那些对民族文化精神的形成具有根本性影响的个人所创造。在中国古代，最高的经典文化，无疑是以孔子、孟子为代表的儒家文化。这种文化不是在民众中自发地产生，也并不自发地流传，但经过统治者的大力倡导和行政干预，经过儒学信奉者的有意传授和宣扬，却在两千多年内成了中国文化的正统。而它的传承流播，也就

形成了一个所谓道统。唐代的韩愈自认为是这个道统的最佳接班人，曾在其所著《原道》篇中排列了一个自尧、舜、禹、汤、文、武、周公到孔子、孟子的谱系，而以自己直接孔、孟。韩愈以后，宋代的程朱理学、明代的阳明学派，在学说的具体内容上固然有不少变化发展，但在道统——即作为正统的经典文化上，却一仍其旧。程颐、程颢、朱熹、陆九渊、王守仁，个个都是有名的人物。

除了儒家学派，在中国文化中影响巨大的还有以老聃、庄周为代表的道家学派，还有虽是外来却已与中国固有文化牢固熔结的佛教文化。儒、道、佛以外，也还有一些独自成家的思想流派被保存在经典文化之中，如先秦的墨家、兵家、法家等。

民俗文化与经典文化的第二点不同，在于它们各自的内容与形式。

民俗文化与社会生活关系密切，大部分即来源于日常生活实践，可以说是一种形而下意味十足的生活文化，并且确实往往以生活常识（常规）的形式出现，体现为社会成员普遍认同恪遵的一种生活态度或一种行为模式。某些民俗即使上升为德范和礼法，毕竟也是以不成文的形式而存在。一旦成文，比如流行于民间的伦理道德、礼法观念，被写定为《仪礼》一类文本，它就脱去了民俗文化的本色（尽管难以脱尽，并且联系尚在）而进入了经典文化的范畴。

经典文化则不同。经典文化的深根当然是扎在社会生活实践之中，并非无本之木、无源之水。但经典文化的内容是经过其创造者提炼、升华过的，是充分思辨化、理论化、哲学化的。而且它一定以书面文本的形式而存在，否则就会名存而实亡。经典文化既有主名，又有文本，所以在流传扩布中，尽管还会出现种种异文和版本问题，但比较而言，它们到底具有较高的稳定性，变动一般较小，不像民俗文化（特别是其中的文学作品），在口头流传和不断的复述中，几乎人人都有权对之进行改动、发挥和再创造。

民俗文化与经典文化的传播方式是很不相同的。

经典文化的传播，严格说来是一种有意的传授和灌输，传授中有清楚的师承关系。老师在授课时固需口讲指画，学生的学习则除了听讲请教外，更重要的一环是阅读和钻研本门学问的文本。由于师生关系明确，知识与学问渊源有自，特色鲜明，这才会形成学术的门户和宗派。我们看一看黄宗羲编撰的《宋元学案》《明儒学案》，或万斯同的《儒林宗派》之类学术史著作，对此就会有十分亲切的感受。

但是这种传播方式基本上不适用于民俗文化。民俗文化的传播与继承，大体处于无意识的自然状态。一个人自诞生之日起，就每日每时在不知不觉中接受着民俗文化的哺育和熏陶，自然而然地如此衣食住行，如此待人接物，如此行事处世，自然而然地成为这个民俗文化中的一员。民俗文化中只有很小一部分会被用文字记载下来，成为书面文化。这一部分文化（如被编入《玉台新咏》《乐府诗集》的一些民间谣谚之类），可以通过师生传授而习得，可以通过文本流传而扩布。但绝大部分民俗文化则是通过生活实践而自然学得和自然流布的，与经典文化基本上必须依赖灌输而流布传授不同。民俗文化的这个特点，造成了古代民俗资料比经典文化高得多的散失比例，也带来了今日研究它比研究经典文化巨大得多的困难。

我们从几个方面说明了民俗文化与经典文化的差异，正是这些差异使它们得以共居于民族文化体系之中，既不能互相替代，又不会相互混淆。民俗文化与经典文化是每个民族独特文化体系中不可或缺的组成部分。

既然如此，它们除了差异之外，必然具有某种同一性，而这才是更本质的。

民俗文化尽管与经典文化有着种种不同,但它们并不是矛盾的。不但不矛盾,前者还是后者得以产生的基础。

思想史或哲学史都这么说:居于中国古代文化经典地位的儒家学说,是由孔丘首创的,之后孟轲、荀况诸人又发展了它,使之更加系统化起来。对此,大家的认识似乎比较一致。至于孔子学说究竟代表了落后反动的奴隶主阶级抑或代表了当时新兴的地主阶级,就有许多不同意见的争论,并且每一种意见都说得振振有词、头头是道。这些不同意见其实都有一个共同倾向,即一定要为孔子思想的产生找一个阶级的和政治、经济的背景,以便从阶级斗争和为政治服务的角度为儒家思想定性。这一思路无疑是有道理的,我们对此并无异议。我们只是想从经典文化与民俗文化的关系与同一性这个角度指出:除了人们以往所热衷讨论过的方面,孔门儒学的形成与发展,其实与此前此后的民俗文化有着极为深刻的渊源关系。不注意及此,便很难说清这一学说在我们民族中形成的真正根源,也很难解释这一学说在我国统治、风行两千多年之久,至今仍然影响巨大的真正原因。

诚如以前的讨论所一致肯定,孔、孟、荀诸人的思想不是凭空产生的。它们是当日社会生活本质的抽象反映,但同时也可以说是其时民俗文化的提炼与升华。孔、孟、荀诸人的思想固然曾对此后中国人精神世界的塑造产生过巨大影响,但这些思想的许多方面却正是亘古以来中国人精神世界的凝聚和概括。说孔、孟、荀的思想教导了、影响了无数代的中国人,固然有理;但若未能看到孔、孟、荀的思想乃是前此无数代中国人创造的民俗文化的哲学化和理论化,那就不免有所遗憾了。

儒家世界观的核心提法是"天人合一""天人相应",他们永远那样钟情地注视着"天人之际"的大问题。儒家的社会政治理想是"仁政""德治""王道"和"民为贵,社稷次之,君为轻",以及"五十者可以衣帛……七十者可以食肉……八口之家可以无饥""老吾老以及人之老,幼吾幼以及人之幼"之类。儒家的伦理道德无非是忠君、孝悌、礼义廉耻,而儒家处世哲学的大旨,则是积极入世,有所作为,笑对逆境,独善其身,保持精神上的胜利姿态。试问,这些堪称儒家学说精髓的思想,哪一条不与中国古代民俗文化的精神相通,哪一条没有深厚的民俗文化背景?要说是在儒家学说出现之后,中国人才习惯于这样想、这样做,或者说不是中国人的民族性养育出了以孔、孟为代表的儒家学说,而是因为有儒家学说,中国人才有了如此这般的民族性,恐怕并不符合实际,也不符合事理。

前文曾提到过"三礼"之一的《仪礼》。这部书虽属儒家经典,但其内容有相当一部分是来自古代民俗。例如所谓士冠礼,《仪礼》对它的描述十分烦琐,究其实质,不过是民间成人礼的雅化和贵族化罢了。所谓士昏礼、士丧礼,讲的无非是士人之家嫁娶和丧葬活动的步骤与种种仪式,其中许多名目实际上也是来自民间并一直存活于民间,只是由民俗到《仪礼》,这一切便变朴野为文雅,变简陋为精致,变零散为系统了,从中可以看出由民俗到德范,到民间不成文的礼法,再到成为经典的《仪礼》,这样的一个演化过程。所谓"礼失而求诸野",这句话之所以能够成立,原因也就在这里。

其实不但《仪礼》如此,《周礼》又何尝不是如此?《周礼·春官宗伯》中的占梦、眂祲、大祝、小祝等官员的设置、职掌的分配,都明显与久已存在的同类民俗活动有关。号称由古圣人周公所编定制作的礼法,当然是经典文化无疑,但它的来源却有很大一部分是古昔或当时尚存的民俗文化。对于这一点,前人早有认识。请看清代史学家章学诚在《文史通义·原道》中的分析：

> 周公以天纵生知之圣，而适当积古留传、道法大备之时，是以经纶制作，集千古之大成，则亦时会使然，非周公之圣智能使之然也。盖自古圣人，皆学于众人之不知其然而然，而周公又遍阅于自古圣人之不得不然，而知其然也。①

这段话里有不少提法值得注意。所谓"积古留传、道法大备"，所谓"集千古之大成"，就是说周公的制礼作乐，并不是凭着个人的智能在发明什么，而是在自觉地学习前人，总结千古以来的文化经验。周公之"圣"就表现在这里。

周公总结的文化经验是什么呢？那就是"众人之不知其然而然"以及"自古圣人之不得不然"——我们反复阐说的民俗文化不正是如此吗？广大民众在人伦日用中不自觉地形成的风俗习惯、德范礼法，正是一种"不知其然而然"的"道"，自古圣人在没有制定成文法之前，也不得不以此为"道"，以此为实行统治的工具与依据。这一切到周公那里，才"知其然"，也才写入文字，立为定则。所以章学诚又说："学于圣人，斯为贤人。学于贤人，斯为君子。学于众人，斯为圣人。"向众人学习，是圣人之为圣人的必要条件。圣人的制礼作乐，原来是"学于众人"的结果。众人有什么可学的呢？那就是他们所共同创造、共同遵守和享用的民俗文化。章学诚的论述已经触及问题的实质，只是他那时没有我们现在所用的民俗概念罢了。②

---

① 见《文史通义校注·内篇二》，第120—121页，叶瑛校注，中华书局1985年。
② 类似的观点也见于清哲学家戴震的《原善》《孟子字义疏证》。近代学者刘师培亦有"上古之时，礼源于俗"的说法。

我们以儒家礼经为例，说明它们的重要来源之一是民俗文化，以此论证了民俗文化作为经典文化基础的观点。同时，也需要指出，经典文化是对民俗文化的加工与提高。两相比较，经典文化要精致得多，系统得多，也集中得多。因此出自民俗文化的经典文化，又总是要反过来影响、指导乃至统率民俗文化。

民俗文化与经典文化的关系如此，它们在一个民族总的文化系中的地位也就自然分明了。

由于统治阶级的支持、提倡，经典文化实际上处于主导乃至主宰这个体系的位置上，有时简直就是以这个体系最高代表的姿态，活跃在这个民族的文化生活之中。而民俗文化虽然养育了经典文化，一旦经典文化诞生并成熟之后，它却只能充当经典文化的羽翼与辅佐，服从并汇入当时的主流文化。当然，与民众生活至为密切、息息相通的民俗文化，也有与经典文化不合甚或悖逆之处，因此两者的斗争、抗衡也是随时存在的，而这又恰恰是民族文化张力的源泉，并且是它得以改善、进步的一种重要动力。

以往的思想史、哲学史对一个民族文化精神进行阐释剖析，往往只是着眼于它的经典文化，比如一谈中国文化，学者们头脑里反映出来的便是孔、孟、荀、程、朱、陆、王以及庄、禅之类，而对民俗文化的重要性常常估计不足。这种情况的出现虽非偶然，却实在是研究中一个不小的缺陷。或许这也跟研究民俗文化的实际困难有一定关系。不管出于何种原因，文化研究与文学研究在这方面留有不少空白和阙漏之处，却是无可否认的事实。

以唐代文学研究为例，就几乎还没有很好地把唐代文学的繁荣及其在各方面的表现，与当时活跃而丰富的民俗文化联系起来。谈论作家的成长和他们所取得的成就，也很少考虑民俗文化对于他们的哺育滋养作用。如今当我们注意到这个缺陷并有意识从这个角度重新审视我们熟悉的唐代作家和他们的创作,就到处发现民俗文化影响的痕迹,获得许多新鲜的认识,而这就成为我们写作本书的最初动机和学术依据。

事实上,每一个唐代作家都是在当时占据统治地位的经典文化和像空气一般弥漫于全社会的民俗文化的共同教育和培养下成长起来的。任何一个唐代作家精神世界的形成,都离不开这两种文化的共同作用。倘若只是接受传统的经典文化,他还不是一个完整的唐人,只有同时接受了活生生的民俗文化,他才彻里彻外地成为一个唐人,才会有唐人的特殊风采。

这一点似乎也适用于对文化交流结果的考察:如果一个外国人生活在我国,即中华文化圈里,只是单纯地接受中国文化的经典部分,那还远远谈不上被同化;而当他深入到我们文化的民俗部分,并有了决定意义的认同,从生活习惯到心理状态、价值取向都接受了中国文化的规范,他才可算是"中国通",或者说是被"中国化"了。

为了弥补以往文化研究的不足,本书特意把论述重点放在后一个方面。前人对唐代文化、唐代文学研究已取得了丰硕成果,我们则从民俗文化的角度添补一笔,希望能够使唐代文学与民俗文化的关系显得更加清晰,也使唐代文化更加丰满与立体起来。

六、文学与民俗文化传统关系概说

民俗学与文学:两个相通的领域 —— 阿切尔·泰勒论民俗与文学之关系 —— 当文学作品就是民俗文化时 —— 文人作品与民俗

文化传统的三种关系——文学受众与民俗文化——文学现象与民俗文化——作家与民俗文化传统的关系：顺应、批判、借用

文学与民俗文化关系密切，这似乎已是国际学术界的一种共识。在我国，到目前为止，民俗学课程往往开设在大学的中文系。据说，在美国也有这样的情况。当然，也有的大学是将民俗学开设在人类学系，那也有很充足的理由。

早在1948年，美国的阿切尔·泰勒（Archer Taylor）教授就曾发表论文《民俗与文学研究者》[①]，提出了"民俗学和文学实属相通的领域"这一论点。他的理由简单而明确，那就是"在文学研究这个广阔的领域（或者不确切地称其为'势力圈'），人们能把一切人类的兴趣或活动全囊括进去"。既然如此，民俗自然也是文学研究者的对象之一。

泰勒还具体阐述了民俗与文学关系的三个方面：(1)在许多文化中，民俗学与文学难以区分；(2)文学中包含着来自民俗的因素；(3)作家们摹拟民俗。虽然我们对于民俗与文学关系的认识，是从学习和研究中国文学史和民俗学理论的过程中逐步获得、逐步明确起来的，但泰勒教授的意见对我们还是很有启发意义，其中某些一致之处，使我们增强了继续深入研究和做进一步阐发的信心。

本书最初的设想和主要的思维路径，就是紧紧抓住民俗与文学的关系这个问题来构建和推进的。每篇每章每节，即使并未直接言明，也是贯穿了两者关系这根思维线索的。我们试图以前人较少采用的这个视角来阐扬辉煌的唐代精神文明。

---

① 该文载《太平洋诸岛考察》第二卷，收入阿兰·邓迪斯编《世界民俗学》一书。

为了使读者更好地理解在下面的章节中将要展开的论述，我们把文学与民俗文化传统的关系在此做一个概括的说明，并以此结束本书的导论。

要想说明文学与民俗文化及其传统的关系，首先应对文学做一点分析。

我们在这里所说的文学，一是指作者，二是指作品，三是指接受者，四是指文学运动和一切文学现象。这四者构成了文学和文学史，而其与民俗文化传统的关系却各有不同，不可一概而论。其中作家与民俗文化传统的关系最为复杂，我们放在最后来说。

先说文学作品与民俗文化传统的关系。

有一部分文学作品本身就包含于民俗文化传统之中。那就是自上古传承而来的神话、传说以及一切无主名的民歌、谣谚、谜语和民间故事之类。在中国文学史上，《诗经》中的某些篇章，《山海经》中保存的神话，以及像《木兰辞》《孔雀东南飞》等乐府民歌和收集在《乐府诗集》（宋代郭茂倩辑）、《挂枝儿》（明代冯梦龙辑）、《古谣谚》（清代杜文澜辑）、《天籁集》（清代郑旭旦辑）等书中的民间诗歌作品，还有大量收载于文人笔记中的传说故事、笑话逸闻乃至一般的街谈巷语，都属于这一类。唐代文学中的情况可以据此类推。它们虽然都是经由文人作家记录写定的，多少会有一些加工润饰，已与原生态的民俗文化稍有不同，但比起那种纯粹的文人创作，它们毕竟具有较浓厚的民俗气息。对于这样一些文学作品，我们认为，不妨将其有限度地视之为民俗文化资料，因为它们确实是文学作品中最接近民俗真实的部分了。

文学史上更多的作品是历代作家的个人创作，它们与民俗文化传统关系如何呢？

这里有三种情况。一种是作家所写的作品，其内容就与民俗事象有关，比如唐人诗歌中大量作于上元、上巳、寒食、清明、端午、七夕、除夜等民俗节日的作品，或者作于他们旅途之中，表现各地民俗风情及其观感的作品，等等。它们都多多少少反映了一些当时民俗生活的景象，或作者在特定民俗氛围下的感受与心情。从民俗学，特别是历史民俗学角度来看，它们毫无疑问地都是宝贵的文献资料。

第二种是作家在文学形式上受民俗文化感染、影响，从而有所汲取，有所师法。如中唐以后逐渐在作家中流行起来的曲子词，本来就是民间的歌唱。刘禹锡、白居易等受其感染和影响，兴味十足地加工、仿制并有所创新。到晚唐，则温庭筠更利用这种形式驰骋文才，从而造就了影响数百年的一代新诗，开辟出一个词的时代。在这里，文学与民俗的关系无疑是十分密切的。

当然也有第三种情况，作家所写的作品从内容到形式都确实与民俗文化没有什么直接关系。这种作品在唐代文学中数量也很巨大，从而益发显出前两种作品民俗学价值的宝贵。对于这第三种作品，自然就没有必要也不应当作牵强附会的分析，勉强地去与民俗文化挂钩。但是，倘从每一个作家都是由一定的民俗文化传统所哺育熏陶而成，他们的思想人格、文化心态、审美取向乃至各种生活习惯都不可能不与民俗文化传统发生瓜葛，而且总要这样那样地反映于他的创作之中这样的观点去看，那就还是不能绝对地割断这些作家作品与民俗文化传统的联系。

说到底，民俗文化及其传统，就是刻有民俗印痕、渗透民俗精神的社会生活和历史存在。对于文学作品的内容与形式来说，它是旺盛的源泉，具有巨大的影响力和制约力。它能给文学作品以特殊的光彩、活泼生动的形态和永葆青春的魅力。民俗文化及其传统也依赖文学作品而录成文本，而流传扩布，而代代相承。文学作品并不只是被动地受益，而是积极地参与。在当代，它对民俗文化的传播有推波助澜之用；对于后世，它则有保存延续民俗文化传统之功。即使时至今日，记录留存民俗文化的手段依然非常有限，大量宝贵的信息只能眼睁睁地看着它散失消亡，更遑论一千多年前的唐代。从这个意义来说，留传至今的唐代书面文学作品，其民俗学价值，简直是无与伦比的。

次说文学接受者与民俗文化传统的关系。

文学的接受者，所谓受众，绝大部分是普通百姓，即乡村农民，市井居人，各种职业、各种社会身份、各种年龄层次的世俗人等，包括妇女儿童。这些人本身就生活于最基层的民俗文化之中，并且是构成民俗文化传统的组成部分。他们的存在，他们的需求与趣尚，他们的取舍和他们在文学传播中的积极作用，往往就受着民俗文化精神驱使，或是这种精神的反映。而这在实际上就营构了与文学创作关系极为密切的时代氛围与文化背景。从一定的意义可以说，民俗文化正是借助于文学的广大受众去参与、介入或干预着文学的创作活动，将自己的影响投向文学的历史发展进程。我们在审视和论述唐代文学的空前繁荣及其原因这一问题时，尤其深切地感受到这一点。

再说文学运动和一切文学现象与民俗文化传统的关系。

在这方面，文学史实同样向我们昭示：它们之间存在着相当密切而以往却揭示得很不够的关系。唐代著名的新乐府运动、小说文体在唐代的成熟、唐传奇的卓越成就、敦煌俗文学的崛起和丰收等文学现象，有的在以往文学史中论述已多，有的则接触甚少，我们试从文学现象与民俗文化传统的关系去看，便会有所发现、有所体悟，从而得以对种种现象做出新的阐释。原来，丰富多彩的民俗文化及其悠久深厚的传统，乃是唐代种种文学现象与运动的真正根基，是促使它们发生发展的原动力，是决定其方向与成效优劣大小的制约因素。同时，唐代文学史上的许多运动与现象，又反过来汇入当时的民俗文化，更新着旧传统，创造着新传统。

最后，让我们来看一看作家与民俗文化传统的关系。

作家是文学中最主要，也是最活跃的因素。一个民族、一个时代的文学面貌、文学水准与文学成就，跟作家的状况有着最为密切的关系。固然，优秀的、杰出的、伟大的作家，能否应运而生，取决于许多可知与不可知、可把握或无从把握的主客观条件，所以有极大的偶然性、随机性。但影响与制约着一个时代作家集群总体水平的，还是有一些可供具体分析的客观因素。在我们看来，民俗文化传统对作家养成的作用，就是这些因素中值得重视的一个。

任何一个作家总是，也只能是在民俗文化传统之中被养育成材。民俗文化传统在潜移默化中将本民族文化精神的精髓铸入作家的思想人格，为之奠定最初也是最坚实牢固的基础。民俗文化传统教给作家怎样对待生活，怎样处置逆境与顺境，怎样评价一切人与事。民俗文化传统教会作家爱与恨，教会他们发现美与善，并教会他们用自己民族独有的比喻和象征、用传统的众所公认的意象和典故去倾诉爱憎之情，去描述这种美与善，以唤起更多人的心灵感应。一方水土养一方人，一方水土养育一方的作家。本乡的民俗生活为作家提供取之不尽、用之不竭的创作源泉，异地的民俗景观为作家开拓广阔无垠的创作天地。颠沛转徙、远赴塞外、贬谪放逐、穷处蛮荒，对于作家来说，既是人生厄运又是创作幸事，许多作家正是在经历大幅度的浮沉和播迁，受到多种民俗生活的滋养熏染之后，才开创了他文学写作的新生面，使他的创作攀上一个新的高度。

当然，一个作家也绝不会仅仅接触民俗文化，经典文化也是塑造其灵魂与人格的重要力量，只是对此历来阐论甚多，本书就不多说了。

一个作家，尤其是一个成熟的、有清醒理性并善于独立思考的作家，对待民俗文化也绝不会仅仅是接受，更不会是一味盲从。他们对于民俗文化传统的态度（或曰关系），大致有三种情况。

一种是顺应。作家自觉不自觉地融入民俗文化传统，成为其中的一分子，并用自己的笔满怀深情地反映、表现民俗文化。例如作家们也和常人一样过着种种民俗节日，做众人之所做，乐众人之所乐，并在诗文作品中记录节日所见所闻（记录得好的，就成为一幅风俗画），并抒发由此引起的、富于民俗意味的思绪与感慨。这种情况在唐代作家中，可以说十分普遍。另一种情况是作家为民俗文化所吸引，如刘禹锡贬在朗州、连州时，对朴素清新的西南民歌《竹枝词》之类情动于中，于是先倾听、学习，后模仿制作，终于创作出美学品位更高更纯的新词。这是在顺应的前提下又予以积极的提高，作家的主观能动作用得到了更好的发挥。

与顺应相反的一种情况是批判。

毋庸讳言，任何时候的民俗，并不尽是美好的东西，其中必然也有粗鄙、陋劣、落后、有害的一面。作家与一般民众的不同之处，就在于他们能够保持清醒，既置身于民俗之中，又对它进行高屋建瓴的审察，用先进的理性精神对民俗文化传统进行衡量、判断和选择。这是一种难能可贵的批判态度。

许多唐代作家留下了批判陋俗的作品。这种批判的方式多种多样，既有正面的无情挞伐，又有巧妙乃至谐谑的讥刺嘲讽，有的充分显示了作者的正义与感愤，有的则表现了作者的才气与智慧。把这些作品聚在一起欣赏，不但能令人解颐，也许更能益人聪明。

更有一些唐代作家，不仅诉诸诗文，而且采取实际行动揭露陋俗、对抗陋俗，以实现其移风易俗的理想，例如韩愈、柳宗元、李德裕等在担任地方官时，对"淫祠"现象的批判和干预。虽然由于条件限制，他们取得的成效有限，但无论在文学史还是在民俗史上，都值得大书一笔。

唐代作家对于民俗文化传统的第三种态度，是借用。

与前两种态度相比，持这种态度时，作家投入的程度稍差，由此构成的相互关系，也就比较淡远疏离。大体说来，种种民俗事象已不是作家创作时注意的中心，而只是促成创作的一种契机。作家的笔墨也不再以描述民俗事象为重点，他的真意其实是在借题发挥，指东说西。唐诗中有不少这样的作品，从题目看，它与某个民俗节日有关，或就是为此而作的，而实际上对节日民俗却没有丝毫具体描述，全诗只是倾诉诗人在此日此时的感触而已。这类作品就是作者借用民俗以为创作契机的产物。

顺应、批判、借用，这就是作家对于民俗文化传统的三种态度，同时也就构成了两者关系的三种情况。需要说明，一个作家并不只是持一种态度，面对不同的民俗，面对民俗文化传统的不同内容，他们的态度会有所变化。在这里，充分地显示出作家的自主性。作家们不是一味地顺应民俗，而能持有冷静的批判眼光，这对于移风易俗，对于改善和提高民俗文化，是一件大好事。在我国民俗文化传统的建设和发扬上，以文学家为代表的知识阶层所发挥的良好作用，是很值得重视的。

岁时节日

一、唐人的时间意识和对节俗传统的改造

> 从时间意识看民俗文化特征——《夏小正》与《礼记·月令》——四时节令和众多的民俗节日——唐代历法——皇帝赐历之举——戴孚《广异记》的"天曹日历"——唐诗所显示的历日在民间——节日的意义——唐人对节俗传统的改造:削弱崇神敬鬼色彩,增强现世享乐成分

人类生活在空间和时间之中。

空间是那样广袤辽阔,每个具体的民族、具体的人在交通不发达的古代,生活的范围总是有限的。中国古人所真正熟悉的,主要是自己的乡土,对空间的感受和认识也往往因此而获得,所以不免各式各样而难以统一。

时间不同。时间的存在与流动,对于古人来说,主要表现为早晚、日夜乃至四季的更替,表现为农业生产从春播到秋收冬藏的反复,尤其表现为人本身生老病死的过程——这是对于无论生活在何处的中国人都大体一致的。古代中国人对于时间

的认识较为统一，其缘故或许就在这里。如果我们要选择一个角度以展现中国古人的民俗生活，并使这种展现具有较大的普遍性，那么，时间意识这一角度，显然比地域意识较为有利。

中国古人的时间意识起源很早。先秦时代的古籍之中就有相当系统的反映。如《吕氏春秋》有十二纪，自孟春至季冬分为十二章，每章之首篇即述该月时令、物候以及与之相关的诸项事宜。后来的学者为了使这十二章取得更古老的资格，将其单独抄出，置于相传为周公所作的《礼记》之中，号《月令》篇。又如汉人戴德所传的《大戴礼记》有一篇《夏小正》，就是按月记述某些动植物的习性和活动规律，虽所记甚简，但同样鲜明地贯穿了四季递变的意识。中国古代围绕着《夏小正》和《月令》，专门的研究著作，从校勘、辑佚到章句、注释、考异之类，可谓层出不穷，形成了一个长长的系列，这也表明古人对时令问题的重视。

结合着对于天象、物候的观察和对于农时的经验，中国古人早就把一年四季划分成二十四个节气。这就是至今传唱的"春雨惊春清谷天，夏满芒夏暑相连，秋处露秋寒霜降，冬雪雪冬小大寒"。以农业立国的古代中国社会，对此极端重视。哪个季节该做何种农事，虽有地区的不同，但各自都有一套相当严密的规定，任何人不能也不会去随意违拗。

这是古代一种典型的民俗文化，并且早已由民俗文化上升为国家的礼法制度。每到一个节气，皇家都会主持一次规模大小不等的祭典，而尤其看重的则是所谓"四立、二分、二至"，即立春、立夏、立秋、立冬、春分、秋分、夏至、冬至。《唐会要》卷23《缘祀裁制》载贞元十五年太常卿齐抗等奏议，曰："每年大中小祀，都七十祭。其四立、二分、二至、腊、上辛、吉亥等日，盖为气节也；其后寅、后申、后亥、后丑等日，盖谓星次也。伏以气行有时刻，星位有次舍，或定用日，或定用辰，不可改移，请依旧制。"同卷同门就详细刊载了自元月至十二月祭典的名目和内容。

除了与农业生产紧密相关的自然节气，自古以来由于图腾禁忌、祭祀祷祝乃至原始宗教、信仰崇拜的需要，人们还约定俗成地确定了另外许多节日。其中有的与节气相重叠，如清明、夏至、冬至等；有的则与节气无关，如元日、上元、花朝、寒食、上巳、端午、七夕、中秋、重阳、岁除之类；有的与农业生产或收获有显著的联系，如春秋两社；有的则显然来自宗教的影响，如四月八日的浴佛节，七月十五的中元节（又称盂兰盆节）；还有的是出于皇家的规定，如自唐玄宗起，就把每个皇帝的诞辰规定为全国性的节日。唐玄宗八月五日生，定名为千秋节（后来改为天长节），由于时间与秋社日相近，有时便两节同过，百官放假，皇帝摆宴相请，民间则赛神祭祖，大酺数日，以造成一派朝野共欢、普天同庆的景象。其他诸帝的生日，如肃宗叫天平地成节，代宗叫天兴节，文宗叫庆成节，武宗叫庆阳节，宣宗叫寿昌节，情况也大抵相同。

上述这些节日除了皇诞日为节是自我作古外，大都是世代传承的民俗节日，基本上覆盖了整个中国文化圈，尽管节日的具体过法，各地区有许多不同，但仍可以说是一些全民性的节日。至于各地、各民族、各阶级阶层、各行业根据各自特点或需要而确立的节日，那就名目更多，内容更为复杂了。

一年之中如此多的节气、节日，为了农事、政事和一切祭祀活动的协调，全国上下自然需要一个统一的历法。

唐朝廷与历代统治者一样，对历法十分重视。历法与天文有关，而天文在持"天人合一"世界观的古人看来，则与人文、人间万事相关。从某种意义上说，历法的更新是新政权建立和稳固的象征，正如张说《大衍历序》所谓"先王以明时授人，敬天育物者也"，因而具有政治上的重要性，所以唐帝国从它创建伊始，就立刻下令编制《唐历》。在它统治的二百九十年中，随着皇位的更迭，历法凡十变[①]，其中还不算已经下令拟制，并已完成而未实行的《光宅历》（武周时作）、《乙巳元历》（中宗时作，睿宗即位而罢）等。

《历》在古代是一套完整的著作。以唐代著名的僧一行刊定、大臣张说总其成的《开元大衍历》为例，就包括了经章、长历、历议、立成法、天竺九执历、古今历书、略例奏章等，合共五十二卷。[②] 从《新唐书·历志》中引录的部分《历议》与《略例》来看，这部历书当以理论阐述、历史资料与考订、具体

[①] 参两《唐书》的《历志》，以及岑仲勉《隋唐史·唐史》第63节，中华书局1982年。
[②] 关于《开元大衍历》的构成与分章，张说《大衍历序》（见《全唐文》卷225）与《唐会要》卷42《历》所载略有不同，可两参。

推算法等内容为主，而《长历》（其性质略似我们今日所谓的《万年历》）只占一小部分。

历术的精进是天文学和数学研究水平提高的结果，而对历法的重视则反映了人们时间意识的加强。

在古代，历法具有全国性重大活动时间表的作用，实际上具有某种程度的法律意义，所以皇家、朝廷对其极端重视。每年的新历日——也就是新的一年的日历——往往由皇帝在岁末亲自颁发，派中使（宦官）赐给大臣，而受到这种恩宠的官员们，便以此为极大的荣耀，除上表称谢外，还常常写入诗文，以志喜庆。

盛唐的张说、中唐的白居易有《贺示历书表》《谢赐钟馗及历日表》《谢赐新历日状》等文，现存于《全唐文》中。[①] 有时镇守一方的大吏，也获得这种赏赐。这从刘禹锡的《为淮南杜相公谢赐历日面脂口脂表》和《为淮南杜相公谢赐钟馗历日表》可以看出。杜相公，指当时带同平章事衔（宰相）的淮南节度使杜佑，这两份表章分别上于唐德宗贞元十六年（800）末和二十年（804）末，看来皇帝向重要藩镇颁赐历日，已形成一种惯例。

皇帝颁赐历日，也是权力的显示，而民间私印，一般是被禁止的。唐文宗大和九年（835）十二月，甘露之变不久就曾为此下令："丁酉，敕诸道府不得私置历日板。"陈寅恪批道："足

[①] 分别见《全唐文》卷223、卷668。

见当日有私印日历者。"[1]

的确,除了政府和官宦之家,民间也有日历在流传与应用。皇帝给藩镇大吏颁赐历日,其实就有让他们向外、向下传播之意。对此,有的受赐官员心领神会,所以在上表中除了一般的感激语,还有这样的话:"谨当奉扬节候,下告于万人。"[2] 皇帝所颁之历日,有时是一年的,有时是十年的[3],这些历日由官府颁示推广,民间或传抄,或买卖[4],逐渐渗透到全社会,成为全国上下共同知晓和遵守的时间表。从冯宿的《禁版印时宪书奏》[5],也可以看出当时民间印制日历的规模:"剑南、两川及淮南道,皆以版印历日鬻于市。每岁司天台未奏颁下新历,其印历已满天下,有乖敬授之道。"所以他是主张"准敕禁断印历日版"的——当然,实际情况却只能是禁而不止。在这些私印的历本中,还未包括那些久在民间流传的其他历本,如源于印度的《九执历》[6]。

历本在唐代民间的普及,在文学上是有颇多反映。

---

[1] 见《陈寅恪集·读书札记一集》,第60—61页,生活·读书·新知三联书店2001年。
[2] 令狐楚《谢赐腊日口脂红雪紫雪历日等状》,见《全唐文》卷541。
[3] 如令狐楚《谢敕书赐腊日口脂等表》就说:"奉宣敕书手诏,兼赐臣口脂红雪各一合,十年历日一通。"郑絪《腊日谢赐口脂历日状》也说道:"三百六旬,斯须而咸睹;二十四气,瞬息而可知。"分别见《全唐文》卷540、卷511。
[4] 历本买卖前朝已有,如《梁书·傅昭传》记载昭幼时曾随外祖于朱雀航卖历日,即卖历本也。
[5] 见《全唐文》卷624。
[6] 参陈振孙《直斋书录解题》卷12。

中唐人戴孚的小说集《广异记》中有一则故事，说费州（唐属黔中道，在今贵州省）地方多虎患，一个叫费忠的人外出背米，日暮独行山中，燃火自卫，遥闻虎声，便将米袋扮成人样，自己则上树躲避。四虎扑来，只见米袋，三虎去，独留一大虎。大虎忽然脱皮，化成一老人，枕手而寐，似有所待。费忠下树猛扼其喉，老人乞命，坦白道："是北村费老，被罚为虎，天曹有日历令食人，今夜合食费忠，故候其人……如不信，可于我腰边看日历，当知之。"费忠依言查看了老人身边携带的日历，果然如此。后来，老人告诉费忠一个解救的办法，把这个灾祸转嫁给了别人。[1]

这当然是一则民间传说、童话故事。但从中却可以看出在偏僻的贵州山区，人们也已经有了"日历"这个概念，并且知道这日历上是标明了某日应做某事，并一定要严格执行的。

另外，在唐诗中也有不少例证。如李益有《书院无历日，以诗代书问路侍御六月大小》[2]，是手头一时无历本，而向朋友询问，当然这也可能是作诗的一个由头。刘长卿谪居睦州时有《岁日见新历因寄都官裴郎中》，其开篇"青阳振蛰初颁历，白首衔冤欲问天"两句，以新历和初春起兴，诉说多年含冤沉沦的悲愤。[3] 元稹《酬乐天春寄微之》诗，写于他和白居易分别被

---

[1] 见《太平广记》卷427；又见《冥报记·广异记》，第167页，方诗铭辑校，中华书局1992年。
[2] 见《全唐诗》卷283。同书卷784太上隐者《答人》诗云："山中无历日，寒尽不知年。"
[3] 见《全唐诗》卷151。

贬江州（白）、通州（元）之时，其颈联云："千山塞路音书绝，两地知春历日同。"以历日、季节之同，隐喻处境、心情之同。又如白居易《十二月二十三日作兼呈晦叔》诗①，有"案头历日虽未尽，向后唯残六七行"之句，从中不但可以看出诗人案头常置历日备查的情况，并且可以推知唐历的模样，似乎是一日一行，简略地记着日月和宜忌之类的事情吧。

晚唐著名诗人方干有五律《岁晚苦寒》诗②，前面六句集中渲染题意，末二句笔调一转，写道："伫看开圣历，喧煦立为期。"所谓"圣历"，也就是俗语中说的"皇历"。当一年将尽、苦寒难熬之时，诗人忍不住想去翻看下一年的"圣历"，盼望着和煦的新春早日降临。罗隐的《岁除夜》③则写道："官历行将尽，村醪强自倾。""官历"也就是"圣历"，既是一种敬称，也表明它本来是由官家颁布的。

与方干、罗隐同时代的来鹄，其《早春》诗④所表达的情事，恰是方干《岁晚苦寒》诗的自然延伸和演化。诗云："新历才将半纸开，小庭犹聚爆竿灰。偏憎杨柳难钤辖，又惹东风意绪来。"唐代的日历和当时的书籍一样，是卷成一轴，随用随展的。刚过元旦，庭院里爆竹的余灰还没有清扫，"新历"自然也才打开不多一点，可是诗人已经感到春天的气息了。方干、罗

---

① 见《全唐诗》卷 454。
② 见《全唐诗》卷 649。
③ 见《全唐诗》卷 659。
④ 见《全唐诗》卷 642。

隐和来鹄都是普通文人，长期生活在民间。从这三首诗看，唐代民间使用日历应是相当普遍的。

记载月日、月大月小、二十四节气或所谓四时八节，以及每日的宜忌，即该做些什么，该避忌什么，是我国传统历本的主要内容和用途。据李约瑟的考证，现存唐代最古老的历书，刻于乾符四年（877），"上面有小的画像和图表、历日以及十二生肖。这些甚至和现代所用的历书都非常近似"①。该书还印有现藏不列颠图书馆的历书残页照片。我们还可以从日僧圆仁《入唐求法巡礼行记》的开成五年（840）记事中，看到他"正月十五日得当年历日抄本"，和他抄录的副本，上面写明"凡三百五十五日，合在乙巳上取土修造。大岁申，大将军在午，大阴在午，岁德在申酉……"等天文观象记载，以下每月依次排列，写明干支记日、节令等。这大约是最早的唐历抄本了。在敦煌遗书中，尚有多种唐五代历书。②

历本还有一个重要用途，就是确定民俗节日的时间。

对于长年生活在平平凡凡日子中的民众百姓来说，过节无疑是一件大事，是一次需要隆重对待的庆典。如果说缓慢而不息流逝着的时光像一根无头无尾而又平淡无奇的索链，那么各式各样的民俗节日，就是使这索链熠熠生辉，变成美丽多姿的

---

① 见《中国科学技术史》第5卷第32章，科学出版社、上海古籍出版社1990年。
② 参见高国藩《敦煌民俗资料导论》第9、10章，台湾新文丰出版公司1993年；施萍亭《敦煌历日研究》（载《1983年全国敦煌学术讨论会文集》）。

颗颗珍珠。或者换句话说:"在每年一定的日子里,人们心中的人性会周期性地抛开日常生活的烦恼,沉浸在节日的喜庆之中,有时甚至连文化压迫和经济贫困也统统抛在脑后。"[①]

满足人们内在的心理需求和调节人际关系、维持社会稳定,是节日及其庆典的两大功能。这不但适用于世界各民族,而且在唐代的有关民俗资料中,也可以得到证实。

在唐代,一系列传统的民俗节日被保存下来,有的甚至通过唐代而一直流传至今。但唐人的贡献更在于,他们又使这些节日获得了富有时代性的意义和某种新的形式,因而使这些节日活动为一度相当繁荣富足的社会生活,增添了诱人的色彩和情调,并集中而鲜明地体现了唐人豪迈乐观,尽情享受人生以充实生命的处世态度。

唐人过节,一方面保持了许多传承而来的仪式,因而显然并未脱尽这些节俗所包含的原初意义,特别是皇家在这些节日举行的祀典,其保守的性质更为明显。但在广大民间,这些节日原有的祷祝、祭祀、信仰、禁忌方面的含义,尽管并未完全消失,实际上却在日趋淡薄。与此同时,节日的游艺娱乐性质却呈日益加强之势。这种变化的趋势,并不始于唐代,也不限于中国,是一个很早就发生的世界性现象,只是到唐代有一个较大的发展,所以格外令人瞩目。

元旦和上元节自古以来就有狂欢节的意味,这里暂且不说。

---

① 美国史密森学会民俗研究室编《庆典》一书《前言》,作者拉尔夫·林兹勒、彼得·赛特尔,方永德等译,上海文艺出版社1993年。

上巳或三月三日本来是一个祓禊求洁、拂除不祥、招魂续魄、祈求无灾无病和丰收的日子。一切节日活动，巫术意味极强。可是唐人，特别是朝廷与官员，虽仍保存祓禊之礼，却将节日的主要内容变成了饮宴游玩和尽情享乐。

寒食禁火，唐犹古风；与之紧接着的清明，本是一个自然节气，此日前后上坟祭祖，并趁机踏青郊游，饮宴作乐之风大盛，则是唐人的新举。由于风气已成，官府难以禁止，也就不得不承认它的合法性。唐玄宗开元二十年（732）《许士庶寒食上墓诏》云：

> 寒食上墓，礼经无文，近代相传，浸以成俗。士庶有不合庙享，何以用展孝思？宜许上墓拜扫，申礼于茔，南门外奠祭，撤馔讫，泣辞。食馔任于他处，不得作乐，仍编入五礼，永为常式。①

从这道诏书可以看出，一种民俗如何因其势大而终于上升为国家承认的正式礼法。同时也可以看到礼法仍要对民俗加以约束和限制。如这里就规定：寒食、清明上墓之后，不能在坟茔近处食馔，更不得作乐——既是尽孝致哀，就要有个尽孝致哀的样子。

但恰恰也就可以由此看出寒食、清明利用上坟扫墓的机会

---

① 《唐会要》卷23《寒食拜扫》；《全唐文》卷30玄宗皇帝文引此，字句略有不同。此据《全唐文》。

而行郊游野宴、聚众玩乐之实,在当时确已成风。追溯起来,早在唐高宗龙朔二年(662),就曾有诏严禁"送葬之时,共为欢饮,递相酬劝,酣醉始归"和"寒食上墓,复为欢乐,坐对松槚,曾无戚容"的风气。① 再往前推,则在此三十多年之前的贞观初年,就有当时的御史大夫韦挺向皇帝上过一份表疏,说道:

> 父母之恩,昊天罔极;创巨之痛,终身何已。今衣冠士族,辰日不哭,谓为重丧;亲宾来吊,辄不临举。又闾里细人,每有重丧,不即发问,先造邑社,待营办具,乃始发哀。至假车乘,雇棺椁,以荣送葬。既葬,邻伍会集,相与酣醉,名曰出孝。夫妇之道,王化所基,故有三日不息烛、不举乐之感。今昏嫁之初,杂奏丝竹,以穷宴欢。官司习俗,弗为条禁。望一切惩革,申明礼宪。②

看来,临丧不哀,却找到机会就要"相与酣醉""以穷宴欢"一番,是早在唐初就有的情况,虽经大臣上疏要求惩革,但并未能够抑止,反有愈演愈烈之势。

《新唐书》编者在《韦挺传》中认为造成这种情况的原因,在于"是时承隋大乱,风俗薄恶,人不知教"。如果这说法在唐初还勉强可通,那么,时至龙朔,唐已开国半个世纪,时至

---

① 见《唐会要》卷23《寒食拜扫》。
② 见《新唐书》卷98《韦挺传》。

开元，则已逾百年，此风却有增无减，又做何解释呢？说唐人"风俗薄恶，人不知教"，显然带有贬义，但指出这是个风俗变化的问题，却很有见地。

联系唐人在全部民俗节日中的一贯表现，我们不妨将这看作唐人对传统节日风俗的改造——这是一种并无明确目的和纲领，也无人筹划或指挥，而以众心合力、自然而然实现的社会运动。因而只能认为其真正的动力，是在于人心，即人性的深处。日渐发达的生产力导致了日益繁富充裕的物质生活，也就必然导致人对天地宇宙、自然鬼神认识的加深，必然刺激起人对现实生命的珍视和对自身欲望的炽烈追求。唐人在保持许多传统节俗的形式的同时，不同程度地改变了它们的性质和意义，不但是寒食、清明，而是几乎所有节俗都冲淡了崇神敬鬼的色彩，降低了悼亡念祖的成分，都大大地增强了亲近大自然，享受大自然，充分领略现实人生欢乐和享受人生的意味。表面看来这确乎有点"风俗薄恶，人不知教"，其实质是体现了发自人性深处那种不可违拗的内在力量。在唐代，由于政治、经济、文化等多方面的原因，人性中的这种力量得到较自由的发挥与张扬。在其以后的朝代，即使人性遇到不同程度的压抑，乃至摧残，但民俗节日崇神敬鬼意义的削弱（使其成为一种虚应故事的表面文章，其实也是一种削弱），和现世享乐性质的加强，也仍然几乎是不可阻挡的演变趋势。①

---

① 比如宋代寒食、清明节日游宴之风更盛，据孟元老《东京梦华录》描述，不但市井平民，就连禁中宫人军将均有应节活动，"士庶阗塞诸（转下页）

二、享受人生和亲近自然的强烈渴望：从上元、寒食到端午、重阳

> 唐人诗文与民俗节日的不解之缘——两个小统计——诗歌绘出的上元节风俗画——元宵观灯的狂欢性质——寻觅自由的人性要求——寒食、清明：投向大自然的怀抱——端午：从避瘟免灾到体育竞技——重阳：企求永恒与享受人生的统一

对现存唐人节俗活动资料的考察，不但可以一定程度地复现当年节日盛况，而且可以使我们对这些节俗的文化意义有所认识。我们除了依据各类史书、类书、风土记和笔记小说外，特别着重地利用了唐人诗文。

唐代是一个文学创作全面繁荣，诗人、散文家、骈文家、小说家辈出的时代。作家们固然在一年的任何一天都可以进行创作，但在节日，即在有特定文化意蕴的日子里，由于时令和周围人文气氛的变化，往往更易激发他们的创作灵感。孟浩然《九日龙沙作寄刘大昚虚》诗有云：

（接上页）门，纸马铺皆于当街用纸衮叠成楼阁之状。四野如市，往往就芳树之下，或园囿之间，罗列杯盘，互相劝酬。都城之歌儿舞女，遍满园亭，抵暮而归。……自此三日，皆出城上坟，但一百五日最盛。节日，坊市卖稠饧、麦糕、乳酪、乳饼之类。缓入都门，斜阳御柳；醉归院落，明月梨花。诸军禁卫，各成队伍，跨马作乐四出，谓之'摔脚'。其旗旌鲜明，军容雄壮，人马精锐，又别为一景也"。

> 风俗因时见，湖山发兴多。

其《卢明府九日岘山宴袁使君张郎中崔员外》诗又云：

> 登临今古用，风俗岁时观。①

这两首诗都是孟浩然参与重阳节民俗活动后所作，直觉地感受到在节日最易窥见民情风俗以及引起创作兴致的道理。为节日而写作各种体裁的文章，写节日之所闻、所见、所思，确实成为唐代作家致力的一个重要方面。

我们浏览《全唐文》，便可以发现不少文章仅仅从标题就显示出它们与节俗有关。这些文章几乎包括了所有重要的体裁。虽然它们有的是为了某种需要，作为应用文而出现，言志抒怀成分甚少，但在中国古代广义的文学观中，它们仍是文学家族之一员。并且由于作者语言修辞之功，在今天它们仍然具有一定的审美价值。

这里有皇帝的诏敕，如唐玄宗的《寒食禁火敕》、唐穆宗的《定寒食假诏》；有朝臣们写的颂，如岑文本的《三元颂》②、白居易的《中和节颂》；表，如宋璟《三月三日为百官谢赐宴表》、武元衡《寒食谢赐新火及春衣表》；有州郡官或他们的幕

---

① 两诗均见《全唐诗》卷160。
② 岑文本《三元颂》，见《全唐文》卷150，系为新年元旦而作，元旦日乃岁之元、月之元、时之元，故称"三元"。参《初学记》卷4。

僚写的状启，如于公异《端午进马状》、李商隐《为安平公谢端午赐物状》《为河东公上尚书侍郎给事贺冬启》；有文人们所写的赋序，如王绩《三日赋》、王勃《七夕赋》《守岁序》、骆宾王《扬州看竞渡序》、潘炎《九日紫气赋》，其中尤以序文的数量为多。甚至还有像判文、青词、叹道文这样的体裁，如康廷芝《对竞渡赌钱判》、冯敬徵《对九日登高坠脚判》、吴融《上元青词》、封敖《立春日玉晨观叹道文》之类。

上述种种文章在文学上所达到的水准很不一致。从严格的文学审美要求，特别是现代人的欣赏口味来衡量，也许其中大多数可读性不强，但也不可一概而论。有的文章写得很好，具有非常浓郁的民族风格和古典气息。如王勃的《七夕赋》《三月上巳祓禊序》《上巳浮江宴序》《守岁序》等均因节俗而作，可以说每篇都写得很有特色。

在国人引以为骄傲的唐诗中，表现各个民俗节日的作品更是不计其数。民俗节日为生活于同一文化圈内的每个个体所认同，唐代诗人无不从小浸淫于这种文化氛围之中。因此，几乎没有一个存诗较多、地位较为重要的诗人没有写过这方面的作品。

也许不妨以两个小统计来说明问题。第一个，倘翻检《全唐诗》，可以看到，有的几乎整卷均属此范畴。如卷72，收十八位作者三十五首诗，总共只有四个标题：(1) 晦日宴高氏林亭；(2) 晦日重宴；(3) 上元夜效小庾体；(4) 三月三日宴王明府山亭，均与唐人的节日风俗有关。所谓"晦日"，即每月的最末一日，但传统上以正月晦日最受重视。南朝梁宗懔《荆楚岁时记》曰:"按每月皆有弦望晦朔,以正月初年,时俗重以为节也。"唐时大概依旧如此。这里的第一题,从诸人诗作内容看,显然就是写的正月晦日。第二题则是暮春三月晦日重宴时所作。第三题的上元夜,即正月十五、元宵之夜。"小庾"指梁代文学家庾肩吾之子、著名诗人庾信。他的五言诗富丽华美,隋唐人对之十分倾倒,所以诸人以之为仿效对象。这组诗有长孙正隐《序》一篇,将洛阳元宵之夜的景色动态写得相当生动传神。第四题,三月三日即上巳节,是在唐朝最受重视的节日之一。[①]这组诗有崔知贤所作《序》,故知也是作于洛阳,该文叙此日宴集情况甚详。[②]

此外,如卷103—105三卷,也载入大量歌咏元日、人日、九日(重阳)的诗作,后两卷几乎全部都是此类诗。这是第一个小统计。

第二个统计。史载,唐历代皇帝多好文辞。唐德宗李适尤以能诗著称。然而他的作品,现仅存十五首,见《全唐诗》卷4。这十五首诗有十三首(即86%以上)是与节俗有关的,

---

[①] 《新唐书·李泌传》载:唐德宗"欲以二月名节,自我为古",询诸李泌,泌请"废正月晦,以二月朔为中和节,因赐大臣戚里尺,谓之裁度。民间以青囊盛百谷瓜果种相问遗,号为'献生子'。里闾酿宜春酒,以祭勾芒神,祈丰年。百官进农书,以示务本"。遂著于令,以中和节与上巳、九日为"三令节"。三令节在唐代最受重视,产生的诗文也最多。如李泌即有《奉和圣制中和节曲江宴百僚》《奉和圣制重阳赐会聊示所怀》等诗。
[②] 《全唐诗》卷72崔知贤《三月三日宴王明府山亭》下小注:"同赋六人,孙慎行为之序。"而查《全唐诗》,无孙慎行其人。与会的其他四人席元明、韩仲宣、高球、高瑾诗均在本卷。而此序冠于崔知贤诗之前,故姑以之属崔。孙之诗、序或均已亡佚。

涉及元日、中和节、上巳节、中元节、重阳节等。它们或是节日宴集与百官唱和，或是节日言志书怀以示群僚——可以想见，这就必然引出一批应制奉酬之作，总数相当可观。它们既从一个角度反映了封建君臣们的奢侈生活，又反映了民间习俗渗入宫廷的巨大力量。毫无疑问，皇帝百官过节和平民百姓过节在具体内容与方式上有许多不同之处，老百姓绝不可能像皇家那样奢侈铺张。但是宫中过人日，同样也要赐彩缕人胜；过上巳节，也要祓禊渭滨或游曲江池；过端午也要看竞渡；过重阳则要登高，如登慈恩寺浮图或临渭亭之类，这些活动的性质与名目又显然与民间大致相同。这正是民族文化的统一性特征在节俗上的显现。

说到文学，帝王百官们的这一类诗作，当然是他们侈靡生活的记录，因此不是充斥"恭己临四极，垂衣驭八荒"①之类自炫词，就是泛滥着"万方庆嘉节，宴喜皇泽均""百辟皆醉止，万方今宴如；宸衷在化成，藻思焕琼琚"②之类颂圣语，真情实感并不多见。但话又说回来，倘不是民俗节日的刺激，他们恐怕连这些诗也未必作得出。再说，这些毕竟显示了宫廷生活的文化气息，其认识价值不可抹杀，其间也有个别篇章写得不错。

唐人的节俗诗③中确实有许多好作品。尤其是那些社会地位

---

① 这两句见唐太宗李世民的《元日》诗，又见于唐德宗李适《麟德殿宴百僚》诗，唯将"四极"改为"群后"而已。
② 见《全唐诗》卷320，权德舆《奉和圣制中和节赐百官宴集因示所怀》《奉和圣制重阳日中外同欢以诗言志因示百僚》。
③ 所谓节俗诗，指因民俗节日而作（大多即作于节日当天），或反映此类节日风俗的诗篇。

较低或身心常处于困厄状态的人们，或因比较接近人民生活而对民间节俗有亲切的体验和细致的观察，或因胸怀磊块、心多感触，民俗节日的来临适足以舒泄他们长期压抑郁结着的情绪，他们的作品自应得到更多的青睐。

我们对唐人因民俗节日而作的众多诗文感兴趣，首先是因为它们综合地为我们提供了一幅幅生动的风俗画。

如果单篇地看，也有个别篇章比较集中而详尽地描绘了节日风俗。如乔琳《大傩赋》①、孙颀《春傩赋》②，分别写岁末春初逐疫祈福的驱傩仪式；张建封和刘禹锡均有《竞渡歌（曲）》③，描述五月端午龙舟竞渡的壮观场面。不过就大部分此类作品看，还是粗墨大笔的勾勒为多。这是被中国古典文学总体的抒情性质和文字精洁的修辞观所决定的。把生活状况、现实事件等当作主体情感发生的背景，在作品中轻事实而重感受，淡背景而浓思绪，略叙述而详咏叹，这是古代诗人艺术思维的常规。然而倘能综合起来看，特别是结合有关史料乃至传承至今的某些风俗遗迹来观察，那么唐人诗文作品便足以使我们对当时节俗形成一系列立体的、有声有色的印象。

唐人节俗诗文的价值，还在于它们非常鲜明突出地反映了那个时代人们普遍存在的享受人生和亲近大自然的强烈渴望。

唐时一年节俗中，最热烈欢腾的恐怕要数上元，即元宵节。

---

① 见《全唐文》卷356。
② 见《全唐文》卷457。
③ 张诗见《全唐诗》卷275；刘诗见《全唐诗》卷356，题为《竞渡曲》。

这是一个可与西方某些民族狂欢节相比拟的全民喜庆的佳节。单单这个节日，唐人就留下了无数精彩的作品。

日本学者石田干之助在其《唐代风俗史钞》[1]一文的《元宵观灯》一节中，列举了卢照邻、崔知贤、韩仲宣、高瑾、崔液、苏味道、郭利贞、张萧远、袁不约、王諲等人的诗。其中像崔知贤的《上元夜效小庾体》"今夜启城闉，结伴戏芳春。鼓声撩乱动，风光触处新。月下多游骑，灯前饶看人。欢乐无穷已，歌舞达明晨"，苏味道的《正月十五夜》"火树银花合，星桥铁锁开。暗尘随马去，明月逐人来。游伎皆秾李，行歌尽《落梅》。金吾不禁夜，玉漏莫相催"，以及卢照邻《十五夜观灯》的"缛彩遥分地，繁光远缀天。接汉疑星落，依楼似月悬"等句，确实将元宵之夜万人空巷、赏灯玩乐的狂欢气氛和城门大开、金吾弛禁的特定制度写了出来。直到晚唐，情况还是如此，李商隐《正月十五夜闻京有灯恨不得观》说道："月色灯光满帝都，香车宝辇隘通衢。身闲不睹中兴盛，羞逐乡人赛紫姑。"[2]前两句即写京师的元宵盛况，相形之下，乡间同日迎赛紫姑神的仪式——对于村野之人来说，已是少有的热闹——就显得很简陋了。

元宵观灯和打破身份界限的狂欢是联系在一起的。

隋朝的一位御史柳彧曾在奏章中这样描写元宵之夜：

---

[1] 见日本平凡社出版的东洋文库第91种《长安之春》，1967年增订本。

[2] 紫姑神，民间相传原为人家小妾，遭大妇妒忌，怀恨而死，变为厕神，能佑蚕事及预卜吉凶。参见刘敬叔《异苑》、段成式《酉阳杂俎》。

……窃见京邑,爰及外州,每以正月望夜,充街塞陌,聚戏朋游。鸣鼓聒天,燎炬照地,人戴兽面,男为女服,倡优杂技,诡状异形。以秽嫚为欢娱,用鄙亵为笑乐,内外共观,曾不相避。高棚跨路,广幕陵云,袨服靓妆,车马填噎。肴醑肆陈,丝竹繁会,竭赀破产,竞此一时。尽室并孥,无问贵贱,男女混杂,缁素不分……①

这种情景,还有比用"狂欢"二字形容更确切的吗?隋朝曾想予以禁断,可是并不成功。隋炀帝杨广本人就有《正月十五日于通衢建灯夜升南楼》:"法轮天上转,梵声天上来。灯树千光照,花焰七枝开。月影凝流水,春风含夜梅。幡动黄金地,钟发琉璃台。"②满怀激情地渲染这个节日的繁华景象,哪里还会去下令禁断!到唐代,正月十五的节日气氛更加热烈,皇帝皇后加入狂欢行列,已成常规。

唐史记载:景龙四年(710)上元夜,唐中宗与皇后微行观灯。是夜,放宫女数千人外出看灯,因此多有亡而不归者,皇家也不予追究。第二天晚上,帝后照样微行看灯,并幸驸马韦安石府第。先天二年(713)上元节一连三夜,太上皇(已退位的睿宗)御安福门观灯,出内人连袂踏歌,纵百僚观之。其时宫女数千人衣罗绮、曳锦绣、耀珠翠、施香粉,并妙选长安、

---

① 见《隋书》卷62《柳彧传》。
② 见逯钦立《先秦汉魏晋南北朝诗》之《隋诗卷》,第2671页,中华书局1983年。

万年两县少女、少妇乃至使婢、妓女千余人，穿戴打扮每个人要花费三百贯到万钱不等，让她们于灯轮下踏歌，三日方罢，欢乐之极，为前所未有。①

不仅长安的元宵节如此，东都洛阳、淮南重镇扬州乃至边鄙之地的凉州也是如此。

牛僧孺《玄怪录》卷 3 有《开元明皇幸广陵》一篇，述开元十八年（730）正月望夕，明皇问叶仙师今夕何处最丽，叶回答："灯烛华丽，百戏陈设，士女争妍，粉黛相染，天下无踰于广陵矣！"广陵，就是扬州，唐时全国最繁华的都市之一。《太平广记》卷 26 引《集异记》及《仙传拾遗》，谓开元初，玄宗于东都上阳宫观赏匠人毛顺心精心制作的大型彩灯，"灯为龙凤螭豹腾踯之状，似非人力"，与之同观的道士叶法善说："灯影之盛，固无比矣。然西凉府今夕之灯，亦亚于此！"应玄宗之请，道士施法术带他去凉州观看，果然是"既睹影灯，连亘数十里，车马骈阗，士女纷委"。

如此豪华奢侈的灯节，当然需要经济实力的支持，从中我们看到当时物质财富的丰盈；而尤为重要的，则是主持者、参与者的巨大热情、丰富想象和组织才能。这里充分显示出唐人沛然洋溢、旺盛无比的生命力。

在唐人看来，一年到头平淡无奇、缺少情趣的日子还是太多了，他们就是要用各式各样的节日来打破平凡，打破庸常，制造气氛，掀起高潮，并从中获得乐趣。在新春伊始的元宵佳

---

① 参《旧唐书》卷 7《中宗睿宗本纪》及张鷟《朝野佥载》卷 3。

节，他们要暂时忘却生活的艰难辛酸及一切烦恼和不如意，暂时抛开现实中官民分野、利害冲突，在节日喜庆所缔造的有限时空和文化氛围中，尽情地玩乐，尽情地享受，享受他们平日所不可能享受到的一切，而归根到底，那就是自由。帝王后妃走出皇宫，是为了寻觅平日没有的自由；平民百姓、文人士子，甚至和尚道士与从无机会外出寻欢的宫人女子、良家妇人，这一夜在街头可以"无问贵贱，男女混杂，缁素不分"地尽情玩乐，这更是一种身心的解放，是他们内心极端渴望却难以得到的自由。节日的狂欢，给所有的人提供了一个机会，让他们舒泄郁积于体内和心灵深处的欲望与能量，让他们进入忘我之境，却因此而发现自我，体验到人之为人的权利，品尝到人之为人的滋味。经过这"以秽嫚为欢娱，用鄙亵为笑乐"的三天，人们的体力和心灵都达到一种新的平衡，社会生活遂得以在正常轨道上继续运行下去。

随着经济发达，城市繁荣和文明程度的提高，人总是难免处于一种脱离乡土、脱离自然的不良趋势之中。因此，不甘于被深宅大院、宫观楼阁和城墙壕堑所拘禁，而要千方百计地冲破文明的束缚，投入大自然怀抱，甚至产生回归大自然的梦想，实乃人类生命活力尚强的表现。唐代文化所昭示给我们的，正是这样一种令人感奋不已的健康活力。这在他们的某些节日，如寒食、清明、端午、重阳等的民俗活动中有着集中的表现。

寒食与清明是两个民间色彩浓郁而其影响又深入宫廷的节日。寒食节由来已久。《周礼·秋官·司烜氏》中便有"中春，以木铎修火禁于国中"的记载。《荆楚岁时记》更明确指出其具体日子是"去冬节一百五日"。关于它起源于介子推焚骸的传说，大抵只是民间的一种附会。实际上寒食风俗既可能与古代北方生产力低下、物质条件困难有关，又可能与某种源于自然崇拜的古代禁忌有关，这且不去说它。到了唐代，寒食以及与它时日靠近、后来渐渐混而为一的清明，实际上已成为一种以全民游艺和纪念先人为主要内容的节日。唐人的兴趣不在追溯它的渊源来历，正如他们不管上元节究竟与佛教还是与道教有关一样，他们只是将它视为一种现实的风俗习惯和享受生活的机会。

禁火和颁赐新火，可以说是寒食节的首要标志。这在唐诗中得到非常形象的表现。如李崇嗣《寒食》绝句写禁火云"普天皆灭焰，匝地尽藏烟"，李正封《洛阳清明日雨霁》中亦云"千门尚烟火，九陌无尘土"。至于朝廷沿旧俗于清明日取榆柳之火以赐近臣，历年朝臣所写感谢的诗文，可谓不胜枚举。写得最好、传诵最广的，却要数当时并非近臣的韩翃的《寒食日即事》：

> 春城无处不飞花，寒食东风御柳斜。日暮汉宫传蜡烛，轻烟散入五侯家。

寒食、清明的游艺性质，在许多文学作品中得到充分表明。这种游艺包括郊游、踏青、秋千、拔河、蹴鞠、斗鸡以及放纸莺等。至于富贵人家或风雅之士，则往往乘此良日举行宴集，饮酒斗茗，品诗论文。

唐人好动，并非仅仅寒食、清明才喜欢出游，也不仅仅重九佳节才乐于登高。这两件事，自入春以来便已开始。正月七日的"人日"，就是第一个出游登高之节。乔侃、孟浩然、韩愈等均有写人日登高的诗作。此后的二月二、三月三更是一边农事大忙，一边有大批士女走出家门到大自然寻觅春光。寒食、清明正值春意酣浓之际，更是郊游远足、进行各种体育竞技和游戏的高潮。因此唐代诗文中描写烂漫的春景和多彩的游艺活动，表达春日的欢欣和惜春的惆怅之情，便成为常见的内容之一。那些作为寒食、清明特殊标志的民俗事象，也自然纷纷被摄入镜头。比如王维《寒食城东即事》写"蹴鞠屡过飞鸟上，秋千竞出垂杨里"，杜甫《清明》诗写到远在西南亦有此种风俗："十年蹴鞠将雏远，万里秋千习俗同。"白居易《洛桥寒食日作十韵》则有"蹴球尘不起，泼火雨新晴。宿醉头仍重，晨游眼乍明"的描写。唐末大诗人韦庄《长安清明》诗将今比昔，写出了清明景致与游艺盛况，诗曰：

> 早是伤春暮雨天，可怜芳草更芊芊。内官初赐清明火，上相闲分白打钱。紫陌乱嘶红叱拨，绿杨高映画秋千。游人记得承平事，暗喜风光似昔年。

也是以显著画面突出赐火、蹴鞠（白打者，两人对踢也）、骑马游春和秋千之戏。这样的情事组合几已成为寒食、清明诗的范式。元和十年（815）寒食节，当时任考功郎中知制诰的韩愈，正好轮到上直（在宫中值班），又逢阴雨，下班回来写了一首《寒食直归遇雨》，他想到的也是蹴鞠和秋千："寒食时看度，春游事已违。风光连日直，阴雨半朝归。不见红球上，那论彩索飞。惟将新赐火，向曙燕朝衣。"①

写斗鸡的著名作品有杜淹的《咏寒食斗鸡应秦王教》和陈鸿祖的小说《东城老父传》。杜淹诗据说有谏诤秦王（李世民）不要伐功之意②，却将寒食斗鸡风俗写得淋漓尽致：

寒食东郊道，扬鞲竞出笼。花冠初照日，芥羽正生风。顾敌知心勇，先鸣觉气雄。长翘频扫阵，利爪屡通中。飞毛遍绿野，洒血渍芳丛。……

斗鸡一事起源甚早，战国时代的齐国就有此风俗，汉初则刘邦之父刘太公、鲁共王刘馀俱好之。至魏晋时代乃形诸篇咏。才高八斗的陈思王曹植有《斗鸡篇》，以"群雄正翕赫，双翅自飞扬。挥羽激清风，悍目发朱光"，写准备战斗的雄鸡之姿态神气，自来传为名句。

唐人更是普遍爱好斗鸡。陈鸿祖《东城老父传》有这样的

---

① 请参《韩昌黎诗系年集释》卷9，钱仲联集释，上海古籍出版社1984年。
② 刘肃《大唐新语》卷8："杜淹为天策府兵曹……太宗戡内难，以为御史大夫，因咏鸡以致意焉。"中华书局1984年，第122页。

记叙:

> 玄宗在藩邸时,乐民间清明节斗鸡戏。及即位,治鸡坊于两宫间。索长安雄鸡,金毫铁距,高冠昂尾千数,养于鸡坊,选六军小儿五百人,使驯扰教饲。上之好之,民风尤甚。诸王世家,外戚家,贵主家,侯家,倾帑破产市鸡,以偿鸡直。都中男女以弄鸡为事,贫者弄假鸡。[①]

如此举国若狂的爱好斗鸡,甚至因为善于调教斗鸡而封官受赏,造成"生儿不用识文字,斗鸡走马胜读书"的社会影响,无疑是不足取的。但这种不怕见血、颇为残忍的民俗游艺活动在文学艺术上的投影,有时却能产生超乎这活动本身的价值。

唐人阎立德、张萱、周昉等人均绘有斗鸡图,可惜今已失传。因此中唐大诗人韩愈、孟郊的《斗鸡联句》就益发显得珍贵了。这首诗是两位诗友互逞其才,比胸襟、比笔力、比风格的产物,既刻画了雄鸡英俊勇武的形貌,描写了斗鸡反复进退的过程,更标榜了参战的雄鸡一往无前、义无反顾的精神,在他们的心目中,似已将这些鸡幻化为捍卫某种理想(如战士之捍卫边疆、文人之捍卫道义)而不惜碎首捐躯者的形象:

> 大鸡昂然来,小鸡竦而待(韩)。峥嵘颠盛气,洗刷凝鲜彩(孟)。高行若矜豪,侧睨如伺殆(韩)。精光目相射,

[①] 见《太平广记》卷485。

剑戟心独在（孟）。既取冠为胄，复以距为镦。天时得清寒，地利挟爽垲（韩）。磔毛各噤痒，怒瘦争碨磊。俄膺忽尔低，植立醭而改（孟）。腽脖战声喧，缤翻落羽翙。中休事未决，小挫势益倍（韩）。妒肠务生敌，贼性专相醢。裂血失鸣声，啄殷甚饥馁（孟）。对起何急惊？随旋诚巧给。毒手饱李阳，神槌困朱亥（韩）。恻心我以仁，碎首尔何罪？独胜事有然，旁惊汗流浼（孟）。知雄欣动颜，怯负愁看贿。争观云填道，助叫波翻海（韩）。事爪深难解，嗔睛时未息。一喷一醒然，再接再砺乃（孟）。头垂碎丹砂，翼拓拖锦彩。连轩尚贾余，清厉比归凯（韩）。选俊感收毛，受恩惭始隗。英心甘斗死，义肉耿庖宰。君看《斗鸡篇》，短韵有可采（孟）。①

诗的末尾，孟郊特意强调"君看《斗鸡篇》，短韵有可采"，说明他们这次联句并不只是简单地比赛写斗鸡场面，也并非为了反对这项靡费而无聊的活动，而是对此有所感、有所思、有所发现，希望读者读后能有所悟、有所采的。

放纸鸢在寒食、清明风和日丽的时节也是一项民众喜爱的活动。罗隐的《寒食日早出城东》诗似乎于无意中写到了唐人的这个习俗："青门欲曙天，车马已喧阗。禁柳疏风雨，墙花拆

---

① 参见《韩昌黎诗系年集释》，钱仲联集释，上海古籍出版社1984年。此诗主题亦有解为："刺当时朋党恩怨争势死利之徒，为权门之鹰犬，快报复于睚眦者。"（陈沆《诗比兴笺》）可参。

露鲜。向谁夸丽景,只是叹流年。不得高飞便,回头望纸鸢。"诗人写长安的寒食节,一清早,出城郊游的车马已很多很热闹,而自己则坎坷潦倒,"不得高飞",对乘风直上的纸鸢倒有点羡慕起来了。民俗景致为他提供了一个抒发内心苦闷的契机。

清明拔河是唐代极为盛行的一种竞技游戏,对此,正史野史多有记载,诗文作品中的描述唱赞更是比比皆是。

武平一的《景龙文馆记》这样具体地记述景龙四年(710)春天的故事:

> 清明,上(唐中宗)幸梨园,命侍臣为拔河之戏,以大麻绋两头系十余小索,每索数人执之以挽,以力弱者为输。时七宰相、二驸马为东朋,三相、五将为西朋,仆射韦巨源、少师唐休璟以年老随绋而踣,久不能起,帝以为笑乐。①

参阅《旧唐书·中宗睿宗本纪》和《资治通鉴》卷209的有关记载,可知当时宫中拔河之戏,不仅限于大臣,而且另有宫女间的对阵;大臣的清明赛事也不仅限于拔河,还有抛球,乃至斗鸡走狗之类。武平一的描写显然十分真实。

拔河是一种游戏,也是一种运动,唐人认为它不但可以振奋人心、鼓舞民气,而且能够导致国泰时安、年丰岁稔。所以

---

① 《景龙文馆记》。已佚,此段文字据《渊鉴类函》卷18、卷331所引。

唐玄宗非常提倡拔河，曾在北军组织比赛，并为此作《观拔河俗戏》诗道：

> 壮徒恒贾勇，拔拒抵长河。欲练英雄志，须明胜负多。噪齐山岌嶪，气作水腾波。预期年岁稔，先此乐时和。

他所宠信的大臣张说因此诗而作《奉和圣制观拔河俗戏应制》也很强调"春来百种戏，天意在宜秋"，但实际上无论宫中还是民间，对拔河运动的游艺性质是远比对它的祷祝巫术意义重视得多的。

《文苑英华》卷81收唐人薛胜《拔河赋》一篇，就根本不提祈祝丰收之意，而发挥了赞美勇武、宣扬国威以震慑万邦的主题。此赋气势雄伟，开笔即写道："皇帝大夸胡人，以八方平泰，百戏繁会，令壮士千人，分为二队，名拔河于内，实耀武于外。"其具体描写更是令人振奋：

> 于是勇士毕登，嚣声振腾……执金吾袒紫衣以亲鼓，仗柱史持白简以监绳。败无隐恶，强无蔽能。咸若吞敌于胸中，惨莫蚕芥；又似拔山于肘后，匪劳凌兢。然后一鼓作气，再鼓作力，三鼓兮其绳则直。……秦皇鞭石而东向，屹不可推；巨灵蹋山而西峙，嶷乎难摧。绳攕仆而将断，犹匍匐而不回。大夫以上停眙而忘食，将军以下虖阚而成雷。千人抃，万人哈，呀奔走，垒尘埃。超拔山兮力不竭，

信大国之壮观哉!……

薛胜因此赋"词致浏亮,为时所称"而获得能文之名。[1]

祭祖上坟是寒食独有的民俗事象,但从杨巨源《清明日后土祠送田彻》诗"祭祠结云绮,游陌拥香车"之句可以看出唐人已将祭祠与游春二事相结合。

白居易、徐凝、熊孺登诸人诗都写到清明上坟及烧化纸钱的习俗。熊孺登《寒食野望》云"拜扫无过骨肉亲,一年唯此两三辰。冢头莫种有花树,春色不关泉下人",写出寒食、清明风俗的独特性。白居易《寒食野望吟》诗描述哭祭烧纸钱之俗最为详细:

丘墟郭门外,寒食谁家哭?风吹旷野纸钱飞,古墓累累春草绿。棠梨花映白杨树,尽是死生离别处。冥寞重泉哭不闻,萧萧暮雨人归去。

徐凝《嘉兴寒食》则对那些生前遭人凌辱,死后无人祭奠者表示极大同情:

嘉兴郭里逢寒食,落日家家拜扫回。唯有县前苏小小,无人送与纸钱来。

---

[1] 参《旧唐书》卷153《薛存诚传》。

正因为寒食、清明上坟扫墓已形成普遍风气，所以政府也就不得不承认它的合法性。但对民间将上墓祭扫与游春野宴相结合的趋势，却又下诏禁止。

其实寒食、清明聚会饮宴之风真正刮得厉害的，还是皇宫朝廷、官僚豪贵之家以及一班进士文人。这只要看一看《清明日诏宴宁王山池赋得飞字》(张说)、《寒食日三殿侍宴奉进诗一首》(李德裕)之类诗题，读一读独孤良弼《上巳接清明游宴》"上巳欢初罢，清明赏又追。闰年侵旧历，令节并芳时……"这样的诗句就大致可以明白。

五月初五的端午节，从其起源看，大抵亦与避瘟免灾有关。古来对五月向有"恶月"之称①，认为此时毒气漫生，为害于人，必须采取措施以御避之。办法很多，包括采集药草、悬艾于门、煮食角黍（即粽子）、以五色丝线（所谓续命缕）系臂等。这从唐时皇帝五月五日赐宰臣以药物，也可以略见端倪。如《大唐新语·容恕》中就记载着玄宗将钟乳这种当时贵重的药物赐给大臣宋璟的故事。关于端午的起源，最流行的莫过于纪念楚三闾大夫屈原说，人们把以五色丝扎的粽子投入江中，把划龙舟竞渡的活动，都与屈原的自沉汨罗与人民对他的追思、悼惜相比附。这是民俗文化中节日与传统关系的一种常见现象，对此，我们在后面还将有所分析。

这里要说明的是，在唐时，避瘟免疫也好，纪念屈原也好，已渐渐退化为全国上下欢度端午节的一个口实。当时人们

---

① 参见董勋《问礼俗》、宗懔《荆楚岁时记》。

真正感兴趣的，主要是节日的诸种民俗活动。唐高宗显庆二年（657）四月十九日，曾下诏："比至五月五日及寒食等诸节日，并有欢庆事，诸王妃公主及诸亲等，营造衣物，雕镂鸡子以进……自今以后，并宜停断。"① 这种亲族戚里间的节日馈遗，并不限于皇族，而是遍及国中，成为民俗活动的一大内容，也成为传统的人之常情，当然是禁而不断的。于是唐睿宗景云二年（711）又曾下敕："太子及诸王公主，诸节贺遗并宜禁断。惟降诞日（皇帝生日）及五月五日，任其进奉，仍不得广有营造，但进衣裳而已。"② 到唐文宗大和五年（831）的有关敕文，已经不得不承认这样的事实："端午节辰，方镇例有进奉，其杂彩匹段，许进生白绫绢。"③ 与此相关的，便是宫中、官府、僚友文朋们乃至市井乡里、亲朋戚好之间规模不等的聚会饮宴。这方面的材料可谓举不胜举。明眼人不难看清，这一切实际上与避瘟免疫、纪念古人又有什么关系呢？

在荆楚和江南水乡，端午竞渡是节日中一项最为激动人心的大事。龙舟竞渡，据说与悼念伟大诗人屈原的民间传说相关，从民俗学或文化人类学者的眼光视之，自然少不了某种信仰和巫术的含义。然而我们从唐人留存的有关诗文作品，努力体察当时的情景和作者的创作动机、灵感来源，则不如说他们是把竞渡看作一项显示力量、勇气和团结协作精神的体育运动，似

---

① 见《唐会要》卷29《节日》。
② 见《唐会要》卷29《节日》。
③ 见《唐会要》卷29《节日》。

更符合实际一些。张建封和刘禹锡的两首《竞渡歌（曲）》描写荆楚一带的龙舟竞渡最能绘声绘色，气势亦最不凡。张诗云：

五月五日天晴明，杨花绕江啼晓莺。使君未出郡斋外，江上早闻齐和声。使君出时皆有准，马前已被红旗引。两岸罗衣破晕香，银钗照日如霜刃。鼓声三下红旗开，两龙跃出浮水来。棹影斡波飞万剑，鼓声劈浪鸣千雷。鼓声渐急标将近，两龙望标目如瞬。坡上人呼霹雳惊，竿头彩挂虹霓晕。前船抢水已得标，后船失势空挥桡。疮眉血首争不定，输岸一朋心似烧。只将输赢分罚赏，两岸十舟五来往。须臾戏罢各东西，竞脱文身请书上。吾今细观竞渡儿，何殊当路权相持。不思得岸各休去，会到摧车折楫时。[1]

刘诗云：

沅江五月平堤流，邑人相将浮彩舟。灵均何年歌已矣，哀谣振楫从此起。扬枹击节雷阗阗，乱流齐进声轰然。蛟龙得雨鬐鬣动，䗫蛛饮河形影联。刺史临流褰翠帏，揭竿命爵分雄雌。先鸣余勇争鼓舞，未至衔枚颜色沮。百胜本自有前期，一飞由来无定所。风俗如狂重此时，纵观云委江之湄。彩旗夹岸照鲛室，罗袜凌波呈水嬉。曲终人散空

---

[1] 见《全唐诗》卷275。

愁暮,招屈亭前水东注。①

刘禹锡的诗作于贬官朗州时。他显然是了解龙舟竞渡的传说起源的,可从诗中"灵均何年歌已矣"二句看,他似乎对此并不大信,只是持聊备一说而已的态度。他的笔墨主要用于描写竞渡的激烈、胜者的欢乐与负者的沮丧,尤为令其感慨的,则是楚地人们对竞渡和水嬉风俗的如痴如狂,而在激烈的竞赛让参与者与参观者都得到满足之后,屈原(招屈亭寄托着人们对屈原的怀念之思,所以是屈原的象征)却被冷落在一旁。这从诗的结句"曲终人散空愁暮,招屈亭前水东注"所流露的凄清怅惘情绪可以看出。张建封诗才远逊刘禹锡,但其诗写龙舟之状和竞渡时船上、岸上击鼓往呼的声势亦颇可观。诗中提到"只将输赢分罚赏",这当然主要是指"竞渡儿"而言,但"疮眉血首争不定,输岸一朋心似烧"两句,又涉及观渡的赌博者。观竞渡而以之进行赌博,这在唐朝是实有之事,由武后时人康廷芝《对竞渡赌钱判》一文可知其大概。

判,是古代文章的一种体裁,实即断案文书。唐人在入仕前后,常要练习此种文体,以便做个良吏,或在应书判拔萃科考试时取得好成绩。这种文章,大抵前陈案情,后列判文。有的案情取于实事,有的案情出于假设,然而即使是假设,也必有一定根据,至少是可能会发生的事。所以我们从康廷芝的

---

① 见《刘禹锡集笺证》卷26,瞿蜕园笺证,上海古籍出版社1989年。

《对竞渡赌钱判》便能了解到一些当时的实际情况。这篇判文前面所列的案情是：

> 扬州申：江都县人以五月五日于江津竞渡，并设管弦。时有县人王文，身居父服，来预管弦，并将钱物赌竞渡，因争先后，遂折舟人臂。①

康廷芝的判文即针对此案情而发。值得注意的是，他裁定王文有罪，理由一是"居丧听乐"，二是"在服伤人"，至于竞渡赌钱，倒似乎并不犯法——可以推想，当时参与赌博者绝非王文一个，或许这已经成为端午竞渡的附加节目，只要不闹事、不打伤人，官府也并不认真过问的。端午佳节，由竞渡又发展到赌博，唐人可真是会玩得很！

然而唐人的会玩，唐人的改变旧俗——冲淡其信仰、巫术意义而使之转向游艺性质——还不止于此。五月端午的竞渡，除引发出赌博以外，还有更远离传统宗旨却更切合民众现实喜好的狂欢之举。如果读一读初唐四杰之一骆宾王所作的《扬州看竞渡序》，对此我们便会有更深切的了解：

> 夏日江干，驾言临眺，于时桂舟始泛，兰棹初游。鼓吹沸于江山，绮罗蔽于云日。便娟舞袖，向渌水以频低；

---

① 见《全唐文》卷260。

飘飏歌声，得清风而更远。是以临波笑脸，艳出浦之轻莲；映渚蛾眉，丽穿波之半月。靓妆旧饰，此日增奇；弦管相催，兹辰特妙。能使洛川回雪，独美陈思；巫岭行云，专称宋玉。凡诸同好，请各赋诗云尔。①

名为看竞渡，可他看见的究竟是什么呢？"鼓吹沸于江山，绮罗蔽于云日"一联，固然可以认为是在描写竞渡的声势气氛，但也仅此而已。主要的笔墨还是落在同时举行的女乐表演，是"便娟舞袖"和"飘飏歌声"。真正引起作者和诸位"同好"创作情绪的，主要还是"临波笑脸""映渚蛾眉"。他们心目中的创作范本和景慕对象，则是写出《神女》《高唐》二赋的宋玉和写出《洛神赋》的曹植。

骆宾王的这篇文章是一篇诗序，按这种文体的惯例，是应该冠于这次同看竞渡者所写的诸多诗章之前。可惜这批诗作，包括骆宾王本人的作品，现已不存，否则可以为我们提供更多证据，用来说明端午节在唐代颇浓的狂欢色彩。

九月九日的重阳节，在唐代的情况与端午节十分相似，也是大大地发展了由魏晋人起始的亲近大自然乃至回归大自然之倾向，而使其祈求避灾免祸的原初主题削弱到最低限度。

本来，九日登高，插茱萸（或佩茱萸囊于臂）、食蓬饵、饮菊花酒等，据说都是为了避除恶气，令人长寿。这些活动带有

---

① 见《骆临海集笺注》卷9，陈熙晋笺注，上海古籍出版社1985年。

某种信仰与巫术的意味，带有某种实际的功利目的。现在，节日的形式一脉相承地保留下来，人们在这一天，靠山登山、靠亭登亭，在烂漫浓重的秋色、高朗爽洁的秋气之中，尽情享受，一舒胸襟。有条件的，还要聚会饮宴，吟诗作赋。民间为此制作出许多应节食物，如各地都用当地所产的黏米，配以枣、栗、肉等，槌制成糕团，这就是流传至今的所谓"重阳糕"。皇家、藩镇、各节度使府和各州郡官员，更不用说了，此日或是幸慈恩寺，登临渭亭，或是到野外摆宴，畅怀游玩。总之是努力走出去，走出平日熟悉的因而不免感到是拘束着、压抑着自己的狭小环境，而投向大自然的怀抱，努力把有限的自我生命汇入苍茫高远、浩渺无际的天地宇宙之中。许多经历坎坷、遭际不幸的文人，更趁此机会思索人生、命运之类的形而上问题，并将深沉的感慨在诗文中舒泄出来。至于形成重九节之初的种种实际考虑，对于唐人来说，已经变得相当遥远，相当无所谓了——他们并不真的希求通过登高来避灾免祸，说到底，只是乐此一游罢了。

  前面，我们以上元、寒食、清明和端午、重阳为例，论证了节日风俗在唐时的微妙变化。其实不仅我们已经举出的那些节日是如此，还有更多的民俗节日，如唐人极为重视的三月三日上巳节，如每年春秋两季隆重举行庆祀活动的社日，甚至宗教意味浓厚的浴佛节（四月八日）、中元节（七月十五日）等，也都不同程度地表现出上述变化的倾向。应该再次说明，这种变化并不起始于唐人，而可以说是社会人文发展的一种自然趋势,但唐人的表现确实更为突出。

唐人对于寥廓无垠、蕴藏着无穷美感的大自然似乎更为酷爱,亲近大自然乃至回归大自然的愿望似乎也更为迫切而强烈。他们对于时光、山水、草木、花鸟虫兽和自身的生命都倍加珍惜,充满感情。他们想方设法,几乎是寻找一切机会谋求欢娱、快乐和自由,他们渴盼肉体的解放和精神的超越。一方面,他们向往勇武多力的阳刚之美,他们赞叹奋发好强,鼓励争冠夺魁;另一方面,他们又向往繁艳或宁静的阴柔之美,他们讴歌春光秋色,欣赏红男绿女,酷爱醇酒美食,好像有一股发自内心深处的动力,促使他们借助节日的庆典,把理想变成现实,将瞬间变成永恒。

这样,他们在继承传统民俗节日的形式时,就不知不觉地对这些节日固有的内容做了某些改造。他们当然不可能全然抛弃这些节日原有的信仰和巫术意义,不可能完全切断这些节日与宗教,与鬼神崇拜,以及与操纵天人的神秘力量之间的联系——这种联系就是延续千百年也不可能消除殆尽——但他们又堂而皇之地把那个时代对生活的新认识和新要求添加了进去,从而使那些节日原先的种种实际功利目的变得模糊起来,淡薄起来,而使这些节日本来就富含着的充满浪漫气息的全民狂欢性质,大大发展起来,突出起来。于是,这些原先主要是面对和诉诸不可知的鬼神世界的民俗仪式,便愈来愈向人们自身享受生命、享受自然、享受人创造的文化财富的节日庆典靠拢了。

三、女儿节的情思：七夕和唐人七夕诗文

> 七夕起源诸说——七夕传说种种——乞巧与妇女命运：女儿节的形成——七夕节与文学的渊源——女性祈祷日，男子游宴时——七夕风俗画——七夕诗文之本题：渴望与愁怨——转题：七夕夜的高唐梦——反题：以儒家伦理反民俗——借题：借七夕之名，做讨"巧"檄文

宋之问《七夕》诗云：

传道仙星媛，年年会水隅。停梭借蟋蟀，留巧付蜘蛛。去昼从云请，归轮伫日输。莫言相见阔，天上日应殊。

崔颢《七夕》诗云：

长安城中月如练，家家此夜持针线。仙裙玉佩空自知，天上人间不相见。长信深阴夜转幽，瑶阶金阁数萤流。班姬此夕愁无限，河汉三更看斗牛。

这是我国唐代两首著名的描写七夕传说和活动的诗歌。在唐代众多的民俗节日中，就其参与者性别、节日活动内容、活动方式而言，七夕是个名副其实而且独一无二的女儿节。

关于七夕节的起源与性质，学界有过多种假设。

有的文化人类学者追溯这个节日的发生史，认为其"原始功能应该是一种生殖崇拜"，七夕祭拜的原始意义乃是处女与祖先交合、实现生殖蕃息的愿望。①

有的神话学者从中国古神话与古小说资料入手，认为织女、黄姑（河鼓、牵牛）二神起源于原始两性神西王母形象与神话的分裂。织女主要继承西王母，代表着天；牵牛则是较晚出现的西王母的对应神东王公，象征土地。因此牛郎织女的关系，实际上也就是天地、阴阳的关系。而他们之所以选择七月七日相会，是因为凡七日，都不是普通的日子，而是具有神秘意义的祖灵返回日。②

我们当然也不妨从社会学和心理学的角度，对这个节日的起因含义和演变做一番解释，至于所依据的资料，主要也是古代神话和民间传说。

与七夕相联系的神话传说，公认应推牛郎织女为较早和较重要。牛郎（又称河鼓、黄姑）、织女（又称婺女）本是天上的两颗星星，在《诗经·小雅》的《大东》篇就已提及："维天有汉，监亦有光。跂彼织女，终日七襄。虽则七襄，不成报章。睆彼牵牛，不以服箱。"这里，牛、女二星和后来阻隔他们相会的河汉都已经出现。而且，织女虽然天天坐在织布机上，却织不出布匹，牵牛郎也不肯驾车。由此既可见我国先民对之观察之早，也可见后来形成传说的某些情节因素，是很早就存在的。

---

① 参看张铭远《生殖崇拜与死亡抗拒》，中国华侨出版公司1991年。
② 参看[日]小南一郎《中国的神话传说与古小说》，孙昌武译，中华书局1993年。

不知何时开始，这两颗星星被人化了，也被神化了，成为古代人们寄托愿望、乞求灵应的膜拜对象。汉崔寔《四民月令》云：

> 七月七日，曝经书，设酒脯时果，散香粉于筵上，祈请于河鼓、织女，言此二星神当会。守夜者咸怀私愿。或云，见天汉中有奕奕正白气如地河之波，辉辉有光曜五色，以此为征应，见者便拜，乞愿，三年乃得。

从对天象的观察开始，进而根据"天人感应"的观念，向被视为神明的河鼓、织女二星祈愿和乞求佑护，明显地表现了古人的思维路线和不少民俗节日得以形成的心理原因。晋周处《风土记》对七夕"乞愿"尚有具体说明，云："见者便拜而愿乞富、乞寿，无子乞子。唯得乞一，不得兼求，三年乃得言之，颇有受其祚者。"富贵寿考，多子多孙，是宗法制农耕社会发展到一定阶段，人们普遍的愿望。从这些愿望来看，此时的守夜乞愿者，还未限定于女子，也许主要还是男子。此时虽已有河鼓、织女二星"相会"的情节，但似乎也还没有夫妇的名分，即尚未用人伦关系来解释它们。到东汉，情况有了变化。在代代相传的口头文学创作中，这两颗星星的天文性质减退，而人间色彩加浓了。应劭《风俗通义》有云："织女七夕当渡河，使鹊为桥。"[①]虽然仍未说明牛郎织女为夫妇，但织女渡河以就牛

---

① 韩鄂《岁华纪丽》卷3引该书佚文，参《风俗通义校释》，吴树平校释，天津人民出版社1980年。

郎，自然令人想到人间女子的出嫁从夫。而产生于东汉末年的《古诗十九首》中"迢迢牵牛星"一首，已将他们的分离之苦，按人间夫妇晓隔的情景加以想象并渲染得十分浓烈："迢迢牵牛星，皎皎河汉女。纤纤擢素手，札札弄机杼。终日不成章，泣涕零如雨。河汉清且浅，相去复几许。盈盈一水间，脉脉不得语。"大约在魏晋之间，牛郎织女已成为一对恩爱很深而难得一聚的夫妻，他们的命运也更为一般百姓所关切和同情。这个传说故事，在以后的流传中继续发展，并和"天帝""王母"等神话人物发生瓜葛，成为神话与传说的杂糅。

除牛女故事外，当初与七夕相关的民间传说还有很多。例如，所谓汉武帝刘彻七月七日生于猗兰殿的说法，便很可能并非史实，而是一种传说，跟这位皇帝一生好神仙大有关系。然而因此便进而有了七夕之夜西王母降于汉武帝阙庭、来前派三青鸟报信、来时携千年仙桃并指窥牖偷看的东方朔"尝三盗此桃"等神话色彩颇浓的故事。① 除汉武帝外，还有许多神仙人物也与七夕发生了关系，如六安铸冶师陶安公，七月七日被赤龙迎接上天，从此成仙；王子乔约定于七月七日乘白鹤飞临缑氏上空，与家人相见；已得仙道的桂阳成武丁告诉弟弟，七月七日织女渡河暂诣牵牛，诸仙亦需还宫，等等。还有一个传说，放纵想象，精心设计，刻意打破天上和人间的隔阂，使凡人得以亲见牛郎织女和他们的生活环境，并将这故事附会于严君平这样富于传奇色彩的历史名人，以增强其"可信性"：

---

① 见《汉武帝内传》、《博物志》卷8及《艺文类聚》引《汉武故事》等。

> 旧说云天河与海通。近世有人居海渚者，年年八月有浮槎去来，不失期。人有奇志，立飞阁于查（槎）上，多赍粮，乘槎而去。十余日中犹观星月日辰，自后茫茫忽忽亦不觉昼夜。去十余日，奄至一处，有城郭状，屋舍甚严。遥望宫中多织妇，见一丈夫牵牛渚次饮之。牵牛人乃惊问曰："何由至此？"此人具说来意，并问此是何处，答曰："君还至蜀郡访严君平则知之。"竟不上岸，因还如期，后至蜀，问君平，曰："某年月日有客星犯牵牛宿。"计年月，正是此人到天河时也。[1]

这则传说的故事发生于八月，按说与七夕没有直接关联，但因牵涉到天河与牛郎织女，后来又与张骞出使西域、探寻河源的历史记载相附会，与由此生发出来的神话及宗教宣传相附合，而且连故事发生的时间也由八月改成了七月，这个传说也就成为后世诗人吟咏七夕时常用的典实。[2]敦煌歌辞《听唱张骞一曲歌》，就是这个传说发展过程中的一种文字记录本。

看来，与七夕有关的传说故事原本是很多的，它们在民众口头长期流传，发展变化，而牛女故事以其更为丰富的人情味、哀婉感人的故事情节，可供继续曼衍生发的构造框架和表达鲜明爱憎感情的思想倾向，获得了更多的群众，其他那些传说则逐步被淡忘。这正如七夕民俗活动本来也是多种多样，但最后

---

[1] 参张华《博物志》卷10，范宁校注，中华书局1980年。
[2] 参赵璘《因话录》卷5所述张骞、严君平及唐时流传之牛女故事。

逐步归一到众所熟悉的乞巧上去，成为妇女们专有的节日而排除男子（尤其是成年男子）参与一样。民俗活动及其解释性传说故事的归一化，是民俗发展史中带有规律性的现象，由上所述，也可以证明这一点。

从现存文献看，七月七日，特别是这天夜晚，成为一个女儿节，有一个漫长的历史过程，并非一开始就只限妇女参加，也不是一开始就只有妇女的乞巧祷祝活动。它的含义和活动方式是由杂多含混而渐趋单纯明朗，即由全民参与，由登高、曝衣、晒书、乞富、乞寿、乞子等活动，逐渐归一化为仅由妇女们穿针引线、向织女乞巧、向月亮祷祝，以此诉说她们的隐曲深衷。

中国传统文化如果从两性的关系来看，向来以男子为中心，并从男子的立场出发，对妇女提出种种限制和要求。但中国文化实在又有关心女性、尊重女性的一面，在民间文化中，尤其如此。七夕之所以会经由归一化之路成为女儿们专有的节日，就是因为全社会实际上都承认：不同地位、不同身份、不同年龄的妇女都存在着某种精神需求，都需要有一个机会来舒泄心中积郁的情思，表述她们在人生不同阶段的种种愿望。而所谓民俗节日，就其功能而言，便是在这个指定的日子里打破日常生活的陈规，将平素一直受到控制乃至压抑的情感采用某种方式予以宣泄。七夕之夜妇女们对月祷祝的内容，平日里也许不知多少次地想过，但唯有这一夜，她们才可以合法地、堂皇地用"过节"的形式加以表露。这个节日的确立及其活动的内容、方式等，既曲折地反映了妇女在封建礼法制度下无权、无从保障自身基本人权和经常受到压抑的实际地位，同时又深刻反映了我们民族成员同情、关心妇女命运的深层集体意识。

谈到文学与七夕的关系，中国文学史上，与七夕有关的文人创作起源很早，数量很多。这只要翻检一下古人所编的各种类书即能有个大概了解。以唐人所编的《艺文类聚》为例，唐以前的七夕诗即收录了古诗"迢迢牵牛星"以下二十四位作者的二十五篇作品。这还仅限于题目标明七夕字样者，像曹丕咏及牛女事而未题明七夕的《燕歌行》，即未收入。① 赋体文，该书收录了庾信、谢朓《七夕赋》的片段。后人编辑的类书，如清《渊鉴类函》，在此基础上又增加了些唐以后作品，但因材料太多，自然就不很完全。笔者查检《全唐诗》中以"七夕"命题的诗作，共得五十四位作者的八十二首诗。如果将搜索范围扩大到虽未题明七夕，但实际上与之有关的作品，那么诗篇总量还将数倍于此。这说明，七夕这个民俗节日历经长期发展演变，无论就其参与者的性别，还是其活动的方式、目的和文化意义而言，都已成为名副其实的女儿节，但它却经常触动着男性作家们的创作灵感，引发出他们种种的感情和思绪，而这些创作往往具体细微地表现出唐人的文化品格和时代精神。

除诗外，唐人亦以七夕为题作赋和文。《文苑英华》卷22和卷23即收有王勃与佚名的《七夕赋》各一篇，柳宗元、沈亚

---

① 曹丕《燕歌行》有"明月皎皎照我床，星汉西流夜未央。牵牛织女遥相望，尔独何辜限河梁"之句咏及牛女之事，见《文选》卷27。

之、孙樵也均有以七夕为题之文。此外，与某些七夕民俗（如曝经书）有关，还形成了许多趣闻轶事，它们被录载下来，如《世说新语》述阮咸晒犊鼻裈，郝隆仰卧晒腹中书，《长恨歌传》（《文苑英华》附《丽情集》文）述杨玉环七夕与李隆基盟誓，《开元天宝遗事》述宫中的七夕活动，等等，这些也都应列为由七夕民俗引起的文学创作。

  七夕和所有的民俗节日一样，最早的形成动因总与某种祈求祷祝的目的相关，是为了在精神上满足人们的某种需求。七夕节的活动多种多样，但无论焚香拜月还是向牛女祷告，无论迎月穿针还是蛛丝乞巧，每一项都寄托着人们发自内心的渴望，而要求参与者极具耐心的等待。作为一个女儿节，七夕主要是表达了妇女们对自身命运深刻的焦虑和关切。既然如此，其活动在一定程度上便只限于妇女而排斥男子。但从唐以前的七夕诗已可看到，男子们早有将其改造为自己的游宴节日的倾向。潘尼《七月七日侍皇太子宴玄圃园》显示，晋时宫中已有七夕游宴之举。谢庄《七夕夜咏牛女应制》则显示，文人官员们不但参与游宴，而且还要应制作诗。

  这种风气到唐代而益盛，初唐君臣的七夕会宴相当频繁，规模也相当大。许敬宗《奉和七夕宴悬圃应制二首》，李峤、杜审言、刘宪、苏颋、李乂、赵彦昭诸人《奉和七夕两仪殿会宴应制》是这种会宴中君臣唱和的产物。而陆敬、沈叔安、何仲宣、许敬宗诸人同题的《七夕赋咏成篇》和任希古《和东观群贤七夕临泛昆明池》，则说明除了宫中的会宴，官僚们还另有聚会游宴活动，创作这些诗歌，便是这种活动的一部分。从任希古的诗和卢照邻的《七日绵州泛舟诗序》《七夕泛舟二首》等，还可推想，泛舟吟诗是男子七夕游艺活动的一项重要内容。

原本另有含义的民俗节日，在传承中，其原初含义逐渐淡化乃至部分消失，而演变为以游艺戏乐为其主要内容，这种民俗史中带有规律性的现象，前面已经详论。七夕节在妇女方面祈祷求告成分仍然很重，而在男子方面，则更侧重于饮宴聚游，这是它的特别之处。

由于将七夕变成了游宴节日，诗人们的创作也就多少带上了游戏应酬的色彩。他们熟知有关七夕的各种典实，于是便在游宴之余把这些传说故事（其中最受青睐的是牛郎织女的鹊桥相会和他们意想中的织女形象）以及民间的七夕活动用典雅华丽的语言描述一番，咏叹一番。前述唐人写作这类作品的态度，大都从容而冷静，缺乏真正的热情，在构思和表现手法上，尚未脱出前人七夕诗的模式。我们试举一篇，便可略概其余："一年抱怨嗟长别，七夕含态始言归。飘飘罗袜光天步，灼灼新妆鉴月辉。情催巧笑开星靥，不惜呈露解云衣。所叹却随更漏尽，掩泣还弄昨宵机。"[①]把织女的外形写得很美，对她幸福的短暂表示同情，但作者显然是在旁观和叹赏。客观地说，这一类诗，主要是这批作者安逸舒适的享乐生活的反映，它们未能显示出七夕节究竟拨动了他们哪根心弦，因而诗中没有多少值得称道

---

① 此诗为许敬宗作《七夕赋咏成篇》，见《全唐诗》卷35。

的情思。

唐人也有一些七夕诗并非作于游宴之时,而同样以七夕民俗为描写对象,虽然也无深刻思想和强烈感情,但写得比较富于情趣。这类作品的特点和价值在于它能使我们具体地领略这一民俗节日的内容、风情和趣味,犹如一幅幅小巧活泼的风俗掠影。例如,窦常(他在中唐算不得一位名诗人)的《七夕》,就写得颇为灵动可喜:

露盘花水望三星,仿佛虚无为降灵;斜汉没时人不寐,几条蛛网下风庭。

又如权德舆的《七夕见与诸孙题乞巧文》诗云:

外孙争乞巧,内子共题文。隐映花奁对,参差绮席分。鹊桥临片月,河鼓掩轻云。羡此婴儿辈,欢呼彻曙闻。

把七夕之夜热闹欢快的家庭气氛和种种民俗活动都描写出来了。权德舆一生仕途顺遂,心境平和,见到诸孙乞巧,只感到欣慰有趣,同某些落魄文人借七夕抒泄牢愁,正成鲜明对比。

在以七夕为题材的诗文创作之中,比较值得重视的,首先要数作家们由七夕种种民俗活动引起的、以关心妇女命运为主题的作品。

利用文学形式反映妇女问题,为痛苦无告的妇女代抒心声,在中国文学与中国文化中，历来有此传统。唐诗中此类作品，即以妇女为主角的各种怨诗，数量极多。这里既有男性作家对妇女命运遭际的客观描述和吟咏唱叹，也有男性作家为妇女代言，以女子口吻拟作的悲愤和愁怨之诗——真正出诸妇女之手的作品，实在是太少了。综观唐代以七夕为题材的诗作，就其主流而言，可以说是这类怨诗的一个品种。这类作品与七夕的联系最为直接，自然也最易引起我们的注意。

先请看盛唐人祖咏的《七夕》诗：

> 闺女求天女，更阑意未阑。玉庭开粉席，罗袖捧金盘。向月穿针易，临风整线难。不知谁得巧，明旦试相看。

这位闺女为什么要祈祷到深更半夜还不肯罢休呢？表面看来她是在"穿针乞巧"，这是七夕活动的常规，但她如此长久而虔诚地向天女乞求，恐怕所求绝不会仅此而已。关键在于乞巧的真实目的或乞巧行为背后的潜在意识。虽然诗中并未说出，但却值得我们思考。柳宗元《乞巧文》对此略有说明：

> 柳子夜归自外庭，有设祠者，餰饵馨香，蔬果交罗，插竹垂缕，剖瓜犬牙，且拜且祈。怪而问焉，女隶进曰："今兹秋孟七夕，天女之孙将嫔于河鼓。邀而祠者，幸而与之巧，驱去蹇拙，手目开利，组绐缝制，将无滞于心焉。为是祷也。"

柳氏此文的宗旨下面另有论述，这里只谈其对民间女子七夕乞巧、祷祝活动深层心理动机的揭示。女子七夕乞巧，笼统说来是为了使自己心灵手巧，因为聪慧灵巧永远是女子重要的美好质素。从柳文还可看出，这种灵巧的具体表现是精于女红。然而精于女红又是为了什么呢？很显然，因为这是古代普通妇女主要的劳动手段，也是衡量她们智力和技能水平，亦即她们自身价值的重要标志，因此也就不能不与她们最切身的利益，即婚姻、家庭生活有密切关系。在唐人观念中，女子之擅长女红与男子之富于文才，几乎同等重要。民间少女七夕乞巧的潜在心理动机，跟她们提高自身素质以求得将来婚姻美满、家庭幸福的愿望，无疑是分不开的。正因为这样，她们才向织布的能手织女乞巧，才向象征着爱情忠贞、万古不渝的牛女双星拜祝祈祷。乞巧和渴望婚姻幸福，对于未婚少女和一切已婚妇女，实际上可以说就是一回事。

民间女子是如此，宫中女子又如何呢？晚唐五代人王仁裕《开元天宝遗事》中有两条记载：

> 帝与贵妃，每至七月七日夜在华清宫游宴。时宫女辈陈瓜花酒馔列于庭中，求恩于牵牛、织女星也。又各捉蜘蛛闭于小盒中，至晓开视蛛网稀密，以为得巧之候；密者言巧多，稀者言巧少。民间亦效之。

> 宫中以锦结成楼殿，高百尺，上可以胜数十人，陈以

> 瓜果酒炙，设坐具，以祀牛、女二星。嫔妃各以九孔针、五色线，向月穿之，过者为得巧之候。动清商之曲，宴乐达旦，士民之家皆效之。

两条都说民间七夕活动是效宫中所为。究竟民俗形成的途径和流向如何，可以暂置勿论，这里值得注意的是宫中七夕活动，同样是乞巧，祈求的办法也大致相同。其直接目的虽然未必是精于女红，但却依然不外渴望变得更加聪明伶俐、更加善解人意等，其潜在的真正目的，则是祈望博得皇帝的青睐，甚至受到皇帝的专宠等。嫔妃宫女与皇帝的关系，不同于一般民家的夫妇。但从女子一边看，归根到底这也就决定着她们终生的命运。宫中的七夕乞巧，其实质与民间妇女的乞巧并无二致。

一般民女和宫女为了生活幸福都热心于乞巧，专以色艺事人而生活更无保障的妓女，就更加重视于此。中唐著名文人沈亚之有《为人撰乞巧文》一篇，其文前小序云：

> 邯郸人妓妇李容子，七夕祝织女，作穿针戏，取筶篁芙蓉杂致席上，以望巧所降。其夫以为沈下贤攻文，又能创窈窕之思，善感物态，因请撰为情语，以导所欲。

那么这位妓妇的欲望是什么呢？沈亚之的文章写得明白，是以下三点：一、巧于针纫；二、善于媚态；三、精于管弦。

正是作为一个女子，特别是妓女，想生活得好一点所必须精通的几种本领。

还有一种受佛教"化生"观念影响而产生的七夕民俗活动："七夕，俗以蜡作婴儿形，浮水中以为戏，为妇女宜子之祥，谓之化生。"① 原来佛教有"四生"的说法："依壳而诞曰卵生，含藏而出曰胎生，假润而生曰湿生，无而化有曰化生。"② 用释氏语说，无所依托，唯依业力而忽然现出者，谓之化生。妇女们，特别是那些结缡多年尚未生育的妇女，出于渴盼怀孕生子的愿望，在七夕时借浮于水中的蜡制婴儿向苍天、向牛郎织女二星、向佛菩萨，一句话，向冥冥中主宰着她们命运或她们认为可能帮助自己的不可知力量祈求生育能力，这是完全可以理解的。回顾历史乃至审视现实，妇女因不能生育（直到近代才逐渐懂得责任并不一定全在她们身上）而造成家庭破裂、夫妻离异悲剧的，可谓比比皆是。而一个女子是否有宜子（亦即宜男）之相，无论出嫁前后，对于她的处境与地位实在是非常重要。这种观念深入人心，连女子自身也深信不疑，所以她们不能不在自己的节日里采取种种办法来进行祷祝祈求。唐人薛能有一首诗写到这种风俗："身是三千第一名，内家丛里独分明。芙蓉殿上中元日，水拍银盘弄化生。"③ 所谓"水拍银盘弄化生"，所弄

---

① 见《辇下岁时记》，作者名佚，一说为李绰。此书今佚，唯《说郛》（宛委山堂本）卷 69 收其佚文。
② 见《佛光大辞典》"化生""四生"诸条所引《俱舍论》等。书目文献出版社影印台湾佛光山出版社 1989 年第五版。
③ 见《全唐诗》卷 561。"银盘"一作"银台"，误。

的就是寄托着生育愿望的蜡制婴儿。"中元日"，是佛教节日，又称盂兰盆节，在每年的七月十五日，可见唐代妇女的"弄化生"还不止于七夕之夜。这种风俗流传到宋代而益盛，蜡制小儿又发展为泥制、陶瓷或木刻的种种类型，那就是风俗史上著名的"磨喝乐"或"摩睺罗"这种小工艺品。

透过现象看本质，我们可以这样说，七夕乞巧反映了古代广大妇女内心深处的愿望，也曲折地反映了她们不能把握自身命运的可悲地位。她们只有寄希望于跟自己命运有相仿之处的牛郎织女，希望自己变得更"巧"一些，更聪明能干一些，更能符合、适应以男性为中心的宗法社会的要求一些，以便在后宫和妓院的竞争和上有公婆下有姑嫂的民间家庭生活中处于较为有利的地位。

然而，尽管女子们一生中无数次虔诚祝祷，而且这种祝祷远非限于七夕，但她们的愿望却不免常常落空。于是便有了崔颢、卢殷、李郢（一作赵璜）、施肩吾、杜牧和徐凝诸人的七夕之作。这些都是以七夕或牛女故事为题材，饱含着妇女血泪的怨诗，是那些宫怨、征妇怨、思妇怨的姐妹篇。

在敦煌卷子中保存着一首名为《五更转·七夕相望》的歌辞，生动逼真地刻画了妇女们勇敢追求幸福，为此百折不挠的精神。这首歌辞虽有不少字模糊不清，但经过任半塘先生整理，已大致可读：

一更每年七月七，此时受□日。在处敷座结交□，献供数千般。□晨达天暮,一心待织女,忽若今夜降凡间,乞取一交言。

二更仰面碧霄天,参次众星前。月明夜□□周旋,□□□□□。诸女彩楼畔,烧取玉炉烟,不知牵牛在那边,望得眼睛穿。

三更女伴近彩楼,顶礼不曾休。佛前灯暗更添油,礼拜再三求。会甚□北斗,渐觉更星候。月落西山欻星流,将谓是牵牛。

四更缓步出门听,直走到街庭。今夜斗末见流星,奔逐向前迎。此时为将见,发却千般愿,无福之人莫怨天,皆是少因缘。

五更敷设了□□,处分总教收。五个姮娥结彩楼,那个见牵牛。看看东方动,来把秦筝弄。黄针拨镜再梳头,遥遥到来秋。①

任半塘先生将本辞看作一组"介于讲唱和戏弄间"的故事诗。"五辞情节质言之,乃五女相伴,皆因缘不谐,将乞灵于天女或佛。乘七七佳期,循人间乞巧、乞愿之风俗,敷座设供,香灯礼拜,发愿多般。始而望织女之降,与通情款;既见星流斗转,感牵牛之将现,自忖原皆织女,正好求晤。顾久未见临,不甘坐失时机,乃出往街衢,如痴如醉,奔逐相迎。卒至更阑夜尽,而凄寂如故,始绝望返,收拾陈设,共伤命蹇而已。于

---

① 《敦煌歌辞总编》下册,第1225页,上海古籍出版社1987年。

是揽镜梳头,鸣筝吐恨,觉天地悠悠,心犹不死,惟有再寄望于来秋耳。"这首曲词的作者不知谁何,但从其内容、格调、语言,特别是其反映的思想情绪和唱叹五更的形式来看,当是唐时(任先生更疑其是盛唐)的民间诗人。这位诗人不仅一般地同情敢于向往和追求自由幸福的女性,而且简直是在代她们立言,为她们诉说心曲,表现了女性积极主动、勇敢追求的精神,使我们不禁怀疑这位作者很可能便是一位(或一群)民间的女诗人。

在七夕民俗进入诗歌的漫长历史中,曾经出现过诗人为牛郎织女代言的作品。那就是南朝宋颜延之的《为织女赠牵牛》、梁王筠的《代牵牛答织女》和沈约的《织女赠牵牛诗》等,这既是这一类诗作艺术构思上的一大突破,也多少反映了诗人体贴探索女性心理的努力。这对唐人类似题材的诗歌创作颇有影响。但如仔细分析,那么它们到底还是没有完全超越男子中心的立场和温柔敦厚、哀而不伤的旨趣。比较起来,敦煌歌辞《五更转·七夕相望》就显得更为大胆泼辣、热烈奔放,虽然末尾写到祷求无效,只得等待来年,情调不免低沉,但那是现实生活的曲折反映。妇女追求自身幸福极为困难,这是任何人改变不了的历史事实。问题在于以这首歌辞中"五个姮娥"为代表的唐代女性,并未因此而绝望,而放弃追求,尽管下一次的机会要"遥遥到来秋",但她们不是照样沉静而顽强地"黄针拨镜再梳头",准备着再次的奋斗和争取吗?在唐代每年都有千千万万妇女积极参与七夕活动,如果要找一篇真正有资格代表她们心声的诗歌,那么这首《五更转》也许可以当之无愧吧。

唐代著名的女诗人鱼玄机有一首诗写她会见情人的喜悦:

> 今日喜时闻喜鹊,昨宵灯下拜灯花。焚香出户迎潘岳,不羡牵牛织女家。①

措辞上反用了《七夕相望》歌的意思(对牛女不是仰望祷祝,而是"不羡"),精神实质却是相通的。女诗人行为的大胆、感情的率真、诗语的热烈,不但在当时及整个封建时代堪称惊世骇俗,即在今日也令人觉得不易。这种正面表现妇女心愿,特别是心愿得遂之乐的作品,在唐代数量不多,但却足以使那些因心愿落空而发的怨诗大大增重其控诉的分量。

站在人道的立场,真心地关怀妇女,同情她们的境遇,这是中国古代诗人的优秀传统。上引诸七夕诗即是这传统的一种表现。它们大多满怀深情地揭示了唐代妇女"牛郎织女"式的不幸,只是它们的表现一般比较客观,我们从中还不能看到作者本人的生活。而当有的诗人自身有了远游求仕、夫妻阔别乃至战争动乱、离乡背井的经历,反复深刻地体验到其中况味,这时以七夕和牛郎织女故事为触媒创作出来的诗篇,情况便有所不同。例如孟浩然的《他乡七夕》:

---

① 此诗题为《迎李近仁员外》,见《全唐诗》卷804。

> 他乡逢七夕，旅馆益羁愁。不见穿针妇，空怀故国楼。绪风初减热，新月始临秋。谁忍窥河汉，迢迢问斗牛？

又如李嘉祐的《早秋京口旅泊章侍御寄书相问因以赠之时七夕》：

> 移家避寇逐行舟，厌见南徐江水流。吴越征徭非旧日，秣陵凋弊不宜秋。千家闭户无砧杵，七夕何人望斗牛？只有同时骢马客，偏宜尺牍问穷愁。

从中可以看到文人生涯的辛酸和战乱给人民带来的灾难。作者的忧愤显然已不仅仅限于对妇女的同情，而是已经扩大到对整个国家和时代命运的关注。在这里，传统的七夕民俗活动，成为时泰民安的象征，诗中所表达的游子（征夫）之愁，同其他作品所写到的思妇之怨，其实是同一件事。正因为外有游子征夫，才会内有怨女思妇啊。在这方面，夫妇感情深挚而又离多聚少的李商隐，可说是个突出的例子。

李商隐诗集中，现存五首与七夕有关的诗。它们是《七夕》（鸾扇斜分凤幄开）、《七夕偶题》（宝婺摇珠佩）、《辛未七夕》、《壬申七夕》、《壬申闰秋题赠乌鹊》。这些诗篇除《七夕偶题》另有寓意外，其他四首都贯穿着诗人以牛郎织女自比、渴望夫妇团聚不再分离的思想线索。《七夕》诗写道：

> 鸾扇斜分凤幄开，星桥横过鹊飞回。争将世上无期别，换得年年一度来！

牛郎织女毕竟还能一年一见，可只身在外充当使府幕僚的李商隐，却不知什么时候才能回家，这不是"无期别"又是什么？仰望银河，想象牛郎织女鹊桥相会的情景，诗人不禁满怀切肤之痛地向苍天发问："要怎样才能将人间这种没有期限、没有尽头的离别，换得牛郎织女那样一年一度的相会啊！"这种可望而不可即的生离之苦，甚至比永无相见之日的死别还要令人难熬。大中五年（851），李商隐妻王氏终于在等待中逝世。李商隐写了一系列悼亡诗追怀他们短暂的共同生活，但诗人在悼亡诗中从未用过七夕牛女相会之事，因为他明白自己和妻子已不可能再在人间相见。晚年笃信佛教的李商隐，也许会想到，倘要相见，除非来生了。这以后，当七夕节再次触发他的创作激情时，他就把一片深挚的同情寄予了普天下同牛郎织女一样过着离居生活的男女。他在《壬申闰秋题赠乌鹊》中写道：

> 绕树无依月正高，邺城新泪溅云袍。几年始得逢秋闰，两度填河莫告劳。

刘学锴、余恕诚两位先生分析这首诗道："诗人此时不仅沉沦漂泊，且王氏早逝，夫妇亦成永别。然思人间尚有配偶犹在而处境如牛、女者，彼一生中能得几次如壬申年之有两回七夕耶? 祈乌鹊为之两度填河,正体现诗人因痛己之不幸,而以幸福期于他人之悲悯心情。"① 这的确道出了李商隐这首七夕诗所表现的推己及人的博大胸怀。

以上论述所涉及的作品,从构思上说,大都比较严格地限定在七夕题材通常的含义上,下面提到的两种情况,说明作者的艺术思维开始逸出常规,从而表现出更多的独创色彩。有趣的是,这两种情况恰恰是朝着两个不同方向的努力。一种是运用主题转换术,着重描绘牛女相会的欢乐和这种欢乐的短暂,明显地流露出对男女情爱之事的肯定;另一种则是持"反民俗"的态度,借七夕题材作伦常观念的宣阐,使之成为光大儒家教条的工具。前者可以王勃《七夕赋》为代表,后者可以杜甫《牵牛织女》诗为代表。

《文苑英华》卷22、卷23各收《七夕赋》一篇,其中一篇作者缺名,一篇作者为王勃。缺名的一篇较短,写七夕之夜,该赋所写的主人公②"步广庭而延伫,仰层汉而驰神",想象牛郎织女鹊桥相会的情景,最后有感于他们聚少离多,作歌抒怀,怅然若失,其内容基本上是那些直咏牛女相会本事的诗篇之丰富与放大。

王勃的一篇长得多,结构也比较复杂。开篇先写秋令的来到,接着推出一位君王,写他七夕之夜在宫中虔诚地眺望天象,

---

① 见《李商隐诗歌集解》,第1201页,中华书局1988年。
② 从赋末"敛横波而向秋野,垂玉箸兮沾罗裳"看,此主人公应是女子,但全赋其他地方没有明确说出或暗示。

"伫灵匹于星期,眷神姿于月夕",而至于"想佳人兮如在,怨灵欢兮不扬"。虽然本赋自始至终并无君王与天上仙女欢会的情节,但此种安排已颇令人想起宋玉《高唐》《神女》二赋所写的情境。接下去引出一位名曰"仲宣"的文士(建安七子中的王粲,字仲宣,善作赋),亦如宋玉之奉命赋咏巫山神女一般,以华美的词藻描述七夕牛女由相会到别离的背景和过程,从而构成全赋前半的主干。以下文思陡折:仲宣的赋咏勾起了君王无限怅惘的情绪,他在"痛灵妃之稀偶"之余,猛然省悟及时享乐的可贵和可行,于是由对他人的同情转而寻求自身现时的欢乐。对于一个君王,这当然很容易。下文便自然是"荆艳齐升,燕佳并出;金声玉韵,蕙心兰质。珠栊绮槛北风台,绣户雕窗南向开。响曳红云歌面近,香随白雪舞腰来。掩清琴而独进,凌绛树而轻回。卢女黄金之碗,张家碧玉之杯。奉君王于终夕,夫何怨于良媒?"这里透露出君王本欲与天上的"灵匹"缱绻一番,但不可得,乃退而求其次,以人间女子替代,聊胜于无之意,益可证明其与宋玉《高唐》《神女》二赋精神上的相通和继承关系。这一节与前段主干相映相辅,成为全赋后半的核心,作者的思想情趣亦于此表现无遗。以下一节是汉赋式的"曲终奏雅",说君王经一夜欢娱之后,以更饱满的精力从事于政事云云。

宋玉和汉人的大赋,大抵直接为取悦于君王而作,有着明确的功利目的。假如说他们的鼓吹物欲和男女之情、宣扬及时行乐思想,实际上有为统治者穷奢极欲的生活辩护、开脱甚至加以美化之意，那么王勃的《七夕赋》并无这种创作动机，是作者本人情爱观的真实表露。虽然全赋托寓于君王生活，又一定程度地为牛女故事罩上"仙气"，为七夕题材取得了游仙的形态，但从其根本倾向看，王勃创作此赋，是为了充分肯定和赞美男女相爱相悦之情，认为这种人之常情是美好的，实乃天经地义，而强行割舍或隔断此情，才是反常、悖理的。篇末的"奏雅"，从另一角度来看，也可以解释为男女欢会不但不影响政事，相反还能使人以更昂奋更积极的姿态去从事事业，并取得更好的效果。说到这里，我们不难看出，王勃的思绪既是从七夕题材引出来的，又大大向前跨进了。由于他的创造性思维，他的作品已不再停留在对牛郎织女短暂相会的惋惜叹恨，而上升到对一种人类普遍情感的讴歌和鼓吹。

在创作构思上逸出常轨而对主题有所拓进的，还有李贺、温庭筠。他们在自己的《七夕》诗中都用到了南齐名妓苏小小的典故。李诗云"钱塘苏小小，更值一年秋"，温诗云"苏小横塘通桂楫，未应清浅隔牵牛"。[①] 苏小小在这里用来比喻他们思念或爱悦的女子，并不是他们合法的妻子，可是在诗中的地位却相当于七夕故事中的织女。由此可见，女儿节这个传统题材在李、温手中，也跟在王勃那里一样，已被用来抒发一种范围更广的男女之情。古代风流才子常有婚外的爱情关系，那是一种历史的存在。李贺不能同他的"苏小小"相会，也许是出于

---

① 李贺《七夕》，见《全唐诗》卷390；温庭筠《七夕》，见《全唐诗》卷578。

客观的不可抗拒的原因，而如果李贺真同他的情人相会，又必然造成他妻子（倘若他已娶妻）的痛苦。这里有解决不了的感情和伦理道德的矛盾。对于李贺们的这种感情纠葛究竟如何评说，另当别论。这里只是想指出，他们在以七夕为题的诗作中郑重地写到这种爱情关系，应该说是对这个民俗节日通常含义的一种超逸。尤其值得注意的是李贺的诗。它是诗人细心体贴女子的心情，从女子角度所写出，因而显得更加深沉哀婉。

现在我们来看看杜甫对七夕题材的利用。杜甫有一首《牵牛织女》诗，全文如下：

牵牛出河西，织女处其东。万古永相望，七夕谁见同？神光意难候，此事终蒙胧。飒然精灵合，何必秋遂通？亭亭新妆立，龙驾具曾空。世人亦为尔，祈请走儿童。称家随丰俭，白屋达公宫。膳夫翊堂殿，鸣玉凄房栊。曝衣遍天下，曳月扬微风。蛛丝小人态，曲缀瓜果中。初筵裛重露，日出甘所终。嗟汝未嫁女，秉心郁忡忡。防身动如律，竭力机杼中。虽无姑舅事，敢昧织作功。明明君臣契，咫尺或未容。义无弃礼法，恩始夫妇恭。小大有佳期，戒之在至公。方圆苟龃龉，丈夫多英雄。

此诗三十六句，可分为三段。首段八句力辟牛女传说之诬妄；次段十四句描述七夕风俗，流露出明显的贬义；末段十四句由牛郎织女引申开去，阐发夫妇、君臣关系均不可苟合的观点。从这首诗,可以看出杜甫对七夕民俗是很不以为然的。在他看来,牛郎织女万古相望,究竟有谁见过他们会合呢?此事不过是个"蒙胧"无据的传说罢了。既然如此,借七夕牛女相会之名,上自公卿,下至平民都来曝衣乞巧、祷拜祝告,不惜通宵忙碌,又有什么意义呢?

从唯物和求实的立场来看,杜甫的"反民俗",无疑是有道理的。许多民俗本来不是出于科学的考虑,而是为了满足人们心中潜在的愿望而逐步形成的。如果用是否具有可信的科学依据和社会实用功利为准来审查,那么许多民俗便都没有存在的理由和必要。杜甫这种态度反映了他对民俗实质的不了解。他不知道,这种看似虚妄无用的七夕民俗活动,其实是以一部妇女生活血泪史为背景的,是妇女盼望改善处境、获得基本人权这种正当要求的曲折表现。这是问题的一个方面。但问题还有另一方面。诗人和一切知识者虽然都无可避免地生活于民俗的海洋之中,他们的思想行为也必会一定程度地顺应民俗,但他们又往往会根据理性表现出自己异于一般民众的独特见解,并不一味顺从。这又是促进民风演变改进的重要动力之一。

事实上,杜甫不是不了解妇女们的痛苦,他在诗中就叹息待嫁之女的"秉心郁忡忡",和对于即将服侍"姑舅"的惴惴不安,但是杜甫丝毫没有怀疑礼法、制度的不合理,更无加以改革的想法,却只是对待嫁的女儿们戒以"至公",要她们严遵礼法、恪守律令、勤勉劳作,并警告她们:婚后一旦与夫婿"方圆"不合,那么"英雄"气十足的丈夫们是不会宽假她们的。

在诗人心目中，有一个牢不可破的观念：夫妇关系，也就是君臣关系；妇女对丈夫也如同臣下对君王，必须绝对服从。在他看来，天下的女子们与其向"蒙胧"缥缈的牵牛织女祷祝，不如好好修炼自己的妇德，以取得夫君的优容和厚待。杜甫这首诗的正面意思就是如此，历来的杜诗注释家于此无异议。很显然，这是儒家伦常观的宣阐和说教，因此很得一班封建卫道者的赞赏，例如朱熹尝拟重编《女诫》，认为此诗可以收入首要的"正静"一门。①

当然，我们也可以做深入一层的分析，从杜甫此诗看出唐代妇女的可悲地位。杜甫之所以如此谆谆规劝待嫁女子，也是因为他深深懂得，如若不然，她们的命运必将更加悲惨无告。反抗，是要付出代价的；看不到前途或可以预料下场悲惨的反抗，又怎能不负责任地加以鼓励？诗人爱护柔弱的女子，替她们着想，又想不出更好的办法，便只有劝她们逆来顺受，莫作无谓努力了。杜甫《牵牛织女》诗所宣扬的思想固不可取，但它的客观认识价值，却是不可抹杀的。

如果说王勃的《七夕赋》侧重地表现出男子将女子视为自己不可缺少的人生伴侣的观点，那么杜甫的《牵牛织女》诗是更强调了女子作为男子附庸，要求其臣服的思想。而将男女、夫妇与君臣关系类比，可以说是中国古代文人的普遍观念。在唐人七夕题材的诗中，就有这样一首："会合无由叹久违，一年

---

① 见罗大经《鹤林玉露》乙编卷5。

一度是缘非。而予愿乞天孙巧，五色纫针补衮衣。"① 这就将男子谋求官宦利禄、贡献才能予皇家的愿望，借歌咏织女和七夕之会的方式表露无遗，而诗人这种联想和措辞的成立，即植根于上述普遍观念之上。唐彦谦的这首《七夕》表述的是一种由女儿节引起的情思，但它已经离开妇女问题颇远，七夕乞巧等，已成为文人、士子们吟诗作文，借题发挥的一个名目而已。关于这一点，从柳宗元、孙樵的乞巧文，可以看得更加清楚。

中唐的柳宗元和晚唐的孙樵，各有一篇因七夕女儿节民俗活动激发而作的赋体文章。柳文名《乞巧文》，孙文名《乞巧对》。前面已经引录过柳宗元《乞巧文》的开头部分。从对乞巧活动的态度来看，柳、孙二位似乎也持着与杜甫近似的"反民俗"倾向，至少对乞巧之举是不以为然的。当然，他们和杜甫都不是真的想取消妇女们的七夕乞巧，其文章的主旨在于借这一民俗阐发自己的处世哲学和对社会，特别是对官场文场的不良风气进行批判。柳、孙二文实质上是借题发挥的骂世文章，七夕乞巧不过给了他们一个做文章的题目，一个有趣、方便而巧妙的入手处罢了。

柳宗元《乞巧文》的核心在于以自己的愚拙与世态的巧伪做强烈对比，在假意的自谴、自责、自叹之中，对卑污的世俗风气寓以尖锐的讽刺和猛烈的抨击。请看，在巧与拙，亦即伪与诚的对立之中，官场上的分野是何等鲜明：

---

① 唐彦谦《七夕》，见《全唐诗》卷671。

> 他人有身，动必得宜，周旋获笑，颠倒逢嬉；已所尊昵，人或怒之，变情徇势，射利抵巇，中心甚憎，为彼所奇。……怵嘲似傲，贵者启齿，臣旁震惊，彼且不耻。叩稽匍匐，言语谲诡，令臣缩恧，彼则大喜，臣若效之，瞋怒丛己，彼诚大巧，臣拙无比。王侯之门，狂吠狌狞，臣到百步，喉喘颠汗，睢盱逆走，魄遁神叛。欣欣巧夫，徐入纵诞，毛群掉尾，百怒一散。

在这里，以作者（称"己""臣"）为一方，以"他人""彼""贵者""欣欣巧夫"为另一方，不但为人处世的态度截然相反，格格不入，而且彼善此恶，彼恶此善，简直呈水火不能相容之势。这种巧拙、伪诚的分野，在文场上同样清清楚楚：

> 眩耀为文，琐碎排偶，抽黄对白，啽哗飞走，骈四俪六，锦心绣口，宫沉羽振，笙簧触手，观者舞悦，夸谈雷吼！

这是为作者所不齿的为文作风，然而在当时却人多势众，煊赫无比。于是，作为其对立面，柳宗元便故意走向另一个极端，竖起钝朴愚直的旗帜：

> 独溺臣心，使甘老丑，嚚昏莽卤，朴钝枯朽，不期一时，以俟悠久，旁罗万金，不鬻敝帚，跪呈豪杰，投弃不

有，眉瞋颏戚，喙唾胸呕，大赧而归，填恨低首。

明明知道这样不合潮流，难免倒霉吃亏，也在所不惜。

为了把文章做足，柳宗元仿效乞巧的妇女，摆出一副虔诚姿态，请求天孙（织女）"付与姿媚，易臣顽颜；凿臣方心，规以大圆；拔去呐舌，纳以工言。文词婉软，步武轻便，齿牙饶美，眉睫增妍，突梯卷脔，为世所贤"，总之，从容貌、心理，到言语、步态，请织女帮忙，统统向世俗的乖巧靠拢。但是乞巧何其不易，一直等到深夜，"疲极而睡"，也没有得回答——也许这又暗示了他那"虔诚"并不由衷，也不够分量。后来终于在梦中得到天孙所派使者转告的答复。这答复又是一段妙文，大意是说：你的愿望，你自己完全可以办到，只是你知耻不为罢了，何必来哄骗我，向我祈祷？我的这一套可不敢教给你，你还是坚守你的既定方针吧。柳宗元在文末写道："呜呼，天之所命，不可中革，泣拜欣受，初悲后怿，抱拙终身，以死谁惕！"这等于是在对天明誓，表示决不改变初衷，决不放弃耿介端直的处世态度，决不与巧伪的世风妥协和同流合污。

孙樵的《乞巧对》与柳宗元《乞巧文》构思措辞大体相同，此处不再赘述。

柳、孙二文所表现的"女儿节的情思"，显然比杜甫、唐彦谦的诗离妇女问题更远。倘用现代杂文的惯用方式标题，不妨把这两篇文章命名为《从七夕说起》或《从七夕想开去》，因为它们确实已从妇女命运问题，过渡到或跳跃到另一个跟男子、跟文人士子关系更为密切而直接的社会问题上去了。

从七夕想（说）开去，最后便达到了哲理思辨的高度。牛郎织女一年一度相会，这本是七夕题材的主要内容。但人们想到牛郎织女是生活于天上，天上的时间和人间的时间是不是一样呢？中国古人早有"洞（山）中方七日，世上已千年"，即天上（仙界）与人世时间不同的说法。所谓王质山中观弈半日，归时斧柯已烂[①]，刘晨、阮肇天台山遇仙女，留居半载，人间已过七世[②]，就是这个观念的具象化。这些故事说明，在不同的条件下，人对时间的感觉是不同的，时间的长短只是一个相对的、主观色彩很浓的概念。关于这一点，在唐人崔涂《七夕》诗中亦有表露：

年年七夕渡瑶轩，谁道秋期有泪痕？自是人间一周岁，何妨天上只黄昏！

其意思是说：牛郎织女一年一会，不过是人的感觉罢了。如果按天上的时间，地上的一年只是一天，牛郎织女还不是早晚相会吗？这可以说是对于俗传牛女故事的翻案，而贯穿于其中的思维依据则是天上、人间时间感的差异。钱锺书先生论《太平广记·郭翰》一节，论及人对天上、人间、地狱时间感的不同，认为此虽属"荒唐卮言"，却不妨析之以理："盖人间日

[①] 见任昉《述异记》。
[②] 见刘义庆《幽明录》。

月与天堂日月则相形见多，而与地狱日月复相形见少，良以人间乐不如天堂而地狱苦又逾人间也。"① 而在赋咏七夕时表露这种时间相对的观念，也正是"女儿节情思"中颇值得注意的一种。

四、年终之祭

> 冬至的天文意义——冬至节的人文内涵——唐人冬至诗——蜡腊：年终的大祭祀——祭灶风俗——驱傩与镜听——除夕与守岁——子贡观蜡与孔子的"一张一弛，文武之道"论——年终节俗形成的心理因素——年终节日狂欢的精神价值——无尽的忧思：唐节俗诗之重要特色——人生短暂与自然永恒的矛盾——忧思的升华——节俗文化含义之传承

在中国古代，冬至是一个很受重视的节气。这一天，太阳经过冬至点（即黄道之最南端），所以处于北半球的中国，一年之中以此日昼最短、夜最长，也就是说，从这一天开始，昼夜的比例开始朝相反方向变化；这一天，也被认为是阴阳、日月、万物向其对面转化的重要契机，故《周易》有冬至乃"一阳来复"之说，《史记·律书》则谓"气始于冬至，周而复生"。其

---

① 见《管锥编》第二册，第 671 页，中华书局 1979 年。

他一些节气或节日的计算,遂往往以冬至为准,如"去冬至节一百五日,即有疾风甚雨,谓之'寒食'",这是《荆楚岁时记》上记载的传统说法。又如许慎《说文解字》对"腊"字解释为"腊:冬至后三戌",意思是:冬至后第三个戌日,便是举行年终大祭的日子,即俗语所说的"腊日",它也是在冬至日确定以后才随之确定下来的。

唐朝对冬至日的重视,表现在皇帝此日需亲自祭享昊天上帝于圜丘,并将此祭列为"凡岁之常祀二十有二"的第一祭。唐从建国之初就将此定为律令,终唐之世未改。[①]史书上所说的"有事于南郊"即指此活动。

冬至祭祀的仪式非常隆重庄严。择日之后,皇帝需先斋戒七日,祭祀所用陈设及物品十分复杂,仪式过程亦极烦琐,这一切均需动员大量人力物力,届时并需在各级专职的礼官(实为礼仪专家)指导赞引下进行。由于祭祀时的配享者问题(由谁陪同昊天上帝一同受祭)、主祭人问题(除皇帝为祭祀的主献,由谁来亚献、终献)和礼仪程序乃至所用音乐等问题,朝臣们常常发生激烈争论,相持不下时,最后要由皇帝本人来做裁决。这也反映了他们对冬至祭仪的重视程度。在这个仪式上,除要向昊天上帝和配享的祖先诵读祝文,还要向全国官民发布诏书和赦文。在这些文书中,往往要总结一年(或即位执政以来)的政事,推出一系列新的,至少表面上看来更为宽大而体

---

① 参见《旧唐书·礼仪志》《新唐书·礼乐志》及《唐会要》卷9上。

恤民情的赋税劳役政策和法律上的减刑措施[①]，除此以外，当然少不了接受百官的朝贺和给官员们，特别是位居清要的翰林学士之类以时果、新茗、瓜、历等赏赐，同时也允许"普天之下，大酺三日"。

唐代民间对于冬至也是重视的，这一天往往要祭祖、饮宴、相互以果品食物相馈遗，并致以良好祝愿。许多诗人在这一天也是浮想联翩、思绪万千，写有特意标明时间节令的作品。如孟浩然有《冬至后过吴、张二子檀溪别业》，杜甫有《小至》（按：小至为冬至前一日）、《冬至》，裴达、于尹躬均有《南至日太史登台书云物》，崔琮、李竦有《长至日上公献寿》，白居易有《冬至宿杨梅馆》《冬至夜怀湘灵》《冬至夜》《邯郸冬至夜思家》等，熊孺登有《至日荷李常侍过郊居》，独孤铉有《日南长至》，等等。这里我们举熊孺登、白居易诗各一首，以见冬至日民俗风情和诗人的复杂心绪。

熊孺登《至日荷李常侍过郊居》写冬至日友人专诚来访，他在简陋的家居中接待及里巷群众对大官降临的惊喜情状：

> 贱子守柴荆，谁人记姓名？风云千骑降，草木一阳生。礼异江河动，欢殊里巷惊。称觞容侍坐，看竹许同行。遇觉沧溟浅，恩疑太岳轻。尽搜天地物，无谕此时情。[②]

[①] 参见《唐大诏令集》卷67—72。
[②] 见《全唐诗》卷476。

白居易《邯郸冬至夜思家》诗，作于贞元二十年（804），当时白居易三十二岁，任秘书省校书郎，安家在秦中下邽县。此诗作于他出差途中，表达了节日思家的情绪：

邯郸驿里逢冬至，抱膝灯前影伴身。想得家中夜深坐，还应说着远行人。①

这首诗在有一些版本里，题目误为《邯郸至除夜思家》②，这样作诗的时间就变成除夕之夜了，与诗歌本文比照，显然不对。但造成这个错误，也许并非偶然，因为白居易在这首诗中所表达的感情，如果是发生在除夕之夜，确实不但讲得通，而且同样非常贴切自然。在作者心目中，冬至节不但时间与除夕已近，而且其引起的思绪感慨也是一致的。

冬至以后的第三个戌日，就是一年之中带有总结意义的年终大祭——腊——了，这是唐代全国上下，从皇帝到平民都十分重视的一个重大节日，甚至当时偏远蛮荒的岭南地区，也不例外："岭表所重之节，腊一，伏二，冬三，年四。"③腊是排在第一位的。

腊的含义，本是一种祭祀的名称，即所谓腊祭。祭祀的对

---

① 见《白居易集笺校》卷13，朱金城笺校，上海古籍出版社1988年。
② 参见《白居易集笺校》卷13之本诗题校文。
③ 见刘恂《岭表录异》卷上，鲁迅校订，广东人民出版社1983年。

象，一是众神，一是祖先。① 众神与祖先，在一年之中处处保佑卫护下民和子孙，而在新的一年中，还将继续保证风调雨顺、五谷丰穰，保证灾疫不起、万事平安。腊祭既是对他们一年佑护之功的报答，更是对他们今后佑护之劳的祈祝。这是一种祖先崇拜与神鬼信仰意味很浓的民俗活动。若论起源，则至少可以推至上古三代，所谓"夏曰嘉平，殷曰清祀，周曰大蜡，汉曰腊"②，可谓历史悠久。

腊日的具体时间，很早就定为十二月初八日。南朝梁宗懔的《荆楚岁时记》云："十二月八日为腊日。谚言'腊鼓鸣，春草生'，村人并击细腰鼓，戴胡公头，及作金刚力士以逐疫。"在后来的演变中，腊八节与佛教传说相融混，说是这一天乃佛之生日，这一天就又带上了宗教色彩。孟浩然曾在此日特意去寺庙礼拜，并写诗纪念。③ 延至宋代，遂定此日为浴佛节，流传至今的腊八粥风俗也与此有关。

实际上，腊祭并不限于腊日，在整个腊月（即夏历十二月）中都可以有祭祀活动，腊月之尾直到除夕之夜，更是此类活动集中的日子，同时也就是一连串民间节日相接的日子。这些带有明显信仰崇拜意义的民俗活动，包括祭灶、驱傩、镜听等。

---

① 在周代，二者分祭，祭祖先叫腊，祭百神叫蜡，至秦汉时渐合为一，因其时间为每年的年终十二月，俗称腊祭，并将十二月也称之为腊月。
② 见蔡邕《独断》卷上。关于腊祭的名称变化，说法颇多。如《史记·秦始皇本纪》云："（始皇）三十一年十二月，更名腊曰嘉平。"司马贞《索隐》则引《广雅》云："夏曰清祀，殷曰嘉平，周曰大蜡，亦曰腊，秦更曰嘉平。"其说与蔡邕《独断》略有不同。
③ 其诗题为《腊月八日于剡县石城寺礼拜》，见《全唐诗》卷160。

灶神是与一般平民百姓朝夕相处、关系密切而且渊源很深的神灵。"灶在祀典，闻之旧矣。祭法曰：王为群姓立七祀，其一曰灶。"① 段成式《酉阳杂俎·诺皋记上》有一段文字反映了唐人心目中的灶神形象及其职权："灶神名隗，状如美女。又姓张，名单，字子郭。夫人字卿忌，有六女皆名察（一作祭）洽。常以晦日上天，白人罪状，大者夺纪，纪三百日；小者夺算，算一百日。故为天帝督使，下为地精。己丑日，日出卯时上天，禺中下行署，此日祭得福。"可见灶神形象在唐时尚未定形，他上天上报人们罪状的时间也未固定于年终，而常常是在每月的最后一天，所以祭灶神也不限于腊月的除夕一次。不过除夕（后来移至腊月二十三或二十四）之祭，应该最为隆盛与重要。为了让灶君"上天言好事，下界保平安"，人们在送灶之时，均需献以豚酒蔬果，有时甚至用酒糟或饴糖涂抹于灶门，谓之"醉司命"，目的则在于，让灶神吃了酒糟，上天以后昏昏然，或被饴糖黏住嘴巴，开不得口，也就不能告诉天帝人间的罪状了。

腊月的驱傩活动，在上引《荆楚岁时记》中有所反映，至唐代仍然盛行。驱傩一般在腊前一日或岁前一日（即除夕）举行。据《秦中岁时记》，"岁除日进傩，皆作鬼神状，内二老儿，其名皆作傩公、傩母"。② 其实腊前之傩也大同小异。驱傩者为头戴假面的方相和身穿红衣、手执戈矛的侲子（由儿童少年扮

---

① 陆龟蒙《祀灶解》，见《全唐文》卷801。
② 据《说郛》卷74所收《秦中岁时记》引，北京中国书店影印涵芬楼1927年。

演）。各地参与此种仪式的人数多少与规模不等，自然以皇家在宫中举行的傩仪最为宏伟雄壮，但下至各村社乡里之间，也都要举行这种仪式，渐渐地并将这种仪式加以戏剧化、游艺化，成为一种群众参与的节日喜庆活动。

镜听风俗盛行于民间，也称"瓢卦"，即将镜子放在灶神面前祭拜，借以探询想知道的信息——对于丈夫外出经商或求取功名的妇女来说，则大抵是良人何时归家之类。我们在下面的篇章中对此还将有详细介绍，此处暂不多说。

腊日的第二天，俗称"小岁""初岁"。腊月的最后一天，称为"岁除""除夕"。

除夕之夜最突出的民俗活动便是"守岁"。这时，一般人家早已做好了喜迎新春的一切准备，祭神祀祖仪式已毕，门神、桃符之类也都贴挂停当，此夜便全家聚在一起，一面用爆竹吓退传说中危害人类的山魈，一面饮酒会餐，畅叙一年来的种种情事，商议下一年的生计，倘有游子在外，则自然要同抒思念之情。就这样，在兴奋的等待之中送走这一年的最后时光，同时迎来下一年的最初时光，度过这新旧交替的神圣时刻。而第二天便是被称为"三元"之日的元旦了——元旦日是岁之元，时之元，月之元——一元复始，万象更新，因而充满了希望，新的一年便在狂欢的喜庆中揭开了它的第一页。这种风俗，从唐前经唐宋至明清，一直流传至今，我们身在其中，感受应该是很具体很亲切的。

古代每年从腊日经除夕到元旦的一连串节日，大抵都带有狂欢节的性质。

这一点，早在孔子时代就已见端倪。《礼记·杂记下》：

> 子贡观于蜡。孔子曰："赐也乐乎?"对曰："一国之人皆若狂，赐未知其乐也。"子曰："百日之蜡，一日之泽，非尔所知也！张而不弛，文武弗能也；弛而不张，文武弗为也。一张一弛，文武之道也。"

根据郑玄注和孔颖达疏，蜡，就是腊月的祭祀活动。"王者各于建亥之月报万物，息老休农，又各燕会饮酒于党学中。"一方面是祭天地、"报万物"，一方面是"燕会饮酒"，而且是"人恣性酣饮，载号载呶，大小悉尔"——这就是子贡所谓的"一国之人皆若狂"，也就是孔子所谓的"乐"。

周人的总体文化水准，周人对于宇宙、自然、万物与人关系的认识，无疑要比唐人差得远，但即使如此，春秋时代的蜡祭（腊祭），除有崇拜信仰之类迷信意识的贯穿之外，也早已具备狂欢的性质。而这一特性，在此后的民俗传承中，不仅延续下来，并且有所发展，到唐代，无论城乡——恐怕尤其是农事繁重辛苦的乡村——整个腊月，大抵都沉浸在一种喜庆的、欢乐的气氛之中。在这段时间里，犹如春秋两社（但又比社日要长而松，社日一般是一天）是农民们在一年之中难得的休闲和享乐的日子，因而他们不能不尽其所乐，尽其所欢，调整精神，休息体力，以待来年的辛勤。

孔子从统治者的驭民之术来解释"蜡"的功用，认为蜡祭和腊月的狂欢，是王者给予百姓的"一日之泽"，认为只有像拉弓放箭似的"一张一弛"，即既有"百日"的辛劳，又有"一日"的狂欢，才能称得上理想的"文武之道"。

这种说法的目的性和倾向性非常明显，也相当符合实际和逻辑。但我们仍须做一些补充与引申。我们认为，包括年终的腊祭在内，一年之中的诸多民俗节日，最初都是自发地起源于民间，即起源于社会下层。它是古代先民时间意识和对宇宙、天地、自然、社会、人生关系认识的一种反映，也是他们从实际生活中产生出来的一种需要，既体现了他们享受物质生活的自然要求，更体现了他们在精神生活方面的寄托与追求。

年终的一系列祭祀和庆祝活动，鲜明地表现出古人对春秋代序、周而复始的"年"这个概念的认识和重视，表现了对于年头、岁尾这段时间的辩证观点——在这段日子里，旧的、已经成熟了的正在逐步消逝、逐步成为过去，而充满希望与活力的新的一切，则正在孕育、酝酿，并且将在旧的彻底逝去的那个时刻呱呱诞生。对于这个新旧更替的交汇点，古代先民无疑是十分重视的。这也许正是他们带着某种既虔诚又焦虑、既欢快又惶恐的心情等待着这个时刻的深刻心理原因。

年终之祭就这样成为一种普遍民俗，其影响愈来愈大，到了一定时候，它便上升为礼法，并形成固定的制度。应该承认，这其中统治者也是起了作用的，而且这制度确实在统治者手中变得愈来愈细密而严格。只是到了这个时候，腊日的狂欢，才仿佛像是王者给予百姓的一种恩惠,这个节日本身所具有的调节社会生活,调节劳动者体力与心灵负荷的自然功能,才带有孔子所说的那种"一张一弛,文武之道"的性质。

孔子对蜡祭"一张一弛"性质的概括,确实非常精辟。事实上,这一论断不仅适用于一系列的年终之祭,也适用于其他种种民俗节日。

无论是劳动者还是统治者,无论是个人还是社会的生活,都是要有节奏的。"张"与"弛"的交替就体现了一种节奏,这节奏在一定程度上可以是人为的,但又不全凭主观,而与时间的流动、四季的变化、动植物以及人类自身生长发育成熟的规律等客观因素紧密关联,并受其制约。因此,发现这种节奏并把它用各种形式(规定民俗节日便是一种形式)相对地固定下来,实际上就深刻地体现了人对于自然万物和自身的认识、思考与把握,体现了人对于自然规律的适应和对自身生活的驾驭。

从年终之祭到一年之中的其他许多民俗节日、民间庆典,既与自然变化的节奏相关,又与人们使自己的生活节奏化的内在动机有关。在一切民俗节日、民间庆典的深层,都隐含着人们对于时间、生命、变化、永恒之类概念的思考。可以相信,即使没有文化或文化程度很低的民众百姓,对此也一定有他们的感触和想法。这些,我们通过对节日活动的分析可以揣测到一些。而为了更多、更深入地探索古人的文化心态,我们不能不对文人在这些节日所写的有关作品给予更多的重视。在这方面，唐代诗人的贡献无疑格外重要。

纵观唐人众多有关民俗节日的诗文，我们得出一个总的印象，那就是除了那些奉诏应制和部分游宴唱酬或泛泛表现节日风光之作，往往充斥祝颂、吉祥之语或以欣喜欢畅为基调外，大部分此类作品都不同程度地表现出一种思考探索、感伤忧郁的情味和色彩。而这也许正是文化人之不同于普通百姓之处。他们一方面同常人一样享受节日，享受生命的欢乐，另一方面却又似乎总有比一般人更强、更深的思考习惯和排遣不开的忧患意识，乃至焦虑情绪。他们的心情总是更为复杂、更为多变，往往不必等到乐极，已经萌生悲感，或者就在人们最忘情、最欢愉的时刻，他们却独自黯然神伤，甚至凄然泪下。然而这似乎也正是他们这类人存在于天地之间的一种责任、一种价值。

封建时代的文人常常处于怀才不遇、老大蹉跎、所谓不如意事常八九的境地。唐代虽是科举制度较为开明，但狭窄拥挤的仕途和风波不断的官场，不可避免地使许多文人士子成为失意者。无论是屡试不第还是遭到排挤贬逐，他们胸中往往郁积着许多愤懑和不平。于是，悲叹光阴、痛惜韶华、担心功名不立、志业难酬等，便很自然地成为他们吟咏的重要主题。每当春秋代序节候变易之际，他们惊叹于日月迁贸，老之将至，便不免感慨万千，唏嘘不已。而这种悲怆凄惶之情，在一些民俗节日里就会变得更强烈，更令人感到煎熬而难以排遣。王勃《春思赋序》说："此仆所以抚穷贱而惜光阴，怀功名而悲岁月也。岂徒幽宫狭路、陌上桑间而已哉。"① 他的《守岁序》对这种悲时惜才的情绪表现得更为淋漓尽致：

> 岁月易尽，光阴难驻。春秋冬夏，错四序之凉炎；甲乙丙丁，纪三朝之历数。十二月之阴气，玉律穷年；一万岁之休祯，金觞献寿。鼖鼓雷动，烟火星流。侲子黄童，统钩陈而驱赤疫；诸王等集，陈玉帛而朝诸侯。京兆天中，竦楼台而彻汉；长安路上，乱车马而飞尘。王丞相之登临，行将在目；戴侍中之重席，忽尔明朝。槐火灭而寒气消，芦灰用而春风起。鱼鳞布叶，烂五色而翻光；凤脑吐花，灿百枝而引照。悲夫！年华将晚，志事寥落。公孙弘之甲第，天子未知；王仲宣之文章，公卿不识。对他乡之风景，忆故里之琴歌。柏叶为铭，未泛新年之酒；椒花入颂，先开献岁之词。作者七人，同为六韵。②

中唐诗人欧阳詹的《除夜长安客舍》诗写得尤其凄切而令人揪心：

> 十上书仍寝，如流岁又迁。望家思献寿，算甲恨长年。虚牖传寒柝，孤灯照绝编。谁应问穷辙，泣尽更潸然。

---

① 见《文苑英华》卷21。
② 见《全唐文》卷181。

真是把屡试不第的孤寒士子远离亲人,在除夕之夜仍然悬头苦读而又自觉前途渺茫的悲凉情状写尽。试想,此刻长安城里正是一片爆竹,家家团圆,怎不叫孤栖客舍的诗人格外神伤?

大概除夕之夜是最令为追求功名或迫于谋生而四方漂泊的游子忆念家乡亲人的了。所以,连以诗风豪健著称的高适,在《除夜作》中也难免悲吟:

> 旅馆寒灯独不眠,客心何事转凄然?故乡今夜思千里,霜鬓明朝又一年。

生平坎坷、遭际不偶的孟浩然节俗诗不少,除夜诗尤多,有一首《除夜有怀》写他于此夜思念家人,却不见亲人入梦,只得自嘲自解:

> 五更钟漏欲相催,四气推迁往复回。帐里残灯才去焰,炉中香气尽成灰。渐看春逼芙蓉枕,顿觉寒消竹叶杯。守岁家家应未卧,相思那得梦魂来!

其诗思与前引白居易《邯郸冬至夜思家》十分相像。诗人之身与家人远隔千里,但他们的心却通过诗歌与家人紧紧相连了。孟浩然于四十岁游京师求仕失败后曾去瓯越游历,在乐城(今浙江乐清)恰逢除夕,因而格外凄惶难忍。正在这时,巧遇在那里担任县尉的友人张子容。孟、张本有通家之好，张邀孟至家一同守岁，使孟浩然既感激又兴奋，遂连作两诗纪述此事。但诗中于欣喜快慰之中，对两人的遭遇仍流露深深感慨："……余是乘槎客，君为失路人。平生复能几，一别十余春。"（《除夜乐城逢张少府》）而且除夕、新年过后，孟浩然终究仍要回到客馆，不可能在朋友家长住，这时他的心情就更加黯然而惨淡。他的《初年乐城馆中卧疾怀归作》写道：

异县天隅僻，孤帆海畔过。往来乡信断，留滞客情多。腊月闻雷震，东风感岁和。蛰虫惊户穴，巢鹊眄庭柯。徒对芳尊酒，其如伏枕何？归屿理舟楫，江海正无波。

还有一首在《全唐诗》中误入《孟浩然集》而实为崔涂所作的《巴山道中除夜书怀》，写诗人因长期离家远游而造成的心情变化，非常真切感人：

迢递三巴路，羁危万里身。乱山残雪夜，孤烛异乡人。渐与骨肉远，转于僮仆亲。那堪正漂泊，明日岁华新。

像这样的例子在唐人诗作中，还可以举出许多。

因谋生或薄宦之需而远游者心态如此，那些官场失意、遭到贬逐者，遇到民俗节日，心情就更沉重而阴暗了。诗人宋之问曾被流放岭南，其《新年作》便吐露了深深的伤颓之绪：

> 乡心新岁切，天畔独潸然。老至居人下，春归在客先。
> 岭猿同旦暮，江柳共风烟。已似长沙傅，从今又几年？

张说曾被流放钦州，其《钦州守岁》诗也突出一个"愁"字：

> 故岁今宵尽，新年明旦来。愁心随斗柄，东北望春回。

白居易于长庆二年（822）由中书舍人外调杭州刺史，同年他的好友元稹由工部侍郎同中书门下平章事罢为同州刺史，次年又调任浙东观察使、越州刺史，应该说这一系列调动尚算不得多么严重的贬谪（白氏之外放还有自愿的成分），但当民俗节日来到时，他们的愁绪就不禁沛然而生。请看白居易的一首《除夜寄微之》：

> 鬓毛不觉白毵毵，一事无成百不堪。共惜盛时辞阙下，同嗟除夜在江南。家山泉石寻常忆，世路风波子细谙。老校于君合先退，明年半百又加三。

这个除夕真是成了百忧丛集之夜。韩愈于永贞元年（805）中秋、元和元年（806）寒食所写两首寄赠张署的七言古诗，其悲愤慷慨之情更是溢于言表。[①] 它们实际上已不是在写节俗，而

---

① 这两首诗分别题为《八月十五夜赠张功曹》《寒食日出游夜归张十一院长见示病中忆花九篇因此投赠》，见钱仲联《韩昌黎诗系年集释》卷3、卷4。

是借题发挥，强烈地倾泻胸中积郁的怒气。文人节俗诗总体的伤悲格调下，也存在着不同作者的不同风格。在论析它们的基本美学特征时，这一点不能忽视。

造成节俗诗风格多倾向于悲感的原因是复杂的。除了个人遭际的不幸外，时光流逝、自然代谢、生命衰老等现象给予人们的精神压力，也很重要。而且这一点对于社会各色人等是一视同仁的。这就是某些官高禄厚、在他人看来几乎事事如意的人，也会在节日不时发出悲叹哀鸣的道理。而当个人不幸与生命消逝两者相纠结、相交缠，就必然会使人们更倾向于悲观颓唐。这一点上面所举诸例实际上已有所涉及。

人的生命之短暂与大自然之永恒，确是一对不可解的矛盾、一种残酷无情的事实。无论多么狂傲不羁或刚强果毅之人，在永恒的大自然面前，也只有低首拜伏，更不必说那些受到宗教影响或极端钟爱自身的人。东晋过江诸人登新亭而泣，有所谓"风景不殊，正自有山河之异"的说法。[①] 这是指国破家亡、地理环境的变异给人们带来了无穷悲感。事实上，时间的流逝变迁同样会给人带来深刻的悲感。概括许多唐人诗文所抒发的感慨，真不妨套用一句道："风景不殊，正自有岁月之异。"白居易在这方面是个突出的代表。他中年以后所作诗，几乎就离不开这个主题，越到晚年就越掰着指头算日子、算年岁，其有关节日的诗，无论是春天的寒食、清明，还是秋冬的重阳、冬至、

---

① 见《世说新语·言语》。

除夕，都围绕着这个中心。试举一例便可以概其余，《除夜》："病眼少眠非守岁，老心多感又临春。火销灯尽天明后，便是平头六十人。"年至六旬，在古人已是高龄，难怪白居易对此不是高兴而是有点忧伤。

不仅白居易如此，诗仙李白、诗圣杜甫也不例外，这种情绪几乎于所有唐代诗人的有关节俗之作中均可觅见。李白诗文总的格调是豪雄奔放，但他对光阴电驰、岁月不居也时致感慨。例如他的《拟恨赋》《愁阳春赋》《悲清秋赋》虽未标明各为哪个节日而写，但却显然以节序更易为构思主干，以"兼万情之悲欢，兹一感于芳节"[①]为题旨。他在《春夜宴从弟桃李园序》中更明确地说："夫天地者，万物之逆旅也；光阴者，百代之过客也。而浮生若梦，为欢几何！"在《九日登山》诗中则感慨："古来登高人，今复几人在？"与其《把酒问月》诗的"今人不见古时月，今月曾经照古人；古人今人若流水，共看明月皆如此"，所表现的思绪可谓息息相通。

杜甫的诗风本来就因多写时代动乱、民生疮痍而比李白凝重深沉，涉及节俗之诗，则因常年颠沛流离的生活而更加趋于悲怆哀伤。他的七律名篇《登高》作于大历二年（767），与其他四首共称《九日五首》，写重阳啜饮独登的观感与心情，"无限悲凉之意溢于言外"，被明代诗论家胡应麟誉为"古今七言

---

① 《愁阳春赋》，见《全唐文》卷347。

律第一"。① 此外，像"年年至日长为客，忽忽穷愁泥杀人。江上形容吾独老，天边风俗自相亲。杖藜雪后临丹壑，鸣玉朝来散紫宸。心折此时无一寸，路迷何处见三秦！"（《冬至》），像"岁暮远为客，边隅还用兵。烟尘犯雪岭，鼓角动江城。天地日流血，朝廷谁请缨？济时敢爱死，寂寞壮心惊"（《岁暮》），不也是异曲而同工吗？

难能可贵的是，他们的悲愁常涉及国计民生或能推己及人。上引杜甫《岁暮》诗即是明证。这种思想在老杜是一贯的，比如他漂泊至云安（今重庆云阳），九日陪人饮宴便忍不住吟出"万国皆戎马，酣歌泪欲垂"的诗句来。他可以对自己贫困的船居生活安之若素，但却始终未能忘怀国家的安危，所以他的《小寒食舟中作》读来不由得令人于悲怆中升起崇敬之感：

> 佳辰强饭食犹寒，隐几萧条带鹖冠。春水船如天上坐，老年花似雾中看。娟娟戏蝶过闲幔，片片轻鸥下急湍。云白山青万余里，愁看直北是长安。

白居易暮年也再一次记起了苦难中的人民，所以其诗在悲叹"时不我与"的同时，又拿自己与人民相比，从而感到由衷的惭愧。如《岁暮》诗云："……洛城士与庶，比屋多饥贫。何处炉有火，谁家甑无尘？如我饱暖者，百人无一人……"仿佛

---

① 《九日五首》，吴若本以为缺一首，赵次公以《登高》一首足之。此后注家皆依赵说。胡应麟语见仇兆鳌《杜诗详注》转引，并请参浦起龙《读杜心解》。

又一次响起了他早年讽喻诗中的声音。

忧国、忧民、忧家、忧己;忧事业无成,忧年光流逝,忧生命短暂,忧衰老迫至……,这真是无穷无尽的忧愁。这是中国古典诗文所创造的最典型的境界之一,是中国古典诗文最重要的美学特征之一,也是中国古典诗文不朽价值之所在。值得思考的是,何以会有一年四季日日忧,每逢佳节更忧愁这种现象。许多唐人在民俗节日中不约而同地表现出来的这种特殊心态,应该如何解释呢?我们以为,除了上述种种原因外,应当特别从中看到节俗文化内涵的巨大影响和干预作用。

每一种节俗都包含着一定的文化内涵,比如除夕夜要求合家团圆,清明节要求祭扫先人坟墓,端午节有种种避邪驱瘟措施,等等,就都反映着我们民族一定的文化意识和伦理道德观念。节俗的这些文化内涵是社会生活的产物,是生活于一个文化圈中的人们的共同创造,也是由他们约定俗成地把这些文化内涵赋予那个被定为节日的特定日子。对于异文化的人,这些节俗基本上不起作用。他既未认同于这种节日民俗,在节日来临时,自然可以无动于衷。因此,也可以反过来说,倘若一个人在节日习俗上表现出与异文化同步的趋势,那么实质上他便已迈出了认同异文化的第一步。正因为这样,无论在历史上还是在现实中才会发生"入乡随俗"和"易乡守俗"的问题——所谓"俗"的含义很广,但节俗是极重要的部分。节日风俗一旦形成,就成为一种无形的力量。对于生活于同一文化圈、遵循同一民俗的人们来说,它有相当巨大的制约力,而对文人来说，这种制约就主要表现在心理情绪方面。张九龄有《三月三日登龙山》诗一首，结句云"禊饮岂吾事，聊将偶俗尘"，就说明了这层道理。①从理智上说，张九龄也许根本不相信上巳祓禊的效力，也不一定非要在这一天登高饮宴不可；但他到底还是去了，并且在诗中表达出与一般俗人大致相同的感受和心态，因为他毕竟是这种文化的一分子。如果他根本不参与此类活动，无论是他主动拒绝还是为别人所排斥，那么他不是会有一种格格不入的文化自外感，就是会有一种孤零凄惶的被遗弃感。这将是他本人和周围人们都忍以难受的。民俗节日是这样一种文化含义格外显著突出的日子。在这样的日子里，生活于唐代社会，从小到大早已被那个时代的民俗文化浸透的文人们，其心中本来就蕴蓄着的种种愁闷幽怨，变得加倍地强烈、加倍地骚动不宁起来，实在是完全合乎逻辑的。王维十七岁时写下的名句"独在异乡为异客，每逢佳节倍思亲"，之所以至今仍有巨大的说服力、感染力，就因为它精确地道出了我们民族关于这个问题的共识。

五、归一化：节俗与相关传说的动态结合过程

节俗及其相关传说的依存关系 —— 年节习俗三要素 ——

---

① 见《全唐诗》卷48。

节俗先于其相关传说——传说与节俗的动态结合：竞争、选择、逐步归一——民族集体意识推动着归一化趋势——归一化与艺术创造——文化传统的一个侧面

民俗节日，包括一应节日活动的风俗习惯，是历代民俗生活的重要内容。形形色色的神话传说流播于民间口头，这也是民俗生活的一个重要方面。有趣的是，它们之间还存在着非常密切的关系。后者对于前者有强大的吸附力，而前者对后者则有着某种依赖性。在两者的相互依存之中，又包含了选择、适应、结合、变易、重组等关系形式，可以说是既相对稳定，又不断变化的动态过程。而这个过程本身，也就是历代民俗生活的一部分。

民俗生活史是一脉无从切割的长流。本书研究唐代三百年间的民俗生活，从中所抽象出来的某些认识，即使还不足以概括整个中华民俗史，但毕竟可以昭示一定的发展趋势，启示我们对民俗生活的变化规律做进一步的探索。正是出于这样的考虑，我们特在集中地论述了唐人的节俗之后，设此专节谈一下与节俗相关的传说在动态结合过程中的归一化问题。

所谓年节习俗，一般由三个要素构成：一是日期，二是仪式活动，三是叙述这一习俗由来的传说。以端午节为例，日期固定在每年旧历五月初五。习俗活动则有裹粽子、划龙舟、挂艾草、饮雄黄酒等。而关于这一年节的传说则是说，上述种种活动乃是为了悼念自沉于汨罗江的楚三闾大夫屈原。把端午的

习俗与屈原传说相联系，可谓由来已久。见于书面的记载，至迟在南朝梁时已经出现。吴均《续齐谐记》中，有这样一条：

> 屈原以五月五日投汨罗水，而楚人哀之。至此日，以竹筒贮米，投水以祭之。汉建武中，长沙区曲，白日忽见一士人，自云三闾大夫，谓曲曰："闻君当见祭，甚善。但常年所遗，恒为蛟龙所窃。今若有惠，可以楝叶塞其上，以彩丝缠之，此二物蛟龙所惮也。"曲依其言。今世人五月五日作粽，并带楝叶及五色丝，皆汨罗水之遗风。

宗懔《荆楚岁时记》也记曰：

> 五月五日竞渡，俗为屈原投汨罗日，伤其死所，故并命舟楫以拯之。

端午节如此，其他一些重要年节也无不如此——它们都有一个固定的日期，有一套各地大同小异的仪式活动，有一个（或数个）解释习俗之由来和意义的传说。

对于构成年节习俗的三要素特别是它们之间的关系，都很值得一一进行研究。这里则仅仅是对年节习俗及其相关传说之间关系的探讨。

按一般推想以及年节传说的内容来看，似乎应该是先有传说所描述的事件，然后才会有相关的习俗。屈原投江，人们不忍他被鱼龙吞食，于是投粽子去解救他，划龙舟去打捞他。似乎是屈原的故事发生在前，民间裹粽子划龙舟的习俗活动形成在后。然而，实际上并不是如此。根据一些学者的研究，事实上古老的年节习俗与传说的关系一般来说恰恰与常理的推测相反。从发生的时间来说，传说无疑是历史悠久的，可是，不少习俗活动的历史却比它更为悠久。闻一多《端午考》考证端午习俗起源古老，很可能是史前图腾社会的遗俗。那么，拯救屈原传说附会于端午习俗，显然是远为晚近的事。[①]钟敬文先生在《刘三姐传说试论》中也指出，是广西一带古老的歌圩习俗孕育了歌仙刘三姐的形象，而并非真是刘三姐其人开创了歌圩的风俗。因此，说"刘三姐乃歌圩风俗之女儿"才更为确切。[②]

对于年节习俗及其相关传说之产生孰先孰后的问题，在一些古籍中，也有人提出过疑问。例如，众所周知，寒食节风俗相传是为纪念被烧死的介子推才形成的。但明人周祈却在其《名义考》中写道："《周官》：司烜氏'仲春以木铎徇火禁于国中'。禁火则寒食，……周制则然，于介子推何与？"[③]问题提得很有理：既然远在周代已有寒食禁火之习俗，那么在春秋时的介子推被火烧死又怎能说成是寒食节的由来呢？

年节习俗与其他民间风俗一样，是通过人民的代代相承而

---

① 参看《神话与诗·端午考》，《闻一多全集》第一册，生活·读书·新知三联书店1982年。
② 见《钟敬文民间文学论集》上册，上海文艺出版社1982年。
③ 见周祈《名义考》卷2。

流传开来的。它的起源与形成,虽然不一定在同一个历史时期,但一般来说,一些古老习俗的起因与原始社会中一个部落、一个部族以及后来的一个民族的全体成员的共同愿望密切相关。生活资料的需求、对于异性的追求、疗治疾病、调解纠纷的需要,乃至为了与死去的族人对话沟通,迎回或逐出某些死者的亡魂,等等,总之,在原始蒙昧的社会中,那些被认为与集团的生存和发展休戚相关的种种活动和事务,都可以成为某种习俗的成因。风俗一旦形成,便有其相对的独立性,有它自己的生命力,随着人类世代的绵延,它不断被补充、修正,一代代地传承下去。然而,由于时间的推移,就发生了一个问题:或者是后人遗忘了当初习俗产生的真正原因,或者说得更确切一些,是对自然与社会的认识大大加深了的后代人们,不再能够理解远古祖先创制这些习俗活动(包括仪式)的真正动机。总之,这类古老习俗活动的形式与它产生时内涵的非理性、非逻辑性质脱了节。这也就使得在生活中继续保持此类习俗的后代人们,不能不根据自己的经验(包括现实经验和历史经验)发挥充分的想象,对这类习俗做出新的、合乎逻辑的解释。可以设想,解释一定会是多种多样、见仁见智的。然而,在一切解释之中,在一切可资利用的现成材料之中,拥有广阔而坚实的群众基础的民间传说,一定会常常居于优越的地位。从年节习俗的情况来看,也正是如此,各种年节习俗确实不约而同地表现出一种与已有的或是根据需要重新组织成的民间传说相结合的趋势。

习俗与传说的结合，情况是比较复杂的。年节习俗与一切习俗活动一样，本身也是一种历史范畴。它的产生有一定原因，在它形成后，活动形式仍在不断发展、变化，并不是一成不变的。这是一个值得探讨的问题，但这里主要讨论年节习俗与传说的关系，为了使论题集中，暂且不论及习俗活动本身的变化，而把它看作一个较稳定的因素。每一个年节习俗，仅取古今民间普遍流行的那些活动形式为研究对象，从这个前提出发探讨它与传说的关系。

习俗与年节的结合，往往有几种情况：有的是早已在民间流行的、发展成熟的传说，直接与习俗"挂钩"；有的是利用原有的影响较大的传说人物，重新编造出新的、与习俗活动相符的情节；也有的是从人物到传说情节都是为解释习俗而新创造的。当然，也有另一种情况，有些在某一地区流行、起源较晚的年节习俗活动，是在先有了某种传说后，根据传说内容而兴起的，是传说内容"实践化"的结果。但是，正如我们前面所说，一般来说，习俗（特别是起源古老、流行范围广泛的年节习俗）与传说的关系是，民间传说的一部分发生了向年节风俗附会的动向。于是，介子推焚死的传说，与寒食节习俗挂上了钩；端午节习俗与屈原自沉传说发生了瓜葛；牛郎织女鹊桥相会传说则与七月七日乞巧节相联系，而嫦娥飞天传说，也为中秋佳节增添了更浓郁的诗意。

一定的年节习俗与一定的传说故事相联系，后者既解释前者的成因和意义，又使前者更加深入人心、广传远播，这都是明显的事实。然而，研究它们两者的关系，仅仅指出这一点远远不够。我们还注意到一种现象，即一个年节习俗往往有不止一个民间传说与它相联系、相附会。习俗与传说常常不是一对一而是一个与多个的关系。还以有关端午节习俗的传说为例，它除了与屈原传说有关，还与别的好几个传说故事有关。这些故事，同样也是用来说明端午节之由来的。然而，我们同时又注意到，众多的解释端午由来的传说之中，又有一个为最主要，即流传最广、相信的人最多，以致使另几个传说故事的影响渐渐被掩盖在它的光辉之下，久而久之竟变得鲜为人知了。

可以说，在众多民间传说向一个年节习俗附会的过程中，实际上曾发生过一场"竞争"。这是一个相当漫长的过程，然而过程虽长，结局却十分清楚，就是众多的传说中必有一个最终将战胜或克服"对手"，建立起与这个年节习俗最牢固的联系，这是一个由众多向单一的演化过程，也就是我们所说的归一化趋势。这种归一化趋势并不是随意性的，而是客观地为传说与习俗之间相互制约的规律所决定，归根结底是人类社会自为自控的产物。

上文在谈到与端午习俗相关的传说时，曾引用了《续齐谐记》《荆楚岁时记》两条材料，它们都表明：端午习俗与民间流传的屈原自沉汨罗江传说有关。但事实上，除屈原传说以外，本来还有数种传说与端午习俗有牵连。仅从《艺文类聚·岁时部》"五月五日"条下，我们就看到尚有以下两种。一种出自《琴操》：

> 介子绥（介子推）割其腓股，以饲重耳。重耳复国，子绥独无所得。绥甚怨恨，乃作龙蛇之歌以感之，终匿于山。文公令燔山求之，子绥遂抱木而烧死，文公令民五月五日不得发火。

原来与寒食节习俗联系着的介子推故事，竟和端午节也有瓜葛。还有一种出自《会稽典录》：

> 女子曹娥者，会稽上虞人。父能弦歌。汉安帝二年五月五日，于县江泝涛迎波神，溺死，不得尸骸。娥年十四，乃缘江号哭，昼夜不绝声。七日，遂投江而死。

这里又把端午习俗解释为对孝女曹娥的追念。除了介子推、屈原、曹娥，端午节由来牵涉到的古人还有伍子胥、越王勾践等。①

应该指出，我们现在所看到的古籍上的有关记载，其实已是长期选择淘汰的结果，在古代人民口头，形形色色的与端午习俗有关的传说无疑会更多更杂。由于未经记录，也许大量有关传说已经失传。而直到唐代，却仍有三种说法比较为人们熟知。然而三种说法的影响看来也并不一样，史载：龙朔元年

---

① 东汉邯郸淳《曹娥碑》把曹娥之死与"迎伍君"联系在一起，因此端午节由来又与伍子胥有关；《记纂渊海》引《岁时记》曰："越地传云，竞渡起于越王勾践。"

（661）五月五日唐高宗问左右侍臣："五月五日，元为何事？"许敬宗即以《续齐谐记》的记载作答，认为"五月五日作粽，并带五采丝及楝叶，皆汨罗遗风"。[①]可见，当时把端午习俗与屈原传说联系起来的解释，影响较大，但毕竟介子推与曹娥的这两种说法也仍有"立足之地"，因此欧阳询编纂《艺文类聚》时，才会把这三种说法均搜罗进去，并列于"五月五日"条下。而且在唐以后，这个选择淘汰或曰竞争的过程并未结束。又经过多少年，渐渐地介子推传说固定地附会到寒食节习俗上去，实际上退出了这场"竞争"。曹娥传说也不能与屈原传说相抗衡而日益和端午习俗"脱钩"，以至于今人绝少再拿曹娥传说解释端午习俗的形成和意义。在众多的曾经同端午习俗关联的民间传说中，屈原的故事终于"独占鳌头"。不但在汉民族中，也不但在我国南方是如此，而且已传遍整个中国，甚至远播国外。即使在不同地区的流传有一些差异，但母题总是这一个。何以屈原传说会有如此巨大的力量呢？究竟是一些什么条件造成了屈原自沉传说与端午习俗的密切联系呢？对于这个问题的解答，也就是对于所谓归一化趋势的推动力的说明。

我们以为，促使与年节习俗相关的那些传说发生归一化趋势的根本推动力，是存在于我们民族集体意识的深处，也就是融汇了我们民族的心理素质、审美意识、伦理观念乃至社会政治理想而形成的民族精神的精髓之中。这种民族集体意识，看

---

① 见《唐会要》卷29《节日》。

似无形，却隐藏在每个民族成员的内心，虽然它不是如荣格所谓的"集体无意识"那样，与表层的个人无意识相关，但却仍与"集体无意识"有相通的一面："它与个性心理相反，具备了所有地方和所有个人皆有的大体相似的内容和行为方式。换言之，由于它在所有人身上都是相同的，因此它组成了一种超个性的共同心理基础，并且普遍地存在于我们每一个人的身上。"①因而是一种极强大的力量。

　　与端午习俗关联的几则传说，在思想内容上都表现出纪念先贤（或烈女）的倾向。诚然，介子推的清高狷介、屈原的忠君爱国、曹娥的忘我纯孝，在中国人心目中，都是一种值得景仰的品格。把他们的事迹与几乎是全民性的端午习俗活动相联系，确实是很合宜的。可是，如果将三者加以比较，他们各自事迹所具意义的大小，却显然有所不同。曹娥的举动无疑是感人的，可是她的孝行主要是表现出一种深挚的父女之情，所施对象，只有其父一人。介子推的怨愤无疑是令人同情的，他的这种对于薄情君主的抗议，尤其能博得下层士人和人民群众的赞赏，可惜由于他的事迹与火焚相关却无法与江水联系，所以最终也不得不退出这场"竞争"。而屈原就不同了。屈原一生最根本的特征是忠君爱国，并能为此不屈不挠地斗争，直到毫不顾惜地牺牲自己。屈原的品格与事迹，在中国长期的封建社会中，便成为做人的最高典范。这观念是上自君王贵戚、下至乡

---

① 《集体无意识和原型》，马士沂节译自荣格《分析心理学的基本假设》《集体无意识的原型》等文，载《文艺理论译丛》第 1 辑。

野平民,都一致公认并经过儒生的大事宣传和阐扬而愈益坚不可破的。伟大历史学家司马迁对屈原的崇敬赞叹已经成为深入人心的千古定论,而被后人著作反复引用:"屈平正道直行,竭忠尽智以事其君,谗人间之,可谓穷矣。信而见疑,忠而被谤,能无怨乎?屈平之作《离骚》,盖自怨生也。……其志絜(洁),故其称物芳。其行廉,故死而不容自疏。濯淖污泥之中,蝉蜕于浊秽,以浮游尘埃之外,不获世之滋垢,皭然泥而不滓者也。推此志也,虽与日月争光可也。"[1] 相反,东汉的班固在《离骚序》中指责屈原"露才扬己"云云,就遭到后世的驳斥。[2] 可以说,屈原精神已经成为我们民族精神的一种具体化。屈原精神不但代表了美,而且代表了崇高和伟大。正因为这样,有关他的传说一旦与端午习俗发生联系,就必然成为别种传说无法抗衡的对手。屈原传说的力量可以说就蕴藏于我们民族集体意识的深处。

屈原传说的优胜性不仅于此。虽然屈原本身属于统治阶层,但他的不幸遭遇却使他与楚地人民发生了密切联系。"楚虽三户,亡秦必楚",楚人向来以民族观念、国家观念强烈和斗争性的顽强著称。屈原的品行博得楚人的爱戴是很自然的。而且从屈原作品看,他与楚地平民百姓的关系十分密切。在长期流放过程中,他走到了民众之中。他对村野民风非常熟悉。他的《九歌》是对民间祭祀仪式歌辞的加工,而后又传回民间,成为

---

[1] 参看《史记·屈原贾生列传》。
[2] 参看《文心雕龙·辨骚》。

民间长期流传的歌辞。他的《天问》采用民歌中惯用的对答形式，其中有些内容很可能便是民歌歌词的记录。民间流传的许多屈原传说，处处说明了他同人民的联系，难怪许多文学史家要把屈原称为人民的诗人。用某个全民性的年节来纪念某位古人，或者说用某位古人的传说去解释某个年节的产生及其意义，在古代社会中都是民众自发的事，并不依赖统治者的命令。相反，在年节问题上，倒是统治者受着民间习俗的左右。屈原传说与端午节习俗的联系，正是这样发生的。在这里，真正起了推动作用的，是深蕴于广大人民心中的那种民族集体意识。人民就是这样根据着一种默契的共同原则、共同的爱憎好恶与美丑标准做出了抉择。这是一种被全民族和历史都承认了的抉择。

端午年节传说由于影响大，古籍记载较多，发展脉络较清晰，可以比较典型地说明年节传说的归一化趋势问题。其他年节传说的选择淘汰过程，虽然不一定都能如端午传说那样看得清楚，但这种选择淘汰，或者说在全民族中、在社会内部进行自控调节的最终结果——现在附着于年节习俗上的传说，却总是这样那样，或隐或显地体现了我们民族精神和性格的某个方面。例如，七月七日乞巧节，与牛郎织女的传说相联系，反映了中国历代民众对男耕女织、安居乐业生活的深深向往，反映了我们民族对于忠贞、勤劳，特别是忍耐和执着这一类品质的肯定。乞巧节基本上是妇女的节日，这一天妇女们穿上自己最漂亮的衣服，在月下比赛穿针引线。趁织女与牛郎在鹊桥相会之际，摆上香案，铺陈瓜果，在月下拜祭织女，虔诚地向织女"乞巧"——求取精妙的手艺，求取智慧、巧思和茂盛的生育能力。同时，也许连她们自己也没有意识到，是在求取对于不可知的命运安排的敬畏心和忍耐心。在她们的人生道路上，万一遇到什么艰难或不幸，那么，织女就应该成为她们承受厄运而毫无怨言的榜样。从这里，不是也可以看出我们民族心理、民族集体意识的一个侧面吗？同样，在与中秋节相联系的嫦娥传说中，在与重阳节相联系的费长房传说中，乃至在少数民族地区流传的某些年节习俗，诸如歌圩节、火把节、泼水节、芦笙节以及与它们相联系的传说，也无不体现了民族心理气质、民族集体意识的一个方面。[①]

任何一个民族都有自己被特定生活条件和生产关系所决定的文化传统。这个民族共同的伦理道德规范、共同的心理素质、审美观念和情感需求，就是其文化传统的重要方面。我们审视这个文化传统的时候，当然不可忽视表现于其中的不同的阶级意识，因而也就不能忽视那些似乎为全民族所有的年节传说在思想内涵上的多层次性、多侧面性——正因为这样，不同的阶级才有可能各取所需。但是，另一方面，也绝不可无视凝聚在文化传统最深处的民族集体意识。民族集体意识与阶级意识不同，它潜藏得更深，具有更广阔的涵盖性。这种民族集体意识透过一个民族所遵循的种种习俗，以及他们为这些习俗创造出

---

① 可参看黄泊沧编《节日的传说》，湖南人民出版社 1982 年；李瑞岐编《节日风情与传说》，贵州人民出版社 1983 年。

来的最为完美而合适的许多传说,包括年节传说,都能看到。那些完成了归一化过程之后与一定习俗密合无间的年节传说,总是不但象征性地显示出一个民族集体意识中最高的善与美的观念,而且能够有力地促进这个民族心理素质和精神品格的丰富、发展和提高。

促使年节传说发生归一化趋势的根本动力在于我们民族的集体意识。在那里,我们感受到了一种无形而巨大的力量。不过,问题并不如此单纯。如果说,把屈原自沉传说与端午节联系,把牛女鹊桥相会与乞巧节联系,是被历史证明了的一种"最佳选择",那么,促成这种"最佳选择"的最后实现,还有其他许多原因。这个在众多民间传说中进行选择的过程,或者说归一化过程,其实也可以说是我们民族按照一定的规律进行艺术创造的过程。因此,揭示这"一定的规律",也就必然触及归一化趋势得以发生的另一部分原因。

首先,附会于某一年节习俗的民间传说既然要对这种习俗的产生和意义做出解释,换句话说,就是要用民间传说的故事情节去阐释那个年节习俗的含义和旨趣,那么,传说情节与习俗模式必须完全吻合,只有情节的合理性才能导致阐释的可信性。例如,端午节的习俗活动中有划龙船一项,这项水上活动,就要求附会于它的传说必须与水,进一步还要求它与水难发生联系。如果一则传说与水或水难毫无瓜葛,那么,尽管它思想内容很好,也不可能顺利地附会于端午节习俗。这恐怕就是介子推传说终于不得不与端午节脱钩而去与寒食节挂钩的重要原因。我们看到，屈原传说、曹娥传说、伍子胥传说就都与水或水难有关。他们的故事与端午习俗联系，都能说得通，也就是有逻辑上的可信性。然而，如果再进一步比较，就会发现这三个传说的主人公与水的关系还有些差异。伍子胥并不是死于水中。史载：吴王夫差令其自刎之后，因听说了他的临终遗言，"大怒，乃取子胥尸盛以鸱夷革，浮之江中"。[1]也就是死后才以马革裹尸而扔于江中的。曹娥为寻找父尸，确是死于江中，但是，"至元嘉元年，县长度尚改葬娥于江南道傍，为立碑焉"。[2]那么，她的尸体后来是被找到了的，而且被很好地安葬了。比较起来，屈原的自沉汨罗，就更富于神秘色彩，屈原自沉的时间和具体地点，都是模糊的。他的尸体也始终没有再出现过。热爱他的楚地百姓想象他在水底会受到各种水族的困扰，因而把裹粽子、划龙船说成是为了寻找和解救屈原，就显得更加合乎情理，传说和习俗的结合也就更具可信性。要求情节安排的合理，体现了理性思维对于形象思维的指导作用，这可以说是人类思维的客观规律，也可以说是艺术创作的客观规律。在我们所说的归一化过程中，这类规律也是必须遵守的。屈原传说与端午习俗结合是如此，介子推传说与寒食禁火习俗结合，也是如此。

其次，某一年节传说能否与特定的年节习俗相结合，还要看它是否有助于习俗活动按原有模式举行，亦即是否有助于习

---

[1] 见《史记·伍子胥列传》。
[2] 见《后汉书·列女传》。

俗活动的可行性即实用性、实践性。能够保持和促进某种习俗传统活动的传说，才有希望牢固地与该种习俗相结合；而如果不能，那么即使原来曾有过联系，最后也无法维持。前面曾提到五月五日端午节也曾与介子推的传说相联系过，但一方面是因为介子推故事与水无关，另一方面也因为它与煮新米裹粽子的习俗扯不上，这个传说无助于夏天来临，新米、粽叶上场时的端午习俗活动的进行。结果它原先与端午节的联系，便渐渐终止了。而介子推传说与寒食节相联系，不但合情合理，而且使春初寒食的习俗获得一种更为感人而深沉的含义，所以这种联系明明是一种无据的附会，却变得似乎是牢不可破的了。

再次，那些在归一化过程中取得优胜地位的年节传说，有一个值得注意的现象，那就是传说的主人公都是悲剧性的人物，而传说所叙述的故事也往往是不幸的，甚至是灾难性的事件。以故事和人物不同程度的悲剧色彩来打动和吸引人，并以此统一人们的情感，对人的精神世界起一种荡涤和升华作用，这是成功的艺术在风格上的重要要求，至少在我国是如此。年节习俗初起时，特别是在原始社会中，它是为着整个集团生存和发展的需要而进行的一种仪式，因此十分神圣、庄重，是为全体成员所衷心信仰的。随着人对自然和自身认识的加深，习俗活动原有的性质和作用越来越削弱，但它的神圣性和庄重性却作为一种风格的基调与习俗活动的形式一起被保留了下来。在归一化趋势中占优胜地位的年节传说，能使原来习俗活动中对神灵的信仰转化为对人的品格、人的价值的信仰。信仰是习俗活动的"支撑点",旧有的"支撑点"腐朽了,不起作用了,因此习俗本身需要在解释它的由来的年节传说中获得新的"支撑点",以保持它的形式和风格。年节传说的悲剧性人物和灾难性事件既符合中国人的艺术好尚和审美习惯,也是出于保持习俗原有形式和风格的需要。

最后,那些能够与年节习俗牢固结合的年节传说,往往还具有保证一个年节中各种习俗活动都能顺利进行的多方面内容。许多年节习俗初起时的真实功用,今天已很难确考,但从现代眼光看来,年节习俗活动又总是与多方面的实际效用有关。有的习俗活动(如挂艾草、饮雄黄酒等)在医药卫生条件不发达的情况下,可以略收驱除瘟疫、预防疾病之效。有的习俗活动(如划龙舟、爬山登高等)显然是一种很好的体育竞技活动,对于强壮体魄、昂奋精神无疑是有益的。有的习俗活动(如乞巧、放鞭炮等)则是一种适合于妇女、儿童的游戏。至于许多习俗还规定届时要合家团聚,并吃到时鲜的、可口的果蔬菜肴等,也都对人们的实际生活有这样那样的益处。年节习俗的多种实际功能,决定了年节传说中也必须包含着多种内容——年节传说应当负责对这些习俗一一做出合理性的解释,从而使这些习俗活动获得超越其自身实际价值的象征意义。屈原传说与端午节主要习俗活动——裹粽子、划龙舟相联系,这是很早就有记载的。而现在的民间传说中,则把饮雄黄酒的习俗也与屈原传说联系起来,说是一个老医生拿一坛雄黄酒倒进江里,要药晕蛟龙水兽,以免它们伤害屈原。一会儿水面上果然浮起一条昏晕的蛟龙，龙须上还沾着一片衣襟。人们把这恶龙拉上岸，剥皮抽筋，以解心头之恨。然后把龙筋缠在孩子们的手腕和脖子上，又用雄黄酒抹七窍，使"毒蛇害虫再不敢伤害像屈原一样心灵贞洁的孩子们"。[①] 可以说，年节传说就是这样通过具体的保证年节习俗的多方面功能，来保证着年节习俗持久不衰的生命。凡是在这方面胜任愉快的传说，便能成为归一化趋势中的优胜者，而不能适应和满足年节习俗这种要求的传说，在归一化过程中，便会渐渐被淘汰。

　　以上从几个方面考察了年节传说的归一化趋势，探讨了造成这一运动的原因和归一化运动所依循的一些原则。在这里，应强调一下，我们论述年节传说的归一化趋势，并不是否认有些年节传说所呈现的多样、复杂的情况。正如前面所述，一方面，年节习俗本身也是在发展、变化的，这种变化必然会引起解释它的传说的各种变异。另一方面，归一化趋势要经历一个长期的过程，它反映在各民族、各种年节中的程度有很大不同。归一化是一个运动过程，是一种趋势，而不是说所有年节传说的现状都已归化为一。说到底，也只有在年节传说的多样、复杂中，才能显示出这一趋势。

　　最后，需要指出一点，年节传说一般来说虽是在年节习俗产生以后才逐渐附会上去，并经过长期选择淘汰才形成固定联系的，可是，一旦这种附会成功，并随着岁月推移而变得日益牢固时，年节传说又会反作用于年节习俗的流播与演变，它不

---

① 参看罗启荣、欧仁煊编著《中国年节》，科学普及出版社1983年。

仅仅是对年节习俗的一种被动记录和解释，而是积极参与对年节习俗进行新的建构。同时年节传说也就在这个过程中不断接受反馈，发展着自己。

从远古时代存留下来的习俗，在一个民族的大多数人中具有普遍性和重复性。这种习俗的具体内容、含义和人们对它的认识与阐释，在各个时代会有所不同，会这样那样地折射出那个时代的某些特征，但其形式的基本方面却一般不会随着经济和政治的变动而有大的变动，往往是根深蒂固地保留下去。这是一种过时的活动形式，又是一种无形的巨力。它跟社会的发展前进很可能没有多大关系，也可能会起阻滞作用。不过，当经过了归一化过程，一种有积极意义的年节传说附着于这一习俗形式时，却能使古代遗留下来的习俗，获得一种新质。每年到了这一天，人们按照习俗所做的一切，就不再是盲目的、不明究竟的行为，而成了有目的的自觉的行动。这就使这一习俗能稳固地传承下去，而不会被人们遗忘或抛弃。

当一种习俗的性质被固定下来以后，随着时代的发展，人们还能从自身的需要出发，不断地赋予这一习俗性质以更新的思想内容，从而也就使习俗不断地有了新的含义。

比如与寒食节重合的清明节，就早已从纪念介子推发展到上坟扫墓，悼念死去的亲人，发展到今天成为祭扫烈士陵墓的节日。

年节传说的反作用还表现在习俗能借年节传说得到更广泛的传播。

传说具有较大的流动性。随着人的走动，关于年节习俗的传说也就被带往四面八方。于是随着这种解释习俗的传说的传播，这种习俗也就渐渐成了传说所到之处人们的一个节日。而且传说在传播过程中，往往有着与当地风物相结合的趋势。这样，有些与某一年节传说黏合在一起的习俗，也就取得了"土生土长"的资格，使人们不觉得它是外来的。于是，他们也就虔诚地遵循了这一年节习俗，使得这种习俗不为一地域或一民族所独有，而成了广大地区人民的共同节日。寒食、端午、重阳等年节就都经历过这种从一地向四方传播的过程。而少数民族地区的一些年节习俗，由于年节传说与当地的风物相结合。因而使某一习俗在各地都有"根"的情况更为常见。

年节传说经过漫长的社会选择、淘汰过程而与年节习俗牢固联结起来。这一社会调节过程随着历史发展和人的本质的不断丰富而逐步完成。它并不以某个人的意志为转移，而是以信奉这一年节习俗的整个民族的集体意识为最基本的衡量标准。这一标准促使零散的、各种各样对年节习俗做出解释的传说，向较高级的、更能体现民族本质力量和理想的传说集中，最终归结为一个固定于年节习俗上的年节传说。在这个漫长的归一化过程中，年节传说经受了不同时代的考验，不断地被修改着、完善着。它能给年节习俗以积极的影响，并在一个民族中，有效地发挥自己的社会职能。综观形形色色的民俗节日习俗与相关传说的动态结合过程，也就从一个侧面了解了一个民族的文化传统。

都市民俗

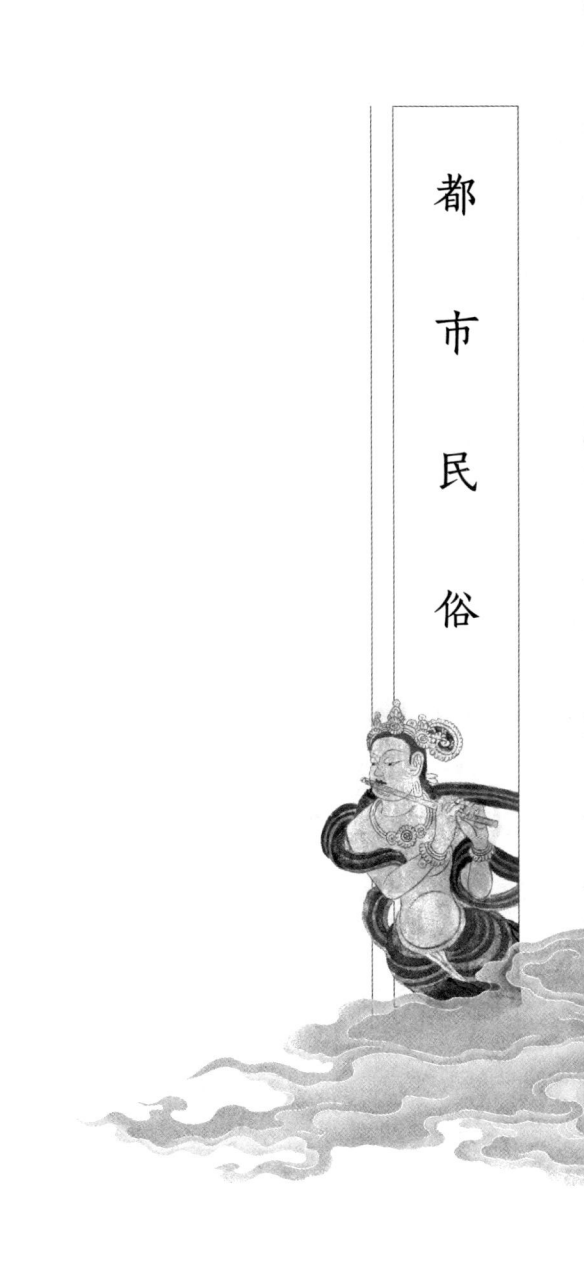

一、都市的兴起

都市与都市居民——都市民俗及其文化意义——西京长安、东都洛阳：唐帝国政治、经济、文化中心的形成——国内交通、丝绸之路与文化的交融——"扬一益二"和遍地勃兴的商业城市

都市的纷纷兴起，是唐史上一件值得注意的事。因为它既反映了经济、政治的发展和交通的进步，也必然为文化建设带来新的动力，对整个国家、整个民族的文化面貌带来重大影响。被一条条水陆交通线串联沟通起来的城市，犹如穿缀在丝线网络上的颗颗珍珠，成为各地物产、财富和人文精华的集萃点，同时也是陈列和展示大唐社会物质文明和精神文明成就的闪光窗口。

都市居民的构成成分无疑不像农村居民那样单纯，而要复杂得多，而且城市居民往往具有流动性，因此其构成的变化幅度和速度也要比农村居民大得多。然而不管如何复杂，如何变化，每个都市又必有它的基本居民。这些居民也许是土生土长的,也许来自附近的农村,也许来自更远的外地甚至外国,但当他们逐渐落户定居,并在这里生根繁衍,世代相传,也就终于成为某个都市的基本居民,从而也就构成了一种都市社会。在这个社会中普遍流行的风俗习惯及其文化意义,便是我们在本篇所要研究的主要对象。

以往的民俗学大都倾向于把自己的视野限定在山区或农村,尤其是地理位置僻远、经济与文化状况落后的那些地方,而对城市居民的风俗习惯及其文化意义则往往较少注意,似乎这后一个方面不是民俗学而应是社会学的研究领域。

我们的看法不同。我们在本书《导论》中曾谈到过民俗并不仅仅存在于下层文化或一部分中层文化的观点,并曾引用过阿兰·邓迪斯关于"民间的概念已不再局限于农民或无产者"的说法。① 这里我们还需要把问题明确地引申到都市民俗中来。

我们认为,尽管都市居民的文化层次极不单纯,高者与低者的距离相当巨大;尽管都市居民在经济地位、所操职业以及由此决定的阶级分野上,存在着极为复杂、极为显著的差异,但这并不影响他们各自都可以具有自己这个群体独特的民俗。

民俗并不仅仅存在于社会地位与文化水准都偏低的人们之中,在政治、经济、文化方面处于上层的人们,同样有他们的风俗习惯,没有理由把这一类风俗习惯排除在民俗的整体之外。而且,这些上层人士与社会地位、文化水准都偏低的人们既然

---

① 请参看本书《导论》之《本书涉及的民俗学基本问题之一:民俗释义》。

共同生活于某一都市，他们之间不可能不直接、间接地（即通过某些居于中介地位的人）发生种种生活上的联系、瓜葛和交流，从而约定俗成地形成某些共同的民俗习惯、德范、礼仪等。本书前一篇所谈关于岁时与节日的种种民俗，就并不限于哪一类人、哪一层文化，甚至并不限于城市或乡村，而几乎具有全民共遵共享的普遍性特征。

本篇所论的范围，比前一篇为窄，主要集中在与唐代城市人、城市生活有关的种种民俗。我们发现，这是一个非常广阔而又非常有趣的天地。虽然研究中困难重重——主要困难是资料的不足和零散，一方面因为年代久远，散佚严重；一方面古人的有关记载毕竟难以完全地满足今日的要求——但研究所得却使我们对唐人民俗生活的方方面面，从而对唐人的精神世界及其文化实质，有了更为具体、清晰而切实的了解。包括都市民俗文化在内的都市文明，往往集中地体现着一个国家、一个民族的物质文明和精神文明，通过研究都市文明而揭示唐代文化的底蕴和特质，应该说是一个可行的途径。

大约三十年前，西方民俗学界中产生了以城市下层居民为研究对象的学科分支——城市民俗学。其初步的研究成果，已使民俗研究的范围和对象大大地扩展，并使民俗学从一种历史的学问，向社会意义更强的现实的学问大大跨进了一步。"校园民俗、职业民俗、街巷民俗等城市民俗既然已经成为学者们的思考对象，民俗学家们就不可能再局限于穷乡僻壤和往日的岁月，当代民俗学也就必然要从乡土走进整个社会生活。"① 如今，城市民俗学的课题也已提上我国民俗学界的议事日程。上海民间文艺家协会主编的《中国民间文化》两年前就已刊发《都市民俗学发凡》的专辑，显示了这方面的可喜成绩和极为诱人的前景。本篇虽然研究的是唐代都市民俗，似也不妨把它看作是对民俗学界同仁关于建设都市民俗学呼吁的响应。都市民俗学是一门现实性很强的社会科学，但它并不排斥，相反也很需要历史部分的辅佐与补充。而从历史民俗学的角度来看，则和现实的民俗研究一样，也是需要有它的城市部分的。

唐代最大、最重要的都市，当然是称为西京的首都长安和仅次于它的东都洛阳。它们是全国政治、经济，也是文化的中心。

长安，是皇帝后妃们居住的地方，同时设置着一整套国家行政机构，是唐帝国这部庞大机器的首脑和灵魂。长安这座当时东方最宏伟的城市，其布局特点，就与适应这种政治统治的需要有关。

洛阳，作为陪都，不但同样拥有众多豪华的宫殿，而且也与长安一样设置着整套国家行政机构，称为"分司"。唐高宗李治和武则天，尤其喜欢洛阳。显庆元年（656），高宗下令在洛阳宫中修乾元殿，高一百二十尺，东西三百四十五尺，南北一百七十六尺，加上相应的配套建筑，其规模之大、工程之巨可以想见。次年便将洛阳改为东都，在他执政期间曾七次巡幸

---

① 高丙中《英美城市民俗学的兴起及其对民俗学的理论意义》，见《中国民间文化》第八集，学林出版社 1992 年。

洛阳，每次居留时间短则九个月、长则两年多，最后病死于洛阳的真观殿。武则天统治时，更将洛阳改名神都，干脆长期留驻于那里，从而使洛阳一度成为真正的政治中心。武则天最后也死于洛阳。

长安和洛阳也是唐代的文化中心。在那里设有当时的最高学府——国子监，长安的称西监，洛阳的称东监，合称两监。两监各设六学，即国子学、太学、四门学、律学、书学、算学。前三学，要求系统学习儒家经典，以培养未来的各级官吏。后三学分别学习专门知识与技能，律学"以《律》《令》为专业，《格》《式》《法例》亦兼习之"，书学"以《石经》《说文》《字林》为专业，余字书亦兼习之"，算学则学习《九章》《周髀》以及《孙子》等书。六学的生员法定总数为二千二百一十人，鼎盛时期则超过三千人。合东西二监计之，则有六千人之多。①

六学以外，还有广文馆，这是唐玄宗为文士们设置的另一所高等学府，也归属于国子监，合称为七学。又有隶属于门下省的弘文馆、隶属于太子东宫的崇文馆，这是两所专收贵族子弟的学校。此外还有祠部主办的崇玄学、太医署主办的医学、秘书省主办的小学，也各有不少学生。②如此多样的学校和数量可观的师生，保证了京洛两地基本的文化氛围。

由于科举制度的驱使，每年有大批举子进京赶考。他们当中除了早就在京的国子监毕业生，还有在各州府考试中选拔出

---

① 见《新唐书·选举志》。
② 以上参《新唐书·选举志》、《唐六典》、王定保《唐摭言》等。

来的优秀者，这是一批更富于活力和创造精神的年轻人。每当秋冬之际（最迟是孟冬十月），这批才华横溢、雄心勃勃的文士麇集京师[①]，准备开春举行的进士或明经考试。这期间举子们往往要展开各种紧张的活动，如向达官贵人投赠行卷，请求引荐；如朋友之间相互交结或切磋诗文；当然，也免不了到长安的歌馆酒楼、花街柳巷寻欢作乐。考试以后则是等待发榜，及第者自有一番热闹欢快的喜庆交游活动，落第者有的黯然回乡，但也有赁屋居留，更加悬头苦读，以备明年再战者。总之，每年如潮汐般来去的大批举子和在长安、洛阳长期生活的各种文化人，使这两大都城的文化气氛始终那样浓郁，那样诱人。

在唐代大为发达起来的国内外交通，也是以长安与洛阳为中心的。

杜佑《通典》卷7《历代盛衰户口》述及唐玄宗开元十三年（725）粮帛价格与户口情况，由物产的丰富、物价的低廉而谈到了当时国内以京洛为中心的陆路交通和良好的治安状况：

> 东至宋、汴，西至岐州，夹路列店肆待客，酒馔丰溢。每店皆有驴赁客乘，倏忽数十里，谓之驿驴。南诣荆、襄，北至太原、范阳，西至蜀川、凉府，皆有店肆，以供商旅。远适数千里，不持寸刃。

[①] 唐代由尚书省主持的科举考试主要在首都长安举行，但在武则天时期和代宗永泰至大历末期，两都曾同时举行中央级的贡举考试。

水路方面，在隋代开凿广通渠（潼关至长安之前身大兴城）、通济渠（由洛阳经山阳，即今江苏淮安，接邗沟而达江都，即今扬州）、永济渠（由洛阳至涿郡，即今北京）和江南河（由京口，即江苏镇江，至杭州，下接钱塘江）的基础上，唐人又陆续增加了陇州的五节堰、沧州的无棣河、润州的伊娄渠和长安的广运潭等，使运河网络更为细密。以漕运的畅通，进一步保障了两京的中心地位。

唐代的国际交通，最享盛名的无过于陆上、海上的几条丝绸之路。

海上丝绸之路指由广州至南洋诸国的航线，与长安关系比较间接。几条陆上丝绸之路则均以西京长安为起点。其南路经陇西道或河西走廊（今甘肃武威、张掖、酒泉、敦煌），出阳关，沿塔克拉玛干沙漠南侧的昆仑山北坡向西，翻越葱岭，可抵波斯（今伊朗）各地；其北路则出玉门关，抵车师（今新疆维吾尔自治区吐鲁番市），然后沿塔克拉玛干沙漠北侧之天山南坡继续西行，于疏勒一带越葱岭。此外，在唐代安西都护府辖境以内，另有一条由天山北麓向西延伸的商道，其东端也是西京长安。

丝绸之路将中国的物产丝绸、茶叶、瓷器等源源输向中亚和欧洲，同时，大量外国人——唐人笼统地称他们为西域胡人——也沿此通道来到长安、洛阳乃至内地各大城市。尤其是长安，更是胡商、胡僧、胡姬们麇集的地方。这些人以及陆续来唐朝进贡、朝见的外国使臣（其中日本国的遣唐使来华尤勤）

又给长安等地带来了许多异国情调的生活习惯和民俗,从而形成了文化的比较、撞击、互补和融合。

杜佑曾追溯包括西京长安在内的关辅地区民俗的历史线索,指出自秦汉以来,这里便是个"五方错杂,风俗不一"[①]的地方。到唐代,由于国内外交通的进一步发达和各族、各地区百姓在长安的大量居留,这种情况也就愈益发展,造成长安民俗的许多新特点。

长安、洛阳这一类政治、文化中心以外,值得重视的还有许多规模不等的商业城市,这些城市的民俗情况既有各自的特色,也有不少共同的东西,都是构成唐人时代风俗和文化面貌的重要侧面。

在这一类商城中,最享盛名的大都会无过于淮南的扬州和西蜀的成都,所谓"扬一益二",就是说它们的繁华富庶在全国大都市中居于数一数二的地位。此外,重要的商埠和都会还有广州、泉州、杭州,以及登州(今山东蓬莱)、楚州(今江苏淮安)、明州(今浙江宁波)等,它们大都是一些沿海城市。

还有一些城市,因为各自地理与物产的条件或因管理者的重商政策而发展起来,也具有相当的规模。它们有的是节度使府或州府所在地,如西北的凉州(今甘肃武威)、沙州(今甘肃敦煌)当时都是陇右重镇、都督府所在地,又当丝绸之路的要冲,所以经济和人文都十分发达。元稹《西凉伎》一诗曾描写道:

---

① 见《通典》卷174。

"吾闻昔日西凉州，人烟扑地桑柘稠。蒲萄酒熟恣行乐，红艳青旗朱粉楼……"张籍的《凉州词》则提到"无数铃声遥过碛，应驮白练到安西"的情景。内地这样的城市更多，地处江南的润州（今江苏镇江）、昇州（今江苏南京）、常州、苏州、湖州之类不必说了，就是山西的解县（唐属河东道河中府），本来只是一个小小的"次畿"级县城①，但"因沃饶之润（指有盐池、铸钱之利②），置榷货之司，官帑委输，商徒繁会，云连里闬，山峙赀财"，竟也达到"弦歌讵称于武城，锦绣惭夸于襄邑"的程度。值得注意的是在这个新兴的商业城市中，商人的地位也显然提高了。在司空图奉敕所作的《解县新城碑》中，提到河中府僚佐和居民集体倡议为节度使王重荣立碑，其"联状同诣所居，沥恳至于垂涕"者的名单中与榷盐使、巡官和节度府诸将并列的，竟只有当地的商人，而在碑文赞美的王重荣政绩中，也有一条是"检吏通商，机能制用"。③

看来，城市的兴起既是商业繁荣的结果，又为商业的更加发达创造了条件。商与城实在是一对难分难舍的孪生子。很自然，城市中的民情风俗，也必然要受到形形色色商业活动的影响和制约，从而带有与以自给自足小农经济为主的农村，特别是古朴乡野之风差异颇大的种种特点。

---

① 唐时将县城按其地理位置、户口多少与重要性分为赤、畿、望、紧、上、中、下七等。
② 《新唐书·地理志》："解，次畿。……有盐池，又有女盐池。有紫泉监，乾元元年置，有铜穴十二。"
③ 本小节引文均据司空图《解县新城碑》，见《全唐文》卷809。

城市的勃兴和发展壮大，是物质生产力进步的必然产物。唐时遍地勃兴的商业城市，实乃比各州县村镇数量更为巨大的市集之必然聚合。唐初，三辅及四大都督（扬州、益州、并州、荆州）并冲要当路，及四万户以上州，因均有集市，故各设市令。垂拱二年（686）还下令做过一次检查与补充。至大中五年（851）更下敕："中县户满三千以上，置市令一人……诸县在州郭下，并置市官。"① 由此可以推见当时市场贸易繁荣的大概情况。没有如此广泛而频繁的商业活动，也就不会涌现那么多以此为支柱的商业城市。

同时，城市的兴起、扩大与各方面建设的发展，又为一个民族的精神生活和精神财富的生产提供了新条件、新机遇，从而开创出新局面。城市居民的谋生途径、生活方式、理想、情趣乃至审美观点等，均有自己的特点，而与乡村居民有所不同。这种不同，自然也就表现为民俗或渗透进民俗之中，形成城乡民俗的差异。城市民俗不但是城市文明的一部分，而且可以说是它的基础。

正是有鉴于此，我们在本篇中，除要集中论析长安、洛阳的民俗外，还拟以唐代最大的商业都市扬州为代表，尽可能细致深入地探索此类城市的民俗特征，作为我们对整个唐代民俗的认识的一个重要侧面。

---

① 见《唐会要》卷86《市》。

二、唐两京之民俗圈

> 划分唐两京民俗圈之依据——宫城皇城与李唐皇族民俗圈——唐官员民俗圈：宫廷与民间的中介与桥梁——长安市井居民民俗圈及其亚民俗圈

唐代的长安、洛阳都是人口稠密的大都市，其人口构成不但复杂，而且多变。因此我们考察其民俗时，首先注意到，不能笼统含混地将不同构成部分视为毫无区别的整体，为此我们试图将各色人等划分出一定的民俗圈。在具体分析中，我们也希望做到既弄明白各民俗圈之间的区别，又不忽略它们之间的相关与沟通，这样来形成对于两京民俗基本方面的认识。

划分两京民俗圈一个客观的，也是比较简捷、方便的方法，是依照两京民众各自居住与活动的地点，具体说来，就是参照两京城坊的布局来看。

史料记载告诉我们，唐两京城坊的布局有许多相似之处。

就整个城市而言，它们都成一种具有王者统治气象的、坐北朝南之势。居高俯瞰，位于北面的，是皇帝、后妃、东宫太子居住活动之地，号为宫城与皇城，唐人习惯将长安的宫城称为"西内"，那是皇宫的主要部分。为皇帝、后妃、太子等服务的宦寺、掖庭人员，作为附庸，自然也住在其中。

除此以外，在长安宫城东北龙首原上，还有唐时称为"东内"的大明宫。此地地势更高，炎夏季节也就较为干燥凉爽，本是太宗为高祖避暑所建，高宗以后，遂成为历代皇帝长年居住、举行朝会和接见外国使者之处。在皇城以东，又有兴庆宫，原是唐明皇李隆基做王子时与他的兄弟们同住的宅邸，号称"五王子宅"，后来他当了太子，也仍住于此。开元初，遂将这一片潜龙之邸扩充为兴庆宫，人称"南内"。这就是唐人惯称的所谓"三大内"，集中地居住着李唐皇族。

洛阳在宫城、皇城之外，也有别的宫殿，最重要的是上阳宫，高宗、武后在洛阳时就住在这里。其仙居殿为武后终殁之处。

唐时的皇宫有高高的围墙与外界相隔。宋敏求《长安志》云："宫城东西四里，南北二里二百七十步，周一十三里一百八十步，崇三丈五尺。"[①] 由此可知，宫墙要比外郭城城墙高出一倍左右——唐两京外郭城高一丈八尺。为了让皇宫中人来去方便而又能避人注意，在长安，从西内到城东南的曲江、芙蓉园，还筑有宽敞的夹城。所谓夹城，实即用两边围墙辟出的一条可以通行车马的封闭式通道。这样，实际上就用围墙把宫内宫外拦成了两个世界。宫中的生活与习俗，同长安其他居民显然存在着种种差异（尽管也并非绝无相同相通之处）。不妨认为，这些围墙在民俗学上的意义，就在于划出了一个以宫廷生活为特色的民俗圈。

当然，这仍然是一个可以而且需要再加分析的民俗圈。

---

① 见《长安志》卷6。

生活在宫中的人们，一小部分是统治者，大部分是为他们服务的奴婢与仆从，诸如宫娥、太监、掖庭的工匠、乐坊的伶人乃至禁卫军的兵士等，这些人的阶级地位决定了他们的生活特点，也就制约了他们各自独特的习俗与心态。因此，这是几个带有宫廷色彩的亚民俗圈，它们之间以及它们与统治者民俗圈之间，都是既有相同的一面，又有相异的一面，既无法截然割裂，又不可混为一谈。同时，它们同皇宫以外的某些民俗圈，也不免发生这样那样的联系，并不是孤立的存在。

与宫廷有关的，还有一大批官员。唐朝的中央机构，所谓三省（中书、门下、尚书），六部（吏、户、礼、兵、刑、工），九寺（太常、光禄、卫尉、宗正、太仆、大理、鸿胪、司农、太府），五监（少府、将作、国子、军器、都水），御史台，翰林院，国史馆，等等，都设置在宫城与皇城之中。在这些机构供职的官员，每天都需入宫上班，遇到朝会或典礼，亦需按一定级别参加。因此，他们与皇宫民俗圈显然有较为密切的关系。比如，在某些民俗节日，宫中常有颁赐之举，寒食是赐榆柳之火，端午是赐衣物药品，冬至腊日则赐百腊、口脂、历日之类。这些颁赐，与其说是礼仪制度，不如说是社会上层的民俗性活动，因为它们显然与民间的民俗活动有着联系并相互呼应。而正是在这一类活动上，皇宫与官员两个民俗圈有了瓜葛。

不过，这些官署只是官员们上班、办公之处，他们的住宅则分散在长安的各个里坊。上班以外的时间，大部分在那里度过。对于这些官员来说，一方面生活在朝廷和官场的礼仪习俗之中，另一方面在朝廷官场以外的家居生活和应酬往来之中，又不能不与民间其他习俗有所沟通。他们在社会地位上和在民俗生活中都处于一种中介地位。一头是把自己封闭在皇宫中的帝王贵胄，一头是无缘跨进宫门的平民百姓，在这两者中间的，则是中央与地方的各级官僚。

长安的居民区，称为外郭城。在统一的设计安排之下，由北至南整整齐齐地划分为一百零八坊（后因个别里坊有分合，故亦有一百零九坊之说）和东西二市。南北向的朱雀大街（又称天门街，或天街）将长安城剖为东西两半，东边属万年县，西边属长安县，两县统归京兆府管辖。城内有十四条南北街、十一条东西街，这些街道垂直交叉，遂把长安切割成一个个独立而又相连的里坊，其中东、西二市各占两坊之地。这些里坊便成为长安城里相对于皇宫"三大内"的另一个民俗主体。我们所谓的长安民俗，应该说，主要的或根本的，就是指流行于这些里坊中的种种风俗习惯和社会心态。

洛阳城宫殿所占面积不如长安大，又由于洛水、瀍水和多条漕渠穿城而过，地理情况比长安稍显复杂，但基本格局相同。

概而言之，唐两京均大体上以南北界隔为两大部分，北面是皇宫，南面是居民区，这是两个最明显的民俗圈。在朝廷上班而散居于里坊之中的各级官员则介乎两者之间，是两者联系的纽带，也是两者交流的通道，在社会职能上是如此，在民俗职能上，也是如此。只是需要说明，皇家与民间的联系孔道并非仅限于官员，隶属于皇宫的亚民俗圈就与民间有千丝万缕的联系。此外,出入宫闱的僧尼、道士、女冠之流,也是沟通皇家民间的桥梁之一。还有其他种种无形的联系。事实上,整个社会的民俗联系是一张网,而不是一根线或几根线。形形色色的民俗联系,就像人体中的许多小血管乃至微细血管,由它们组成的一张大网,与整个人体的血液循环息息相通,是社会文化的重要组成部分,常常渗透着并体现着一个民族、一个时代的根本的文化精神。

这样,我们就试着把唐两京全体居民划分成三个宽泛庞大、相互有所交叉的基本民俗圈:宫廷、官员和普通市民。它们的关系可以表现为下列简图:

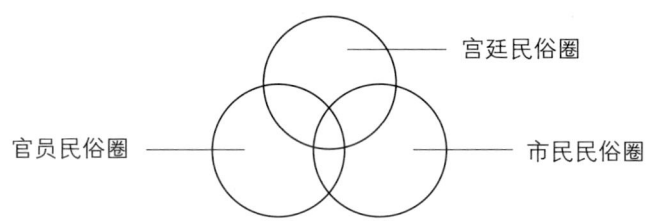

现在,让我们把视线集中于长安民俗的基本主体——广大的市民阶层上来。

生活在长安一百零八坊中的普通居民,人数非常巨大。长安自秦汉以来,就是一个"五方错杂,风俗不一""号为难理"的地方。经过隋朝的发展,到唐代,长安不但是当时中国,而且是东方乃至世界性的大都市。其常住人口和流动人口,史书未留下精确统计。根据古代条件,也不可能有个精确统计,但据有关记载推测,恐怕总在百万上下。杜佑《通典》卷173

《州郡三》载唐京兆府户口数,为三十三万四千六百七十户,九十二万人。这个数字包括京兆府所属二十三个县在内,根据这个数字,长安、万年二县(即长安城内)的人口当然不到此数。但此材料时限不明。《通典》虽完成于贞元十七年(801),但其编纂先后经过三十余年,其资料反映的未必是成书时的情况,估计长安最盛时,人口当不止此数。与杜佑同时的韩愈在贞元十九年有《论今年权停举选状》一文,其中提道:"今京师之人,不啻百万;都计举者不过五七千人,并其僮仆畜马,不当京师百分之一。"① 这当然也不是一个十分可靠的数字,但毕竟是写在呈报朝廷的奏状之中,而且是作为申述论点的重要论据,想来不敢信口开河而与事实差距太远。德宗末年远非唐朝盛时,开元、天宝及元和年间的长安人口,恐怕还要更多,两《唐书·地理志》就都记载着天宝元年(742)京兆府人口数是一百九十六万多人。

尤其值得重视的是,长安是各行各业、各国各族人民汇集聚居、出入往来之处。因此,对于这百万上下的城市居民,我们需要再做些分析,看看能否在这个大民俗圈中再细分出几个较小的亚民俗圈,以利于我们的进一步观察。由于我们面对的史料零散而杂乱,这样做是有困难的。我们考虑过多种方案。

---

① 见《韩昌黎文集校注》第8卷,马其昶校注,上海古籍出版社1986年;并参韩愈《出门》诗:"长安百万家,出门无所之。"岑参《秋夜闻笛》诗:"长安城中百万家,不知何人吹夜笛。"贾岛《望山》诗:"长安百万家,家家张屏新。"

例如，可以从民族的角度来区分。那么，长安居民中至少可以有三个相当大的亚民俗圈：汉人民俗圈、胡人民俗圈和汉胡混血人民俗圈。应该说，这样的区分颇为概括而且清晰，虽然未免有点粗疏，因为所谓胡人，并未指明哪一族，只是对非汉族人的统称而已，其实胡人的族别也很多，情况也十分复杂，并不可笼统而论。至于汉胡混血人，渊源、历史及实际情况就更是一言难尽，连李唐王室都有一定的胡人血统，更遑论其他？

还曾考虑过从常住还是流动的角度来区分。这种分法固然也是有根据的，但模糊不清之处也很多。例如，大批官员自然应该算是长安的常住户口，但官员有升降调迁，也就变得流动起来。例如，唐代各大节度使府乃至有些州郡，都在长安设置进奏院或留后院（亦称邸院）[①]，其性质犹如今日的某省市驻京办事处。那里的驻守人员既有流动的，也有相对固定的，有时一驻多少年，岂不与长安居民一样？又如，每年进京应试的举子文士，一部分及第的，或留京为官或出京任职；大部分下第的，也是有人回乡、有人留京，很难说他们是常住，抑或是流动人口。至于商贾、僧道者流，于此也都不易断然加以区分。

行业特点本来也可以作为区分的界标，但偌大西京，三百六十行行行俱全，如此细分，不免过于烦琐细碎，对于我们要着重研究的贯穿于民俗文化之中的精神实质，意义也不是

---

① 如务本坊有西川节度使及齐州之进奏院，永兴坊有凤翔、陈许二节度使及湖南观察使之进奏院，宣阳里有邠宁、东川二节度使之进奏院。见徐松《唐两京城坊考》，中华书局 1985 年。

很大。应该承认,各行各业都会有一些独特的风俗习惯,都是可以加以细究的。但倘将凡具某种特点的群体均视为一个民俗圈,则将不胜其烦。极而言之,甚至一个或几个家庭,都可以形成与他人不同的小民俗圈。我们研究唐人民俗生活,目的在于据以探索其时代文化精神,过于微观反而难以达成原定的宗旨。

根据对现存有关史料的梳理,我们综合上述种种考虑,拟将长安市民大致分别为以下几个亚民俗圈:

(一)一般常住的市井居民。主要是以各种手段谋生的劳动者、商贩、业主等。他们是市民的主体,正是由于他们的存在和服务,长安的日常生活才得以正常运转、维持乃至发展。

(二)伶人妓女。这个圈子主要由女性构成,其人数相对而言要比前一个少得多。但一来属于皇家或官府的教坊乐师、梨园子弟和各种官妓等,实际上也应属于此圈,"唐之盛时,凡乐人、音声人、太常杂户子弟隶太常及鼓吹署,皆番上,总号音声人,至数万人"。[①] 整个长安乐妓之人数可想而知。二来由于男子特别是文人对她们的偏爱,在当时社会生活中影响却实在并不小,留传至今的各种文字记述尤多,所以仍将其单独划出。

(三)文人。包括已经及第成名、在朝为宦的文士,包括在国子监攻读、尚未举业入仕的学生,也包括每年进京赶考或下第后留京继续攻读、谋求发展的举子,以及那些漫游至京、流

---

① 《新唐书·礼乐志》。

连忘返或者去而复来、多次出入的已官、未官文人。

（四）西域胡人。这里不再细分他们的族别行业等等，凡自西域诸国来或虽已归化，而其民族特征依然明显的非汉族人，较长期地居住于长安（或流动于内地各城市间）者，都属此圈，也就是古籍中通称的所谓胡商、胡僧、胡姬、波斯胡之类。

（五）僧尼、道士、女冠之流。由于唐时释道两教长期争胜的特殊情况，这批人在长安的民俗生活中影响不小，所以也需单列一类。

我们很清楚，这五个亚民俗圈未必已将长安市民全部涵盖。但这是无可奈何的事，任何概括都不可能滴水不漏。好在其中的第一个圈子有很大的伸缩性，可以用来做一些调节和弥补。但这实际也就带来另一个问题，即这个圈子未免庞杂了一点。然而，这是实际情况的客观反映——市民本来就是一个庞杂的群体——所以也就只能如此而已。

对伶妓、文人、胡人、僧道这四个民俗群体，本书将在以下篇章把他们放在更宽广的范围内（即不限于两京市井）进行相对集中的论析，本篇下一章则拟通过"长安一日"这种形式，对长安一般市井居民的风习和心态做具体描述。在描述中对这四个群体也会有所涉及，但将比较简单。我们的设想，是在这一部分揭示唐代都市民俗的概貌和基本特征，这些自然也应能够涵盖伶妓等四个民俗群体；但对它们还须做更具体细致的分析，因此另外设置了专章或专节。这两部分描述和分析将努力做到相互补充和映照，以使我们既能较为深入全面地领略唐人几个重要民俗圈的风采和种种民俗的文化含义,而又不致造成不必要的重复。①

三、长安一日:官街鼓、早朝与京官之邸

> 从金吾传呼到官街鼓——早朝情景——王维、韦应物、贾至诸人之早朝诗——"生作长安草,胜为边地花"——京官住宅:竞相侈丽之风——世俗潮流的对抗者

唐代长安人每一天的生活,是从隆隆的官街鼓声中开始,也是在隆隆鼓声中结束的。官街鼓掌握着长安居民的作息节奏,成为长安民俗的一个特色,也成为唐代长安的重要一景。

那时候还没有统一的科学报时装置。但都市生活以各界、各业相互关系密切为特征,与散居随意的小农生活不同,人们要求比较整齐划一的起居作息乃至营业与打烊制度。统治者为了保卫、安全和管理的方便,也要求市民遵守一定的时间规则,例如何时开闭各道城门以及里坊之门等。唐初沿袭旧制,每天

---

① 张泽咸先生《唐代工商业》一书下篇《商业》之《城市居民构成》一节,认为"大致说来,城市居民包括了诸色官吏、地主、军人、知识界、宗教徒、贫民、浮客、艺人、妓女、奴婢和诸色依附者以及工商业者"。又指出:"城市居民中的工商业者包括了官府作坊的工匠、城市作坊的工人、个体手工业者以及出售商品或以营利为生的商人,他们是城市居民的重要组成部分。"张先生的论述可为本书观点的重要佐证。张书由中国社会科学出版社 1995 年出版。

昏晓均由执行卫戍任务的金吾卫士放声传呼以告知居民，并戒行者。唐太宗时，一位叫马周的官员，上书改进此法。他建议在京城的每条大街挂起大鼓，每天夜晚按一定的时刻击鼓以止行人，并提醒居民警惕窃贼。[①]这使金吾卫士和长安广大居民都感到方便，并且似乎增加了某种安全感。人们把那些街鼓亲切地叫作"冬冬鼓"。

这就是诗人李贺在《官街鼓》诗中所描写的"晓声隆隆催转日，暮声隆隆催月出"的情景。

《新唐书·百官志》"左右街使"条下的记述更为具体：

> 日暮，鼓八百声而门闭；乙夜，（左右）街使以骑卒循行眂呼（引者按：即叫呼），武官暗探；五更二点，鼓自内发，诸街鼓承振，坊市门皆启，鼓三千挝，辨色而止。

从这条材料，我们可以知道，每日黄昏时分，随着八百下鼓声，城门与坊市门逐一关闭，街上不再许人行走。入夜，有骑兵与武官（左、右街使）分头巡逻（骑兵们大概囿于旧习，仍然喜欢吆喝叫喊），既执行保卫京城的任务，又纠察犯夜禁的人——唐时的长安基本上（不是完全）没有夜生活，是一个严格执行宵禁的城市。《唐律疏议》卷8《卫禁》、卷26《杂律》，

[①] 马周，见《旧唐书》卷74、《新唐书》卷98，唐太宗时一位因论政得体由寒士而被拔擢的高级官员。《新唐书》本传及《大唐新语》卷10记载了他关于置鼓报时的建议。

分别载有禁止犯夜、坊门开闭及街鼓制度的条文。这在唐人小说中有真实的反映。白行简《李娃传》写男主人公郑生首次拜访妓女李娃家,流连忘返,"久之,日暮,鼓声四动",鸨母便劝郑生道:"鼓已发矣,当速归,无犯禁!"可见暮鼓响过、坊门关闭以后再在街上行走,乃是犯禁之事。又如沈既济《任氏传》写郑生在狐女任氏家过夜后,天将晓,任氏不愿兄弟发现,乃约后期而促郑离去。郑"既行,及里门,门扃未发",因这时晨鼓尚未敲响,故坊门尚未打开,他只好在一个胡人饼摊旁憩息等待。

这里还提供了一个重要情况,即"鼓自内发"——鼓声之源是皇宫大内,原来长安城上上下下的生活节奏,有一个总的枢纽、总的首脑,那就是最高统治者。每天拂晓时分,大内鼓声一起,诸街鼓紧跟着敲响,一连要敲击三千下,可以想象,那情景是何其雄伟壮观,令人振奋。就在这洪亮而经久不歇的鼓声中,长安的城门和坊市之门逐一开启,长安市上,新的繁忙的一天就开始了。

让我们抽取一年中任何一个普通日子,来看看长安市民的生活。关于节日的情况,上一篇已经专门论述过了。

唐朝最初的几个皇帝都相当勤政,玄宗早年堪称励精图治,后来的德宗、宪宗、文宗、武宗、宣宗等,虽然表现不一,但也都不算怠惰。因此,在他们执政的时间里,朝会,即朝见群臣、议论政事,是举行得比较多的。

上朝对于皇帝、百官来说是件常事,但也是件大事。每次上朝，天不亮就得梳洗装束，准备出发。那些大官之家是一人上朝，全家忙碌："五鼓初起，列火满门，将欲趋朝，轩盖如市。"①但宫门开启有一定的时间，早到的官员只能在外等候。"旧百官早朝，必立马于望仙、建福门外，宰相于光宅车坊以避风雨。元和初始置待漏院。"②也正因为这样，当时势不宁之日，清晨上朝是有点危险的。元和十年（815）平淮西之役处于僵持阶段，六月，"天未明，元衡（宰相武元衡）入朝，出所居靖安坊东门，有贼自暗中突出射之，从者皆散走。贼执元衡马，行十余步而杀之，取其颅骨而去。又入通化坊，击裴度（时任御史中丞，是坚定的反藩主战派），伤其首，坠沟中。度毡帽厚，得不死"。③藩镇指派的刺客就是利用大臣上朝、天尚未亮的机会，在他们刚刚离家尚未抵待漏院之时进行暗杀活动，弄得"京城大骇"，"朝士未晓，不敢出门。上（宪宗）或御殿久之，班犹未齐"。④

当然，这是特殊情况。平日的上朝，值得注意的是它那套繁缛的礼仪制度。作为唐代长安一景，我们也不妨略略观赏：

> 朝日，殿上设黼扆、蹑席、熏炉、香案。御史大夫领属官至殿西庑，从官朱衣传呼，促百官就班，文武列于两

---

① 见郑处诲《明皇杂录》卷上。
② 见《唐国史补》卷中。
③ 见《资治通鉴》卷239。
④ 同上。

观。监察御史二人立于东西朝堂砖道以莅之。平明,传点毕,内门开。监察御史领百官入,夹阶,监门校尉二人执门籍,曰"唱籍"。既视籍,曰"在"。入毕而止。次门亦如之。序班于通乾、观象门南,武班居文班之次。入宣政门,文班自东门而入,武班自西门而入,至阁门亦如之。夹阶校尉十人同唱,入毕而止。宰相、两省官对班于香案前,百官班于殿庭左右,巡使二人分莅于钟鼓楼下,先一品班,次二品班,次三品班,次四品班,次五品班。每班,尚书省官为首。……侍中奏"外办",皇帝步出西序门,索扇,扇合。皇帝升御座,扇开。左右留扇各三。左右金吾将军一人奏"左右厢内外平安"。通事舍人赞宰相两省官再拜,升殿。……朝罢,皇帝步入东序门,然后放仗。[1]

除皇帝以及大批侍从外,京城文武五品以上者都要参与此种活动。不少诗人对上朝一事印象深刻,感触良多,留下许多作品。这里仅举两首以概其余:

皎洁明星高,苍茫远天曙。槐雾暗不开,城鸦鸣稍去。始闻高阁声,莫辨更衣处。银烛已成行,金门俨骖驭。[2]

伐鼓通严城,车马溢广躔。煌煌列明烛,朝服照华鲜。

---

[1] 见《新唐书·仪卫志》。
[2] 王维《早朝》,见《全唐诗》卷125。

金门杳深沉，尚听清漏传。河汉忽已没，司阍启晨关。丹殿据龙首，崔嵬对南山。寒生千门里，日照双阙间。禁旅下成列，炉香起中天。辉辉睹明圣，济济行俊贤。愧无鸳鹭姿，短翮空飞还。谁当假毛羽，云路相追攀。①

这两首诗，一个是亲历，一个是目睹，都形象而具体地描绘了官员上朝时的情景，不过，它们都还只写到进入宫门之前，韦应物更只是看别人上朝，其中有些属于想象之词。为了较具体地了解唐时早朝情景及官员们的心情，我们不妨再看看另外一组正面写早朝大明宫的诗。大明宫即东内，是唐高宗以后诸帝听政、受"常参"及朝贺之地。肃宗乾元元年（758）春，诗人贾至、王维、杜甫、岑参恰好都在朝任职。贾至写了一首题为《早朝大明宫呈两省僚友》的诗，引动大家诗兴，遂各和一首。下面依次引录，四首合看，颇能看出一点中唐之初朝会的盛况。

贾至诗云：

银烛朝天紫陌长，禁城春色晓苍苍。千条弱柳垂青琐，百啭流莺满建章。剑佩声随玉墀步，衣冠身染御炉香。共沐恩波凤池里，朝朝染翰侍君王。

王维诗云：

---

① 韦应物《观早朝》，见《全唐诗》卷192。

绛帻鸡人报晓筹,尚衣方进翠云裘。九天阊阖开宫殿,万国衣冠拜冕旒。日色才临仙掌动,香烟欲傍衮龙浮。朝罢须裁五色诏,佩声归到凤池头。

杜甫诗云:

五夜漏声催晓箭,九重春色醉仙桃。旌旗日暖龙蛇动,宫殿风微燕雀高。朝罢香烟携满袖,诗成珠玉在挥毫。欲知世掌丝纶美,池上于今有凤毛。

岑参诗云:

鸡鸣紫陌曙光寒,莺啭皇州春色阑。金阙晓钟开万户,玉阶仙仗拥千官。花迎剑佩星初落,柳拂旌旗露未干。独有凤凰池上客,阳春一曲和皆难。①

从中不仅可以知道当时上朝时间之早,而且可以窥见宫中的旌旗、树色和官员的服饰、步履,甚至听到剑佩的铿锵,闻到御炉的烟香。尤其王维的"九天阊阖开宫殿,万国衣冠拜冕旒"和岑参"金阙晓钟开万户,玉阶仙仗拥千官"二联,将朝会参与者的广泛(包括了各国进贡使者)和规模,夸张描写得

---

① 四诗分别见《全唐诗》卷235、卷128、卷225、卷201。

极有声势，说明虽在安史乱中而唐人的精神状态仍然相当高昂；作为一个朝廷，唐朝也还有着强大的凝聚力。否则战乱就难以平定，平定之后其祚命也不可能再延续一个半世纪之久了。

唐人普遍以能够担任京官，尤其是秘书省、翰林院、国史馆这一类清要之职为荣。开元四年（716），尚书右丞倪若水出为汴州刺史，恰逢扬州采访使班景倩入为大理少卿，进京时路过大梁。倪若水设宴饯行，立望其车马行尘，久之乃返，谓官属曰："班生此行，何异登仙！"羡慕之情，溢于言表。①

安史之乱后，由于外官俸禄收入较高，较易聚敛钱财，所以轻外重内的情况稍有改变，甚至有一些人愿意放弃京职，改任地方官，如薛邕、崔祐甫、杜牧等，均有此事。但对于长安的留恋与向往，在一般官员与民众心中，依然强烈地存在着。唐末僧人卿云，与文人沈彬在岭南相识，后卿云居长安，沈彬任职吴中，曾有《长安言怀寄沈彬侍郎》一诗，中一联云："生作长安草，胜为边地花。"②由此可见，一种社会心态、一种民俗风气，一旦形成之后其影响的持久。

唐人之向往长安、留恋长安，自有他们深刻的理由。归根到底，那是因为在长安，任何人都将有更多的机遇。举子士人谋求进身之阶，已官之人调任美职或晋级升迁，商人小贩希冀赢利发财，甚至各种手艺人、佣工、流民、歌儿舞女等，为寻找较好的生活出路，就都不妨到长安来闯荡一番。而在长安的所见

---

① 见《资治通鉴》卷211。
② 见《全唐诗》卷825；参傅璇琮主编《唐才子传校笺》卷3。

所闻，又往往会增加他们对首都的热爱和做一个首都居民的自豪感。

杜甫在朝任职（左拾遗）的时间极短，大约仅乾元元年（758）春夏间三五个月，但他却写了《宣政殿退朝晚出左掖》《紫宸殿退朝口号》《春宿左省》《晚出左掖》等诗，来记述这段生活，其中油然流露出一种满足和感恩之情。从中我们还可以了解到他当时上朝、上班的情况：各部省官员在上朝"常参"之后，便回到各自的廨院，中午有工作餐可吃，而下班回家则比较迟，即所谓"宫中每出归东省（指门下省）""退朝花底散，归院柳边迷""侍臣缓步归青琐，退食从容出每迟"。[①]岑参有两句诗，道是"晓随天仗入，暮惹御香归"[②]，也可以证实这一点。

长安的官员们下班以后可做的事很多。他们可以去逛寺庙或市场，可以去曲江、芙蓉园这种公园性质的去处游玩徜徉，也可以在家中休息、读书或聚友饮宴，等等。

有些内容我们留待以后再说，这里先介绍一下唐时官员的住宅问题，特别是一些与当时风气有关的方面。

唐时京师官员散住在城里的里坊之中。但里坊与里坊不同，一般贵族、显宦喜欢居住在朝市附近。"朝"指皇宫，"市"指东、西二市。尤以东城万年县所住贵官为多，三大内附近的光

---

① 所引杜诗分别为《紫宸殿退朝口号》《晚出左掖》《宣政殿退朝晚出左掖》诗中句子，见仇兆鳌《杜少陵集详注》卷6。
② 岑参诗为《寄左省杜拾遗》诗中句子，见仇注《杜诗》卷6《奉答岑参补阙见赠》附录。

宅、永昌、崇仁、胜业、务本、宣阳、靖恭、安邑、靖安、新昌诸坊，有名可查的贵官住宅不下数十。这似乎也曲折地反映了以李唐王朝为中心的向心心理。

官僚住宅的另一个特点是面积力求其大，装饰竞相侈丽，且往往拥有池沼林园之美。此风由隋代沿袭而来，又与李唐皇族和外戚的带头示范作用有关。

唐中宗的两个女儿长宁公主和安乐公主是突出的典型。长宁公主下嫁杨慎交，同时在东、西两京开建府第。东京第成，"府财几竭"。又取废永昌县、故魏王泰府第（其第东西尽一坊之地，王薨后，已为一般居民住宅）筑台修亭，"华诡侈西京"；"又取西京高士廉第（高为太宗老臣）、左金吾卫故营合为宅，右属都城，左俯大道，作三重楼以冯观，筑山浚池……又并坊西隙地广鞠场"。安乐公主是中宗幼女，娇宠尤甚。下嫁武崇训，造府第及佛庐，皆按宫省规格，而工致过之。"尝请昆明池为私沼"，帝未允，公主乃"自凿定昆池，延袤数里"，与之抗衡。"司农卿赵履温为缮治，累石肖华山，隥谺横邪，回渊九折，以石潢水。又为宝炉，镂怪兽神禽，间以璅贝珊瑚，不可涯计"。又"夺临川长公主宅以为第，旁彻民庐，怨声嚣然。第成，禁藏空殚"。[①] 唐玄宗时期，为安禄山在京师修府第，豪华比于宫室，至于杨贵妃姊妹昆仲的甲第，其侈靡亦有过之而无不及。

这种风气，安史之乱后有增无已，许多大官模仿前例，或

---

① 见《新唐书·诸帝公主传》。

于东、西二京均占地为宅，修筑林园，或既有家居在京师城内，复建别墅于郊外旁县。

> 张延赏，东都旧第在思顺里，亭馆之丽，甲于都城。子孙五代，无所加工。李抱真，大起台榭，穿池沼以自娱。杜佑，城南樊川有佳林亭，卉木幽邃。子式方，甲第在安仁里，杜城有别墅。令狐峘，南山豹林谷有别墅。胡证，于京城修行里起第，连亘闾巷。裴度，东都立第于集贤里。筑山穿池，竹木丛翠，有风亭水榭，梯桥架阁，岛屿回环。又于午桥创别墅，花木万株，中起凉台暑馆，名曰绿野堂。引甘水贯其中，酾引脉分，映带左右。牛僧孺，洛都筑第于归仁里。任淮南时，佳木怪石，置之阶廷，馆宇清华，竹木幽邃。李德裕，在长安私第别构起草院，院有精思亭。东都于伊阙南置平泉别墅，清流翠筱，树石幽奇。卢钧为尚书左仆射，常移病不视事，与亲旧游城南别墅，或累日一归。[1]

如西京安仁里宰相元载邸宅、修行里岭南节度使胡证邸宅，都是当时著名的豪侈之家。胡璩《谭宾录》云："元载城中开南北二甲第，又于近郊起亭榭，帏帐什器皆如宿设。城南别墅凡数十所，婢仆曳罗绮二百余人。"[2] 胡证不但宅第侈丽超常，而且聚敛财宝极多，结果在甘露之变（文宗大和九年，835）时，遭

---
[1] 见吕思勉《隋唐五代史》下册，第20章第4节；并参见两《唐书》各人本传。
[2] 转引自徐松《唐两京城坊考》卷2。

宦官、禁军的掠夺与血洗。

在唐代，官僚阶层中确实存在着一种讲究住宅的风气。李义琎对其兄李义琰（高宗时曾任宰臣）的一席话颇能说明问题："凡人仕为丞、尉，即营第宅。兄官高禄重，岂宜卑陋以逼下也！"①

平心而论，住，不仅是日常四件事（衣食住行）中很重要的一桩，同时也是身份、地位、经济实力的一种标志。宽敞舒适，带有园林池阁的住宅或别墅不但能够满足人的物质需要，还能使人的精神在与别人的比照中产生一种优越感，从而获得快乐。这或许便是长安官员们只要稍有财力便不惜投资买宅或造屋的内在心理动机。在众人的一齐追求之下，便自然而然地造成了一种民俗风气。

当然，真正有条件这样做的官员，毕竟不是多数，也还有不少官员或是继承先人遗产，或是赁屋居住。官员如此，一般平民更不在话下——然而，长安那些拥有亿万资财的富商们，情况却不同，他们在住宅的追求方面，绝不亚于享有权势的官员。关于这一点，下面还将说到。

这里先要说明的是，在社会上一种民俗风气盛行之时，往往会产生出它的对立面，即某些反潮流、反世俗的人，和某些抵制、对抗时髦风尚的思想和行为。这几乎可以说是民俗生活中带规律性的现象。民俗就是这样，既有其统一性，又有其复

---

① 见《旧唐书·李义琰传》。

杂的不统一性。而世俗的这种对立面的存在，正是那些浊世颓风受到抑制、不致过于猖狂的原因之一。社会风气的净化与改进，与这种对立面所起的作用颇有关系。所以，对此我们尤需留意，万勿以其微弱、不成气候而小观之。

上面提到的那位李义琰就是比较清醒而在住宅问题上未曾随波逐流的。他住的房舍"无正寝"，即无像样的上房，当其弟买好"堂材"并给他送到长安，劝其修造府第时，他说："以吾为国相，岂不怀愧？更营美室，是速吾祸，此岂爱我意哉！"又说："事难全遂，物不两兴。既有贵仕，又广其宇，若无令德，必受其殃！吾非不欲之，惧获戾也。"于是，他宁可让那些木材"为霖雨所腐而弃之"，终于没有大兴土木。① 唐初的魏徵、温彦博，盛唐的卢怀慎，中唐的李吉甫，晚唐的郑覃，等等，在这方面的表现亦均较好。"怀慎清俭不营产，服器无金玉文绮之饰，虽贵而妻子犹寒饥"，其家居简陋，"环堵庳陋"。病倒之后，同僚去看望他，"见敝箦单藉，门不施箔。会风雨至，举席自障"。② 郑覃也是"位至相国，所居未尝增饰，才庇风雨。家无媵妾，人皆仰其素风"。③ 他们这样做的真正动机，我们不得而知，似也不必深究。但无论如何，这类行动对于官僚阶层中普遍存在的住宅侈靡之风，总还是起了一定抑制作用的。

---

① 见《旧唐书·李义琰传》。
② 见《新唐书·卢怀慎传》。
③ 两《唐书·郑覃传》所记略同。

四、市署管理

长安之东、西二市 —— 市署令及其职责 —— 商界伪滥欺诈之风和对它的控抑 —— 元稹《估客乐》的民俗意义

东、西两市不但是长安经济生活最为集中、活跃的场所,而且自然也就是各种都市民俗表现得较为充分之处。所以,讲到长安民俗,便不能不首先想到它们。

东、西两市因其地理位置而得名。东市位于长安城东,属万年县管辖;西市位于城西,属长安县管辖。清人徐松《唐两京城坊考》卷3、卷4分别考述了两市的情况:

东市,南北居二坊之地,当中东市局,次东平准局、铁行、资圣寺、西北街。东北隅有放生池。(注文中引宋敏求《长安志》卷8对于东市情况的说明:东西南北各六百步,四面各开二门,定四面街各广百步。北街当皇城南之大街,东出春明门,广狭不易于旧。东西及南面三街向内开,壮广于旧。街市内货财二百二十行,四面立邸,四方珍奇,皆所积集。万年县户口减于长安,又公卿以下居止多在朱雀街东,第宅所占勋贵,由是商贾所凑,多归西市。)

西市,南北尽两坊之地,市内有西市局、市署、平准局、衣肆、鞦辔行、秤行、窦家店、张家楼、(侯)景先

宅、放生池、独柳。[其注文引宋敏求《长安志》卷10云：（西市）隶太府寺。市内店肆如东市之制。长安县所领四万余户，比万年为多，浮寄流寓，不可胜计。]

这里提到的大都是些专卖店，如衣肆、秤行、鞦辔行，顾名思义即可知其所卖为何物。还有在唐人小说和笔记中时常出现的胡人所开的珠宝铺，大抵也属此类。但也有不少杂货店，唐时称为"星货铺"。李匡乂《资暇集》云："肆有以筐以筥，或倚或垂，鳞其物以鬻者，曰星货铺，言其列货丛杂，如星之繁。"看李氏的描述，此类店铺似乎规模较小，名气不大。

这两个大市场，是由国家进行管理的，其机构就是属于太府寺的两京诸市署和平准署。市署（亦称市局）"掌百族交易之事"，平准署（局）"掌供官市易之事"，"凡百司不任用之物，则以时出货，其没官物者，亦为之"。[1] 当时唐政府规定："中县户满三千以上，置市令一人，史二人，其不满三千户以上者，并不得置市官。若要路须置，旧来交易繁者，听依三千户法置，仍申省。诸县在州郭下，并置市官。"[2] 唐时全国有一千五百多个县，可以想见，市令之设应该是很普遍的。当然，市令的规范还是以两京所置为准。合观《唐六典》《通典》《新唐书·百官志》等，我们可以对唐时的市场管理有个基本的了解。《新唐书·百官志》虽然晚出，但文字比较简洁，兹引述如下：

---

[1] 见《唐六典》卷20。
[2] 见《册府元龟》卷504。

> 两京诸市署　令一人，从六品上；丞二人，正八品上。掌财货交易、度量器物，辨其真伪轻重。市肆皆建标筑土为候，禁榷固及参市自殖者。凡市，日中击鼓三百以会众，日入前七刻，击钲三百而散。有果毅巡逻。平货物为三等之直，十日为簿。车驾行幸，则立市于顿侧互市，有卫士五十人，以察非常。

随着城市经济、商业贸易的发展，市场必然繁荣活跃。无论何种性质的社会，商业活动的第一宗旨是谋利。而为了谋利，种种见利忘义之事的出现几乎不可避免。一些人的不良行为，便往往会影响大众，从而造成唯利是图的社会风气，从而严重地影响到民风民俗。这几乎是任何商业社会在其初期发育阶段必然要带给社会和民俗的负面作用。

《唐六典》反映的是开元年间的现行法令，从它为诸市署规定的职权及公务范围来看，唐代的商业活动中已出现种种不良倾向，因此唐政府需要采用政府法令干预的办法来加以抑制。

如市署执法"以二物平市，以三贾均市"，"二物"指秤与斗，"三贾"指以物之精粗，定出三等价格。看来准斤足量以及合理地按质定价，已是当时的一个普遍性问题。"凡卖买不和而榷固，及更出开闭共限一价，若参市而规自入者，并禁之。"[①]这里提到三种加以禁止的不良现象。"榷固"谓"专略其利，障固

---

① 见《唐六典》卷20，下同。

其市",大约相当于今日之欺行霸市,这当然会引起"卖买不和"。"更出开闭共限一价",据《唐六典》撰者注,是"卖物以贱为贵,买物以贵为贱",显然这是一种贵卖贱买的不公平交易。"参市而规自入者"(即《新唐书·百官志》所谓的"参市自殖"),则是"在傍高下其价以相惑乱也",看来有点像今日的"托儿"或地痞混混,不是老老实实做买卖,而是不需要本钱的乱掺和,利用抬价、压价诸种手段从中牟利。

《唐六典》还提到市上"造弓矢长刀,官为立样,仍题工人姓名,然后听鬻之;诸器物亦如之。以伪滥之物交易者,没官;短狭不中量者,还主"。这说明唐时对许多器物都制定了统一规格,并在器物上刻上工人姓名以示负责。同时规定对伪劣产品,情况严重的要没收,其次也可以退货。这两条规定,侧面地反映了市场经济发展过程中,商业道德的颓坏以及政府与消费者同这种颓风陋习的斗争。正是在这种斗争中,商贸活动才会逐步走上正轨,也才会革除恶劣风气,形成良好的道德和习俗。

除了官府要对市场进行管理外,还有许多问题需要民间自行解决,于是便出现了一种人专门调解、处理市场种种纠纷。白行简《三梦记》末附一故事,云:"长安西市帛肆,有贩鬻求利而为之平者,姓张,不得名。家富于财,居光德里。"这位张氏富人,所从事的便是此类事务。也许他是该行业中一位有威信、有成就的商人。当然也不排除调解纠纷帮助他更快地聚敛起财富的可能。这种人的出现,说明商业纠纷的存在和民间解决此类问题的办法,是都市民俗的一个方面。

民风民俗的产生是一个复杂的自然过程。但民风民俗并不一律具有天然的合理性。特别是其中涉及价值取向、是非观念和某些社会实际效益的方面，更有一个好坏良窳的问题。简言之，民风民俗有善的、可取的一面，这可能是主要的；但也有卑陋的、亟须克服的一面。像商场上的欺骗作假，就是一种丑恶行为。所以，克服陋习，移风易俗，始终是一个负责的政府和有识之士们极为关注的。

中唐诗人元稹有《估客乐》诗，非常细腻精确地描绘了当时的商贾生涯。诗中写出了他们的辛苦奔波："估客无住著，有利身则行""求珠驾沧海，采玉上荆衡。北买党项马，西擒吐蕃鹦"。写出了他们经营范围之广和无所不贩、无所不卖的生意经："炎洲布火浣，蜀地锦织成。越婢脂肉滑，奚僮眉眼明。通算衣食费，不计远近程！"也写出了各级官司和执事人员对他们的欺诈和盘剥，当他们"经游天下遍，却到长安城"之时，一方面受到东、西市旅邸商家的欢迎，一方面被开导、被教训，不得不接受在京城实际奉行着的一套规矩："城中东西市，闻客次第迎。迎客兼说客，多财为势倾……先问十常侍，次求百公卿。侯家与主第，点缀无不精"，原来在这里经商，首先要了解并安顿好的，乃是与权势者的关系，上自公主王侯，下至百官太监，全都需要打点，一个也得罪不得的。看来在唐代做生意也非易事。不但如此，就连县胥与市卒之流，也从商贾身上捞到许多好处，以至"市卒酒肉臭，县胥家舍成"，并且可以随意差遣商贾们为他们办事。

这首诗的另一重价值，在于写出了商贾们为人行事之准则。把这与他们的地位处境结合起来看，就比较全面地揭示了唐代民俗的一个重要侧面。

诗描写估客们代代相传的处世准则是：

> 父兄相教示，求利莫求名。求名有所避，求利无不营。火伴相勒缚，卖假莫卖诚。交关但交假，本生得失轻。自兹相将去，誓死意不更。一解市头语，便无邻里情。

元稹笔下的商贾哲学，概括起来就是八个字：唯利是图，弄虚作假。弄虚作假，则无所不敢为；唯利是图，则毫无情义可言。诗中还以形象的实例对比做了具体说明："输石打臂钏，糯米吹项璎。归来村中卖，敲作金石声。村中田舍娘，贵贱不敢争。所费百钱本，已得十倍赢。"

商贾及其经商活动的目的，只在于追求尽可能高的利润。然而，追逐利润有正道、有邪道。以正道求利润，必然要讲信誉、重质量，也就会对世道人心产生良性影响。以邪道求利润，则必然弄虚作假，造成对人心毒害极大的浮薄世风，因此必须予以打击。但商业是社会经济发展的重要杠杆，政府与消费者既应予以严格管理，又不可过度干涉，因噎废食是不可取的。而不适当的管理和统治阶层腐朽势力对正当商贾的欺压敲诈，又必然会对商业发展带来危害。唐代城市中的商贾和商业活动就在这两难处境中存在着，在社会需要和社会压抑的张力中发展着，同时也就给社会风气、民情习俗以正、反两方面的影响。

五、长安东、西市行业种种

> 邸舍：举子商贾进京的落脚点——官营楼店——钱庄银行的雏形：柜坊——便换、飞钱——典质肆与寄附铺——规模可观的饮食业——烧尾宴与韦巨源《烧尾食单》——以米、麦为主的饭食面点——汤饼、冷淘——胡饼——长安市上的小吃：馄饨、饆饠——酒肆旗亭与唐人的诗化生活——韦应物《酒肆行》之民俗价值

长安东市有二百二十行，西市与之相仿。这个"行"，是行当、行业之意，因此实际上的开业商铺远非此数。但徐松根据唐宋文献考订出来并写在《唐两京城坊考》中的，不过数行，如东市仅一"铁行"，西市也仅衣肆、鞦辔行、秤行、饮食店、寄附铺及综合经营的窦家店等。清人程鸿诏为作《校补记》，于西市另考出有麸行、绢行、卖饮子药家、酒肆、波斯邸、卜者李老居等。即使如此，阙考仍多。

好在我们想对长安商业、服务业了解得尽可能多一些，目的在于能够对以长安为代表的都市民俗把握得较为准确，所以我们一方面把审视范围扩大，致力于新的发掘，一方面则对几

个主要行业进行重点分析,尤其侧重于民俗视角的观照。

邸舍业,即办旅馆客店或房屋租赁,也许是长安城中最为普遍的一种行业。宋敏求《长安志》所说西市中"浮寄流寓,不可胜计"的人们,绝大部分便只能住在各种邸舍之中。《原化记·车中女子》述及吴郡举人闲步坊曲,遇二少年相邀,"于东市一小曲内,有临路店数间,相与直入"。这个所谓"临路店",也就是沿街的旅店。除了东、西两市,长安的兴道、务本、长兴、永乐、靖安、亲仁、崇仁、永崇、宣平、道政、布政、延福、新昌等里坊,亦均设有邸店,或有房舍出租供人僦居。

对于进京求名或应试的文士,这种邸舍,往往是他们最初的安身处,也是他们赖以展开活动和成就功名的出发点。《唐摭言》记载牛僧孺始举进士时,尚未知名,便先以所著诗文拜谒当时的文坛巨擘韩愈、皇甫湜,得到二公赏识。二公建议牛僧孺"可于客户税一庙院"。"客户",是客户坊、客户里的省称。所谓客户里、客户坊,并不是长安城内正式的坊名,而是指那些有邸店旅舍可供客人居住的里坊。[①]僧儒依言照办,二公为了帮他制造声名,又叫他"某日可游青龙寺,薄暮而归",而这一天他们便趁牛不在之时,故意联辔造访,在僧孺居室门口大书"韩愈、皇甫湜同访畿官先辈不遇"几个大字。此事传开,第二天就有许多京师名士前来观看,牛僧孺因此名声大噪,当年便进士及第,连宰相都对他刮目相看。

---

① 见《唐摭言》卷6、卷7,及《太平广记》卷180引;并参《会昌解颐录·牛生》《河东记·段何》,分别见《太平广记》348、卷349。

举子们选择住地自有许多考虑，且各人要求也不全一样。清静、安全，自然很重要。其次，是否靠近考试地点或繁华地段，也为有些举子所重视。东城的崇仁坊，其北街当皇城之景风门，与尚书省选院最相近，其东南与东市相连，其正南是妓院集中的平康里，为文人雅士爱逛之处，所以"选人京城无第宅者多停憩此，因是一街辐辏，遂倾两市，昼夜喧呼，灯火不绝，京中诸坊莫之与比"。[1] 有利的地理位置促使举子选人们大批前来僦居，也就促进了旅馆业的发达，促进了崇仁坊的繁荣，在某个方面竟有压倒东、西二市之势。

　　旅舍是一个具有流动性的公共场所。各色人等，无论官民，均可在此居住、活动。唐初，就连各州府长官进京办事，也没有专门住处，而是暂住旅邸，或居僦舍。直到太宗后期，情况才有所改变。"先是诸州长官或上佐，岁首亲奉贡物入京师，谓之朝集使，亦谓之考使，京师无邸，率僦屋与商贾杂居。（贞观十七年，643）上始命有司为之作邸。"[2] 这也就是后来发展为诸节度使府和诸州的进奏院（又称留后院、留候院，其性质与今各省市驻京办事处略同）的前身。

　　唐代长安的旅舍与商业贸易有着极密切的关系。无论行商还是坐贾，无论巨商还是小贩，在他们的经营过程之中都少不了与客邸旅舍打交道。唐时有"邸店者，居物之处为邸，沽卖

---

[1] 见《唐两京城坊考》卷3。
[2] 见《资治通鉴》卷197。

之所为店"①的明文规定。顾名思义，邸是堆货物的栈房，店是招待过往客人的饭店和旅舍。两者都与商贸有关，而正是在日益频繁发达的商业活动之中，邸店业本身迅速发展起来。

当时从事这一行业的不仅有民，而且有官。开元二十九年（741），唐玄宗曾下过一道诏书，"禁九品以下清资官置客舍、邸店、车坊"。②客舍、邸店、车坊，就是大小等级不同的旅馆，由此可见从事此种行业的官人实在不少。然而此诏显然并不禁止九品以上和非清资官去办旅馆，至于地方官，自然更不在话下。后来德宗即位，亦曾诏令王公百官在坊市内"置邸铺贩鬻与人争利，并宜禁断"③，但效果不大。"李绅，文宗开成中，为汴州节度使，绅上言于本州置利润楼店，从之。"此事在当时，虽被认为是"与下争利，非长人者所宜"④，但实际上各地均在经营，甚为风行，无法禁止，以致到宣宗时，只好要求官营邸店和百姓经营者同等差科而已。

为了进一步方便行商，唐之邸店逐步发展出种种综合功能，那便是不但供应食宿，还兼为柜坊。

所谓柜坊，为接受存款并依据一定凭信支付钱财的经营单位。就其性能而言，类似后世之钱庄或今之银行。当然，因是

---

① 《唐律疏议》卷4《名例》。关于唐五代邸店及与之有关的旅店、店肆等，请参阅张泽咸先生《唐代工商业》（中国社会科学出版社，1995年）一书有关篇章，其对邸店等在当时长安和全国的情况，有详尽论析，此处不赘引。
② 见《旧唐书·玄宗本纪》。
③ 见《册府元龟》卷160《革弊》。
④ 见《册府元龟》卷697《牧守》。

初起，一切都要简陋得多。

温庭筠《乾䐷子》记述中唐德宗时长安一位极善经营的商人窦乂的发家史。[①] 其中讲到他把"西市秤行之南"、一片叫作"小海池"的"十余亩坳下潜污之地"，用巧妙的计策一步步建设起来，最后"造店二十间"，"日收利数千"。直到晚唐，这个著名的窦家店还存在着。这些店铺中，就有一间是柜坊，存钱很多。某次有人建议窦乂买下一处小宅，需"二百千文"，即二十万钱，窦乂立即从柜坊支取，毫无难色。这处小宅本身并不稀奇，但宅内有一块异石，向来用于捣衣，其实是块真正的于阗宝玉，"攻之当得腰带銙二十副……又得合子、执带、头尾诸色杂类"，将这些卖出去，窦乂从中得到了数千万倍的利润。富人就是这样通过频繁的经营而愈来愈富。温庭筠的叙述，也许并非有意，却自然而清楚地流露出当日长安人对于窦乂的羡慕乃至钦佩之情。就一般的民俗心理而言，无论城乡，绝大部分的普通百姓对于发财致富之事都非常向往，对于有能力发财致富的人，则往往怀有羡妒相羼的复杂感情。唐时的长安似并不例外。

与柜坊业务相联系的是"便换"与"飞钱"。

"便换"是存钱、取钱的凭证。在甲地存入，去乙地支取，随身只要带一纸"便换"，其法一如后世之汇兑与支票，大大地方便了商旅。赵璘《因话录》卷6记述一则故事：

---

① 见《太平广记》卷243。

> 有士鬻产于外，得钱数百缗，惧川途之难赍也，祈所知纳于公藏，而持牒以归，世所谓"便换"者，置之衣囊……

这位士人将赚来的钱通过关系"纳于公藏"——公家办的柜坊，换取文牒，也就是今日之纳款凭证、异日之取款凭证，这种文牒，世人叫作"便换"，又称"飞钱"。

《旧唐书》卷49《食货志下》载元和七年（812）盐铁使王播曾奏："商人于户部、度支、盐铁三司飞钱，谓之'便换'。"从这条材料可知，作为政府机构的户部、度支、盐铁三司，都办理这种"飞钱"业务，既方便了商人，也可通过收取手续费而获利。

实际上经营这种汇兑业务的，远不止上述三司。《新唐书》卷54《食货志四》记述道："时商贾至京师，委钱诸道进奏院及诸军、诸使富家，以轻装趋四方，合券乃取之，号'飞钱'。"可见诸道、诸军、诸使的驻京机关，凡有条件的都在经营这种汇兑业务。商业贸易有此需要，经营者有利可图，这种业务自然具有强大的生命力，迅速地发展起来。

东、西市上还有一种直接经营财货的行业，那就是典当行和寄售业。

白行简的传奇小说《李娃传》写到男主人公荥阳生自从住入李娃家中后，"日会倡优侪类，狎戏游宴"，结果弄得"囊中尽空，乃鬻骏乘及其家童。岁余，资财仆马荡然"。后来因为要与李娃同去竹林神祠祈子，便只好"质衣于肆，以备牢醴"。这里提到办理"质衣"业务的"肆"，便是典当铺。

寄售业，在唐时称作寄附铺，与当铺不同，它只是委托代售。蒋防的《霍小玉传》写到李益负心远遁，违约不来，小玉"赢卧空闺，遂成沉疾"，同时"赂遗亲知，使通消息，寻求既切，资用屡空，往往私令侍婢潜卖箧中服玩之物，多托于西市寄附铺侯景先家货卖"。侯景先家应该是当时西市一爿著名的寄售商店。

民以食为天。大概在任何时代饮食业都会是城市商业服务业的一个重要部门，唐朝的长安也不例外。中唐时长安饮食业的发达与规模，由下面一例可以想见：

> 德宗非时召吴凑为京兆尹，便令赴上，凑疾驱，诸客至府，已列筵毕。或问曰："何速？"吏对曰："两市日有礼席，举铛釜而取之，故三五百人之馔，常可立办也。"①

这位官吏的回答说明，西京东、西两市几乎每天都有大型的宴席，所以各酒家饭铺准备工作极为充分，一旦有所需要，煎炒烹煮，立时可办，几百人的宴会，可以立刻开席。所以吴凑这位匆忙上任的新任京兆尹，在仓促中竟能以豪华的筵席招待贺客。

---

① 见李肇《唐国史补》卷中。

至于筵席上具体吃些什么，史文中往往以为烦琐、无足轻重，而不予记载。但我们从两《唐书》有关职官的设置和各地方物的进贡清单，可大略知晓皇宫的饮食情况。如唐殿中省设尚食局，宫官中有尚食、司膳、典膳、掌膳、掌酝等多人。"尚食之职，掌供膳羞品齐之数，总司膳、司酝、司药、司饎四司之官属。凡进食，先尝之。司膳掌制烹煎和。司酝掌酒醴酏饮。司药掌方药。司饎掌给宫人廪饩饭食、薪炭。"① 由此也就可以窥见宫中食事之烦。

我们还可以从杜甫的名诗《丽人行》略知当时贵戚饮食的豪奢靡费：

紫驼之峰出翠釜，水精之盘行素鳞。犀箸厌饫久未下，鸾刀缕切空纷纶。黄门飞鞚不动尘，御厨络绎送八珍⋯⋯

用骆驼峰肉做的"驼峰炙"，装在翡翠为饰的锅中；清蒸的鲜鱼，摆放在水晶盘子里。菜肴如此精美珍贵，杨国忠、杨贵妃及虢国、秦国夫人等贵戚，竟还觉得无处下筷。而宫里的太监、厨师还奉命不断给他们送来水陆八珍——他们的骄奢淫逸可谓无以复加！可惜的是，杜甫在这里所写大抵属于想象之词。一个地位低下的穷诗人，在长安旅食十数载，已落到"朝扣富儿门，暮随肥马尘。残杯与冷炙，到处潜悲辛"（《奉赠韦左丞

---

① 见《旧唐书·职官志》。

丈二十二韵》)的凄惨地步,又哪里能够真正了解豪门贵戚的饮食情况?

唐都市饮食水平之高,我们还可以通过其他一些材料予以说明。封演《封氏闻见记》关于"烧尾宴"的记载和韦巨源《食谱·烧尾食单》就非常具体而鲜明。

所谓"烧尾宴",《封氏闻见记》卷5云:"士子初登荣进及迁除,朋僚慰贺,必盛置酒馔音乐,以展欢宴,谓之烧尾。""烧尾宴"既可以是获得晋升迁除者设来招待朋友、同僚,甚至皇帝的;也可以是皇帝下令为获得晋升者设宴,以示恩宠。《新唐书·苏瓌传》记,"时大臣初拜官,献食天子,名曰烧尾",这指的是前者;"中宗时,兵部尚书韦嗣立新入三品,户部侍郎赵彦昭假金紫,吏部侍郎崔湜复旧官,上命烧尾,令于兴庆池设食"①,这指的是后者。

"烧尾宴",是唐时官场习俗之一,因为是宴会,主要与饮食有关。"烧尾"之名的由来有多种解释,主旨都在借"烧尾"以说明士人身份之巨变。有的说,当虎变为人时,一切均变,唯尾不化,因此要想彻底成人,必须烧去其尾——否则就还不是真正的、无瑕疵的人,有时不免仍要露出尾巴来。一个士子初蒙拜受,在唐人看来,犹如由虎变人(按:入仕升官为由虎变人,落第左迁则是由人变虎,这种观念很深刻地反映了唐人的一种民俗心理,在许多笔记与小说中均有反映),但此时其尾

---

① 见封演《封氏闻见记》卷5。

尚在，为了他的前程，便一定要把尾巴烧掉，所以此人升官后的这次隆重宴会，实有众人助其"烧尾"之意。另一说是这样的：凡新羊入群，总要为群中诸羊所排斥，若能火烧其尾，即可安定。如此说来，新官之以"烧尾宴"招待同僚群友，恐亦有企求接纳，免遭排摈之目的。再一说为鱼跃龙门，变化为龙，此时必须雷轰电击烧去其尾，始能完成鱼龙之变，所谓"鱼将化龙，雷为烧尾"这种说法与由虎变人之说同一思路，只是比喻不同而已。①

唐中宗时的韦巨源，因为与皇后攀上了关系，特受宠幸。景龙三年（709），他"拜尚书左仆射，依旧知政事"②时，曾设烧尾宴招待皇帝。这个宴会的食单，保存在其所著《食谱》中。《食谱》一书不见于《新唐书·艺文志》及两宋诸书目，是否确系韦巨源所作，或有无旁人文字羼入，尚待考证。但宋人陶穀《清异录》将此书归诸韦氏，并曾摘其要，如《烧尾食单》即被摘五十八项之多。《清异录》今存，所以我们尚能知其大概。③我们从这张《烧尾食单》可以想见此宴的丰盛豪华，也可具体地了解唐贵族的食物情况。其中以米、面制成的主食和糕点有：

御黄王母饭。陶注曰："遍缕印脂，盖饭面表，杂味。"

---

① 以上诸说，见《封氏闻见记》卷5、《北梦琐言》卷4。
② 见《旧唐书·韦巨源传》。
③ 韦巨源《食谱》，后人有辑本，收入《说郛》（宛委山堂本）卷95、《五朝小说》、《五朝小说大观》、《逊敏堂丛书》。陶穀《清异录》亦收入多种丛书，以下所引据商务印书馆本《说郛》卷61。

长生粥。

水晶龙凤糕。注曰:"枣米蒸方破见花,乃进。"

曼陀样夹饼、八方寒食饼、天花饆饠饼、单笼金乳酥、婆罗门轻高面、见风消(陶注曰:"油浴饼")等。

菜肴及小食则有:

白龙臛。陶注曰:"治鳜肉。"

光明虾炙。注曰:"生虾可用。"

凤凰胎。注曰:"杂治鱼白。"

升平炙。注曰:"治羊鹿舌,拌三百数。"

八仙盘。注曰:"剔鹅作八副。"

仙人脔。注曰:"乳瀹鸡。"

遍地锦装鳖。注曰:"脂鸭卵脂副。"

生进鸭花汤饼。注曰:"厨典入内下汤。"

生进二十四气馄饨。注曰:"花形、馅料各异,凡二十四种。"

海味在当时是比较珍贵的食品,故地方常有贡进。如"明州(今浙江宁波)岁贡海虫淡菜、蛤蚶可食之属,自海抵京师,道路水陆,递夫积功岁为四十三万六千人"。[①] 从所费传递人工之巨,即可见所运货物之量。比较清廉、重视民生疾苦的官员,

---

① 见韩愈《唐正议大夫尚书左丞孔公(戣)墓志铭》。

遂有罢废此贡之奏。史载元和二年（807）、九年（814）、长庆二年（822），孔戣、元稹等人一再上疏，罢而又贡，反复多次，最后仍是不了了之，照贡不误。[①] 由此可见，海味在唐时已成为达官贵族席上不可或缺的珍肴。

至于各地风味特产、水果鲜菜的贡进，史书中也多有反映。杨贵妃嗜岭南荔枝，遂以快马驿递进贡之事，则是这一类事中最突出的例子。

当然，长安一般市民的饮食不可能如此豪奢，长安市上的饮食业有一大部分是为他们服务的，这些食肆或摊贩供应的大众食品，又可使我们略知市井平民的饮食习俗。

以主食而言，米、面还是长安一般市民的主食。米有稻米、粟米和黍秫等类，由杜诗所谓"忆昔开元全盛日，小邑犹藏万家室。稻米流脂粟米白，公私仓廪俱丰实"（《忆昔二首》之二）即可知晓。当然，同样的米，亦有精粗优劣之分，老百姓所食大抵是比较粗糙的脱粟米[②]，如沈既济《枕中记》即写到卢生借枕入梦之时，旅邸主人"方蒸黍"，等他梦中度过一生，而"主人蒸黍未熟"。这里的"黍"，就是俗话说的黄黏米，也就是所谓"黄粱"。《枕中记》的另一个版本，两处"黍"字正作"黄粱"。[③] 杜甫的《赠卫八处士》诗，也有"夜雨剪春韭，新炊间黄粱"之语。"间黄粱"，就是将稻米与黍米同煮，即今所谓

---

① 参白居易《元稹墓志铭》、《资治通鉴》卷240及《唐国史补》卷中。
② 《史记·平津侯传》司马贞《索隐》云："脱粟，才脱谷而已，言不精凿也。"
③ 见《太平广记》卷82引《异闻集·吕翁》。

"二米饭"。这便是一般百姓比较粗简的主食，官僚阶层则以香粳、精米为主。

有这样一则故事：在唐德宗、宪宗两朝任宰相的郑馀庆一向以清俭著名，一日"忽召亲朋官数人会食"，客人们早早聚齐郑家，馀庆却至日高始出，只听他吩咐左右："处分厨家，烂蒸去毛，莫拗折项！"客人们以为今日必有蒸鹅鸭之类可吃了。谁知等了许久，厨房开出饭来，竟是"每人前下粟米饭一碗，蒸胡芦（葫芦）一枚"——饭是极普通的粟米饭，菜仅一味，而且是蔬菜，一点荤腥也没有。郑馀庆自己吃得津津有味，客人们则是"强进而罢"。① 由这则故事，可以反证官僚阶层平日所食大抵较精，而粟米饭、蒸葫芦之类则是他们很少吃的平民食品了。

唐人所食米饭种类很多，除了一般的稻米、黄粱之类有精粗之分外，还有种种。如李白《宿五松山下荀媪家》写到荀媪进献的"雕胡饭"，即是以菰蒲（即今俗称"茭白"者）之实菰米煮成。此饭在乡间虽非稀罕之物，到城里可就少见了，所以杜甫在《与鄠县源大少府宴渼陂》诗中，不无兴奋地写道："应为西陂好，金钱罄一餐。饭抄云子白，瓜嚼水精寒。"所谓"云子白"，即指芳香的菰米饭。"抄"是唐人口语，谓以匙送饭入口。杜甫在《赠李白》诗中还写到一种"青精饭"："野人对膻腥，蔬食常不饱。岂无青精饭，使我颜色好。"所谓"青精饭"，是以一种叫"南天烛"的草（又名黑饭草）的叶子挤汁浸米，

---

① 见《太平广记》卷 165 引《卢氏杂说·郑馀庆》。

使米呈绿色,蒸熟晒干,三蒸三曝,贮以备用。① 这本是入山修道者按道家秘方制成,材料来之不易,工序又很复杂,当然不是杜甫所能吃到的。另有一种传说中仙人所吃的,叫作"胡麻饭"。《原化记》有《裴氏子》一篇,叙长安裴生,居延平门某庄,多年好心接待一位过往老父。老父是仙,后邀裴生至太白山西岩下洞府中,留一宿,"食以胡麻饭、麟脯、仙酒",这三样东西都是常人心目中的仙家食品,为人们所不易或不能得到,所以在叙述中表现了一种向往之情。仙家的饭还有"玉屑饭""琼糜饭",释氏亦有"香积饭"等名目。

面食方面,唐代以前已有面条类的食品,用大麦面或小麦面制成,但当时不叫面条而叫"汤饼"或"馎饦"。

古代的"饼",其义为"并也,溲麦面使合并也"②,即用水和面揉合,至于和好之后是用来水煮、烘烤,还是汽蒸,都无所谓。水煮者为"汤饼",即今之面片或面条;烘烤者因有胡麻撒于上,称"胡饼"或"麻饼",即今之烧饼;汽蒸者,称"蒸饼",以饼面裂开,"坼作十字"为上,大约相当于今之馒头或开花馒头之类。另外尚有蝎饼、髓饼、金饼、索饼等花样名目,其中"髓饼",据《齐民要术》载,乃是"以髓脂、蜜合和面,厚四五分,广六七寸。便着胡饼炉中令熟,勿令反复,饼肥美可经久"。这就与近世的油酥饼相似了。③

---

① 参朱鹤龄《杜工部诗集辑注》。
② 见刘熙《释名》。
③ 参王先谦《释名疏证补》卷4《释饮食第十三》。

《世说新语·容止》载一故事:"何平叔(晏)美姿仪,面至白。魏明帝疑其傅粉。正夏月,与热汤饼(饼),既啖,大汗出,以朱衣自拭,色转皎然。"这里的"热汤饼",就是滚烫的汤面。

汤饼在唐代已是一种相当普及的大众食品,但朝廷与贵族官僚家也吃它。

《唐六典》载:光禄寺太官署的职责之一是"凡朝会、燕飨,九品以上并供其膳食"。这种膳食除日常供应外,"冬月则加造汤饼及黍臛,夏月加冷淘、粉粥,寒食加饧粥,正月七日、三月三日加煎饼,正月十五日、晦日加糕糜,五月五日加粽糈,七月七日加斫饼,九月九日加糕,十月一日加黍臛,并于常食之外而加焉"。[①]这里提到多种食品,汤饼便是其中之一。唐玄宗的皇后王氏因武惠妃专宠,曾泣对帝忆昔日事云:"陛下独不念阿忠(指后父王仁皎)脱紫半臂易斗面,为生日汤饼邪?"[②]可见唐时过生日已有吃面以祈福寿的风俗。

上引《唐六典》中提到"夏月加冷淘、粉粥"。"冷淘"也是一种面食,用麦面为之,如同今之冷面;用米面为之,则近似今之米线或凉粉。当时的习俗是以槐芽、槐叶挤汁和面,然后切成粉条状,以沸汤煮之,捞出拌入佐料冷食之,是夏令季节的应时美食,所以宫中要为百官添此一味食品。

---

① 见《唐六典》卷15《光禄寺》"太官署"条;并参《唐会要》卷65《光禄寺》。
② 见《新唐书·后妃传》。

长安一般市民也吃冷淘，并且不限于长安，各地均有制作供应。杜甫大历二年（767）远在西南，就吃到了"槐叶冷淘"，并以之为题作诗一首，描写了制作过程和这种食品的色香味：

> 青青高槐叶，采掇付中厨。新面来近市，汁滓宛相俱。入鼎资过熟，加餐愁欲无。碧鲜俱照箸，香饭兼苞芦。经齿冷于雪，劝人投比珠……①

传说中唐宰相刘晏早年任刺史，往南中，过衡山县，也曾在市上吃过"冷淘"。《逸史·刘晏》记云："时春初，风景和暖，吃冷淘一盘，香菜、茵陈之类，甚为芳洁。"②这是一种覆盖"面浇头"的凉面，比杜甫吃的似乎还要讲究一些，竟能在偏远的衡山县吃到，所以刘晏感到奇怪，问道："侧近莫有衣冠居否，此菜何所得！"结果引出一位隐于菜园的神仙。

各种米饭以及汤饼、冷淘之类面食，在长安市上的食店都有供应。前文提到过的西市窦家店、张家楼，就是其中特别著名的字号。制作胡饼和蒸饼的铺舍似乎更为普遍，不仅在东、西二市，而且不少坊曲的巷口都有规模不等的胡饼、蒸饼摊贩。如沈既济《任氏传》即写到任氏所居之坊，里门旁有胡人鬻饼之舍，清晨即已张灯炽炉准备营业，这显然是制售胡饼的。孟棨《本事诗》中有一条，述宁王"宅左有卖饼者，妻纤白明媚，

---

① 《槐叶冷淘》，见仇兆鳌《杜少陵集详注》卷19。
② 见《太平广记》卷39。

王一见属目,厚遗其夫取之"。这位卖饼者的店铺,就开在胜业坊宁王府之左。后来此女在王府重见饼师,"双泪垂颊,若不胜情",众多文士目睹此景,均有诗作。据说这也就是王维《息夫人》一诗的创作本事。

韦绚《刘宾客嘉话录》述刘伯刍所居安邑里巷口,有鬻饼者,也是很早起来做饼。伯刍哀其贫窘,乃与万钱做本,而"日取饼以偿"。同书又述刘晏"五鼓入朝,时寒,中路见卖蒸胡饼之处热气腾辉。使人买之,以袍袖包裙帽底啖之",且谓同列之人曰:"美不可言,美不可言。"① 能在官员上朝路中看到的蒸饼铺,自然必须设在巷口。这段记载虽短,却颇生动地描绘了唐时民俗生活的一角:官员的早朝及早点、巷口蒸饼铺侵早营业和热气腾腾的情景等。制卖蒸饼的小贩,有时还推车外卖。后来发了大财的邹凤炽(外号邹骆驼),早年就是靠推车卖蒸饼为生的。②

有一则与胡饼有关的趣闻。《原化记·贺知章》载:贺知章住西京宣平坊,常见对门一老人,疑其有道,打听后才知道乃是"西市卖钱贯王老"。知章有意与之结交,便和妻子拿了家中一颗明珠,献给老人求其说法。"老人即以明珠付童子,令市饼来。童子以珠易得三十余胡饼",知章大为不快。因为当时物价低,"开元中长安物价大减,两市卖'二仪饼',一钱数对"。③

---

① 此事又见《渊鉴类函》卷389引《隋唐嘉话》。
② 见《朝野佥载》卷5。
③ 据《渊鉴类函》卷389引《丰年录》。

一颗明珠才换得三十几个胡饼,显然吃了大亏。谁知这正是老人对有心问道的贺知章的考验,随之借此事教诲他说:"夫道者可以心得,岂在力争?悭惜未止,术无由成。当须深山穷谷,勤求致之,非市朝所授也。"知章有所领悟,后来就致仕还乡了。这个故事的主旨是揭示道心与悭吝之矛盾不可调和,也可能是因为贺知章后来果真入道而有此造作,但却于无意中告诉了我们,当日长安买饼之容易方便及胡饼价格之低廉。

长安辅兴坊的胡饼在当时最负盛名,所以白居易在《寄胡饼与杨万州》诗中,以自家所制与之相比:

胡麻饼样学京都,面脆油香新出炉。寄与饥馋杨大使,尝看得似辅兴无?

诗中"辅兴"二字即指京城辅兴坊。当时白居易正在忠州(今重庆忠县)任刺史。杨万州,指万州刺史杨归厚。万州治所在今重庆市万州区,与忠州毗邻,所以白居易将家中自制的胡饼派人送去还不至于变质。[①] 从白诗不但可以领略胡麻饼的模样与特色,而且可以看出,当时京师胡饼颇有名气,是京城人士所喜爱、熟悉而难忘的。如今在距长安数千里外的远州,尝一尝胡饼,仿佛重游长安,也就可以略解思念、渴想首都之苦。白居易之所以要给杨归厚分享胡饼,并在诗末特意提及长安辅

---

① 参《白居易集笺校》卷18,朱金城笺校,上海古籍出版社1988年。

兴坊的名字，更深的用意也正在这里。①

长安市上的小吃种类极多，前文提及光禄寺太官署每逢节日给官员所加的食品，诸如糕糜、粽糯，就都是应时的风味小吃。据说武则天曾于花朝日游园，令宫女采百花和米捣碎，蒸糕以赐从臣，号为"花糕"。玄宗时，大夫李栖筠上朝，召对以后，玄宗说："今日京兆尹进新糯米，得糕糜，卿且住吃。"看他吃得挺香，玄宗又说："卿吃甚美，更赐一盘。"② 这是宫中的糕糜。民间的糕点，花样名目也很多，如古老相传的重阳糕，上又饰以面捏的小鹿，美其名曰"食鹿（禄）糕"。另有紫龙糕、花折鹅糕、米饰糕诸般名目。

在诸种小吃中，比较大众化而又富于特色的。大概要算馄饨与饆饠（亦写作毕罗）。

长安市里有不少馄饨店和毕罗肆。如颁政坊有䏑肫曲，䏑肫即馄饨，曲，指坊内小街。这说明颁政坊聚集着一些卖馄饨的食店。唐时的馄饨花色很多。韦巨源《烧尾食单》上记有"生进二十四气馄饨"，"花形、馅料各异，凡二十四种"，应是按二十四节气命名和治馅的馄饨。《逸史·李宗回》叙李宗回某日至华阴县，受到县令款待，喝了椒葱酒，吃到了"五般馄饨"。所谓"五般馄饨"，就是五种馅儿或五种花色的馄饨。既

---

① 关于唐代长安的胡食，如胡饼之类，黄正建《唐代的"胡食"》（《文史知识》，1999年第6期）可参。
② 《逸史·术士》，见《太平广记》卷149引。

可全吃，也可只吃其中一般。①

毕罗是由西域传入的面食。毕罗应是译音，写成"饆饠"是后人按造字法添加偏旁的结果。②长安市上的毕罗店应该不少，仅段成式《酉阳杂俎·支诺皋上》就提到两处。一在长兴里，一在东市。从其叙述中可知毕罗是按斤计价的，每人每次大概可以吃一斤左右。但毕罗究竟是何物，什么样子，仍不清楚。

曾有学者考证，毕罗乃是饼的一种，北方又叫"波波"，南方讹音为"磨磨"。但这种说法曾受到质疑。向达《唐代长安与西域文明》第四节依据此物的印度名字论云：

> 饆饠既非波波，亦非磨磨，或因毕国得名，乃是今日中亚、印度、新疆等处伊斯兰教民族中所盛行之抓饭耳。

但根据唐代的一些记载，毕罗似乎也并非以米为主制成的抓饭，而是一种面点。韦巨源《烧尾食单》中有一道面点为"天花饆饠饼"，已明言毕罗是饼。又《卢氏杂说·御厨》云："翰林学士每遇赐食，有物若毕罗，形粗大，滋味香美，呼为'诸王修事'。"③如果毕罗是抓饭，以"形粗大"来形容便不很确切，也不能说所赐之物"若毕罗"了。

《酉阳杂俎》前集卷7《酒食》中有一条记云："今衣冠家名

---

① 见《太平广记》卷153。
② 李匡乂《资暇集》："毕罗者，蕃中毕氏、罗氏好食此味，今字从食，非也。"
③ 《太平广记》卷234，又见商务印书馆本《说郛》卷73。

食,有萧家馄饨,漉去汤肥,可以瀹茗。庾家粽子,白莹如玉。韩约能作樱桃饆饠,其色不变。"毕罗是与馄饨、粽子并列的一种小吃。以樱桃为配料或装饰的毕罗,制成后可以不变色,技艺之高明可以想见。不过,这里尚看不出毕罗究竟是米饭还是面点。但刘恂《岭表录异》所述的"蟹饆饠"却很明显是面点了。该书卷下有一条专说种种蟹,其中一种是赤蟹:"赤蟹,母壳内黄赤膏,如鸡鸭子黄,肉白如豕膏,实其壳中,淋以五味,蒙以细面,为蟹饆饠,珍美可尚。"① 这是一种用蟹黄、蟹肉为佐料的毕罗饼。这不但说明毕罗是面食,而且它的制法已流传至岭南一带,并且有新的发展了。

由上所述可知,长安餐饮业的繁荣发达与南北、胡汉在饮食文化上的交流融合关系极大。自南北朝以来的这一文化发展趋势,到唐代有增无减,达到了前所未有的高潮。这在饮食、服饰、语言,乃至更深层的文化心理方面均有所表现。

唐都市居民主食、副食花样之多不胜枚举,许多食品尚有制作方法简要地被保存下来,说明了唐人对食事的留意与重视。例如段成式《酉阳杂俎》就特列《酒食》一目,其中不但记述了种种食品、菜肴、调味品的名称,而且记述了"折粟米法""赍字五色饼法""蔓菁蘸菹法""蒸饼法""鲙法""鱼肉冻胚法"等主、副食的做法。最有意思的是本目之末,传载了贞元中一位将军关于饮食的逸闻和此人对食事的高论:

---

① 见《岭表录异》,鲁迅校勘,广东人民出版社1983年。

> 贞元中，有一将军家出饭食，每说："物无不堪吃，唯在火候，善均五味。"尝取败障泥、胡禄修理食之，其味极佳。

这真是一位无所不吃而又深通饮食哲学的美食家。"障泥"亦称马鞯，垂于马腹两侧，用以遮挡泥土，其材料可以是皮革，也可以是布或锦缎。"败障泥"是用旧了、坏了的障泥。"胡禄"是指用皮革制成、盛装箭矢的器具。这位将军竟也能把它们做成美味佳肴，确要有些本领。而他的诀窍只是两条：一掌握火候，二调和五味。虽然简单，却是颇得食事三昧之言。由此一例，也就可以推知唐人在饮食方面的巨大创造性。这种创造性的根源与动力当然是口腹之欲，但其充分发挥则需大胆和敢于尝试的精神，这与唐人乐观豪迈、追求现世享乐的诗化生活意向是合拍的。

长安东、西两市中最能体现唐人诗化生活意向，且与诗人文豪们关系最为密切的地方，还要算酒肆旗亭这种买醉寻欢之处。刘悚《隋唐嘉话》载初唐一则传说云："李淳风奏：'北斗七星官化为人，明日至西市饮酒。'使人候之，有僧七人共饮二石。太宗遣人召之，七人笑曰：'此必李淳风小儿言我也。'忽不见。"[①] 故事之无稽毋庸多辨，而长安西市酒肆的出名却由此可见。

---

① 见《隋唐嘉话》。

事实上，酒肆旗亭固以东、西两市较为集中而有名，却是全城许多里坊中都有，只不过规模大小不等而已。至于全国各地，尤其是各类城市集镇，酒店或贳酒之家更是必不可少。今传唐诗中，饮酒之诗数量极夥，有的诗人如李白，其诗更被说成十分之九同女人和酒有关。[①]而白居易则有"诗二千八百，言饮酒者九百首"[②]之评。饮酒当然不必均在酒肆，但这一类题材涉及酒肆者确实几乎俯拾即是。

初唐的王绩是个嗜酒如命之徒，一生留下许多与酒有关的轶事与诗文，其《题酒店楼壁绝句八首》写到了当时酒店供应的品种："竹叶连糟翠，蒲萄带麹红。"（其二）写到了当垆的胡人（姬）："有客须教饮，无钱可别酤。来时长道贳，惭愧酒家胡。"（其七）[③]

在酒店饮酒，并在壁上题诗，这是当时的一种风气，也可以说是一种风俗，犹如现代的饭店酒家常喜邀约名人题诗作画悬挂于厅堂墙壁，以增加其店的文化色彩，提高其文化档次。只是唐时酒店题壁所写内容，多与眼前事直接有关，故往往富于真实切近的民俗意味。

胡人来中原经商开店，除做珠宝杂货生意外，经营酒肆也是主要行业，而"胡姬当垆""胡姬劝酒"也就成为一种堪与"胡人识宝"比美的极具时代特色的民俗文化景观。胡人识宝我

---

① 王安石语，见陈善《扪虱新话》上集引。
② 见方勺《泊宅编》卷1。
③ 据《王无功文集》，韩理洲校点，上海古籍出版社1987年。

们将在下文论及，这里只说胡姬卖酒之事。

有一位与贺知章、张若虚、包融等人同时代且同为吴越之士的诗人贺朝，在长安游宦时曾写过一首题为《赠酒店胡姬》的诗。诗云：

> 胡姬春酒店，弦管夜锵锵，红毾铺新月，貂裘坐薄霜。玉盘初鲙鲤，金鼎正烹羊。上客无劳散，听歌《乐世》娘。

这是某次在胡人所开酒店饮酒后写赠给胡姬之诗，从中可以看到这个酒店设备相当豪华，菜肴也非常考究，而且饮酒时有音乐相侑，酒店还有精彩的歌舞表演。《乐世》，即唐时由西域传入的《绿腰》乐曲。据《乐府杂录》云，《绿腰》是一种软舞曲，由琵琶伴奏，曲调繁而急，宛转动听，听来令人有"正抽碧线绣红罗，忽听黄莺敛翠娥"之感[①]，若由来自西域或有胡人血统的胡姬表演，自然更加富有魅力，所以诗人劝同饮的酒友们不要一醉即散，一定要留下来欣赏那动人的《乐世》歌舞。也许这歌舞的表演者就是贺朝赠诗的那位胡姬，也许在这酒店服务、表演的胡姬远非一人，诗题上的"胡姬"实系复数，总之，诗人的情绪显然是被她或她们调动起来了。这首诗虽短，其所提供的民俗文化信息却相当丰富。

酒肆本是任何人都可出入的公共场所，所以这里往往出现

---

① 参郭茂倩《乐府诗集》卷80"乐世""急乐世"题解及所引白居易诗。

一些奇客异人，发生不少传奇故事。如《潇湘录·贞元末布衣》一篇说，"贞元末，有布衣，于长安中游酒肆，吟咏以求酒饮，至夜，多酣醉而归，旅舍人或以为狂"。就是这个"狂人"，结识了一位老叟。二人相识甚契，"老叟乃欢笑，与布衣携手同醉于肆"，成了忘年的酒友。这个布衣原来是个神仙有道之人，"后数日，不知所在，人有于西蜀江边见之者"。[①]从这个故事可以约略知道出入酒肆的都有些什么人。

自然，酒肆更是文人墨客们流连忘返之地，所以往往与文学关系密切。

从贺知章、李白的结交经过，可以说长安酒肆提供了文人会友订交的最佳环境。孟棨《本事诗·高逸》载：

> 李太白初自蜀至京师，舍于逆旅。贺监知章闻其名，首访之。既奇其姿，复请所为文。出《蜀道难》以示之。读未竟，称叹者数四，号为"谪仙"，解金龟换酒，与倾尽醉，期不间日，由是称誉光赫。

这则故事据李白研究家们考据，具体时间和真实性均有问题，但我们认为其民俗资料价值极其可贵。贺知章惊叹李太白为"天上谪仙人"，以金龟质酒与李白一醉方休的举动，以及李白欣然受之，遂与其结为忘年之交的反应，本质上符合二位

---

① 见《太平广记》卷83。

诗人的独特气质,也符合盛唐人豪迈洒脱、乐观自信的时代性格。而以旅邸又兼酒肆,也正是当时长安市井的常见情景。①故事中说,二人初识之后几乎每日相会。所谓"期不间日",乃是每日相约谈诗论文,而长安诸酒家便该是他们相聚的最好地方了。

李白作为有唐一代最著名的高阳酒徒,可以说走到哪儿喝到哪儿,而有胡姬招客的酒肆,则是他更爱光顾之处。他在《少年行二首》之二中写道:"五陵年少金市东,银鞍白马度春风;落花踏尽游何处,笑入胡姬酒肆中。"在《送裴十八图南归嵩山二首》之一中,又写到"何处可为别,长安青绮门。胡姬招素手,延客醉金樽"的情景。看来,唐代文士,无论出游还是送别,痛饮高歌都是少不了的内容。上引《本事诗》的后半,还述及李白被召入翰林后,某次玄宗召其进宫作诗,而他却在宁王府喝得酩酊大醉,"既至,拜舞颓然"。然而就在醉醺醺中,写出了格律精整、"笔迹遒利"的《宫中行乐词》五律十首。不过,李白的市井酒徒形象还是杜甫的《饮中八仙歌》刻画得最好。"饮中八仙"指贺知章、汝阳王李琎、左相李适之以及崔宗之、苏晋、李白、张旭、焦遂等八人。其中除了汝阳王、左相因官高位尊未必会到普通酒肆饮酒外,大部分人都和李白一样,

---

① 张泽咸《唐代工商业》之《重要商店》一节,举马周于新丰逆旅命酒独酌,说明旅店有时兼营卖酒业务。又举高适、岑参诗"日暮邯郸郭,酒肆或淹留""河边酒家堪寄宿,主人小女能缝衣",说明有的酒店兼营旅馆业务,但两种商店各有主业,中间是有区别的。辨析甚细,值得参考。

是长安诸酒肆的常客,且看杜甫如何写李白的狂态:

> 李白一斗诗百篇,长安市上酒家眠。天子呼来不上船,自称臣是酒中仙。

"长安市上酒家眠"一句不仅使我们犹如目睹诗仙李白玉山将颓的潇洒脱俗丰姿,而且使我们可以想见当日长安酒肆那种热烈与闲适交织的怡悦气氛。如参以其他资料,对此印象当会更深。如《太平广记》卷302引《集异记》一则志怪故事,云:

> 卫庭训,河南人,累举不第。天宝初,乃以琴酒为事,凡饮皆敬酬之。恒游东市,遇友人饮于酒肆。一日偶值一举人,相得甚欢,乃邀与之饮。庭训复酬,此人昏然而醉……

故事到此,并无志怪气息,其所述可以说是盛唐长安日常生活之一斑,正可与前引李白、贺知章故事相印证。

王昌龄、高适、王之涣旗亭传唱的著名故事,又向我们昭示,当日长安酒楼在某种程度上实具有文艺沙龙的性质。这则故事亦见于薛用弱《集异记》[1]:

---

[1] 据中华书局1980年点校本。

> 开元中，诗人王昌龄、高适、王之涣①齐名。时风尘未偶，而游处略同。一日天寒微雪，三诗人共诣旗亭，贳酒小饮……

不能设想三诗人登楼饮酒会不谈诗论文。"何时一尊酒，重与细论文"，对唐人来说，诗酒文章本来是不可分的事。"忽有梨园伶官十数人，登楼会宴。三诗人因避席隈映，拥炉火以观焉"，三诗人深知当时伶人爱用诗人之词入歌的习俗，于是暗暗相约："我辈各擅诗名，每不自定其甲乙，今者可以密观诸伶所讴，若诗入歌词之多者，则为优矣！"这是一种虽然有很大偶然性却相当客观公平的竞赛办法。不一会儿诸伶开始演唱自娱，王昌龄七绝二首，高适五绝一首，先后被唱，二人自然暗自得意。王之涣不免有点着急，乃说自己的诗是《阳春》《白雪》，必得诸伶中最佳之人唱之，又说："待此子所唱，如非我诗，吾即终身不敢与子争衡矣。脱是吾诗，子等当须列拜床下，奉吾为师。"后来那位妙妓果然唱起了王之涣的《凉州词》。王之涣算是赢了最后一局。值得注意的是，整个争诗名之胜的过程中，始终洋溢着友好欢乐的气氛。王之涣提出赌赛新条件，昌龄、高适"因欢笑而俟之"。《凉州词》唱出，王之涣开心地揶揄二人："田舍奴，我岂妄哉！"三人还是"大谐笑"。因此惊动诸伶，邀他们入席共饮，于是"三子从之，饮醉终日"。有学者考

---

① 诸本误为王涣之。盛唐与昌龄、高适齐名，无王涣之者，且故事中妙妓所吟"黄沙（河）远上"正系王之涣诗，故径改之。

证，认为王昌龄、高适、王之涣三人开元中相会于长安绝无可能。①我们认为，这故事的价值，本来就并不在于提供作家生平的确凿史料，而作为在民间盛传的文人故事，它却很精彩地反映了盛唐人开阔爽朗的心胸、积极自信的生活态度，一般市民，包括伶官艺人对于著名作家的崇慕景仰和当时民俗生活的若干细节。

酿酒业在古代中国发达已久，至唐代更进入一个新的阶段，各地均生产许多名酒。长安位居全国中心，长安的酒肆旗亭也就自然成为各地美酒佳酿荟萃之处。正因为这样，中唐元和、长庆间人李肇才有可能在他所著的《唐国史补》中开列出一份全国名酒的清单：

> 酒则有郢州之富水，乌程之若下，荥阳之土窟春，富平之石冻春，剑南之烧春，河东之乾和蒲萄，岭南之灵谿、博罗，宜城之九酝，浔阳之湓水，京城之西市腔，虾蟆陵郎官清、阿婆清。又有三勒浆，类酒，法出波斯——三勒者谓菴摩勒、毗梨勒、诃梨勒。

既然长安市上酒肆旗亭为数甚多，它们之间的竞争便必不可免。为了更多地赢利和发展，有些财大气粗的酒家在选择店址、装潢店面、增添妓女歌舞侑酒之类服务项目方面极下功夫，

---

① 参胡应麟《少室山房笔丛》卷36《二酉缀遗中》、卷41《庄岳委谈下》。

力求压倒同行，独占鳌头，甚至不惜做出抬高酒价、降低酒质的非法不义行为。这些都是长安酒肆业中客观存在的现象。中唐诗人韦应物曾在《酒肆行》诗中对此做过反映：

> 豪家沽酒长安陌，一旦起楼高百尺。碧疏玲珑含春风，银题彩帜邀上客。回瞻丹凤阙，直视乐游苑。四方称赏名已高，五陵车马无近远。晴景悠扬三月天，桃花飘俎柳垂筵。繁丝急管一时合，他垆邻肆何寂然？主人无厌且专利，百斛须臾一壶费。初酝后薄为大偷，饮者知名不知味。深门潜酝客来稀，终岁醇酨味不移。长安酒徒空扰扰，路傍过去那得知。①

诗末云"长安酒徒空扰扰，路傍过去那得知"，说明上述某些堂皇表象背后的弊端与不良情况，并非人人皆知，而韦应物既写得如此凿凿，显然是对此深有了解的。任何社会都是复杂的，不可能是清水一盆，商界尤其如此。民俗风气也总是有善有恶、有良有窳。看到唐代长安酒肆业的繁荣及其文化意义，同时又从韦应物的诗看到这个行业存在的某些陋习乃至恶德，这才比较全面地看到了真实的、活生生的唐代长安民俗生活风貌。

长安东、西市的行业有二百二十行之多，虽然许多行业只剩名称，或连名称都已失传，但有资料可述的也还有数十个之

---

① 见《全唐诗》卷194。

多，本章所述的几种不过是与民生关系密切因而较为重要也格外兴隆而已。至于其他种种，这里不可能也无必要一一胪列。下一章在考察以市井居民谋生方式为主要内容的生态图景时，事实上还将涉及不少行业。两节合观，以长安为代表的大都市民俗生活可获得比较全面的展现。

六、长安市井生态图景

> 卖卜看相和它的信奉者——从行医卖药到贩书和鉴定文物——凶肆和助人哀挽的歌者——长安小商贩种种——身居监署的工匠——私营作坊的工人——脚力、手力、日佣人、月作人等——佣作坊和纸榜招佣

如果说住于乡村山野的百姓主要是以务农、樵采或渔猎等为谋生手段，其性质基本上属于向大自然索取；那么，城市劳动居民的生计，在形式与种类上显然要繁杂得多，而其性质则大抵属于加工制作和社会服务，主要在交换流通领域内进行并从中获得生活之资。

下面简略勾勒一下以长安为代表（但不限于长安）的市井居民几种较有特色的谋生方式，并试从民俗学角度做一些论析。

一般市井居民，指既不是官员吏卒，又不是富商大贾的那一大批人。他们的生活来源和劳动性质，可粗分为两大类。一

类以脑力劳动为主，他们依恃的是某种专门的知识和自身的智力；另一类则以体力劳动为主，那就是形形色色的匠人佣工等。（这里对"脑力劳动""体力劳动"概念的使用，自然与现代的科学用法有所区别，只是大略的、近似的意思。）

以卖卜、看相为生者，我们将他们算作第一类。他们一般都熟悉《周易》等典籍，并且往往富于历史知识，掌握许多前人逸闻与典故，又有过人的聪明与口才，还善体人意，能言善辩。由于在唐代科学尚不发达，人对自然、社会与自身的认识都还相当粗浅，也就无从把握命运，深感生死难料、祸福无常，因此，神灵崇拜、天道观念和宗教迷信思想还相当普遍、相当牢固地统治着人们的头脑。这种社会人文背景，自然给占卜观相者流开辟了相当广阔的谋生之路。

唐时长安、洛阳以及全国其他大小城镇乃至农村，到处都有卖卜看相之人。他们有时流动于各地，有时固定于某处。长安等大都市更有卜铺的存在。

《逸史·孟君》[1]讲到长安"街西有善卜者，每以清旦决卦，昼后则闭肆下帘"。看来这位卜人是在有意学习他们这一行的老前辈东汉人严君平。严君平是扬雄的老师，于成都市中卜筮，日得百钱，足以自养，即闭肆下帘读书自娱。孟君潦倒，丈人赠三百文钱而将其逐出家门，遂至此卜肆算卦，"尽以所得三镮为卜资"。三百文一卦大约是当时算卜的常价。《逸史·李

---

[1] 见《太平广记》卷151引。

藩》述藩与崔氏内兄访胡芦生求卦,也是"各携钱三百"。《原化记·胡芦生》述同一故事,亦云"各携酒赍钱三镪往焉"。三镪,也就是三缗,三百文。此卜人对孟君相当客气,见他贫困,留他住一宿,并"及时为决一卦",为他算出十日之后"合处重职,俸入(每月)七十千钱"的好运。于是卜人更加热情,将孟君留下来好生招待一番。后来果如卜人所说,孟君当上了为观察使"知表奏"的幕僚。这个故事宣扬了卖卜者预知祸福的本领,并且涉及卖卜者的生活方式及其对来卜者的态度,主客之间的关系颇有一些人情味。

卖卜者的经济收入虽然不稳定,但大抵不菲。温庭筠《乾𦠆子·郑群玉》云:"唐东市铁行,有范生,卜举人连中成败,每卦一缣。"缣为双丝织物。唐制:四丈为一缣。则每算一卦收入一缣,价格不能算低廉。一天如果能有五七人来求卦,则衣食之资当不成问题。

有时还有超乎定价的收入。上述那位范生,因为卦算得准,有了名声。有一位才学甚差而富有钱财的举子郑群玉去求卦时,就"赍缯三千,并江南所出",这就不是"每卦一缣"的问题了。范生"喜于异礼",给他美美算了一卦,卦成,乃曰:"秀才万全矣!"然而范生的吉言并未有效,这个吃了定心丸的秀才,最后应考时"竟擎白而去"。"擎白",就是交白卷。郑群玉考试的结果可想而知。

从这则故事来看,温庭筠对打卦算命之类似乎不怎么相信,叙事中对卜者与求卜者均语含讥讽。不过,唐人中相信此事的还是居多。《逸史》《原化记》等书都曾记述过的洛阳中桥卜者胡芦生,据说就是一个极有准头的占卜者。他曾给后来位至宰相或方面大员而当时还处于贫贱地位的李藩、刘辟筮卦,以质官禄,均算得极准。

赵自勤《定命录》①一书以宣扬"人之出处,无非命也""人事固有前定"这一类宿命论思想为主旨,而故事则往往托以相面者的预言。如:

> 张文瓘少时,曾有人相云:"当为相,然不得堂饭食吃。"及在此位,每升堂欲食,即腹胀痛霍乱。每日唯吃一碗浆水粥。后数年,因犯堂食一顿,其夜便卒。

> 车三者,华阴人,善卜相。进士李蒙宏词及第,入京注官。至华阴,县官令车三见,诳云李益。车云:"初不见公食禄。"诸公云:"应缘不道实姓名,所以不中。此是李蒙,宏词及第,欲注官去,看得何官?"车云:"公意欲作何官?"蒙云:"爱华阴县。"车云:"得此官在,但见公无此禄,奈何?"众皆不信。及至京,果注华阴县尉授官。相贺于曲江舟上宴会。诸公令蒙作《序》,日晚《序》成。史翱先起,于蒙手取《序》看。裴士南等十余人,又争起看《序》。其船偏,遂覆没。李蒙、士南等并被没溺而死。②

---

① 一说赵自勤著《定命论》,吕道生"增赵自勤之说"作《定命录》。
② 分别见《定命录》中《张文瓘》《车三》篇。

这两位给张文瓘和李蒙看相的人，一个说张可以做宰相，但不能享受宰相会食中书的待遇，张勉强一试，马上丢了性命；一个说李蒙可以得到华阴县尉的官位，却不能实食其禄，后来在庆贺得官的游船宴上，李果然船翻而死。这种民间最乐意传闻的故事，真是神乎其神了。

　　至于像袁天纲、张冏（憬）藏这样著名的术士，他们相面有准的事迹就更是举不胜举。单单《定命录》中就记述了袁天纲自隋末至唐，为窦轨、杜淹、王珪、韦挺、岑文本、房玄龄、李义府、李峤等名臣看相，所做预言后皆应验的故事。袁、张的事迹并被写入国史，两《唐书》均将他们列入《方技（伎）传》，而所依据的则是笔记乃至志怪小说中所述的有关民间传说，其中尤以《新唐书》对此最津津乐道。①

　　古人往往相信宿命，而尤其看重命途通塞的则是士子文人。因为对一般人来说，固然也有命好命坏的问题，而这对于士子文人则尤为重要。倘时运不济，难免一贫如洗，穷贱困厄；而时来运转，却可以一步登天，富贵齐临。这否泰之间的差距，真可谓霄壤之别。也许因为如此，又兼诸种笔记之作者较为熟悉、也更爱记述文人自身故事，所以唐代史料中关于文人（包括官员）求卜求相的逸闻尤多。对此类材料进行民俗学的分析，则可窥知唐人相信冥冥中有不可知力量主宰人之命运的普遍心理，窥知他们在盲目的、无法抗拒的命运主宰下深感自身无能

---

① 请参《旧唐书》卷191、《新唐书》卷204。

为力，而只好顺从和听任摆布的处世态度。这其实也反映了任何时代、任何种族之人，对于未来的好奇和多方面的思考探索。

　　同时，这些材料也向我们揭示了唐时民俗生活之一角。占卜相面之士，既以此谋生，亦以此取名。他们的社会地位，说高不高，但说低也绝不低。他们虽处于里巷市井，却也可以登权势者之堂、富有者之室。他们是市井居民与上层文士官员乃至富豪势要沟通交流的一根重要纽带。康骈《剧谈录》的一则记载颇能说明问题："处士丁重善相人"。他仅仅因为善于相人，所以便与宰相、驸马等人有了交往。一次他到宰相路岩家中，路岩趁机让他偷偷地相看来访的驸马于悰，并问他："此人终作宰相否？"——路岩与于悰不睦，很怕他入相，分己之权。丁重细看一番，老实告诉路岩："（于）入相必矣，兼在旬月之内。"并且详细解释了理由根据。"其后浃旬，于果登台铉。"从此以后，"岩每见朝贤，大为称赏。（丁）由兹声动京邑，车马造门甚众。凡有所说，其言皆验。后居终南山中，好事者亦至其所"。① 丁重的名气，与宰相路岩的吹嘘无疑是分不开的。

　　卜相之业不但可以糊口谋生，而且可以制造声名，难怪许多人要钻研此术，也难怪民间会产生出种种卜相应验的传说故事，且被有心之人记录下来。这种故事有的流传千百年，至今犹在人口；而这种笃信卜相（至少是"宁可信其有，不可谓其无"）的心理，也是至今犹存。

---

① 见《太平广记》卷223引。

一个非常有趣的现象是——和任何时髦而利厚的商业行为一样,这也就不免导致浑水摸鱼者的出现。李匡乂《资暇集》述一故事,云:

> 非卜筮者,必话桑道茂之行。有妪一无所知,大开卜肆。自桑而卜回者,必曰:"妪于桑门卖卜,其神乎?"俾来复之。桑言"休"则妪言"咎",桑言"咎"则妪言"休"。顾后中否,桑、妪各半。①

桑道茂与袁天纲、张憬藏一样,都是《方技(伎)传》中的人物。《旧唐书》本传说他"善太一遁甲五行灾异之说,言事无不中"。而那位对卜筮一无所知却聪明过人的老妪,竟硬是拿桑道茂充当自己的对立面,和他唱对台戏。她把自己的卜铺开到桑家门口,在那些迷信者面前造成她敢于并且完全能与桑抗衡匹敌之势,使得他们总想拿桑道茂的卜词到她这儿来验证复核一番。而老妪掌握这些人的心理和事物发展的偶然性,凡来占卜算命的,她之所言必与桑道茂相反。事后比一比言中率,竟是"桑、妪各半",从而使人对她的预言不能不信服——至少不比桑道茂差!这则故事所反映的民俗心理和老妪利用民俗心理所采取的生财之道,不是颇值得玩味与深思吗?

大体上可算作以脑力劳动为主的谋生手段,还有需要有较

---

① 见《资暇集》中《卜则妪》篇。

多专业知识、书面知识的行医、卖药、贩卖书籍、鉴定文物古董等。

行医著名者,如初唐的孙思邈、初盛唐之交的张文仲、李虔纵、韦慈藏和中唐的王彦伯等。①

卖药卖出了名的,则有西市宋清。"宋清卖药于长安西市,朝官出入移贬,清辄卖药迎送之。贫士请药,常多折券,人有急难,倾财救之。岁计所入,利亦百倍。长安言:人有义声,卖药宋清。"②行医卖药往往与做善事有关,宋清就是一个典型。然而这并不妨碍他赚钱,而且获利很多。唐人小说中写到的卖药者,往往身兼术士,如《广异记·王老》所写;又往往非常有钱,如《玄怪录·张老》和裴铏《传奇·裴航》所写,前者写扬州王老的药铺同时兼为柜坊,后者写汴州卞老的药铺拥有宝物"玉杵臼",价值二百缗。这些传说反映了民间心目中对行医卖药者的羡慕之情。

小说《李娃传》写到李娃救治荥阳生至痊愈后,一日"娃命车出游,生骑而从,至旗亭南偏门鬻坟典之肆,令生拣而市之,计费百金,尽载以归"。所谓"鬻坟典之肆",即书店也。为了让荥阳生重温旧业,再进考场,李娃替他买了大量的必读书、参考书。"计费百金"言其所买数量之多,但也可知唐时书价着实不低。

这种书店,东、西二京均有。中唐人吕温《上官昭容书楼

---

① 参两《唐书·方技(伎)传》及温庭筠《乾䐟子》、薛渔思《河东记》等。
② 见李肇《唐国史补》卷中。

歌》①之《小序》云："贞元十四年（798），友人崔仁亮于东都买得《研神记》一卷，有昭容列名书缝处，因用感叹而作是歌。"诗中有云："君不见洛阳南市卖书肆，有人买得《研神记》，纸上香多蠹不成，昭容题处犹分明，令人惆怅难为情。"这首诗的本意是感叹人世沧桑，所谓"神仙杳何许，遗逸满人间"，但另一重价值则在于它写到了唐时珍贵书籍的形状："水精编帙绿钿轴，云母捣纸黄金书。"写到了名人藏书在其身后的流散，写到了经营这种旧书的洛阳书肆，从而实际上也就写到了贩书、卖书以及文人逛书铺觅书等事。

与贩卖书籍有关的是文物古董商。李绰《尚书故实》云："京师书侩孙盈者，名甚著。盈父曰仲容，亦鉴书画，精于品目。豪家所宝，多经其手，真伪无逃焉。"孙盈父子就是以书商而兼文物鉴定专家，他们买卖的范围当然也就包括名家书画在内。

唐代已有木板雕印的出版物，不过，以手抄形式传播仍是当时的主要形式。抄书者除须能识字，读过书，还须付出较多体力，姑且可以认为是一种介乎脑力与体力之间的劳动。这实际上往往就成为具有文化而又难入仕途者的一种谋生手段。靠缮写工作换取生活之资者，唐人呼为"笔生"，由于他们所抄以佛经居多，所以也叫"经生"，《法苑珠林·赵太》篇就曾提道："唐长安市里风俗，每岁至元日已后，递饮食相邀，号为'传

---

① 见《全唐诗》卷371。

坐'。东市笔生赵太,次当设之。"①《新唐书·儒学中》所述王绍宗"少贫狭,嗜学,工草隶,客居僧坊,写书取庸自给,凡三十年。庸足给一月即止,不取赢,人虽厚偿,辄拒不受"。陈寅恪在此批曰:"写经。"②意谓王绍宗曾为"经生"。李商隐自述少年时,因丧父贫困,曾"佣书贩舂"以养家。③"贩舂"是贩运谷粮舂米出售赚取差价,"佣书"则是充当"笔生",为人抄写文书以劳取酬。《潇湘录·乔龟年》篇所述的乔龟年,也是一位"笔生":"乔龟年者,善篆书,养母甚孝。大历中,每为人书大篆字,得钱即供甘旨。"但笔生的收入是很少的。乔曾自诉云:"虽不惮勤苦于佣笔,其如所得资助,不足以济!"④

唐时还有一种虽然无须多少体力、却被斯文之徒视为卑贱而不齿的谋生方式,即充当凶肆歌者。其实这倒是一个民俗风味极浓的职业。

凶肆是为办丧事服务的行业。婚丧嫁娶是古代社会生活中涉及人生仪礼的一大内容,其操作和进行的方式,因地区、族别、传统之不同而具有十分鲜明的民俗特征。长安的凶肆,除经营租赁方相(本为驱傩逐疫之神的扮演者,送葬时用作队伍的前导)、輀车(丧车、灵车)及各种送葬之具的业务外,还向

---

① 见《太平广记》卷134引。
② 《陈寅恪集·读书札记一集》,第588页,生活·读书·新知三联书店2001年。
③ 李商隐《祭裴氏姊文》,见《李商隐文编年校注》,第814页,中华书局2002年。
④ 见《太平广记》卷304引。裴铏《传奇·文箫》写到吴彩鸾下凡后,日写孙愐《唐韵》一部助夫谋生。

丧家提供送葬所需的一应服务人员，其中有执穗帷、灵幡、灵旗的，有唱丧葬之歌以制造、增加哀挽之气氛的。送葬时唱挽歌，我国有悠久传统。据郭茂倩《乐府诗集·相和歌辞·薤露》引吴兢《乐府解题》和杜预语，可知这种风气早在春秋时代就已形成。《薤露》和《蒿里》就是两首著名的哭丧之歌。田横不愿受汉高祖之召，自杀之后，其门人送葬时就唱着这两首挽歌。后来《薤露》渐渐固定为送王公贵人，《蒿里》送士大夫、庶人，专门由挽柩者歌之，并渐渐发展为一种职业。从唐代的情况看，似乎还可以算是一门艺术。然而，这无疑不是一个令人羡慕的职业，作为读书士子去干这一行，无论自己或他人，都会认为是一种沦落，甚至是耻辱。

中唐著名小说家、诗人白居易之弟白行简的杰作《李娃传》就写了一位因为迷恋烟花、耗尽资财而沦为凶肆歌者的应试举子。这一大段描写可以说就是一系列民俗生活的宝贵镜头。

小说的男主人公荥阳生床头金尽，被鸨母设计抛弃于街头，生活无着，冤愤无告，以致身染重病。"邸主惧其不起，徙之于凶肆之中"。没想到凶肆中人却颇有同情心，照料他至于"杖而能起"，并且就让他在凶肆中帮忙，混口饭吃。就在这环境中，荥阳生学会了唱挽歌，由于身世之慨，或许还由于文化素质较高，对各种挽歌词理解较深切，所以他唱起来悲怆异常。"无何，曲尽其妙，虽长安无有伦比"，整个长安，数他唱得最好。小说接着写道：

初,二肆之佣凶器者,互争胜负。其东肆车舆皆奇丽,
殆不敌,唯哀挽劣焉。其东肆长知生妙绝,乃醵钱二万索
顾焉。其党耆旧,共较其所能者,阴教生新声,而相赞和。
累旬,人莫知之。其二肆长相谓曰:"我欲各阅所佣之器于
天门街,以较优劣。不胜者罚直五万,以备酒馔之用,可
乎?"二肆许诺。乃邀立符契,署以保证,然后阅之。

士女大和会,聚至数万。于是里胥告于贼曹,贼曹闻
于京尹。四方之士,尽赴趋焉,巷无居人。自旦阅之,及
亭午,历举辇舆威仪之具,西肆皆不胜,师有惭色。乃置
层榻于南隅,有长髯者,拥铎而进,翊卫数人。于是奋髯
扬眉,扼腕顿颡而登,乃歌《白马》之词。恃其夙胜,顾
眄左右,旁若无人。齐声赞扬之。自以为独步一时,不可
得而屈也。有顷,东肆长于北隅上设连榻,有乌巾少年,
左右五六人,秉翣而至,即生也。整衣服,俯仰甚徐,申
喉发调,容若不胜。乃歌《薤露》之章,举声清越,响振
林木,曲度未终,闻者歔欷掩泣。西肆长为众所诮,益惭
耻。密置所输之直于前,乃潜遁焉。四坐愕眙,莫之测也。

挽歌比赛以荥阳生的大胜告终。从这段叙述,我们了解到,
长安凶肆不止一个,至少天门街东西各有一家名声相颉颃却互
不服气的凶肆。凶肆之间为了显示实力、扩大影响、招徕顾客,
有时还会举行规模颇大的行业比赛。先是比实物,然后比人才,
比人才的技艺。小说写西肆歌师与代表东肆出场的荥阳生两者

的歌唱场面、曲目和效果，均极精细而传神，令人有目睹耳闻之感。如此不惜工本地表演比赛，大概可以说是一种古老的广告活动吧。比赛具有赌博性质，输家要拿出五万钱摆酒请客，这似乎也是当时大家认可的，是一种惯例和风气。尤其值得注意的是，长安市民从上到下都对此类活动极感兴趣，比赛那天竟至于万人空巷。虽然小说的描写在这里不无夸张，但应该不是无中生有。这一笔使我们领略到长安市民那种好奇、喜热闹甚至有点爱起哄的普遍性格。因为这种性格不仅仅表现在看两凶肆的赌赛上，而且表现于其他许多类似事情，如牡丹、桃花盛开时节的满城争看，高僧名道宣讲说法时的士女竞往，新进士曲江之宴时的万人围观，等等。至于在饮食服饰、生活起居方面的追求时髦之风（如陈鸿祖《东城老父传》所谓的"长安中少年有胡心矣！"）则是这种性格的又一反映。长安的民俗氛围与市民们这种普遍性格，当然是分不开的。

基本上属于以体力劳动谋生的，有各种小商贩和手工业工人。

小商贩的资本一般都不如那些开店铺的商贾，他们的经营方式主要是走街串巷或设摊买卖，把长安市民日常所需的物品轻便灵活地送到人家家门口，劳动比较辛苦，而盈利相对较少。但也有善于经营、刻苦积累，由此而发家的。如上文提到过推车卖蒸饼的邹凤炽（邹骆驼）。

很难对长安市上的小贩一一加以介绍，只需要指出，长安市上几乎贩卖什么的都有。这里有卖菜的、卖鱼的、卖柴火的、卖布匹缯帛的、卖油的、卖药的、卖钱贯的、卖胭脂花粉的、卖镜子的（或以磨镜为主，卖镜为辅）……总之，只要是与城市居民日常生活有关的种种货物用品，而又适合于以担挑车推方式发卖的，都在他们经营范围之内。这种小贩的社会身份并不单一：有的本是农夫，务农为主，捎带买卖；有的则是渔樵之人，卖的也都是自家的生产物。如白居易《新乐府·卖炭翁》所写的，便是这种情况。他们是当日长安市中一股活跃的经济力量，对保证长安居民的正常生活，起着积极作用。而他们的存在，他们肩挑手推各种货物出入长安各里坊的身影，各种不同的吆喝叫卖之声，也就构成了一幅生动有趣的长安民俗图景。

唐时长安的手工业工人数量不少。这些人中，有一部分隶属于少府监、军器监、将作监、都水监等政府的生产部门，可以算是当时的官营工场的工人。比如少府监下属的中尚署，"掌供郊祀之圭璧，及岁时乘舆器玩，中宫服饰，雕文错彩，珍丽之制，皆供焉"，具体地说，冬至祀昊天上帝用的苍璧，春、夏、秋三季祭祀用的圭玉等，都须由此署按时提供，另外，"每年二月二日，进镂牙尺及木画紫檀尺；寒食，进毯，兼杂彩鸡子；五月五日，进百索绶带；夏至，进雷车；七月七日，进七孔金细针；十五日，进盂兰盆；腊日，进口脂、衣香囊。每月进笔及捣衣杵。琴、瑟、琵琶弦、金银纸，须则进之，不恒其数也"。[1] 这么多的用品，当然需要许多人手，而且是专门技工才能源源不断地制造出来。蒋防的《霍小玉传》写到一位曾为

---

[1] 见《唐六典》卷22。

霍王小女打造玉钗的"内作老玉工",应该就是这些工人中的一员。从小说叙述的情况看,这种监署中的工人,可能有年龄限制,年老了,也就获得了人身自由。

另一部分有专门技能的手工业工人,则是在私营或个体的作坊里劳动。还有一些人没有什么专门技能,则是以出卖劳动力为主的杂工。这两部分在长安市井居民中都占有一定的比重。

像雕版印刷这样的手工业,工序不是一道,恐怕也不是一个工人可以从头到尾完成,而需要几个技工按一定程序进行分工合作的。这个在中唐时代开始逐渐发展起来的行当,从印刷佛像、经咒、发愿文到印制历书、字书、韵书,业务繁忙,极有发展前途,自然也就吸引培养了许多专门的工人。延至五代,印刷范围就扩大到整部的经书,印刷规模与水平也大大提高了。[1]

民间也有善于鉴别与琢磨玉石的工人。如长安延寿坊有一位玉工就颇有名气。《乾䐷子·窦乂》写到胡人米亮要窦乂买下崇贤里一小宅,内有捣衣石,实为于阗宝玉。窦乂不信,特请人来鉴别,所请就是延寿坊玉工。上述那位"内作老玉工",年老离署后,自然也就成为民间的工人。

与属于太仆寺的宫廷车坊相应的,长安亦有服务于市民的车店。"上都通化门长店,多是车工之所居也。广备其财,募人集车,轮辕辐毂,皆有定价。每治片辋,通凿三窍,悬钱百文,

---

[1] 参《旧五代史》卷43《唐书·明宗纪》小注引柳玭《柳氏家训》语,宋王溥《五代会要》卷8,李约瑟《中国科学技术史》第五卷第一分册《纸和印刷》,科学出版社、上海古籍出版社1990年。

虽敏手健力,器用利锐者,日止一二而已。"① 这里就介绍了车店的业务范围、一般车工的劳作与收入状况。若与看相占卜这个行当比较,他们的劳动远为繁重。凿一天车辋(辋为古代车轮之木质外框)最多挣二百文,只及看相人一次所纳费用的三分之二,收入是少得多了。

雕版印刷工、玉工、车工可以算是几种技术工人。至于那些无技术、主要靠劳力为生者,也有种种。

比如薛渔思《河东记》中有一则题为《辛察》②,虽属志怪故事,其情节却有长安现实生活的影子。其中述及一位"力车佣载者",即自备车子载客运货的工人。故事说,鬼使先要辛察致钱二千缗,才同意放他生还。辛察办到了。接着鬼使又要求:"请兼致脚直送出城。"辛察"忽悟其所居之西百余步,有一力车佣载者,亦常往来",便同鬼使一起去雇车。车者起初嫌夜深,后来还是同意了。于是辛察、车者为鬼使共送一车钱"历城西街,抵长兴(坊)西南而行",因天色将曙而暂止于延福(里)沈氏庙,藏钱而后归。其所走路线,完全符合长安市街城坊之实况。这种"力车佣载者",在当时又称为"脚力"或"手力",也就是车夫、搬运工(有的自己并不备有车子或驴马,只是为人出力而已),在唐代许多小说、笔记中都曾写到。③

那种出卖劳力而按日或按月计算工资,即所谓"佣工资生"

---

① 见《集异记·奚乐山》。
② 见《太平广记》卷385。
③ 如《广异记》一书《李参军》、《严谏》等篇,《太平广记》卷448、卷450引。

者，唐时称为"日佣人"和"月作人"。长安西市富商窦乂主要就是雇佣这样的"日佣人"为他挣钱。①《逸史·唐庆》则写道："寿州唐庆中丞栖泊京都，偶雇得月作人，颇极专谨，常不言钱。"②后来才知道，这乃是一个隐于佣工的异人。《原化记·冯俊》的主角也是一个"以佣工资生"的人。

这种零散打工之人多了，专门为他们介绍工作的"佣作坊"也就应运而生。而用工之家则往往采取贴出纸榜以招佣的办法。

前一种情况的例子，如《逸史·陈生》所写："茅山陈生者，休粮服气，所居草堂数间。偶至延陵，到佣作坊，求人负担药物，却归山居。"③

后一种情况的例子，如李公佐的传奇小说《谢小娥传》：小娥的父、夫被人谋害，托梦报仇，小娥解开父、夫梦中所托之谜语，知道杀人凶手是申兰、申春后，"便为男子服，佣保于江湖间。岁余，至浔阳郡，见竹户上有纸榜子，云'召佣者'，小娥乃应召诣门。问其主，乃申兰也。兰引归"。谢小娥就是借充当佣工的机会，寻到了仇人并进入仇家，终于报仇雪恨的。

这两个例子的事实虽都不发生在长安，但延陵（今江苏丹阳一带）、浔阳（今江西九江一带）等地都在采用的佣工办法，经济更为发达、人口更为集中的长安，自然也不会没有。

作为当时最大的都市长安，其一般市民的谋生之途是相当

---

① 《乾䐋子·窦乂》，见《太平广记》卷243。
② 见《太平广记》卷84。
③ 见《太平广记》卷74。

宽广的。这也许是当时许多人涌向长安、留恋长安、久居长安的一个原因。若想将此一一写尽，几乎是不可能的。我们上面介绍了不少，但还有许多没有涉及。比如，京城女子不一定都能像谢小娥那样到人家去做帮工（女扮男装自然更是罕见），但缝纫针黹却是她们拿手的行业。段成式《酉阳杂俎》中就有这方面的材料。[1] 又如，京城中服务行业种类极多，就中有"淘粪"（时称"除厕人"或"除溷"）、"剔粪"一行，从事者也不少，且有借以隐身的道人和因此发财者。[2] 类似的情况还有不少，甚至讨乞也不失为求食之一途。"大历中，东都天津桥有乞儿无两手，以右足夹笔，写经乞钱"[3]，这种人东都洛阳有，西京长安也不会没有，其乞钱方式也许会更多样。至于以歌舞或其他杂技艺术乃至色相谋生的情况，就更为复杂，而且与其他章节内容的关系更为密切，这里就都先不涉及了。

七、扬州之夜

扬州兴盛史：从汉之江都国到唐之大都督府——扬一益二——官商民商——杜佑《通典》论扬州风俗——扬

---

[1] 如《酉阳杂俎》续集卷3就提到一个叫阿贺的妇女"常以女工致利"，后住洛阳，"成式家雇其纫针"。
[2] 参《太平广记》卷42引《逸史·裴老》，及《朝野佥载》卷3。
[3] 见《酉阳杂俎》前集卷5。

州还是扬州——"江南其气燥劲,厥性轻扬"——自然环境与人之禀性——古人的认识:重商造成了"轻扬"的风俗特征——唐扬州市民耽于逸乐、善于消费——风味无穷的扬州夜市——唐代诗人的扬州礼赞——扬州风俗的典型意义

上面几章,我们以长安、洛阳为中心对都市民俗状况做了介绍。东、西二京是唐帝国政治、经济和文化的中心,也是当时全国数一数二人文荟萃的城市,自然有它们的代表性。本来,我们在考察了它们民俗文化的物质层面之后,也就不妨进而分析其心理层面和价值观念层面。可是,仅据这两大帝都的情况来做概括,似乎还不太够。我们觉得,有必要再对当时高居首位的商业重镇扬州做一点考察,其中有些方面可与前面的叙述相印证,有些方面则可以作为必要的补充。我们希望在此以后做出的综合论析,能够更全面,也更深入一些。

扬州是唐时全国著名的繁荣商城,与它可以比美争雄的,唯有西蜀的益州(今四川成都),所以民间有"扬一益二"的谚语。在有唐一代二三百年的历史中,扬州也曾几经兵燹天灾,受到种种创伤和破坏,但总是创而复振,衰而复盛,直到唐末,在军阀们拉锯式的战争与掠夺下,才彻底沦落下去。

《资治通鉴》卷259唐昭宗景福元年(892)载:

秋七月丙辰,(杨行密)至广陵,表田颓守宣州,安仁

义守润州。先是扬州富庶甲天下,时人称"扬一益二"。及经秦(彦)、毕(师铎)、孙(儒)、杨(行密)兵火之余,江淮之间,东西千里,扫地尽矣。

这就给唐代扬州的兴盛史划出了一个明确的下限。倘要问其上限,则鲍照的《芜城赋》追溯至汉代。"今(唐)之扬州,春秋时属吴……汉为广陵国,后属荆国,后更属吴。景帝更名江都国,武帝更名广陵国。"① 该赋云:"当昔全盛之时,车挂轊,人驾肩;廛闬扑地,歌吹沸天。孳货盐田,铲利铜山;才力雄富,士马精妍。"又云,那时曾有"藻扃黼帐,歌堂舞阁之基,璇渊碧树,弋林钓渚之馆",有"吴蔡齐秦之声,鱼龙爵马之玩",更有许多"东都妙姬,南国丽人"。后经战乱,几乎中衰,所以诗人感慨万千。鲍照生活于东晋、南朝宋时代,比他年代稍迟的殷芸,其《小说》有这样一条:

> 有客相从,各言所志。或愿为扬州刺史,或愿多赀财,或愿骑鹤上升。其一人曰:"腰缠十万贯,骑鹤上扬州。"欲兼三者。②

殷芸是南朝梁人,《小说》所记诸事起自秦汉,迄于南朝宋齐,周楞伽从《渊鉴类函》《佩文韵府》中辑得此条,而未见他

---

① 见杜佑《通典·州郡·广陵郡》。
② 据《殷芸小说》卷6,周楞伽辑注,上海古籍出版社1984年。

书征引,"因其所记系扬州事",故附于《小说》专记三国时吴蜀人事的卷6。看来大概周氏是认为扬州自三国孙吴以来,可算富庶繁华、令人向往之乡。

扬州的大盛是在隋炀帝开凿运河、久居江都之后。杜佑《通典·州郡》在追述扬州历史时说:"今之扬州,春秋时属吴……隋初为扬州,置总管府;炀帝初府废,又为江都郡,后帝徙都而丧国焉(原注:炀帝制,江都太守秩与京尹同)。"这就是说,扬州在隋炀帝统治时期,曾经有过相当于首都的重要地位,其地因之而繁荣兴盛(尽管这种繁荣兴盛不免畸形),便不难想见。

唐承隋制,对东南重镇扬州仍然十分重视。唐初即在扬州设大都督府,至盛唐天宝年间未变。安史乱后,扬州为淮南节度使治所,下辖楚州、滁州、和州、舒州、庐州、寿州、濠州等七州,号称"八州首府"。节度使例带扬州大都督府长史衔。长史原为大都督的副手,但所谓大都督,以前多由亲王遥领,其实并不莅任,后来就不再任命,而作为大臣死后的赠官。所以淮南节度使实为当地最高行政官。

淮南地处盐铁漕运的枢纽,整个东南地区的贡赋财货,均到此集中然后西运,一定程度上掌握着唐王朝的经济命脉。扬州又是唐中央财政大臣盐铁转运使的驻地。此职有时由节度使兼任。"唐世盐铁转运使在扬州,尽斡利权,判官多至数十人,商贾如织。故谚称'扬一益二',谓天下之盛,扬为一而蜀次之也……",宋洪迈在《容斋随笔》卷9《唐扬州之盛》中这样写道。盐铁使之驻于扬州,在洪迈看来,既显示了扬州地位之重要,也说明了扬州之盛的原因。

"扬一益二"是当时谚语,反映了唐人的一致看法。这种看法直到晚唐亦未稍变。唐末诗人杜荀鹤在《送蜀客游维扬》诗中明白写道:"见说西川景物繁,维扬景物胜西川。青春花柳树临水,白日绮罗人上船。夹岸画船难惜醉,数桥明月不教眠。送君懒问君回日,才子风流正少年。"中四句描绘扬州的繁华,把那里的风月、景色大大渲染一番,末了做出一个大胆估计,诙谐地预料那位风流年少的"蜀客",一到扬州就会乐不思蜀了。

扬州是一个官商与民商竞相发展的地方。关于官商,前面已经述及,不仅扬州有,京洛和各大城邑均有。但扬州似乎是官商尤为集中之处,有时淮南节度使本人就是最大的官商,如自大历八年(773)起任此职的陈少游,就是"征求贸易,且无虚日,敛积财宝,累巨亿万"。①这种人一多,与民争利的问题自然十分严重。

《唐会要》载:"(大历)十四年(779)七月,令王公百官及天下长吏,无得与人争利,先于扬州置邸肆贸易者,罢之。先是,诸道节度观察使,以广陵当南北大冲,百货所集,多以军储货贩,列置邸肆,名托军用,实私其利息,至是乃绝。"②据此可知,官府置邸肆以牟利的现象极为普遍,而扬州乃是权势者争相投资、获取巨利的肥美之都。至于这条诏令下达后,是否真

---

① 见《旧唐书·陈少游传》。
② 见《唐会要》卷86《市》,并参《旧唐书·德宗本纪》。

能如《唐会要》所说，杜绝此类现象，那只能打上一个大大的问号。

无论官商民商，其经营的范围都十分广泛。如我们在前几章所述及的京师街市诸种行业，扬州都不会没有，这里也不必再去重复。而扬州较有其地方特色的行业，则是盐业、茶业、珠宝业、生药业之类。今人李廷先《唐代扬州史考》一书《唐代扬州的商业》一章[①]，于此有颇为详细的叙述，可以参看。

我们真正感兴趣的是扬州这座商业都市的民情风俗，这是本章论述的重点。

确实，唐代扬州的民俗，是与这座城市的性质分不开的。日常经济生活是影响乃至决定该地民俗的关键性因素。在简略介绍过扬州城的商业背景后，再来谈唐代扬州的民俗特征，就比较顺理成章，也比较易于说明了。

杜佑《通典》的州郡部，在介绍每一个地区的方位构成和历代建置沿革、名称演变以后，都有专门一节论该地区的风俗。该书卷181、卷182列述古扬州（范围包括今之江苏、安徽、浙江、江西、福建、广东之大部或一部）的历史地理，卷末《风俗》一节云：

> 扬州人性轻扬，而尚鬼好祀。每王纲解纽，宇内分崩，江淮滨海，地非形势，得之与失，未必轻重，故不暇先争。然长淮、大江，皆可拒守。闽越逖阻，僻在一隅，凭山负

---

① 见李廷先《唐代扬州史考》，江苏古籍出版社1992年。

海,难以德抚。永嘉之后,帝室东迁,衣冠避难,多所萃止,艺文儒术,斯之为盛。今虽闾阎贱品,处力役之际,吟咏不辍,盖因颜、谢、徐、庾之风扇焉。

这里涉及扬州居民普遍性格与民俗特征的大约有四点:(1)"性轻扬";(2)"尚鬼好祀";(3)因僻处海隅,"难以德抚";(4)受南迁文士影响,喜艺文儒术和吟咏之事。需要说明的是,这里所谓的"扬州",与我们所说的作为商业都市的扬州并不是一回事。然而,扬州城又毕竟是在广义的扬州之中,因此上述四点,除第三点专指闽越以外,其他均应包括扬州城之居民在内,甚至主要就是指他们而言。

上述四点之中,最难理解而与扬州特征关系最大的,是第一点。因为据说扬州之得名,就与扬人的这种普遍性格有关。宋邢昺《尔雅疏》卷7《释地第九》在引用《禹贡》和《周礼》对古扬州地域区划做了说明后,复引用李巡语解释扬州之名的来历:"江南其气燥劲,厥性轻扬。"[1]

关于扬州得名的由来,还有其他种种说法,如《尔雅疏》引《太康地记》云:"以扬州渐太阳位,天气奋扬,履正含文,故取名焉。"阮元《尔雅注疏校勘记》卷7辨扬州之扬,究竟应为"扬"还是为"杨",曾引唐许嵩《建康实录》,谓该书引《春秋元命苞》云"地多赤杨,因取名焉",则杨木、扬州实一

---

[1] 邢昺《尔雅疏》,据十三经注疏本。另请参杜佑《通典》卷181《州郡·古扬州上》,但"江南其气燥劲"作"江南之气躁劲",意同。

字也。《通典·州郡·古扬州》又有"亦曰州界多水，水波扬也"的说法。但诸多说法中，以"厥性轻扬"这一种得到较多的认同。如唐李匡乂《资暇集》卷中《扬州》便云："扬州者，以其风俗轻扬，故号其州，今作杨柳之杨，谬也。"①

那么，"厥性轻扬"或"风俗轻扬"的含义究竟是什么呢？造成这一特征的原因又何在呢？

清人阮元在解释"轻扬"二字时，又引出了"激扬"二字。他在《尔雅注疏校勘记》中对"杨""扬"二字引经据典做了一番考证后，总结道："据此，知《尚书》《周礼》《尔雅》杨州字，诗《王风》《唐风》杨之水字，本皆从木，其义为轻扬、激扬。"这是一种折中意见，即字作"杨"，意为"扬"，归根到底，还是说扬州民俗有"轻扬"或"激扬"的特征。只是阮元还是没有透彻地说明轻扬或激扬的含义，须由我们自己再做一些探讨。

有一种说法是把"厥性轻扬"与"其气燥（躁）劲"相联系的。这是古人以自然环境解释人之禀性的习惯思路。这一思路的科学性有限，尤其不宜拘执，否则以为一个地域内的人们只有一种统一的禀性气质，岂不距客观事实太远？然而，古人的说法具有经验的意义，仍有其难能可贵的合理性和启示性。

从地气燥（躁）劲使人生性轻扬的提法，我们似可大致揣测出"轻扬"二字的内涵。所谓"轻扬"，也许是指富有才气、敏感多情，而又开朗爽快、坦易乐观，往往好激动少掩藏，有

---

① 《资暇集》，据丛书集成初编本。

时甚至有点过分地热情与好表现等性格吧,这种性格倘用贬义来表述,便可以说成轻率、浮薄、浅露或不够厚重深沉之类。为了进一步理解"轻扬"之义,我们不妨再以《通典》对各地风俗的概略论析为主要参照做些比较。

杜佑论古雍州风俗,分出两种情况。秦中关辅一带由于秦汉以来迁入大量六国贵族、豪强巨富,移民较多,所以有"五方错杂,风俗不一"的特点;而西北诸郡,"安定、彭原之北,汧阳、天水之西,接近胡戎,多尚武节"。巴蜀地区属于古梁州,那里"土肥沃,无凶岁",因而"巴蜀之人少愁苦而轻易淫佚",也就是日子过得轻松容易,比较好享受。另一个特点则是"山重复,四塞险固",故一旦"王政微缺,跋扈先起",这主要是指那些守藩的边将而言,就是喜欢拉山头、闹独立,普通百姓与之关系不大。

对于古冀州、古兖州之人,杜佑似颇有好感。"山东之人,性缓尚儒,仗气任侠","人情朴厚,俗有儒学","山西土瘠,其人勤俭;而河东,魏晋以降,文学盛兴,闾井之间,习于程法"。可以说这种风俗正与扬州人的"性轻扬"相反。

对于商业发达地区的民情风俗,杜佑的评价带有明显的贬义:

> 荆河之间,四方辐辏,故周人善贾,趋利而纤啬。

> 青州古齐,号称强国,凭负山海,擅利盐铁……人情

变诈，好行机术，岂因轻重而为弊乎！

邺郡，高齐国都，浮巧成俗（原注：自北齐之灭，衣冠士人多迁关内，惟伎巧商贩及乐户移实郡郭，由是人情险诐，至今好为诉讼）。

请看，"趋利而纤啬""人情变诈，好行机术""浮巧成俗""人情险诐，至今好为诉讼"，这就是杜佑对喜爱与善于经商者品格倾向的看法。比较起来，对同样重商而且精于商贾活动的扬州人，只给予"性轻扬"的评价，真可算是十分客气了。

"江都俗好商贾，不事农桑"，《旧唐书·李袭誉传》对此有明确记载。① 而李袭誉任扬州大都督府长史、江南道巡察大使时的政绩之一，就是与这种风俗对抗，大力提倡农业，"引雷陂水，又筑勾城塘，溉田八百余顷，百姓获其利"。《旧唐书》编者对此显然也是肯定的。

但扬州的地理环境、经济背景决定了它必然要在商业贸易方面发展，民间的普遍风俗更不是一个官吏所能扭转的。"俗好商贾"，既指当地人多从事贩卖商贸之业这一事实，也反映了扬州人对商贾特别是富商大贾钦羡景仰的心态。扬州虽屡遭劫难，这一风气却始终未变。

唐时的扬州，不但许多本地人不事农桑，以商贾为业，而且云集着来自全国各地乃至西域、海外的商人。《旧唐书·苏瓌

---

① 请参刘肃《大唐新语》卷3。

传》云,"扬州地当冲要,多富商大贾、珠翠珍怪之产",这说的是初盛唐时的情况。《通典·食货》云:"自天宝末年,盗贼奔突,克复之后,府库一空。又所在屯师,用度不足,于是遣御史康云间出江淮,陶锐往蜀汉,豪商富户,皆籍其家资,所有财货畜产,或五分纳一,谓之'率贷',所收巨万计。"①康云间、陶锐,一个到江淮,扬州自是必到之地,一个到蜀汉,益州亦非去不可。扬、益二大商埠"豪商富户"之多,从他们"率贷"所得的巨额资财便可想而知。这种情况,直到晚唐亦无变化。《广陵妖乱志·吕用之》一条云:"广陵为歌钟之地,富商大贾,动逾百数。"②《旧唐书·秦彦传》也说在秦彦、毕师铎、杨行密之乱以前,"江淮之间,广陵大镇,富甲天下"。

唐代是一个商贸与文化都相当开放的时代,所以外国商人以及其他种种艺人来华者极多,且对于中华传统文化的建设关系颇大。胡商来华,长安东、西二市当然是他们的重要活动场所,而扬、益二州,尤其是地位适中、交通便利的扬州,亦是他们理想的聚居之地。扬州胡商之多,可从一件史实见出。

肃宗上元元年(760)扬州曾发生一场战乱。原宋州刺史刘展奉命调任江淮都统,率军前往广陵,原扬州大都督府长史、淮南节度使邓景山却又奉密令拘捕刘展。于是双方在扬州便不可避免地打了起来。邓景山兵败,奏请朝廷让平卢兵马使田神功发兵相救,一面便向田催兵,允许以淮南金帛子女为赂。田

---

① 见杜佑《通典》卷11《食货·杂税》。
② 见《太平广记》卷290。

神功军果然打败刘展,进入扬州。史载:"神功至扬州,大掠居人资产,鞭笞发掘略尽,商胡大食、波斯等商旅,死者数千人。"[①] 在一次战乱中死去的胡商就有数千人,不可谓不多矣。

本地商人、非扬州籍的本国商人和来自西域海外的胡商,构成了扬州庞大的商人阶层。这一阶层的存在,是"江都俗好商贾"的证明,同时又是吸引更多人从商的重要原因。

商贾的客观社会作用是促进物资流通,方便民众生活,但其主观动机则是寻求利润,聚敛财富。而利润和财富的诱惑是无穷的,嗜金犹如吸毒,极易上瘾,并且会愈陷愈深,直至完全不能自拔。因此,任何商业活动,既不能不具备信义,又难免会出现许多机诈巧骗的行为。

一方面,如前章所述柜坊、飞钱等业务必须以双方的信任为基础。此地收入,彼地付出,凭的只是一纸文牒,或者如《广异记·张李二公》《玄怪录·张老》所述故事那样,扬州的卖药王老仅凭一顶旧草帽,即毫不犹豫地付出一千万贯巨款。如无信义,如非绝对可靠,此种商务便不能维持下去。

另一方面,以最低的成本谋取尽可能大的利润这个原则,又使得许多商贾不得不动足脑筋,花言巧语,大做手脚,弄虚作假,从而形成前引《通典》论风俗时所揭示的"纤啬""变诈""险波"等恶劣脾性和丑陋风俗。

古籍中说扬州人"厥性轻扬""风俗轻扬",这"轻扬"二字虽与"纤啬""变诈""险波"严格有别,褒贬之义相当含混,

---

① 见《旧唐书·邓景山传》。

但在言辞、行为浮巧多伪,往往不切实、不可靠而掺杂夸饰虚假成分这层含义而言,却与之有某种相通之处。从"轻扬"再发展下去,到达"变诈""险诐"之境又有何难!倘若追究其根源,则显然与在扬州民俗生活中地位极端重要的商贾习气分不开。商贾是为了追逐利润可以不顾一切的特殊人群。在他们心性的深处,有那样一种狂热和韧劲,能够促使他们不惮旅途的艰险,不畏长途跋涉的疲累,不惜抛妻别子、整月整年地奔波于山程水驿之中。所谓"江南其气燥(躁)劲,厥性轻扬",试图从地理、气候等自然条件来解释重商的扬州人这一心理特征,虽然这种表述远不全面,也不够科学,却体现了古人可贵的探索与思考。

我们当然不必拘泥于"轻扬"二字来论唐代扬州的风俗,这两个字的内涵也委实太含糊而不确定了。

但说唐代扬州人普遍地重商轻农,并因此造成某些风俗特征,却是合乎实际的。据我们看来,与此相关,唐代扬州人,作为特大商业都市的居民——它的骄子和代表,他们也的确存在着耽于逸乐、讲究物质享受与文化消费的生活倾向。南唐刘崇远《金华子》曾追述云,"淮南,巨镇之最,人物富庶,凡有制作,率皆精巧;乐部俳优,尤有机捷者",由此可见一斑。当年李白在《上安州裴长史书》说过:"曩昔东游维扬,不逾一年,散金三十余万,有落魄公子,悉皆济之。"不到一年时间,挥霍掉三十万金,不能不说是可观的高消费。受到李白周济的落魄公子,不用说也都是些与他一样的豪奢之徒。那时的扬州,就是他们的风流乐园和销金窟。这似乎倒是深入了解扬州民俗的一大关捩。

应该说，耽于逸乐，追求物质享受，并不仅仅是扬州人的特点。京洛乃至其他大城市中，也有一部分人（从统治者到富商巨贾）是如此；只不过扬州人在这方面显得格外突出，而且涉及的人更多、面更广而已。

可以从许多方面去了解唐代扬州的繁华和扬州人的享乐生活，但最具特色的恐怕莫过于他们的夜生活了。

扬州城里不但白天商贸活动频繁，就是到了晚上也毫不逊色，夜市乃是唐时扬州引为自豪的一大民俗景观。

在《长安一日》一章里，我们曾介绍过，唐时长安有实行宵禁、由金吾卫士清街巡逻的制度，因此一般说来，长安市民的夜生活是很受限制的。①

当然，长安并非完全没有夜市。唐文宗开成五年（840）十二月，曾下敕"京夜市宜令禁断"，由此可以逆知长安夜市的存在。《辇下岁时记》还记有关于"鬼帝"的传说，道是："俗说务本坊西门是鬼市。或风雨曛晦，皆闻其喧聚之声。秋冬夜多闻卖干柴，云是枯柴精也。又或月夜闻鬼吟：'六街鼓绝行人歇，九衢茫茫空有月。'有和者云：'九衢生人何劳劳，长安土尽槐根高。'"②这种传说实质上是现实生活的变形和幻化；所谓"鬼市"的传言，恐怕就是由夜市变化而来的。但对于长安的夜市，政

---

① 不过，这自然并不影响平康里这样妓院集中之处在坊门关闭后的夜间营业。
② 见《长安志》卷7本坊条引《辇下岁时记》，徐松《唐两京城坊考》卷2曾转引。

府是不支持甚至是禁止的,这从上面所引的敕文可知。由夜市的原型变幻而成的鬼市传闻,竟然那样凄凉冷清,也从侧面给了我们一点消息。

可是扬州的夜市就大不相同了,它是那样地灯火通明,大吹大擂,简直是热闹非凡。在诗人的笔下则更显得生气勃勃,美不胜收。请看中唐诗人王建、李绅对于扬州夜市的描绘。王建《夜看扬州市》诗云:

夜市千灯照碧云,高楼红袖客纷纷。如今不似时平日,犹自笙歌彻晓闻。

李绅《宿扬州》诗云:

江横渡阔烟波晚,潮过金陵落叶秋。嘹唳塞鸿经楚泽,浅深红树见扬州。夜桥灯火连星汉,水郭帆樯近斗牛。今日市朝风俗变,不须开口问迷楼。

二位诗人在这里描绘的夜市,其主要内容并不是经商做买卖[①],而是酒馆歌楼的痛饮高唱、寻欢作乐,特别是妓院倡家的红袖招邀和令人销魂的狭斜之游。这一类营业在京师长安也有,且相当发达,但到了夜间,多半是在里门关闭以后的坊间

---

① 扬州也有真正做买卖的夜市。姚合诗里就曾写到"市廛持烛入"的情景,见其《扬州春词三首》之三。

（如著名的平康里）进行，与扬州的坦然开放和大张旗鼓相去甚远。

　　细玩两诗，可知两位诗人一面客观反映这种现象，一面似乎对此颇有微词。王建特意强调如今时势变化，已非承平之日，那么所谓"犹自笙歌彻晓闻"，岂不就有不顾时艰、醉生梦死之嫌？而李绅诗的结句意思更加曲折。"迷楼"本为隋炀帝江都行宫之一部分，结构复杂而奇妙，其中幽房密室，千门万户，玉栏朱楯，互相连属，人若误入，极易迷路，甚至终日无法走出。这正可满足炀帝无尽的奢欲淫念。而对于一般百姓来说，它无疑是个神秘有趣的所在。现在有了扬州夜市，人们竟连迷楼都不感兴趣了，岂不反证此种夜市的巨大魅力和市朝风俗的巨大变迁！诗人只是揭出现实状况，其言外之意究竟是赞叹扬州夜市的美丽壮观，还是在婉讽今日市朝风俗的淫靡放荡呢？真是大可玩味而难以遽下判断。

　　不过，平心而论，王建、李绅二人，即使对当时扬州城里相当普遍的奢靡风俗有所不满，那不满也是轻微的。尤其是李绅，开成五年（840）、会昌四年（844）两为淮南节度使，前后在扬州四年多，最后死于节度使任上，他本人就是扬州那种豪纵奢侈生活的享受者。而更多的诗人作家毋宁说是带着欣赏乃至艳羡赞美的心态口吻来描写扬州风情，特别是它最具特色的夜生活的。以下略举数首以示例：

　　陈羽《广陵秋夜对月即事》：

霜落寒空月上楼，月中歌吹满扬州。相看醉舞倡楼月，不觉隋家陵树秋。

权德舆《广陵诗》：

广陵实佳丽，隋季此为京。八方称辐凑，五达如砥平……青楼旭日映，绿野春风晴。喷玉光照地，颦蛾价倾城。灯前频巧笑，陌上相逢迎。飘飘翠羽薄，掩映红襦明。兰麝远不散，管弦闲自清……且申今日欢，莫务身后名。肯学诸儒辈，书窗误一生！

徐凝《忆扬州》：

萧娘脸下难胜泪，桃叶眉头易得愁。天下三分明月夜，二分无赖是扬州。

赵嘏《广陵》[①]：

广陵城中饶花光，广陵城外花为墙。高楼重重宿云雨，

---

① 上引陈羽、权德舆、徐凝诗，均出《全唐诗》，分别见卷348、卷328、卷474。赵嘏诗不见于《全唐诗》，童养年辑自《舆地纪胜》卷37《扬州》，收入《全唐诗续补遗》卷7，今亦见陈尚君辑校之《全唐诗补编》，中华书局1992年。

野水滟滟飞鸳鸯。

唐诗人中以张祜、杜牧二人歌赞扬州生活的诗篇最多，最富特色与情趣，也最能使我们获得对唐代扬州和彼时诗人心态情感的具象认识。

张祜一生未出仕为官，浪迹江淮，偃蹇不得志，于扬州流连最久。他的《禅智寺》《扬州法云寺双桧》《瓜洲闻晓角》《到广陵》《隋堤怀古》《途次扬州赠崔荆二十韵》《庚子岁寓游扬州赠崔荆四十韵》等诗，多角度地描绘扬州的古迹文物、风光景色、人情乡俗。如《赠崔荆四十韵》[①]中的一小节，就有如歌如画般的效果：

小巷朝歌满，高楼夜吹凝。月明街廓路，星散市桥灯。

而最能反映张祜钟情扬州而又脍炙人口的，则是《纵游淮南》一诗：

十里长街市井连，月明桥上看神仙。人生只合扬州死，禅智山光好墓田。

这首诗"月明桥上看神仙"一句，鲜明突出地描绘了扬州

---

① 《庚子岁寓游扬州赠崔荆四十韵》，见南宋蜀刻本《张承吉文集》卷10，孙望辑入《全唐诗补逸》卷11，又见于陈尚君《全唐诗补编》。

夜景。那些夜晚在桥上漫步游玩的扬州人，竟被诗人描写为月亮中的神仙！从此，桥、明月和熙熙攘攘夜游的人们，便成了不可分割的三位一体，成了描绘扬州景色的最佳意象组合。以之与杜牧《寄扬州韩绰判官》的"二十四桥明月夜，玉人何处教吹箫"二句合看，可知当日扬州市上水桥毗连，众多游客踏月玩赏，细乐悠扬，歌吹沸天的情景。这本是实况，又被诗人们视作了理想的神仙境界。前引杜荀鹤诗，也是以"数桥明月不教眠"为扬州风光之典型镜头的。

　　杜牧青年时代曾在淮南节度使牛僧孺幕中任职，居扬州前后三年。① 这是杜牧一生最具豪情壮志、意气风发的时期，他关切国事，痛愤河北三镇的桀骜坐大和朝廷对藩镇的一味姑息，著《罪言》《原十六卫》及《战论》《守论》等以越位献策，表现了一腔忠诚的爱国之情和治理天下、力挽狂澜的雄才大略。同时，他身居繁华富庶、以民风侈靡著称的商都，也自然为当地讲究、追求生活享受的普遍风气所感染和诱引，没有忘记及时行乐，从而做下了不少风流艳事。这方面虽然没有什么有名有姓的实例记载，但人们从他那些情意绵绵或于自忏中又不无自矜的诗篇，却不难想象和估量他当日纵情声色的情景。他的《赠别》诗二首云，"娉娉袅袅十三余，豆蔻梢头二月初。春风十里扬州路，卷上珠帘总不如"，"多情却似总无情，唯觉樽前

---

① 缪钺《杜牧年谱》：大和七年（833）四月，牧应牛僧孺辟，为淮南节度推官、监察御史里行，转掌书记。至大和九年（835）初，转真监察御史，离扬州赴长安供职。

笑不成。蜡烛有心还惜别，替人垂泪到天明"，无疑是写给他所喜爱的妓女的。他的《遣怀》诗："落魄江南载酒行，楚腰纤细掌中轻。十年一觉扬州梦，赢得青楼薄幸名。"坦荡地供认那一段时日的快乐和荒唐，大有我行我素、听凭世人评说之慨，以致直到今日文学史家们还为杜牧的人品和对这段经历的评价意见纷纷，争执不下。

最能表现杜牧的豪纵放浪，而又具有民俗史料价值的，是高彦休《唐阙史》中关于杜牧的一段记载。该文说杜牧在牛僧孺幕期间"供职之外，唯以宴游为事"：

> 扬州，胜地也。每重城向夕，倡楼之上，常有绛纱灯万数，辉罗耀烈空中。九里三十步街中，珠翠填咽，邈若仙境。牧常出没驰逐其间，无虚夕……所至成欢，无不会意。①

这里记述的主角是杜牧。然而"绛纱灯万数"并不仅为杜牧而设，由"九里三十步街中，珠翠填咽"，更可推知当时如杜牧般寻欢作乐者必定比比皆是。

如此说来，唐时扬州的每一个夜晚，岂不都像一个盛大的节日？扬州市民实在是唐时最善于消费、最善于享受生活的城市居民。

---

① 见《太平广记》卷273。今本《唐阙史》无此条。

毋庸讳言，在二百多年的唐代历史上，扬州也曾屡遭劫难。有时是天灾，有时是人祸。[1] 每当灾祸降临，扬州的繁华便受到一次打击、一次削弱。例如上元元年（760）的刘展之乱，紧接着又是一场大旱，造成"江淮大饥，人相食"的惨况[2]，使扬州民众大大地伤了元气。然而，他们治理创伤、恢复发展的能力与速度着实令人惊异。过不了多久，他们就又变得富有而安乐，一面负担着沉重的朝廷租赋税额，一面只要有机会就仍要尽情地享受生活。仿佛这是他们的一种天性似的。前面所引许多诗人对扬州盛况与美景的歌赞，并非全都写于国泰民安之年。如果我们有意搜集罗列一下扬州所遭遇的天灾人祸和扬州地区广大人民被层层统治者剥削压榨的材料，或者用阶级分析方法指出扬州贫民的穷困生活，那么完全可以描绘出一幅凄惨悲苦的图画来，而且这同样也是当时社会本质的真实反映。然而，客观上的种种忧患和苦难，并不能压抑更不能消泯扬州民众相当普遍的快乐天性、创造生活的热情和享受生活的要求。他们一次又一次在灾难面前挺身站起，建设起更大更辉煌的繁荣，同时也以各自允许的方式，尽可能地享用它。也许应该说，这才是扬州民俗中最深刻而重要，并且在当时诸多商业都市中颇具典型意义的特征。

大凡商业发达的消费型都市，多会程度不等地表现出勇于消费、追求享乐、生活作风豪纵而侈靡这些风俗特征，并非仅

---

[1] 关于这一点，李廷先《唐代扬州史考》亦罗列甚详，可以参看，此处不赘。
[2] 见《资治通鉴》卷222。

仅扬州如此。

试看在李白的印象中,"万商罗邝阓"的南阳是怎样一个地方:

> ……高楼对紫陌,甲第连青山。此地多英豪,邈然不可攀。陶朱与五羖,名播天壤间。丽华秀玉色,汉女娇朱颜。清歌遏流云,艳舞有余闲。遨游盛宛洛,冠盖随风还。走马红阳城,呼鹰白河湾……①

南阳是东汉光武帝刘秀故里,刘秀定都洛阳后,以南阳为别都,谓之南都。它在唐时是一座富庶的商业都市。李白在那里看到的是成片的高楼、甲第,忆起的是南阳人引为自豪的乡前辈五羖大夫百里奚和富甲天下的陶朱公范蠡,遇到的是像汉光武帝皇后阴丽华那样美貌的女子,倾听她们唱歌,观赏她们跳舞,而他自己则呼鹰走马,尽情遨游……除了李白诗风比较豪迈雄放以外,他对南阳生活的描绘与前引诸诗人对扬州风俗的反映,不是非常相像吗?

南阳是东汉的南都,益州(成都)是唐代的南都——因唐明皇李隆基避安史之乱而得名。从唐人对益州的夸耀,也可以获得一点消息。

卢求于大中九年(855)所作的《〈成都记〉序》中有以下一段文字:

---

① 李白《南都行》,见《全唐诗》卷166。

> 大凡今之推名镇为天下第一者,曰扬、益。以扬为首,盖声势也。人物繁盛,悉皆土著,江山之秀,罗锦之丽,管弦歌舞之多,伎巧百工之富,其人勇且让,其地腴以善,熟较其要妙,扬不足以侔其半!①

这里从几个方面将扬、益二州做了比较,褒益抑扬之意突出,其中固然涉及自然与人物,而同样被放在醒目地位的,便是属于消费和享乐领域的"管弦歌舞"和"伎巧百工"。可以相信,唐时的成都人与扬州人在这方面的爱好和追求实在是难分伯仲的。杜佑谓"巴蜀之人少愁苦而轻易淫佚",谓扬州人"厥性轻扬",连用字都未避雷同,是否暗示两地风俗与人之禀性有某些相通之处呢?这是一个颇值得玩味的问题。

八、都市民俗心理举要

富贵的诱惑力和富贵之途的选择——财富博得的社会崇敬——至富可敌贵——卖官鬻爵与商人入仕——官商之互容互易——雅各布·布克哈特的观点——重商重财观念的历史意义——追逐新奇与时髦的都市之风——诗人们的随俗之举——迎佛骨——看皇帝迁葬——文化人对时髦风气的态度——从民俗之风到文学之风

---

① 见《全唐文》卷744。

在前面的叙述中，实际上我们已经从不同角度、不同程度触及都市民俗的心理层面。比如，第三章《长安一日》中关于当日官员选择和营造住宅的标准、士子进京投宿旅邸的一般倾向，比如第六章《长安市井生态图景》中关于卜卦业的繁兴，我们在分析这些行为和事象时，就曾明确指出过，那都是以一定的民俗心理为其内在基础的。

当然，前面的叙述中，还有更多的方面，尚未从具体的民俗生活内容延伸到剖析民俗心理的深度。因为严格说来，任何表现为行为和事象的民俗生活内容，都必定有某种社会心态的依据，也可以说，都必定这样那样地反映着某种民俗心理。所以倘在具体叙述中凡事都往这个方面引申，便很容易形成一种令人厌倦的行文公式。

鉴于这个原因，本章虽以集中论析都市民俗心理为任务，但我们也只能就其最主要的方面，做提纲挈领式的阐发。现象是无限的，也是琐碎的；特别是民俗现象，更是如此。我们的目的是透过现象，把握本质，并尽可能地探索隐含于其中的规律。

唐代都市民俗心理最显著、最普遍，而又具有基础意义的特征之一，是对于财富和财富拥有者的羡慕。

大量的材料可以说明，"富贵"二字历来颇使许多下层百姓感到神秘、难得而艳羡，对于都市居民来说，由于这些更为具体可见，因而也更有诱惑力。非都市居民自然也崇拜富贵，但由于距离较远，感性认识较少，获取的可能较微，因而所受到的刺激和由此产生的心理活动，相对来说也不如城市居民那样强。城市居民，特别是东、西二京的市民，虽然由于阶级地位的森严壁垒，并不能真正了解帝王将相、百官群臣的生活状况，但无论如何，那些富贵中人毕竟和普通百姓同住一座城市。两者之间在生活的方方面面，总会有曲曲折折、大大小小的某些联系，加上一些中介环节（如出宫采购物品的宦官，如宫中、官府或豪门的奴婢仆从和被召入内府献艺的歌儿舞女之类）的传递作用，因而广大市民对帝王官宦富豪之家的生活情景，便不一定全然无知。也许他们的闻见是片面的、十分模糊朦胧的，很多的所谓了解，其实羼杂着想象夸张成分。然而即使如此，市民对富贵生活的认识，总还是比乡野之民来得具体而真切。而这正是大多数市民要比乡野之人更渴望获得富贵乃至跻身于富贵之列的强大心理动力。

诗人刘禹锡被贬为连州刺史时，曾写过一首反映当地民情风俗的俚歌，题为《插田歌》，前半篇写春日农家插秧，男男女女边劳动边唱歌调笑的情景，后半篇引出一幕小小的喜剧：

> 路旁谁家郎？乌帽衫袖长。自言上计吏，年初离帝乡。
> 田夫语计吏："君家侬定谙。一来长安罢，眼大不相参！"
> 计吏笑致辞："长安真大处。省门高轲峨，侬入无度数。
> 昨来补卫士，唯用筒竹布。君看二三年，我作官人去！"

一位跟着"上计吏"押送赋税、物产、贡品进了一趟长安的小伙子,回到家乡以后,竟然陡觉高人一头,同他的老乡们谈起京城时那副夸耀赞叹中浸透着艳羡的浅薄神态,简直令人如闻如见。他的话明白无误地告诉人们:由于他目睹了长安之大,省门(指朝廷各个部省)之高(至于"侬入无度数"恐怕是吹牛而已),已经再也不想回乡务农了。他已经走通了门路,获得补为卫士的机会,马上就要进京任职,并且相信(其实是梦想)二三年以后就要"作官人",甚至就要大富大贵了。这首诗本意是欣赏朴素和美的农家生涯,却无意中揭示了京城生活对人的巨大吸引力,而在那里能够为官作宦,博取富贵,则是这种吸引力的核心。

这里说的是"富贵"。富与贵有关系,贵者必富;但又有区别,富者未必贵。在唐代,要想获取富贵,比较可行的途径(只是途径之一,远非全部)是通过科举考试,入仕为官,然后不断晋级升迁。这条路的特点是先贵后富,富贵双收。很多城乡士子所走的正是这条道路。然而,这条道路实在太狭窄拥挤了,许多士子辛苦一辈子也没有走通,情景正如一位晚唐诗人所说:"太宗皇帝真长策,赚得英雄尽白头!"[1]而对于都市绝大多数的居民来说,其文化程度以及社会身份,往往还不允许他们去走这条路。不能先贵后富,富贵双收,那就先富起来再说,由富而贵虽然不容易,但也并非绝对走不通。而且即使终于难臻"贵"境,富也有它足够的魅力,使人对它向往不已,甚至

---

[1] 见王定保《唐摭言》卷1、《全唐诗》卷796。《全唐诗》注:《画墁录》以为赵嘏作。

顶礼膜拜。这便成为许多市民的生活逻辑乃至人生理想。

应该承认,唐代的长安、洛阳和扬、益二州,以及一批大大小小的城市里,令人发财致富的机会是不少的,这是繁荣兴旺、发展迅速的都市本身具有的特点和优越性。也确实出现了不少白手起家,成为巨富的先例,而他们也就成为力量无穷的榜样。

本篇第五章曾经提到过一位外号"骆驼"的卖蒸饼小贩,姓邹,名凤炽。他后来就成了长安著名的巨富。《朝野佥载》记述他的发迹,是由于一个偶然的机会,掘地而得到一个藏有数斗金子的瓷瓮。这当然只是传说而已。①

温庭筠《乾馔子》记述的窦乂发家史,虽然也不免有民间传闻的成分,但窦乂的发家步骤和经过就详细具体而且切实可信得多,因而其实际示范作用也就更大。

窦乂少年时即有大志,既富于智慧,又吃苦耐劳。他以最初五百钱为资本,在他寄居的伯父家庙院种榆荚、植榆树,头一两年卖榆枝为柴薪,数年后榆树成材,"取大者作屋椽",或"作车乘之用",赚钱不少,有了雄厚的资本。接着便雇佣"长安诸坊小儿及金吾家小儿等,日给饼三枚,钱十五文",又雇佣大量"日佣人"(即按日计酬的工人)为他制作可以充当照明炊事之用的"法烛"。恰遇那年雨灾,京城缺柴,窦乂的"法烛"自然"又获无穷之利"。此后他又低价买下西市的一片"众秽所

---

① 见张鷟《朝野佥载》卷5。

聚"的洼地,用发放蒸饼、团子和游戏竞赛的办法,诱使长安小儿到那里"掷瓦砾"为乐,"不逾月……所掷瓦已满池矣。遂经度,造店二十间,当其要害,日收利数千",直到温庭筠记载此事时,这片号称"窦家店"的铺子还在。在五代人孙光宪的《北梦琐言》卷10中,也记载了窦乂这件事,因是传闻,久之,某些细节不免有所变异,但基本情节仍是一致的:"东市有隙地一片,洼下淳污,(窦)乃以廉值市之,俾奶妪将煎饼盘就彼诱儿童,若抛砖瓦中一纸标,得一个饼,儿童奔走抛砖瓦博煎饼。不久,十分填其六七。乃以好土填之,起一店,停波斯,日获一缗。"窦家店究竟在东市还是西市,可不必深究。这里值得注意的一点新材料,是窦乂把店铺租了一部分给波斯胡商,而每日收取一千钱的租金,由此可以窥见胡商牟利之不菲和窦乂经营之有方。尤其有趣的是,温庭筠在文中直称窦乂,而孙光宪已改称"唐崇贤(里)窦公",可见后来窦乂地位已高,不是一个简单的商人了。①

这些富商究竟富到什么程度?根据野史笔记的描述,可以说非常惊人。邹凤炽是"其家巨富,金宝不可胜计,常与朝贵游,邸店园宅,遍满海内,四方物尽为所收,虽古之猗(顿)、白(圭),不是过也。其家男女婢仆,锦衣玉食,服用器物,皆一时惊异"。②他和另一位富商王元宝有一个内容类似的故事,

---

① 温庭筠《乾𦠆子·窦乂》,见《太平广记》卷243;孙光宪《北梦琐言》有上海古籍出版社1981年点校本,其卷10记窦乂事,可与温记参看。
② 见《太平广记》卷495引《西京记》。

说他们都曾面见皇帝（邹谒见高宗，王尝受玄宗之召），并告诉皇帝，他们家里的绢帛比终南山的树还多。"臣请以縑（绢）一匹，系陛下南山一树，南山树尽，臣绢未穷！"①这故事传奇色彩很浓，但用意在于强调邹、王二人之富，给人印象十分深刻。

商人致富以后，当然首先要改善自己的物质生活。他们的豪侈与放纵，无疑有着巨大的社会影响。五代王仁裕《开元天宝遗事》卷下，一连三条记述长安商人王元宝足堪敌国的财富和挖空心思的享受：

> 王元宝，都中巨豪也。常以金银垒为屋。壁上以红泥泥之。于宅中置一礼贤堂，以沉檀为轩槛，以碱碔甃地面，以锦文石为柱础，又以铜线穿钱甃于后园花径中，贵其泥雨不滑也。四方宾客，所至如归。故时人呼为王家富窟。

> 元宝好宾客，务于华侈，器玩服用，僭于王公，而四方之士尽归而仰焉。常于寝帐床前雕矮童二人，捧七宝博山炉，自暝焚香彻晓，其骄贵如此。

> 元宝家有一皮扇子，制作甚质。每暑月宴客，即以此扇子置于坐前，使新水洒之，则飒然风生，巡酒之间，客有寒色，遂命撤去。明皇亦曾差中使去取看，爱而不受。帝曰："此龙皮扇子也。"

---

① 这故事见于《太平广记》卷495所引之《西京记》《独异志》。今《独异志》点校本（中华书局1983年）卷中收有此则。

这些记述虽然简略，但从其字里行间，我们仍然不难看出记述者（实际上也就反映了当时人们）对富豪之家的极端崇羡之情。这是一种普遍的非常有感染力、对整个市民心理很有影响的社会情绪，不妨再看两个例子。一个是关于王元宝的：

> 有王元宝者，年老好戏谑，出入里市，为人所知。人以钱文有元宝字，因呼钱为王老，盛流于时矣。①

一个是关于扬州巨商之冠王四舅的：

> 扬州有王生者，人呼为王四舅，匿迹货殖，厚自奉养，人不可见。扬州富商大贾，质库酒家，得王四舅一字，悉奔走之。②

王元宝、王四舅脾气不同，一个喜欢抛头露面，一个有意深藏匿迹，但他们因为富有，所以同样有名，同样受人尊崇，以至长安人干脆把王老与钱币等同，而王四舅的一个字，就可把扬州富商巨贾弄得团团转。两位记述者传达当时人们对二王——实际上就是对金钱财富——的尊崇艳羡可谓毫不隐讳，十分传神。

唐时甚至还流行着一种"至富可敌贵"的理论，最集中不

---

① 见《太平广记》卷495引《西京记》。
② 见李肇《唐国史补》卷中。

过地反映了当时的市井意识。还是那位著名的王元宝,李冗《独异志》中记述这样一则故事:

> 玄宗御含元殿,望南山,见一白龙横亘山间。问左右,皆言不见。令急召王元宝问之。元宝曰:"见一白物,横在山顶,不辨其状。"左右贵臣启曰:"何故臣等不见?"玄宗曰:"我闻至富可敌贵。朕,天下之贵;元宝,天下之富,故见耳。"①

这简直是把至富者的地位抬到与天子并列的高度上去了,而且偏偏要借皇帝之口说出,以保证其权威性。

问题还在于,这种理论或观念绝非仅仅停留在口头上说说,而是可以化为实际行为的。具体说来,那就是拿钱来买官做,或者让这类富商以平民布衣身份出入宫廷官府,与朝中贵人甚至皇帝本人应酬来往。

前面说到的窦乂是个极有经营头脑的商人,不但信奉"至富可敌贵"的教条,而且深谙贵又可转化为富的道理。他知道邻居太尉李晟想要他的一片房产地,先是故意自高身价,不肯出售,随后却又亲奉房地契送上门去,并"搬移瓦木,平治其地如砥,献晟为戏马",使得李晟很是感激,主动问他何事需要

---

① 此据《太平广记》卷495引《独异志》,今本《独异志》(中华书局1983年)字句小异,如"贵臣"作"贵人",又如玄宗语为:"我闻至富敌至贵,朕天下之主,而元宝天下之富,故见耳。"兹录以备考。

帮忙。窦乂乃"于两市选大商产巨万者,得五六人",告诉他们可以助其子弟求官。果然,在李晟安排下,这些人的子弟均被"置诸道膏腴之地重职",而窦乂则从这些人的酬谢中捞取了大量钱财。窦乂没有后代,本人也不想做官,但他却可以让其他商贾子弟为官,可以说凿通了一条由商入仕、由富而贵的途径。

其实以钱买官之事,在唐朝是早已存在了的。"中宗时,韦后及太平、安乐公主等用事,于侧门降墨敕斜封授官,号'斜封官',凡数千员。内外盈溢,无听事以居,当时谓之'三无坐处',言宰相、御史及员外郎也。又以郑愔为侍郎,大纳货赂,选人留者甚众,至逆用三年员阙,而纲纪大溃。"[1]靠纳货赂便可获得墨敕斜封之官,这不是明目张胆的卖官鬻爵又是什么!"肃、代以后兵兴,天下多故,官员益滥,而铨法无可道者。"[2]到德宗时,沈既济上书极言吏治之坏、爵禄之失,认为原因在于"四太",第一个就是"入仕之门太多",而各种方式的以钱买官,恐怕便是许多入仕之门中很重要的一门。

这种情况到后来愈演愈烈。穆宗长庆二年(822)三月曾颁发诏书对各藩镇表示优容,结果"洎颁此诏,方镇多以大将文符鬻之富贾,曲为论奏,以取朝秩者,叠委于中书矣"。[3]《资治通鉴》卷242叙此事则云:"于是商贾胥吏,争赂藩镇,牒补列将而荐之,即升朝籍。奏章委积,士大夫皆扼腕叹息。"这就更

---

[1] 见《新唐书·选举志》。
[2] 见《新唐书·选举志》。
[3] 见《旧唐书·穆宗本纪》。

突出了商贾们拿钱买官的积极性和严重性。

《太平广记》卷499引《南楚新闻》，讲述了一个郭使君的故事。这位使君生当唐末，本是江陵富商，"其家资产甚殷，乃楚城富民之首"。某次到京都讨债，在一番"耽悦烟花，迷于饮博"的日子以后，发现身边的钱"用过太半"，"乃输数百万于鬻爵者门，以白丁易得横州刺史"。这可以说是一个商贾以钱买官的实例。

至于商贾与朝贵或皇帝交往，甚至敢于在皇帝面前斗富逞财、分庭抗礼，也有典型的例子：

> 京辇自黄巢退后，修葺残毁之处。时定州王氏有一儿，俗号王酒胡，居于上都，巨富，纳钱三十万贯，助修朱雀门。僖宗诏令重修安国寺毕，亲降车辇，以设大斋。乃扣新钟十撞，舍钱一万贯。命诸大臣，各取意而击。上曰："有能舍一千贯文者，即打一槌。"斋罢，王酒胡半醉入来，迳上钟楼，连打一百下，便于西市运钱十万入寺。①

这位王酒胡能够参与皇帝主持的斋会，并且放肆地喝得半醉，无非是因为他有钱。乘醉搥钟一百下，代价是交纳十万贯钱，这个数目是皇帝捐舍的十倍，如此财大又焉能不气粗哉！

上述种种事实，使广大市民不由得不突破传统的重农轻商、

---

① 见《太平广记》卷499引《中朝故事》。

重文轻商观念，而对商贾，尤其是豪商巨贾，持一种由衷的景慕态度，并且促使他们不断寻找机会，去步商贾的后尘。这样想和这样做的人多了，代代相承的时间久了，也就形成都市民俗心理的一种定势。

一方面是商贾因其财富而得以跻身于社会上层，另一方面则是前面已提到过的，朝贵勋戚、方镇大僚们利用权势来经商发财，于是在实际上形成了一种相向的交流互动态势。这态势又必然对上述民俗心理定式的扩布和深入起推波助澜作用。

唐代出现的这种官商互容、互动、互渗乃至互易的现象，虽然范围和程度还都有限，但其影响和历史意义却不可小觑。

瑞士史学家雅各布·布克哈特的名著《意大利文艺复兴时期的文化》非常重视"从十二世纪以来，贵族和市民就在许多城市里杂居"这一事实①，他从各方面论证贵族与市民已是"利害相同，休戚相关，而且生活方式已无分别，文化教养大致相同"②，并从中引申出"这个时代的主流还是稳步走向在近代意义上的阶级融合的"这一结论。③

由于城市的兴起与发达，唐代也出现了贵族与市民在城市中杂居的现象。不但如此，在城市生活中占有主流地位的官、商两部分人之间，还发生了频繁的交往和一定程度的融渗乃至

---

① 引文见《意大利文艺复兴时期的文化》第五篇第一章，何新译，商务印书馆 1983 年。
② 见齐思和撰写的《意大利文艺复兴时期的文化》中译本《序言》。
③ 见《意大利文艺复兴时期的文化》第五篇第一章。

结合。虽然我们并不认为，这就意味着"阶级融合"，至少唐朝的官与商还远没有达到彼此融合的程度，其界限还是清楚的，一般说来是不易逾越的，更不必说整个的贵族阶层和广大市民的融渗了。但我们仍然觉得布克哈特的观点是有启发性的，尤其是下面这段话：

> 我们在这里已看到一种基于文化和财产的现代尊荣概念；基于财产只是因为它能够使人们致力于文化生活和有效地促进它的利益和进步。

这里提到了现代尊荣概念的两个基础，即文化与财产，而财产更是基础之基础。看来尊崇财富与财富拥有者，并不仅仅是唐代都市人才有的民俗心理，这种心理其实带有跨时代、跨地域的普遍性。只要城市繁荣起来，只要商业经济滋长起来，财富就迟早会表现出超越政治权势的、令人人在它面前平等的强大力量，而把门阀、家世、身份之类束缚人性的宗法制因素挤压到次要的地位，甚至部分地打碎。当然，以财富为尊荣的观念，也是弊病百端，也会从另一方面来束缚和戕害人性，从而带来礼崩乐坏、道德沦丧的恶果。但世上本没有十全十美、有利无弊的事。尊崇财富的观念，无疑距人类最高理想十分遥远。我们只是承认这一现象实为历史发展过程所不可避免的而已。从某种意义上说，这还是历史前进重要的里程标志，是历史从古代走向近、现代的一个标志。布克哈特显然也感觉到这一点。所以他很强调把财富用于发展文化事业,其言下之意似乎是,唯其如此,对财富的尊崇才能获得更大的进步意义。这也就是我们需要对唐代都市人这种隐含着近、现代因素之萌芽的民族心理给予重视的原因。

社会对财富与财富拥有者的普遍尊崇,朝廷对巨商大贾的礼遇优容,使自古相传的轻商观念发生动摇,趋于淡化。本来就因国力强盛而意气扬扬、乐观亢奋的唐人,在商人种种行为和成就的刺激启发之下,越发充满了自信自立和自强不息的进取精神。许多人的个性和主体意识,在不同程度上都获得了一次解放、一次飞跃,从而表现出唐人特有的风采。

《新唐书·皇甫湜传》记载了这样一桩轶事:皇甫湜在担任工部郎中一职时,因"辨急使酒,数忤同省,求分司东都。留守裴度辟为判官。度修福先寺,将立碑,求文于白居易。湜怒曰:'近舍湜而远取居易,请从此辞!'度谢之。湜即请斗酒,饮酣,援笔立就。度赠以车马缯彩甚厚。湜大怒曰:'自吾为《顾况集序》,未常许人。今碑字三千,字三缣,何遇我薄邪?'度笑曰:'不羁之才也。'从而酬之"。

皇甫湜的自视极高、傲慢不逊,或者可以说是古代士人狂狷之风的再现,但他公然向裴度索讨每字三缣的稿酬,却很难说有什么古风的味道,而似乎是颇受商贾作风浸染的唐人近习了。看他那勃然大怒、理直气壮、不依不饶、势在必得的模样,真令千年以后浮沉于商品大潮中的鬻文者们深愧不如!以往仅仅从性格脾气论皇甫湜,而未曾注意其言行与当时民俗的联系,尤其未能发掘其言行所蕴含的强烈要求社会承认他精神创造之崇高价值这一人文意义，因而评价便难以中肯，亦欠深刻。这个故事中的裴度是个开明的官僚，他没有煞风景地怪罪皇甫湜露骨的个人主义，而是笑嘻嘻地肯定他是个"不羁之才"，照付了九千缣，遂为文坛留下一段佳话。

还有一个故事，主人公不是文人，而是工匠，其文化意义似乎更为深刻。

晚唐诗人郑嵎，有《津阳门诗》一首，长一百韵、一千四百字，记述他从骊山脚下一位老翁处听来的天宝"承平故事"，其中有两联道是："八姨新起合欢堂，翔鹍贺燕无由窥。万金酬工不肯去，矜能恃巧犹嗟咨。"诗下自注云：

> 虢国（《旧唐书·杨贵妃传》以八姨为秦国夫人，此处以八姨为虢国夫人，均为贵妃之姐）刱一堂，价费万金。堂成，工人偿价之外，更邀赏伎之直，复受绛罗五千段，工者嗟而不顾。虢国异之，问其由。工曰："某生平之能，殚于此矣！苟不知信，愿得蝼蚁蜡螉蜂蚕之类，去其目而投于堂中，使有隙，失一物，即不论工直也！"于是又以缯彩珍贝与之。

若从表面来看，这位工匠所争的是钱财，然而更深层的含义却是他在维护业者的自尊。因为在他看来，他浑身的技能和平生的经验，本是一种无价之宝，是多少金银珠帛都抵偿不了的，以有价之物偿其无价之艺，是永远难以等值的！有意思的是，他面对当时声势显赫、炙手可热的杨氏八姨，敢于一而再再而三地表露这一点。没有足够的自信自尊、没有充分的主体意识的张扬，恐怕不易办到。这位工人的表现，在都市居民中，在一切以自己劳动技能谋生的人们中，很有代表性。都市生活、都市民俗，开启了人们对于自身价值的认识之门，并为他们实现和提高自身价值创造了有利条件，给予了必要的推动力，这不能不说是文明的一大进步。

在谈到唐代都市民俗心理的特征时，我们还注意到另一个有趣现象，那就是都市人往往热衷于追逐新奇、追逐时髦，特别爱热闹、爱起哄、爱制造一股股风靡一时而又变化迅速的习尚。这种都市民俗特征与相对比较平淡安静、节奏迟缓的乡村生活所形成的淳朴疏野民俗，有着相当明显的差异。

从我们前面对节日风俗和扬州民俗生活的描述中，可以不同程度地看到这个特征。事实上，不仅是扬州，也不仅是在节日里，几乎所有的大城市，这些大城市的几乎每一天都会表现出这一特征。下面我们将再举出一些例证，对这一特征稍做论析。

《太平广记》卷179引《独异志》述陈子昂故事，云：

陈子昂，蜀射洪人，十年居京师，不为人知。时东市有卖胡琴者，其价百万，日有豪贵传视，无辨者。子昂突出于众，谓左右：“可辇千缗市之。”众咸惊问曰："何用之？"答曰:"余善此乐。"或有好事者曰:"可得一闻乎?"答曰:"余居宣阳里。"指其第处。"并具有酒,明日专候,不唯众君子荣顾,且各宜邀召闻名者齐赴,乃幸遇也。"来晨,集者凡百余人,皆当时重誉之士。子昂大张宴席,具珍羞。食毕,起捧胡琴,当前语曰:"蜀人陈子昂有文百轴,驰走京毂,碌碌尘土,不为人所知,此乐贱工之役,岂愚留心哉!"遂举而弃之,异文轴两案,遍赠会者。会既散,一日之内,声华溢都。①

这则传说又见于宋计有功编撰的《唐诗纪事》卷8,然而未必符合陈子昂真实生平。《陈子昂年谱》的作者罗庸,就曾指出它"与事实年次抵牾,稗官家言,未足为据"。②但就其反映的当日长安市民俗态而言,却并不虚假。陈子昂——我们姑且就称这位碎琴沽誉者为陈子昂吧——之所以采取这一行动,这一行动又之所以能够奏效,就是充分利用了长安市民,包括一批"当时重誉之士",尊崇财富和好新奇、喜热闹的心理。"十年居京师,不为人知",但只要一个豪纵而荒诞的行为,却使他"一日之内,声华溢都",我们到底应该佩服陈子昂的聪明智慧,还是应该惊叹民俗心理的盲目伟力呢?

康骈《剧谈录》有"玉蕊院女仙"一条,讲述一位女仙降

---

① 亦见《独异志》,第83页,中华书局1983年点校本。
② 罗庸《陈子昂年谱》,原载北京大学《国学季刊》第五卷第二号,此处转引自韩理洲《陈子昂研究》,上海古籍出版社1988年。

临长安唐昌观的故事。①其文云:"长安安业（坊）唐昌观,旧有玉蕊花。其花每发,若琼林瑶树。唐元和中,春物方盛,车马寻玩者相继。"女仙就是在这种情况下飘然而降。开始时,"观者疑出自宫掖,莫敢逼而视之",但过不了多久,便"观者如堵"了,直到女仙飞升而去,围观者才如大梦初醒,"方悟神仙之游"。从我们摘引的那些话来看,长安人春日赏花已成风气,至于围观漂亮女子,恐怕也是当然之事。这里的所谓"女仙",按民间传说形成的规律分析,大抵不过是现实中某位美丽女子在民间口头的幻化和讹传而已。

有意思的是,该文还记述了当时几位著名文人对此事的反应:"时严休复、元稹、刘禹锡、白居易,俱作《玉蕊院真人降》诗。"②《剧谈录》没有说这几位诗人曾经于所谓女仙降临时在场,可知他们不是根据目睹,而是听说传闻之后才命笔赋诗的,从他们的诗本身也可以做出如此判断。那么,这几位诗人以此题作诗虽属风雅之举,但也就多多少少地带有趁趣凑热闹性质,因而表明他们在生活中也有未能免俗的一面了。

说几位诗人作《玉蕊院真人降》诗具有随俗性质,并无贬义。诗人也是人,也会受社会风气感染。不要说他们只是事后写诗,就是当时参与了围观,也并不稀奇。我们只要看一看刘禹

---

① 见《太平广记》卷69。
② 此事亦见计有功《唐诗纪事》卷46"严休复"条下,但严诗题作《扬州唐昌观玉蕊花折有仙人游怅然成二绝》。《全唐诗》收严诗于卷463,编者引《剧谈录》片段为小注,但题上无"扬州"字样。

锡的诗句"紫陌红尘拂面来,无人不道看花回"①和白居易的诗句"帝城春欲暮,喧喧车马度。共道牡丹时,相随买花去……家家习为俗,人人迷不悟"②,以及李肇《唐国史补》所说的,"京城贵游,尚牡丹三十余年矣,每春暮车马若狂,以不耽玩为耻","长安风俗,自贞元侈于游宴,其后或侈于书法图画,或侈于博弈,或侈于卜祝,或侈于服食,各有所蔽也",就能够明白,唐代长安的时髦风气有多厉害,这种风气又是如何迅速地变化更替的。在这样的社会潮流冲击影响下,要完全免俗,自然相当困难。

有意保持冷静,甚至以行动反流俗者,当然也有,这也是民俗生活中不可缺少的另一侧面。如李肇《唐国史补》就特意记述:"元和末,韩令始至长安,居第有之(指牡丹),遽命斫去,曰:吾岂效儿女子耶!"但韩愈这样的人毕竟还是少数。

长安人好新奇、追时髦、闻"风"而动、喜凑热闹的表现确是十分突出,其事例也可谓俯拾即是。下列两则颇能说明问题。

一则是唐宪宗元和十四年(819)之迎佛骨事。史载:"凤翔法门寺有护国真身塔,塔内有释迦文佛指骨一节,其书本传法,三十年一开,开则岁丰人泰。十四年正月,上令中使杜英奇押宫人三十人,持香花,赴临皋驿迎佛骨。自光顺门入大内,留禁中三日,乃送诸寺。王公士庶,奔走舍施,唯恐在后。百

---

① 见刘禹锡《元和十年自朗州承召至京戏赠看花诸君子》。
② 见白居易《秦中吟·买花》。

姓有废业破产、烧顶灼臂而求供养者。"① 五十多年以后，懿宗咸通十四年（873）时，又重演一次，规模更超过以前。难道长安真有那么多人崇信佛教吗？非也！在成千上万的迎佛骨者中，恐怕各有各的情况。其中固然有真迷信者，但一定也不乏以此向皇帝表示忠心、献媚求宠的王公大臣，而许多百姓也许只是盲从而已。套用一句《唐国史补》中的话，此时此刻他们也许竟是"以不佞佛为耻"的吧！

另一则出自薛用弱的《集异记》："宪宗迁葬于景陵，都城人士毕至"——这并不是政府组织的什么仪式，而是百姓自发的围观。仅此一句已足见都城民俗中爱赶热闹的特点。接下去说道："时有前集州司马裴通远，家在崇贤里，妻女辈亦以车舆纵观于通化门。及归，日势已晚……"②——崇贤里偏在长安西城，通化门为长安城东北第一门，从崇贤里至通化门，几乎要横穿整个长安城。也真难为这一家老小，连妇女小孩们都有那么好兴致，费时一整天、迤逦近二十里地赶去观看皇帝迁葬！

这种风气对于文化人自然不能没有影响。文化人的反应表现为两类，一类是有所抵制、反对。例如白居易早年曾在《秦中吟·买花》中批判过倾城风靡的赏牡丹潮，韩愈更冒死进《论佛骨表》痛斥佛教迷信的无稽，等等。需要说明的是，他们不一定在每一件涉及此类风气的事上，尤其不一定在一生之中任何时刻都对此类事持抵制、反对态度，这里的具体情况甚为

① 见《旧唐书·韩愈传》。
② 见《集异记·裴通远》，中华书局 1980 年校点本。

复杂。

另一类则大体表现为顺应和从俗。其中又有显晦两种情况。显者，当时市上有什么风，他们也就随什么风而动。前引李肇论长安风俗从"侈于游宴"到"侈于书法图画""侈于博弈""侈于卜祝""侈于服食"等的变化，就均有文化人参与其内。晦者，即所谓潜移默化。在这种民俗氛围之中，文化人在自己的创作活动中常常不知不觉地表现出趋风和逐潮的心理倾向，而这种"风""潮"，其实正是他们自己酝酿、掀发起来，然后又合力推波助澜而成。就这一点而言，其与市民之普遍风习并无二致。李肇《唐国史补》卷下有一段常被文学史或文学批评史引用的话：

> 元和已后，为文笔则学奇诡于韩愈，学苦涩于樊宗师。歌行则学流荡于张籍。诗章则学矫激于孟郊，学浅切于白居易，学淫靡于元稹，俱名为元和体。大抵天宝之风尚党，大历之风尚浮，贞元之风尚荡，元和之风尚怪也。

这里提到的韩愈、樊宗师、张籍、孟郊、白居易、元稹等人，都是当时的文坛名人，他们自身风格的形成，有各人不同的内在条件，可以说都是他们个性某一方面的艺术化体现，同时也是他们力矫时俗、有意独张一帜的产物。因此，同时人或后来者应该学习的，最根本的乃是他们根据自己才质决定创作风格和不肯随俗媚俗的精神，而不应该是他们作品的一词一句，也不应该是他们遣词造句的具体办法,尤其不应一股脑、一窝蜂地去模仿因袭、生搬硬套,从而把这些名人风格中的某一因素过度夸张放大乃至推到极端,走向反面。然而文坛似乎亦如市井,大部分在那里厮混的人并不那么清醒,而往往是混沌懵懂的,因此也就只能随波逐流,被风潮所裹挟,不能超然其上、卓然独立。我们在日常生活中,特别是当一种风潮形成时,需要尊重那些矫然流俗之外的狂狷者,而在文学创作和一切精神劳动之中,则需要格外珍视那些坚守自己阵地逆风顶潮而行的天才和怪杰。

唐代的都市生活中还有一些现象与民俗关系密切:如所谓恶少年问题,即今之流氓、阿飞、地痞、恶棍之流的产生,他们的特点及治理①;如与之相关的地方治安问题;又如随着经济生活范围扩大、交往增多而发生的债务纠纷与财产诉讼问题,以及与之相关的道德沦丧、违反法律和所谓古风陵替、人情浅薄之类问题;还有,如由于商贾生活的流动性带来的家庭不稳定、妻妾成群以及由于商贾经年不归,在外置有家室而造成的弃妇和怨妇问题,等等。这种种问题,有的为某种民俗之因,有的为某种民俗之果,有的介于因果之间,都值得深入地研究

---

① 《酉阳杂俎》前集卷8:"上都街肆恶少,率髡而肤札,备众物形状。恃诸军,张拳强劫,至有以蛇集酒家,捉羊胛击人者。"所谓"髡而肤札",即剃光头和刺青纹身。如当时有个"力者张干",左膊刺"生不怕京兆尹",右膊刺"死不畏阎罗王",又有人浑身刺满"一百六十处番印、盘鹊等",还有人"可胸腹为山、亭院、池榭、草木、鸟兽,无不悉具,细若设色"。这些人往往无视法纪,妨碍治安,被官府捕杀。

探讨。但限于篇幅,这里不能一一展开。有的问题,如弃妇与商贾家庭的不稳定性等,则将在以后的篇章中,从另外的角度触及。

妇女生活与习俗

本书在《都市民俗》一篇中，为了分析的便利，曾将唐两京之城市居民按其社会地位划分为几个民俗圈，即：皇族民俗圈、官员民俗圈、市井居民民俗圈及其亚民俗圈。这种划分既是人为的，便只能是相对的，其中存在着许多交叉和互变的情形，并不是绝对的分割和对立。

　　我们自然也可以试着从别的角度来划分社会民俗圈，而按照人的性别来划分，也许是一种最自然、最无可争议的办法。无论在哪一种社会形态之下，哪怕是最野蛮、最愚昧而不开化、将妇女的地位压在最下层的社会，女性的存在和对于社会发展的伟大作用，也是人所共知的，在实际上不能不被承认的。而在唐代，妇女的生活与习俗既有许多在中国历代社会一脉相承、一以贯之的规范与原则，又有着许多与前代（如汉魏），特别是后代（如宋明）颇不相同的时代特色。这也就是我们特辟一篇，专门对唐代妇女的生活与习俗进行阐论的理由。

一、唐人妇女观概述

> 几对敌体式名词——女者,如也——从男女、夫妇到家与国——成公绥的《中宫诗》——传统妇女观的核心:蔑视与重视的对立统一——民间的反语:信知生男恶,反是生女好——化妆、服饰、节日游赏、元宵狂欢与女子成为社会美载体——妒妻拒妾的成功及其之被肯定——女侠的出现

在中国人的传统观念中,两两相对、称为"敌体"式对文的名词和概念很不少,如天地、日月、乾坤、阴阳、上下、尊卑等。《易·系辞》就有"一阴一阳之谓道"的提法。男与女也是其中的一对。有意思的是,这些名词概念,不但自身两两相对,而且每一对之间也存在着一种对应关系。依此推论,很明显,男便犹如天、日,处于在上的乾位、阳位、尊位,而女则居于在下的坤位、阴位,也就是卑位。男尊女卑的位置、格局与他们之间的主从关系,也就这样肯定下来了。这种观念既庄严而牢固地体现于文字和载入书册的经典文化之中,也活跃而顽强地存在于庞杂琐屑、口耳相传的民俗文化之中。经典文化与民俗文化尽管有这样那样的差异、矛盾、对立乃至斗争,在这一点上,却似乎非常一致,就连妇女本身,绝大多数对此也予以认同而并无怀疑。旧本题为周人尹喜(老聃的学生)所撰而实为后人所依托的《关尹子》中,有曰:"天下之理,夫者唱,

妇者随；牡者驰，牝者逐；雄者鸣，雌者应；是以圣人制言行，而贤人拘之。"充分表现了经典文化与民俗文化在这一点上的认同。

唐人妇女观的根基，无疑还是中国自有史以来便历代相承的男尊女卑观，即视女子为男性中心社会的附庸，女子对于男性来说，处于从属的、依附的地位。

许多观念并非唐人首创，而是由来已久。如谓"女，如也，妇人外成如人也。故三从之义，少如父教，嫁如夫命，老如子言"①，又如"女子主内""妇人无外事""妇人四行，德、言、容、功；妇德谓贞顺，妇言谓辞令，妇容谓婉娩，妇功谓丝枲"等。一位妇女即便当上了皇后，也只能是"后，後也，言在後不敢以副言也"②，即只能置身于皇帝之后而绝不能有与之并列、平起平坐或走上前台的念头。传统礼法规定了一整套女子从小应当遵守的行为准则和规范，这些规范散见于古代三大礼书，即《周礼》《礼记》《仪礼》之中，几乎随处可以找到。试看见于《礼记·内则》的一段：

  女子十年不出，姆教婉娩听从，执麻枲，治丝茧，织纴、组、紃，学女事，以共衣服。观于祭祀，纳酒浆笾豆菹醢，礼相助奠。十有五年而笄，二十而嫁，有故（指父母丧亡之类），二十三年而嫁。聘则为妻，奔则为妾。

---

① 见刘熙《释名》。
② 见《释名疏证补》卷3，上海古籍出版社1984年影印版。

这便对女子幼年的教育、长成后的生活都做了细致的说明。这一套东西，唐人，特别是普通百姓之家虽然未必实行，但在理论上、意识上却仍然是赞同而并不反对的。至于《礼记·郊特牲》所说的"信，妇德也。一与之齐（醮），终身不改，故夫死不嫁"，"妇人，从人者也。幼从父兄，嫁从夫，夫死从子。……故妇人无爵，从夫之爵，坐以夫之齿"，则更是被普遍地遵守着，成为众所公认的基本舆论。

中国古人无疑是藐视妇女的，许多人笃信孔老夫子"唯女子与小人为难养也"的教训，从品格性行上断定妇女是低下卑贱的，从而对妇女提出种种严格甚至可称为苛刻的要求，从各方面对她们进行约束羁缚。但从这里，却也微妙地反映了占据社会中心和主导地位的男子们那种复杂而矛盾的心理。这种心理取决于人类社会必须由男女两性共同组成这个无法更改的事实，也取决于男性既不能脱离女性而单独存在，又想更牢固更全面地凌驾于女性之上，成为社会主宰的内在要求。换一个角度看，毋宁说包括唐人在内的中国古人对妇女的种种严苛要求，实乃暴露了他们对女性社会作用的极端重视。

早在《周易》的《序卦》之中就这样说过：

> 有天地，然后有万物；有万物，然后有男女；有男女，然后有夫妇；有夫妇，然后有父子；有父子，然后有君臣；有君臣，然后有上下；有上下，然后礼义有所错。

这段话的要义，是从天道讲到人事，体现了中国哲学"天人合一"的基本思想。而在与天道相呼应的人事之中，最基本也是最重要的事实，便是人类有男有女。人分男女，通过婚姻结成夫妇，这才有了家，这才有了父子的人伦关系。由许许多多的家，才能构成国，也才会有上下尊卑之分的君臣关系，被中国古人极端重视的礼义二字也才有了着落。正因为这样，《礼记·郊特牲》才会斩钉截铁地宣布，"夫昏（婚）礼，万世之始也"，即把婚姻之事提高到社会生活源头的地步。同时，在许多古人的言论和著作中，也才会那样鲜明地赞扬具有母仪之德的妇女，歌颂她们对于王朝兴盛的贡献和功绩。

在文学作品中，较早以诗歌的形式表达此种思想，而又表达得比较明晰扼要的，晋人成公绥可算一个。《初学记》和《艺文类聚》中都收有他的一首诗：

> 天地不独立，造化由阴阳。乾坤垂覆载，日月曜重光。治国先家道，立教起闺房。二妃济有虞，三母隆周王。涂山兴大禹，有莘佐成汤。齐晋霸诸侯，皆赖姬与姜。《关雎》思贤妃，此言安可忘？①

这首诗把几对与男女、夫妇相对应的名词概念，诸如天地、阴阳、乾坤、日月等，全写了进去，强调了诸"敌体"之间相

---

① 此诗见《初学记》卷10、《艺文类聚》卷15，均无题。逯钦立《先秦汉魏晋南北朝诗》收在成公绥名下，题为《中宫诗》。

依相存、相辅相成的关系，也就强调了妇之于夫，女之于男的重要性，然后把"治国"的关键落脚于"家道"，而"家道"的核心则是闺房之教，所以结论便是闺房之教对于治国平天下有基础和先导的意义。接着从上古三代直到春秋战国，举出舜妃娥皇、女英，禹妻涂山氏，汤妃有莘氏，周之"三母"，即太王妃太姜、王季妃太任、文王妃太姒，以及齐桓、晋文等霸主的妻室姬、姜二氏等实例，证明后妃的贤惠对于国家昌盛的巨大作用。

不管古代男子们是如何藐视妇女，他们仍然必须以女子为伴侣，和她们共同组成并繁衍社会，他们也懂得妇女在社会生活，包括在他们最不愿妇女干预的政治生活中所实际具有和能够发挥的作用，因此他们又不能不重视妇女。既藐视又不能不重视，这就是中国古代以男子为本位的妇女观相互矛盾而又浑然统一的两个侧面。在有的人那里，在有的时候，或者有的场合之下，这一面被突出；在另一些人那里，在另一些时候或场合下，另一面又受到强调。中国历史与文学中，有数不尽的材料可以用于说明这两个侧面的统一与有条件的转化。

但是，归根到底，确信男尊女卑，要求妇女并实际上迫使妇女充当男子的从属物、附庸品，却是始终不变，几乎亘古如斯的。所以，无论是在上层社会还是在民间，生了男孩便格外高兴，称为"弄璋之喜"，而生了女孩便有点扫兴，只能算是"弄瓦"而已。这是包括唐人在内的中国古人普遍具有的民俗心理。白居易、元稹二人都是早年无子，到五十多岁才得一子，孩子出生三日,他们依俗各以诗志庆①,并相互唱和,白诗云,"岂料鬓成雪,方看弄掌珠"(《阿崔》),欣喜感叹不尽。后来孩子夭折,又写了许多悲伤哀哭的诗:"岂料汝先为异物,常忧吾不见成人。"(《哭崔儿》)"文章十帙官三品,身后传谁庇荫谁?"(《初丧崔儿报微之晦叔》)直到他的女儿生了儿子,他才稍稍感到一点安慰,见《谈氏外孙生三日喜是男偶吟成篇兼戏呈梦得》《谈氏小外孙玉童》等诗。

重男轻女在唐人那里是不言而喻、社会公认的正常心理。只有在完全反常的情势下,在讥刺嘲讽和反语恨叹之中,我们才看到相反的表现。杜甫《兵车行》、白居易《长恨歌》和陈鸿《长恨歌传》是几个有名的例子。

杜甫《兵车行》在痛揭了一番天宝年间玄宗穷兵黩武政策带来的严重后果——"君不闻汉家山东二百州,千村万落生荆杞。纵有健妇把锄犁,禾生陇亩无东西"之后,写道:

县官急索租,租税从何出?信知生男恶,反是生女好。生女犹得嫁比邻,生男埋没随百草。君不见青海头,古来白骨无人收!新鬼烦冤旧鬼哭,天阴雨湿声啾啾。

---

① 唐时,婴儿出生三日,有洗儿风俗,并置酒待客庆祝,文人则往往题诗志庆。《资治通鉴》卷213,开元十八年(730)岁末,"会(王)毛仲妻产子,三日,上(玄宗)命力士赐之酒馔、金帛甚厚,且授其儿五品官"。《明皇杂录》:"太华公主载诞三日,宫中大陈歌吹"。《次柳氏旧闻》:"代宗之诞三日,上(玄宗)幸东宫,赐之金盆,命以浴。"《安禄山事迹》则载有安禄山生日后三天,杨贵妃模仿民间习俗,行"洗儿"之礼,"以绣绷子绷禄山,令内人以彩舆舁之,欢呼动地"。

男人都被抽了壮丁,在不义的战争中一死就是多少万,而在他们的家乡,县府官吏仍在无情地催索租赋,如果没有千千万万妇女在辛苦支撑,还有什么家,又还有什么国!"生女犹得嫁比邻,生男埋没随百草",这是血泪斑斑的事实,这更是椎心泣血的控诉!也只有在这样的情势之下,民众才会喊出"信知生男恶,反是生女好"的反语来。

白居易《长恨歌》和陈鸿《长恨歌传》所反映的民间一时"重女轻男"的舆论,则是对另一种社会现象——外戚椒房之亲宠贵无比——的强烈不满和尖利讽刺。

《长恨歌》这样描写杨玉环入宫之后李隆基的沉溺:

> 春宵苦短日高起,从此君王不早朝。承欢侍宴无闲暇,春从春游夜专夜。后宫佳丽三千人,三千宠爱在一身。

如果说这宠爱还止于杨玉环一身,那么下面的描述就推进了一步:

> 姊妹弟兄皆列土,可怜光彩生门户。遂令天下父母心,不重生男重生女!

陈鸿的《长恨歌传》在这里写得更为具体:

> (杨玉环之)叔父昆弟皆列在清贵,爵为通侯。姊妹封

国夫人,富埒王室,车服邸第,与大长公主侔,而恩泽势力,则又过之,出入禁门不问,京师长吏为之侧目。故当时谣咏有云:"生女勿悲酸,生儿勿喜欢。"又曰:"男不封侯女作妃,君看女却为门楣。"其为人心羡慕如此。

《兵车行》和《长恨歌》所描写的是两种反常情况。只有在这些情况下,民间才不禁发出对重男轻女观念的怀疑,而油然生出重女轻男的思想来。这恰恰足以反证重男轻女观念在平素是如何坚牢稳固、不可动摇。事实上,即使在上述反常情况下,民间重女轻男的歌谣和舆论,也主要是怨言和牢骚。与其说是对传统观念的否定,不如说是对黑暗、腐朽现实的批判。

如果说上述妇女观基本上是传统的话,那么唐人对妇女的看法也有一些属于新的、在当时说来具有"近代"意味的东西,那就是公开把妇女当作社会美的载体,而予以钟情、倾心的歌赞。以往当然不是没有这一类的歌赞,但或者把歌赞对象当作单独的个体,或者规模较小,都很难与唐人相比。

唐诗和唐人小说中描写、赞美妇女之美的作品多不胜计,举不胜举,其中固然也有不少含有玩亵轻薄乃至卑鄙下劣的成分,但健康正当者依然居多。而且不管前者抑或后者,都不同程度地反映了把妇女当作社会美载体的观点。

以往,服饰对于妇女来说,主要是身份地位的符号标志[1],

---

[1] 这可以从杜佑《通典》卷62《后妃命妇服章制度》、卷108《开元礼纂类·皇后王妃内外命妇服及首饰制度》等看得很清楚。

现在固然仍旧有这一层含义,但用以美化和装饰的企图却在相当程度上盖过了它。同时,妇女服饰表现出变化迅速、追逐时髦的特点。中唐李华在给自己两个外孙女的书信中提道:"吾小时,南市帽行见貂帽多,帷帽少。当时旧人,已叹风俗。中年至西京市,帽行乃无帷帽,貂帽亦无。男子衫袖蒙鼻,妇人领巾覆头。向有帷帽羃离,必为瓦石所及。此乃妇人为丈夫之象,丈夫为妇人之饰,颠之倒之,莫甚于此,触类而长,不可胜言。"① 几十年间,妇女服饰由帷帽羃离,一变而为貂帽,再变而为领巾,有愈来愈男性化、愈来愈开放之势,而且变化速度很快。

和服饰同样重要的,还有化妆术的发达。唐代女子的化妆包括发饰、面容的修饰等,其中讲究极多。如发饰方面,自唐初起妇女便好高髻,至中唐而有增无已。元稹《李娃行》中便有"髻鬟峨峨高一尺"这样的描写。唐代妇女的化妆术受胡风浸染颇深。白居易《新乐府·时世妆》在描绘了"腮不施朱面无粉""乌膏注唇唇似泥,双眉画作八字低""圆鬟无鬓椎髻样,斜红不晕赭面状"的时髦化妆后,指出"元和妆梳君记取,髻椎面赭非华风"。当时有不少礼法之家曾予以抵制,如西平王李晟家,便严禁"时世梳妆"②,但市井俗流的风气,毕竟是难以阻挡的。晚唐陆龟蒙《古态》诗以女子口吻说道,"古态日渐薄,新妆心更劳。城中皆一尺,非妾髻鬟高",说明此风绵延之久。除高髻外,还有低髻、小髻、侧髻、花髻、椎髻、凤髻、螺髻、

---

① 李华《与外孙崔氏二孩书》,见《全唐文》卷315。
② 见《唐语林》卷1《德行》。

同心髻、反绾髻、抛家髻、乌蛮髻、回鹘髻、归顺髻、闹扫妆髻、丛梳百叶髻、双鬟望仙髻等。与髻有关的发饰还有鬟、鬓以及与之搭配的各种饰物，如梳、篦、簪、钗、耳珰、步摇、翠翘、垂珠、金银宝钿等，乃至直接贴在脸上的"花子"，同样是争奇斗艳、花样百出。

唐代女子化妆术的高明足以令人惊叹。崔令钦《教坊记》有两段记载颇有意思：

> 有颜大娘，亦善歌舞，眼重睑深，有异于众；能料理之，遂能横波，虽家人不觉也。

> 庞三娘善歌舞，其舞颇脚重，然特工装束。又有年，面多皱，帖以轻纱，杂用云母和粉蜜涂之，遂若少容。尝大酺汴州，以名字求雇。使者造门，既见，呼为"恶婆"，问庞三娘子所在。庞绐之曰："庞三是我外甥，今暂不在，明日来书（当）奉留之。"使者如言而至。庞乃盛饰，顾客不之识也，因曰："昨日已参见娘子阿姨。"其变状如此。故坊中呼为"卖假脸贼"。[①]

如此精心而高超的化妆术，竟可以使一个半老妇人变为美貌少女，而且竟然使头一天刚见过她的人根本认不出来，不能不叫人叹为观止。

---

① 此据《中国古典戏曲论著集成》第一册所收《教坊记·补录》。为今本《教坊记》所失载，编者辑自曾慥《类说》卷7。

女子化妆和对服饰的考究，和社会对她们的注视和要求是分不开的。社会上的人们越是把她们当作美的承载物，越是用各种办法欣赏她们、赞美她们，她们越是因此而得到心灵和物质上的满足，也就越能促使她们多方面地去寻求美、创造美，而这似乎也就成了唐代女子的一种社会职责，并且几乎全社会都认同了这一点。

唐人在一年中有许多节日，这些节日的活动内容当然各种各样，但其中往往都含有（即使是并不明确、并不公开承认的）展现和观赏妇女风采的意味。《开元天宝遗事》云，"都人士女，每至正月半后，各乘车跨马，供帐于园圃，或郊野中，为探春之宴"，"长安士女游春野步，遇名花则设席藉草，以红裙递相插挂，以为宴幄，其奢逸如此也"。其实这种春游之所以令人兴趣百倍，原因在于除了可以使人们领略大自然的风光景色，还可以让人自由地欣赏到平日难以看到的许多人文景观，这里就包括妇女对于自身美的展示和人们对于女性美的观赏。

传说杜牧就是一个极端钟爱女性美的诗人，曾经特意到南方的湖州去寻访他意中的美人，结果在平常的日子里一无所获，最后是在州刺史组织的大型游春活动中才终于发现了符合他标准的美丽少女。[①] 杜牧固然是个以风流倜傥著称的文人，曾有过"十年一觉扬州梦，赢得青楼薄幸名"的自白，但在唐代，喜欢女色，利用游春或其他机会接近女性、欣赏女性之美的文人或

---

① 此据高彦休《唐阙史》。这段传说曾被后人反复讲述、引用，可参《唐语林》卷7、《苕溪渔隐丛话·后集》卷15、《唐才子传》卷6等。

非文人,却绝不仅仅是杜牧一人。

杜牧的行为也许还是个人性的,虽然具有一定的典型意义,但唐朝政府所采取的措施可就具有更大、更广泛的社会意义了。《朝野佥载》卷3有云:

> 睿宗先天二年正月十五、十六夜,于京师安福门外作灯轮高二十丈,衣以锦绮,饰以金玉,燃五万盏灯,簇之如花树。宫女千数,衣罗绮,曳锦绣,耀珠翠,施香粉。一花冠,一巾帔皆万钱,装束一妓女皆至三百贯。妙简长安、万年少女妇千余人,衣服、花钗、媚子亦称是,于灯轮下踏歌三日夜,欢乐之极,未始有之。

请看,在元宵节,是由政府组织并花钱让京师妇女化妆打扮了来参加狂欢,这些妇女是打扮得如此之美,无疑大大地增添了节日的光彩与情趣。在这种行动背后就隐含着视妇女为社会美载体的集体意识或集体无意识。

我们说这种意识具有某些"近代"意味,是鉴于它在规模范围和自觉程度上都迥异于前代,而又历经曲折和变异一直流衍至今。尤其值得深思的是,这种意识如今在世界各国(特别是那些所谓经济发达国家)似有愈益强化之势,尽管这些国家往往也是女权主义者及其运动昌盛的地方。

唐人妇女观具有"近代"意味的另一方面,表现在它的开放性。这可能与当时十分密切而频繁的胡汉交往有关。李唐统治集团本来就有胡人血统，而又执行了一套比较开放的民族政策，受胡人生活风习和观念的影响，当时人们尚未被严加束缚和防范的自然人性还能相当自由地呈现和流露，女性的思想和行为也就不像在儒教理学化后的宋代那样受到种种拘禁束缚。

总的来说，唐代妇女在思想、言论和行动上比起前代或后代妇女都要自由一些。虽然她们仍然是生活在一个男性中心社会之中，虽然她们并没有太多机会参与社会活动，尤其是政治活动，但她们确已不是毫无接触公众的机会。她们不但在各种民俗节日，而且在平时也能参加种种娱乐活动；她们可以经商开店成为女老板；可以夫死再嫁而不为耻，甚至在某些情况下能够以自己的力量来捍卫自身利益，而在社会舆论上也还能够得到理解和支持。上述种种妇女较为自由的现象，在别的时代自然也不是全然没有，尤其是在唐以前，但在唐代似乎较为普遍。

自进入以男子为中心的宗法伦理制社会以来，中国妇女的命运是由男子决定的，已婚女子的命运则取决于她的丈夫，唐代自然也是如此。一方面是夫荣妻贵，夫败妇随。如王忠嗣之女王韫秀嫁士人元载为妻，起初元载是一介寒士，韫秀在姐妹中也颇受奚落，随着元载地位的改变，王也显贵起来。元载拜相以后，王成了宰相夫人，曾有一诗题为《夫入相寄姨妹》，题下小注云："载拜相，韫秀衔宿恨，寄姨妹。"诗中发泄了积郁的愤懑："笄年解笑鸣机妇，耻见苏秦富贵时。"可是后来元载在权力斗争中被赐死，王韫秀竟也同时被杀，不但如此，连他们已出家为尼的女儿也被收入掖庭去做了苦工。①这件事固然说明政治斗争无辜株连的可怕，同时也说明妇女命运之不由自主。像这样的例子很多。

另一方面，则是已婚妇女被无故抛弃而无从保护自己。据《唐会要》卷3记载：当唐高宗拟废皇后而立武则天时，朝中大臣群起反对，唯独许敬宗对他说："田舍翁积得十斛麦，尚欲换却旧老妇，况天子富有四海，立一皇后有何不可，关诸人何事，妄生异议！"许敬宗所说的话反映了当时社会相当普遍的现象。这在封建社会中似乎并不为奇。

但值得注意的是，在唐代社会中既存在上述情况，又有着相反的情形，那就是妇女们在一定条件下又能够起来保卫自己的合法权益。而且她们的行动有可能得到成功，并得到赞扬。这就在一定程度上反映了唐人妇女观的开明和通达。

这里试举两例说明之。刘𫗧《隋唐嘉话》卷中：

> 梁公（房玄龄）夫人至妒，太宗将赐公美人，屡辞不受。帝乃令皇后召夫人，告以媵妾之流今有常制，且司空（指房）年暮，帝欲有所优诏之意。夫人执心不回。帝乃令谓之曰："若宁不妒而生，宁妒而死？"曰："妾宁妒而死。"乃遣酌卮酒与之，曰："若然，可饮此鸩。"一举便尽，无所

---

① 请参两《唐书·元载传》及《唐国史补》。范摅《云溪友议》亦载王韫秀故事，谓其为王缙之女、王维之侄女，盖因韫秀诗有"家风第一右丞诗"之句而附会。

留难。帝曰:"我尚畏见,何况于玄龄!"

又如《朝野佥载》卷3:

> 初,兵部尚书任瓌敕赐宫女二人,皆国色,妻妒,烂二女头发秃尽。太宗闻之,令上官赍金壶瓶酒赐之,云:"饮之立死。瓌三品,合置姬媵。尔后不妒,不须饮;若妒,即饮之。"柳氏拜敕讫,曰:"妾与瓌结发夫妻,俱出微贱,更相辅翼,遂至荣官。瓌今多内嬖,诚不如死。"饮尽而卧。然实非鸩也,至夜半睡醒。帝谓瓌曰:"其性如此,朕亦当畏之。"因诏二女令别宅安置。

这两个例子有不少相同之处,除了有美化唐太宗之嫌外,都着力刻画了两位夫人的所谓妒忌。然而在我们看来却正好写出了她们不畏皇权、勇于捍卫自身利益的精神。而从记录者的笔调来看,他们强调了两位夫人行为的合理性和正义性,显然是给予充分同情和肯定的。

在唐代文学作品中,不但与以往一切正直进步作家的作品一样,处处流露出对妇女不幸命运的关注和哀悯,而且比以往任何时代的作家都更热情地赞美歌颂着女子的聪明才智、顽强的毅力和高尚的心灵。尤其值得注意的是,在许多作品中,女子的形象甚至比男子更为高大,她们不再是无所作为、任人摆布的弱者。她们不做便罢,若做,就要做出惊世骇俗、震撼人心乃至惊天动地的事来。

　　武侠小说是唐人在以往史书游侠传和大量民间传说基础上的新创造，对后世影响极大。有意思的是，它的主角竟多为女子。直至今日依然魅力不减的《红线传》《聂隐娘传》就描写了两个武艺超群、胸襟不凡的女侠。她们不但做到了一般男子所不可能办到的事，而且她们以自己的侠行给广大百姓带来了好处，功成之后她们又飘然而去，更显示了超凡脱俗的胸怀。两篇小说的作者在笔下情不自禁地表现出对这种女性的赞美和崇敬。比这两篇小说更早，中唐著名传奇作家李公佐的《谢小娥传》，实际上也是写了一位富有侠性和血气的奇女子，她完全依靠自己的力量杀死强敌，报了血海深仇。虽然由于时代的局限或者出于有意的曲笔，作者在文末把谢小娥行为的意义归结为"贞节"，但作者那种倾心的、几乎是无保留的歌颂却溢于言表，给人印象极深："如小娥，足以儆天下逆道乱常之心"，"知善不录，非《春秋》之义也，故作传以旌美之"。谢小娥故事是如此吸引着唐代传奇作家，隔了好多年，另一位有意琢磨小说艺术的作家李复言，又用同一题材写出了异曲同工的《尼妙寂》。这些作品表现了男性作家心目中的理想女性，也可以说是表现了他们关于女性理想的一个侧面。

　　唐人的妇女观就是这样一种羼杂着传统观念、外来影响和"近代因素"的混合体。传统观念构成了内在基础，而外来影响和"近代因素"则给予了它外在的特点与色彩。唐代妇女生活和习俗的种种表现都与此有关。我们在以下的论析中，或许有所侧重，对能够反映唐人特殊风采的民俗生活给予更多注意，也可能不一一指出这些民俗风习中所包含的传统因素，但实际上这却是不言而喻的，因为传统从来不是死东西，它就存在于现实生活之中。任何现实的民俗生活必然是旧传统在新的时代条件下的变异了的再现，而它本身又形成或就是一种传统。

二、唐代妇女的一生

> 无忧无虑的女童时代 —— 忧惶不安的待嫁少女 —— 女子教育略说 —— 女子一生的关键：婚嫁 —— 老女不嫁竟成风俗 —— 诗人的不平 —— 孝、节、义烈：世俗对已婚妇女的要求 —— 弃妇 —— 思妇 —— 闺怨文学的民俗背景

这一章，我们要简略地叙述唐代妇女一生的几个阶段。人的一生如何度过，这是一个颇具民俗学意义的问题。在不同国度、不同民族、不同的民俗圈里，可以有很大的不同。当然，在这里也就存在着传统与当代现实的统一，即有些方面与传统一致，有些方面却较多地体现出变异。

与迄今为止每一个时代的妇女一样，唐代妇女的一生也可以以婚前、婚后加以区分。

婚前，从出生到十四五岁，是幼年至少女时期。在这个阶段，只要家境不是十分贫寒，那么她的生活一般都会是无忧无

虑的。大诗人李白的《长干行》是描写少女生活的一首杰作，它把一个女孩子从幼童到少女的变化写得活灵活现："妾发初覆额，折花门前剧。郎骑竹马来，绕床弄青梅。同居长干里，两小无嫌猜。"这就是俗语"青梅竹马"的出处。在这个年龄段，男女童子是可以交往的。这个女孩十四岁嫁给了她童年的游伴，"十四为君妇，羞颜未尝开"，从此开始了人生的另一段路程。晚唐诗人李商隐有一首《无题》诗，也很好地描写了女孩子出嫁前的这段日子：

> 八岁偷照镜，长眉已能画。十岁去踏青，芙蓉作裙衩。十二学弹筝，银甲不曾卸。十四藏六亲，悬知犹未嫁。十五泣春风，背面秋千下。

很多研究者以为此诗有所寄托，这个姑且不论，就把它当作写实之作也极为精彩。唐诗文中还有不少类似作品，如施肩吾的《幼女词》："幼女才六岁，未知巧与拙，向夜在堂前，学人拜新月。"写出了幼女天真的稚态。又如权德舆描写七夕夜晚，几个小外孙的诗，也颇能见出小女孩们的快乐生活。敦煌曲子中，有《百岁篇》一种，共十首，以十岁为单位，描述女子的一生岁月。其开篇云："一十花枝两斯兼，优柔婀娜复嬚孅。父娘怜似瑶台月，寻常不许出朱帘。"①这情景正如后世俗语所

---

① 见任半塘《敦煌歌辞总编》下册，第 1315 页。据 S.2947、S.5549、P.3821、P.3168 引校，上海古籍出版社 1987 年。

说，女儿在娘家时，无不如"掌上明珠"一般。

但女孩儿到了十四五岁，所谓年将及笄之时，生活就发生了很大变化。这时她们告别了童年，被告知必须讲究男女之别了，她们成为待字闺中的大姑娘，需要更多地学习妇德、妇言、妇容和妇功，为将来出嫁为人妻、为人母做好准备了。因此，她们便必须"藏六亲"，即使同一家族的男子也不能随便见面。她们对于自己的婚姻、未来的夫婿没有自由选择权，将来遇人如何完全没有把握，根本难以预料。一切都在父兄的掌管之中，所以便会出现背人暗泣的情况。

中国自进入以男子为中心的宗法伦理社会，甚至直到今天的某些地方，都存在着这样的观念：女儿是人家的人。这个观念不是凭空产生的，因为以男子为中心的宗法伦理制度，规定了女子的附属地位。女子出嫁后不但必须生活在夫家，而且必须彻底成为夫家的人，甚至夫家的鬼，必须无条件地、自觉全面地为夫家的利益考虑乃至献身；而对于娘家则基本上就脱离了关系，也不承担什么义务（当然，这里也是千差万别，不可一概而论；至于女儿对于娘家从感情到行动的种种联系，更是割不断的）。也就是说，从传统的道理上和基本事实上说，女儿出嫁之后，确实是成了人家的人。这种情况，只有在社会伦理制度发生变化时才会有所变化。例如，目前的中国大城市里，新婚夫妇独立安家的情况增多，妻子必须成为夫家的人并为夫家尽责的观念，就大大地淡薄了，自然也就不能再说什么女儿是人家的人了。但在唐代女子还不可能有如此的地位，她们在长成以后就不得不考虑成为人家的人的事。这对她们来说无疑是一件性命攸关的大事，即通常所说的终身大事。这时她们对于夫君如何，姑嫜（公婆）如何，姑嫂妯娌又如何，对于将来的生活状况、人际关系等自然极为关心甚至担心。因为一切都是未知数，一切都在别人的掌握之中，自己没有任何的主动权。

于是，婚姻前定的思想，便很自然地发生了。关于此点下面一章将专门论及，这里暂且不谈。这里要插叙一段有关女子文化教育的民俗。

上面讲到女孩到十四五岁，一般家里都会在德、言、容、功等方面加强对她们的教育。这里，当然也包括文化知识，如识字、读书、记数、算术等方面的教育。

事实上，中国自古重视儿童的文化教育，唐代科举取士制度对此更有很大促进。但这主要是针对男童而言，对女童并无严格明确的要求。由于普遍的重男轻女思想，对女童的文化教育固然也抓，但大抵比较宽松，尤其是广大农村劳动阶层，生活担子重，对女童文化教育往往更为忽视。

能够受到一定的文化教育的女童，多数出身于仕宦或耕读之家，或以工商技艺为业的城镇人家。她们不但认字读书，而且能够吟诗作文，或者掌握某种音乐舞蹈技艺，有的甚至可以达到相当高的水准。像著名的女诗人鱼玄机、薛涛是如此，李商隐笔下的仲姊和柳枝姑娘也是如此。柳枝出身商贾之家，自小喜爱并善解诗歌，听人朗诵义山《燕台诗》而萌生对作者的爱意。李商隐属仕宦之家，其仲姊则是"生禀至性，幼挺柔范，潜心经史，尽妙织纴。钟、曹礼法，刘、谢文采，顾此兼美，自乎生知"。[①] 不是一般的断文识字、知书达礼，而且是"潜心经史"，不是一般的能够执笔为文，而是具有古才女（刘孝绰之妹和谢道韫）那样的文采，这里也许不免过誉，但她们的文化水平毕竟已到较高水平。这自然应是幼学的结果。

唐朝宫廷中的许多妇女是有文化的。初唐的上官婉儿是其中的佼佼者。她"有文词，明习吏事"，在中宗朝曾"专掌制命，深被信任"，至于在宫廷游宴中操刀代笔，替帝后公主作诗或被任为诗歌优劣之裁判官，更是她著名的文学逸闻。正史里，上官婉儿虽属政争中被诛的逆臣，但她的文学造诣，却是众所公认的。[②]可见，她虽然从襁褓时就与母亲郑氏一起被没入掖庭，但幼时的教育却并未被耽误。

唐正史有载的宋若昭姐妹也是唐人重视女子教育的好例。宋若昭在两《唐书》均有传，她是女学士、尚宫，即宫中女官，从大范围来说，也属于皇帝的嫔妃，但又有一点特殊。

宋氏姐妹五人，父亲宋庭芬从小重视她们的教育。"始教以经艺，既而课为诗赋，年未及笄，皆能属文。"看来这位老宋先生是把女儿当儿子教育的。在大姐（若莘）、二姐（若昭）带领下，姊妹五个读书都很好，而且都表示"誓不从人，愿以艺

---

① 李商隐《请卢尚书撰李氏仲姊河东裴氏夫人志文状》，见《李商隐文编年校注》，第798页，中华书局2002年。
② 请参《旧唐书》卷51、《新唐书》卷76，及张说《唐昭容上官氏文集序》，见《全唐文》卷225。

学扬名显亲"。她们崇羡孔学,在闺中模仿师徒问答的形式写了《女论语》十篇,"悉以妇道所尚",若昭更为之做注解,"皆有理致"。她们在地方上出了名,事迹被报到朝廷。于是唐德宗"俱召入宫,试以诗赋,兼问经史中大义,深加赏叹"。因为欣赏五姐妹的"节概不群",称她们为"学士先生",而"不以宫妾遇之"。从德宗直到文宗,历经五朝,一直让她们掌管宫中记注簿籍,担任后宫嫔嫒、诸王、公主、驸马之师,对她们敬重有加。① 这说明宫廷的管理是需要有文化有知识的妇女参与的。宋家姐妹的事迹上了史书,主流文化借她们的经历所宣扬的是女子读书有用的示范作用,其用意和效果都是无可置疑的。宋女故事在民间也会有一定的影响,虽然她们只是一种特例,但至少可对女子无须教育、读书无用的观念,产生小小的动摇力。

从近年出土的一些唐人墓志,也能了解到,唐时民间确实是以女子具有较高文化程度为美、为好,既为人所夸赞,亦为人所歆羡。

墓志写于人物去世之后,一般又是墓主的亲朋好友所写,故必多谀美之词,而其选择的谀美内容往往颇能反映社会伦理和民俗好尚,值得玩味。对于女子,多数是从妇德着眼,称赞她孝顺公婆,服从丈夫,善待姑嫂妯娌及后辈,持家清俭静好,等等,多数近乎套话,实为说教,而从有文化、能诗赋角度来观察和赞誉的,却并不普遍。这实际上反映了两方面的问题,或者是此女本身文化状态确实乏善可陈,或者墓志作者对妇女

---

① 见《旧唐书》卷52、《新唐书》卷77。

文化能力本就不甚关心。所以，那些着重落笔于文化以赞美墓主者，自就显得别致，使读者眼目一亮，给予格外重视。

今以《唐代诗人墓志汇编》为据，略采数例，并做说明。此书收有女诗人墓志若干，前面已提到的上官婉儿、宋若昭等均在列，兹不再举。仅举附于其夫，而本人在文学史上并无诗文之名的女子为例，来看墓志作者是如何称赞她们的文化而曲折透露民俗心理的。

最突出而典型的恐怕要算刘应道妻李婉顺的墓志了。李婉顺的身份有点特殊，她是被李世民在玄武门之变中杀死的兄长、太子李建成之次女。她的身份乃是太宗嫡亲侄女。这篇墓志的作者是其夫刘应道。[①] 刘应道因妻子身份，一生仕途坎坷，晚年稍稍改善，两《唐书》均无传，且无论他本人的墓志，还是其妻墓志，都在政治态度上表现出明显禁忌。所以刘应道为妻子撰写墓志时，他对妻子的赞美，主要便落墨于她的文才：

> 少而志学，及长逾励。壸务之余，披省无辍。虽名家之说，未足解颐，而历代之事，其如抵掌。至于艺术方技，咸毕留思；诸子群言，鲜或遗略。雅好文集，特加钦味。每属新声逸韵，无亏鉴赏。至若目见心存，耳闻口诵，始窥文而辩意，未终篇而究理。与仆并驱于畴昔，余每有愧

[①] 唐人妇女墓志多有丈夫亲自执笔者，从《大唐刘应道妻故闻喜县主墓志》的行文看，作者即其夫刘应道。此志见吴钢主编《隋唐五代墓志汇编（陕西卷）》第三册，这里转引自胡可先《唐代诗人墓志汇编（出土文献卷）》，第55页，上海古籍出版社2021年。

焉。及陈废兴，叙通塞，商榷人物，综核名理，抗论发辞，莫不穷其指要，实有大丈夫之致，岂儿妇人之流欤！

称赞她读书多、颖悟、见识高，归结为有男子气度。请注意，在文化方面（不论读书写字、诗词文赋）方面，如果说一个女子可比男子，这应该是对她高度的肯定与赞扬。这里就渗透着深入骨髓的"女不如男"的民俗心理，古今几乎一样。另外就是称赞她的谨慎和严于律己。她的身份和环境固然迫使她不得不谨小慎微，而她文才和学力如此，却绝不扬才露己，应该还有从小受到良好教育的缘故。而刘应道之所以大力称赞她的文才学力，甚至以"大丈夫"誉之，既是为了规避政治的迫害，又为与普遍的民俗心理合拍，以此博得众人的同情和好感。

民俗心理钦敬读书人，包括女性读书人，在唐人墓志中还有一些例证。如《刘宪妻卢氏墓志》云：其"七岁读《女诫》《女仪》，一览便诵，闻见之者无不惊叹，识者目为女神童矣。九岁授《论语》《孝经》，兼及《诗》《礼》，暂经于目，必记于心。颇属文藻，尤工篆隶"。卢氏启蒙读书的时间和读物，其学习的进阶步骤，都讲得很明白。正因为基础扎实，后来她就非常善于教育后辈："训导子侄，必先直道，然后督以文学之资，励其清白之操。"①

---

① 《唐故太子詹事刘府君故夫人范阳郡夫人卢氏墓志铭》，转引自胡可先《唐代诗人墓志汇编》，第104页，上海古籍出版社2021年。

韦应物为其妻元蘋所作墓志也涉笔提及"小女年始五岁，以其惠淑，偏所恩爱，尝手教书札，口授《千文》"，可见其家对女孩同样很早进行启蒙教育。①

柳宗元为其一位三十一岁就去世的侄女所撰墓志，特别提到她"三岁知让，五岁知戒，七岁能女事。善笔札，读书通古今，其暇则鸣丝桐、讽诗骚以为娱"。李师稷为其妹所撰的墓志记载她幼年故事："垂髫岁尝从先夫人至诸兄肄业之所，闻讽咏先王之书，鼓箧孙志之道，盘旋函丈，如不欲去，先夫人奇之。异日令读毛苌《诗》，刘向《列女传》，日进数十百言，循览才二三遍，覆视之，累累如贯珠，铿然在耳。至十余岁，班范汉史、古今文集皆窥涉焉。我先人爱之不足，数流叹曰：'惜不为儿，光昭祖业，当择士之良者许委禽焉。'"②

这两位墓志作者显然很重视墓主的文化修养。这固然与他们本人的价值观有关，也切合了民间歆羡文化的心理。

既歆羡物质财富，也歆羡文化财富，这是唐人普遍的民俗心理，也是我们民族民俗传统的一个重要侧面。这种心理在不同时代不同条件下会有种种不同形式的表现，而其正负两面的影响和作用更会有很大不同，这里暂不展开，但值得我们进行认真的辩证思考。

在唐代，女孩儿长到十四五岁左右就到了关键时刻，很多人的一生命运就决定于此时。

---

① 见《唐代诗人墓志汇编》，第244页。
② 同上书，第297页。

杜牧《张好好诗》里写到的张好好，是十三岁时成为歌女的。"好好年十三，始以善歌来乐籍中"，不用说，这时她已经离家外出自谋生路了。"后一岁，公（沈传师）移镇宣城，复置好好于宣城籍中。后二岁，为沈著作述师（传师之弟）以双鬟纳之"，也就是说，好好十六岁时由歌女（入籍的官妓）变成了官僚的小妾。《杜秋娘诗》的主角也是如此："杜秋，金陵女也，年十五，为李锜妾。"杜秋和好好的出身可能都不太高，所以一开始便入籍为妓或为人小妾。也有比她们幸运的，如谢小娥年十四嫁为商人之妇（李公佐《谢小娥传》），田家女杨恭政十八岁嫁同村王清（李复言《续玄怪录》）。在贵族中婚嫁年龄要稍早些，张鹫《游仙窟》所写的两个贵族女子十娘、五嫂都是死了丈夫的寡妇，她们的情况是"儿（十娘）年十七，死守一夫；嫂年十九，誓不再醮"。

李商隐的《柳枝诗》写一个商人女儿的命运：

> 柳枝，洛中里娘也。父饶好贾，风波死湖上。其母不念他儿子，独念柳枝。生十七年，涂妆绾髻，未尝竟，已复起去，吹叶嚼蕊，调丝擫管，作天海风涛之曲，幽忆怨断之音。居其傍，与其家接故往来者，闻十年尚相与，疑其醉眠梦物断不聘……

柳枝的出身很一般，父亲又早死，根据李商隐的描写，她又是一个被宠惯得相当任性的姑娘，她是那样天真而富于文艺气息，在一般人眼中，她的许多行为甚至不太好理解，所以到了十七岁还没有人家来下聘提亲。这在当时的习俗来说，就是相当晚的了。但柳枝对自己的婚事似乎并不是没有考虑，她平时爱好诗歌，有相当高的鉴赏力，所以当她听到李商隐的《燕台诗》，便被深深感动，并对诗人产生了由衷的好感。通过诗人好友的帮助，她有意结识李商隐，主动提出约会。应该说，在今人看来，这是一个勇敢的、很可能对两个人的一生都会发生决定性影响的行动。但唐代的社会阶层分隔与今不同，事实上，后来他们的约会没有实现，下一步的问题更无从谈起。李商隐离开洛阳赴京赶考去了，而柳枝也于不久以后"为东诸侯取去矣"，也就是像张好好和杜秋那样去做了歌女或小妾。所谓"东诸侯"就是在东部某道任节度使、观察使之类的大官。柳枝此后的命运不得而知，大概也不会比好好和杜秋更好。

不过，在唐代的习俗中，一般女子到十七岁才出嫁还算是正常的。李复言《续玄怪录》中有一篇《定婚店》，讲到月老对男主人公说："君之妇，适三岁矣。年十七，当入君门。"可见，其时女子十七岁结婚大概是一般情况。

虽说十七岁结婚，但结婚前的一系列准备工作也需要时间，因此议婚年龄实际上还要早得多。而如果过了这个年龄尚未议婚，到了十八九岁或者二十岁左右还待字闺中，那就属于老大难问题了。由于当时的结婚并不是简单的男女结合，而要受到家族、社会的种种制约，社会地位、经济状况甚至家族姓氏都是需要考虑的因素，所以"老女不嫁"的情况在当时并不少见。

对于民间的婚嫁事务，唐朝政府是十分关注的，因为这是保证社会安定、人口增殖和国力强盛的一大关键。与闺有怨女紧相联系的，是野有旷夫。社会上无力嫁娶、不得归宿的人多了，不安定因素便严重增加。处于婚育年龄的男女不能正常结合，便也不能正常繁衍后代。这对国家所需要的劳动力、战斗力，无疑极为不利。所以唐朝廷从一开始就密切关注这个问题，想用官方的力量控制和干预民间的婚嫁事务，曾为此发布过一系列诏令。如太宗贞观元年（627）就有诏："……其庶人男女无室家者，并仰州县官人，以礼聘娶，皆任其同类相求，不得抑取。男年二十、女年十五已上，及妻丧达制之后，孀居服纪已除，并须申以婚媾，令其好合。若贫窭之徒，将迎匮乏，仰于亲近乡里。富有之家，裒多益寡，使得资送。……刺史、县令以下官人，若能婚姻及时，鳏寡数少，量准户口增多以进考第。"① 唐玄宗开元二十二年（734），亦有同类诏敕颁布。

当然，这类诏敕的存在，既说明唐朝廷对民间婚嫁之事的重视，也证实了民间男女婚嫁失时现象的严重和普遍。"老女不嫁"似乎始终是唐代社会的一大难题。

许多诗人写过反映这种社会问题的作品，从中可以看出，贫穷和劳动力的缺乏是造成老女不嫁现象的重要原因。诗人杜甫大历元年（766）漂泊至夔州时曾写了一系列反映当地民情风俗的诗，其中就有一首叫《负薪行》，集中描写由于战乱造成农

---

① 见《唐会要》卷83《嫁娶》。

村凋敝、男丁稀少而给妇女带来的痛苦，非常突出地揭示了当地严重的老女不嫁问题：

> 夔州处女发半华，四十五十无夫家。更遭丧乱嫁不售，一生抱恨堪咨嗟。土风坐男使女立，男当门户女出入。十有八九负薪归，卖薪得钱应供给。至老双鬟只垂颈，野花山叶银钗并。筋力登危集市门，死生射利兼盐井。面妆首饰杂啼痕，地褊衣寒困石根。若道巫山女粗丑，何得此有昭君村？

这里的女子不是十四五岁议婚、十六七岁出嫁，而是"四十五十无夫家"，而且这种情况不是一个两个，已经形成了一种极普遍的现象，以至被视为当地的风俗（宋人黄鹤注杜诗就说此诗乃老杜"初至夔州时见其习俗而作"），可见其情况之严重。在这里，妇女的地位本来就低，负担本来就重，即使出嫁，过的也是极艰辛的日子，但现在的情况是连出嫁都办不到。她们当然并不是不想出嫁，也不是不爱美，不懂得打扮自己，更不是没有正常的人的要求。她们的终生未婚，完全是客观条件不允许所造成，是完全违背她们自己意愿的。因此这种痛苦无疑是更深、更具非人道性质的。

中唐诗人元稹也有一首《织妇词》云：

> 织妇何太忙，蚕经三卧行欲老。蚕神女圣早成丝，今

年丝税抽征早。早征非是官人恶,去岁官家事戎索。征人战苦束刀疮,主将勋高换罗幕。缲丝织帛犹努力,变缉撩机苦难织。东家头白双女儿,为解挑纹嫁不得。檐前袅袅游丝上,上有蜘蛛巧来往。羡他虫豸解缘天,能向虚空织罗网。

这里所写的"东家双女儿",直到头白都未能出嫁,就因为她们穷苦,因为家中需要她们养蚕、缲丝、织帛以应付官家的赋税。家里的男子都到哪里去了呢,诗中表明,他们都被征调去打仗了。诗人与杜甫一样,眼光并未仅仅局限于老女不嫁现象,而是把它看作一系列社会问题中的一个。这样,他的笔触便从民间习俗伸向了更深层的社会问题,揭示得也就更有力。

类似的作品在唐诗中很多,如司马扎的《蚕女》、邵谒的《寒女行》、薛逢的《贫女吟》和李商隐的《无题》("何处哀筝随急管")等都不同程度地触及了老女不嫁的主题。这几位诗人还不约而同地将老大不嫁的贫女与及笄而嫁的富女对比着来写,从而写出了贫女内心深深的痛苦和不平。"寒女命自薄,生来多微贱。家贫人不聘,一身无所归。……青楼富家女,才生便有主。终日著罗绮,何曾识机杼?"两种人家的女儿命运遭际是如此不同,难怪贫女要发出这样的感慨:"清夜闻歌声,听之泪如雨。他人如何欢,我意又何苦?所以问皇天,皇天竟无语。"[①]

有些作品虽未具体去写老女不嫁的原因,却更深入地表现

---

① 邵谒《寒女行》,见《全唐诗》卷605。

未嫁老女的复杂心理，字里行间充满了同情：

> 何处哀筝随急管，樱花永巷垂杨岸。东家老女嫁不售，白日当天三月半。溧阳公主年十四，清明暖后同墙看。归来展转到五更，梁间燕子闻长叹。

> 蓬门未识绮罗香，拟托良媒益自伤。谁爱风流高格调，共怜时世俭梳妆。敢将十指夸纤巧，不把双眉斗画长。苦恨年年压金线，为他人作嫁衣裳。

这两首诗，前者是李商隐的《无题》，后者是秦韬玉的《贫女》，历来不少人认为是有寄托之作，是以贫女比拟贫士，比喻自己才高位低，而另一些门第高贵却缺乏才能者仕途倒很坦易，对此流露出歆羡和不满交织的心情。但这是研究者根据两位作者的身世经历分析出来的，即使确与诗人原意暗合，毕竟也是第二义。诗面所写明明白白还是老女不嫁的痛苦。李商隐写得还比较含蓄，只是说东家老女见到别人出嫁而失眠，秦韬玉则让那位蓬门女发出了直截了当的不平之声。

还有一位诗人王贞白，作《妾薄命》，更由此而触及"妇德"问题：

> 薄命头欲白，频年嫁不成。秦娥未十五，昨夜事公卿。岂有机杼力，空传歌舞名。妾专修妇德，媒氏却相轻。

这首诗不但写出了事实，吐露了不平，而且深入到女子心中，对世俗要求于她们的所谓"妇德"提出了怀疑，为什么"专修妇德"、勤劳肯做的女子反而被做媒的瞧不起呢？看来对于一个妇女来说，妇德的好坏显然并不像世俗所说的那么重要。决定她们能否获得幸福的，似乎是另一些与妇德并无关系的外在条件。这就从切身感受出发，一定程度地揭露了当时婚姻习俗的弊病和世俗妇德观的虚伪性。

一般少女十四五岁议婚论嫁，十六七岁于归夫门，可以说是唐代妇女的普遍情况，自然这也就是一种民众认可的习俗。因此，老女不嫁便可以说是一种违反习俗的现象。这种现象在当时人们心目中，是被视为不正常的。因此对于过了婚龄而不能嫁人的老女，人们是给予同情的，而对于造成这种现象的社会原因，诗人们便加以揭露和鞭挞。把众多诗人的作品汇总起来看，我们又可看到，唐代不少地方老女不嫁的现象相当严重。由于此类情形很多，以至习以为常，甚至被认为是当地的一种习俗。这种所谓习俗，是无可奈何的产物，与前面那种一般的、正常的习俗是不可相提并论的，即使在当时的人眼中也是应当改变与革除的。

毫无疑问，结婚成家无论对于男女来说，都是人生中的一件大事。而对于女子，嫁人更是一桩关系一生幸与不幸，可以说是性命攸关的事。因为即使在社会风气比较开放的唐代，妇女的易婚改嫁也并不是那么简单（寡妇再嫁另当别论）；再说，即使获得了这种权利和机会，第二次婚姻是否一定比前一次好，也无从把握。历代妇女，包括唐代妇女都十分重视和珍惜自己的婚姻，是很自然的。

婚后的妇女，所过的生活是因人而异的，这主要要看她嫁到了怎样的家庭之中。她们的生活环境同时也就是一种民俗圈。本篇下面所列各章，如唐宫与贵族妇女、市井及劳动妇女、妓女等，实际上就是依照她们各自所处的不同民俗圈来划分的。关于她们各自生活的民俗特征，留待下面再说，这里先论述当时民俗对婚后妇女的一般要求。在传统的眼光中，婚后妇女的主要职责是相夫教子，而一般习俗也就要求她们成为贤妻良母。

敦煌遗书P.2633、S.4129等卷子，题为《崔氏夫人训女文》，是女儿出嫁时母亲的嘱咐。母亲对女儿说："教汝前头行妇礼，但依吾语莫相违"，"若能一一依吾语，何得翁婆不爱怜"。那么，作为一个新媳妇，究竟要注意些什么事呢？大致是多思少言，不要像在娘家那样随便，那样撒娇："外言莫向家中说，家语莫向外人传。姑嫜共语低声应，小郎共语亦如然。"此外，就是要"上和下睦"，搞好与诸房叔伯妯娌的关系。尤其要服侍好丈夫："夫婿醉来含笑问，迎前扶侍送安眠。莫向人前相骂辱，醒后定是不和颜。"总之，是要温顺贤惠。这是对于妇德的具体化。

无论是历代正史，还是民间口碑，都存在着许多作为典范的妇女形象，从著名的周太姜（周太王之妃、王季之母）、太任（王季之妃、周文王之母）、太姒（文王之妃，武王、周公之母）到孙叔敖母、柳下惠妻、梁鸿之妻孟光，以至晋代的陶侃母,唐代的太宗皇后长孙氏以及李景让母、崔玄晖母,等等,可谓举不胜举。这些妇女由于并不属于同一个阶级或阶层,因此具体的作为各不相同,但有一点是相同的,那就是她们基本上都是按照传统的伦理道德规范行事,也就是她们都在不同程度上成了传统妇德的楷模和典范。比如,根据刘向《列女传》所载,周太姒的主要事迹是:"思媚太姜、太任,旦夕勤劳,以进妇道。……生十男……诲十子,自少及长,未尝见邪僻之事。及其长,文王继而教之,卒成武王、周公之德。"从这段不长的话中,可以体察到传统观念中妇德的具体要求,她们必须敬老,做事必须勤快并且任劳任怨,必须多生儿子并且善于教子。如果儿子当中有人取得大的成就,那么做母亲的便也随之荣耀。太姒不但生了十个儿子,而且其中老二姬发做了国王(周武王),老三姬旦成了人臣的完美典范,两人在灭殷建周、发展国家方面都取得极大成就,从而被称为圣人。他们的母亲当然也就是最成功的妻子、最光荣的母亲。

这种情况在唐代也没有改变。长孙皇后恪守妇道不肯与闻政事,又时时有意抑制戚党并曾谏阻唐太宗一时怒起要杀直臣魏徵的念头,因而得到很高的评价。《旧唐书》和《新唐书》都有《列女传》,前者记载了三十一位,后者记载了四十七位女子的事迹,都是在当时"尤显行者",如做简单分类,大体有这样几种类型:

一种是孝妇,或孝于父母,或孝于舅姑,也包括能与娣姒妯娌和睦相处之类。

一种是节妇，或夫死不嫁、守节终生，或临危不惧、敢于抗拒强暴，以至于死，也就是所谓贞节。

再一种是义烈之妇，她们的表现不是"孝""节"二字所能概括的，其所作为难度也更大。如有的是为受冤遭屈的父、祖向朝廷申诉，终于讨回公道；有的是为报仇雪恨而吃尽苦头，终于手刃仇敌，而又到官自首；有的是忠于故主，为养育遗孤成人而耗尽自己一生。这样的妇女在民间往往得到更高的褒赞。曾被小说家李公佐写入传奇《谢小娥传》的女主人公，就是如此。《新唐书》作者将其收入《列女传》中，也说明了史家（代表官方和社会主流文化）对于民间舆论的认可。两《唐书》中还记述了几个所作所为更加轰轰烈烈的女子，她们超越上述所有人物之处，在于其所作所为已远远不是局限于个人和家庭的恩怨利害，而具有更广泛而深刻的社会历史意义。例如，赵州刺史高叡之妻秦氏，在突厥可汗的威胁利诱下鼓励丈夫誓死不降，结果双双殉国；平州刺史邹保英之妻奚氏，在契丹入侵时，率家僮女丁助夫守城；飞狐县令古玄应之妻高氏，在突厥来寇时，助夫固守；在安史之乱中又有卫州女子侯氏、滑州女子唐氏、青州女子王氏等歃血赴行营参与讨贼；项城令李侃之妻杨氏，当叛镇李希烈来攻时，劝阻欲弃城逃跑的丈夫，并积极帮助他组织抵抗，自己也入伍为炊，激励士卒；等等。

《新唐书·列女传》的小序写得很有意思，可以说是分层次地反映了当时社会对于妇女的要求，实际上也就集中地反映了当时的民俗心理。那段话是这样的：

>女子之行，于亲也孝，妇也节，母也义而慈，止矣。……

这是说的对妇女的一般要求，婚前要孝，婚后除了对长辈的孝以外，又加上对丈夫的忠诚，即贞节和对子女的慈爱。这是一个层次，基本的、普遍性的层次。接着又提出了更高的实践标准：

>……至临大难，守礼节，白刃不能移，与哲人烈士争不朽名，寒如霜雪，亦可贵矣。

这是另一个层次，一个更高更理想的层次，女子如果做到了这些，那么在民众心目中也好，在官方和主流文化里（史官笔下）也好，都同样可以成为与哲人烈士比美的了不起的豪杰。当然，能够做到这些的或有机会表现出这些的女子只能是少数，所以也就愈显可贵。但我们在唐人的野史笔记中还是可以找到不少材料，这里不能赘述，仅举一例以概其余。

《朝野佥载》卷3有一条记载监察御史李畬母亲教子廉洁的故事：每次李畬领回禄米，老太太都要亲自称量一下，一次量后发现多了便认真查问。手下人说，御史的禄米多一点不算什么。老太太又问，送米的车脚钱是多少？手下人回答，御史的差事向来不给钱。李畬母亲很生气，儿子回来后狠狠地批评了他，要他马上退还多领的米并付清车脚钱。李畬不打折扣地执行了，在众御史中引起了良好反应。后来，《新唐书》的编者把李畲母亲的事迹收入了《列女传》，至于没有收入正史的类似事例还有很多。

唐代女子在婚前有一个老女不嫁的严重问题，以至形成了一种与一般民俗对立的违背人道和常情的习俗。这在文学中，便形成了常见的旷女主题。而在婚后的生活中则有一个与此不同却又有点类似的问题，那就是被丈夫抛弃或丈夫外出久久不归、让她们苦苦等待盼望的痛苦。这就是唐代文学、特别是诗歌中反映得相当多的弃妇和思妇主题。三种主题合起来就构成了闺怨文学的主体。

许多诗人都写过这方面的作品，如李白、顾况、刘言史、孟郊、刘驾、曹邺等都有弃妇诗。白居易《新乐府》诗中的《太行路》一首更"借夫妇以讽君臣之不终"。这首诗的中段写到了古代最常见的"色衰爱弛"现象：

> 与君结发未五载，岂期牛女为参商。古称色衰相弃背，当时美人犹怨悔。何况如今鸾镜中，妾颜未改君心改。为君熏衣裳，君闻兰麝不馨香。为君盛容饰，君看金翠无颜色。行路难，难重陈，人生莫作妇人身，百年苦乐由他人。

虽然白居易的用意在于借此讽谏帝王不要反复无常，对臣子不要"朝承恩，暮赐死"，但他所赖以阐明题旨的比喻本身却非常精彩地描述了妇女婚后生活中的最大威胁。从那么多诗人涉笔这个主题的情况来看，唐代的弃妇问题是相当严重的；而许多妇女的被抛弃,原因盖在于男方的变心,妇女一般是处于被动地位的。

顾况的《弃妇词》以女子口吻自述婚后生活、被弃后的处境和痛苦心情:"古人虽弃妇,弃妇有归处。今日妾辞君,辞君欲何去。本家零落尽,恸哭来时路。忆昔未嫁君,闻君甚周旋。及与同结发,值君适幽燕。孤魂托飞鸟,两眼如流泉……及至见君归,君归妾已老。物情弃衰歇,新宠方妍好。拭泪出故房,伤心剧秋草……"她的悲伤是有原因的,她不仅为以往的等待而悲,更为今后生活的无着落而悲,一个被丈夫抛弃的、已不年轻的女子,连个亲戚都没有,该怎样活下去?她不能不发出这样凄凉无奈的叹息:"余生欲有寄,谁肯相留连?"但是,不管她将来的日子会如何,她必须马上离开丈夫的家则已成定局,临走之前,她只能悲愤地向同样是女人而且已经长大的小姑道别,并告诫她、祝愿她"莫嫁如兄夫"!

这是一首极富民俗意味的作品,它让我们看到唐代妇女婚后生活境遇的一个重要侧面。她们往往先是漫长地等待,在孤寂的、无援的情况下独力支撑着家庭,而等她们年老色衰以后,却被丈夫抛弃,或者即使不被抛弃,也会由于丈夫的感情转移而失去以往的地位。顾况这首诗把这两种情况都写到了,有的作家则更多地把注意力投向对思妇心态的探索。

凡是稍知唐诗的人都读过下面这首诗:

闺中少妇不知愁,春日凝妆上翠楼;忽见陌头杨柳色,悔教夫婿觅封侯。

这是"诗家夫子"王昌龄的名篇《闺怨》。在唐代,无论文人还是武人,离家外出谋取功名利禄,或到长安应举,或赴边疆从军,是很普遍的事。所以这位少妇本来对自己独守闺中的无聊生活,并没有感到特别不满,但是当春天来到的时候,她的感情不能不有所波动。也许她看到了别人家夫妇一起游春踏青,也许她想到自己青春韶华正在悄然而逝,这时她才领略到别离的痛苦,从而发出"悔教夫婿觅封侯"的懊恼之言。不过,王昌龄这首诗写得还是比较轻倩柔美的,少妇的愁怨也比较淡弱,不像有些诗人写得那样强烈浓重,这与各自主人公遭际的不同有关。

像曹邺的《怨歌行》,其主人公是一个在家等待了一辈子的妇人,她的苦情和愤懑就与那个闺中少妇大不相同了:

丈夫好弓剑,行坐说金吾。喜闻有行役,结束不待车。官田赠倡妇,留妾侍舅姑。舅姑皆已死,庭花半是芜。中妹寻适人,生女亦嫁夫。何曾寄消息,他处却有书。严风厉中野,女子心易孤。贫贱又相负,封侯意何如?

虽然没有更激烈的语言,但仅就所揭示的事实,我们已不难体察这个女人的艰辛和不幸。丈夫是个急功好利之人,为了到京城去当个金吾卫士,说走就走了,扔下一大家子的生计不管不顾。这个女人承担了一切,从孝养公婆到嫁姑嫁女,可想而知其间过去了多少年,可是她的丈夫竟然连一封书信都没有来过。生活的重负、感情的孤寂使她不能不产生强烈的怨恨,但她实在也是够温柔敦厚的了,只是说:过着如此贫穷困苦的日子,又被丈夫所负,他就是在外面封了侯,对自己来说又有什么意义呢?

这就是中国古代妇女,这也就是中国古代民俗的一个重要侧面。女子承担了社会生活的一副重担,可以说没有她们整个社会生活就难以正常运转,但她们自己却落到十分悲惨的境地,没有青春,没有幸福,没有心灵的寄托,甚至没有一个可靠的归宿。

如果我们注意到曹邺的另一首诗,也许又可以发现一些问题。这首诗题为《古词》,其文云:

> 高阙碍飞鸟,人言是君家。经年不归去,爱妾面上花。妾面虽有花,妾心非女萝。郎妻自不重,于妾欲如何?

曹邺是一位关心妇女命运的诗人,他不但写过一系列反映妇女生活和心态的作品,而且别出心裁地试探多种表现角度,像这一首就是从一个受宠于男子的外室的视角来写的。这个女子虽然年轻却颇通世故,她明明知道现在十分宠爱自己的这个男子早有家室,之所以经年不归,与留恋自己有关。但她同时也明白,这样的关系并不能持久,这样的男子并不可靠,所以她干脆把话挑明，并说在前头，说自己并不想像女萝攀缘大树似的终身依靠他，而且最后十分清晰地点明了这样说的原因，那就是：你对自己的结发妻子尚且如此无情，可以因为留恋外室而多少年不回去，又怎么可能与我真心相好呢？

联系曹邺的两首诗，我们就能更清楚地看到唐代闺怨文学、思妇主题的社会民俗背景。当然，男子的有外遇绝不是造成闺中多思妇的唯一原因，男子的经年不归有种种主客观因由，除前面已经提到的文人武士外出求取功名、商贾外出贩运贸易这些主动行为外，还有完全是被动甚至被迫无奈的兵役或劳役，尤其是战争期间、动乱年代，这样的事就更多。这一切都能造成男子的常年在外，也就能造成闺中多思妇的情况。唐代文学作品中此类题材成为一大宗，实非偶然。

我们在这里要指出，在唐代乃至整个中国古代，男子外出谋生（无论出于何种原因）而把女子留在家中，让她们长期独力承担全部家务重负，可以说是一种全民族认可的传统习俗。人们并不认为外出必须带上妻子，相反大多数人希望妻子为他们守着家，在家里服侍自己的父母、养育儿女，并使自己有个叶落归根之处。他们希望并且要求妻子勤俭贞节，至于自己则拥有较大的自由度，譬如可以置个外室或者买个小妾之类。正是这样的民俗传统规定了唐代许多妇女在婚后的生活模式和生活道路，也决定了闺怨主题在整个唐代文学中的地位和分量。

三、唐代婚嫁礼仪和习俗

> 由婚俗到婚典 —— 六礼 ——《南柯太守传》描写的婚仪 —— 障车 —— 却扇 —— 催妆 —— 北朝婚俗遗风 —— "三日入厨下,洗手作羹汤" —— 婚俗的意义与效用 —— 婚姻禁忌 —— 婚姻心理 —— 离婚

我们在导论中曾经讲过,有许多为正统和主流文化所认可并制定为礼仪的行为规范,实际上与民间习俗有着很深的关系,不少根本就是从民间习俗上升、提炼或加工而成。关于婚嫁的礼俗便是这样一种关系。我们现在从《仪礼·士昏礼》中看到的那一整套婚嫁礼仪,固然已经充分精致化、经典化了,但它的真正来源还是古代各阶级阶层人们长期的婚姻实践,这种实践必然会形成一种众所公认通行的风俗习惯,然后到一定的阶段,再由统治者和有文化的士人加以归纳条理形诸文字,而成为固定的礼仪。一旦有了这种成文的行事规范,则又会反过来强化相关的民俗,并使这一民俗得以更长久地延续和发展。

既然如此,唐代的婚嫁礼仪和习俗在大体上与前代相同,就是不言而喻的了。

下面我们主要根据杜佑《通典》中的有关部分,对唐代婚嫁礼仪做一简介。《通典》一书有《礼典》百卷,其中《嘉礼》部分自卷五十八至卷六十都是讲婚姻礼仪之历史沿革,它的主要依据便是《礼记》《仪礼》所记载的所谓"周制"。《通典》的

《开元礼纂类》中以更多的篇幅载述了唐代从皇帝纳后、皇太子纳妃、亲王纳妃到公主出降的烦琐过程。不过,就其主要内容而言,实质上是大同小异的。需要注意的是,《通典》只讲了王室、贵族、官僚乃至士人的婚礼步骤,并没有讲到庶人即一般平民的婚礼情况。庶民们的婚姻礼仪自然要比较简单乃至简陋一些。事实上,就是一些官僚贵族在真正办理婚事时,也未必不折不扣地照着礼书去做。真正的民间婚姻习俗是一定会对正统或传统礼法有所修改变通,有所逸出和发展的。现存敦煌遗书 S.1725 号卷子,据《敦煌遗书总目》,拟题为《大唐吉凶书仪》,其中载有唐时婚礼的种种仪法,有些与《通典·开元礼纂类》所言有所不同,也是我们用以补充和对照的极好材料。[①]

中国自古以来极其重视婚礼,"昏礼者,将合二姓之好,上以事宗庙,而下以继后世也,故君子重之"[②]。所以,凡与婚礼有关的事务和活动,都必须在家庙中庄严地进行。

古代的婚嫁过程有"六礼"之说。所谓"六礼",指纳采、问名、纳吉、纳征、请期、亲迎等六个步骤。每一个步骤都有其特定内容和礼节,至于为什么要有这些内容和礼节,又都有一定的理由来解释。

---

① 关于 S.1725 号写本唐书仪残卷中所反映的唐代婚丧礼俗,周一良先生曾有专文论述,见其《敦煌写本书仪中所见的唐代婚丧礼俗》,刊载于《文物》1985 年第 7 期,后收入《魏晋南北朝史论集续编》,北京大学出版社 1991 年;及《唐五代书仪研究》,中国社会科学出版社 1995 年。并请参阅谭蝉雪《敦煌婚姻文化》,甘肃人民出版社 1993 年。

② 见《礼记·昏义》。

这是指的一般情况、基本情况，实际操作时，对于某些人则可以加繁，另一些人又可以化简。

例如皇帝纳后，不但每一步的做法都要更讲究得多，比如纳采之前须有"临轩命使"之举，一般是任命太尉和宗正卿为正副使者，代表皇家去向女方提亲，而且每一步都要由皇帝发布"制文"，女方则需要有答文；又如请期这一步变为告期、告庙，之后又有"册封"一步，然后才是"命使奉迎"——封建时代，皇帝至高无上，所以他是不能像一般人那样亲自到女方家去迎接妻子的，"亲迎"便改成了"命使奉迎"。这是加繁之例。至于化简之例，如将问名附于纳采，纳吉附于纳征，于是将六步合成三步：纳采、纳征、亲迎，在每一步中也不必一定按照古训去做，在下面的介绍中还会说到。另外，这些步骤在各地各民俗圈中往往有不同的说法和做法，其具体差异几乎举不胜举，所以下面的介绍只是就一般情况而言。

男女双方结亲的第一步是纳采，具体说来就是男方请媒人到女方家提亲。

媒人在这里的地位非常重要，所谓"男女非有行媒，不相知名"（《礼记·曲礼》），"男女无媒不交"（《礼记·坊记》），所谓"伐柯如何，匪斧不克；取妻如何，匪媒不得"（《诗经·豳风·伐柯》），"匪我愆期，子无良媒"（《诗经·卫风·氓》），都说明在古代的男女关系特别是婚姻之事中媒氏的重要。周代即设有媒氏的官职，《周礼·地官·媒氏》云："媒氏掌万民之判，凡男女自成名以上，皆书年、月、日、名焉。令男三十而娶，女二十而嫁。"除此以外，媒氏还要管到鳏寡孤独者的生活问题，"司男女之无夫家者而会之"；还要主持夫妇间的纠纷诉讼，"凡男女之阴讼（郑玄注"阴讼，争中冓之事以触法者"），听之于胜国之社"，等等。

按照古礼，未行纳采之前，男方就须请媒人到女家通辞往来，得到女方首肯后才能行纳采之礼。纳采必须用雁。这既可以说是一种礼节，也可以说是一种民俗，更可以说是一种由民俗行为上升演变来的礼节。对此，郑玄的解释是"用雁为贽者，取其顺阴阳往来"，唐人贾公彦进一步说明道："雁木落南翔，冰泮北徂，夫为阳，妇为阴，今用雁者，亦取妇人从夫之义，是以昏礼用焉。"① 原来纳采用雁还有如此道理，这道理未必真正是最初的民俗含义，多半是后世文人根据当时的社会意识所赋予的。既然在整个婚姻过程中男为阳、为上，女为阴、为下，是不可改变的基本格局，那么"六礼"之中有五礼用雁，也就不奇怪了。延至唐代，虽然纳采之礼并不一定非用大雁不可，也可改用鹅，但仍将"羔雁在门"作为媒人前来向女方求亲的代词，也就成了一个约定俗成的典故。谭蝉雪所著《敦煌婚姻文化》一书附印的敦煌壁画中，莫高窟第148窟壁画反映盛唐婚礼，在新郎新娘相向行礼时，中间地上放着一对大雁（或鹅）。作者说，这显示了古代婚礼中的"奠雁"之仪。又，莫高窟85窟晚唐壁画描写婚礼，在筵席中间地上，也有一对雁鹅。这种

---

① 见《仪礼注疏》卷4，十三经注疏本。

壁画将整个婚礼过程压缩在一幅画面上。这里的雁鸷在地，恐即与求亲用雁的礼仪相关。

行纳采之礼时，有一整套仪式，据礼书的记载相当烦琐。主人在何处接待媒人，怎么站、怎么说，媒人怎么站、怎么说，都有一定的规矩程序。当然，这恐怕只是一纸具文而已，未必真的会那么严格地做。到唐代，不用说平民百姓，就是公卿大臣在某些方面也会加以简化的。不但纳采之礼是如此，其他几个步骤一般也是如此。

纳采之后接着就是问名，由媒人正式询问待嫁闺女的名字，当然也包括年庚和后世所谓的"八字"，目的是"将加诸卜"，通过占卜或后世所谓的算命，看看男女两方的命中可有什么相冲相克、犯了禁忌、不宜为夫妻的地方。这一步直到近代甚至当代某些文化落后地区依然存在，叫作"过小帖""合八字"。

如果占卜的结果没有什么问题，男方觉得婚姻可行，便进行下一步，即纳吉。杜佑《通典》云，"归卜于庙，得吉兆，复使使往告之，婚姻此始定"，这次的行动便叫纳吉。纳吉按古训也须用雁，如纳采礼。更重要的是，此时男家便要将自己儿子的生辰八字交给媒人带给女方。这也就是俗称的"过大帖""换鸾书"，文雅些的提法，也叫"通书"，大致相当于后世所谓的订婚。

再下一步是纳征，"纳征用玄纁束帛俪皮，如纳吉礼"。[①]玄

---

① 见《通典》卷58。

纁是黑黄两色的币帛，是古代用以行聘礼、向被聘者表示尊敬的用品，用在婚事上，玄三匹、纁二匹，"取三天两地之义"，并有象征"阴阳备"的含义；两两合成卷的束帛和成双作对的儷皮，则象征着夫妇匹偶之义。但这是古礼，唐人已不这样做，杜佑认为"今时俗用五色，信颇谓得礼之变也"，所谓"五色"，是不包括玄、纁、儷皮在内的五种礼品。当时有些食古不化的人对此不满，杜佑还为此做了答辩："详观三代制度，或沿或革不同，皆贵适时，并无虚事……何必纳征犹重无用之物，徒称古礼，是乖从宜之旨。《易》曰：随时之义大矣哉！先圣之言，不可诬也。"[①] 这种风俗到中晚唐时，已非常普遍。敦煌 P.3284 卷子《新集吉凶书仪》(又称《张敖书仪》) 叙述男方使者送婚书和财礼至女家的情形是："函使须于亲族中拣两儿郎，有官及有才貌者充使及副使。第一押函细马两匹，不着鞍辔，以青丝作笼头，无丝，青麻亦得。红绿缠鬃尾……次函舆，三细婢随舆。次五色彩，次束帛，次钱舆，随多少并须染青麻为贯索。次猪羊，次须面，次野味，次果子，次苏油盐，次酱醋，次椒姜葱蒜。以上物并须盘盛，花单盖，入舆。"由此可见礼物花色之多，且可以有地方特色。

接着便该是请期了，由媒人穿梭于双方，约定成婚的具体日期。

以上五礼都必须在"昕时"，亦即晨间进行；唯独最后的亲

---

① 见《通典》卷 58。

迎一礼须在昏时举行。郑玄对此有个解释："必昏时，阳往阴来之义，故名为昏（婚）。"①

亲迎之时自然又有一番礼节，男子要到女家去接新媳妇，临行时其父要关照许多话，古训的规格是"往迎尔相（相，助也，妻子是丈夫的内助），承我宗事，勖帅以敬，先妣之嗣，若则有常"之类，做儿子的也有一套规范的答词等。至于娶亲之日男家的布置也有一定的规矩，说来非常烦琐。男子驱车到了女家，待嫁的女子自然早有准备，穿什么、戴什么、待在什么地方、由何人作陪等，也都有一定之规。男子来了，并不能与他的妻子马上见面，接待他的是女方的家长。双方会见的礼节按照古礼也是很啰唆的："主人（女方家长）玄端迎宾（女婿）于门外，西面再拜，宾东面答拜。主人揖入，宾执雁从。至庙门，揖入。三揖，至于阶。三让，主人升，西面。宾升，北面，奠雁，再拜稽首，降，出。妇从，降自西阶。主人不降送。"所谓"奠雁"，敦煌卷子 P.2646 有详尽叙述："升堂奠雁，令女坐马鞍上，以坐障隔之。女婿取雁，隔障掷入堂中。女家人承将其雁，以红罗裹五色绵缚口，勿令作声。其雁已后儿家将赎取放生。如无雁，结彩代之亦得。"这一套做完，男子大概可以把他的妻子领走了。临行前，女方父母须有几句赠言或训诫，大致上父亲说"戒之敬之，夙夜无违命"，母亲说"勉之敬之，夙夜无违宫事"之类。如果这位女子的父亲除了正妻以外还有妾

---

① 见《通典》卷58。

妇的话，那么她（们）作为庶母，也得对即将出门的姑娘关照几句。

从新媳妇登车待发到她抵达夫家、入寝门、行合卺礼直到进入洞房，乃至第二天正式拜见公婆一应亲戚，同样是极其烦琐复杂。只有经过如此烦琐复杂的手续，一对夫妇才算结成，一个女子才算是合法地成为某个家庭的新成员。

上面非常简单地叙述了"六礼"，即婚礼的一般过程。下面我们想利用一篇唐传奇所提供的材料看一次具体的婚姻过程。

李公佐的《南柯太守传》虽是一篇虚构的、描写梦幻境界的小说，但在写到主人公淳于棼被招为大槐安国驸马时，用的却是写实手法，为我们提供了极其宝贵的民俗资料。唐代社会自是以男子为中心的，所以婚嫁过程一般都是女子嫁到男家，但近年从对敦煌遗书的研究中，学者们发现，唐时敦煌曾有婚礼在女家举行，婚后男子留住丈人家中，而女子甚至多年不至夫家的风俗。敦煌变文中的《下女夫词》，就是这种风俗在文学上的反映。所谓"女夫"，指的其实就是新郎，但因是他上门去结婚，以女子为本位来称呼他，他便成了"女夫"。"下"是动词，指让新郎下马入内成亲。这位"女夫"要想做成新郎，还真得经历一番磨难和考验呢。这从淳于棼的经历也可略窥一二。

淳于棼梦入大槐安国以后，就遇到了一件事，该国的右相来到他下榻的宾馆向他致意问候，并对他说了这样一段话：

寡君不以敝国远僻，奉迎君子，托以姻亲。

这就是说，槐安国有意与淳于棼结亲，也就是愿招他为驸马。所以淳于棼的回答是："某以贱劣之躯，岂敢是望？"他，一个普普通通的游侠之士，哪里敢有如此奢望呢？他的答话是模棱两可的。于是，槐安国右相只好请他一起到国王那里去。到了国王那里，事情得到了进一步证实。国王对他说：

前奉贤尊命，不弃小国，许令次女瑶芳，奉事君子。

原来这门亲事还是淳于棼父亲与槐安国王商定的，完全符合"父母之命，媒妁之言"的要求。淳于棼记得父亲已在边疆战死，他有点迷惑，不知是不是父亲在外为自己定下这头婚事而自己并不知道。这里小说作者巧妙地写出了人在梦中似真似幻的那种感觉。在此情况下，他当然只能接受了。国王于是吩咐"且就宾宇，续造仪式"，也就是要手下按规矩为淳于棼与瑶芳公主举办婚礼。下面就是对于婚礼过程的描写了：

是夕，羔雁币帛，威容仪度，妓乐丝竹，肴膳灯烛，车骑礼物之用，无不咸备。

这是婚前的准备，本来应该由男方来做，但现在是槐安国招驸马，实际上是入赘的性质，这一切便改由女方来准备了。接下去的描写是古代礼节所不曾记述过的，却具有十分浓厚的民俗意味：

> 有群女,或称华阳姑,或称青溪姑,或称上仙子,或称下仙子,若是者数辈,皆侍从数千,冠翠凤冠,衣金霞帔,彩碧金钿,目不可视。遨游戏乐,往来其门,争以淳于郎为戏弄。风态妖丽,言词巧艳,生莫能对。

这一段写的是女方亲戚戏弄新女婿的习俗,这时女方的姐姐妹妹可以尽情耍逗捉弄新姑爷,而新姑爷则照例不能生气,正如后来的闹洞房,男方的亲戚们往往会肆意戏耍新娘子而毫无顾忌。据《下女夫词》,新郎来到女家门口,不能马上进去,女方姑嫂会在门口拦阻,通过"盘诘戏谑""刁难献酒"等仪式,与新郎打闹逗趣。新郎在傧相帮助下进入大门后,要对女家的大门、中门、堂基、门锁和一个特意堆起的土堆分别吟诗(一般是五言绝句),这就是所谓"拜门"。[①] 在这个过程中,新郎和他的傧相要善于应对,也允许他们超越实际状况夸张新郎的郡望、官职和身份,比如自称是"长安君子,进士出身""马上刺史,望在秦川"——这就叫作"摄盛"。在戏弄和摄盛的反复较量中,新郎过了关,才能被请"下床",即被邀请到堂中行合卺之礼。

戏弄新女婿的风俗不一定起源于唐,但在唐时显然十分流行。张鷟《游仙窟》写到男主人公张生与十娘、五嫂调笑,三人饮酒,五嫂要张生满饮,可张生酒量有限,未能一饮而尽。

---

① 请参谭蝉雪《敦煌婚姻文化》书中《真迹汇录》部分所收之 P.3350、P.2976 诸卷子的《下女夫词》。谭书由甘肃人民出版社 1993 年出版。

五嫂问他:"胡为不尽?"张生说:"性饮不多,恐为颠沛。"谁想五嫂竟骂将起来(当然是开玩笑地):

  何由巨耐!女婿是妇家狗,打杀无文……

  五嫂所说的正是反映当时民俗的口头语,所以格外生动。对照淳于棼婚前的经历,就可以更清楚地了解这种盛行一时的有趣风俗。
  这篇小说还写到了婚礼时男方所需的傧相,其中一人竟是淳于棼的好友。这就既把人物关系勾连了起来,又准确地交代了当时的婚礼实况。
  淳于棼前往公主宫中的描写也很精彩,因为这是在招驸马,所以是以男就女,据此也就可以反过来想象以男娶女和迎亲送亲的情景:

  有仙姬数十,奏诸异乐,婉转清亮,曲调凄悲,非人间之所闻听。有执烛引导者,亦数十。左右见金翠步障,彩碧玲珑,不断数里。……向者群女姑姊,各乘凤翼辇,亦往来其间。至一门,号修仪宫,群仙姑姊亦纷然在侧,令生降车辇拜,揖让升降,一如人间。撤障去扇,见一女子,云号金枝公主,年可十四五,俨若神仙。交欢之礼,颇亦明显。

这虽是一个充分夸张和浪漫化的场面,但离当时的民俗实况其实并不远,特别是其中提到的"撤障"和"去扇"[1],更是唐时非常流行的两种民间婚礼风俗。

唐人封演《封氏闻见记》卷5"花烛"条云:

> 近代婚嫁有障车、下婿、却扇及观花烛之事,及有卜地、安帐并拜堂之礼。上自皇室,下至士庶,莫不皆然。

这里就提到了与"撤障"有关的障车风俗。所谓障车,就是当新郎迎接新娘快要来到家门口时,邻里街坊许多人会围上来逗笑戏弄,邀乞酒食,以至塞巷堵门,车不得行。这时新郎官便须下马向众人求情,允诺酒食钱财,喜车始得通过。这就是所谓"下婿"和"撤障"。唐时一度此风很盛,影响不好,以至有大臣上表反对。如唐睿宗太极元年(712)十一月,左司郎中唐绍就曾上表:

> 往者下俚庸鄙,时有障车,邀其酒食,以为戏乐。近日此风转盛,上及王公,乃广奏音乐,多集徒侣,遮拥道路,留滞淹时,邀致财物,动逾万计。遂使障车礼贶,过于聘财;歌舞喧哗,殊非助感。既亏名教,又蠹风猷,违紊礼经,须加节制。望请敕令禁断。[2]

---

[1] 撤障,亦作"徹障";去扇,亦作"却扇"。
[2] 此据《唐会要》卷83《嫁娶》。

由此可见，"撤障"所费之大，已成为结婚之家的沉重负担。到唐德宗建中元年（780），礼仪使颜真卿也曾为此上奏，希望借助政府的力量来抑制这种风气。[①]然而，从此后的事实来看，颜真卿的努力并未奏效，婚礼障车之风仍然有增无已。敦煌遗书 P.3909、S.6207 两个卷子中都包含着障车文。这两篇文辞，比较朴野简素，有类对唱，是民间作品的可能较大。但这种体裁竟也吸引了当时不少文人，如唐末著名作家司空图就曾以经过提炼加工而又极富民间说唱意味的语言写过应用于此举的《障车文》。从这篇文章，我们可以推知唐人在实行障车之时大概说唱些什么，为什么结婚之家对此不但不能生气或不予理睬，还必须答应障车者的要求，付出大量酒食钱财。这篇文章见于《司空表圣文集》卷10，除开头几句稍许文雅一些外，大体都是相当俚俗的话，但充满了吉祥祝愿乃至奉承吹嘘之意：

…………

儿郎伟，我使主；炳灵标彦，应瑞生贤；虹腾照虎，鹏运摩天。……

千般事岂劳借箸，万里程可在著鞭。不学伊吕望，竿头钓他将相；不弄作李庸，船子诈道神仙。

夫人璇躔睿发，金缕延长，令仪淑德，玉秀兰芳。……两家好合，千载辉光。

---

① 参见《通典》卷58、《唐会要》卷83。

儿郎伟，且仔细商量，内外端相，事事相称，头头相当。某甲郎不夸才韵，小娘子何暇调妆？也甚福德，也甚康强。二女则牙牙学语，五男则雁雁成行。自然绣画，总解文章；叉手子已为卿相，敲门来尽是丞郎。荣连九族，禄载千箱。见却你儿女婚嫁，特地显庆高堂！

儿郎伟，重重祝愿，一一夸张；且看抛赏，必不寻常。帘下度开绣阆，阶前勇上牙床。珍纤焕烂，龙麝馨香；金银器撒来雨点，钱绢堆高并坊墙。……

儿郎伟，总担将归去，教你喜气扬扬。更叩头神佛，拥护门户吉昌。最要夫人娘子，贤和会事安存，取个国家可畏忠良。①

这完全是当时的一种民歌调子，每一段都用"儿郎伟"开头，可谓既有声又有情。整篇文章自"夫人璇躔睿发"以下便一韵到底，朗读起来也是很好听的，而且简直可以用来演唱。文中许多地方纯用口语，使人如闻唐人口吻，如"叉手子……，敲门来……""且仔细商量""小娘子何暇调妆""教你喜气扬扬"之类。从其内容，则又颇可看出唐人在结婚时的心态，因为障车之时所说无非是人家爱听的话。这篇文章首夸事主门第身份（引文略去），次夸新郎聪明才智，预言其锦绣前程，再夸

---

① 此据四部丛刊影印旧钞本《司空表圣文集》。《全唐文》卷808 收此文，舛误甚多。关于《儿郎伟》，颜廷亮主编之《敦煌文学概论》（甘肃人民出版社1993年）有专论，请参阅。

新娘人品相貌，祝贺两家联姻，接着大肆渲染他们婚后的美好发达景象，福德、康强、儿女满堂，而且个个成材，位至卿相，总之是福禄寿禧样样俱全，一生一世，事事如意。以上这些便是唐代世俗人等所最渴望的，障车者毫不费劲地全都"奉献"给了新婚夫妇和他们的家庭，无疑满足了结婚之家讨个吉利的心理。也正是利用了这种心理，障车者才敢于狮子大开口似的提出许多物质要求。而且他们在提出要求时，又巧妙地先给主家戴上一顶高帽子："且看抛赏，必不寻常。"这样，他们达到目的就有了保证。

从这篇《障车文》，我们既看到了婚姻活动中的民俗行为，又看到了隐藏在这些行为背后的民俗心理；同时也就看到了文学与民俗的关系，看到文学如何介入民俗活动，并成为它的一部分。

上面所引《封氏闻见记》还提到婚礼中"却扇"的习俗。

所谓"却扇"，是指在行婚礼时由新郎去掉新娘遮掩住面孔的团扇，两人于是正式见面，所谓"分杯帐里，却扇床前"（庾信《为梁上黄侯世子与妇书》）。此种程序不始于唐，如果不是更早，至迟南北朝时期已经非常流行了。[①]南朝梁著名诗人何逊《看伏郎新婚》云，"雾夕莲出水，霞朝日照梁。何如花烛夜，

---

① 新娘结婚时以扇障面，与人类始祖伏羲女娲以兄妹成婚的远古神话有关。李冗《独异志》卷下记此事，谓二人以兄妹结合为羞耻，询问天意可否成婚，天乃以烟合表示允许，"其妹（女娲）即来就兄，乃结草为扇，以障其面。今时取妇执扇，象其事也"。

轻扇掩红妆……"，可见新嫁娘以纨扇遮面由来已久。南朝陈诗人周弘正也有《看新婚诗》，就直接写到了"却扇"之俗："莫愁年十五，来聘子都家。婿颜如美玉，妇色胜桃花。带啼疑暮雨，含笑似朝霞。暂却轻纨扇，倾城判不赊。"

这种风俗到唐代依旧保持着，我们看到，在许多描写新婚的诗中，都不约而同地提到新妇"隐扇"，即将面容身影遮藏在扇后的情景。如杨师道《初宵看婚》诗云："隐扇羞应惯，含情愁已多。"褚亮《咏花烛》诗云："靥星临夜烛，眉月隐轻纱。"不但如此，而且唐人有所发展，那就是新郎在请新娘却扇之时，还需做一首诗，称为"却扇诗"，否则新娘是不肯露面的。

关于这种风俗，还有一个有趣的故事。《资治通鉴》卷209记述唐中宗景龙二年（708）除夕夜与诸王、驸马、中书门下群臣置酒守岁时的一件事：

> 酒酣，上谓御史大夫窦从一曰："闻卿久无伉俪，朕甚忧之，今夕岁除，为卿成礼。"从一但唯唯拜谢。俄而内侍引烛笼、步障、金缕罗扇，自西廊而上。扇后有人衣礼衣，花钗，令与从一对坐。上命从一诵却扇诗数首。扇却，去花易服而出，徐视之，乃皇后老乳母王氏，本蛮婢也。上与侍臣大笑……

司马光特意记载此事，实对中宗颇有微词。他认为君臣设庭燎、饮酒守岁已属亡隋遗风，再跟大臣开这样的玩笑，就更过分了。但这却为我们了解婚礼中的却扇习俗提供了一条有用的材料,使我们得以具体地知道了"却扇"是怎么一回事。

唐人的却扇诗留存下来的不多。但我们还是可以找到一些。敦煌卷子P.3350、P.3893、S.5515和P.3252等共收有三首《去扇诗》:"青春今夜正芳新,鸿(红)叶开时一朵花。分明宝树从人看,何劳玉扇更来遮!""千重罗扇不须遮,百美娇多见不奢。侍娘不用相要勒,中(终)归不免属他家。""闺里红颜如舜花,朝来行雨降人家。自有云衣五色映,不须罗扇百重遮。"赞美新娘,劝其拿掉扇子露出真容,是这些诗一致的内容。下面介绍诗人李商隐为友人代写的一首却扇诗,题为《代董秀才却扇》:

莫将画扇出帷来,遮掩春山滞上才。若道团圆似明月,此中须放桂花开。

大致说来,却扇诗的内容不外赞美与祝颂,一般口吻比较轻松柔和,有时也不妨诙谐幽默甚至带点戏谑。

另一位晚唐诗人黄滔,现存诗集中有三首似与婚礼有关。这三首诗题分别为《卷帘》《启帐》和《去扇》,由第三首反观前二首,大致可以判断所写是新婚之夜的情景,口气都是新郎向服侍新娘的侍女陈词:

绿鬟侍女手纤纤,新捧嫦娥出素蟾。卫玠官高难久立,莫辞双卷水精帘。

得人憎定绣芙蓉，爱锁嫦娥出月踪。侍女莫嫌抬素手，拨开珠翠待相逢。

城上风生蜡炬寒，锦帷开处露翔鸾。已知秦女升仙态，休把圆轻隔牡丹。

从卷帘到启帐，再到去扇，遮挡在二位新人面前的障碍物逐一撤去，二位新人步步接近，终于见面。这三首诗使我们形象、具体地看到了唐时婚礼习俗的一个精彩段落。三首诗把新娘比喻为嫦娥、翔鸾，把新郎比喻为美貌俶傥如珠玉的晋人卫玠，行文语气带有轻微的调笑戏谑之意，所以很可能与上引李商隐诗一样，是代友人做的。

与吟诗以却扇有点类似的一种风俗是在这之前的"催妆"。顾名思义，催妆就是在迎娶新娘时敦促她快快化妆打扮，表示娶亲者的急切心情。一般说来，女子出嫁时，即使是本人极为情愿，也须做出万分留恋母家的姿态，也须百般拖延时间，而不能痛痛快快地上车出发，并且还须假意地、轻微地啼哭数声，作为出门前的必要仪式。所以，男方催妆既是一种礼节，也有实际必要。不过在文艺气息浓厚、诗歌创作普及的唐代，催妆也要用诗，却显出了唐人浪漫的性格和雅致的风采。

催妆诗往往并不是新郎自己所作，而是由傧相代作。这可以从诗人陆畅的经历看出。陆畅为唐宪宗元和元年（806）进士,当宪宗之妹(顺宗之女)云安公主出嫁时,陆畅正在朝为太子僚属,被众僚举为傧相,于是他便奉诏代驸马刘士泾作催妆诗。其诗云:

> 云安公主贵,出嫁五侯家。天母亲调粉,日兄怜赐花。催铺百子帐,待障七香车。借问妆成未?东方欲晓霞! ①

这可以说是一首标准的催妆诗,末两句敦促催发之意非常明显:请问公主您妆化好了没有?夜晚即将过去,朝霞都快升起来了——新郎已等待一整夜啦!其中还提到几种有关婚俗,如唐人结婚喜用百子帐(其制是做帐时卷柳为圈以相连锁,可以张阖,因为圈数很多,故以百子称之,从名字取得吉利。谭蝉雪在《敦煌婚姻文化》中考证,百子帐其实就是青庐,是新郎新娘行交拜礼的地方),又如,提到障车的习俗,并且由此可知障车、却扇均在催妆之后。

还可以介绍另外两首催妆诗。一首的作者为贾岛,诗题为《友人婚杨氏催妆》,其诗云:

> 不知今夕是何夕,催促阳台近镜台。谁道芙蓉水中种?青铜镜里一枝开。

---

① 见《全唐诗》卷478。同卷有《云安公主出降杂咏催妆》及《傧相诗》多首,分咏坐障、帘、阶、扇等物,意皆在催妆。

这首诗的主旨在于赞美杨氏，说她长得美如芙蓉，第二句的"阳台"一词将杨氏暗喻为高唐神女，新郎也就成了楚襄王，含有轻微的戏谑之意。

另一首的作者是徐安期，诗题就叫《催妆》：

> 传闻灯下调红粉，明镜台前作好春。不须面上浑妆却，留着双眉待画人。①

这首诗用了汉代张敞的典故，对新娘子开玩笑道：您化妆不必太周到了，至少留下双眉别画，好让您的夫婿学张敞的样给妻子画眉呀。

催妆诗也有新郎自作的，如卢储。他向李翱投卷请益之时，文卷被李翱之女看到，此女爱其才，预言他将来一定能中状元。李翱察知女儿心意，就把她许给了卢储。卢储来年果然状元及第，"才过关试，径赴嘉礼"。婚礼之夕写了一首催妆诗，表现了他得意非凡的心情："昔年将去玉京游，第一仙人许状头。今日幸为秦晋会，早教鸾凤下妆楼。"②

我们可以从头想象一下唐代士人娶亲当日的情景："近代婚礼，当迎妇，以粟三升填臼，席一枚以覆井，枲三斤以塞窗，箭

---

① 此据《唐诗纪事》卷13。或云此诗作者为徐璧，见《搜玉小集》《万首唐人绝句》《唐音统签》等。
② 见《唐诗纪事》卷52。此处所引催妆诗多为七绝，亦有用七律者，如黄滔《催妆》。唐小说中提及催妆诗者颇多，如《玄怪录·袁洪儿夸郎》《纂异记·嵩岳嫁女》等。

三只置户上。"① 这是男家的准备。然后是新郎亲自前往丈人家迎亲。这时，新妇虽然早已化妆整治完毕，却不肯马上上车，于是新郎便须演出催妆的一幕。有文化的人，此时要诵念一首或几首小诗；一般没文化的人，也得有所举动，那便是由夫家带去的人们奏乐催妆，或齐声高呼："新妇子，催出来！"一直喊到新娘登车为止。

晚唐人段成式曾在其所著《酉阳杂俎》中记述道：

> 迎妇，夫家领百余人，或十数人，随其奢俭，挟车俱呼："新妇子，催出来！"至新妇登车乃止。②

据段氏说，此乃北朝遗风，为唐人沿袭而有所变化，发展成为催妆的风俗。一面是娶亲方的呼喊催妆，另一面则是嫁女方的假意违拒和对新郎的肆意戏耍。张𬸚小说《游仙窟》中提到的民间俗语"女婿是妇家狗，打杀无文"，主要便是讲的此日的事。段成式《酉阳杂俎》两处说到这种源自北朝的风俗：

> 婿拜阁日，妇家亲宾妇女毕集，各以杖打聓为戏乐，至有大委顿者。③

---

① 见段成式《酉阳杂俎》前集卷1《礼异》。
② 段氏《酉阳杂俎》两处记述此俗，分别见于前集卷1《礼异》、续集卷4《贬误》。
③ 见段成式《酉阳杂俎》前集卷1、续集卷4。聓，即"婿"字。并参苏鹗《苏氏演义》卷上。

这种风俗实际上乃是上古抢婚制的遗迹,一方要抢,另一方自然会抵抗,于是便会出现打斗的场面。从后人的观点来看,这位娶亲者将要把一位女子带出她的家族,他当然必须付出代价,也许这就是此种习俗能够保存下来的原因。

催妆之后,新娘终于上车出发。"妇上车,壻骑而环车三匝",即新郎绕车三圈,然后启动。

在快要抵达夫家时,便会有出现亲邻乃至路人障车贺喜戏闹、邀乞钱财酒食的情景,朗读《障车文》即在此时。

过了障车一关,新妇进得家门,唐时又有其他许多相沿成习的规矩,如:

> 今士大夫家昏礼露施帐,谓之入帐,新妇乘鞍,悉北朝余风也。
>
> 妇入门,舅姑以下,悉从便门出,更从门入,言当蹑新妇迹。又妇入门,先拜猪棂及灶。①

接下去是拜堂,关于拜堂的地点,也有北朝民俗的渗入与影响。段成式说:"北朝婚礼,青布幔为屋,在门内外,谓之青庐,于此交拜。"这风气延至唐代,颜真卿说:"相见行礼,近代设以毡帐,择地而置,此乃元魏穹庐之制,合于堂室中置帐。"段成式是客观报道,颜真卿则因其是胡俗而上疏加以反

---

① 段成式《酉阳杂俎》前集卷1、续集卷4。

对①，但这从反面证明了此风之流行。拜堂有一整套烦琐的做法，所谓"共牢而食，合卺而酯"，还有"夫妇并拜，或共结镜纽"，等等。

进入洞房以后，唐人有"撒帐"的风俗。这时，新婚夫妇坐在床上，亲属中的妇女儿童向他们散掷金钱彩果，表示祝福他们多子多孙，生活美满富裕，等等。这种风俗的具体做法自然也是因人、因其身份地位与经济条件而异。据说景龙中，中宗为侄女荆山公主出降，特命铸造"撒帐金钱"，每个直径一寸，重六铢，上面铸有"长命守富贵"的字样，每十文用一根彩绦系住。婚礼那天还命令近臣及修文馆学士送婚拾钱，并作却扇诗。②像这样的做法，当然就不是一般人所能办到的了。据敦煌残本书仪和《下女夫词》，可知婚礼进行到此时，还有种种习俗性的关目，如去襆头、去帽惑、去花、脱外衣、梳头合髻、系指头、去烛成礼、家长互贺等。而在整个婚礼进行过程中，还有诵《咒愿文》一节，用赞美祝颂的语言，祈求新婚夫妇生活和美、既富且贵、多子多孙、白头偕老等。③

旧时的婚礼并不到新人入洞房、众宾闹洞房为止。第二天有新妇拜见公婆并与夫家众人正式相见之礼。第三天又有新妇

---

① 详见《唐会要》卷83《嫁娶》。
② 请参黄华节《撒帐》一文，原载《东方杂志》第30卷13号（1933年7月），收入《妇女风俗考》，上海文艺出版社1991年；并参清吕种玉《言鲭》、赵翼《陔余丛考》等。
③ 谭蝉雪《敦煌婚姻文化》云："敦煌保存了近二十篇《咒愿文》，以四、六言为主，杂以五、七言，音节铿锵，语言通俗，读来朗朗上口。"其书收有《咒愿文》多篇，可参阅。

下厨试做的习俗。中唐诗人王建曾以女子口吻作《新嫁娘词》三首。其一写新郎迎亲时众多亲邻陪伴着自己,并向新郎"满口索钱财"的情景;其二写在婆家入帐和拜堂的情况;第三首写的便是婚后三日的新妇生活:

> 三日入厨下,洗手作羹汤。未谙姑食性,先遣小姑尝。

婚礼的最终完成,是在新人回门之日。这一天,新女婿陪同他的妻子,也就是刚出门几天的闺女来到丈人家中,对于女子而言便是"回门"了。这是女方家中最热闹的一天,女方家长的心情与闺女出门那天不可同日而语。

以上所述,大抵是唐人婚姻礼俗的外在方面,亦即主要表现于行为层次的民间风习。关于这方面的内容,还有大量零星材料,我们不拟一一介绍。而且,唐帝国历时近三百年,又兼疆域辽阔、民族交流融合的情况复杂,中外文化有着密切深入的渗透和相互影响,因此在婚姻礼俗的问题上,也呈现出多元、多变的状态。如要细细说来,必将过分烦琐。鉴于本书体例,我们只能加以重点介绍。至于婚姻礼俗的内在方面,即唐人的普遍婚姻心理,则是我们在下面要着重分析的。

从以上介绍,我们可以感到唐人在婚姻习俗上,虽然已经增添了许多时代色彩,正如他们把许多原先具有祭祀或敬神意义的民俗节日,变成娱乐自己的日子那样,他们在婚礼中,也大大地削弱了古礼所规定的庄严肃穆甚至有点悲凄的气氛要求,而增添了戏闹寻乐的成分，但从根本上说，唐人婚礼中一切活动，其最终目的仍然与古礼相通和一致。

归根到底，这些活动的目的是在于向尽可能广泛的范围宣布这场婚事，以便让这门亲事得到最大程度的社会保障。在任何社会中，婚姻都是需要社会保障的。这是一种先于法律、甚至也强于法律的有力保障，它依靠舆论和道义的力量起作用，却能够使家庭和夫妇关系稳定，从而也使整个社会得到稳定。凡是那天参加过婚礼，或者仅仅参与过其中某些民俗活动环节的人，都应当算是这对夫妇相互关系的见证人，也就自然地成为他们婚姻的保障力量。所以，不管那些民俗活动需要结婚之家付出多少代价，男方和女方都是十分重视并乐于配合的。

在唐人的婚礼习俗中，还有一个值得一提的方面，是关于婚姻的禁忌。

这种禁忌，有的是人类在自身的婚姻和繁衍史中历经无数痛苦总结出来的，因而是具有科学性的、合理的，例如近亲不许通婚。唐人对此亦有充分的认识，所以杜佑《通典》在历述婚姻沿革时，特列"同姓婚议""内表不可婚议""外属无服尊卑不通婚议"等条目，引经据典地说明几种不可通婚的情况。[①] 这些条目虽然没有说出什么科学根据，并且显然把不许通婚的范围有所扩大，但却鲜明地表现了唐人继承前人必要的婚姻禁忌历史经验的倾向。

---

① 见《通典》卷60《礼·沿革》。

当然，这种禁忌也有一些是没有道理的，甚至是出于愚昧和迷信的。例如在初议婚姻、互换庚帖之时，由卜者或算命先生所说的两人命相是否相克，以及下帖之后的数日内两家是否发生什么不吉之兆等，就属于这一类。

以上两种禁忌主要是对对象而言。结婚的对象是必须严格挑选的，有些人即使再好，也因为犯了禁忌而不能入选。

除此以外，还有时间方面的禁忌，那就是在某些时间不可以举行婚礼。古礼规定，服丧之人和有丧之家是不可办理婚事的，而且不一定是直系亲属之丧，连叔父婶母、弟兄弟妇乃至弟子之类的丧事期间也不能有嫁娶之事。不过，根据许多记载，我们可以知道，古人在具体执行时已有所变通，违背礼法之事可谓层出不穷。所以至唐代在这方面实际上已有所松动。《通典》引用历代资料，说明除"周丧不可嫁女娶妇"外，其他如"周服降在小功""大功末""祖无服父有服""降服大功末""降服丧已除犹在本服"等情况，自晋代以来均已允许嫁娶，唐人对此限制当然更少。[①]

但有一种相沿甚久的民俗禁忌，在唐代却依然流行，那就是婚姻需避"当梁"之年的习俗。所谓"当梁"年，是指逢地支为子、卯、午、酉的年份，民间以为在这些年份结婚将不利于公婆，所以一般都要避开。晋人张华曾有一诗一赋写及此种民俗："婚姻及良时，嫁娶避当梁。""彼婚姻之俗忌，恶当梁之

---

① 见《通典》卷60《礼·沿革》。

在斯；逼来年之且至，迨星纪之未移。"① 至唐代依然如此，倘若一定要办婚事，那么公婆也不与新媳妇相见。这种民俗禁忌显然并无道理，因此颇为一些有识之士反对。唐德宗时的礼仪使颜真卿在上奏中就曾说："今时俗以子卯午酉年谓之当梁，其年娶妇，舅姑不相见，盖礼无所据，亦请禁断。"② 这也可以说是当政者、主流文化试图以行政力量干预民间陋俗之例。当然，这种干预究竟有多少成效，就是另外一回事了。

说过了唐人婚姻礼俗表现于外在行为的各个方面，又说了唐人的婚姻禁忌，下面就该谈到隐藏在它们背后的心理、意识乃至下意识的问题了。事实上，每一个礼节性行为、每一种有关习俗，之所以会被众人认可，会代代相传，从人的心理活动规律来看，必有某种共同的动机在支撑着、促使着。而所谓禁忌，则更已介乎外在行为和内在心理之间。

从以上所说的一切，我们可以得出一个结论，那就是唐人同中国历代的人们一样，是把婚姻之事看得极重的，因而对待这件事真是慎之又慎，力求好上加好，以避免一切可能的不良后果。这同中国人把婚姻看作社会成立的首要根基，把夫妇关系视为五伦之发端的传统观念有关，也同婚姻实践给人们带来的重大影响有关。一门好的、合适的婚姻带给夫妇双方的利益

---

① 张华《感婚诗》《感婚赋》，见逯钦立《先秦汉魏晋南北朝诗·晋诗》、严可均《全上古三代秦汉三国六朝文·全晋文》。张赋之序云："方今岁在己巳，将次四仲，婚姻者竟赴良时……"因为明年就是午年，所以民间都匆忙地赶在今年年终之前办理婚事，张赋即对此有感而发。

② 见《唐会要》卷83《嫁娶》。

和一门坏的、不相宜的婚姻所造成的痛苦与危害,往往都很巨大,其后果不但影响当事者本人,而且会波及两家,特别是后代。正因为如此,所以男女双方及其家长对于婚姻对象的选择和确定都会极为谨慎小心,而为了保证这种选择有足够的时间加以考虑和调整,便在最后确定之前设置出种种步骤,让双方都能够仔细地、反复地掂量和比较。这就是许多婚姻礼俗产生的心理原因。

在具体操办婚事时的许多民俗习惯,其社会心理的依据,则是使这一婚姻得到尽可能多的公众的了解和认可,以便获得社会对于这一婚姻的最大保护。而这与上面所说的对于婚姻的重视是一致的。

然而,无论人们怎样小心翼翼,怎样在婚前访听摸底,婚姻的好坏仿佛仍然很难把握。这有无数历史的或现实的例子为证。于是不由得人们不产生婚姻前定的意识或者说心理。所谓婚姻前定,是说一对结为夫妇的男女有着宿命规定了的缘分,只要具有这种缘分,哪怕相距千里,哪怕本是仇敌,两人照样可以结合;反过来,如果没有缘分,那么即使已经定亲甚至婚礼已在进行,两人最后还是成不了夫妻。俗话说"有缘千里来相会,无缘对面不相逢",意即婚姻之事乃是人的一种宿命,它是由冥冥中的天意决定的,人不可能根据自身的愿望改变它。因此一旦结成了夫妇,就不能轻易地离异,就应该服从上天的意旨。这种深深浸入中国人意识之中的观念,使古今大多数的婚姻和家庭获得了稳定性,另一方面,也造成了许许多多本不必勉强维持的怨偶。

应该说，唐人并不是这种观念的发明者，他们的创造性表现在用一个非常有趣的故事形象地论证了这一观念，从而使它更为深入人心，传之更为久远。这个产生于民间并在民间广为流传的故事，被一位小说家加工后载入他的作品集。这就是李复言《续玄怪录》中的《定婚店》一篇。

小说写道，书生韦固"少孤，思早娶妇，多歧求婚，必无成而罢"，也就是说他始终没有遇到他命中注定要成为其妻子的女子。元和二年（807），在宋城地方，他又在与一家女子议婚，介绍人让他第二天一早在旅店西面的龙兴寺等候，他"以求之意切"，在"斜月尚明"之时就赶去了。这时，他看到"有老人倚布囊，坐于阶上，向月检书"。他很好奇，凑过去看，那书上的字"既非虫篆八分科斗之势，又非梵书"，他完全不认识。于是，他向老人请教，老人告诉他，自己是掌管人间婚姻之事的"幽吏"，手中拿的便是"天下之婚牍"，天下人谁跟谁能结成姻缘，就都记在这本书上。

韦固正在为自己的婚事发愁，便问老人：这次人家介绍的潘司马之女不知能否成功？老人的回答是：

> 未也。命苟未合，虽降衣缨而求屠博，尚不可得，况郡佐乎？君之妇，适三岁矣，年十七，当入君门。

老人的话说得如此肯定，显然有一种权威性，而同时也就

申述并强调了婚姻前定或命定的观点。接着老人告诉韦固,自己囊中的赤绳子就是用来决定天下男女的婚姻的:

> (赤绳子)以系夫妻之足。及其生,则潜用相系,虽仇敌之家,贵贱悬隔,天涯从宦,吴楚异乡,此绳一系,终不可逭。

老人还告诉韦固,他的脚已被此赤绳子与某个女子相系,尽管那女孩目前只有三岁,但他们终将成为夫妻。既然如此,又何必再费心他求呢?

这个老人就是中国民间家喻户晓的月下老人,他手中的赤绳子就是民间俗语所谓"千里姻缘一线牵"的那根红线。

韦固听了老人的话,将信将疑,又问清了未来妻子的住址和模样,第二天去一找,还果真给他找到了。韦固竟让仆人杀掉这个小女孩,仆人惶急中只刺着女孩的眉心,主仆二人慌忙逃跑。从此以后,韦固仍然到处求亲,终无所成。十四年后,才娶得一位刺史之女,满意得了不得。但这位女子无论什么时候都在眉心贴着一片花钿,韦固猛然想起月下老人当年的话,追问之下,他妻子才讲出了三岁时被狂徒刺伤的事,花钿就是用来遮掩伤痕的。而韦固也承认那个狂徒正是自己。于是夫妇两人一起感叹"奇也,命也","乃知阴鹭之定,不可变也"。

很清楚,《定婚店》故事实际上是婚姻前定观的形象化、戏剧化，是多少年、多少世代以来这一婚姻心理在民间传说故事中的凝聚。小说作者把故事发生的时间安排在中唐的元和初年，不过是一种假托而已。而这个故事的出现和广泛流传，则又必然地反过来促进了婚姻前定观深入人心。五代人王仁裕所著《开元天宝遗事》中，记载着另一传说，故事发生的时间虽在初唐，却不妨把它看作是人们基于这一观念的演示和隐喻：

郭元振少时，美风姿，有才艺，宰相张嘉贞欲纳为婿。元振曰："知公门下有女五人，未知孰陋。事不可仓卒，更待忖之。"张曰："吾女各有姿色，即不知谁是匹偶。以子风骨奇秀，非常人也，吾欲令五女各持一丝，幔前使子取便牵之，得者为婿。"元振欣然从命，遂牵一红丝线，得第三女，大有姿色，后果然随夫贵达也。

郭元振所牵的那根红丝线，在他、张嘉贞及其众女心目之中，恐怕正是月老手中决定男女姻缘的红线的象征吧。敦煌遗书中的《下女夫词》有"系指头诗"，据考即来源于"赤绳系足"、婚姻前定的观念，由观念化成了一种行为的风俗。

唐人另一种值得一提的婚姻心理是对于门第、族望的重视。先看几条有关的材料：

高宗朝，以太原王、范阳卢、荥阳郑、清河博陵二崔、陇西赵郡二李等七姓，恃其族望，耻与他姓为婚，乃禁其自姻娶。于是不敢复行婚礼，密装饰其女以送夫家。①

薛中书元超谓所亲曰："吾不才，富贵过分，然平生有三恨：始不以进士擢第，不得娶五姓女，不得修国史。"②

开成初，文宗欲以真源、临真二公主降士族，谓宰相曰："民间修婚姻，不计官品而上阀阅。我家二百年天子，顾不及崔、卢耶？"③

唐初山东旧族有所谓"四姓""五姓"及"七姓十家"之说。④ 这些旧族以礼法自守亦以礼法自贵，瞧不起杂有胡人血统的李唐皇室，不愿与皇室结亲。为了保持血统的纯粹，他们只愿在旧族中相互联姻，以至引起皇帝的不满，动用行政命令加以禁止。但实际上是禁而不止，尽管上有政策，却挡不住他们下有对策。"其后天下衰宗落谱，昭穆所不齿者，皆称'禁昏家'，益自贵，凡男女皆潜相聘娶，天子不能禁，世以为敝云。"⑤ 薛元超很得唐太宗赏识，是太宗皇帝下令让他娶了巢王之女和静县主，到高宗朝还做了宰相，但仍说平生有三恨，其中

---

① 见《隋唐嘉话》卷中。
② 见《隋唐嘉话》卷中。
③ 见《新唐书·杜兼传》。
④ 《唐会要》卷36《氏族》云："今流俗相传，独以崔、卢、李、郑为四姓，加太原王氏为五姓，盖不经之甚也。"此说又见《新唐书·柳冲传》。"七姓十家"指后魏陇西李宝、太原王琼、荥阳郑温、范阳卢子迁、卢浑、卢辅、清河崔宗伯、崔元孙、前燕博陵崔懿、晋赵郡李楷等家，显庆四年，诏令其不得自为婚，并限定聘礼数。
⑤ 见《新唐书·高俭传》。

之一就是"不得娶五姓女"。由此也可窥见当时人们轻皇家而重门阀的婚姻心理。

这种情况在当时是严重的。唐太宗就曾经对主持编撰《氏族志》的大臣高士廉说过:"我与山东崔、卢、李、郑,旧既无嫌,为其世代衰微,全无冠盖,犹自云士大夫,婚姻之间,则多邀钱币。才识凡下,而偃仰自高,贩鬻松槚,依托富贵,我不解人间何为重之?……见居三品以上,欲共衰代旧门为亲,纵多输钱帛,犹被偃仰。我今特定族姓者,欲崇重今朝冠冕……"①

《唐会要》卷83《嫁娶》又载贞观十六年(642)六月的诏书,批评了当时世族高门和官宦新贵之间不良的婚姻习俗:

> 氏族之盛,实系于冠冕;婚姻之道,莫先于仁义。自有魏失御,齐氏云亡,市朝既迁,风俗陵替。燕、赵右姓,多失衣冠之绪;齐、韩旧俗,或乖德义之风。名虽著于州间,身未免于贫贱,自号膏粱之胄,不敦匹敌之仪,问名惟在于窃赀,结褵必归于富室。乃有新官之辈、丰财之家,慕其祖宗,竞结婚媾,多纳货贿,有如贩鬻。或贬其家门,受屈辱于姻娅;或矜其旧族,行无礼于舅姑。积习成俗,迄今未已,既紊人伦,实亏名教。

最后明确地指令:

---

① 见《旧唐书·高士廉传》。

其自今年六月，禁卖婚！

由此，我们可以推想当日买卖婚姻的普遍，也看到行政力量对于民间风俗的干预。虽然这种干预的实际效果非常有限，但它让我们看到了礼法、民俗和国家行政之间的相互制约，而整个社会生活就是在这种相互制约所形成的巨大张力中行进的。

最后，我们来谈一下离婚和再婚问题。

唐人对女子再婚的看法相当通达。特别是皇家，很多公主都曾二婚乃至三婚。具体情况有种种。有的是驸马死去，那是正常的再嫁。也有的在史书记载中，只说改嫁，原因却不甚清楚，如高祖女房陵公主初嫁窦奉节，又嫁贺兰僧伽，未说原因。当然也有的则是驸马出了问题，公主便改嫁了，如太宗女南平公主先嫁王敬直，但王"以累斥岭南"，公主便"更嫁刘玄意"；城阳公主之夫杜荷"坐太子承乾事诛"，于是她又嫁薛瓘。至于武则天之女太平公主先后结婚三次，始嫁薛绍，绍死，更嫁武承嗣，后来承嗣小疾，武则天要女儿改嫁武攸暨，竟将攸暨之妻杀掉，可谓夺夫而嫁。太平公主屡次再婚，并不以为耻。①

夫死再嫁在当时基本上是被认可的。《旧唐书·列女传》载上官氏事迹本是要赞美她夫死守节的义烈行为，这颇能说明唐人，特别是文人史臣对妇女的要求。但就在这一篇中，也反映了当时民间或一般舆论对此问题的看法。当上官氏为丈夫守丧完毕后，她的兄姐都来劝导她："妃年尚少，又无所生，改醮异

---

① 诸公主事均见《新唐书·诸帝公主传》。

门，礼仪常范，妃可思之。"所谓"礼仪常范"，也就是说，这是为民俗所允许的，在民间并不少见的。

同出上书的崔绘妻卢氏，也是夫死而年少，她的几位兄长一直想让她再嫁。后来正好她的姐姐死去，诸兄就让她与姐夫续亲，只是卢氏不肯而已。

离婚的事比较复杂，它的动力可能来自两个方面，有的是男方主动，有的却是女方有此要求。

男方主动的，在古时一般叫作"出妻"。虽然法律有明文规定，只有犯了"七出"之条或有"义绝"之状，一个女子才能被遗弃，而且另有"三不去"的条目可以稍稍保障一点妇女的利益，但是，男方要求离婚毕竟是比较容易的。①

《白居易集》中现存若干他年轻时写来练习的判文，其中有一道就很能说明问题。这道判文的题目是："乙出妻，妻诉云：无失妇道。乙云：父母不悦则出，何必有过？"这里既未说明其妻犯了什么错误，又未说明父母何以不悦，就这样便要把她休掉，做妻子的当然不服。可是，白居易是怎么判的呢？他的判文写道：

孝养父母，有命必从；礼事舅姑，不悦则出。……若

---

① 《唐律疏议》卷14《户婚》下，有"诸妻无七出及义绝之状而出者"条，疏议中说"七出者，依令：一、无子；二、淫泆；三、不事舅姑；四、口舌；五、盗窃；六、妒忌；七、恶疾"。所谓"义绝"是指夫妻对对方的祖父母、父母等有打杀、殴詈等行为。"三不去"指三种情况下，虽犯七出也不可去：一、经持舅姑之丧；二、娶时贱后贵；三、有所受无所归。

> 无爽于听从,曷见尤于谴怒?信伤婉娩,理合化离。且闻莫慰母心,则宜去矣;何必有亏妇道,然后弃之?……①

这就是说,不管有理无理,男方说父母不喜欢这个儿媳,要离婚,女子就必须服从,在这个问题上,是绝对不平等的。

那么,反过来,倘若是女方提出要离,情况又如何呢?

这里也有一个例子。颜真卿在临川做官时,遇到一件事。乡人杨志坚的妻子提出离婚,据说理由是"厌其馈饟不足",也就是嫌丈夫太穷,吃不饱饭。应该说,记录此事的文人在这里已经表现了他的倾向,他恐怕是把事情简单化了,也许对此女还故意有所丑化。这且不去管它。再说杨志坚倒很通达,他并不勉强挽留,还写了一首诗为妻子送行。他的妻子拿着这诗到州府办理离婚手续,所谓"请公牒以求别适"。于是这件事便到了颜真卿手中。

颜真卿首先批评这个闹离婚的女人:"杨志坚素为儒学,遍览九经;篇咏之间,风骚可撼。愚妻睹其未遇,遂有离心。……污辱乡间,败伤风俗。"然后下判道:"决二十后,任自改嫁。"这个女人为了获得自由,竟要挨二十大板!而她的丈夫却得到米布等不少奖励。

应该说颜真卿还算是比较通达的,他毕竟让这个女人离了婚,只是薄示惩罚而已。但就这样,他的目的已达到了:"江左

---

① 见《白居易集笺校》卷67,朱金城笺校,朱云此判为白居易三十一岁时在长安作。

十数年来，莫有敢弃其夫者。"妻子即使对丈夫再不满意，也不敢轻易离婚了。①

事实上，无论官方还是民间，对于离婚都是采取不鼓励态度的。这从民间的舆论和史官的记载都看得很清楚。②保持婚姻和家庭的稳定，哪怕要为此付出沉重的代价，在这一点上，形诸文字的礼法和流行于民间的风习，是并无二致的。当然这也并不能杜绝离婚的发生，例如中唐诗人秦系就曾离婚，他的诗友刘长卿有诗《夜中对雪赠秦系，时秦初与谢氏离婚，谢氏在越》《见秦系离婚后出山居作》《秦系顷以家事获谤，因出旧山，每荷观察崔公见知，欲归未遂，感其流寓，诗以赠之》，对他表示了深切的同情。③

四、唐宫妇女的生活与习俗

唐宫妇女作为一个民俗圈——唐后宫之构成——两

---

① 这个故事见范摅《云溪友议》卷上。
② 史官的记载，如两《唐书》的《列女传》，其中多有歌颂守寡尽节或丈夫因故劝妻离婚，而妻子坚决不离者。民间的舆论，则如魏元忠之子魏升娶荥阳郑远女，升因反对武三思被害，元忠系狱，郑远乃向元忠求离书，且今日得离书，明日即令女改醮，因此受到弹劾，并引起舆论耻笑，郑远从此声名扫地。见刘肃《大唐新语》卷3。
③ 秦系因何与谢氏离异，不详，但据长卿诗"郗氏诚难负，朱家自愧贫"句推断，谢氏当为大族，秦系因离婚而开罪妻族，以家事获谤，在家乡竟难以立足。请参傅璇琮主编《唐才子传校笺》卷3。

个亚民俗圈：内外命妇与一般宫女——物质生活的竞奢之风——扯不断的政治干系——公主的婚嫁——宫人们的游戏：以望幸和妒忌为内涵——唐诗的新品种：宫词——上阳白发人和得宠的殉葬者——红叶题诗——出宫人——入道的公主和宫人——《上清传》提供的个案——宫人斜

从本章开始，我们把视线转向各个不同的妇女民俗生活圈以及与之相关的亚民俗圈。

唐朝的后宫是我们确定的第一个妇女民俗圈。

与任何朝代的后宫一样，唐朝的后宫基本上是一个女人的世界，除了皇帝和太子等极少数男子以外，在这里居住的便只有各种年龄段的女人和被阉割过的已失去原有性别的男人。而且，这里的女人数量相当多，足以构成一个具有某种独立性、颇富于自己特色的小社会。基于这样的理由，我们才把唐宫妇女划成一个民俗圈，并把与她们有许多共同点的贵族妇女附属于其中。

但唐后宫妇女民俗圈，也还需要进一步分析。从阶级的观点来看，唐后宫妇女数千人乃至上万人，并不同属一个阶级。她们有的是属于统治者，像皇后、公主；有的虽不是统治阶级的上层人物，但毕竟也不属于被统治者，如宫中的各级女官乃至嫔妃之流；有的则是被统治、被压迫者，像普通的宫女和各种艺人，这种人在宫中当然是没有地位的；还有一种人地位更低,甚至可以说是奴隶,是身背某种罪名的犯人,如那些因种种原因配入掖庭的官员妻女之类。

《旧唐书·职官志》和《新唐书·百官志》关于内侍省与内官的叙述,为我们非常清晰地勾勒了唐后宫的组织情况,从中我们可以了解唐后宫组织层次的复杂和人数的庞大。兹据《新唐书》略做介绍。

唐宫内官是指皇后以下的所有女官,其中地位最高的是各种名称的妃子,如贵妃、惠妃、丽妃、华妃,各一人,统称"夫人",都是正一品,她们的职责是"掌佐皇后论妇礼于内,无所不统"。以下是正二品的"九嫔",即所谓昭仪、昭容、昭媛、修仪、修容、修媛、充仪、充容、充媛,再下依次为正三品的"婕妤"九人、正四品的"美人"四人、正五品的"才人"五人、正六品的"宝林"二十七人、正七品的"御女"二十七人、正八品的"采女"二十七人等,另外还有具体管理各项事务、模拟外官形式的"六尚"(即六尚书)、二十四司、二十四典、二十四掌之类,分属尚宫、尚仪、尚服、尚食、尚寝、尚功六局,同样也都由宫中女子担任。这说的是女官,在她们之下还有许多"女史",犹如现代的职员,每局都有数十人之多。这已是相当庞大的梯次结构了,皇帝还可以随时为满足自己的需要和贪欲而增添或变换新的名目。

除了以上这些女官,还有归宦官统领的大批宫人和女奴,最集中的地方便是内侍省的掖庭局。这个局专门掌管宫人的簿账和女工,"妇人以罪配没,工缝巧者隶之"。我们浏览唐史,经常可以看到有朝官的妻女因夫父犯罪而被配入掖庭的事。

所有这些宫中女子，不管她们有怎样的地位、名称、身份，从理论上讲，都是皇帝的妾妇（皇帝的正妻按古礼规定倒和一般平民相同，只有一个，那就是皇后）。只要皇帝乐意，就可以和她们中的任何一个发生性关系，倘若碰巧她怀了孕，并且又碰巧生出一个儿子，那么她的地位和处境就有可能发生很大的变化。

唐前的历史上曾有过不少例子，著名的如汉文帝的母亲薄太后，原本就是一个在宫中织室服役的女工，由于一个非常偶然的机会，被汉高祖刘邦所"幸"，生下了一个儿子，从此她的地位便有所改观。等到她儿子封了代王，她就成了代太后，而在代王继位为汉帝时，她更名正言顺地做了皇太后。

在唐代，最著名的例子当然要数武则天。她本是太宗时的一个女官，地位不算高，只是个"才人"，太宗去世时她的年龄还很小，遂按照旧规到感业寺当了尼姑。太宗之子李治继位后在感业寺里看到了她，爱上了她，便把她接回宫来，先立为昭仪，不久进号宸妃。（正因为武则天做了李世民父子两代人的小妾，所以骆宾王后来在讨伐她的檄文中辱骂她"陷吾君于聚麀"，又说她"洎乎晚节，秽乱春宫。密隐先帝之私，阴图后庭之嬖"。）武则天在错综复杂的后宫斗争中击败了王皇后，王皇后被废，她登上了皇后宝座，也就是从皇帝的一般妾妇升格为正妻；而在李治死后，她更从垂帘听政发展到登基称帝，甚至把国号由"唐"改成了"周"，她自己也成为中国历史上唯一的女皇。

　　由于妇女在宫中的地位和处境有如此天壤般的差异，而这差异的根源则在于是否为皇帝所宠幸，所以争宠、求宠或已经得宠者的固宠之类行为，以及由此引发的争风吃醋、钩心斗角、彼此诬告陷害，甚至利用巫术取媚或害人等事，在宫中女子们当中是非常盛行的。这几乎成了后宫生活的一大特色，后宫的许多习俗活动都与此有关。虽然由于后宫成员的身份地位不同，这种争斗大抵只会在同一个层次中进行，而较少在不同层次中展开，但就它的普遍性而言，已完全可以视为后宫妇女这个大民俗圈的共同特征。无论在历史文献还是在文学作品中，都有这方面的许多资料。在后面的叙述中，我们将经常遇到这个问题，尽管它的表现形式多种多样，但实质上往往并无二致。

　　根据唐后宫的实际情况，我们认为那里有两个主要的亚民俗圈。后妃、公主以及其他内外命妇①，算是一个亚圈；一般宫人，从粗使丫头、掖庭女工到有一定品级的女官，算一个亚圈。

　　下面，我们依次概述这两个亚民俗圈的主要风习。先说后妃、公主及其他内外命妇这个亚民俗圈。

　　属于这个亚圈的人，有两个最明显的特点：一是因为身份高贵，生活都比较奢侈；二是离政治中心太近，所以往往自觉不自觉地卷入政治斗争。

---

① 古称妇女有封号者为命妇。唐制：命妇有内外之别，皇帝妃嫔及太子良娣以下为内命妇，公主、诸王妃以下为外命妇。内、外命妇的封号有国夫人、郡夫人、郡君、县君等。见杜佑《通典》卷34《职官·后妃》。

前一个特点表现为习俗,主要是在衣食住行方面的争奇斗胜、互不相让。

这里的关键在于一个"争"字。应该说,这些人的日常生活水平都是很高的,但她们还是不满足,还要相互攀比较量,你好了,我比你还要好,形成比赛奢侈浪费的恶劣风气。

例如杜甫《丽人行》写杨贵妃姐妹们的生活[1],其中关于饮食就写到盛在翠釜中的紫驼之峰,装在水精盘中的素鳞,以及御厨特制的八珍,等等。如此精致的食物,不但有自己准备的,而且有皇帝特殊赏赐的,所费无疑非常可观。只因她们乃是皇帝的椒房之亲,才得到如此过分的享受。

然而作为皇帝骨肉之亲的公主们又是如何呢?可以说有过之而无不及。郑处诲《明皇杂录》上有条材料这样说:

> 天宝中,诸公主相效进食。上(玄宗)命中官袁思艺为检校进食使。水陆珍羞数千,一盘之贵,盖中人十家之产。

诸公主以向皇帝"进食"来求宠,其所献的食物显然要更加别出心裁,更加贵重糜费,不但可以压倒杨氏姐妹所享用的,而且互相之间还要暗暗较劲,比个高低。她们这样做,一方面

---

[1] 杨贵妃有姐三人,玄宗并封以国夫人之号。长曰大姨,封韩国夫人,三姨封虢国夫人,八姨封秦国夫人,并承恩泽,出入宫掖,势倾天下。见《旧唐书·杨贵妃传》。

是摆阔示富,另一方面则还有显示权势和骄宠之意。同一条材料接着举出一个实例,就揭示了这一点:

> 中书舍人窦华,尝因退朝遇公主进食,方列于通衢,乃传呵按辔,行于其间,官苑小儿数百人奋梃而前,华仅以身免。

堂堂一个中书舍人,在下班路上遇到公主的进食队伍,竟然被打得落荒而逃。这支进食队伍的护卫竟达数百人之多,当他们在大街上招摇而过时,那气焰的嚣张和广大市民的义愤也就可想而知了。

吃的方面是如此,住的方面就更是如此。封演《封氏闻见记》写道,唐初皇室贵戚们的住宅还比较俭朴,"则天以后,王侯妃主京城第宅日加崇丽"。"安禄山初承宠遇,敕营甲第,瑰材之美,为京城第一。太真妃诸姊妹第宅,竟为宏壮……代宗即位,宰辅及朝士当权者争修第舍,颇为烦弊,议者以为土木之妖"。其中受到唐玄宗特殊宠爱的杨贵妃及其兄姐尤其突出。史载:"(杨)铦以上柱国门列戟,与锜、国忠、诸姨五家第舍联亘,拟宪宫禁,率一堂费缗千万。见它第有胜者,辄坏复造,务以瑰侈相夸诩,土木工不息。"①

在这股住房竟为奢侈的潮流中,公主后妃之家当然是决不

---

① 见《新唐书》卷76《杨贵妃传》。

甘于落后的。请看下列几条材料：

> 长宁公主，韦庶人（原中宗皇后）所生，下嫁杨慎交。造第东都，使杨务廉营总。第成，府财几竭，乃擢务廉将作大匠，又取西京高士廉第、左金吾卫故营合为宅，右属都城，左俯大道，作三重楼以凭观，筑山浚池。帝及后数临幸，置酒赋诗。又并坊西隙地广鞠场。东都废永昌县，主丐其治为府，以地濒洛，筑鄣之，崇台、蜚观相联属，无虑费二十万。魏王泰故第，东西尽一坊，潴沼三百亩，泰薨，以与民。至是，主丐得之，亭阁华诡埒西京。①

> 景龙中，妃主家竞为奢侈，驸马杨慎交、武崇训，至油洒地以筑球场。②

合这两条材料观之，不但可知长宁公主及其丈夫住宅巨大和奢华的程度，而且可以知道他们如此肆无忌惮的根源，乃因至高无上的皇帝是全力支持他们的后台。

长宁公主的贪欲已经够惊人的了，但还有胜过她的，那就是唐中宗最小的女儿安乐公主。"主营第及安乐佛庐，皆宪写官省，而工致过之"，她的胃口比长宁公主更大，竟然向中宗提出把昆明池给她当作私人花园的要求。中宗虽然极端宠爱她，毕

---

① 见《新唐书》卷83《诸帝公主传》。
② 见《隋唐嘉话》卷下。

竟也不敢冒天下之大不韪答应她这个无理要求。于是"主不悦，自凿定昆池，延袤数里"。所谓"定昆"，就是不但要与昆明池相抗，而且要压倒它的意思。"司农卿赵履温为缮治，累石肖华山，隥彴横邪，回渊九折，以石潢水。又为宝炉，镂怪兽神禽，间以璝贝珊瑚，不可涯计"。①

以后妃、公主为代表的皇亲国戚在宅邸上的无穷靡费和彼此攀比竞赛，正史和野史笔记中均有大量记载，像《大唐新语》《隋唐嘉话》《朝野佥载》《封氏闻见记》等书都提供了很有价值的材料。

这在文学作品中也有许多反映，新乐府诗人，特别是元稹、白居易都曾写过揭示这一问题的作品。晚唐诗人郑嵎的长诗《津阳门诗》以诗句兼小注的形式，借一位天宝遗民之口载述往事，其中就写道："八姨新起合欢堂，翔鹍贺燕无由窥。……四方节制倾附媚，穷奢极侈沽恩私。堂中特设夜明枕，银烛不张光鉴帏。"以及玄宗为安禄山修建宅邸的情况："诏令上路建甲第，楼通走马如飞翚。大开内府恣供给，玉缶金筐银籔箕。"其下注曰："时于亲仁里南陌为禄山建甲第，令中贵人督其事。仍谓之曰，卿善为部署，禄山眼孔大，勿令笑我……"

老百姓对于这种现象当然极其反感，于是产生许多讽刺和诅咒的民谣，如《朝野佥载》中记载的景龙民谣："可怜安乐寺，了了树头悬。"这就是安乐公主在洛州道光坊花费数百万造安乐

---

① 见《新唐书》卷83《诸帝公主传》。

寺，人民由此对她的咒骂。后来安乐公主和她的母亲韦氏在政争中失败被杀，"斩首悬于竿上"，人们便认为那首民谣乃是她的谶言。

食与住极尽奢侈之能事，衣、行和一切器用当然呈现出相应的豪华侈靡。后妃出行须有一整套的卤簿仪仗，衣着打扮也有严格规定。她们所用衣料和器具，从两《唐书·地理志》所载各地的贡品清单便可推想。文学作品中也有所表现，如白居易的《红线毯》《缭绫》二诗，写到宫中需用的丝质地毯和远优于一般罗绡纨绮的丝织衣料，有的从宣州进贡，有的从越州征来。各地的长官为了取得朝廷欢心，也就竭力张罗搜刮。

至于皇帝册封后妃或公主出嫁的所费，乃至后妃、公主亡故时的陪葬与排场，也尽可能隆重奢华，并且相互攀比，不肯稍让。这方面的情景不难依上述内容推想而得之。

以上所述是唐宫中普遍而严重的骄奢之风，这无疑是唐宫中贵族妇女习俗的一个重要方面。

下面，我们来说唐宫贵族妇女风习的另一个重要方面，即她们与政治的那种难分难解的关系。

纵观唐史，应该承认，唐宫贵族妇女往往有参与政治的习惯。这一方面可能与她们本身太靠近政治权力的中心有关，一方面可能与唐代妇女比较开放、受约束较少有关。总之，我们从许多妇女身上看到从政的热情乃至追求权势的强烈欲望，当然也看到她们水平不等的政治才能，以及她们在政治生活中的浮沉和成败。这一切使我们深深感到，参与政治确实是这个圈子中的妇女的一种风气,一种堪称习俗的普遍作风。

也许可以从唐朝创建初期讲起。当李渊在太原起兵反隋之时,他的第三女(后封平阳公主)正与丈夫柴绍住在长安。柴绍要到太原去效力,问妻子,她将怎么办。平阳公主果决地叫丈夫快走,自己也迅速离开长安跑到鄠县,疏散了家财,拉起一支队伍,又收容了不少起义者,接连攻克盩厔、武功、始平等地,"乃申法誓众,禁剽夺,远近咸附,勒兵七万,威振关中"。后来这支队伍同秦王李世民的部队一起为唐朝的建立做出很大贡献。平阳公主与丈夫柴绍"对置幕府",即各有自己独立的参谋办公机构,她的部队号称"娘子军",在当时非常有名。

如果说平阳公主的事迹发生在唐建国之前,发生在夺取政权的战争之中,也就是一种非常时期,那么唐朝建立以后,在和平时期中,此风不但犹存,而且有增无已。

照理说,封建王朝是不喜欢也不准许妇人参政的。自古以来,就有"妇人不与外事"的明教。所谓"牝鸡之晨,惟家之索"(《尚书·牧誓》)的古训,更使妇人问政成了严格的禁忌。唐代也不是没有自觉遵守这一教条的后妃,例如太宗的皇后长孙氏,在太宗要跟她议论外廷之事时,就以此回答丈夫,反而博得了尊重。唐宪宗的郭皇后出身高贵,"历位七朝,五居太母之尊,人君行子孙之礼,福寿隆贵,四十余年"。穆宗是她的儿子,敬宗、文宗、武宗是她孙子,宣宗则是她的庶子,她也并没有因此而越俎代庖地过问朝政,所以很得时人和史家的好评。

但是,唐官之中积极参与政治的妇人亦复不少。武则天是最突出而又取得成功的一个。自武则天以后，意欲仿效她的人就有她的女儿太平公主、她的儿媳中宗皇后韦氏、中宗与韦氏之女安乐公主、肃宗皇后张氏等。此外，被卷入政争而身不由己者也很多，比较著名的，如武则天时期的上官婉儿、下嫁房玄龄之子的合浦公主、被唐德宗召进宫中的宋若昭姐妹五人等等。① 至于并不想过问政治却被政治斗争所无情迫害而冤死的人，就更多了。

政治对于任何人来说都不是什么好玩的东西，像武则天那样通过长期艰苦斗争而终于如愿以偿的女子，在全部中国历史上也不多见。武则天虽然成功了，但是，她的成功却建立在另外许多妇女（和男人，包括她的嫡亲儿子）被残酷杀害的血泊之中。例如，在她成功路上第一个，也是最大的一个障碍——高宗皇帝的王皇后，她就非千方百计地除掉不可，于是，阴谋、诬陷、进谗，甚至不惜杀害亲生骨肉然后嫁祸于人，真是无所不用其极。

当太平公主、韦皇后、安乐公主等人在玩弄权势并进一步想夺取最高政权时，她们同样是阴谋残忍、无所不用其极的。

---

① 太平公主为武则天之女，她与韦氏、安乐公主，在与李隆基的争权斗争中先后被杀或被赐死。肃宗后张氏与李辅国（宦官）合谋弄权，肃宗死，后欲立越王，被幽囚，废为庶人，随即被杀。上官婉儿为上官仪之孙女，仪因反武则天被杀，婉儿与母配入掖庭，武后惜其才，起用之。至中宗，亦信赖，遂参与政事，韦氏败，婉儿被杀。合浦公主，太宗女，嫁房遗爱（房玄龄之子），高宗时与遗爱谋反，赐死。宋若昭姐妹五人皆善属文，入宫为女学士，掌秘禁图籍，若昭拜尚宫（正五品），其中二人早卒，二人陆续死去，最后宋若宪（老四）卷入政争，被赐死。

而且她们会变得厚颜无耻,不知天高地厚。如安乐公主贪欲极盛,不安于公主之位,而要做什么"皇太女",以便将来像皇太子似的名正言顺地接位做皇帝,大臣魏元忠以为不可,她便骂道:"元忠,山东木强,乌足论国事?阿武子(指武则天)尚为天子,天子女有不可乎!"实际上,由于其父唐中宗的纵容庇护,她已经窃取了一部分权力,史载,她"与太平等七公主皆开府,而主(安乐)府官属尤滥,皆出屠贩,纳訾售官,降墨敕斜封授之,故号'斜封官'"。①

不过,她们既缺少武则天那样的才能,也没有武则天那时的环境和条件,所以她们参与政争的下场往往很惨,总是弄到被杀的结局。

如此看来,富贵荣华已极的皇宫生活,实在是极不安全而是充满危险的。难怪诗人朱庆馀要在《宫词》中这么写:

> 寂寂花时闭院门,美人相并立琼轩。含情欲说宫中事,鹦鹉前头不敢言。

美人们不敢言的事儿当然很多,这里固然会有家长里短、争风吃醋之类无聊的事,但其中最重要而且最要命的,则往往可能与政治,亦即与权力的争夺得丧有关。倘若不小心说错一句话,而这话又被传到敌对者耳中,那就有可能带来意想不到的麻烦。所以生活在宫中的这群妇女,说话做事不能不慎之

---

① 见《新唐书》卷83。

又慎。

皇宫既是政治中心,生活于其中的人们,她们的一言一动自然也就很难不带上政治性。像婚姻这样的事,即使在普通人家也本来就与两家的政治、经济利益密切相关,到了皇家更简直就是不折不扣的政治行为。皇太子娶何家女儿为妃?公主们招何家男儿为驸马?都须有一番仔细的算计。皇家在娶妇嫁女之际,也和一般官宦人家一样,会考虑对方的门第郡望,比较乐意与当时著名的大姓,如太原王、陇西李、清河崔、荥阳郑等家结亲。皇宫并不是存在于真空之中,也不可能与世隔绝,所以外界民间的婚姻心理和风俗习惯一定会渗透进来,对皇家的婚姻行为发生影响。当然,反过来,则皇宫里的某些特殊做法也会传出去,民间会予以有条件的模仿。这种两个不同民俗圈或亚圈之间错综交融的情况,在民俗生活中是很常见而又很重要的。

俗话说,皇帝的女儿不愁嫁。唐朝的公主确实没有嫁不出去的,她们不但往往很年轻就结了婚,而且常常不止结一次婚,有的是夫死再嫁,有的是离婚改嫁,有的甚至是杀夫改嫁或一连改嫁几次,其中有些应该算是生活作风糜烂。

除了生活作风常有问题,公主们还有一个娇生惯养、坐大少礼、往往不敬舅姑的毛病,比如"礼有妇见舅姑之仪,近代以来,公主出降,此礼皆废"。[①] 讨了这样的媳妇,公婆不但得不

---

① 见《唐会要》卷6。

到尊敬和服侍，相反还要对她敷衍服小，做丈夫的就更不在话下了。

所以，在唐朝，一方面有人怀着政治野心去攀龙附凤，另一方面，也有人把皇家招亲视为畏途。据说唐太宗曾想把一个女儿嫁给功臣尉迟恭，尉迟恭以"富不易妻"为由，婉言拒绝了。[①]也许尉迟恭是真的和他妻子感情深厚，因而不想再娶，但也很难说他的拒婚就毫无嫌恶公主的隐曲。

民间更用朴实无华的语言表达这层意思。《明皇杂录》卷下记载一段关于得道隐士张果的传说：

> 一日，秘书监王迥质、太常少卿萧华，尝同造焉。时玄宗欲令尚主，果未之知也，忽笑谓二人曰："娶妇得公主，甚可畏也！"迥质与华相顾，未谕其言。俄顷有中使至，谓果曰："上以玉真公主早岁好道，欲降于先生。"果大笑，竟不承诏。

后来，这则传说被写入正史，见《旧唐书》的《方伎传》。张果的话变成"娶妇得公主，真可畏也！"，一字之改，语气却更强烈了。

也有迫于压力不得已而与公主结婚的，竟会造成终身遗恨，并因此与媒人结下不解之仇。裴廷裕《东观奏记》中记载着这

---

① 见《隋唐嘉话》卷中。

样一件事：

> 万寿公主，上（唐宣宗）女，钟爱独异。将下嫁，命择郎婿。
>
> 郑颢，相门子。首科及第，声名籍甚，时婚卢氏。
>
> 宰臣白敏中奏选尚主，颢衔之。上未尝言。
>
> 大中五年，敏中免相，为邠宁都统。行有日，奏上曰："顷者，陛下爱女下嫁贵臣，郎婿郑颢赴婚楚州，会有日，行次郑州，臣堂帖追回，上副圣念。颢不乐国婚，衔臣入骨髓。臣在中书，颢无如臣何，一去玉阶，必媒孽臣短，死无种矣！"
>
> 上曰："朕知此事久，卿何言之晚耶？"因命左右："便殿中取一柽木小函子来。"扃锁甚固，谓敏中曰："此尽郑郎说卿文字，便以赐卿。若听颢言，不任卿如此矣！"

郑颢因为白敏中强行做媒，硬逼他娶了万寿公主而痛恨白敏中一辈子，由此可见他不愿做皇帝女婿的心意有多强烈。

皇女贵主喜嫁士人，而许多士人却宁肯去娶社会声望更高的"七姓女"（如郑颢原本要娶的卢氏女即属名门），不愿与皇家结亲。这可以说是当时的一种社会风气，也可说是一种世俗观念。唐朝皇帝曾为此多次发布过诏令，这些诏令的主要意思都是对公主行为提出比较严格的要求，表示她们出嫁以后将遵守普通人的礼法等。如贞观十一年（637），南平公主下嫁侍中王珪之子，就有令让王珪接受公主的谒拜；德宗建中年间也多次下令要求公主守礼，"旧例，皇姬下嫁，舅姑反拜而妇不答，至是乃刊去慝礼，率由典训"。① 唐宣宗是个注重礼法的人，或许还鉴于皇女的不受欢迎，在位期间这方面的动作更多，比如就在万寿公主出降郑颢的时候，他特意发布诏告说：

> 女人之德，雅合慎修，严奉舅姑，夙夜勤事，此妇之节也。先王制礼，贵贱同遵，既以下嫁臣寮，仪则须依古典。万寿公主妇礼，宜依士庶。

他这样做表面上是申古礼，实质上则是向世俗风气妥协。② 应该说，不愿与皇家攀亲的世俗风气是在一定程度上抑制了公主帝姬们的骄横之气的。

公主也有公主的痛苦：她们的婚姻往往并不美满，这是一；她们往往还要承担一种违背心愿的政治婚姻，那就是作为和蕃公主远嫁异邦，这是二。

据《唐会要》记载，整个唐朝大约有十四位公主奉命出降当时的各个蕃国，如吐蕃、回鹘、契丹、吐谷浑等，其中最著名的，是嫁给吐蕃赞普弃宗弄赞的文成公主和嫁给另一个赞普

---

① 见《唐会要》卷6。
② 又如唐宣宗于大中五年（851）颁敕，规定"起自今以后，先降嫁公主、县主，如有儿女者，并不得再请从人……如有儿女妄称无有，辄请再从人者，仍委所司察获奏闻，别议处分"。这都是皇家革除其特权而向民间习俗靠拢的措施。

的金城公主，而遭遇最坎坷、最不幸的则要算太和公主。她嫁到回鹘，因其国叛唐并发生内乱，公主成为双方争持的人质，几经逃亡，最后才返回故国，回来后却又因为未能很好完成和亲任务而成了待罪之身，被她的姐妹瞧不起。①

唐朝廷到后期已非常孱弱，不但对外需用公主和亲，就是对内，对那些据地自雄、不肯臣服的藩镇，也往往用下嫁帝姬的办法来加以笼络。许多有识之士对此不满，但朝廷似乎想不出别的办法。当大和八年（834）寿安公主出降割据一方的凶悍藩镇王元逵时，诗人李商隐曾忧愤地指出这样做是"事等和强虏，恩殊睦本枝"，也就是把本应臣属于朝廷的王元逵视同了对等的敌国，这无疑将进一步助长藩镇嚣张的气焰。诗人还指出，"四郊多垒在，此礼恐无时"，像王元逵这样的藩镇远不止一个，只怕朝廷今后要不断地用嫁女来谋求安宁吧。②

诗人当年是因朝廷权威日丧而忧心忡忡，我们则从中看到了那些公主贵姬们命运的无定。在某种意义上，她们不过是政治场中的一种交易品，为了政治的需要，她们个人的幸福乃至安危都是不在话下的。在这一点上，她们与一般妇女倒没有多大区别，有时还会更惨。

---

① 太和公主，亦称定安公主，宪宗之女，以长庆元年五月出嫁回鹘崇德可汗。至会昌元年，回鹘内乱并叛唐，唐出兵镇压，并迎公主回国，至三年此事始成，其间公主逃亡流离，数次充当人质，极尽苦楚。回京后，"公主诣光顺门，去盛服，脱簪珥，谢回鹘负恩、和蕃无状之罪"，然她的姐妹阳安等六公主，却不愿见她，宁可接受处罚也不肯出迎（见《资治通鉴》卷247）。
② 李商隐《寿安公主出降》，见《全唐诗》卷540。

唐朝公主贵姬生活中的另一种重要的风俗习惯是出家入道。不过，这并不仅限于公主贵姬，身份一般的宫女也常常入道，有时甚至是大批地出宫入道，道观几乎成为安置这些宫人的主要去处。因此，我们在这里就先不讲它，留待下面论到一般宫女时再说。

现在，让我们把视线转向唐宫中另一个妇女民俗圈，即一般宫人这个圈子。

属于这个圈子的女子，人数比前一个圈子要多，而且构成复杂、层次颇多，因而生活上也就有种种差异。但我们在这里主要是讲她们风俗习惯方面的共同之处。

如果要寻找她们生活中和心理上的相同点，那么最明显也最重要的，无过于对皇帝宠幸的热切盼望。因为在那个环境中，她们是否能够改变地位甚至出人头地，唯一的希望只能寄托在皇帝身上。当然，这里绝不是没有例外，有的人也许是真正的清高脱俗，有的人也许本来就不愿入宫，而有的人则是离皇帝太远，根本缺少求宠的机会。然而就多数宫人的心理而言，盼望宠幸乃是一般的、正常的情况。①

这种心理很自然地表现于她们的行为之中，有时甚至成为一种习俗或借助于习俗活动来舒泄传达。

---

① 白居易诗云："雨露由来一点恩，争能遍布及千门？三千宫女胭脂面，几个春来无泪痕！"（《后宫词》）从正面揭示了这个问题，皇帝的雨露之恩所施范围无论如何总是有限的，这就是盼望宠幸的三千宫女个个要哭泣的原因。诗人的揭示固然不免笼统，而且有以男子心理揣测宫人之心的嫌疑和弊病，但却不能说毫无道理。

据《开元天宝遗事》记载，玄宗时期的唐宫中，宫女们有种种游戏性质的活动，其中很有意思的一种，叫"投钱赌寝"：

> 明皇未得妃子，宫中嫔妃辈投金钱赌待帝寝，以亲者为胜。召入妃子，遂罢此戏。

看来，在杨玉环获得专宠之前，宫中嫔妃辈还是有机会谋求皇帝宠爱的，她们的求宠之心便通过游戏行为公开流露出来。

唐玄宗也非常了解宫女们的心理。这位风流成性的皇帝，竟想出一个自以为绝妙的办法，既可满足自己的淫欲，又充分照顾（实际上是戏弄）了宫女们的情绪：

> 开元末，明皇每至春时，旦暮宴于宫中，使妃嫔辈争插艳花，帝亲捉粉蝶放之，随蝶所止幸之。后因杨妃专宠，遂不复此戏也。①

上面的材料，只是反映了唐宫女生活中的两件小事，暗示了她们的心理活动，但没有触及这些游戏的竞争性以及由此带来的其他问题。事实上，表面看来平和而有趣的游戏，以及日常生活中其他种种矛盾，实质上，无不包含着宫人们之间争宠和相互妒忌的因素。这些宫人们的日子不好过，主要不在于物

---

① 见《开元天宝遗事》卷上。

质方面,关键倒是精神方面,既要向皇帝求宠,又要防备同伴的争夺(为了争夺,就会出现许许多多的事,如进谗陷害之类),可以说是需要两面照顾。此外,与皇帝和她们都有密切联系的太监,也是她们不能得罪而需要用心对待的。

诗人殷尧藩有一首题为《宫人入道》的诗,其后四句云,"白昼无情趋玉陛,清宵有梦步瑶池。绿鬟女伴含愁别,释尽当年妒宠私",非常细腻地触及了这些宫人们的心理状况。她们之间的妒忌和防范,不到一方离开(或者死去),几乎是无法解决的。现在一位姐妹被送去入道了,不再会同自己争夺了,再想想,这种命运不知何时也许会落到自己头上,所以在送别时,便不免含愁相别了。

唐明皇后来因为有了杨贵妃,才不再玩那样的游戏。那些后宫佳丽,也只是到了皇帝"三千宠爱在一身"之时,才失去争宠的可能和希望。然而在整个唐朝历史上,并没有第二对唐明皇和杨贵妃,因此大批宫人还是怀着渺茫的希望在继续不断地等待。

民间妇女七夕拜月,向牵牛、织女祈祷的民俗活动,在唐宫中同样盛行。

> 宫中以锦结成楼殿,高百尺,上可以胜数十人,陈以瓜果、酒炙,设坐具,以祀牛、女二星。嫔妃各以九孔针、五色线,向月穿之,过者为得巧之候。动清商之曲,宴乐

达旦。……①

这个活动甚至到杨玉环进宫后都不曾取消。"帝与贵妃,每至七月七日夜,在华清宫游宴。时宫女辈陈瓜花酒馔列于庭中,求恩于牵牛、织女星也。"②民间女子向牛郎、织女二星乞恩,范围当然并不限于婚姻爱情之事;宫中女子所求也未必只是皇帝的宠幸,但无论如何这却是主要的、甚至是必不可少的内容。七夕民俗活动在天宝年间的宫中盛行,是不是透露了唐宫中许多女子即使在杨贵妃得宠之后,依然对自己的命运抱有幻想呢?而这种幻想正反映了她们这一民俗亚圈中人普遍的深层心理。

唐代绝大多数宫人的命运无疑是悲惨的,她们的身心都受到极大的伤害。她们往往是十四五岁(甚至更小)进宫,从此失去自由,实际上成为皇家的一个奴婢。她们在宫中消磨掉最好的青春年华,得不到爱情,也得不到正常的归宿,连父母家人也不能再见面。等到年老色衰之后,则被随意处置,直到死去,被葬入专门埋葬宫人的坟墓——宫人斜。

在唐代出现了一种专门表现和描写宫中生活的新的诗歌形式,那就是宫词。许多诗人写过它,中唐诗人王建有《宫词》百首,最为著名。比他稍迟的张祜也写过很多,而且自成一格,

---

① 见王仁裕《开元天宝遗事》卷下。王氏在这条后面说宫中这类习俗传到民间,"士民之家皆效之"。究竟是宫中习俗影响到民间,抑或民间习俗传入宫中而又有所加厉,这个源流问题还可探讨。按我们的了解,似应是后者。
② 见王仁裕《开元天宝遗事》卷下。

有些篇章虽然并不直接题名为《宫词》，如《连昌宫》《上巳乐》《邠王小管》《邠娘羯鼓》《李谟笛》《悖拏儿舞》《容儿钵头》乃至《孟才人叹》等等，其实都是不折不扣的宫词。

这些宫词的内容相当丰富，反映了宫人生活的方方面面。我们从中可以窥见当日唐宫奢侈的物质享受和极其丰富多彩的体育文娱活动，也可以了解到许多宫中的习俗。例如王建《宫词》有一首写到宫中的打球运动："对御难争第一筹，殿前不打背身球。内人唱好龟兹急，天子鞘回过玉楼。"又有几首写宫人的打猎，其一云："射生宫女宿红妆，把得新弓各自张。临上马时齐赐酒，男儿跪拜谢君王。"把唐时宫女的尚武精神和矫健姿态刻画得颇为生动。

需要指出的是，这些作品往往有美化后宫生活的倾向，有时还不免流露出一种羡慕欣赏或者怀旧恋昔的情绪，批判的色彩并不明显。这对于古代作家来说毫不奇怪。尤其是距离盛唐不远的那些作家，抚今思昔，当然更加难忘那鼎盛至极的时代。在写到唐宫生活时，往往也就更难排除这种怅惘怀恋的情结。

但是即使在这样的诗篇中，也不乏对于宫人悲惨命运的哀悯同情之词。比如王建在其《宫词》中一再提到"闷来无处可思量"，"未承恩泽一家愁，乍到宫中忆外头"，以及"教遍宫娥唱遍词，暗中头白没人知"，"步行送入长门里，不许来辞旧院花。只恐他时身到此，乞恩求赦放还家"。虽然算不得多么有力的揭露，更不是强烈的控诉，对宫女处境的同情却还是可以体会到的。

张祜也是如此。尽管他对开元、天宝期间的唐宫生活和玄宗的风流倜傥、多才多艺歆羡不已，但宫女们的苦楚，他也是心中有数、笔下留意的。他那首著名的五言绝句："故国三千里，深宫二十年。一声河满子，双泪落君前。"①虽然极短，但内涵的丰厚、感情的强烈却与之成反比，能使读者的心灵受到巨大震撼。

宫女们的悲惨遭遇确实不能不引起富于正义感和同情心的作家们的关心怜悯。许多诗人写过哀悯她们的作品。一向关注现实的新乐府诗人张籍、王建、李绅、元稹、白居易自不用说，另一些风格与他们不尽相同的诗人，如刘皂、朱庆馀、项斯、刘得仁、薛逢等，对此也有不少反映，有的也写得十分生动。下面略举几首以示一斑。

元稹、白居易各有一首以"愍怨旷"为主题的新乐府诗，题为《上阳白发人》。白氏所作有小序，说明上阳宫乃是安置"六宫有美色者"的"别所"，以免她们有可能和杨贵妃争宠。整首诗歌是代这些被活活葬送掉青春的女子抒写愤懑的，控诉意味很浓：

> 上阳人，红颜暗老白发新。绿衣监使守宫门，一闭上阳多少春。玄宗末岁初选入，入时十六今六十。同时采择百余人，零落年深残此身。忆昔吞悲别亲族，扶入车中

---

① 《宫词二首》之一，见《全唐诗》卷511。

不教哭。皆云入内便承恩,脸似芙蓉胸似玉。未容君王得见面,已被杨妃遥侧目。妒令潜配上阳宫,一生遂向空房宿。……莺归燕去长悄然,春往秋来不记年。唯向深宫望明月,东西四五百回圆。今日宫中年最老,大家遥赐尚书号。……上阳人,苦最多,少亦苦,老亦苦,少苦老苦两如何!君不见昔时吕向美人赋①,又不见今日上阳宫人白发歌!

应该说,"上阳人"其实是深知宫人之苦的白居易们所选择和塑造的典型,就是并未打入上阳宫的宫女们,命运也不见得比她们好。不必说被派往诸帝陵园守墓的那些倒霉宫女了(白居易《陵园妾》诗专写她们,有"忆昔宫中被妒猜,因谗得罪配陵来""山宫一闭无开日,未死此身不令出"之句),就是留在宫中,甚至一度受到过君王宠幸,也同样有说不出的痛苦。

诗人刘得仁自己一生遭遇坎坷,对不幸宫女的内心苦楚有更深的挖掘。《悲老宫人》诗摄取一个看似荒诞的镜头,揭示了滑稽可笑外表下的深刻悲剧:

> 白发宫娃不解悲,满头犹自插花枝。曾缘玉貌君王宠,准拟人看似旧时。

---

① 此句下白氏有小注曰:"天宝末,有密采艳色者,当时号花鸟使。吕向献《美人赋》以讽之。"按:吕向《美人赋》,今存,见《全唐文》卷301。

她已经老了，已经满头白发了，但她还要在头上插满鲜花，因为她始终忘不了年轻时曾得到过皇帝的宠爱。她现在的表现，在别人看来几乎是变态的，而她却自以为很美。我们由此可知她心灵所受伤害的程度。这种伤害不仅是因为皇帝的宠幸绝不意味着爱情（她也许却误会了），更不保证其长久不变（她却幻想如此），还因为她的遭际竟使她一辈子执迷不悟，一辈子陷在盲目无望的追求之中。

　　得宠宫人的另一种下场是为皇帝殉葬。张祜的《孟才人叹》写的就是一个突出事例。孟才人以歌笙之妙获唐武宗宠爱，武宗疾笃，对她说："我快不行了，你将如何？"才人指着笙囊回答："请让我用这个自缢。"然后又表示愿歌一曲，"以泄其愤"，结果她唱了一声《河满子》，便"气亟立殒"，皇帝马上叫医师来看，她已是"脉尚温而肠已绝"，先皇帝一步走了。① 武宗为什么要那样问她？她为什么只能那样回答？她有什么"愤"要泄？又为什么只唱了一声便肠断而死？有的我们可以推想，有的却很难解释，但作为一个受宠的才人，她的命运很惨却是非常清楚的。事实上，她即使现在不死，武宗死后她的处境也会是非常危险的。

　　当然，宫女们更普遍的情绪是怨恨。在这方面代她们立言

---

① 据傅璇琮考证，此事应属唐武宗王贤妃，见《新唐书·后妃传》。王氏出身民间，自幼入宫，善歌舞，为武宗才人。武宗死前曾问其将何以自处，王答曰："陛下万岁后，妾得以殉。"后果自缢，"当时嫔嫱虽常妒才人专上者，返皆义才人，为之感恸"。参傅著《唐代科举与文学》第十章，陕西人民出版社1986年。

的诗人和诗作最多。以下所列三诗，分别是裴交泰的《长门怨》、刘皂《长门怨》三首的第二篇和长孙翱的《宫词》。[①] 三位诗人虽不太著名，但诗作却相当有代表性：

自闭长门经几秋，罗衣湿尽泪还流。一种蛾眉明月夜，南宫歌管北宫愁。

宫殿沉沉月欲分，昭阳更漏不堪闻。珊瑚枕上千行泪，不是思君是恨君。

一道甘泉接御沟，上皇行处不曾秋。谁言水是无情物，也到宫前咽不流。

有文化的宫人在怨旷心情实在难抑之时，也将自己的心事形诸文字，并找个机会将之传送出去。唐代流传许多"红叶题诗"一类的故事，就与宫人的此种做法有关。其中一则与诗人顾况有关，见于晚唐人孟棨的《本事诗》：

顾况在洛，乘间与三诗友游于苑中，坐流水上，得大梧叶题诗上曰："一入深宫里，年年不见春，聊题一片叶，寄与有情人。"

况明日于上游，亦题叶上，放于波中。诗曰："花落深宫莺亦悲，上阳宫女断肠时。帝城不禁东流水，叶上题诗

---

① 分别见《全唐诗》卷472、卷512。

欲寄谁?"

后十余日,有人于苑中寻春,又于叶上得诗以示况。诗曰:"一叶题诗出禁城,谁人酬和独含情?自嗟不及波中叶,荡漾乘春取次行。"

红叶上的题诗,吐露了不得人身自由的宫人的心声,而本来无情的红叶则成了替宫人传情并与外界沟通交流的媒介。唐代此类传说数量之多,以及后来进一步发展出文人与宫女因此缔结良缘的情节,既说明了人们对于此类传说的兴趣,更说明了人们对于大批被禁闭于深宫中的女子的同情。①

宫人们利用一切机会表露心曲和对正常婚姻、正常家庭生活的向往,虽在十分困难的情况之下,还是找到了一些办法。也是在《本事诗》一书中,记了这样一件事:

开元中,颁赐边军纩衣,制于宫中。有兵士于短袍中得诗曰:"沙场征戍客,寒苦若为眠。战袍经手作,知落阿谁边?蓄意多添线,含情更著绵。今生已过也,重结后身缘。"

兵士以诗白于帅,帅进之。玄宗命以诗遍示六宫,曰:

---

① 除《本事诗》所载顾况故事外,《云溪友议》载卢渥故事,卢亦于御沟得红叶题诗,后在范阳娶妻,正是偶题此诗的选退宫人。此故事后被宋人演为小说《流红记》(见刘斧《青琐高议》)。同类故事,尚有《侍儿小名录》中的贾全虚、《北梦琐言》中的李茵、《玉溪编事》中的侯继图等接拾题诗叶之事。

"有作者勿隐！吾不罪汝。"

有一宫人自言万死。玄宗深悯之，遂以嫁得诗人，仍谓之曰："我与汝结今身缘。"边人皆感泣。

也许不能就此认为红叶题诗或短袍夹诗是唐代宫中的一种普遍风俗，但这种情况或类似的情况，恐怕还是有一定的数量。应该说，敢于做出这一类事来的宫女，是比较大胆并且聪明的，她们冒了相当大的风险，在绝望之中寻求一线希望。从她们的这一类冒险行动，也就可以反过来推测，宫中生活是何等寂寞无聊、何等痛苦不堪。

上面故事中唐玄宗的开明表现，也许是真的，但也可能是文人对他的美化。如果是前者，固然说明这位皇帝尚有某些同情心，但其中也未始不包含笼络臣民、刻意塑造自己形象的用心；如果是后者，则美化中又透露出文人的良好愿望，反映了民间对于宫中女子的深深同情。

唐代宫人的数量是相当惊人的。由于每换一位皇帝都必须增添一批新的宫人，同时也就要处置一批旧宫人。《唐会要》卷3《出宫人》，提供了很多这方面的情况。其中贞观二年（628）三月中书舍人李百药的一封奏章值得注意：

……往年虽出宫人，未为尽善。窃闻大安宫及掖庭内，无用宫人，动有数万，衣食之费，固自倍多。幽闭之冤，足感和气，亢阳为害，亦或由兹。

李百药并不是从根本上反对后宫制度,他只是觉得后宫人数实在太庞大,单单"无用宫人"即有万数,如果加上他认为有用的、必要的宫人,数目岂不还要翻上一番?四个月以后,唐太宗终于下令释放多余宫女(人数不详)。其实太宗完全明白后宫收纳许多妇女的不义性,请看他的自白:"妇人幽闭深宫,情实可愍。隋氏末年,求采无已,至于离宫别馆,非幸御之所,多聚宫人。此皆竭人财力,朕所不取。……今将出之,任求伉俪,非独以省费,兼以息人,亦各得遂其情性。"①虽然如此,唐太宗并不能,也根本不想改变这种情况,顶多只是稍加限制而已。他自己在晚年时,就还曾征纳过不少年轻女子入宫。后来的武则天,当时仅十四岁,就是被征的少女之一。

被放出宫去的宫女,据记载,大部分可以回家,"任归亲戚"或"任其婚配"。贞元二十一年(805)三月,王叔文等改革派执政,一次"出后宫人三百人",接着"又出后宫及教坊女妓六百人,听其亲戚迎于九仙门。百姓莫不叫呼大喜"。此后的几代皇帝,也屡有放出宫女之举。②这在当时就是值得大加称颂的德政了。

有一部分宫女并不能回家,而是被送到寺观安置,也就是让她们入了道门,成为女道士。

这里就要讲到公主入道的问题。唐代公主入道在当时很时髦,而且几乎形成一种风气。翻一翻《新唐书》的《诸帝公主

---

① 请参吴兢《贞观政要·仁恻》。
② 请参《唐会要》卷3《出宫人》。

传》，我们不难清理出一张入道公主的名单。其中比较著名的就有睿宗的女儿兼玄宗的御妹金仙、玉真二公主，玄宗的女儿万安公主、楚国公主，代宗的女儿华阳公主，顺宗的女儿浔阳、平恩、邵阳三位公主以及穆宗的女儿义昌公主等。

公主出家，在物质生活上是吃不着苦的。她们往往建有独自专用、十分考究的道观，什么时候想回宫，也很自由，每年还有数量可观的封物供其享用，如浔阳等三公主每年就有七百段匹的封物分春秋两季领取，临时的颁赐还不在内。

在精神生活上，她们也有相当的自由，某种程度上甚至比在宫中更少约束。比如她们就可以更随便地同一些男子接触和交往，乃至同他们发生恋爱关系。①

唐代的道观固然也讲究清修、苦练，但一部分女冠的生活却相当浪漫甚至放荡。有的研究者竟至于说，唐代的女冠具有"半娼"的性质。②从女道士鱼玄机、李季兰的行为以及韩愈《华山女》一诗所描写的女冠来看，这种说法并非全然无稽。李商隐的许多诗篇，或直接、或隐晦地写到他与女冠们的交往，其内容和口气都令人感到他们之间的关系非常亲昵，远超乎平常

---

① 而且入道公主也同样可以参与政治，如李白之所以能够得到唐玄宗重视，被引入宫廷，除了道士吴筠和秘书监贺知章的推荐外，御妹玉真公主（后号持盈法师）的揄扬，也起了极大作用。太白有《玉真仙人词》《玉真公主别馆苦雨赠卫尉张卿二首》等，前者是献给公主的赞词，后者述志陈情，都与李白请公主引荐有关。
② 如苏雪林的《李义山恋爱事迹考》（又名《玉溪诗谜》），即持此说。苏著由上海北新书局 1927 年初版。

的泛泛交往。① 由此也可窥见唐代女冠浪漫生活之一斑。

当然，女冠生活也有孤寂枯燥的一面，尤其是那些被迫进入道门、地位很低的宫人，她们不可能像入道公主那样逍遥自在，她们在入道以后的凄苦悲惨，不但不亚于在宫中，甚至有过之。

许多唐人写过反映宫人入道生活的作品。宋人所编的大型总集《文苑英华》录入五首这类诗歌。其中于鹄的一首揭示了宫女因年老而被送去入道的情况：

> 十五吹箫入汉宫，看修水殿种芙蓉。自伤白发辞金屋，许著黄衣向雪峰。……

这实际上是被一脚踢出了宫门，而又未能获得自由，她的结局无疑是会很悲惨的。项斯的一首，抓住宫女入道之初对于新生活的不习惯，委婉地诉说了她们心中的苦楚。"旦暮焚香绕坛上，步虚犹作按歌声"，既突现了她们眼下生活（步虚）的单调乏味，又表现了她们对往日生活（按歌）的难以忘怀，而这两种生活其实都是不自由的，都是对她们正常人性的扭曲与残害，眼下的情景固然堪哀，昔日的生涯也不值得留恋。

五首之中以张萧远的一首内容最为丰富而深刻。第一句"舍宠求仙畏色衰"，就一针见血地点明了宫人入道的真正原因，

---

① 如《赠华阳宋真人兼寄清都刘先生》《月夜重寄宋华阳姊妹》《银河吹笙》《碧城三首》等。

接下去以冷静到几近残酷的语气揭示求仙的虚妄:"金丹拟驻千年貌,玉指休匀八字眉。"说"拟驻",换言之便是空想,便是一厢情愿却并无可能的幻想;说"休匀",一方面实指女冠生活不再允许化妆打扮,一方面暗示年纪老大眉毛日稀,想匀也匀不成了。这就是入道宫女生活的写照。最令人联想悠远、感慨万端的,是它的结句:

从来宫女皆相妒,闻向瑶台尽泪垂!

我们在前面已引用殷尧藩的诗讲到过,宫女之间的相互妒忌是十分严重的,只有到其中有人出宫入道,这种"妒宠"之私才会消除。张萧远的诗再一次做了证实。张诗的有力之处还在于进一步指出了,宫女们普遍认为入道求仙,所谓去向瑶台,实在是一件可怕的事,一听说要她们到那里去,都忍不住哭了起来。

上面所说都是把一般宫女当作一个整体来看的,说的是她们生活的共同特征。如果我们想在文学作品中找一个能够反映宫女生活的个案,那么杜牧的《杜秋娘诗》和柳珵的小说《上清传》所写的主人公大致可算。

《杜秋娘诗》的作者小序完整地叙述了杜秋的一生:

杜秋,金陵女也。年十五为李锜妾。后锜叛灭,籍之入宫,有宠于景陵。穆宗即位,命秋为皇子傅姆。皇子壮,封漳王。郑注用事,诬丞相欲去己者,指王为根。王被罪废削,秋因赐归故乡。予过金陵,感其穷且老,为之赋诗。

杜秋很年轻就做了方镇李锜的侍妾,李锜败灭,她被籍入掖庭(像李锜财产被籍没充公一样)。这一遭遇在唐宫人中有一定典型性。有很多这样的罪妇,在掖庭中无声无息地劳作,直到死去。杜秋比较幸运,竟被唐宪宗(景陵为其死后葬地)所宠,这是一个例外。然而,所谓得宠,究竟到什么程度,也颇可怀疑,事实上,杜秋的地位并不高。到宪宗之子穆宗接位,杜秋只是做了皇子的保姆而已。这倒是正常的。皇子长大,封为漳王。经过敬宗,到了文宗时期,宦官王守澄用事,诬告宰相宋申锡欲立漳王为帝(杜牧说因"郑注用事"云云,有误)。于是顿兴大狱,漳王、宋申锡遭贬逐。杜秋这个当保姆的,在宫中也待不住了,被"赐归故乡"。这就是杜牧诗中所说的"四朝(宪、穆、敬、文)三十载,似梦复疑非"。杜秋在唐宫中的浮沉,清楚地说明了宫中妇女很难摆脱与政治的干系,不知怎么一来,就被卷了进去,成了无辜的牺牲者。杜秋娘能够全身而归,虽然既穷且老,还算是幸运的呢。

柳珵的《上清传》涉及中唐时期两位宰相陆贽、窦参的人事矛盾问题,对史家所公认的贤相陆贽有所非议,而对窦参则持回护态度,因此向来为史家所不取。好在我们只是把它当小说看,并且主要是注意小说的女主角——窦参的女婢上清。

上清原是窦参宠爱的女婢,非常了解窦、陆争斗的原委,并曾在陆派人行刺窦参时，挺身保护过窦。窦参知道自己将来必定失败，预料上清一定会被收入掖庭，便嘱咐她，有机会见到皇帝时为自己洗刷辩解。

后来一切果如窦参所料，上清在窦参被流放赐死后，以罪人家婢的身份隶名掖庭，从此成为一个宫婢。她此后的命运如何呢？小说写道："后数年，以善应对，能煎茶，数得在帝左右。"一次，在服侍皇帝时，德宗皇帝问她："宫掖间人数不少，汝了事，从何得至此？"这一问，告诉我们，掖庭宫人本是极少有可能到皇帝身边的（传奇作者也正要以此消除读者的疑问）。上清乘此机会向皇帝说明窦参的被杀实在是冤枉的，完成了窦参当年的托付。于是皇帝下诏昭雪窦参，上清也得到特赦丹书，度为女道士。然后又从女道士还俗，嫁给一位叫金忠义的人。

上清的遭遇对于一般宫人，特别是其下层来说有一定的代表性。她们在入宫前可以有各种身份，有的早已是奴婢，有的则是良家女子，也不一定都是戴罪入宫。入宫以后，她们被分配在各个部门，其中掖庭是最苦的地方。如果没有什么变故或意外，多少年以后她们的出路大抵是几种：或入道，或被放，或被派到更加偏远冷寂的所在，如去先皇陵园当差，或在上阳宫这样的地方苦熬，而实际上已被遗忘……

宫人们死了怎么办？宫中有专门埋葬她们的地方，叫宫人斜。

未央墙西青草路，宫人斜里红妆墓。一边载出一边来，更衣不减寻常数。

　　尽是离宫院中女,苑墙城外冢累累。少年入内教歌舞,不识君王到死时。①

　　这两首诗就是以宫人斜为题材,代那些死于宫中的女子们诉冤泄恨的,作者对宫女的哀怜和对君王的不满都显然更无保留,感情色彩是强烈的。

　　我们从一般宫人的日常生活,一直讲到了她们的死。死是人的最后归宿,有生必有死,本没有什么可多说的。只是宫人们的死,特别是那些被埋葬在宫人斜中的宫人,她们的死往往不同。不同之处主要有二:一是这种宫女多非善终,许多是触犯宫中某一条规,或仅仅触怒皇帝,便被随便处死的②;另一是这种宫女死时往往很年轻,是属于夭死,因此更堪怜悯。唐人以宫人斜为题的诗很多,原因即在于此。

　　除以上所述两个亚民俗圈之外,与宫中有关的女子,还有不少,如各类宫妓、梨园子弟或其他艺人。关于她们,我们将在下面的有关章节再来论述。

---

① 这两首诗的作者,分别是王建、杜牧,诗题分别为《宫人斜》和《宫人冢》,见《全唐诗》卷301、卷524。
② 例如柳公权有《应制为宫嫔咏》诗,创作因由是唐武宗怒一宫嫔,欲处置之,但对柳公权说:"然若得学士一篇,当释然矣。"柳即咏此,以救宫嫔。否则刚愎暴躁的唐武宗会如何处置该宫人,便很难说了。

五、农村、市井及其他妇女的生活与习俗

> 耕田、采桑、养蚕、织素：农妇日常生活中的习俗——捣练、缝衣与思念征人——商妇——都市妇女的职业种种——媒妁与巫婆——庞大的宫妓群及其小社会——在籍的官妓——形同婢妾的家妓——平康散娼及其生涯——唐代妓女对文学艺术的贡献

从本章的标题即可看出，这里包含着好几个统属于妇女民俗圈的亚民俗圈。如果对于农村妇女我们不再细分，就算她们是一个亚民俗圈，那么市井妇女的情况可就复杂得多。一般官宦之家的妇女、普通城市居民家的妇女、活跃于城市各行各业的职业妇女，可以说是三个比较大的亚民俗圈，而在它们之中又各自包含着数量不等、层次更低的小民俗圈。特别是职业妇女，便可以划分出许多小圈。

鉴于这种情况，我们只能择取其中较有代表性的一部分来讲，而不拟面面俱到，以免烦琐零乱之弊。

下面，就让我们进入具体的介绍和论述。先讲农村妇女。对于绝大多数农村妇女来说，各类农业劳动，从春耕秋收的田野作业，到采桑养蚕、纺纱织布，这些是她们日常劳动的主要内容。除此以外，维持一个家庭所需的一切生计和每天的生活起居，也少不了她们的辛劳。正如台湾罗宗涛根据敦煌变文描写的女性生活所做出的概括："妇女虽有贵贱老少之别，其家

庭生活情形当然不尽相同；但就大多数而言，主要是蚕桑（采桑用钩，有时还要爬到树上，采桑穿短襦）、纺织、裁缝、扫地、取水、看家、炊爨、园艺、洗濯、事奉丈夫翁婆伯叔、育幼等。"[1]因此，说到与她们有关的民俗活动和反映此类民俗的文学作品，首先就是在这个方面。我们试举一些作家的作品予以说明。

诗人杜甫在其名作《兵车行》中，曾写到秦中地区因男子大量被征发服役而造成的"健妇把锄犁"的情景。诗中说："君不闻汉家山东二百州，千村万落生荆杞。纵有健妇把锄犁，禾生陇亩无东西。"诗人的本意，是诉说穷兵黩武的战争所带来的巨大危害。但我们从中却可推想，这个地区的妇女也许本来是较少参加大田劳动的，纺织缝纫才是她们的当行。

戴叔伦的《女耕田行》也写到这种非常的、格外令人同情的情况：

> 乳燕入巢笋成竹，谁家二女种新谷？无人无牛不及犁，持刀斫地翻作泥。自言家贫母年老，长兄从军未娶嫂。去年灾疫牛囤空，截绢买刀都市中。头巾掩面畏人识，以刀代牛谁与同？姊妹相携心正苦，不见路人唯见土。疏通畦陇防乱苗，整顿沟塍待时雨。日正南冈下饷归，可怜朝雉扰惊飞。东邻西舍花发尽，共惜余芳泪满衣。

---

[1] 见罗宗涛《敦煌变文社会风俗事物考》，台湾文史哲出版社1974年。

哥哥打仗去了，家中再没有男丁，女孩子也得下田，偏偏牛又死了，只好用人力翻地，翻地用的锄头还是她们卖掉自己织的绢布换来的。大田的劳动对于两个姑娘家来说，是相当吃力的，她们是脸朝黄土背朝天，半日干下来又累又饿，完全失去了享受青春少女快乐的可能，怎能不伤心流泪呢？

这首诗里的两位少女没有嫂子，她们是以未婚女儿的身份在家中劳动的。我们在前面说过，贫穷和劳动力的缺乏，是老女不嫁的重要原因。这两位少女是否能够及时出嫁，看来就颇成问题。

倘若她们的哥哥是娶了妻子的呢？那么在她家的劳动队伍中，就会多出一位已婚妇女，而且在某种意义和程度上，这位嫂子还将处在比两个小姑更为主要的家庭支柱的地位上。

请看诗人李贺《感讽五首》之一对这个事实的描写：

> 越妇未织作，吴蚕始蠕蠕。县官骑马来，狞色虬紫须。怀中一方板，板上数行书。不因使君怒，焉得诣尔庐？越妇拜县官，桑牙今尚小。会待春日晏，丝车方掷掉。越妇通言语，小姑具黄粱。县官踏餐去，簿吏复登堂。

本诗写一家农妇接待催收赋税的县官，如何陈情告哀，如何竭力款待，而主要出面的便是作为家庭主妇的"越妇"，她的小姑基本上只是个配角。诗人这样的叙述是完全符合我国广大农村的习俗的。

我国北方妇女较少从事田间农活,但在南方情况有所不同。元和十年(815),刘禹锡在连州任刺史,曾在《插田歌》中以极其优美生动的笔调描画过一幅当地农民春日插秧的风俗图:

冈头花草齐,燕子东西飞。田塍望如线,白水光参差。农妇白纻裙,农父绿蓑衣。齐唱郢中歌,嘤伫如竹枝。但闻怨响音,不辨俚语词。时时一大笑,此必相嘲嗤……

这里就是男女一同在田间劳动,并且是边干边唱,既抒发某种怨思,也相互打趣逗笑。唐人诗歌虽多,但像刘禹锡《插田歌》这样细腻描写田间劳动,特别是写出妇女与男子一样从事这种劳动的诗篇,并不很多,所以这首诗也就弥足珍贵。

至于写到妇女从事其他劳动的诗篇,那就多了。

大概最多的要数描写妇女织布之类(包括织锦、织绫等)以及与之相关的采桑、刺绣、捣衣、裁剪缝制衣裳的作品。写此种题材最积极的当然是新乐府诗人,元、白、张、王,几乎人人都有《织妇词》,我们在前面讲到老女不嫁问题时,就曾引用过元稹的作品。这里再在他们以外的作家中略举几首,借以了解农村妇女劳动生活的主要方面:

墙下桑叶尽,春蚕半未老。城南路迢迢,今日起更早。四邻无去伴,醉卧青楼晓。妾颜不如谁,所贵守妇道。一春常在树,自觉身如鸟。归来见小姑,新妆弄百草。①

春风吹蚕细如蚁,桑芽才努青鸦嘴。侵晨探采谁家女,手挽长条泪如雨。去岁初眠当此时,今岁春寒叶放迟。愁听门外催里胥,官家二月收新丝。②

这是两首反映妇女采桑劳动的诗,都写到她们早春季节清晨外出采桑的情景,前诗突出这个桑妇独自远到城南去采桑,既然路远就更不能不早去晚归,她整天爬在树上,时间一长,竟觉得自己都快变成鸟儿了。一天劳动回来,见到小姑穿着新衣在快活地玩耍,想想自己,心里实在难以平衡。后诗的感情色彩更强烈些,因为它所揭示的矛盾也更带社会性。这位采桑女之所以会边采边哭,显然不仅因为劳动辛苦,而且因为有里胥在催收赋税,偏偏气候不佳,蚕还很小,又哪里来的新丝可交?在这一点上,唐彦谦之作可与上引李贺诗同看。

采桑是为了养蚕,而蚕在古时是被认为有灵性的神物的。《搜神记》上载着一个关于蚕的来历的传说,说在"太古之时,有大人远征,家无余人,唯有一女,牡马一匹",此女思念父亲,对马戏说:"尔能为我迎得父还,吾将嫁汝。"牡马听得此言,绝缰而去,果然将此女之父迎回。然而此女却不但不肯实践诺言,反伙同父亲将马杀死,剥下马皮晒在庭中。一日,此

---

① 刘驾《桑妇》,见《全唐诗》卷585。
② 唐彦谦《采桑女》,见《全唐诗》卷671。

女经过马皮旁边,马皮竟躩然而起,卷女以行,待其父得知,此女早已不知去向。几天以后,到处寻找女儿的父亲才在一棵大树枝间发现,"女及马皮尽化为蚕而绩于树上,其茧纶理厚大,异于常蚕"。这就是著名的蚕马故事。所以,古人养蚕是有一套规矩和仪式的,唐代依然如此。诗人王建的《簇蚕辞》写到了这种由妇女参加并担任主角的民俗活动:

> 蚕欲老,箔头作茧丝皓皓。场宽地高风日多,不向中庭晒蒿草。神蚕急作莫悠扬,年来为尔祭神桑。但得青天不下雨,上无苍蝇下无鼠。新妇拜簇愿茧稠,女洒桃浆男打鼓。三日开箔雪团团,先将新茧送县官。已闻乡里催织作,去与谁人身上著?

原来在蚕宝宝快要结茧的时候,养蚕之家就须举行祭仪,向蚕神祷告天气晴朗干爽,祈求无虫鼠之害。这种祭拜和祷祝主要由女子来做,她们还要在蚕场挥洒桃浆(其意或许犹如祭神奠祖时的醑酒),而男子则负责在旁擂鼓助祭。诗中写道,这样做果然有效,蚕茧和丝都得到了丰收。

从王建的诗,我们可以看到,农村生活中随时随处都会有一些民俗活动,而在以妇女为主要劳动力的生产中,这类民俗活动往往还是以妇女为主角的。

我们以前在介绍节日风俗时,曾着重谈过七夕这个属于妇女的节日。七夕当然不分农村城市,凡有妇女的地方这一天都会举行乞巧、拜牛郎织女星等活动。毫无疑问,农村妇女也是这一活动的积极参加者,因为能否使自己更加灵巧聪明,最直接的就与她是否能把采桑养蚕、纺丝织布、裁制衣服等女工做得更好有关,而这也正是一个农村姑娘或农妇能否有比较好的家庭生活的重要因素。所以归根到底,七夕民俗还是与妇女的生产活动有切不断的联系,而同时又成为她们终生幸福与否的关键性中介。

说到这里,让我们顺便插上一笔,略谈农村妇女参与日常民俗活动的问题。除了一部分明确不许妇女参与的祭礼或仪式以外,大部分的民俗活动,妇女还是参与的,也就是不分男女的,尤其是那些全民性的民俗节日,如每年年初从初一到元宵的一系列年节活动,以及寒食、清明、端午、社日和许多各地特有的迎神赛会等,更是如此。所以我们仅在此提一下以与前文呼应,而不再把它当作一个问题专门来谈。

现在我们回到农村妇女的劳动这个话题上来。上面说过,她们劳动的种类很多,而这一方面的文学作品数量也非常繁多。

例如描写妇女织造锦绫和从事刺绣的作品,白居易的《缭绫》《红线毯》《绣妇叹》,王建的《织锦曲》,于濆的《织素谣》,章孝标的《织绫词》,李贺的《染丝上春机》,施肩吾的《江南织绫词》,等等,都是有名的篇章。如果把那些部分提及这种劳动的作品也算在内,那就更加数不胜数了。至于那些富于地方色彩而又为妇女所专精的劳动,如南方的浣纱、采莲(包括采菱、采藕)、采茶焙茶乃至饲鸡喂鸭之类,文学作品中也多有表现。

还有一些劳动，不一定限于农村，城市妇女同样也做，如捣练、捣衣和缝制衣物等，往往也成为唐人诗文绘画的重要题材。例如玄宗开元时期的著名宫廷画家张萱就曾画过《捣练图》，我们今天仍能看到宋徽宗赵佶的摹本。

所谓捣衣，是用木棒捶打新织得的布帛，使之软熟熨帖，以便裁制衣物。这是古已有之的一项工艺，汉代的班婕妤就曾写过《捣素赋》，南朝宋的谢惠连也有《捣衣》诗。捣衣往往在秋季进行，是裁制寒衣之前的必要准备，而寒衣则是闺中寄给在外之人的生活必需品，跟寒衣一起寄去的，是妻子（或者老母，也可能有女儿）对出行者的思念和牵挂。唐代的士子文人大都要外出游历，有的是谋取功名，有的是入幕为僚，也有人从军出塞，等等，还有许多普通百姓（主要是农民）被征发服役，或贩运经商，家中也须按季寄递衣物，每年冬天的寒衣更是不可缺少的。

唐诗中以捣衣和缝制寒衣为题材或提及此二事者数量极多。最为脍炙人口的当然是李白《子夜吴歌》中的《秋歌》："长安一片月，万户捣衣声。秋风吹不尽，总是玉关情。何日平胡虏，良人罢远征？"这首诗仿佛让我们听到月光如水的长安城里，千家万户木槌击打石砧那此起彼伏的沉重响声，听到捣衣人发出的和那沉重节奏相应相错的叹息，诗人对于妇女体力和精神上的双重负担，表示了极大的同情。

如果想较具体地了解捣衣、制衣的过程和从事这一劳动时妇女的心理活动，那么，可以看王建的《捣衣曲》、刘禹锡的《捣衣曲》和裴说的《闻砧》，下面依次将全文引出，以供赏鉴：

月明中庭捣衣石，掩帷下堂来捣帛。妇姑相对神力生，双揎白腕调杵声。高楼敲玉节会成，家家不睡皆起听。秋天丁丁复冻冻，玉钗低昂衣带动。夜深月落冷如刀，湿著一双纤手痛。回编易裂看生熟，鸳鸯纹成水波曲。重烧熨斗帖两头，与郎裁作迎寒裘。

爽砧应秋律，繁杵含凄风。一一远相续，家家音不同。户庭凝露清，伴侣明月中。长裾委襞积，轻佩垂璁珑。汗余衫更馥，钿移鬓半空。报寒惊边雁，促思闻候虫。天狼正芒角，虎落定相攻。盈箧寄何处，征人如转蓬。

深闺乍冷开香箧，玉箸微微湿红颊。一阵霜风杀柳条，浓烟半夜成黄叶。垂垂白练明如雪，独下闲阶转凄切。只知抱杵捣秋砧，不觉高楼已无月。时闻寒雁声相唤，纱窗只有灯相伴。几展齐纨又懒裁，离肠恐逐金刀断。细想仪形执牙尺，回刀剪破澄江色。愁捻银针信手缝，惆怅无人试宽窄。时时举袖匀红泪，红笺谩有千行字。书中不尽心中事，一片殷勤寄边使。①

---

① 以上所引王建、刘禹锡、裴说诗，分别见《全唐诗》卷298、卷354、卷720。

这三首诗，王、裴二诗描写具体，刘诗表现心理较为细腻，可谓各臻其妙，异曲同工。从它们可知，捣衣一般都在夜晚进行，这是一种相当费力的劳动，往往须二人对杵，捣到一定火候，生布成了熟布，然后才能用熨斗烫平，裁制衣服。妇女们在捣衣裁衣和缝衣之时，心思都集中于远在异地、急需寒衣的亲人身上。不但她们，所有听到砧声的妇女（即使家中并无外出之人），都会因人同此心而与她们产生同感。诗人们也是出于同情心或有亲身感受，才对这一题材乐而不疲。

关于农村妇女的生活习俗，我们就讲到这里。事实上，最后这一部分，已经是和城市妇女共同的了。下面我们就来集中地谈谈城市妇女的生活与习俗。

市井妇女这个亚民俗圈，情况要比农村妇女复杂得多。尽管唐代的城市还不是近代意义上的城市，但无论如何，城市居民的成分、经济的来源、生活的方式以及流动迁徙的可能，都和农村有所不同，因而城市居民也就自有他们不同于农民的民俗活动和民俗心理，妇女们自然也不例外。

我们大致可以根据是否参与劳动、自食其力这条标准把城市妇女划分为两部分。绝大部分的官宦乃至士人之家的妇女是一类，她们基本上无须参加社会性的劳动，也谈不上自食其力，因此人身依附性比较明显。这部分妇女的仪型规范和生活习俗，从前面所论述的妇女的一般情况，实际上已经可以概见，所以这里不拟再加赘述。

城市中还生活着另一类无须从事社会性劳动的妇女，就是商妇——商人的妻子或外室。她们和前一类妇女不同,生活虽然优越,但地位不高,而且,"商人重利轻别离",当她们的夫君外出经商,特别是进行长途贩运或远地贸易时,她们往往过着独守空房的寂寥生活,生理、心理各方面都承受着巨大的痛苦。这一类妇女的生活在文学中的反映颇多。

白居易的《琵琶行》,女主角是位商妇。其《新乐府·盐商妇》本为揭露盐商的牟利聚敛和国家盐法的弊病,但诗里面也写到盐商妇豪奢的生活。其诗云:

> 盐商妇,多金帛,不事田农与蚕绩。南北东西不失家,风水为乡船作宅。本是扬州小家女,嫁得西江大商客。绿鬟富去金钗多,皓腕肥来银钏窄。前呼苍头后叱婢,问尔因何得如此?婿作盐商十五年,不属州县属天子。每年盐利入官时,少入官家多入私。官家利薄私家厚,盐铁尚书远不知。何况江头鱼米贱,红鲙黄橙香稻饭。饱食浓妆倚柁楼,两朵红腮花欲绽……

更多的诗人则写到商妇们的孤独、寂寞、无聊和无尽头的思盼之苦。这几乎成为唐诗中商妇题材作品的中心题旨。小说中也不乏此类故事。如著名的"传书燕"之典:商妇绍兰,思念丈夫,在堂中吁叹,忽闻燕子上下飞鸣,有同情之意。绍兰乃写诗为札附于燕足,燕为之传书,其夫得诗,感而泣下,乃归。盛唐文士张说曾据以写成小说,今佚,但故事梗概却流传了下来，见《开元天宝遗事》卷下。这则传说风格凄婉，绍兰所为符合礼教俗规。但也有行为越轨的商妇，如《太平广记》卷345《孟氏》一篇（出《潇湘录》），就讲了商妇孟氏与少年男子相悦私好之事，笔调中充满了同情和理解。大诗人李白在这方面也非常通达，其《江夏行》一诗就极体贴细腻地代她们抒发内心的苦闷：

> 忆昔娇小姿，春心亦自持。为言嫁夫婿，得免长相思。谁知嫁商贾，令人却愁苦。自从为夫妻，何曾在乡土？去年下扬州，相送黄鹤楼。眼看帆去远，心逐江水流。只言期一载，谁谓历三秋。使妾肠欲断，恨君情悠悠。东家西舍同时发，北去南来不逾月。未知行李游何方，作个音书能断绝。适来往南浦，欲问西江船。正见当垆女，红妆二八年。一种为人妻，独自多悲凄。对镜便垂泪，逢人只欲啼。不如轻薄儿，旦暮长相随。悔作商人妇，青春长别离。如今正好同欢乐，君去容华谁得知？

由盼而怨，由怨而悔，由悔而恨，而亟想采取某种措施改变这种处境。这是一种大胆的，然而又是极真实的情绪。正是在这种情绪的驱使之下，又遇到合适的对象与机会，有的商妇便勇敢地向"从一而终"的礼俗挑战，去寻找自己眼前的幸福了。她们的行为和唐代文士对她们的理解同情，今天看来都颇有一点民主主义的气息。

下面，我们要谈的是那些在城市各行各业中从事劳动的妇女，套用一个现代术语，也就是所谓的职业妇女。

在《都市民俗》中，我们曾以长安、扬州为中心介绍了当时城市里的许多行业，例如旅店业、饮食业、医药业、佣作业以及各种作坊、小贩和自由职业（如为人缝纫）等，其中很多都有女性参加，有的更几乎是没有妇女就无法开张。对于上述种种行业，我们就不多说了。下面我们拟在此基础上做些补充，以便将市井妇女的生活与习俗展现得更为具体而全面。

也许首先应该顺着前面的思路，介绍一下从事商业活动的女性。无论旅店业、饮食业还是佣作业，都活跃着许多妇女，其中饮食业中的旗亭酒肆，更是少不了女性的参与，文学作品对这方面的反映也特别多。

讲到当垆卖酒，我们马上会想起李白的《金陵酒肆留别》，"风吹柳花满店香，吴姬压酒劝客尝"，还有前面曾提到过的，杜甫描写李白嗜酒豪纵的名句："李白一斗诗百篇，长安市上酒家眠。天子呼来不上船，自称臣是酒中仙。"那压酒劝客的吴姬，不用说，一定是年轻的南方姑娘，她操着温柔动听的吴侬软语劝客饮酒，效果肯定极好。可以想象，让李白喝得酩酊大醉，流连忘返，连皇帝来召都不愿离开的那个酒家，恐怕除了酒好以外，也会有年轻可爱的女子在张罗应酬吧。当时的长安市上，除了有汉族女子在当垆，还有数量相当可观的胡姬，即外国人或少数民族少女在酒肆服务。这一点在《都市民俗》的《长安东、西市行业种种》一章里已有叙述，向达先生《唐代长安与西域文明》一书的有关章节也举出了很多例子。

有意思的是,当垆卖酒的也有年纪极老的妇人。也是与诗人李白有关的一个故事说:天宝年间著名的梨园音乐家李谟刚刚得了外孙,欢喜得不得了,抱去拜见李白,请他给孩子起个名字。"李公方坐旗亭,高声命酒,当垆贺兰氏年且九十余,邀李置饮于楼上。"① 由此也可见彼时妇女从业年头之久。

妇女经商大约多数是做一些小买卖,不少唐人小说写到过老妇在街头村口设摊卖物的情况。② 但也有妇人从业做大买卖并取得很大成功的。如李肇《唐国史补》卷下有这样一条:

> 七月八月有上信,三月有鸟信,五月有麦信。暴风之候有抛车云,舟人必祭婆官而事僧伽。江湖语云:"水不载万。"言大船不过八九千石。然则大历、贞元间,有俞大娘航船最大,居者养生、送死、嫁娶悉在其间。开巷为圃,操驾之工数百。南至江西,北至淮南,岁一往来,其利甚博,此则不啻载万也。

---

① 见《甘泽谣·许云封》。
② 如《朝野佥载》卷5载长安令张松寿奉命破案,"至(作案者)行劫处寻踪迹,见一老婆树下卖食……"。《开元天宝遗事》卷下:"长安自昭应县至都门,官道左右,村店之民,当大路市酒,量钱数多少饮之。亦有施者,与行人解之,故路人号为歇马杯。"这种事情往往由妇女,尤其是中老年妇女承担。《唐国史补》卷上记述马嵬一店媪,收得当年杨贵妃锦靿一只,相传"过客每一借玩,必须百钱,前后获利极多",媪因此致富,讲的也是一位女店主之事。

这位俞大娘就是当时出了名的一位女老板,虽然正因为这样的女人不多,所以她才得以格外有名,但稍次于她的或许不是没有。

但也有一些适合妇女、特别是年长妇女做的职业,如为人做媒。既然当时的婚姻是无媒不成,那么这个行业就一定会相当发达。

所谓做媒,其实除了正式的嫁娶,也包括为有情的男女牵线搭桥,或为男子介绍理想的对象,等等。

孙棨《北里志》记述妓女张住住,和一个叫庞佛奴的男子相好,但庞靠佣书为生,无力为住住赎身,鸨母准备将住住嫁给别人。二人情急,决定私下结合。住住约庞于上巳日趁家人踏青去后幽会,"佛奴因求其邻宋妪为之地,妪许之。是日,举家踏青去,而妪独留,住住亦留。住住乃键其门,伺于东墙,闻佛奴语声,遂梯而过。佛奴盛备酒馔,亦延宋妪,因为谩寝所,以遂平生"。这里的宋妪帮助青年男女成其好事,也可以说是做了一次扩大意义上的媒婆。

蒋防的传奇小说《霍小玉传》写到一位相当典型的媒婆。

陇西李益年轻多才,"每自矜风调,思得佳偶,博求名妓,久而未谐"。后来他结识了一个媒婆。小说这样描写她:

> 长安有媒鲍十一娘者,故薛驸马家青衣也,折券从良十余年矣。性便辟,巧言语,豪家戚里,无不经过,追风挟策,推为渠帅。

这段文字既写出了鲍十一娘的出身来历（从中可以看到贵家婢女的生活变迁），又写出了她的性格和之所以有如此性格的依据。她因为平时颇得李益好处，所以深知李的心事。小说继续写道：

> 经数月，李方闲居舍之南亭。申未间，忽闻扣门甚急，云是鲍十一娘至。摄衣从之，迎问曰："鲍卿今日何故忽然而来？"
> 鲍笑曰："苏姑子作好梦也未？有一仙人，谪在下界，不邀财货，但慕风流……"

接着详细介绍了霍小玉的身世、性格、才色等，并告诉李益："昨遣某求一好儿郎格调相称者，某具说十郎，他（她）亦知有李十郎名字，非常欢惬……"于是约定明天中午去小玉住处相见。第二天，李益依约而去，鲍婆早已在那里等候，在李与小玉之母谈话过程中，她又不断插科打诨，直到当晚李益留下，在西院憩息，鲍还安排两个丫头前去侍候，这才算是完事。

鲍十一娘并不是《霍小玉传》的主角，但小说却把这个人物写活了，尤其值得注意的，是它细腻地写出了一个热心媒人穿梭于男女两家、极力撮合的情况，为我们提供了宝贵的民俗资料。

有的妇女从事迎神送神之类的巫术活动，这也成为她们的一种职业。唐人郑綮《开天传信记》写玄宗开元年间去东岳泰山封禅，归途中发生一件事：

> 车驾次华阴，上见岳神数里迎谒。上问左右，莫之见。遂诏诸巫，问神安在。独老巫阿马婆奏云："三郎，在路左，朱发紫衣，迎候陛下。"上顾笑之，仍敕阿马婆，敕神先归……

阿马婆无疑是个女巫。这里没有讲清楚的是，她是宫中专职巫师，抑或只是临时找来应差的？从当时所招的是"诸巫"，即不是一人的情况看，恐怕是包括了地方上的民间巫师的。不管如何，由此不难想见，唐时宫中也好，市井甚至农村也好，确有一批妇女在从事着此项职业。这个职业的民俗意味格外鲜明，因为女巫所做的一切正是为民间的信仰和崇拜服务的，也可以说，她所做的一切，本身就是一种民俗或者说就是民俗文化的一部分。李贺等人的《神弦》诗，就是写她们的。

唐代城市妇女中还有一大批是靠卖艺为生的，笼统地说，就是所谓的妓女。这是一个相当大而且结构十分复杂的亚民俗圈。统称她们为妓女，确实有点含混，尤其是绝不可用近代对于妓女的概念去简单地理解她们。如果加以分别，唐代妓女大致有以下几种：

一是官妓，包括原由太常寺统辖、后由宦官为使的内教坊全部歌妓、舞女、乐师；

二是官妓，即身列各级官府簿籍的歌妓、舞女、乐师，她

们组成了"乐营",由乐营使管理,所以又称营妓;

三是家妓,她们是属于达官贵人或豪商巨富的私有财产,名不入官府簿籍,可以成为主人的侍妾,也可以被当作物件随意赠送给别人;

四是私妓,也就是散娼,即由一个鸨母蓄养着几个妓女,依靠接客的收入为生。她们的谋生手段主要是出卖色相肉体和歌舞技艺,有些具有特殊本领如戴竿、寻橦、走索、吞刀、吐火、丸剑、角抵、戏马、斗鸡的杂技女艺人,也可算在此类。

这四种类型的妓女,每一个都可以在妓女这个亚民俗圈之下,成为另一单独层次的次亚民俗圈。她们既有许多共同之处,又有不少自己独立的特点,而且因为与社会各个阶层,上自皇帝贵戚,下至普通士子百姓都发生着关系,所以在唐代民俗生活中都扮演着相当重要的角色。对于她们必须分别略做说明。

顾名思义,所谓宫妓乃是专在皇宫中服务的妓人,她们的人数相当多。《新唐书·百官志》记载:太常寺所属的太乐署,除了令、丞、乐正等官员外,还包括了一万多个妓人(其中也有男性,但以女性为主),即文武二舞郎一百四十人、散乐三百八十二人、仗内散乐一千人、音声人一万二十七人。[①]这些妓人在宫中学习音乐和舞蹈,以备各种典礼仪式时的需要,有相当严格的管理制度。太乐署的名称和规模屡有变动。史载:

---

① 《新唐书》卷22《礼乐志》:"唐之盛时,凡乐人、音声人、太常杂户子弟隶太常及鼓吹署,皆番上,总号音声人,至数万人。"这里所记音声人数字与同书《百官志》所记不同,可能是一个比较笼统的总数。

武德后,置内教坊于禁中。武后如意元年,改曰云韶府,以中官为使。开元二年,又置内教坊于蓬莱宫侧,有音声博士、第一曹博士、第二曹博士。京都置左右教坊,掌俳优杂技。自是不隶太常,以中官为教坊使。①

教坊以及后来的梨园、宜春院等都是宫中豢养贮藏歌儿舞女的地方。崔令钦《教坊记》就是一部专记教坊杂事的笔记,其中说到长安、洛阳的教坊和宜春院,从中可以看到一些官妓的生活情况:

西京右教坊在光宅坊,左教坊在延政坊,右多善歌,左多工舞,盖相因习。东京两教坊,俱在明义坊……

妓女入宜春院,谓之"内人",亦曰"前头人",常在上前头也。其家犹在教坊,谓之"内人家",四季给米。其得幸者,谓之"十家",给第宅,赐无异等。初,特承恩宠者有十家;后继进者,敕有司给赐同十家。虽数十家,犹故以十家呼之。每月二日、十六日,内人母得以女对,无母则姊妹若姑一人对。十家就本落,余内人并坐内教坊对。内人生日,则许其母姑姊妹皆来对。

楼下戏出队,宜春院人少,即以云韶添之。云韶谓之

---

① 见《新唐书》卷48《百官志》。

"宫人"，盖贱隶也，非直美恶殊貌，居然易辨明：内人带鱼，宫人则否。平人女以容色选入内者，教习琵琶、三弦、箜篌、筝等者，谓之"挡弹家"。①

结合正史和此类笔记，可知宫妓是严分等级的。宜春院的内人和云韶院的宫人就颇不相同。还有所谓坐部伎和立部伎之分，《新唐书·礼乐志》云："（太常）又分乐为二部：堂下立奏，谓之立部伎；堂上坐奏，谓之坐部伎。太常阅坐部，不可教者隶立部，又不可教者，乃习雅乐。"这就是诗人白居易在《新乐府·立部伎》中所说的"太常部伎有等级"，他和诗友李绅、元稹对"雅乐"的不被重视都有所不满，他们三人各有一首《立部伎》诗，题下都有注曰："太常选坐部伎无性识者，退入立部伎，又选立部伎绝无性识者，退入雅乐部，则雅声可知矣。"诗人们担心的是雅声的不振，我们则从中看到官伎（妓）的分等。

除此以外，又有所谓梨园弟子和小部音声：

> 玄宗又于听政之暇，教太常乐工子弟三百人为丝竹之戏，音响齐发，有一声误，玄宗必觉而正之，号为皇帝弟子，又云梨园弟子，以置院近于禁苑之梨园。②

> 宫女数百，亦为梨园弟子，居宜春北院。梨园法部，

---

① 此据《中国古典戏曲论著集成》所收《教坊记》引录，原文曾经编者校订。
② 见《旧唐书》卷28《音乐志》。

更置小部音声三十余人。①

这些宫妓都是非常年轻的女子,小部音声更都是十五岁以下的少女②,她们在唐明皇亲自教习之下学乐器,在杨贵妃亲自带领下练歌舞,实际上成为一个技艺精湛的文艺团体,服务于宫廷礼典的需要,更主要的是满足皇帝后妃精神享受和文化娱乐的欲求。

唐明皇是一个出色的音乐家,杨贵妃的舞蹈也跳得极好,在他们的精心选择和培养下,宫中确实出了不少杰出的女性艺术家。这里略举数例以见一斑。

段安节《乐府杂录》记载了很多这方面的材料,其中有一位女歌唱家叫许和子,又叫永新:

> 开元中,内人有许和子者,本吉州永新县乐家女也。开元末选入宫,即以永新名之,籍于宜春院。既美且慧,善歌,能变新声。韩娥、李延年殁后千余载,旷无其人,至永新始继其能。遇高秋朗月,台殿清虚,喉啭一声,响传九陌。明皇尝独召李谟吹笛逐其歌,曲终管裂,其妙如此!又一日,赐大酺于勤政楼,观者数千万众,喧哗聚语,莫得闻鱼龙百戏之音。上怒,欲罢宴。中官高力士奏请:"命

---

① 见《新唐书》卷22《礼乐志》。
② 《明皇杂录》逸文(《海录碎事》卷16引):"小部者,梨园法部所置,凡三十人,皆十五岁以下。"

永新出楼歌一曲，必可止喧。"上从之。永新乃撩鬓举袂，直奏曼声，至是，广场寂寂，若无一人；喜者闻之气勇，愁者闻之肠绝。

还有一位约略与永新同时，而且事迹也有某些相似的名妓，叫念奴。元稹《连昌宫词》有两句就是写她的："力士传呼觅念奴，念奴潜伴诸郎宿。"她虽然未入宫籍，但在宫中却显然非常活跃。元稹在这两句下的自注中还讲了一个小故事：每年大酺，玄宗与贵妃登楼观赏，楼下人众，总是喧闹拥挤，连金吾和禁军都维持不了秩序。这时只有请出念奴唱歌，才能控制局面。大历时代也有这样一位才人，叫张红红。她本是一个穷苦人，被歌唱家韦青纳为侧室，后又入宫，为宜春院内人。她不但歌唱得好，而且善于记曲，宫中号为"记曲娘子"。

除女歌唱家外，宫中还有许多女乐师、女舞蹈家。无论琵琶、箜篌、琴、笙、筝、五弦，都有优秀的女演奏家。至于舞蹈更是以女子为主。唐代舞蹈分健舞、软舞两大类，像阿辽（连）、柘枝、剑器、胡腾便是健舞，垂手罗、回波乐、春莺啭、凉州、绿腰则为软舞。

杜甫名诗《观公孙大娘弟子舞剑器行》云："昔有佳人公孙氏，一舞剑器动四方。"这位公孙氏就是当年宫中最有名的剑器浑脱舞者，"自高头宜春、梨园二伎坊内人泊外供奉，晓是舞者……公孙一人而已"，所谓"先帝侍女八千人，公孙剑器初第一"，就是指此而言。唐人描写舞女姿容的诗篇很多，直接刻画宫妓的以老杜此诗最为著名。

开元天宝年间，大唐国力强盛，周围各小国，特别是西域诸国常来进贡，贡品之一便是舞女。这些舞女进入唐宫，自然也成了官妓。

白居易《新乐府》有一首《胡旋女》即专写此事：

> 胡旋女，胡旋女，心应弦，手应鼓。弦鼓一声双袖举，回雪飘摇转蓬舞。左旋右转不知疲，千匝万周无已时。……

诗中还写到这种胡舞在中原的流传："天宝季年时欲变，臣妾人人学圆转。中有太真外禄山，二人最道能胡旋。"据载，胡旋舞由西域康、米、史及俱密诸国传来，表演此舞时，舞蹈者立于一小圆毯子上，纵横腾踏，两脚终不离毯子，舞姿精妙无比。又据载，安禄山善舞胡旋，他虽身躯肥胖，腹垂过膝，但在唐玄宗面前跳起胡旋舞来却能够疾如飘风。①

这样一大批为皇帝后妃服务的官妓日常生活是怎么过的呢？她们除了训练和演出，自由的时间并不多。前引《教坊记》说到每月二日、十六日宜春院内人可以母女相会（有一种版本的《教坊记》作，"每月二十六日，内人母得以女对"，那么每月就只允许有一次探亲了）。既然安排了探亲日，平时显然是不能外出的。地位较高的宜春院内人尚且如此，则比她们更为卑贱的

---

① 请参［日］石田干之助《"胡旋舞"小考》，见《长安之春》，日本平凡社1967年出版。

另一些宫妓恐怕就被约束得更严紧了。

教坊、梨园、宜春院这些地方因其特殊条件而形成一个小社会，在这个以女子为主体的小社会里，也就产生了一些特殊的习俗。

崔令钦《教坊记》中保留着一条宝贵材料：

> 坊中诸女，以气类相似，约为香火兄弟。每多至十四五人，少不下八九辈。有儿郎聘之者，辄被以妇人称呼，即：所聘者兄见，呼为新妇；弟见，呼为嫂也……儿郎既聘一女，其香火兄弟多相奔，云"学突厥法"，又云"我兄弟相怜爱，欲得尝其妇也"，主者知，亦不妒。他香火即不通。

明明是妇女，却要约为兄弟，显示了她们对男性和两性社会的向往与认同。以气类相似与否为结成兄弟的唯一条件，这显然又是对男子缔结异姓兄弟，所谓义结金兰之类行为的仿效。香火兄弟中有人出嫁，竟会引起她同伴们如此大的兴奋，一个人的喜事成了众人的乐事，她们不满足于一般地模仿逗新郎、闹洞房，而是宣称要学习突厥人那样几个男子共同拥有一个女子为妻——在她们那里实际上也就是几个女子共同拥有一个男子为夫。当然，这也许只是说说而已，所以"主者"，即真正结婚的那个女子并不生气。可是，这种玩笑和取闹却很能反映这些被禁锢在深宫之中、没有人身自由的女子的痛苦内心。在极端放肆和出格的言行背后，其实是个人命运的极端无把握、无保障；把别人的喜事当作自己的喜事以寻求快乐和刺激，其真正目的也许只是为了克服和掩饰自己的郁闷与辛酸。

这些官妓在太平的日子里，被禁于深宫，一旦发生变乱，如天宝末年的安史之乱，当帝王自己身家难保时，她们便被无情地抛弃，流散到社会上去。如上面提到过的歌妓永新，安史乱后就为一士人所得，士人死后更沦为风尘女子；公孙大娘的弟子也流落为民间舞女。她们的命运和遭际往往最能反映社会变迁的巨大幅度，最能勾起人们对于往昔和平富庶时代的难忘回忆，所以一方面在民间流传着大量有关传说，另一方面也就成为文人诗家最爱摄取的创作题材之一。中晚唐以后的重要作家，无论其创作是侧重于诗歌，抑或侧重于散文，或者是以写作传奇、笔记小说为主，几乎都会涉及这个题材。

如上所说，皇帝享有数万人的官妓，与此相应，诸王、节度使、州郡长官、各大藩镇自然也有归他们享用的妓女。这些妓女都须登记在册，编为名籍，纳入一个叫作"乐营"的机构，管理这个机构的人是乐营使或俗称乐营将。由于这些妓女是上了官家簿书的，所以称为官妓。

官妓的来历：一是通过买卖，把家境贫困而有某种技艺的女子收入乐营；一是籍没罪人家属，强迫她们为娼；当然也有艺人出于种种原因而愿意入籍的。

从制度而言，官妓因有乐籍，与散娼不同，既不可随便流动，也不属于某个长官私有。她们只在官府、军营有仪式、宴会或应酬时，奉调遣出来应差，有时是表演歌舞，有时是入席陪酒,或者二者兼有。长安的官妓,公卿朝士们自然是可以享用的。但也须经过一定手续,要有关曹署行牒,也就是下达公文才可。①

官妓虽是妓女,但她们又是皇帝的禁脔,在她们流落民间之前,文人士子没有太多的机会与她们接触。而官妓则不同,她们不是长官的私产,相反,长官还要求和安排她们参与僚属们的聚会。在这种场合,文人士子与妓女发生情感瓜葛的机会大大增加,因而流传的有关遗闻逸事也多。同时文人们反映官妓的生活和文士妓女关系的作品数量也就相应地比较多。有唐一代,文人妓女的关系是一个颇值得注意的问题,在文学中尤其如此。而在与文人发生瓜葛的妓女中,官妓也占有很重要的地位。

在籍的官妓,人身是不自由的。虽然理论上她们是"公有"的,但实际上,长官仍对她们拥有独占权,更不必说随心所欲的支配权了。长官可以把官妓中最出色的占为己有,也可以在自己调动职务、移镇换防时把她带走,有的甚至能将其变为家妓或收为偏房,作为个人独享的妾侍。本篇第二章曾提到的歌妓张好好,本来就是一个官妓,属于江西洪州乐籍。当地长官沈传师看中了她,照理并不可以把她带走,但一年以后沈由江西调宣城,却将好好带到了宣城籍中。这时好好还算是个官妓。

---

① 孙棨《北里志·序》:"京中饮妓,籍属教坊,凡朝士宴聚,须假诸曹署行牒,然后能致于他处,惟新进士设筵顾吏,故便可行牒,追其所赠之资,则倍于常数。"

又过了两三年，好好被沈传师之弟沈述师看中，传师遂将好好割爱相赠，由述师将好好纳为小妾，而好好则从此脱去了乐籍。

有时，某个官妓虽尚未成为长官个人的妾侍，但由于受到专宠，实际上已被他所独占。这里有一个著名的悲惨故事。

晚唐与罗隐、罗邺齐名的诗人罗虬曾写过一百首七言绝句，总题叫作《比红儿诗》。关于这些诗的创作动因，罗虬在小序中有所说明。但他只说："比红者，为雕阴官妓杜红儿作也。美貌年少，机智慧悟，不与群辈妓女等。余知红者，乃择古之美色灼然于史传三数十辈，优劣于章句间，遂题比红诗。"仿佛只是因为杜红儿美慧超群，只是因为他能够欣赏红儿的美，所以他才想到拿古今许多美人来与红儿比配，写了这组诗。

其实，罗虬的序是掩盖了事实真相的。事实的真相是：

> 广明庚子乱后，（罗虬）去从鄜州李孝恭。籍中有杜红儿者，善歌，常为副戎属意。副戎聘邻道，虬请红儿歌而赠之缯彩。孝恭以副戎所盼，不令受所贶。虬怒，拂衣而起；诘旦，手刃红儿。既而思之，乃作绝句百篇，以追其冤，号《比红诗》。①

原来如此！从这件事，我们可以看到，杜红儿虽是在籍的官妓，但因为本州副长官的特殊顾盼，她实际上已成其专宠，

---

① 见计有功《唐诗纪事》卷69、王定保《唐摭言》卷10《海叙不遇》。

连州长官也不得不予以承认并予以保护。罗虬让红儿唱歌已有捋虎须之嫌,还要大肆张扬地赠送礼物,这在州长官看来简直是挑衅行为,于是只好出面干预。红儿自然不能不接受长官的规劝或警告,拒绝罗虬的馈赠,而这就引起了罗虬的愤怒。如果罗虬真的对红儿有感情,那倒也罢了。可是情况并非如此,罗虬这个狂悖而无用的文人,不敢向权势者抗争,却把罪恶的刀锋指向比他更为弱小的红儿。在红儿死后,罗虬竟又没事人似的大写咏叹其美的诗,适足进一步证明他的无耻与无赖。①

官妓们的出路如何?只要有一定的力量和关系,官妓是可以脱籍从良的。

例如,晚唐时,梓州刺史兼东川节度使柳仲郢看到幕僚李商隐丧妻之后生活不便、情绪低沉,就曾下令在当地乐籍中挑选一人给李做妾。这就是州府长官在行使自己的职权,如李商隐接受,那么那个被选中的妓女就可以脱籍从良了。后因李商隐坚决辞谢,此议作罢。有意思的是,在李商隐恳拒此事的诸多理由中,竟然也有一条,是说该妓女已为当地权势者所宠。无论这是不是一种借口,看来某些官妓受到专宠,在当时还是比较常

---

① 《比红儿诗》百首,全部赞美杜红儿美貌及风姿,对自己枉杀红儿,丝毫无忏悔负疚意。第77首云:"人间难免是深情,命断红儿向此生。不似前时李丞相(绅),枉抛才力为莺莺。"根本不提红儿何故"命断",却自吹己诗胜过李绅的《莺莺诗》;第一百诗云:"花落尘中玉堕泥,香魂应上窈娘堤。欲知此恨无穷处,长倩城乌夜夜啼。"似乎红儿之死完全与他无关,他是在咏别人家事一样,可谓"没心肝"。元辛文房《唐才子传·罗虬传》批评他:"初以白刃相加,今曰'余知红者',虬实一狂夫也!"清翁方纲《石洲诗话》认为《比红儿诗》"俚劣之甚"。

见的事。①

又如，与韩愈同时的闽中才子欧阳詹，登进士第后北游太原，在当地长官的宴席上认识了一位妓女，两人相悦。后欧阳詹要离去，妓请同行。欧阳说："十目所视，不可不畏。辞焉，请待至都而来迎。"这就是说，官妓从良于制度上说是可以的，只是还需一定条件而已。后来欧阳果然派人来接此妓，可惜她已于年前忧郁而死。②

极个别的官妓能够凭借自己的才能争得较好的生活处境，唐代最有名的例子是成都营妓薛涛。

薛涛的身世经历既有她的特殊性，又可以涵盖同类人的代表性，如她入籍的经过就是。两《唐书》中没有薛涛的传记，宋人章渊《槁简赘笔》中有一段关于她的记载："蜀妓薛涛，字弘度，本长安良家女。父郧，因官寓蜀。涛八九岁知声律……父卒，母孀居。韦皋镇蜀，召令侍酒赋诗，因入乐籍。"薛涛显然是因为父死家贫、无以为生而又具备一定的文艺才能，才被节度使韦皋看中的。她的入籍究竟有多少自愿的成分，抑或纯属被迫，不好判断，但按常理推想，一个出身官员之家的才女，要她从此以色艺事人，恐怕很难主动而乐意。这一点在入籍官妓中有一定的代表性。

但是既已入籍，薛涛也就凭着她过人的才华和机智在大大小小的官员中周旋。先后和她有交往和诗歌酬唱的方面大僚除

---

① 参冯浩《樊南文集详注》卷4《上河东公启》。
② 见黄璞《闽川名士传·欧阳詹》。

韦皋外，还有高崇文、武元衡、王播、段文昌、杜元颖和李德裕等，当时的名公文豪如元稹、刘禹锡、李程、张元夫、卢士玫等，也纷纷与她结交唱和。虽然从根本上说，薛涛和所有官妓一样是以色艺事人的，但略有不同的是，薛涛又在一定程度上保持了自己的人格，避免了许多普通娼妓在精神和肉体上所受的凌辱与亵渎。她的诗作和书法在当时非常有名。她所创制的"薛涛笺"是非常精美的文具。晚年，薛涛屏居浣花溪，常着女冠之服，以寿终。死后许多贵官和文人写了悼念她的诗。她的诗集和书法作品至宋代尚存，宋人对之评价甚高。

与官妓的"公有"性质不同，家妓乃是绝对的私有财产。在唐代，凡是有条件的（这里主要指经济条件），不论王公大臣抑或商人士子均可蓄养属其个人所有的妓女。[1]许多王公大臣家中所蓄妓女的数量惊人。玄宗之兄宁王家中"宠妓数十人，皆绝艺上色"，色艺较差者自然更多；大臣李逢吉家妓"且四十余人"，即使如此，他在看中某个下级官员的私妓时，仍然不客气地占为己有[2]；传奇小说《昆仑奴传》写到一位"盖天之勋臣一品者"（据考，暗指中兴功臣、中书令郭子仪），其家歌姬竟有十院之多。

那些身兼文人的官僚，多数喜欢养妓，并以妓女互相赠送。诗人白居易在这方面也很有名。《本事诗·事感》篇记述道：

---

[1] 诗人李白就曾挟妓遨游，并常以"每游东山，常以妓女自随"的谢安自比，有《携妓登梁王栖霞山孟氏桃园中》《示金陵子》《出妓金陵子呈卢六》等诗，金陵子就是李白一度携游的妓女。

[2] 见孟棨《本事诗·情感》。

白尚书姬人樊素，善歌；妓人小蛮，善舞。尝为诗曰："樱桃樊素口，杨柳小蛮腰。"

到他近七十岁时，樊素才二十多岁，小蛮也正是青春妙龄，他决定放她们出去，为此还写过好几首诗以表达他依然不能忘情的惆怅。① 其实白氏家中的小妓不止蛮、素二人。他有一首诗，题为《小庭亦有月》就写道：

菱角执笙簧，谷儿抹琵琶。红绡信手舞，紫绡随意歌。

这几句之下作者自注道："菱、谷、紫、红皆小臧获名也。"此诗后面又写道："左顾短红袖，右命小青娥。"所以宋人洪迈在《容斋随笔》卷1中正确地指出，这四个小臧获"亦女奴也"。从她们在演奏乐器和表演歌舞的情形来看，她们其实也就是白氏所养的家妓。

白居易的诗友李绅和刘禹锡之间据说曾有如下一段故事：

刘尚书禹锡罢和州，为主客郎中、集贤学士。李司空（绅）罢镇在京，慕刘名，尝邀至第中，厚设饮馔。酒酣，命妙妓歌以送之。刘于席上赋诗……李因以妓赠之。②

---

① 参见《白居易集》卷35《别柳枝》诗、卷71《不能忘情吟并序》等，并参《本事诗·事感》。
② 见《本事诗·情感》。

这是朋友间以家妓相赠之例,虽未必可靠,但说明这种情况确是存在的。著名的传奇小说《柳氏传》开头也是写的这样一件事。书生韩翃有才名而贫,其邻李某与之友善。李有爱姬柳氏,美貌而有识见,慕韩之名,相信他绝不会久居人下。李某看出"翃仰柳氏之色,柳氏慕翃之才",遂决定将柳氏赠送给韩翃。于是柳氏便由李某的家妓变成韩翃的侍妾。

上面所述就是唐时家妓们的基本生活遭遇。她们年轻时以色艺事人,或被当作物件一样送人,社会地位很低;年纪大了或主人年老死去,也有机会出嫁;至于年老或主人家发生变故时,则往往被随意抛弃,生活也就毫无保障。除了前面提到的张好好、小蛮、樊素以及先后做过韦夏卿和张愻家妓的泰娘(刘禹锡《泰娘歌》)、在主人张愔死后守节十多年不嫁的关盼盼等,都是有一定代表性的例子。

在唐代妓女中,与近代妓女性质最为接近的是散娼。当时首都长安、东京洛阳以及全国各大城市如扬州、益州、杭州、广州等地,到处都有对外营业的散娼在活动。娼妓业是否发达几乎成为这个商业城市是否繁荣的一种标志。

唐末的翰林学士孙棨著《北里志》,专记诸妓之事,其序有云:

> 诸妓皆居平康里,举子、新及第进士、三司幕府但未通朝籍未直馆殿者,咸可就诣。如不吝所费,则下车水陆备矣。

五代人王仁裕的《开元天宝遗事》也说：

> 长安有平康坊（里），妓女所居之地。京师侠少萃集于此，兼每年新进士以红笺名纸，游谒其中，时人谓此坊为风流薮泽。①

白行简的传奇名篇《李娃传》写的就是一位上京赶考的举子和平康妙妓的恋爱故事。从《北里志》和这篇小说，我们便可对唐代散娼的生活和习俗有个大致的了解。

关于散娼的来源，《北里志》写道："诸女自幼丐育，或佣其下里贫家。常有不调之徒，潜为渔猎。亦有良家子，为其家聘之，以转求厚赂，误陷其中，则无以自脱。"大概拐骗买卖是北里诸妓的主要来源。②

这些女子各由其假母养育和管理。假母，当时的俗语又叫"爆炭""老爆子"，后世称她们为"鸨母"，或许与此有关。许多妓女年老色衰后，往往蓄养几个女孩子教她们接客以谋生。

鸨母对待妓女极凶："初教之歌令而责之，其赋甚急。微涉退怠，则鞭扑备至。"即使学成以后，人身亦毫无自由。平时根

---

① 平康里是妓女集中之地，但其他坊里亦有散妓，如《酉阳杂俎》前集卷12《语资》写到周皓少年时常结豪族为花柳之游，竟蓄亡命访城中名姬，"时靖恭坊有姬字夜来，稚齿巧笑，歌舞绝伦，贵公子破产迎之"。夜来就是平康里以外的一个名妓。

② 参见《北里志》"王团儿"条，其中讲到一妓如何被骗卖的过程。以下所引未标出处者，均出《北里志》。

本不准外出。"诸妓以出里艰难,每南街保唐寺有讲席,多以月之八日,相牵率听焉。皆纳其假母一缗,然后能出于里。其于他处,必因人而游,或约人与同行,则为下婢,而纳资于假母。"总而言之,鸨母看重的只是金钱,妓女便是她的摇钱树,所以哪怕是外出听讲,也必须向鸨母交钱。

一般的妓女都很年轻,不超过三十岁。三十岁以后便须另谋出路,或蓄养女孩代替自己了。

鸨母也有她的苦处。她们往往没有正式的丈夫,"其未甚衰者,悉为诸邸将辈主之。或私蓄侍寝者,亦不以夫礼待"。从某种意义言之,她们也属于归宿无定的一类人。也正因为如此,她们为了聚敛防老的钱财而做出种种不择手段的卑劣行径。

《李娃传》所写的故事,几乎一开始就是一个精心设计的圈套。妙妓李娃站在半开的门里搔首弄姿,乃是妓女揽客的常用手法,荥阳生果然被她的美貌和风姿所吸引,很快上门求见,从此便一步步掉入老鸨预设的搜刮其钱财的陷阱。不久后,荥阳生"囊中尽空,乃鬻骏乘及其家童。岁余,资财仆马荡然"。这时老鸨进而设计,假说让他陪同李娃去竹林神祠祷祝求子①,而于此过程中间将他抛弃。小说描写老鸨的安排周密至极,使荥阳生事后绝无寻找的线索,终于流落街头,成为一个乞丐和凶肆歌者。

小说的前半部写妓院的谋生伎俩非常真实。后半部写李娃

---

① 由此又可窥知唐时妓女可以为人外室、育子延嗣的风俗,此类事所在多有,荥阳生之中计才有可信性。

回心转意,帮助荥阳生读书应试,使他金榜题名,自己也被封为汧国夫人。虽然也很美,很符合中国读者喜欢大团圆结局的普遍心理,但就其事实的可能性而言却是比较罕见的、理想化的。

不过,《李娃传》作者对于男女主人公关系的理想化处置,从另一种意义上来说,却是很有根据的。那就是,在唐代,妓女和文人士子确实接触交往多,发生感情乃至婚姻瓜葛的机会也多。其中,双方的恩恩怨怨自然也就有着极其丰富多样的形态和结局,可供作家取材并赖以虚构,甚至加以幻化表现。

唐诗中写到文人与妓女关系的作品,无论是自述还是记述他人之事,其数量之多难以统计。唐人小说中描写文人官宦与此类散娼妓女恩怨故事的,数量也非常之多,即以篇幅较长的传奇文而言,除上述《李娃传》外,著名的还有许尧佐的《柳氏传》、李景亮的《李章武传》、蒋防的《霍小玉传》、房千里的《杨娼传》等。就连张鷟的《游仙窟》、元稹的《莺莺传》和托名牛僧孺的《周秦行纪》,也都有学者认为是以妓院为背景或实际上就是写妓女生活的,只不过作者对真实人物和事件有所讳饰、有所变形,这才成了我们现在看到的样子。

一旦沦为散娼,其命运必定是不幸的,很少能有例外。小时候学艺受尽折磨,长大后卖笑卖身,从肉体到精神受尽蹂躏。她们最好的出路是从良,但从良十分不易,鸨母要索取一大笔钱,即使这个困难解决,也还有一个能否被礼法社会接受的问题。因为她们出自娼门,一般士人之家很难允许她们以正室身份进入，甚至充当偏房也不答应。不少士子虽与妓女发生恋爱，这种爱情也不能说不真实、不热烈，但一谈到嫁娶之事，情况往往就变得复杂起来，许多人就不能不顾忌家庭的阻力、仕宦的前途乃至个人的名声等。在爱情与这些现实利害问题的矛盾冲突中，失败的常常是富于理想和浪漫色彩的爱情，常常是士子甘愿或不甘愿地放弃爱情，而把妓女一方置于被抛弃的地位。这也就是描写文士妓女（包括一切有违礼教和现实利益的）爱情的作品，大都是无可奈何的悲剧的根本原因。

《北里志》的作者孙棨就遇到过这样一件事：他在平康里前曲认识了妓女王福娘，二人情意颇为相投。但孙棨发现王福娘在宴洽之际常常惨然悲郁，有时甚至弄得满座为之不欢。一次他询问福娘为何如此，福娘答道：

> 此踪迹安可迷而不返耶？又何计以返？每思之不能不悲也。

说着还"呜咽久之"，可见伤心得很。王福娘的话可以说代表了大多数妓女的心声。哪一个妓女能够不考虑自己的出路和归宿呢？我们再看事态的发展：

> 他日（福娘）忽以红笺授予（孙），泣且拜。视之，诗曰："日日悲伤未有图，懒将心事话凡夫。非同覆水应收得，只问仙郎有意无？"

诗的意思很明显，福娘把自己愿意从良嫁给孙棨的问题鲜明地摆在了他面前。孙棨如果果真有意，那么应该有积极的响应。然而，孙棨的回答是令人失望的，他对福娘说：

甚知幽旨，但非举子所宜，何如？

这是一句无情的话，但也是一句无可奈何的老实话。但福娘并不死心，继续哭泣着说："某幸未系教坊籍，君子倘有意，一二百金之费耳。"应该说，只要孙棨有意拯救福娘或感情确实强烈，那么事情并不难办。可是问题在于孙棨自己，决心要由他来下，而他在下决心之前不能不考虑许多实际问题。如果他凭感情驱使娶了一个妓女，他那未圆的进士及第梦还能有望吗？唐代的世俗观念和社会现实决定了这一类爱情必然是脆弱的，与实际婚姻往往是无缘的。福娘见孙棨难以开口，便给他纸笔，让他以和诗的方式作答。孙棨的和诗非常直露地表达了当时的世俗观念，是一份很好的唐人民俗心理的自供状：

韶妙如何有远图？未能相为信非夫。泥中莲子虽无染，移入家园未得无！

这就是说，没想到你年纪轻轻倒挺有打算，可你虽然清白如莲子，毕竟是出于污泥，所以我的家庭不可能接纳，我也不能做你的丈夫。王福娘的打算彻底落空，只好继续在妓院厮混下去。

王福娘的遭遇是妓女从良十分困难的实际例子，霍小玉的悲剧是妓女企盼真挚爱情终于失败的艺术表现，《莺莺传》的故事则是以虚构、假托方式反映了上述问题。这些真实的或经过渲染加工的故事，其意义都汇集到一点，那就是妓女生活的不幸和归宿的无着。

妓女，无论是官妓、家妓，还是一般散妓，她们的命运往往都是悲惨的。她们每日的所作所为单独来看，也许是毫无意义的，甚至是卑屈的、蒙羞含辱的。但妓女作为一种特定的社会人群，她们所从事的某些活动，历史地看，客观地看，却绝不能简单地一笔抹杀。对于唐代妓女来说，尤其如此。

唐代妓女的日常生活，决定了她们与文学艺术有非常密切的关系，也就决定了她们有可能对文学艺术的发展做出重要的贡献。

妓女的一项任务是为客人侑酒佐欢。在聚宴畅饮之际，唐人习惯于做各种游艺，其中最普遍的是行酒令。唐代酒令在前人的基础上有所发展。当时，酒令的花样名目很多，李肇《唐国史补》卷下云："古之饮酒，有杯盘狼藉、扬觯绝缨之说。甚则甚矣，然未有言其法者。国朝麟德中，壁州刺史邓宏庆始创'平''索''看''精'四字令，至李稍云而大备，自上及下，以为宜然。大抵有律令、有头盘、有抛打。盖工于举场，而盛于使幕。"这里所讲的"法"，也就是行酒令的规矩，只有在这种游戏十分普遍而频繁的情况下，才有必要和可能创制出严格的法则来。

关于唐人酒令的种类、具体内容、行使办法及其对于音乐歌舞文学的贡献,近有王昆吾先生《唐代酒令艺术》一书,论述得极为详明,这里不拟赘引。该书谈到妓女在这种活动中的作用,引皇甫松《醉乡日月》等书,谓酒令的主持者有"明府""律录事""觥录事"之称,中唐以后这些职务便多由妓女担任,其中最为当时人们所乐道的,是又称"席纠"的律录事。因为在酒宴上担任行令的主持人,必须能言会道,随机应变,又必须具有行令的专业知识,并且知音擅唱,精于歌舞,除此以外,则还需要有极好的酒量,能够不惧豪饮。《北里志》就记载了好几个以"善谈谑,能歌令""颇善章程"出名的妓女。她们无疑是饮宴酒令活动中最活跃的分子和因素。她们不一定长得多么漂亮,关键是必须有充分的聪明和口才。①

这些活动又进一步培养了她们的聪明智慧和艺术才能,使她们与文学结下了不解之缘。

一方面,与她们的热烈交往,往往大大地触发文人士子们的创作激情,使他们写出许多富有真情实感的浪漫诗篇,或讴歌她们的风姿妆饰,或赞美她们的歌舞技艺,或抒写对她们的珍爱怜惜之情,当然,也不乏相互调笑戏谑之词。在唐诗,特

---

① 《北里志》:"天水仙哥,字绛真,住于南曲中。善谈谑,能歌令,常为席纠,宽猛得所。其姿容亦常常,但蕴藉不恶,时贤雅尚之。""郑举举者,居曲中,亦善令章,尝与绛真互为席纠,而充博非貌者,但负流品,巧谈谐,亦为诸朝士所眷。""杨妙儿者……长妓曰莱儿,字逢仙,貌不甚扬,齿不卑矣。但利口巧言,诙谐臻妙。"

别是中唐以后的诗歌中,这类作品占据相当分量,它们生动地反映了当时的文化面貌、文化氛围和文人的生活情状,成为唐帝国丰富多彩的精神文明的一个组成部分。对于民俗学而言,这些作品更是十分宝贵的文献资料。

另一方面,妓女也是文学作品,主要是诗歌的传播者、消费者,或者是二度创作者,是把文学和音乐舞蹈相结合的推动者和实践者。这一点的文化历史意义尤其重要。

妓女在饮宴之时,往往要演唱许多歌诗,而所取的往往就是当时诗人的作品。旗亭传唱的故事中,众妓先后演唱王昌龄、高适、王之涣的诗就是一个很好的证明。又如李贺,他的诗就常被妓女们拿去歌唱。史载:"(李贺诗)辞尚奇诡,所得皆惊迈,绝去翰墨畦径,当时无能效者。乐府数十篇,云韶乐工皆合之弦管。"[①]云韶乐工是隶属于太常寺的宫中乐人,但此外的一般乐妓同样喜唱李贺的诗,相传"李贺乐府数十首,流播管弦。李益与贺齐名,每一篇出,乐人辄以重赂购之,乐府称为'二李'"。[②]这条材料说明,当时受到乐人欢迎的诗人不止李贺一个。

在这种情况下,许多诗人常直接写作供妓女配乐演唱的作品,这从它们的题目、小序和内容往往就可看出。李贺《申胡子觱篥歌》的序精彩地描写了他和妓女合作的过程,很有戏剧

---

① 见《新唐书》李贺本传,《旧唐书》本传作:"其乐府词数十篇,至于云韶乐工,无不讽诵。"
② 转引自王琦《李长吉歌诗汇解·卷首》所辑资料,谓出自《谈荟》。

性和典型意义：

> 申胡子，朔客之苍头也……自称学长调短调，久未知名。今年四月，吾与对舍于长安崇义里，遂将衣质酒，命予合饮。气热杯阑，因谓吾曰："李长吉，尔徒能长调，不能作五字歌诗。直强回笔端，与陶谢诗势相远几里！"吾对后，请撰《申胡子觱篥歌》，以五字断句。歌成，左右人合噪相唱。朔客大喜，擎觞起立，命花娘出幕，徘徊拜客。吾问所宜，称善平弄，于是以弊词配声，与予为寿。

这是一个现场作诗、现场配乐演唱的实例，花娘是朔客所养的家妓，也是一位精通音诗的艺术家。她很可能是少数民族，如果这还不可肯定，那么申胡子是个胡人恐怕绝无问题。所以，这个例子还隐含着文化交流的意义。

由此涉及妓女与文学艺术之缘的又一个方面，即她们在中外或中原边疆地区文化交流中积极活跃的作用。唐代是一个文化开放的时代，随着疆域的扩大、国力的强盛，西域诸国在政治上受到羁縻，经济上文化上则发生密切交往，大量西域物产和人才来到大唐，其间就包括了音乐、舞蹈、绘画、雕塑以及各种杂耍等文艺形式。上文提到过的胡旋女，就是西域的贡品。此外，曾在唐土风靡一时的乐曲《凉州》《霓裳》《伊州》《渭川》《南诏奉圣乐》，舞蹈柘枝、胡腾、胡旋等，它们的流入，当然是靠表演这些节目的艺人的，而妓女就是其中的主要成分。

最后，妓女还是新的文学样式产生和发展的有力促成者。在中国文学史上具有重要意义的、诗的变体——词，是一种与音乐关系密切的新文体，它就是由于妓女的积极参与而在唐代形成的。唐代公私宴会上妓女们所唱的曲子词、酒令词、歌舞词等都是后世文人词的前身，正是这一类宴会成了曲词这种新的诗歌样式的展示会，成了刺激更多的文人投入创作的动员会和大好契机。

我们花了相当多的篇幅讲述了唐代的妓女，因为她们与唐人的民俗生活关系密切，因为她们对唐代文学的发展贡献很大。然而对于这个问题全面专门的研究，不是我们这一点篇幅能够完成的，我们所描述和论析的，还仅仅是主要的方面而已，还有不少尚未涉及。

比如，我们就还没有抽出空来谈谈另一些不是以歌舞而是以其他技艺谋生的妓女，而这样的女子以及有关她们的文学表现，在唐代实际上是不少的。

这里有投身佛道之门、靠"转经"或说法为生的。吉师老《看蜀女转昭君变》描写女尼如何挂图说唱昭君出塞变文，韩愈《华山女》描写年轻女冠升座说法，同讲佛经的和尚争夺听众。做个女尼或女冠，是唐代一部分妇女的生活出路之一，这从当时尼寺和女道观数量之多即可看出。但由于她们当中某些人的谋生手段，和她们与讲经、转变、说唱等文艺性活动的联系，当时人们常把她们看作妓女一流。关于她们的生活与命运，本来也是很值得细说的。

这里还有那些杂耍女艺人，她们在当时也被笼统地叫作妓女，但实际上与上述妓女不完全一样。她们的技艺包括戴竿、走索、寻橦、丸剑、角抵乃至吞刀吐火之类，有的达到极高的水平。无论是当时上层社会的文化消费中，还是在普遍的民俗文化生活中，几乎到处可以看到她们的身影[①]，因此本来也该单独一说。

　　又比如，在唐人传奇中曾被以浓墨重彩描绘过的一种特殊女性——女侠，这是妇女中的强者。她们既是特定社会环境和社会矛盾的产物，又是佛道思想和武术技击的完美结合，其所作所为很得当时人们的崇慕和钦佩，在她们身上往往寄托着普通百姓和社会上一切弱者的理想。她们与文学的因缘也很深，上承先秦以来种种游侠的精神，下启明清以后大为繁荣的武侠小说，许多人物直到今日仍为广大民俗所熟悉[②]，如要细说，也是完全应当的。

　　限于篇幅，这一切我们都不能多说了。在结束这一章并结

[①] 这些艺人的精湛技艺和精彩表演，在唐诗中表现很多，如顾况《险竿歌》："宛陵女儿擘飞手，长竿横空上下走，已能轻险若平地，岂肯身为一家妇。……"柳曾亦有《险竿行》，又刘言史《观绳伎》诗："……银画青绡抹云发，高处绮罗香更切。重肩接立三四层，著屐背行仍应节。两边丸剑渐相迎，侧身交步何轻盈。闪然欲落却收得，万人肉上寒毛生。……"在唐赋中亦有《长竿赋》（梁涉）、《气球赋》（仲无颇）、《绳伎赋》（胡嘉隐）、《楼下观绳伎赋》（张楚金）、《透撞童儿赋》（张楚金）、《都卢寻橦赋》（金厚载）、《吞刀吐火赋》（王棨）等，描写这一类杂技。

[②] 如红线（《甘泽谣》）、聂隐娘（《传奇》）、红拂（《虬髯客传》）以及《原化记》一书《崔慎思》篇、《车中女子》篇所写的两位不知名女侠等。《唐国史补》《剧谈录》《北梦琐言》等书也有关于女侠的片段描写。

束《妇女生活与习俗》这一篇时，我们只想再一次强调，在丰富多彩的唐代民俗生活中，在唐帝国辉煌灿烂的精神文明中，广大妇女是占了很大的份额、做出了不可忽略的贡献的。缺少了这一部分，唐代的社会将无法运转，将不能存在，而唐代的文明史也就是残缺而不完整的了。

程蔷 / 董乃斌 著　后浪

浮世长安

唐代的民俗与人文

【下】

北京联合出版公司
Beijing United Publishing Co., Ltd.

目 录

上 册

导 论 i

岁时节日 1
  一、唐人的时间意识和对节俗传统的改造 3
  二、享受人生和亲近自然的强烈渴望：从上元、寒食到
     端午、重阳 16
  三、女儿节的情思：七夕和唐人七夕诗文 42
  四、年终之祭 72
  五、归一化：节俗与相关传说的动态结合过程 91

都市民俗 111
  一、都市的兴起 113
  二、唐两京之民俗圈 123
  三、长安一日：官街鼓、早朝与京官之邸 132
  四、市署管理 145
  五、长安东、西市行业种种 151
  六、长安市井生态图景 181

七、扬州之夜..198
　　八、都市民俗心理举要......................................220

妇女生活与习俗..**243**
　　一、唐人妇女观概述..246
　　二、唐代妇女的一生..262
　　三、唐代婚嫁礼仪和习俗......................................287
　　四、唐宫妇女的生活与习俗....................................323
　　五、农村、市井及其他妇女的生活与习俗........................359

下　册

文人士子风貌..**403**
　　一、宦与婚：士子人生的两大关键..............................407
　　二、人格理想：民间侠文化对儒道释互补结构的补益..............429
　　三、作家的养成和文学的人文精神..............................455
　　四、时代迁易与士风演变......................................481

神灵崇拜与巫术禁忌..**497**
　　一、与人共存的神灵世界：现象的泛观..........................499
　　二、祷祝、娱神及其他..511
　　三、迷信中的实用功利..521
　　四、祈求、诅咒和驱鬼的巫术..................................534
　　五、预兆和占卜巫术..543

六、梦和占梦...555
　　七、随处可见的禁忌..564

民间文学与技艺..**581**
　　一、神话的流传与再创造......................................583
　　二、神话原型与唐人传奇......................................600
　　三、丰富多彩的民间传说......................................619
　　四、民间歌谣谚语..646
　　五、民间技艺..660

结　语..**675**
参考书目..**679**

后　记..**685**
新版后记..**689**
附　唐代风华图录..**691**

文人士子风貌

所谓文人士子,在古代是按士、农、工、商次序排列的"四民"之首。用现代语言来说,则是文化人,或者叫知识分子。虽然他们在唐代社会总人口里所占比例有限,其绝对数字显然无法与农、工、商三者的任何一个相比,但他们在社会上却占有十分重要的地位,能量和影响较大。

这一方面与他们本身的条件和特征有关,另一方面又与社会对他们的要求和给予他们的机会有关。

就前一个方面而言,因为他们掌握了较高的文化、较多的知识,所以往往也就对社会和自身有较多较深的思考。这种思考涉及社会和人的过去、现在与未来,有的属于反思,有的属于理想,无论哪一种,都容易导致对于现实的检验和批评。而且他们往往具有较强的参与意识,不满足于从旁指划,总想找机会投身其中,进行干预。他们是一个蕴藏着巨大能量的社会阶层,充分而良好地发挥其固有能量,可以给社会造福,反之,他们也能成为社会不安定的重要因素。

从后一个方面而言,他们担负着特殊的社会责任,他们上可以为帝王师友,下可以对万民进行管理与教化。因此在任何一个国家之中,他们总是获得较多的表现才能的机会,在唐帝国自然也不例外。他们是各级官吏的后备军,或者是离职官吏的收容队,多多少少都与社会的管理事务发生着或发生过瓜葛干系。这样,他们中的每个成员,作为个人所发挥或可能发挥的社会作用,往往也就比另三者(农、工、商)的具体个人为大。

大致说来,一个社会的组织形式、行政的管理方式等基本上是由他们中的一部分人制定或参与制定的;社会的伦理道德观念、价值取向、审美尺度等主要也是由他们提出或树立的。他们敏于观察、勤于反思、善于交流,既懂古今中外,又知天文地理,并且能言会写,所以,不但一时的舆论是在他们掌握之中,就是能够影响千百年以来人们认识的历史载述也在他们手中。总之,他们人数虽然有限,社会影响却绝不渺小,绝不可以低估。

每一个具体的人都是特殊的、有个性的,文人士子因为有文化、思想复杂,则更是如此。他们不但有更为鲜明突出的个性,而且往往会发展成一些怪癖偏嗜。然而,由于社会位置、群体责任、人生期待在根本上的大同小异,文人士子们虽然各具个性,虽然升沉穷达的际遇或许悬殊,但还是形成了许多相似相近的习性和作风,从而显示出作为一个文化群体的共同特征。从民俗学的观点视之,他们正是一个值得注意的大民俗圈。

在唐代,这是一个向上联系着政府权力操纵者甚至最高统治者的民俗圈,这又是一个向下联系着底层普通百姓(农民、城市平民、大小工商业者到各种艺人乃至妓女)的民俗圈。唐代三百年的历史空间,唐代所实行的选举和官僚制度,唐代统治者对他们的态度和政策,唐代全社会直至最下层的百姓对他们的尊崇和宽容,为他们提供了足够驰骋表演的广阔舞台,创造了千古难遇的发展良机。文人士子频繁而广泛的活动,构成了极重要的社会文化景观,是唐帝国文化十分重要的组成部分。因此,对他们进行考察分析,自然也就是本书的题中应有之义。

为此,我们特设本篇。只是限于学力和全书体例,我们的考察不可能非常全面而系统。我们只能从几个主要的方面,扣紧全书主题,即民俗与文化以及二者之关系,来对这个极具特色的民俗圈做出初步的描述和分析。

一、宦与婚:士子人生的两大关键

社会理想和入仕为宦 —— 唐代选举制度略说 —— 诱人的进士科 —— 举子习俗与进士风度 —— 婚姻的选择与被选择 —— 唐人小说中的婚姻 —— 冒姓认宗及其前因后果

唐代社会虽是个以农业,而且是小农经济为主体的社会,但手工业、交通运输业、商贸业也有了极大的发展。对于每一个社会成员来说,谋生之路是从未有过的广阔。

然而,这一切与文人士子的出路并无多大关系。他们是一群脱离了物质生产的人。他们也许来自乡间,幼小时也许参加过农业劳动,但一旦离开土地,他们便很少再重操旧业;他们生活于城市,但对于城市中种种烦琐卑微的谋生之计,却往往不屑一顾。他们是社会生产力发展到足以养活一大批专门从事精神劳动者时的产物,社会赋予他们的也只是精神文化生产的职责。

但是,他们也要吃饭,也要养家活口,他们必须要有可靠的经济来源。更重要的是,他们要实现人生理想、人生价值,而这种理想和价值,往往与政治有着最密切的联系,或者说,通过政治途径、通过政治抱负的实现,往往最容易达成他们的理想和价值。

文士们对于自己的"出处"问题也是有思想斗争的。请看一说殷尧藩所写的《寄许浑秀才》诗:

文字饥难煮,为农策最良。兴来锄晓月,倦后卧斜阳。秋稼连千顷,春花醉几场?任他名利客,车马闹康庄。

不错,做个农民或小地主在乡间生活,自有其逍遥自在、无拘无束的一面,可以省去名利场上许多无谓的麻烦,殷尧藩把它描绘得很美。然而,这也就享受不到为官作宦的种种好处了。且不说只有做官才能实现政治理想,在唐代,官僚阶层是有许多特权的。例如,一个文人只要科举考试及第,即使尚未做官,他的全家就可马上免除差役征徭。这无疑是一种很实惠的特权,恐怕也是士子们积极参与科举考试并力争及第的众多原因之一。事实上，高唱"为农策最良"的殷尧藩，在写这首《寄许浑秀才》的诗、劝慰应试失利的朋友的同时，他自己就在一次又一次地参加考试，他并未如诗中所说的那样扎根乡村一心务农。最后，许浑和他一先一后都中了进士。他的这首诗所表现的情绪，虽然未必不真实，但显然只是一时之念而已。

中唐另一位诗人戎昱也曾大发牢骚，他的《苦辛行》说什么"且莫奏短歌，听余苦辛词。如今刀笔士，不及屠沽儿。少年无事学诗赋，岂意文章复相误。东西南北少知音，终年竟岁悲行路"，他的意思是文不如商，学文没有出路。那么，他完全可以弃文从商，事实上唐代也确有改弦易辙取得成功的个别例子①，然而，戎昱牢骚归牢骚，发完也就完了，他走的仍然是仕宦之路。

倒是另一位诗人姚合比较坦白，其《送王求》诗写道：

士有经世筹，自无活身策。求食道路间，劳困甚徒役。我身与子同，日被饥寒迫。侧望卿相门，难入坚如石。为农昧耕耘，作商迷贸易。空把书卷行，投人买罪责。六月南风多，苦旱土色赤。坐家心尚焦，况乃远作客？羸马出郭门，饯饮晓连夕。愿君似醉肠，莫谩生忧戚。

---

① 傅璇琮《唐代科举与文学》第十五章论及应举失败者的种种出路，其中之一就是出家或经商，曾引《太平广记》卷24《萧静之》以证之。萧静之"举进士不第"，学道无成，改为从商，"逐市人求什一之利，数年而资用丰足"。

这首诗所送的王求,跟上面殷尧藩诗所寄的许浑一样,也是个落第举子。姚合的目的也是安慰他,不过姚合的劝慰是将心比心,现身说法,帮着他吐出胸中的烦怨和不平,以收舒泄愤懑之功,与殷尧藩之规劝许浑退出竞争不同。话当然还是姚合说得实在,士子文人既不会耕耘做田,又不会经商贸易,他们所依恃的无非是胸中那点儿"经世筹",而他们汲汲乎推销的也就是这种学问和才能。但从姚合诗来看,显然兜售推销并不容易,其中充满了屈辱和难堪。这不能不使我们想起,杜甫青年时代为了"成名"而在长安苦苦奋斗的岁月。"骑驴十三载,旅食京华春。朝扣富儿门,暮随肥马尘。残杯与冷炙,到处潜悲辛。"[①]实在是够惨的了。

　　不过,我们也不必把杜甫、姚合的牢骚看得太严重,在送一个落第举子或抒发自己久不及第的苦闷时,他们往往会把话说得很凄凉、很悲伤、很愤激,而实际上,唐代贫寒士子的境遇比起前代来,还要算是好的。而且,他们也绝没有因为科举的困顿、仕途的偃蹇,就放弃了对理想的追求。

　　李唐统治者和文人士子们,在治国和人才问题上其实有许多共同语言。他们从各自的境况出发和利益考虑,都发现了自己需要对方。统治者需要文人士子帮助自己治理国家,并使自己在历史上留下好名声;文人士子需要统治者分一部分权力让自己行使,借以实现自己的抱负和价值。如果说,唐统治者以

---

① 见杜甫《奉赠韦左丞丈二十二韵》。

太宗为代表，能够比较深刻地认识到君主和人民的关系是船和水的关系，那么，可以说，唐代的统治者和文人士子们也都不同程度地懂得，君主和文人士子（尤其是他们中一部分为官作宦者）的关系，应该是水和鱼的关系。没有皇权，自然也就没有依附着它的官僚们，正如没有水，鱼也无法生存；但是没有鱼（特别是没有好鱼、大鱼）的水，便可能是一潭死水。

唐代的选举和官僚制度，解决的就是这两部分人各自的历史性需求。

政府有关部门代表国家（实际上也就是统治者，乃至最高统治者），在广大文人士子中选拔合用的人才，把他们安排到各级权力机关，组织起一支行政管理队伍，以便使社会生活能够按统治者的心意有条不紊地进行。大批文人士子则通过考试，登上仕途，一方面发挥才能，效力于皇家，一方面取得俸禄，养活自己和家人。

这也就是有唐一代文人士子生存、活动的大背景，他们的群体性格，他们这群人特殊的行为方式和风俗习惯，均与此有关。

关于唐代选举和官僚制度，《旧唐书》的《职官志》，《新唐书》的《选举志》《百官志》，《唐六典》和《通典》的《选举典》《职官典》均有系统详尽的叙述。五代人王定保的《唐摭言》和许多唐人笔记，也提供了不少有关资料，特别是某些有趣的遗闻逸事。清人徐松的《登科记考》是一部专门研究唐代科举状况的著作。近现代史学家如陈寅恪、岑仲勉在这方面也有许多考据和论述。今人的研究专著则有张国刚的《唐代官制》、傅璇琮的《唐代科举与文学》等。上述种种著作，已将唐代科举和官僚制度勾勒得相当清晰，这些均成为本篇以下论述的出发点。为了切合探讨文人士子习俗的题旨，我们对此不拟全面地叙述，而是做有选择、有侧重的介绍和分析。

对唐代士子关系和影响最大的，是政府用人之路的拓宽。唐代科举制度的时代特征和历史意义主要也就在这里。

唐时文士进身之路一般有几条。一条是承魏晋、北朝以来的门荫制度，士族高门子弟可以"平流进取，坐致公卿"；一条是由杂色而入流，即无须经各级科目考试的正途而为官吏，积久迁升便可入流，为九品以上官。可以想见，这种人的官位不会很高；再一条是藩镇辟召，而后请得朝命，也能名挂朝籍，但基本上仍是那藩镇的幕僚。

以上三途，都不是经过考试的做官之路，有的是靠祖上、吃老本，有的是靠关系、凭苦熬。对于大部分士子来说，或者无此条件，或者嫌其迂远，总之是不够理想。所以，唐承隋代开科取士之制并对具体办法有所发展改进，就给广大士子打开了仕宦的大门，给他们的政治出路带来了新的希望。

唐代科举制的一大特色是科目的繁多。根据《新唐书·选举志》，并参《通典·选举典》等，可知唐时取士之科有秀才、明经、进士、明法、明字、明算、史科、开元礼、道举、童子等，明经中还分一经、二经、三经、五经、三礼、三传等。这些都是"常选"，也就是每年要举行的。此外还有因藩镇举荐临时举行的,如日试百篇科、日试万言科之类。

上述种种考试均由礼部主持,其中以明经科与进士科取人最多,而又以进士及第者授官最优、升迁最快,因此在社会上名声也最大。此外还有名义上由皇帝亲自主持的制科考试,参加者为已入仕的下级官吏。制科名目很多,几乎可以随时按需要定名,如据《唐会要》卷76《制科举》,可知其名目有"志烈秋霜科""幽素科""辞殚文律科",以及中唐后常用的"贤良方正能直言极谏科""博学宏词科"等。制科及第,即可升迁较高官职。

可以用来说明进士科在唐人心目中地位的材料极多,这里仅引《唐摭言》中一段综述以概其余:

> 进士科始于隋大业中,盛于贞观、永徽之际。缙绅虽位极人臣,不由进士者,终不为美,以至岁贡(各地送往京城的举子)常不减八九百人。其推重谓之"白衣公卿",又曰"一品白衫";其艰难谓之"三十老明经,五十少进士"。其负倜傥之才,变通之术,苏(秦)、张(仪)之辨说,荆(轲)、聂(政)之胆气,仲由(子路)之武勇,子房(张良)之筹画,(桑)弘羊之书计,(东)方朔之诙谐,咸以是而晦之。修身慎行,虽处子之不若;其有老死于文场者,亦所无恨。故有诗云:"太宗皇帝真长策,赚得英雄尽白头!"

在王定保笔下，进士及第者竟是如此才高学富，几乎汇集了古来一切能者的本领和美德。他的说法自然不是进士状况的真实反映，而是唐人普遍仰望进士，把他们视作"天人"的情绪流露。

这里还须说明一点，就是进士制度在唐代的大力推行，以及考试重点的转向文章诗赋，还具有打破传统的门阀士族世袭制、扩大官僚来源，从而给更多庶族文士以进身机会的意义。这个重大变化，发生在武则天执政时期。陈寅恪对此有一段精辟议论："盖进士之科虽创于隋代，然当日人民致身通显之途径并不必由此。及武后柄权，大崇文章之选，破格用人，于是进士之科为全国干进者竞趋之鹄的。当时山东、江左人民之中，有虽工于为文，但以不预关中团体之故，致遭屏抑者，亦因此政治变革之际会，得以上升朝列，而西魏、北周、杨隋及唐初将相旧家之政权尊位遂不得不为此新兴阶级所攘夺替代。"① 为此，陈寅恪高度评价武则天执政的历史意义：

> 故武周之代李唐，不仅为政治之变迁，实亦社会之革命。若依此义言，则武周之代李唐较李唐之代杨隋其关系人群之演变，尤为重大也。②

所谓"人群之演变"，主要就是指的出身于非士族的文人士

---

① 见《唐代政治史述论稿》上篇《统治阶级之氏族及其升降》。
② 同上。

子阶层,从此有了登上政治舞台一显身手的机会,也就促使他们越发热衷于进士考试,并引得全社会都更加重视号称进士的这群人了。

当日社会对于进士的另眼相看和由此而形成的许多风俗习惯,同样有大量史料可以引证,这里也只用最集中而典型的一条。此条见李肇《唐国史补》卷下,把它所提示的内容稍加解释,就可知道不少唐时进士们的风习:

> 进士为时所尚久矣。是故俊义实集其中,由此出者,终身为闻人。故争名常切,而为俗亦弊。其都会谓之"举场"。通称谓之"秀才"。投刺谓之"乡贡"。得第谓之"前进士"。互相推敬,谓之"先辈"。俱捷谓之"同年"。有司谓之"座主"。京兆府考而升者,谓之"等第"。外府不试而贡者,谓之"拔解"。将试各相保任,谓之"合保"。群居而赋,谓之"私试"。造请权要,谓之"关节"。激扬声价,谓之"还往"。既捷,列书其姓名于慈恩寺塔,谓之"题名会"。大宴于曲江亭子,谓之"曲江会"。籍而入选,谓之"春闱"。不捷而醉饱,谓之"打毷氉"。匿名造谤,谓之"无名子"。退而肄业,谓之"过夏"。执业而出,谓之"夏课"。挟藏入试,谓之"书策"。此是大略也。其风俗系于先达,其制置存于有司,虽然,贤士得其大者,故位极人臣,常十有二三,登显列十有六七。

这段话的价值在于它记录了当时进士圈的大量俗语，它们多方面地反映了进士们的生活动态。

比如，它们说明应试举子之间既是竞赛争夺的关系，但又相当文明客气，讲究礼仪，他们的相互称谓中体现出一种互尊互敬之意。

比如，由这些俗语可知，当时进京应考的举子有多种多样的情况：有的是正规的乡贡，有的则由京兆府特解，也有的是由外府不试而送来的，当然这样的举子也须有有力者推荐才行。这就使我们对进士考生的来源了解得更具体了。

又如，从中可知，在正式考试之前，举子之间有各相保任、群居而赋、造请权要以及相互吹嘘、抬高身价等活动。他们实在是很忙碌、很辛苦的。这一切行为无非围绕着一个轴心在旋转，那就是为进士及第铺平道路。我们后面讲民间谣谚，将提到唐时有"槐花黄，举子忙"的俗谚，据此便可知道举子们都在忙些什么了。而且还可了解到，举子们落第以后的情景。原来，对于落第者，人们要给予安慰，具体行动便是请他们喝酒吃饭，这已经成为一种规矩，也许可以算是社会的或同病相怜者的温情表示吧。而落第者自己则要退而用功，准备再战，是连暑假也没得过的。

这里还提到了一些陋习和弊端，考试中有人搞夹带作弊，试前试后都有人匿名造谣，诽谤别人。可见参与进士试者，也是良莠不齐，为了争名是什么事都干得出来的。

再如，其中提到一系列进士考试以后的礼仪性或游艺性活动。这里有题名会、曲江会等。只是这里所记过于简单，再参考《唐摭言》的有关记载就会更清楚。① 如在各种宴会之前，先要拜谢座主（主考官），从此以后座主、同年便往往结成一个小帮派，在仕途上共存共荣；又要参谒宰相，由新科状元带队并致辞，向宰相表示感谢和效命之意。然后才是一系列的宴庆活动，单宴会之名目，就有大相识、次相识、小相识、闻喜、樱桃、月灯、打球、牡丹、看佛牙、关宴等。其中最隆重的则是慈恩寺题名、曲江宴和杏园探花宴。

这些活动是进士们大出风头的日子。他们首先因为梦想成真、前途无量而感到扬眉吐气、心花怒放，所以主观感觉极端良好。孟郊是个以凄怆悲酸风格著称的诗人，一旦进士及第，他的《登科后》却也能唱出如此高昂欢快的调子：

> 昔日龌龊不足夸，今朝放荡思无涯。春风得意马蹄疾，一日看尽长安花。

他们的得意与世人的器重、歆羡乃至崇拜，与世人给予的高度荣誉和优渥待遇，也是分不开的。有关新进士的各项活动，长安市民都怀着十分倾慕艳羡的心情予以关注。凡涉及新进士的一应差事，诸如通报登科消息、租借供新进士集会的期集院、

---

① 《唐摭言》卷3详载进士及第后种种活动，有谢恩、期集、点检文书、过堂、关试、宴名、慈恩寺题名游赏赋咏等目。傅璇琮《唐代科举与文学》第十一章亦有详细考证。

筹办各种宴会特别是曲江关宴、为新进士联络妓院乃至当新进士出行时为之喝道开路等，均有专人操持，而不必他们自己费心。发展到后来，长安就有一批人以此为业，号称"进士团"。这批人假借新进士的威风，一时也是神气得很，有时连稍显寒伧的朝官也敢冲撞冒犯。据载，诗人薛逢晚年厄于宦途，做了一个秘书监的冷官。一次，他骑着头蹇驴上朝，半道正遇新进士集队而行，那在前面开道的进士团竟有数十人之多，见薛逢随行萧条，领头的便很不客气地吆喝他："回避新郎君！"① 这些长安游民不过是狐假虎威、仗势欺人而已，然仅此也就可见新进士当时的神气了。

　　长安的平康里是妓女聚居的地方，也是应试举子中风流人物爱去之处。然而，那里的私家散娼乃营业买卖之所，平素的规矩是唯利是图，无钱莫进的。如今就是这样的去处，对于新进士也是敞开大门，欢迎不迭。据《开元天宝遗事》载，新进士只要一纸"红笺名纸"便可随意"游谒其中"。《唐摭言》卷3记有裴思谦、郑合敬两个实例，都是进士及第之后去逛平康里，留宿以后，写诗向人夸耀的。郑合敬诗云："春来无处不闲行，楚闰（二妓名）相看别有情。好是五更残酒醒，时时闻唤状头声。"作者的得意之色虽然浅薄，但所描写的妓家对状元的敷衍殷勤，却怕也有几分是实。

　　新进士既为万人所瞩目，当然更会受到公卿之家的青睐。

---

① 见《唐摭言》卷3。薛逢的回答也很妙，他派一个随从去对吆喝者说："报道莫贫相！阿婆三五少年时，也曾东涂西抹来。"

那些闺中有待字女儿的人家，就把每年进士发榜、宴集的日子看作选择东床佳婿的大好机会。

> 曲江亭子，安史未乱前，诸司皆列于岸浒。幸蜀之后，皆烬于兵火矣，所存者唯尚书省亭子而已。进士关宴常寄其间。既彻馔，则移乐泛舟，率为常例。宴前数日，行市骈阗于江头。其日，公卿家倾城纵观于此，有若中东床之选者十八九，钿车珠鞍，栉比而至。

《唐摭言》的这段记载即述此事。该书所记进士们的其他荣耀光彩及欢庆之狂热，亦不胜枚举。至于进士及第者那种欣快满足而又怀抱无限期望的心态，只要读一下他们的诗，特别是把下第和及第诗比照着读，就看得非常清楚。

唐代文人士子之重进士科，当然绝非仅因及第后有上述之种种荣耀，主要还是因为由进士出身者在仕途上晋升较快，较易获得清要之职，能够顺利迁升朝廷各台省或翰林院，直至最后被拜为宰相。这既是官位爵禄欲望的实现，也是为达成政治理想所必需。

正因为如此，唐代文士莫不把应进士举视为平生大事，为此采取种种做法，并因模仿后继者众，而形成某些风俗。

这里最富特色的一种士子风习，便是行卷。宋人赵彦卫《云麓漫钞》卷8云：

> 唐之举人，先藉当世显人以姓名达之主司，然后以所业投献。逾数日又投，谓之温卷。

这是一条常用的资料，但讲得比较含混。经程千帆先生辨析，尚须指出：一、行卷乃进士之事，与他科应举者无关；二、进士所投之卷，因对象不同，分为两种，投献主持考试的礼部者，谓之纳省卷，投献当世显人者，谓之投行卷，两者不可混淆；三、纳省卷和投行卷，目的均在于制造声名，引起社会关注，但前者属公事，所纳卷多，实际效果较差，后者系投给私人，受卷者态度比较认真，往往取得较好结果，唐代文献中所记的行卷故事以后者为多。[①]

行卷的实质是以诗文为媒介向上层社会推销自己。除此以外，文人士子制造声名的办法还多。

卢藏用隐居终南、少室，而又有意当世，人目为"随驾隐士"，后乃被朝廷征为左拾遗，并节节晋升，他的道路遂被讥为"终南捷径"；陈子昂初到京师，以千缗市胡琴，引起众人惊异，次日集会，却又当众击碎此琴，并趁机散发文稿，"一日之内，声华溢都"；王维以音乐才能为岐王所重，又由岐王引见于九公主，经二人力荐，当年即状元及第；李太白之待诏翰林，亦与其浪迹江湖、广为结交、声名鹊起之后，得到玉真公主及玄宗所宠道士吴筠之推荐有关；牛僧孺始至京，投卷韩愈，博得赏

---

① 见程千帆《唐代进士行卷与文学》第二节，上海古籍出版社1980年。

识,韩愈教他于客户坊赁屋居住,并嘱其某日出游,随即趁牛外出时与皇甫湜同去拜访,不遇,乃大书其门,留名而去,"翌日,辇毂名士,咸往观焉,奇章(牛僧孺)之名由是赫然矣"。

从以上数例即可窥见唐时士子求名的一般风习。当时已有地位或名声者,也往往以能够推奖提携后进为荣、为乐。白居易初谒顾况,顾况拿他名字开玩笑:"长安米贵,居大不易啊!"及览其诗,至"野火烧不尽,春风吹又生",态度大变,衷心感叹:"有句如此,居天下亦不难!"从此白氏名声大噪。

奖掖后进最著名的例子无过于"说项"一词的出典:

> (项)斯,字子迁,江东人。始未为闻人,因以卷谒杨敬之,杨苦爱之,赠诗云:"几度见诗诗尽好,及观标格过于诗。平生不解藏人善,到处逢人说项斯。"未几诗达长安,明年(项)擢上第。①

我们从几个方面说明了时人是如何重视进士的,进士及第对于文人士子们又是何等重要。现在还可从另一个角度来看一下,即不这样做行不行?

看来还真是不大行的。关键在于,当事人的心理在时俗压力下不能平衡,内心的痛苦会煎熬得他们受不了。要不然,就无法解释许多士子一再落第,终生都在应试,却几乎至死不悟

---

① 上举诸人事迹,均可见于计有功《唐诗纪事》,而计氏所记则原出唐人笔记或传闻。

的情况。《唐摭言》卷10《海叙不遇》《韦庄奏请追赠不及第人近代者》两节，就列举了大量例子，韦庄上表的意思是要求朝廷给他所列举的人"追赠进士及第"，并"各赠补阙、拾遗"等官。至于目的，他也讲得很清楚，那就是："俾使已升冤人，皆沾圣泽；后来学者，更厉文风"。对已死的举子实行追赠，真正的目的当然还是为了安抚和激励活人。由此也就可见，时人把中进士和挂朝籍看得多重。

有的人甚至把进士及第看得比做官还重要。前引材料曾说到，不以进士出身，终不为美。这也是有实例的。《妇女生活与习俗》篇《婚嫁礼仪和习俗》一章，谈到唐人婚姻心理时，曾引述薛元超的"平生三恨"，其第一条就是"始不以进士擢第"[1]，薛元超在高宗、武后时官至宰相，位极人臣，尚且以非进士出身而遗憾，这不是很能说明问题吗？再说，士子如果不求得功名，不但自己心中不得过，就连家人都是不答应的。请看下面一则典型事例：

> 杜羔妻刘氏，善为诗。羔累举不第，将至家，妻先寄诗与之曰："良人的的有奇才，何事年年被放回？如今妾面羞君面，君若来时近夜来。"羔见诗，即时回去。寻登第，又寄诗云："长安此去无多地，郁郁葱葱佳气浮。良人得意正年少，今夜醉眠何处楼？"[2]

---

[1] 见刘𫗧《隋唐嘉话》卷中。
[2] 见钱易《南部新书》丁卷。

在我们看来，刘氏的酸腐寡情、利欲熏心，实在讨厌可恶。然而这却正是当时的俗态俗情，刘氏的行为不过把这种世俗风气向我们做了最充分的展示而已。

唐代士人以进入仕宦之途为平生主要追求，已如上述。下面要讲的是与之有关的人生另一重大问题：婚姻。

薛元超说他平生有三恨，其中之一就在婚姻方面。原来，虽经唐太宗、武则天一再削弱和压抑山东旧族、世家高门的地位，但传统的五大姓，即陇西李、太原王、荥阳郑、范阳卢、清河崔（如果加上姓氏相同而郡望不同的博陵崔和赵郡李，则为七姓），依然威风不倒。他们瞧不起别姓，为保持血统的高贵纯净，为维护中原汉族极端重视的传统礼法，他们尽可能地相互缔姻，不外娶，也不外嫁。然而正因为这样，这些家族的身价却越发地高了，就连丫鬟使女也以出于其门为傲，文人士子更无不以能与之攀亲为荣。

当然，崔、卢、郑、李、王是高门士族之最，除他们外，还有一些渊源很深的名门世家，如关中地方的韦、裴、柳、薛、杨、杜，代北地方的元、长孙、宇文、于、陆、源、窦，以及东南吴地传统的大姓朱、张、顾、陆，和东晋以来的侨姓王、谢、袁、萧等，他们子弟的婚姻，也是很讲究族望门第的。

这样，许多走在科举仕宦之路上的文人士子，一方面是婚姻的选择者，另一方面又是婚姻的被选择者。

作为选择者，他们总是向往并努力攀缘高门；作为被选择者，他们则常常是那些高门世家或当代豪门的注意对象。前面讲到每年新进士们举行曲江宴时,常成为公卿之家的择婿良机,便很能说明问题。《唐语林》云:"伊慎每求族望以嫁子,李长荣则求时名以嫁子,皆自署为判官。"[①] 二人所求虽有不同,却正反映了唐人婚姻上的选择方向,不是族望(出身、家世),就是功名,而后者就把文人士子,特别是年轻的进士们放在了被选择的地位上。

这在唐时,已形成很普遍的风俗,之所以如此,是由于这与缔婚双方的实际利益,有很密切的关系。这里有两个实例,不妨一看。

> 邓敞,封敖之门生,初随计,以孤寒不中第。牛蔚兄弟,僧孺之子,有势力,且富于财。谓敞曰:"吾有女弟,未出门,子能婚乎?当为君展力,宁靳一第耶?"时敞已婚李氏矣……敞顾己寒贱,必不能致腾踔,私利其言,许之。

后来,邓敞果然很快登第,并与牛氏结婚。当他带着新婚的牛氏回家乡,事情才终于败露,但生米已做成熟饭,牛、李二氏也无可奈何了。

这则出自《玉泉子》的故事,可以说明当时民俗的很多问题。

---

① 见《唐语林》卷1《言语》。

其一，高门大户爱选士子为嫁女对象，如果他们尚未及第，就帮他谋取一第，甚至干脆以此为交换条件；其二，士子为仕途计，也不惜违背自己意愿，甚至不惜冒重婚之罪，而结亲于权势之家；其三，亦可见出当时家长（这里是兄长）主婚而女子无权的情况；其四，牛氏与邓敞旧妻李氏相见后，决定与其共处，表现了从一而终的观念，李氏原拟列官告状，但因两个女儿劝阻而罢，反映了孩子不愿父母离异和妇女维护自身权益的实际困难。后面两点，与本章论题无关，可以不论。前两点，则把本章论题，即文人士子的婚宦二事结合了起来，使我们看到了这两件事，对于士子来说，有时候完全可以是一回事。

牛蔚兄弟的做法，显示了世风的败坏，显示了选举制度的腐朽。愈往后，这种风气愈烈，甚至出现卖女求第的丑恶现象。

孙光宪《北梦琐言》卷 4 载：" 唐进士宇文翃，虽士族子，无文藻，酷爱上科。有女及笄，真国色也，朝之令子弟求之不得。时窦璠年逾耳顺，方谋继室，其兄谏议，叵有气焰，能为人致登第。翃嫁女与璠，璠为言之元昆，果有所获。"这位宇文翃虽是生活于五代时期，但这种行为所反映的社会风气，却是由晚唐延续发展而来。宇文翃之所为，比邓敞去娶高门无人问津之女借以取得科第，显然又要等而下之，卑鄙无耻得多了。

邓敞、宇文翃二例是文士利用婚姻取科第，结果把名声弄得很坏。但是因婚姻之故而仕途通达之例却也历来多有。《南部新书》载，士人卢储向李翱行卷，李女偶见此卷，赞叹不已，道:"这人必定能中状元!"李翱听说此语,探得女儿心意,便将她嫁给了卢储,而卢储明年也果真中了状元。这究竟是一种巧合,还是因为地位声名俱高的丈人李翱给使了劲呢?很值得玩味。

玄宗时期的宰相张说为女婿谋官职的事,也很有名而且有趣:

> 明皇封禅泰山,张说为封禅使。说女婿郑镒,本九品官。旧例封禅后,自三公以下皆迁转一级,惟郑镒因说骤迁五品,兼赐绯服。因大酺次,玄宗见镒官位腾跃,怪而问之。镒无词以对,黄幡绰曰:"此乃泰山之力也。"①

黄幡绰是当时最负盛名的俳谐演员,说出话来总是妙语连珠。这里他一语双关地讽刺了张说。古来就有把岳丈称为"泰山"的说法②,郑镒的超资越级,由九品跃至五品(一般需经几十年升迁才能臻此,多数人终生难至),名义上说来是因为参与了封禅泰山的大典,实际上却完全是岳父大人徇情私授的结果。张说无疑开了一个坏例,在士人中造成很坏的影响。有些人躁进贪鄙、为获取名利而不择手段,有些人利用手中的权力上下其手、把持科场,使科举制度迅速走向腐败,与这样的例子不能说没有关系。这一点,在《民间歌谣谚语》一节,谈到士子

---

① 见段成式《酉阳杂俎》前集卷12。
② 关于呼岳父(外舅)为泰山,苏鹗有考证,见《苏氏演义》卷上。

之谣时，还将论及。

唐人小说中，有不少曲折地触及上述士子的婚宦观念与习俗。例如《枕中记》和《南柯太守传》，两位主人公由落魄到飞黄腾达的转机，就在于婚姻的力量。请看沈既济的叙述次序：

> 数月，（卢生）娶清河崔氏女。……明年，举进士，登第，释褐秘校，应制，转渭南尉……

上面开列卢生升迁的一系列官职，直到出将入相，位极人臣。通过这张升官图，小说作者把文人士子的理想具体化了。而在这个理想中，首当其冲的，便是解决婚姻大事。卢生与清河崔氏联姻，在社会关系上有了坚强后盾，平步青云自然不在话下。这篇小说的主旨是要否定热衷仕宦的人生道路，指出这不过是一场虚幻，为了使这种否定有力，它必须准确地揭示当时文士的普遍心态，然后给他们以当头棒喝。

《南柯太守传》题旨、手法与《枕中记》相类，淳于棼是因为被招为驸马才受到信任和重用的。做了驸马，皇帝便成了他的后台，那岂不比娶高门世家之女还更有利吗？而失宠后的下场也就更加悲惨。

唐人小说中的恋爱婚姻题材之作，往往是程度不同的悲剧，而酿成悲剧的原因，多数就与社会风气，主要是士子的婚宦习俗有关。

不能说李益对霍小玉、张生对莺莺没有爱情，不能说他们在抛弃对方时,心理没有一点矛盾,也不能说在造成悲剧以后,他们内心深处没有一点自谴和悔恨,但他们仍然忍心地伤害了她们,李益甚至葬送了霍小玉的性命。①

是什么使他们变得如此狠心无情?是婚姻对象的高低足以影响仕途顺逆的社会风气,是文人士子根深蒂固的价值观念在起作用。他们以仕宦为人生第一要义,希望婚姻成为仕宦之助,而绝不允许、绝不愿意因婚姻而连累仕宦。一旦恋爱婚姻对象有可能妨碍其前程,那就不管对方和自己将如何痛苦,他们也会坚决斩断情缘的。这样做了,虽会遭到一些重感情者的非议,但更多的士子却会认同其做法,会认为他们抓住了人生的根本关键,而所舍弃的不过是次要的个人感情。甚至会认为,这样做才不愧为一个真男子、好男儿等等。张生抛弃了莺莺,当时的人并未谴责他,作者元稹还为他辩护;只是后人因为有了不同的价值取向和道德观念,这才对元稹为张生的"始乱终弃"辩护感到不满。由此我们可以看到普遍民俗心理的巨大影响。

最后,谈一下文人士子中冒认郡望的习俗。有了以上的叙述,这个现象就很好理解了。史学家岑仲勉简洁精辟地论述了促使其形成的原因:

> 一姓常不止一望,举其著望,则目为故家,举其不著,则视同寒畯,攀附宗枝之习,于是乎起。李敬玄,谯人,

---

① 见蒋防《霍小玉传》、元稹《莺莺传》。

而与赵郡李氏合谱；张说，洛阳人，而越认范阳；王缙望太原，而越认琅琊；此三人皆宰相也，犹必冒认名宗，正所谓势利之见，贤哲不免，又何怪韩愈或称昌黎，或称南阳，致后世考证家聚讼不已耶？①

总之，一切为打开仕宦之路、为保证仕途的顺利服务，这就是唐时文人士子行为的轴心和准绳。这种行为是有深层心理为依据的，因而是很普遍，众人习以为常，社会也予以认可的。

冒认郡望的结果是郡望在实际上的统一。渐渐地，一姓只剩下一个郡望，同姓氏者便可认同宗，郡望的价值和意义日益缩小了、淡化了。岑仲勉认为，这是"论汉族发展史所不可忽视之一点"，所以我们在这里特地予以提及。

二、人格理想：民间侠文化对儒道释互补结构的补益

> 文人士子人格构成的复杂性——民间侠文化的介入——侠的人格定位——唐士人之重侠——唐传奇中的侠义故事——取侠补儒之一：纠正敏于言而钝于行的宿疾——取侠补儒之二：依附性格与倡优气的克服——儒侠互补与知识分子的理想人格

---

① 见岑仲勉《隋唐史·唐史》第6节。

人们谈论中国传统知识分子也就是我们所说的文人士子人格的构成及其特征，大抵都会倾向于这样的观点：儒家的社会理想和人生哲学，是其根本的、内在的基础，并且决定了它的基本质素。儒家学说既然是封建社会中占统治地位的思想，那么，文人士子们便不免在儒家学说的教育、熏陶、濡染之下成长。因此很自然，一个知识分子不管其人格的构成多么复杂，其思想、行为在一生中发生过多少变化，如果仔细分析，那么，儒家之道总是其人格底蕴中真正的、不可动摇的核心和底色。

　　这当然是符合历史实际的。《士与中国文化》一书中论及中国传统知识分子的四个密切相关的特征：（1）他们习惯以"道"的代表者自居；（2）因而，他们自始便关心国计民生，以天下为己任；（3）他们认为"道"比"势"尊，所以面对权势者总是勇于批评，以尽"言责"；（4）但由于其所谓"道"缺乏具体的形式，他们只有通过个人的自爱自重才能尊显其"道"，因此他们特别注重个人的内心修养。显而易见，这里所谓的"道"，其具体内容大抵不外以孔子、孟子、荀子为代表的儒家之道。书中又说："中国传统知识分子的特征当然不尽于此，不过这几点确是最重要的、最基本的。"这一点补充很重要，自然也是我们所同意的。

　　中国文人士子的人格构成确实不是单一的，而是复杂的、多层面的。唐代文士的情况自然也不例外。在谈到这个问题时，人们不会忘记道家、佛家或道、佛二家融合而成的那种处世态度对他们的影响。虽然只是施加影响，一般说来尚不能从根本上规定或改变知识分子人格的性质及其表现形态，但却又往往能够形成其人格中必不可少的侧翼和组成部分。在某些时候、某种场合下，这些侧翼甚至会成为主体，成为其人格主要的外在表现形式，以致令人误会其构成基础发生了某种质地上的变化。在对古代文学家的人格和思想进行分析时，我们最易遇到这种情况，像阮籍、嵇康、陶渊明、王维、李白、白居易、苏轼、马致远，甚至曹雪芹，就在不同程度上都是如此。

儒、道、释三家与中国知识分子传统人格的形成关系重大，中外学者已论之颇多。但儒、道、释三家毕竟都是属于上层的、形式更为精致的文化，其中有不少是属于本书所说的经典文化。尽管它们的具体内容不同，与民俗文化的关系也不尽相同，归根到底，它们对于知识分子人格构成的影响，主要只是反映了知识分子同上层文化的关系。然而事实上，中国知识分子传统人格的形成，却不仅仅与上层文化有关，更与汪洋大海般包围着他们的下层文化，即民俗文化有关。这一点往往容易为人们所忽略。民俗文化给予知识分子人格的影响是多方面的，其中主要有民间的价值观、伦理观、审美观等方面。在种种影响中，侠以及民间对侠崇仰敬慕的普遍心理，对于知识分子的人格理想，或者说知识分子理想人格的塑成，具有十分突出的、综合性的意义。对于唐代文人士子关系尤大。通过对侠与知识分子人格理想关系的论析，我们也许可以对中国文化某些一向被忽视的方面加深一些理解。为了将问题讲得比较深透，我们需要将视野放大一些。

中国古代知识分子与生活于民间以朴野粗豪为特色的侠,曾经有过非常有趣而微妙的关系。在中国古代知识分子对理想人格的设计中,居于正统与主流的儒家范式固然地位重要,民间的侠(不是具体的某个侠客,而是侠所表现的共同精神品质),也绝非无足轻重,其影响至少绝不在道、佛二家之下。中国古代民间曾经流传过那么多关于侠的传说故事,无论城镇还是乡村,一般百姓对于劫富济贫、扶危救困或路见不平拔刀相助之类的侠义行为,总是钦佩有加、津津乐道。而历代文学家也曾以那样热烈、激情的笔调记载过、讴歌过那些游侠的事迹和为人。例如司马迁《史记》中的《游侠列传》,从曹植、张华到王维、崔颢、王昌龄、李白、高适诸人以《白马篇》《少年行》《游侠篇》《侠客行》命名的乐府歌行,以及从唐人笔记、传奇直到《聊斋志异》和大量白话写成的武侠小说。从这些文学作品中,我们可以体会到,它们的作者对于"少小去乡邑,扬声沙漠垂"[①]的游侠生活,对于"十步杀一人,千里不留行。事了拂衣去,深藏身与名"[②]的任侠行为,是何等歆羡企慕;还可以体会到,在他们心目中,知识分子(士)比较理想的人格,似乎并不是、至少不仅仅是儒与道、释的结合——这一点他们已经一定程度地做到,而是儒与侠的结合——这一点却不易做到。也就是说,在他们内心深处,是认为一个具备侠气的儒者,

---

① 见曹植《白马篇》。
② 见李白《侠客行》。

才可以算是真正合乎理想的知识分子。

应该说，他们的想法是有理由的。因为，道、佛二家的思想、哲学与修养，主要只是增加了儒者人格的复杂性、多面性，对提高儒者的人格境界并无根本性的好处；而豪侠之气恰可补足儒者所最为缺乏的阳刚素质，因此对于儒者，正是提升其人格品位的重要因素。具有侠气的传统知识分子，往往较少儒者普遍的弱点和缺陷。养成这种更为健全的人格，乃是古代许多知识分子内心自觉不自觉的要求。这既是他们受到民俗文化影响的结果，又是他们保持与民间联系的一个重要途径。中国古代文学中有那么多以任侠为主题的诗文作品，中国武侠小说经历数千年演变发展直至今日而不衰，从古代直至近现代许多杰出知识分子所表现出来的人格特征，特别是在非常时期所显示的风骨节概，显然都与此有不可忽视的关系。

于是，我们不能不探究一下，侠到底何以会受到历代知识分子的青睐，又究竟在知识分子的人格构成中起了怎样的作用？

侠，在古代被称为游侠。这既不是一种职业，也不是一种法定的身份，自然更不构成一种社会的阶级或阶层。侠只是社会舆论根据某些人行为的特征所赋予他们的一种约定俗成的名称。《史记·游侠列传》裴骃《集解》引荀悦曰："立气齐，作威福，结私交，以立强于世者，谓之游侠。"这是对游侠行为的一种说明，突出了游侠尚武和以力制人立世的特点，可以说抓住了游侠的基本特征。司马迁在《游侠列传》中的阐述更为详尽透辟：

> 今游侠，其行虽不轨于正义，然其言必信，其行必果，已诺必诚，不爱其躯，赴士之厄困，既已存亡死生矣，而不矜其能，羞伐其德，盖亦有足多者焉。

这就是司马迁所激赏的侠，也是当时民间普遍欢迎、尊崇的侠。另有一些人，与这种侠有点相像，但实质不同，则被民间所厌恶、畏惧，司马迁也对他们表示了明显的鄙夷："至如朋党宗强比周，设财役贫，豪暴侵凌孤弱，恣欲自快，游侠亦丑之。""此盗跖居民间者耳，曷足道哉！此乃乡者朱家之羞也！"这种人或为强盗，或为恶霸，不但被排除在《史记·游侠列传》之外，实际上，在平民百姓的心目中、口碑上，也不承认他们是真正的侠。

自从司马迁写出这篇著名传记以来，中国历史已过去两千多年，侠这种人物在历尽沧桑之后，自然也发生了许多变异和分化。有许多人虽有侠的称号却已丧失了侠的本质，甚至走向了反面。如侠的一个重要本质，是他的民间性，是精神上与当权者的平等、对立，后来有的侠却被官方罗致、收买，进入仕途，成为权势者的爪牙鹰犬。不过，在民俗文化中受到肯定，能够代表优良传统的侠，其人格定位依然不出司马迁所论的范围。因此，我们至今仍然不妨把司马迁上述那段话当作侠的基本定义，只是还需要做一些阐发和辨析。

司马迁是持二分法观点来论侠的。他首先用修辞学中的让步语气、从负面来讲侠的特征，"虽不轨于正义"，然后在但书后面对侠的品格节操做了充分肯定。需要说明,这里的"正义",不是今日通常所理解的意思,切不可望文生义。"不轨于正义",并不是意味着侠的行为具有非道德或曰非善(即恶)的性质,而是说侠的行为不符合当时统治者所规定的礼法和制度,其基本含义与韩非所谓的"侠以武犯禁"[①]相同。"犯禁"者何?违犯政府、当局所制定的律令法规,此之谓"不轨于正义"也。

关于这一点,可以从司马迁对游侠的具体描述看出,更可以从班固对游侠本质和起源的论述中看出。《汉书·游侠传》在进入正文之前有一段小序,一开始就提出了以宗法等级制为核心的"法"字:"古者天子建国,诸侯立家,自卿大夫以至于庶人各有等差……百官有司奉法承令,以修所职,失职有诛,侵官有罚。夫然,故上下相顺,而庶事理焉。"接着便论到在"周室既微"之后,诸侯所豢养的勇士和鸡鸣狗盗之徒对这种铁定法度的无视乃至破坏。这便是游侠现象的起源,由此也就可以见出其实质。班固所谓"背公死党之议成,守职奉上之义废",一语道破了游侠行为以平民身份破坏既定法度的要害,显然,这也就是司马迁所说的"不轨于正义"。不过,班固的思想更近于正统,感情也更远离民间,所以他对游侠的态度,基调便与司马迁不同。司马迁虽也说游侠"不轨于正义",但其重点却在后面的大段肯定,前后相比,那批评实有点轻描淡写的味道。

---

① 见《韩非子·五蠹》。

班固尽管承认侠也有"温良泛爱,振穷周急,谦退不伐"的优点,重点却落在"以匹夫之细,窃杀生之权,其罪已不容于诛矣"以及"苟放纵于末流,杀身亡宗,非不幸也"两句话上,其对侠的否定态度是显而易见的。

　　班、马对于游侠态度的差异,可以暂勿深论。值得注意的是,他们都认为侠的本质之一是在于以闾里匹夫而敢于同当权者制定的法规制度对立、对抗。侠乃是那个社会被视为神圣的法制所拘束不了的一群,只要他们认为有必要,随时都可以冲破那一套法规律令而我行我素。法律的出现当然是文明进步的标志。但法律并不万能,尤其是当执法者代表着压迫者、剥削者利益时,法律更与社会的公理与正义相去甚远。事实上也正是因为有许多问题通过正常的法律途径无法获得合理解决,才需要由侠采取非常的、违法的手段强行干预。这样,侠的行为在统治者、执法者看来自然是"不轨于正义",而在无权而受压迫、受欺凌的百姓们看来,却正是一种义举。

　　无视现行的法规律令,在其允许的范围之外行事,因而实际上形成对现行法律及其制定者的挑战和对抗,用晋人张华的话说,就是"身在法令外,纵逸常不禁"[①],这可以说是侠的人格定位中最重要,也最致命的一点。如果说他们的另一些品德性行尚能为当局者所容忍,那么唯独这一点是最受痛恨、最不能被允许的。司马迁《游侠列传》曾明确指出朱家、郭解之

---

① 见《博陵王宫侠曲二首》其一。

徒"时扞当世之文罔"(据司马贞《索隐》,即"违扞当代之法罔")的特点,并在叙述汉代诸侠的身世遭际时,屡次提及他们被皇帝下令诛死的情况。如"(郭)解父以任侠,孝文时诛死",后郭解本人与人争斗,"上(武帝)闻,乃下吏捕解"并族之。《汉书》亦载:"济南瞷氏、陈周肤,亦以豪闻,景帝闻之,使使尽诛此属。"[①] 侠和代表着法的皇帝、官府,就是如此处于矛盾对立之下。

除此以外,据司马迁所论,侠的人格还有许多特点,那就是"言必信,行必果,已诺必诚"——这可以概括为对人对事极端负责的精神;有急人之难而不爱其躯的牺牲精神;有功成后不求报偿、不宣扬自己的韬晦谦逊精神。这一切,用一句民间俗语来表述,便叫作"义气"。当然民间所谓的"义气",还有许多其他方面,如忠于友情、轻财好施、恩怨分明、不畏强者却决不以强凌弱等等。这都是作为一个侠者所应当具备的。也正因此,侠与义便成为二位一体不可分割的概念。上述种种,其实也就是通常所说的侠义精神。

这种侠义精神,与侠同法律的对立,两者关系非常密切。前者服从于后者、为后者服务,而后者则是前者的核心和灵魂。因为一切侠义行为,倘不与现行法律形成对抗,便不会给行侠者带来多大危害,因而也就显得比较平凡。真正惊心动魄、令被救助者感激无穷而为当政者所不容的,是触犯官府、权贵和

---

① 以上引文见《史记·游侠列传》《汉书·游侠传》。

科条律令，救了他人自己就陷于犯法、有罪的那种侠义行为。因此，在司马迁那里用否定语气所说的侠之行为"不轨于正义"这一特点，在我们看来，正应当与他在下面列举的诸正面优点相并，且置于侠义精神之首。下层百姓对侠普遍具有好感，关键就在于他们欣赏、欢迎这种侠义精神。在民间生活中，在法律维护富人而压迫穷人和有强权无公理的情况下，广大无权、无勇的百姓，不能不寄希望于这种侠义精神的保护。

明白了侠义精神的内容及其实质，我们便不难懂得中国民间和传统知识分子重侠的原因。

传统的知识分子，历代那些纯度不同的儒者是从自身人格修养和实现人格理想的需要，从省悟到的自身不足之克服与弥补，而把崇羡的目光投向侠的。从许多作家在诗文作品中所流露的心声，我们可以看到他们的崇羡究竟着眼于侠的哪些方面，或者换言之，我们可以发现侠气究竟在哪些方面激励、补益了儒者。

最显眼的也许要算侠的尚武精神。儒者重文，侠者重武，武是侠的特长，却恰是儒的特短。文人、儒者自省已之不足，便不能不十分钦佩艳羡侠者的武艺和英勇果敢的普遍品格。虽然古时不少文人尚不至如后世腐儒那样手无缚鸡之力，但曹植《白马篇》中所说的"仰手接飞猱，俯身散马蹄，狡捷过猴猿，勇剽若豹螭"、王维《少年行》中所说的"一身能擘两雕弧，虏骑千群只似无。偏坐金鞍调白羽，纷纷射杀五单于"，依然是他们难以办到的，而这却十分符合他们心中的英雄幻想，因而常常树此以为理想目标。

在这方面大诗人李白颇具代表性。他在少年时曾拜"任侠有气,善为纵横学"的赵蕤为师,后去山东,又拟向天下闻名的裴旻将军学剑。用他自己的话来说,是"十五好剑术,遍干诸侯……虽长不满七尺,而心雄万夫"。[①]青年时代,他曾有"手刃数人"的任侠记录。[②]对此,他不但毫不隐讳,而且引以为自豪,在《赠从兄襄阳少府皓》一诗中写道:"结发未识事,所交尽豪雄。……托身白刃里,杀人红尘中。"他叙述自己的志向和对功业的追求时,用这样的语言来表达:"以为士生则桑弧蓬矢,射乎四方。故知大丈夫必有四方之志,乃仗剑去国,辞亲远游,南穷苍梧,东涉溟海。"用力刻画的是一个勇武豪迈、侠气十足的形象,而并不是恂恂谦退的醇儒。李白人格和思想构成的复杂,在唐代诗人中是出了名的,有人甚至因为他笃信炼丹受箓之事而称其为"道教徒"。其实,骨子里李白仍是一个儒者,而影响其人格、制约其言行的,除了道家道教之外,侠是一个极重要的方面。他的一生虽经许多坎坷,其为人行事却始终不脱一定程度的侠气。这一点,以往人们已有所注意,但对其分量之重,估价似嫌不足。在唐代,程度不同地,具有侠气或在作品中讴歌过侠之尚武精神的诗人还有不少,前者如王维、高适、刘叉,后者如元稹、张籍、李贺、李益等。

除了诗歌领域,唐代新兴的传奇小说中,有不少篇章描写

---

① 见李白《与韩荆州书》。
② 见魏颢《李翰林集序》。

了武侠故事,从各个方面刻画了当时文人心目中(同时也是民间口碑上)的侠士形象,突出地渲染了他们的勇武和高超技艺。如昆仑奴磨勒为帮助崔生和红绡妓的恋爱,数入警卫森严的一品大僚府第,最后安全地"负生与姬而飞出峻垣十余重",为他们争取到了宝贵的自由。而当一品大僚终于发现其行止,"命甲士五十人,严持兵杖,围崔生院",要来捉拿他时,"磨勒遂持匕首飞出高垣,瞥若翅翎,疾同鹰隼,攒矢如雨,莫能中之,顷刻之间,不知所向"。他安然地逃脱了围捕,倒使那位一品大僚因害怕他来报复而从此胆战心惊。①又如原本隐于使女的红线,为了帮助主公消弭邻镇田承嗣的觊觎之心,竟一夜往返七百里,在不惊动任何人的情况下,盗来田的床头金盒,向田显示了"取尔首级,易如反掌"的实力,从而有力抑制了田的野心,使"两地保其城池,万人全其性命"。② 在这样一些小说对武侠技艺的夸张渲染和理想化描述中,都深深包含着文士对于武侠的崇羡。这些故事的素材可能来自民间传说,但加工想象并贯之以激情,则全赖作家。

　　文人崇武,当然还只是儒者重侠的一个比较表面的现象。在这个现象背后,蕴藏有某种深意,那就是对于侠者注重行动而摈弃空言的人格内涵的衷心企慕。要儒者人人习武,成为剑客,那是不可能的,也无此必要。但侠者注重行动而摈弃空言的特点,使其人格具有特殊的力量,对于往往敏于言而钝于行,

---

① 见裴铏《传奇·昆仑奴》。
② 见袁郊《甘泽谣·红线》。

即常爱空想、善于言辞议论而拙于实施操作的儒者来说，无疑是极好的对照，极有力的针砭，也是极可取的榜样。

"空言"无效，儒家对此是早有认识的。孔子说过："我欲载之空言，不如见之于行事之深切著明也。"① 这里将"载之空言"，即发表评论以褒贬是非，与"见之于行事"，即著作史乘（指《春秋》），以具体史实来昭显善恶对举，认为前者之效不如后者。可见孔子对抽象笼统的议论是不甚看重的。至于"空言"的另一含义——空洞不实之词，那就更是儒家认为应当戒除抛弃的了。

然而，孔子的教诲和示范，并不能保证后世的儒者杜绝喜好"空言"而不善实干的弊病。大批以儒家学说为人格底蕴的知识分子，恰恰最容易能言而不能行，最容易说得多、干得少，也最容易落入迂阔酸腐的境地（如李白所讽刺的"问以经济策，茫如堕烟雾"的鲁儒）。

平心而论，这也不能完全怪后世儒者的不肖。孔老夫子在《论语·季氏》中也曾说过"天下有道，则庶人不议"一类的话。那么天下无道呢？当然便可以议、应当议。前面说过，儒者正是以"道"的代表者自居，以批评国事时政为己任的。但也仅此而已，孔子并没有告诉庶人（包括知识分子），他们除了议，还应该和能够做些什么。他自己准备在"道不行"时，便"乘桴浮于海"，那也并不是一种积极有力的"行"。儒家的亚圣孟

---

① 见《史记·太史公自序》引。

子则早就对"处士横议"的现象有所批评。① 看来"一般士人乱发议论"（据杨伯峻《孟子译注》），确很常见并很严重。虽然孟子的矛头是指向宣扬杨朱、墨翟二家学说的士人，但当"圣王不作，诸侯放恣"之时，参与"横议"的"处士"，自然也应有信奉儒家学说的士人（包括当时一切知识分子）在内。知识分子之所以常常心有不甘而又难以克服地缺乏"行"而止于"议"，自有其复杂的历史和现实原因。直到数千年后的今天，善于言而拙于行，不也还是被认为某些知识分子的通病吗？

而侠则完全不同。他们的人生信条是动手做而不是动嘴说，是实干而不是空言。他们的人生价值全不在于曾发表过什么鸿词高论，而在于实际上干过几件惊天动地或惊心动魄的豪行壮举。侠的这一品格使颇有自省能力的儒者由衷佩服，并被他们用作自身修养的一种补益，是理所当然的，也是完全可以理解的。明乎此，则我们对李白反复申述的"儒生不及游侠人，白首下帷复何益"②、"谁能书阁下，白首《太玄经》？"③ 以及李贺"男儿何不带吴钩，收取关山五十州。请君暂上凌烟阁，若个书生万户侯"、"长卿牢落悲空舍，曼倩诙谐取自容。见买若耶溪水剑，明朝归去事猿公"④ 等愤激之词，当能有更深刻亲切的理

---

① 见《孟子·滕文公下》。
② 见《行行且游猎篇》。
③ 见《侠客行》。
④ 分别见《南园十三首》其五、其七。

解——他们言辞如此激越悲慨,确实出于肺腑深衷。之所以这样,绝不仅仅因为羡慕他人的功名利禄,而更是出于对自身价值和完美人格的热烈追求。

儒者重侠的另一深层含义,是在于透露了他们对自己与生俱来的依附性格的反思和批判。儒者、文士或曰传统知识分子之所以往往缺乏"行"而止于"议",并往往表现出懦弱、迂腐、怕事等特点,根本原因即在于他们的依附性格。儒字的本义为"柔",见《说文解字》《广雅》。柔则顺,故儒又有"顺"义。如《墨子·非儒下》云:"儒,浩居而自顺者。"儒又与"懦"通,可以借为懦字,懦弱畏事之谓也。再引申,则为"愚也",见《广雅·释诂》。对于儒的上述特点,历代文人学者及诗文小说多有触及,而儒者特有的酸腐气,也早已为众所公认。对此,李白《嘲鲁儒》有精妙刻画。又如苏轼《约公择饮是日大风》诗云:"要当啖公八百里,豪气一洗儒生酸。"至如吴敬梓《儒林外史》,更是儒酸的集中展览。

一方面,他们胸怀兼济大志,渴望能够施展才华,做出治国平天下的大事业。另一方面,他们又不能独立行动,而必须依托于一定的社会组织和集团力量。他们虽能贡献杰出的智慧和谋略,但说到付诸实施,则还得通过当权者、在位者,否则,那些智慧谋略,就只能止于"议"而已。这两方面都是知识分子所无法摆脱、无法超越的,缺其一,便不成其为完全的知识分子。

因此,知识分子无论自身有多大能耐,归根到底,都不得不依人成事——这个"人"当然不是一般人,在古代,就是掌握政权的帝王以及各级权势者。这样我们就很能理解,以孔丘、墨翟、庄周、韩非等为代表的先秦诸子(不仅仅是儒家)以及崇奉他们学说的荀况、苏秦、张仪、李斯等游士,总之,春秋战国时代形形色色的知识分子们,何以要周游列国,遍干诸侯,向那些统治者唇焦舌敝地推销各自的政治主张、治国方略,同时推销他们自己,使自己能够附着于一定的权势。也就很能理解,唐代文人士子何以那样拥护科举制度,愿意花费毕生精力去博取一第,去浮沉在充满机诈与危险的宦海之中。并且,我们也就能够体谅,何以这些知识分子社会地位的升降和心态的忧乐悲欢,总是跟他们与统治者关系的远近亲疏,即依附的坚牢与否成正比。

　　知识分子因为胸怀大志,对政治是不满足于"议"的,他们还要参与。统治者也绝不会允许知识分子永远处于议政而不必负责的地位。战国时期齐国有所谓"稷下学宫",聚集了一批知识分子,给予优厚的物质待遇,允许他们"不治而议论",即"不任职而论国事"。① 当时除齐国外,其他各国也是尊贤成风。因此,《士与中国文化》一书认为,"稷下学兴盛之世是古代士阶层的黄金时代"。但是书中接着又指出,随着统一帝国的建立,封建统治的加强,这个时代很快便结束了。秦代实行博士制度,汉代承之。虽然秦汉博士乃渊源于稷下先生,但秦汉博

---

① 见《史记》中之《田敬仲完世家》《孟荀列传》,及刘向《新序》、桓宽《盐铁论》等。

士已是隶属于太常寺的政府官吏，而不再是稷下先生那样的客籍学者和帝王师友，他们已丧失了自由知识分子的身份。在我们看来，稷下先生和秦汉博士，作为当时的知识分子，同样都具有对权势者的依附性，但后者对权势者的依附更为明显而牢结，因而相对地，其独立性和享受的自由度也就要比前者差得远。自隋唐以后，历代知识分子，一部分通过形式不同的选举制度，源源进入政权机关，成为政府的"吏"和人民的"师"。这种"进入"，既是知识分子的自愿，同时又是统治者设计的结果。唐太宗见新进士列队而出，兴奋地说："天下英雄尽入吾彀中矣！"[①]就透露了此中消息。做了各级官吏的知识分子，这才获得了大小不等的机会去实现自己的抱负。与此同时，他们也就成了某个政权的附着物，为其效劳，并承担着与之共存共荣的义务。

这里有一个两难选择。酷爱自由议论和渴望实现抱负，应该说都是出于知识分子的本性。倘要保持前者，他们最好永远处于在野的位置，这样他们才有条件做到"处士横议"，无所顾忌，无所拘束，但这样便无法满足后者；反过来，他们进入仕途，为官作宦，可以依靠政治的威权去实施抱负，但这时他们便受到诸多约束和钳制，失去了"横议"的自由。两者都是知识分子所看重的、所需要的，正所谓鱼与熊掌皆我所欲也，然而两者却实在难以得兼。就这样，无论是在野，还是在位，出

---

① 见王定保《唐摭言》卷15。

与处便成为横亘在传统知识分子面前的永恒矛盾。我们在无数古代知识分子（无论是否进入仕途，亦无论是否仕途顺利）的言行著作中，都能看到这个矛盾的表现。唐代著名的宰相张九龄、李德裕就是很有代表性的人物。

就中国传统知识分子的大多数来着，他们还是更愿意选择后者的。"学成文武术，货于帝王家""学而优则仕"等俗谚，便反映了这种情况。中国历代有那么多儒者在科举之路上耗尽毕生精力，固然有为稻粱谋的一面，但更重要的还在于他们别无长技，要实现抱负、完成人格理想，便不得不屈服于这种依附性，不得不利用这种依附关系。于是，久而久之，由这种特殊的社会地位，便养成了知识分子中相当普遍的依附性格。

由此，我们便可以谈到知识分子的倡优气问题。"倡优蓄之"，是指帝王对知识分子的态度；倡优气，则是指知识分子以倡优自居（无论其是否自觉、自愿），把本来逆耳之言化作诙谐幽默的笑话，既提了意见，又不致惹祸的行为特征。这种做法可谓勉为其难，但我们不能不指出其所包含的奴性实质。

这确实是一种奴性，一种在强者、在贵人面前自轻自贱以求取容的奴性。许多帝王君主不能容忍直谏，却允许倡优的嬉笑怒骂、挖苦讥嘲，因为他们深知这对自己的威严毫无损伤，相反，若同已在进行人格自我作践的倡优计较，却太失人君风度。

以奴性为根基的倡优气，不一定非得表现为滑稽俳谐。不必说那些露骨的阿谀逢迎、歌功颂德，就是那些先意承志的应对、隐晦曲折的微言乃至美刺相兼的诗歌，其中也都不同程度地包含着这种倡优气。

同倡优的寄讽谏于滑稽表演类似，文人、知识分子在向权势者进言，特别是提出批评性意见时，必须三择其词，慎而又慎，触及要害之前，先以颂祷为铺垫，将真实用意包裹在大量伪饰之中。总之，是不敢以真实的自己面对权势者。骨鲠在喉，不吐不快，但如何吐法却大有讲究。这个讲究千变万化，然而万变不离其宗，便是牢记对方是主子，自己说话切不可忘了彼此身份。中国古代知识分子从孔子开始就研究游说的技巧，关键在于既要推销主张，又不能冒犯自己意欲依附的主人。唐朝的宰相李德裕曾作《忠谏论》，提出忠谏必"辞婉"的标准，其反面则是"辞讦"。直言冒犯，在他看来是故意使君上难堪，为自己博取高名，不能算"忠"。李德裕的"辞婉"，表面看来与倡优的滑稽不同，历来很少有人将两者联系，其实却是本质相通的。又如诗人白居易写了许多讽喻诗批评时弊，但若细看其最著名的《新乐府》五十首，便会发现，开篇三章纯系颂美，是以诚惶诚恐的歌功颂德为下面的讽喻开路的。而且以下揭露鞭挞为主的诗篇中，也时不时地插入一些颂美之音。诚然，这样安排有惩恶而劝善之意，某些颂美篇章本身就包含对先前弊政的针砭（如《道州民》）。但是作者这番苦心，依然令人感到其内心深处既要尽言责，又不敢过于得罪当局的惶遽状态。我们绝无责怪白居易、贬低其《新乐府》诗之意，但想说明，这种先美后刺、颂贬相兼的现象，在中国历代多数诗家文人的作品中都不同程度地存在着，从而已被认为是"主文谲谏""温柔敦厚"的诗教嫡传的正统，究其实质却是倡优心理在文学创作中的深刻表现。

论至此，我们便懂得了任侠之气何以会那样强烈地吸引儒者，竟至成为他们人格理想的一部分。儒者深知自己依人成事和不能平视王侯而需以俳谐求容的人格缺陷，却又无从根本超脱，内心不能不感到失衡、压抑。而在他们看来，侠者是那样地自主、自由，那样地无羁无绊、潇洒自在。他们可以说是习武的隐士。因为"无欲"，主要是不想为官作宦、贪名竞利，所以对权势者也就无所求。不但无所求，而且自觉在精神上与之完全平等，根本无须委曲求容。他们既不食皇粮，不拿俸禄，自然也就不必对政治、对任何上司负责。他们平时隐于民间，置身于律令绳检之外，可以"横议"，也可以不"横议"而冷眼旁观。然而一旦有什么不平之事触动了他们的义愤，他们又可以根本不顾皇家官府的法禁，不考虑任何人的意见，独断专行，以个人的力量去对抗强权，甚至对抗官府。他们是一群不依傍任何外力，而以自身的行为来实现自己、完成人格并向世人证明其价值的人。

这就是所谓侠气。对此如何评价，尽可见仁见智，无须一概肯定。我们所要指出的，只是民间舆论和传统知识分子受其吸引，被其折服这个事实。

唐传奇中有一篇《谢小娥传》（作者李公佐），历来并不被视为武侠小说，其实却是一篇刻意描绘和宣扬侠义精神的力作。

它有力地刻画了一个弱女子仅靠己力以实现复仇目的的经过，从而深刻反映了唐代民间和受民间观点影响的士人，对于侠义精神的理解和崇敬。也许因为谢小娥是个女子，也许出于某些世俗的考虑，作者李公佐在文末突出地强调了谢小娥行为的贞节性质。其实，她所表现出来的有仇必报、含苦忍耐、杀人后决不逃避责任，也绝无扬名之念等品质，均属侠义精神的范围。而尤其能够体现侠义精神，又最令人们（作者和当时百姓）由衷佩服的，还是以一个弱女子而独力完成复仇之举的强大人格力量。值得注意的是，作者李公佐在文章开头，曾郑重介绍谢小娥的身世，说她幼年丧母，"嫁历阳侠士段居贞。居贞负气重义，交游豪俊"等。段居贞在本篇中只是一个被害者，故事一开始就被杀，作者如此介绍他显然有深意，究其目的，实在于暗示谢小娥日后行为的根源和性质。

　　李公佐的《谢小娥传》不是唐人小说中描写侠女独力报仇的唯一篇章。《原化记》中《崔慎思》一篇，就写了相类似的故事。[①]只不过那位为报父仇而隐姓埋名、待机而动的侠女，付出了比谢小娥更巨大的代价。谢小娥既报了父夫被害之仇，同时又保全了自己的贞节。这位连名字都未留下的侠女，却因待机复仇而不得已为人妾侍，放弃了当时人们最看重的贞操，后来又为杜绝后顾之忧而忍痛杀死了自己的儿子。不言而喻，她的内心将会是何等痛苦。但为了实现既定目标，她既不求助于官

---

① 见《太平广记》卷194。

府,亦不靠任何外力,义无反顾地这样做了。这位女子的行为是否完全可取,是可以讨论的。但从小说作者赞叹的笔调,我们可以体会到他受感动之深。这个故事的价值不在于提倡杀人,而在于它所肯定的那种不依赖任何外援而全凭一己之力去完成艰难事业的自主独立精神。这与不依靠他人就不能成事的知识分子习性,与知识分子往往优柔寡断、患得患失乃至逆来顺受、委曲求全的普遍性格形成鲜明对比。看来,文人作家受其感动,同他们对自身缺陷的痛切反思不无关系。

唐传奇作者确有以侠气反照自身,激励同侪的动机。例如《柳氏传》(作者许尧佐),书生韩翃的懦弱无用在侠士许俊勇于自任的行为映照下,显得十分突出。作者这样写,既非出于无意,也非无根据的杜撰。在《无双传》(作者薛调)和前面曾引述过的《昆仑奴》中,这种书生懦弱无用与侠士英勇果断、敢作敢为的对照描写,也同样鲜明地存在着。后来这几乎成为一种模式:所谓公子落难,侠女相救。如在清代武侠小说《儿女英雄传》和现代言情小说《啼笑姻缘》中,身为书生的男主人公总是那样柔弱,遇事束手无策,缺少行动和解决问题的能力,而作为侠客的女主角,则性格刚强、行为泼辣,总能将男主人公从危难中解救出来,几乎成了他的保护神。在这两部小说为加强戏剧性而设置的人物性别差异背后,其实质仍然是侠与儒在人格特征上的强烈对比。这种对比是现实的反映,也透露了广大民间和文人作家一致的内心活动信息:如果善良的书生也能具备一点侠气,变得坚强果敢,更富于独立行动的勇气和能力,那该多好啊!

　　侠气也有助于知识分子借以克服倡优气。倡优气的本质既是奴性、伪饰、压抑个性和扭曲自己,便不免给传统知识分子带来一些相应的缺点,如虚伪浮夸、言不由衷、对人游移闪烁、遇事首鼠两端等等,而侠气则是自尊、本色、不屈己、不干人,只按自己心志的指引生活,因而作风淳厚朴野、戆直坦率,具有令人倾倒的阳刚之美。用侠气与倡优气相抗,或许可以稍稍克服传统知识分子人格的某些缺陷。具有侠气的儒者,融儒侠之优长于一体的知识分子,便自然代表了一种理想的人格模式。

　　上面我们从人格特征对比的角度,谈了儒者的许多不足和侠者之风可予纠正补益的方面。在中国文化漫长的历史发展中,儒家的势力始终最盛,以儒自居的传统知识分子身上确实也存在着种种毛病,尤甚者则为愚陋之儒、酸腐之儒、鄙贱之儒,或竟为与"君子儒"相对的小人儒等等。

　　然而若论儒学的原始教义和儒者的正宗模式,却有许多地方与侠者相通。儒家人生哲学、处世准则和人格理想,与生活于社会下层,较多地反映民间伦理、价值观念的侠者不谋而合,既是儒家与民间具有深刻联系的说明,也是儒者能够向侠者取益以提高自身的原因。

　　儒学始祖孔子有许多言论涉及个人修养。见于《论语》的,如他曾强调"无欲则刚",子曰:"吾未见刚者……枨也欲,焉得刚?"(《公冶长》)他曾鼓吹"见义勇为",子曰:"见义不为,无勇也!"(《为政》)他特别注重"忠信","人而无信,不知其可也"(《为政》)。其弟子曾参每日三省自身,其中与此相关者有二:"为人谋而不忠乎?与朋友交而不信乎?"(《学而》)孔子还主张为人正直公平,因此提出"以直报怨"(《宪问》)。他告诫人们遇事应有必要的忍耐,即所谓"小不忍则乱大谋"(《卫灵公》)。凡此种种,都是儒家的理论,但都与侠义精神的某个方面暗通。

《论语·宪问》有一段孔子与子路的对话,比较全面地表述了儒家的人格理想:

子路问成人。

子曰:"若臧武仲之知,公绰之不欲,卞庄子之勇,冉求之艺,文之以礼乐,亦可以为成人矣。"

(又)曰:"今之成人者何必然?见利思义,见危授命,久要不忘平生之言,亦可以为成人矣。"

据杨伯峻先生解释,这里的"成人"乃是指"全人",即道德修养完美之人,换言之,即所谓理想人格。孔子所云"不欲""勇""见利思义""见危授命"乃至"久要(要,约也,指穷困)不忘平生之言",不就与侠者的人格精神相通吗?当然,孔子毕竟是儒学先师,他的考虑比较周密。把他的话综合观之,儒家心目中的完人,其品格要比侠为高。这也可以从曾子的一段话中看出。曾子曰:"可以托六尺之孤,可以寄百里之命,临大节而不可夺也——君子人与？君子人也！"① 这位儒家君子所需达到和所能承担的，显然要比侠者更多、更高、更难。

这种情况在《孟子》书中亦有所表现。孟子某次与人论"大丈夫"。他说：

> ……居天下之广居，立天下之正位，行天下之大道；得志，与民由之；不得志，独行其道。富贵不能淫，贫贱不能移，威武不能屈，此之谓大丈夫。②

其着眼点首重宏伟的政治抱负和对"道"的无限忠诚。舍此，儒家便无安身立命之地。但最后概括的三条，论的是人的品节操行，其内容即与侠所奉行的准则一致。

或许要问，儒家人格理想既已包含侠义的某些因素，那么又何必再要向侠者寻求补益呢？

原因是这样的：儒家所树立的人格理想，特别是关于品节操行方面的要求，对于大多数儒者来说，是一种很高的标准，远非人人能够做到，甚至绝大部分并未做到——否则传统知识分子又哪里还有前面所说的那些毛病？然而这一切对于侠者来说，却正是他们的基本属性、他们的本分。可以说，侠就是这些特征的典型和化身。做不到这些，儒者不妨依旧为儒（只是不够理想而已），而侠者却从根本上失去了称侠的资格，民间

---

① 见《论语·泰伯》。
② 见《孟子·滕文公下》。

舆论也将不再承认他是侠。在我为难事，为高水平，为理想境界，而在彼却是易事、平常事，是本性使然，几已融入血脉呼吸。富于自省精神而又重视人格理想的儒者，怎能不注意到侠义精神的借鉴补益作用？儒家是一个胸怀广阔，善于兼收并蓄、以人养己的学派，对于先秦诸子的优长，他们并不排斥；对于后来的道、释二教，亦予以改造利用。因其如此，故能成其大。侠在先秦，比较近墨，儒、墨虽不相能，但儒并不因此一概排斥墨和侠，而对侠尤其青睐，有所分析地吸取其人格因素中的优点，用以促进理想人格的养成。

儒者同时也注意到侠的局限。他们极想用自己的理想标准去改造侠、提高侠。这主要表现在两个方面：一是要求侠者具备高远的政治胸襟，树立关心国家、社会、民生的大志；二是要求侠者提高文化水平，脱去乡野闾里的粗犷无文之气而变得比较儒雅。（儒者的这种愿望，也部分地反映了民间的心理。）这在唐代李白、李贺、杜牧诸人的行为与诗文中，已略见端倪，他们自己正是以此自励、自期的。而在群众性很强的武侠小说中也可看出，且到近世而愈显。如至今拥有大量读者的金庸、梁羽生、古龙等人的小说。金庸在《神雕侠侣》中，借大侠郭靖之口道出"为国为民，侠之大者"的观点，梁羽生、古龙笔下的张丹枫（《萍踪侠影录》）、楚留香（《楚留香传奇》）均是文武双全，儒雅之态可掬。如果说中国传统知识分子往往以稍具侠气而为理想，那么，对于侠，他们则希望其最好能略具儒气。在这种对理想人格的憧憬中，也就体现了儒者对于儒侠互补的认识和追求。

三、作家的养成和文学的人文精神

> 中国人和中国心——民间风习的浸染——民间艺术的养育——人文精神的由来——历史使命感与社会责任感——个体生命价值的充分肯定——汇纳四海、包容天下万物的气魄——处盛世而发危言

既然打有民俗烙印的社会生活乃是一切文学艺术的源泉，那么，文艺与民俗的关系，便可以说无处无时不在。我们上面的几篇论述，正是从不同角度具体化了这一观点。

现在，我们要说的，则是这个问题的焦点或者说核心：作家的养成。民俗和文学相互制约、相互推挽、相互促进的关系，集中地表现在作家这群特殊的人身上，而又通过作家的行为和活动扩布开去。在民俗和文学之间，作家虽非唯一，却是最重要的中介。民俗对文学发生作用和影响，首先就体现在作家的养成这一关节点上。

每一个未来的作家，在他们还是幼童时期，就生活在一定的民俗之中。他们向自己的长辈学习语言，学习一应举止，从衣食住行的方式到待人接物的礼仪，和长辈们一起度过一年四季中每一个民俗节日，从而了解这些节日的意义和过法……而

就在长期的潜移默化之中，他们自然而然地获得了我们民族普遍的思维习惯、价值观念、审美趣味以及综合这些而成的整个文化心理特征。

当然，在他们成长的过程中，还要识字、读书，由浅入深地接触和掌握经典文化。我们说过，经典文化固然是古代民族精英们的创造，但其坚实的根基还是在下层民俗文化之中。所以，学习经典文化不但与学习民俗文化不矛盾，而且往往能有相得益彰之效，尤其是学习前代的文学作品，更是如此。

就这样，在民俗生活中逐步成长起来的、未来的作家，当他们开始创作之前，首先就会成为一个具有地道中国心的中国人。

本篇的前两节所论，实质上也就是古代（主要是唐代）中国一个知识分子、一个文化人或者所谓文人士子的文化心理。第一节论他们的价值观念和由此决定的行为方式；第二节论人格理想，分析了他们人格构成的复杂性以及民间侠文化对他们人格建构的补益作用。这两节有一条内在的思想线索，就是社会习俗对于文人士子心理和行为的影响制约作用。在此基础上更贴近地从文学角度论述作家的养成，也就更加顺理成章，因为作家本来是文人士子的一部分。

民俗文化不但培育了作家们的人格理想，规定了他们人格的基本范式，不但向他们灌输了一整套的价值观念，决定着他们行为的取向，而且非常具体地为他们的文学创作提供了必要的背景、氛围、素材、人物、意象、境界、语汇和种类繁多的艺术半成品，特别是统率这一切的审美意识和审美趣尚。

我们看唐代文学，几大品类，诗、赋、文、小说、笔记、曲子词、说唱作品等，没有一种与民俗生活无关，虽然密切的程度有所不同。赋和文当中有一部分也许与民俗文化关系较为疏远，如某些朝廷应用文章、某些议论文或以表现帝王生活为题的赋篇，但即使这类作品，也不是与民俗毫无关系。至于有些文类，如曲子词、说唱作品，则根本就是民间的文学创作，离开了民俗生活就无法存在。

比较起来，还是有唐一代最具代表性的文类——诗歌和它的作者们，与民俗文化的关系最为微妙，也最能说明民俗文化对作家的养成作用。

诗人、诗歌与民俗文化的关系除了上述一般性的方面外，还有以下几个具体的方面：

首先，民俗生活给诗人以无穷尽的创作素材。唐诗中大量篇章是当时民俗生活的忠实记录和诗化表现。像著名的长篇《长安古意》（卢照邻）、《帝京篇》（骆宾王）、《春江花月夜》（张若虚）都属此类。又如，李白讴歌江南女儿风情的《长干行》《杨叛儿》《越女词》，杜甫刻画夔州女子苦况的《负薪行》，刘禹锡表现连州农民栽秧劳动的《插田歌》，柳宗元描写柳州土风的《柳州峒氓》，李商隐反映成都春日踏青习俗的《二月二日》、反映昭州民情的《异俗二首》等，则是诗人对各地特殊风俗人情的留影，每首诗都是一幅风俗画卷或小品。事实上，诗人总是随着自己足迹之所至，把笔触伸向各地的自然风光和人文景观，后者的主体就是民俗文化或涂有民俗色彩的生活景象。

所以检阅每一位唐人的诗集，几乎没有例外地能够发现与民俗文化有关的作品。

有些作品描写了诗人的一段（或一次）生活经历，同时又是对某种民俗的反映，最能说明民俗与文学相互生成的关系。这里不妨稍费篇幅加以分析。先看以下几首诗：

李白《下终南山过斛斯山人宿置酒》：

> 暮从碧山下，山月随人归。却顾所来径，苍苍横翠微。相携及田家，童稚开荆扉。绿竹入幽径，青萝拂行衣。欢言得所憩，美酒聊共挥。长歌吟松风，曲尽河星稀。我醉君复乐，陶然共忘机。

杜甫《赠卫八处士》：

> 人生不相见，动如参与商。今夕复何夕，共此灯烛光。少壮能几时，鬓发各已苍。访旧半为鬼，惊呼热中肠。焉知二十载，重上君子堂。昔别君未婚，儿女忽成行。怡然敬父执，问我来何方？问答乃未已，驱儿罗酒浆。夜雨剪春韭，新炊间黄粱。主称会面难，一举累十觞。十觞亦不醉，感子故意长。明日隔山岳，世事两茫茫。

刘长卿《逢雪宿芙蓉山主人》：

日暮苍山远，天寒白屋贫。柴门闻犬吠，风雪夜归人。

白居易《宿紫阁山北村》：

　　晨游紫阁峰，暮宿山下村。村老见予喜，为予开一尊……

鲍溶《山行经樵翁》：

　　……寒日行深山，路由谷中村。田翁樵采熟，男女讴吟喧。借问身命谋，上言愧乾坤。时清公赋薄，力勤地利繁。下念草木年，坐家见重孙。举案馈宾客，糟浆盈陶尊……

　　这些诗的风格情调各异，但其内容有一个共同点，即都写了作者外出游历受到当地主人热诚接待之事。他们有的原与主人相识，有的则是初次相遇，然而无论新朋旧友，无论自身条件如何，其好客之心、款待之忱，却是一样的。读着这些诗，唐代农村那种淳厚朴实的民风，仿佛就在我们眼前。当时诗人所体验到的温馨而平和的氛围，使我们深深地受到感染。

　　像这样的作品，在许多唐人的诗集中都有，以上只是举例。除了上面所举的以外，还有写到借宿僧舍的诗、偶与渔夫为伴的诗、暂宿边民之家的诗等等。从时间而言，也不仅限于经济比较繁荣、社会生活比较安定的初盛唐时代,就是到了中晚唐甚至唐末,民间这种好客和倾其所有以招待过客的风气也没有改变。试想,就在兵荒马乱、家家穷困之际,羌村父老不是还拿着酒食去慰问刚刚跋涉归家的诗人杜甫吗?就在自家迭遭不幸之时,石壕村的老翁老妪不也还是让诗人杜甫留宿家中了吗?

殷勤好客是我国民间的普遍风气,但至唐代而尤盛,其时更有特重诗人的民俗。上引诸诗和未引的李白《宿五松山下荀媪家》,杜甫《羌村三首》《石壕吏》,以及韩愈《山石》,韩偓《赠渔者》,张蠙《宿开照寺光泽上人院》《宿山寺》,等等,都是这种民俗的产物。诗人李涉在九江皖口夜泊遇盗,盗首不要他的财物,只要他写一首诗相赠,反过来"以牛酒厚遗,再拜送之"。[①] 晚唐时荆州一个普通街民,竟"自颈以下,遍刺白居易舍人诗","凡刻三十余首,体无完肤",而且对所刺白诗背诵得滚瓜烂熟,连背后所刺也指到哪背诵到哪。这个街民热衷纹身是一种时髦,但从所刺内容亦足见此等俗民对诗人的崇拜。唐人爱诗,即使在极普通的陶瓷器上,也要写上一二首小诗。笔者曾见一壶,有诗曰:"小水通大河,山深鸟雀多。主人看客好,曲路亦相过。"无论是诗与书法,显然都出自民间之手。[②] 这种民间风气,对诗人创作是有刺激作用的。

其次,民俗生活还给唐代诗人们提供了许多创作契机。这

---

① 见《唐才子传》卷5。
② 请参看冰心主编,董乃斌、钱理群副主编《彩色插图中国文学史》,祥云(美国)出版公司、中国和平出版社1995年。

里，最明显的是节俗诗。民间节日常常是诗人们灵感活跃的日子，自然也是他们创作的大好时机，所以几乎每一个节日都留下众多的诗篇。

再次，民俗文化的具体产品，如古神话、民间传说、民歌小曲、谣谚俗语之类可以成为构筑诗歌的材料，为诗人们直接利用。我们不妨从这个角度对某些诗做一点分析。中唐天才诗人李贺有首著名的《李凭箜篌引》，一连用十四种意象或意境，形容李凭弹奏的音乐之魅力。诗的全文如下：

> 吴丝蜀桐张高秋，空山凝云颓不流。江娥啼竹素女愁，李凭中国弹箜篌。昆山玉碎凤凰叫，芙蓉泣露香兰笑。十二门前融冷光，二十三弦动紫皇。女娲炼石补天处，石破天惊逗秋雨。梦入神山教神妪，老鱼跳波瘦蛟舞。吴质不眠倚桂树，露脚斜飞湿寒兔。

全诗除了第一、第四两句叙事外，其余十二句以密集的意象状写箜篌声，每一句都和民俗文化有关。"空山凝云"一句，形容箜篌之声嘹亮激越、响遏行云，这是自古相传的审美话语。"江娥啼竹"，用舜之二妃娥皇、女英在湘江边啼哭、洒泪成斑竹的神话；"素女愁"，用的也是神话，"帝使素女鼓五十弦瑟"，李凭箜篌声的悲凉凄清，由此可知。"昆山"二句，又举出四种中国民间自古熟悉之物，加上作者的创造，构成可观可听的新意象：玉碎，凤叫，荷泣，兰笑，把箜篌之声形容得更生动具体。接下去，出现了以十二门为象征的长安城，出现了天神紫皇被乐声感动的形象，又引出女娲补天和神妪演奏的神话，畅想李凭箜篌声竟震撼得补天之石裂开了罅缝，弄得秋雨滴滴答答地落下来；向李凭学弹的神妪，也以音乐逗弄得无知的鱼龙狂舞乱跳起来。最后两句用的是民间盛传的月亮神话，吴质斫桂、玉兔傍树等，乃是妇孺皆知的故事，作者的创造只在于想象音乐的魔力使吴质忘记了砍树，玉兔也因长久安静地聆听，以至被露水打湿了身子。

民间神话传说材料在李贺笔下如此密集，若说《李凭箜篌引》是一首纯由民俗文化素材构筑起来的奇诗，恐怕不算过分。

王梵志和寒山、拾得是唐代最著名的白话诗人。他们的诗不但多用俗语，而且极能反映世俗的观念和心态——虽然寒山、拾得是剃度了的和尚，诗中同时又有大量的宗教说教。王梵志的作品，不见于清人编的《全唐诗》。幸好敦煌卷子中保存了三四百首之多，近年由研究者整理出来，使我们可以略窥其面目。这里且引一首来看：

> 你孝我亦孝，不绝孝门户。只见母怜儿，不见儿怜母。长大取得妻，却嫌父母丑。耶娘不採括（睬聒），专心听妇语。生时不供养，死后祭泥土。如此倒见贼，打煞无人护！

这里所揭示的，岂不就是我国民间至今犹存的一种现象吗？

子女长大，特别是成婚之后，弃父母于不顾，原因尽管很复杂，但无论如何是一种陋俗。对于这种"娶了媳妇忘了娘"的人，民间社会总是予以谴责的。王梵志诗中也流露了既愤慨又无奈的心态。这首诗可以说是以民俗和以民间口语入诗的好例。另外，如寒山的一首诗，"推寻世间事，子细总皆知。凡事莫容易，尽爱讨便宜。护即弊成好，毁即是成非。故知杂滥口，背面总由伊。冷暖我自量，不信奴唇皮。"把世俗人等喜弄嘴皮子、颠倒是非的恶习，揭露得鲜明而尖锐，而所用语言则纯是俗语。像这样的诗例，在三位诗人的作品中，可以找到许多；在别的诗人（如新乐府诗人）的作品中，也不难发现。

民俗文化与作家养成之关系，最深层次是在于价值取向，即整个意识体系的培养。上举王梵志、寒山诗二例，作者的爱憎是非，就很清楚地表现了民间的伦理道德观。世俗之人中，确实存在着抛弃父母、不予赡养的陋俗和信口雌黄、当面一套背后一套的恶习，但在民间舆论，在传统的伦理道德观中，这些都是被否定、被众人所不齿的。诗人既反映了现象，又表达了大众的心态、观念，可以说一定程度上代表了舆论，而这正是他们自己深受民俗文化熏染濡养的结果。这已深入到世界观，深入到人的灵魂深处，因此一旦养成，便终身难变。此后，无论是观察审视，还是想象虚构，抑或是敷演表现（也无论这种表现是采用文字语言，还是音符线条），便都会有不可磨灭的民族民俗文化印记在。只要他已经具备了一颗中国心，成了一个地道的中国人，那么，无论他走到哪里，无论他用何种方式进行创作，其成品总是具有中国风味的。

唐代作家就是这样在当时民俗文化的哺育熏陶下成长起来。除了上面所说种种方面，民俗文化（当然也包括经典文化）对唐代作家养成的作用，综合地、也最深刻地体现于有唐一代文学所饱含的人文精神之中。

人文精神并不只存在于某一民族、某一文化区域、某一历史时期之中，因此，并不是舶来品。在人类全部历史文化中，凡以人的善良本性为根基，关怀着人的生存状态、心灵世界和精神归依，对人达到完善境界有一种无穷无尽的向往与追求，便是具有人文精神了。

应该说，人文精神并不是文学的专利，但既然文学是从人心中流出来的美妙声音，照理说，无论多少、无论强弱，文学似乎总该具有一定的人文精神。可惜事实并不如此，并不是所有的文学作品，所有的诗都反映着人文精神。另一方面，虽然无论就体裁、形式还是就风格特征而言，文学永远是千姿百态、人各一面的，但所谓人文精神乃是贯穿于作品内涵与深层的一种无形之物，因而不同种族、国别，不同类型甚至不同时代的作品，却又可以具备相近相通乃至大体一致的人文精神。还需说明的是，文学的人文精神并不仅仅表现于写在纸上或播在人口的作品之中，它同时甚至尤其深刻细微地体现于文学之士的言论行为和生活方式之中。

唐代文学的人文精神，就其渊源来说，是上承着战国诸子和诗人屈原热烈执着的创造意识、魏晋文士超凡脱俗的人格追求。但它更是时代的产物，是有唐一代丰富多彩的民俗生活所养育出来，也可以说从中升华而来的。而论其影响，则又滋养了宋、元、明、清历代文人直至近现代知识分子的心灵，是整个中华民族精神成长史中不可或缺的一环，其种种精粹已成为中华民族文化传统的重要组成部分，至今仍不失启示意义。

我们拟从四个方面来看唐代文学的人文精神。

（一）唐代文学自始至终贯穿了文人学子强烈的历史使命感和社会责任感。

唐承隋而来。杨隋祚命不长，但它却完成了一件大事，就是将分裂了数百年之久——若从东晋十六国算起，是二百七十多年，如略过短短的西晋，从东汉末年三国鼎立算起，则是将近四百年——的国家统一起来。虽说天下大势，分久必合，但顺应历史需要和民心所向，真的完成统一事业，依然是一件难事、一件大事。而李唐王朝就是这一大势的承载者、保持者，唐帝国的强盛，也就成为不得不然的历史大趋势。这是唐代文学及其所表现的人文精神的大背景，我们以下的分析，全都离不开这个背景。

世代饱尝分裂、战乱之苦的文人学子和他们的子孙后辈们，对于日益强盛起来的祖国，对于雄伟壮丽的首都长安，充满由衷的挚爱。他们以生为大唐人、长安人而感到自豪。正是这种根深蒂固的爱国心，转化为拥戴李唐王朝的向心力。历史地看，这种向心力的牢固与持久程度，乃是测定李唐王朝政治生命强弱坚脆的一个重要参数，因为它乃是人心向背和普遍民意的一个重要组成部分。当这种向心力在一次又一次的历史事变中渐渐弱化，渐渐走向反面，演变为离心力之时，唐王朝也就无可挽回地走上了衰亡之路。

士子们深蕴于心的历史使命感，集中体现为强烈的爱国心，而又突出地表现于他们愿为国家竭尽智能与忠诚的种种社会实践上。而文学作品，则不但是他们舒泄心声的宣言，也是他们寻求报国之机的阶石。所以唐人，尤其是初盛唐人，吹嘘自己的才能，标榜宏远的政治理想，向朝廷或权贵者进言上书，渴望得到提携拔擢，力谋进入庙堂，为此敢作大言，敢于明白提出要求，而毫无羞惭之感、瑟缩之态。

从王勃的"伏愿辟东阁，开北堂，待之以上宾，期之以国士，使得披肝胆，布腹心，大论古今之利害，高谈帝王之纲纪"①，员半千的"臣恨不能益国死将以选地，不赐臣一职，剖判疑滞，移风易俗，以报陛下深恩"②，到李白的"申管晏之谈，谋帝王之术，奋其智能，愿为辅弼，使寰区大定，海县清一"③，杜甫的"自谓颇挺出，立登要路津。致君尧舜上，再使风俗淳"④，无不跃动着一颗以天下为己任的雄心，也无不显示着唐代士子积极昂扬、奋发有为的神采风韵。中唐人元结、元稹、白居易、韩愈、李贺，直到晚唐的杜牧、李商隐、司空图等人，在出处

---

① 见王勃《上刘右相书》。
② 见员半千《陈情表》。
③ 见李白《代寿山答孟少府移文书》。
④ 见杜甫《奉赠韦左丞丈二十二韵》。

大节和思想意识上，也无不如此，处境虽有不同，而心志不异。

　　唐人的这种入世态度、从政热情，这种跻身庙堂、功付社稷的努力，其实质的主导方面，是将个人命运与国家、民族、社会相联系，在报国的前提下实现个人志向，达成个人价值。这是儒学乃至宋明新儒学所主张的士人立身处世之基本原则，不能否认，其中闪烁着中国文化传统的人文精神。至于在此之后，或功成身退，或安享富贵，虽同属儒者，各人仍可有不同的选择。

　　但是就人文精神最根本的方面，即重视个体之人的人格独立、生命自由，并以此为其终极价值、终极关怀而言，则入仕为宦，又与之有着几乎不可调和的矛盾。士子一入官场，便成为配置于统治机器上的一个部件，既承担着辖制他人之职务，又不得不接受他人之辖制，其个人意志也就失去了大部分的自由，正如俗话所说，"官身不自由"，而这也就难免导致人文精神的失落。

　　只要人类社会还存在着统治者与被统治者、管理者与被管理者，恐怕这便是社会生活中永远无法解决的诸多悖论之一。任何人都难以两全其美而只能选择其一，例如年轻时积极入世，年老后急流勇退；或者如儒学先师所言，达则兼济天下，穷则独善其身。鱼和熊掌兼得，那是理想中的人文精神，但那既然不可能，便只好退而求其次，在现实中去追求人文精神的一个侧面。

　　（二）唐代文学中充满对个体生命价值的赞美肯定，对主观精神世界的极度张扬和对平凡生活的诗意超越。

唐代文学家无不自信,所谓"天生我材必有用""将复古道,非我而谁欤",是他们发自内心的声音。因此他们自视极高,目空一切,睥睨万物,敢于长揖万乘,平交王侯,谑浪公卿。明明不过是一介书生,却不甘以书生自居,动辄便以"为帝王师"自许;明明不过是凡人一个,却偏要与神仙为伍,不是"高揖卫叔卿",便是"长随赤松子",连做梦也会出现"旋成醉倚蓬莱树,有个仙人拍我肩"的情景。

这也许正是他们往往在政治上受挫失意的原因;然而这也正是他们受挫失意之后,精神不垮,豪气长存,甚至更好地实现其人生价值的内心力量所在。

诗与文学是他们精神的乐园。在现实生活中得不到的,他们要在诗境中创造出来。世俗的种种羁绊束缚、压抑困厄,也只有在诗的世界中才被挣脱、化解、破除。在那里,他们亲手为人的心灵开辟出一片自由。他们的思绪天马行空,驰骋在地球之上、宇宙之外,驰骋在无头无尾、无始无终的时间之流中。他们在屈原去世千年之后,又一次发出屈原式的深沉"天问":

> 日出东方隈,似从地底来。历天又入海、六龙所舍安在哉?其始与终古不息,人非元气,安得与之久徘徊?[①]

---

① 见李白《日出入行》。

>　　白景归西山，碧华上迢迢。今古何处尽，千岁随风飘？①

诗人在这里问的是天道，其实真正关心的却是人事，人的寿命，人在宇宙天地间的地位以及人生的意义和价值。正是在这种"天问"中，蕴含着他们对于人类终极关怀的思考。

他们既然痛感人生短暂，世路艰险，对抗的办法便是力求在平凡中创造不平凡，在世俗中寻求脱俗，所谓"俗态虽多累，仙标发近狂。声名佳句在，身世玉琴张"②，含蓄有力地表达了完善自身的执着愿望和充沛信心。一个时代的文学是否具有人文精神，不在于或主要不在于文学家们的思想、人格是否完美无缺，然而他们是否真心地渴望完善、追求完善，却是十分重要的。

唐代，不但文学家们，而且几乎整个知识界，都更倾心于潇洒行世和放情为文。他们不像汉人那样在意经书，拘执于读经解经；也不像宋人那样耽于思辨，每每殚精竭虑地去构建哲学体系。他们充满热情与幻想，渴望行为和实践，所以不惮离家辞亲、远赴边塞，甚至为寻求一第而在外漂泊多年。他们尤其佩服仗剑横行、急公好义的侠行。诗人李白不止一次地夸耀自己"十五好剑术，遍干诸侯……虽长不满七尺，而心雄万夫"，"托身白刃里，杀人红尘中"。书生气十足的诗人张祜因为过于崇拜侠客，竟被一个骗子骗去了不少钱财，还受了一场惊

---

① 见李贺《古悠悠行》。
② 见李商隐《崇让宅东亭醉后沔然有作》。

吓。①更多的诗人，写下了慷慨悲壮、豪气冲天的《侠客行》《少年行》，表达了对侠客的倾慕崇敬。裴度遇盗被刺，忠仆王义英勇赴死，"是岁进士撰《王义传》者，十有二三"。②吴保安、郭仲翔的生死交谊广传士林，为人赞美，沈亚之倾注满腔热情为之作传。许俊、黄衫客、谢小娥、昆仑奴、红线、聂隐娘、风尘三侠等在唐人小说中被极力推重，并描写得出神入化。富于自省能力的儒者，深知自身性格的缺陷，故往往有意用侠义精神来补充、激励自己，借以完善自己的人格，达到人格理想。他们也确实从中获益匪浅，具有侠气之儒生，历来被认为是更理想的儒。能够达到这一境界之文士固然不多，但至少也使他们因此避免了些依附俳谐的气习，即使生活迫使他们去做献文投贽、请托求荐之事，内心仍不失狷介狂傲。

这种人文精神也反映在文人与民众百姓，尤其是两性关系上。他们对被权势者欺侮而无力反抗的弱者，往往充满同情，常在诗文中予以唱叹，发出呐喊，而一旦掌握权力，则尽力做些抑强扶弱的事。

在以男性为中心的社会里，女性的存在和她们同男性的关系，始终是文学创作的一种重要刺激因素。唐代的婚姻制度讲究门阀、地位、身份，相当保守，但男女关系却比较开放自由，尤其是逸出于闺范之外的妇女，如歌女、娼妓、女冠等，她们的行为相对来说更为自由。男性诗人在与她们的交往中，常常

---

① 见《桂苑丛谈·崔张自称侠》。
② 见《唐国史补》卷中。

真情萌动，灵感勃发，在很多诗人的作品中，不同程度地表现出把妇女当作与自己平等的、具有同样权利、同样价值的人看待的倾向（虽然这与近代平等思想有别），表现出一种难能可贵的尊重、爱慕、关怀、同情、怜惜之情，而且往往表现得很坦率、很真挚，不像后世，特别是理学昌盛后某些假道学者那样扭捏躲闪、阴暗伪饰，那样格外丑恶和令人作呕。

（三）唐代文学具有汇纳四海、包容天下万物的宏伟气魄。

唐代文学从不拘束于一家思想、一种风格，从不拒绝古人的经验和外来的文化，正所谓有容乃大，气魄不凡。

儒、道、释三家是对中国古代文士影响最大最深的三个思想体系。三家思想并非绝无相通之处，但矛盾是显然的。唐以前三家处于排斥——斗争——共存——互渗的态势之中。进入唐代，排斥与斗争依旧，但体现于具体的文化人，互渗共存乃至融合的现象却也非常突出。虽然在上者，尤其是初盛唐诸帝，出于政治需要，在宗儒以外有崇道与佞佛之别，但到中唐，儒、道、释三教终于坐到了一起，举行起由国家主持的辩论驳难，即所谓"三教论衡"。

三教论衡当然不等于三教绝对平等。儒学（也不妨称作儒教）始终处于主流意识形态的地位。自汉武帝宣布"罢黜百家，独尊儒术"以来，儒学的地位虽然屡遭冲击（如魏晋时受玄学冲击），但这种主流地位却从未动摇，唐朝也不例外。这当然不仅仅是封建帝王利用国家权力强制推行的结果，而与儒学比任何其他学说都更符合我们民族基本性格、适应社会发展需求的特质有关。儒学本身就是一个包容性很强，既有原则又善汲取，看似极柔实乃颇刚的思想体系。因此儒学在中国，特别是文化程度较高的知识界，历来拥有最多的信从者，而又并不妨碍这些人同时接受别家思想的影响。

儒学的核心是仁义，唐代士子文人对此信而不疑。儒学的另一要义是崇实尚用，唐代许多文学家之进行诗文创作，便是对于这一要义的实践。他们自觉地以诗文作品对当权者进行讽谏，希望有助于政治的净化与改善；同时以此教化百姓，承担起移风易俗的责任。这一类作品，如元结、杜甫前期、白居易早年的许多诗作，以往在文学史上一直评价很高，但今天看来，往往具有两面性。

一面是这些作品确能比较真切地揭露、反映现实社会生活的某些侧面，特别是触及封建统治的某些丑态和弊端，因而具有可贵的认识价值；另一面却有令今人颇感不快乃至厌烦鄙视的"对上性""说教性"，以及与文学本质相抵牾扞格的"工具意识"。幸好在唐代文人中以诗文作伪、博取忠君爱民之誉的欺骗做法还不多见，他们的行为一般说来确是出于真诚的儒学信念，在今人看来虽不免迂执无谓，但历史地分析，却又不可否认其正义的性质。尤其是上述几位有代表性的诗人对于统治者淫靡生活的批判和对下层百姓的同情哀悯，很有深度和力度，这更是难能可贵的。这是一个身居下位的真诚儒者在那个时代所能做出的最大贡献，也是唐代文学人文精神的一个重要侧面。

但唐代文学绝非仅仅是儒学原则的一统天下，而是也为道、释两家思想的演示提供了广阔的用武之地。唐代文学家固无不深受儒学熏染，但又几乎没有一个真正的醇儒，几乎没有一个不浸润过道释思想。

初唐重要诗人、隋末大儒文中子王通之弟王绩嗜酒如命，常以《周易》《老》《庄》置于床头，可谓亦儒亦道；自称"四明狂客"的贺知章，在朝为官时即旷达放诞，不拘小节，晚岁干脆正式出家做了道士；李白一身仙风道骨和豪侠之气，曾学剑习武，炼丹服食，亲受道箓，其为人为诗处处逸出儒家的规范，无愧于"诗仙"的称号；王维则笃志信佛，蔬食素衣，妻亡不娶，其诗，特别是后期诗，纯然禅悦境界，所以被后人称为"诗佛"；一向被描绘为恂恂儒者的杜甫，其实思想也很复杂，与僧道者流多有交谊；白居易乐天知命，晚号香山居士，与僧如满结社谈禅，有意把道释两家思想的精髓融为一体，付诸实践；韩愈平生反佛，自是一代儒学宗师，然亦与僧道往来，诗酒唱和，他所欣赏的诗人贾岛是个还俗的僧徒，贾岛之弟无可则是个诗僧；韩愈的好友柳宗元政治上失意后，曾皈依佛门，以求精神之寄托；晚唐诗人施肩吾，进士及第后不做官，隐居当了道士，自号华阳真人，但做的诗却哀艳宛转，极善言情；另一位身兼进士与道士的诗人曹唐，更以"游仙"为名，写了许多缠绵柔丽不亚于李商隐《无题》的诗篇；有唐一代能诗的僧人、道徒和信佛向道的文士，可谓比比皆是，不胜枚举。

道、释两家思想各有自己的主旨要义，也有许多矛盾冲突之处，相对于儒家则都是独标一帜的异端。这里暂不细说两家的区别，只论它们作为一种思想体系对于唐代文学家的滋养补益作用。那么，它们确实不但帮助文学家们保持卓尔独立的人格和与当权者的必要距离，而且帮助他们超然于浊世、俗累和种种现实的纠葛。在文学上，则为他们开拓了视野和思路，使他们的想象天地更加广阔无垠，幻想能力更加自由无碍，并且由于具体地给他们提供了形形色色的创作素材、掌故传说乃至种种独特的意境、语汇，从而使唐代文学从思想内容到艺术形式都显得那样雄伟深厚、宏阔壮丽、奇美多彩。

唐代文学既有儒学拯世济民的仁爱之心，又有道家通脱无为、释氏智慧圆融的哲者之思；既不脱离纷扰世事与芸芸众生，又能超越尘俗凡近，甚至凌驾于天地自然、过去未来之上以反观人间，极好地表现了我们民族博大深沉、朗丽旷远的胸怀。

与此相适应的是唐代作家处理继承和创新、本土文化与外来文化、雅与俗这些矛盾对立因素的开放和虚怀若谷的态度。

杜甫《戏为六绝句》云，"不薄今人爱古人""转益多师是汝师"，是对这种态度的精辟概括，也是对后人的谆谆教诲。

唐人善于学习而又勇于创新。即以诗而言，他们对古已有之的各种诗体，一一加以尝试、检验，终于淘汰了应该淘汰的（如《诗经》式的四言体诗），发展了前途远大的，那就是此后风行中国诗坛千年之久的五七言古近体（特别是近体中的律、绝诗），并本着"笔补造化""陈言务去，词必己出"和"语不惊人死不休"的精神，把它们的艺术成就推到了登峰造极的地步。当齐言的诗歌完全成熟之后，他们又从音乐和民间曲子汲取营养，开辟出以长短句为特色的曲子词的广阔天地，为诗歌继续发展找到一条新路。至于小说方面，唐人上承诸子寓言、史传文学以至六朝志怪、志人的传统，以充沛而恣肆的才力投入传奇小说的写作，从而宣布小说文体从此获得独立，为中国文学史打开崭新的一页。

数十年来日益成为国际显学的敦煌文学，则是唐代本土文化与外来文化融会结合的最佳典型。敦煌地处丝绸之路咽喉要道，中原客商行旅西去，欧亚商人僧徒东来，均为必经之地。天时、地利加各民族和平杂居的人和，使敦煌成为滋生具有独特风采文化的乐土，保存有大量雕塑和壁画的千佛洞是公认的世界级艺术宝库；从五万卷左右的敦煌遗书，可以清楚看到中原文化，特别是文学，如王梵志、高适、岑参、白居易、韦庄的诗以及各种传统形式的文章如碑志铭赞之类，都曾在此广为流传；而中亚及印度文化，特别是佛教文化的影响在这里也格外明显。敦煌当地的文化人和他们的创作，到处显示着这两种文化交流、撞击和融合的痕迹。而敦煌文学特有的许多形式，如变文、讲经文、因缘、佛曲、词文之类，便成为辉煌壮丽的唐代文学不可或缺的组成部分。

敦煌文学中大量的是俗文学作品，但也有不少的雅文学，也许不妨做一个雅俗并存互济的例子。其实，整个唐代文学自始至终都贯穿着高雅与浅俗相容相渗的倾向。唐代文学家们大都既追求典丽雅洁又不避俚俗浅显。李白诗歌的流利晓畅是众所公认的；杜甫因其诗之造境、取景、用语乡土气颇重，竟被后人讥为"村夫子";白居易诗浅显易懂,相传有"老妪能解"的故事;刘禹锡学习西南民歌,不仅注意其内容和曲调,在措辞造句上也曾有意模仿;就连刻意追求奇崛以至不惜使诗文佶屈聱牙的韩愈和他极力推崇的险怪派诗人卢仝、马异之流,以及贵族气和书卷气极重、创作态度十分矜重严谨的李贺、李商隐,在各自的作品中也都用了许多俗事、俗语,显示着他们与民俗文化的血肉联系。

唐代文学犹如一派容纳百川的滔滔巨流,也因此具有历千载而不衰的强大生命力。文学的这种繁荣,与当时强盛的国力、开明的国策、中外经济文化的频繁交流和全社会乐观开朗的风气有关。文学的繁荣既反映了那个时代,又对时代精神的建立与扩布起了推波助澜的作用。

(四)唐代文学的人文精神还突出地表现于处盛世而发危言的特征。

处盛世而发危言,也就是居安思危、未雨绸缪的忧患意识。对于暂时的表面的繁荣而言,它带有揭底的意义;对于尚未到来的衰世而言,它带有超前的预言性质。这种意识和言论由于触及了现象的深层,跑到了时代的前面,因而在当时往往不能被一般公众所理解、所认同、所接受,从而很容易被视为怪诞,视为异端乃至悖逆。然而,这却正是思想者的重要特征。真正的思想者,他的思维可以走到事实和历史的前面,并不同程度地为未来的变化所证实。

纵观唐代文学史,作家中具有这种素质的人,为数不少。

其实，作为一个知识者，恐怕都会在某种条件下不同程度地具备这种素质。

大诗人李白无疑是盛唐气象的表现者、讴歌者。但这位伟大诗人最伟大的地方，恰恰是身当极盛之世却极敏感地预见到巨大灾难、可怕变故的迫近，从而发出了忧国伤时的急切呼声。他那首写成于天宝十二载（753）之前的名篇《远别离》（此诗收入截止于天宝十二载的唐诗选本《河岳英灵集》），如果不从这个角度去看，简直可以说不知所云：

……日惨惨兮云冥冥，猩猩啼烟兮鬼啸雨。我纵言之将何补。皇穹窃恐不照余之忠诚，雷凭凭兮欲吼怒。尧舜当之亦禅禹，君失臣兮龙为鱼，权归臣兮鼠变虎……

这是李白在天宝十载（751）前后北游幽燕，目睹安禄山扩军备战、跋扈坐大，显然心存异志之后所作。诗中的"君臣""鼠虎"都是有所指的。这时距离安禄山发动叛乱还有数年，大唐帝国正处于昌盛富强的峰巅，不要说广大百姓已数十年不知刀兵，绝想不到很快就要遭到一场浩劫，就是最高统治者唐明皇也不相信由他扶植起来、倍加宠信的安禄山会来跟他争夺天下。然而，唯独诗人李白发出了这样惊心动魄的不祥之音。诗人也许懂得在举国安泰的太平盛世，自己的话倘若说得过于直露淋漓难免引起朝野的不满，所以《远别离》这首诗便不得不比兴错杂，写得十分隐晦含蓄，但要他钳口不言，他却实在办不到。

　　李白能写出《远别离》这样的诗，条件起码有二。一是他一贯敏感多思、忧国忧民，具有"杞国无事忧天倾"的思想者品格。他在天宝后期曾写过一系列充满忧愤、思想超前的作品，如《古风》五十九首中的许多篇，与《远别离》有异曲同工之妙。二是他有北游幽燕的经历，眼前的事实警醒了他，使他深感危机不但终将爆发，而且已迫在眉睫。鼓荡于胸中的忧愤，不能不奔迸而出。以前人们仅仅把李白看作一个浪漫诗人，甚至说他沉溺于酒色，实在是小看了他，委屈了他。

　　杜甫同样具备上述两个基本条件。尤其是长安十年"冠盖满京华，斯人独憔悴"的辛酸生活，使他在安史之乱前就对朝政之腐朽、社会之不公有了深切认识。他虽还不至于有唐王朝祚命不永的想法，但却由衷地产生了危机感，并以此为基础发出了盛世危言。

　　挨过历时八年的安史之乱，时代进入中唐，社会矛盾固然日益复杂尖锐起来，但也出现过一度的中兴，特别是唐宪宗的元和年间。这个时代，歌舞升平者有之，醉生梦死者有之。文学家们歌功颂德者有之，沉溺于闲情逸致、风花雪月者也有之。但起来拆穿这种繁华假象，发出意欲警醒在位者与世人的呼声的，也还是敏感而多思的诗人，是深受儒学浸染而社会地位不高的知识者。

　　卢仝的杰作《月蚀诗》便是借元和五年（810）正月某日夜半的月食，隐喻地讽刺当时已露端倪的宦官专权现象，大声疾呼"人养虎,被虎啮。天媚蟆,被蟆瞎。乃知恩非类,——自作孽",并涕泗泣血、额榻沙土地表示"臣心有铁一寸,可刳妖蟆痴肠"的忠诚与决心。这首诗在当时被视为险怪奇特,当然与它造句用语的不循诗家常规有关,但更核心的问题乃在于它对时局形势严重的看法。试想当时新天子唐宪宗即位不过五年,正是雄心勃勃,意欲励精图治,在朝的宰相杜佑、裴垍、李藩、权德舆,也都可称贤俊,虽有宦官用事的苗头,一般人又哪里会因此感到危机与威胁?卢仝的诗友韩愈激赏这首诗,但或者是并不深切理解,或者是出于爱护作者,在删削此诗所成的新作中,把上引卢仝故作危言以唤起注意的部分,基本上全都抹去。韩愈的《月蚀诗效玉川子作》固然也有其妙处,但玉川子卢仝那种公忠体国、忧心如焚的姿态却看不见了。

晚唐时代,时事每况愈下,有几位皇帝面对藩镇割据、边境不宁,也想有所作为,但在宦官挟制下,一切成为泡影。但也有宰执大臣如此自欺欺人:"今四夷不至交侵,百姓不至流散,虽非至理,亦谓小康。"①明知不能称为太平盛世了,却不想奋发改图,力挽颓势。

只有那些四处漂泊、历尽忧患、饱尝凄凉的诗人们才会忧心忡忡乃至痛心疾首地揭露现实,提出批评或建议。像李商隐,早年就曾在《行次西郊作一百韵》中反映连年战乱带来的民生凋敝,呼吁改善政治,加强治理,并表达了"我愿为此事,君前剖心肝。叩头出鲜血,滂沱污紫宸"的决心。而随着年岁增

---

① 见《资治通鉴》卷244,大和六年宰相牛僧孺答唐文宗语。

长和时局变迁，他的歌声也就愈来愈凄厉。他愈怕李唐王朝败亡，就愈忍不住要以那可怕的结局来唤醒它。于是他唱出了"玉垒经纶远，金刀历数终""远去不逢青海马，力穷难拔蜀山蛇"以及"夕阳无限好，只是近黄昏"①这样的哀音，从后人眼光看来，简直可以说是预先为唐王朝的覆灭唱出了挽歌。

文学家们理想太高，碰壁也多，丰富的社会经历和自身体验，勤于思考与探索的固有品格，使他们不能不对现实哪怕是盛世有所批判。但这种批判并不构成对现实的威胁，更不带来对盛世的否定，毋宁说表现了一种刻骨铭心的爱和矢志无悔的忠诚。唐代广大学子文人在时代变迁中，顽强地表现出对国家、民族的向心倾向。文学批判所起的是向心的维护作用，这同在安史之乱中，在乱后的藩镇割据中许多文化人的政治表现是完全一致的，而这正是唐代文学富于人文精神，至今仍能启发并激励我们的根源所在。

当然，从某种意义或从某个角度来说，发出盛世危言的文化人，也是一种不祥之鸟。山雨欲来，众人皆醉，敏感者却超前地产生了大厦将倾的危机感。他们并没有挽狂澜于既倒的能力和条件，也不善于逻辑地论证自己的观点，而只是用形象的甚或是夸张的文学语言倾吐自身的感受——有时尚且不免是朦胧的预感。因此他们的"不平之鸣"虽往往在事后被证实，在当时却很难被理解，有时甚至会令人不快，招致忌恨。然而，

---

① 所引诗句，出于李商隐诗《武侯庙古柏》《咏史》《登乐游原》。

这正是一部分具有人文精神的知识者和文学家的历史命运。

四、时代迁易与士风演变

> 士风与世风 —— 陈子昂与初盛唐士风 —— 强大的惯性：中唐士风 —— 由向心到离心：晚唐士风的剧变

一个时代的文化精神，既体现于凝固为物质形态的文化产品，诸如一切有关衣食住行的生活资料的形态、功用之中，也体现于宗教、哲学、文学艺术等精神性活动之中，而且尤其深刻地体现于人的行为方式之中。知识分子作为一个群体，其精神面貌和行为方式的基本特征，往往更为集中、典型地蕴含着时代文化精神的内核和本质。这就是我们通过唐代士风 —— 唐代士子为人行事普遍的、基本的风格特征 —— 来探索那个时代的文化精神及其变迁的理由和逻辑起点。

士风可说是世风，即世俗风习的集中体现者。"四民"之首的士，是社会上最有文化的人，是既承袭着传统民俗，又往往对其中鄙陋落后部分有所批判、有所改革的人。因此，在一个正常的、健康向上的社会，士风应该是世风的升华，或世风的精华部分。当然，所谓士风只是一个时代士人精神面貌、行为方式共同的主要方面，或者说是该时代士人风习排除种种个性特征后的"最大公约数"，因此例外的情况必然很多。而且，士风所指的方面又很广。这里只能就其最根本的一点：行为方式所反映的价值观念，对唐代士风做分析和论述。

唐代的第一批知识分子多是前朝遗老。隋末大儒文中子王通未能入唐，但他的弟弟王绩，在唐为官，卒于贞观十八年（644），与陈、隋旧臣虞世南、陈叔达、姚思廉以及北方文士颜师古、孔颖达等都是当时著名文人，并均以文优而入仕。不过他们的作风较多地反映旧时代，尚不足以代表唐代。

比较鲜明地具备唐风，因而可以视为唐知识分子早期代表的，要从王通之孙王勃算起。大体说来，初唐四杰王勃、杨炯、卢照邻、骆宾王，以及他们的同时代人崔融、沈佺期、宋之问、杜审言、李峤、苏味道等，才应该算是沐浴着初唐政治、文化风气成长起来的一代文士。在他们身上也才突出地表现了新一代知识分子的种种品质和人格特征。他们大多胸怀壮志，抱负远大，才气横溢而自视甚高。他们熟读诗书，满腹经纶，下笔千言，倚马可待，渴望获得从政的机会，实现治国平天下的理想，将一腔热血和全部才能贡献给朝廷、国家和蒸蒸日上的政治事业。因此，他们普遍表现出汲汲于仕宦的特点。如果受到任用，他们便竭尽才智，恭谨黾勉地从事（如崔融、李峤）；而如果受到冷落，也敢于铤而走险，拼死一搏（如骆宾王）。

陈子昂是这批人中的佼佼者，也是士风由初唐向盛唐转变的中介和承上启下者。而真正能够代表唐代士风，其影响及于久远的，则是体现于盛唐诸多文士立身处世方式中的某种普遍准则。因此不妨将陈子昂当作我们具体分析盛唐士风的关键性人物。

  由唐代完备起来的科举制度,一定程度地打破了门阀、世族垄断仕途官场的陈规旧统,为广大庶族地主出身甚至家境相当清寒的知识分子开辟了仕进之路。陈子昂就是一个虽然富有却世代居于西蜀乡间的"草茅微陋"之民。① 科举制度,特别是武则天执政时期"挟刑赏之柄以驾御天下,政由己出"② 的取士方式,大大地刺激并鼓舞了陈子昂的从政热情。就在他刚刚进士及第之初,接连向朝廷上了《谏政理书》《谏灵驾入京书》。前者纵论古今,系统阐发以"安人"为中心和宗旨的政治主张;后者主张高宗尸体就地安葬于洛阳,明确反对当时几已成为定论的"灵驾由洛入京"之说。这样做显然是有相当风险的,特别是后者,万一触怒武则天,后果不堪设想。在这里,陈子昂表现了一种不仅在唐代而且在整个封建时代都得到推崇的犯颜直谏之风,而其动力则在于他"论道匡君""以义补国""以公济天下"③ 的政治抱负和以此事亲报主,"取鸿名于千古"的人生哲学。

  为了实现理想,陈子昂青年时代就离开家乡,去长安、洛阳游学,参与考试,积极制造声誉,准备进入仕途。为官以后,

---

① 在陈子昂的文章,如《答制问事八条》《上军国利害事》《谢免罪表》等文中,屡次以这类表述自称。并请参阅两《唐书》之《陈子昂传》、卢藏用《陈氏别传》等。
② 见《资治通鉴》卷205。
③ 见陈子昂《登蓟城西北楼送崔著作融入都序》《喜马参军相遇醉歌序》《赠别冀侍御崔司议序》。

他并不安于一般文职，一遇机会便请求从军出征。曾先后两次随大军出塞，参谋策划，献可替否，并饱尝了军中的苦辛。

史载：陈子昂"貌柔野，少威仪"，而且体弱多病。[①] 但他却并不是一个迂阔无用的书生。他秉承了父祖辈"瑰玮倜傥""以豪侠闻"的勃勃英气，从小就"奇杰过人""驰侠使气"，并且终生"刚断强毅""好施轻财"，"尤重交友之分，意气一合，虽白刃不可夺也"。[②] 他的世界观当然是以传统儒家学说为主体，但同时又杂有道家、阴阳术数家的成分，因此他思想作风的特点可以说是儒、侠、道兼而有之。[③]

从陈子昂的一生行事，确实可以看到初盛唐许多知识分子的共同特点。这也就构成了我们所说的唐代士风的具体内容。概括起来，主要有以下几条：

（一）经邦治国以天下为己任的政治抱负和"达则兼济天下，穷则独善其身"的处世方针。许多人（如李白、杜甫）更简直是穷也不肯独善其身，而仍要关心国计民生；

（二）以儒为主但又不同程度地兼具侠、道的思想和行为特色。郭元振、李白、高适等人不必说了，就是被后人刻意描绘为醇儒的杜甫，实际上也曾颇具豪气，并不是拘执迂阔的腐儒；

（三）不惮离开家乡父母，远游各地，对首都长安更是无限向往。为了建功立业甚至愿意出塞从军，充当幕职，投身于充

---

① 见《新唐书·陈子昂传》。
② 见卢藏用《陈氏别传》。
③ 请参韩理洲《陈子昂研究》，上海古籍出版社1988年。

满艰辛危苦的生涯；

（四）始终乐观进取，不甘沉沦，即使遇到挫折，也能坚持原则，不向腐朽黑暗势力低头妥协，并且敢歌敢哭，敢于笑骂。

以上四条，代表了唐代士风中居于主流地位的正气，正可与上节所论文学中的人文精神相映照。这与初盛唐时代政治状况比较良好有密切关系。唐太宗、武则天乃至玄宗前期，李唐王朝各方面均处于上升态势，虽然各朝政治都不免种种弊病，但用人、选士的门径较宽，士人们实现理想的机会较多，他们对国家、朝廷的期望值较高，因而愿意承担的义务和实际上所做的贡献也就较大。这种士风的形成，不但与高层的政治状况有关，也与下层民众的普遍心态有关，与弥漫于乡村城镇几乎无处不在、无时不在的民俗生活情景及其所蕴含的民族文化精神有关。唐代士风正可以作为反映这两个方面的折射镜。

初盛唐时代的文士们大部分在政治上寻求发展，因为在当时这条路最宽阔，最易见效。但也有人另辟蹊径，取得很大成就，而所表现出来的文化精神则是与前一部分人相通的。例如宗教方面，有玄奘的十七载西土取经和此后近二十年的艰苦译经；有鉴真和尚顽强不屈的六次东渡，终于到达日本，传授戒法，成为该国律宗始祖；又有弘忍、神秀、慧能等高僧的开宗立派。这是佛教。道教方面亦出现了张果、叶法善，以及亦道亦隐的司马承祯、吴筠等著名人物。又如，僧一行在天文学、孙思邈在医药学方面充分发挥自己的才能，均做出划时代的贡献。在史学领域，刘知几不但亲自参与修史工作，而且纵观历代史学得失，写出我国第一部史学理论巨著《史通》。他的官位不高，并且屡受贬斥，却潜心于著述，以此实现了他的人生价值。至于仕途坎坷，或者终生未仕，却在文学艺术方面取得杰出成就的士子，就更是多不胜数。旧史学曾艳称所谓"盛唐气象"。从人，特别是广大士人的精神状态方面来考察，这种积极奋进，克服种种艰难险阻而在各自选定的领域中力攀高峰的风气，倒真可以说是盛唐所特有的气象。判断一个时代是兴盛还是衰弱，固然离不开经济、政治、军事、文化等方面的实力状况，人的精神风貌和普遍的社会风气这些看似较虚的因素，其实也是不可忽视的。盛唐之所以为盛唐，除了经济繁荣、政治开明、军力强大以外，文化人大多情绪高昂、乐观自信，现实为他们提供了最大限度发挥聪明才智的可能，而他们也没有辜负时代之赐，确实为国、为民、为己创造出了空前辉煌的业绩，无疑也是极重要的一个方面。

当一种风气形成并深入人心以后，它便具有强大的惯性，并不因时移世迁而马上改变。士风的培养和建设，需要长期的努力。它的变化也要比政局和经济形势的变化缓慢得多。因此，唐代的士风并未因为历时八年的安史之乱已使李唐王朝从兴盛的峰巅猛跌下来而相应坠落。在很长一段时间里，上面概括的几条，仍然是文士们为人行事的主要准则。

于是我们便看到了在安史之乱中，有张巡、许远的坚守睢阳直至以身殉国；有颜杲卿、颜真卿兄弟的联兵河北抗击叛军以及杲卿的死节；后来在德宗建中末、兴元初（783—784），颜真卿又在宣谕叛镇李希烈时不屈被杀,而他们的所作所为则得到士林的普遍赞叹和崇仰。文士李翰为张巡作传,记述其英勇事迹,韩愈又作《张中丞传后叙》予以详细补充、辩正。

我们还看到王伾、王叔文、刘禹锡、柳宗元等文士一旦执政便进行政治改革,力谋中兴,以及在改革失败之后,他们所承受的沉重打击,付出的巨大代价;看到元稹、白居易等人对改进朝政克服弊端的系统建议,以及由他们倡首的诗歌讽谏运动(在文学史上称为新乐府运动);还看到了韩愈排斥佛老、恢复儒家道统的努力,他上《谏迎佛骨表》的无畏与正气,以及"一封朝奏九重天,夕贬潮阳路八千"的严重后果;甚至直到唐文宗大和二年(828),还有文士刘蕡在贤良方正能直言极谏科考试中,上万言策,极言当世之弊,不畏宦官势力,痛陈阉寺专权之害,言辞激切,无所讳避,在考官考生中引起很大震动。当刘蕡落第的消息传出时,舆论哗然,登科士子中有人表示:"刘蕡不第,我辈登科,实厚颜矣!"①

以上许多事实说明,初盛唐以来逐渐形成的士风,其基本方面直到中唐乃至晚唐初期还是延续下来,没有变更。当然如加仔细辨析,则在基本相同的前提下也发生了某些因时代条件不同而带来的变异。

初盛唐士子的志向是建设一个强盛的帝国,时至中晚唐,这个理想便不得不降低标准,变成渴望中兴,重振祖威,乃至

---

① 见《旧唐书·刘蕡传》。

挽救日见衰颓的国运了。那些忧心国事的士人，不得不更多地批评时弊，揭露腐朽，鞭挞黑暗，因为值得歌颂赞美的政绩实在太少了；而他们热情恺切的谏诤却愈来愈被漠视，被置之不理。于是洋溢于盛唐士人诗文作品中昂奋轩扬的豪迈情调和阳刚之美，渐渐地变成了悲愤的呼唤、悲怆的沉吟甚至是悲哀的哭泣。

但是在很长一段时间里，士人们对于李唐中央政权的拥戴还是真诚的，对于李唐王室的向心力还非常强大。这可以从在各藩镇任职的文士的表现看出来。中唐以后，以河北三镇为首，表现出分裂割据的倾向，朝廷无力制约，凡事只得听之任之。但身居各藩镇的许多文士却依然心向朝廷，或者对主帅进行规劝晓谕，或者暗中向朝廷通报情况，当发生兵变或动乱时，则更是旗帜鲜明地站在中央朝廷一边，站在维护统一、反对分裂一边。沈亚之写于元和十四年（819）的《旌故平卢军节士文》[①]就详细地记载了一桩可歌可泣的典型事例。

平卢军节士，指隶属于平卢军的几位幕僚高𨱑、郭旿、郭航等。他们久在镇帅李师古、李师道辖下，深知二李拥兵自重、联络邻镇、随时准备背叛朝廷的图谋。起初他们正言相劝，希望师道能够率先"因经图以尽入其地，亲谒阙下"，但不被采纳。高𨱑被杀，郭旿被囚，一关就是十年。后来朝廷决心削平淮蔡叛镇吴元济，李师道持观望态度，暗中与淮蔡通款。这时

---

① 见《全唐文》卷736。

郭旷为了帮助王师，便以练缯书写密报，"陈叛兵者山川曲折之状"，建议派奇兵三千渡海掩袭莱、淄。密报由其宗人郭航冒险送出。可惜王师无法核实这个密报的可靠性，怕中了李师道的奸计，未予采纳。郭航过了很久才回到平卢军中，随即被李师道召问，为不牵累郭旷，慨然自杀。直到朝廷相继平定吴元济、李师道之后，郭旷得到释放，才将事情的原委讲清楚。元和十四年，沈亚之"与李褒、刘濛宿白马津，俱闻之（指郭旷、郭航事）于郭记室（指郭行馀）。明日复皆如济北，济北之人尽能言旷之节，故悉以论著，将请于史氏云"。高钵、郭旷、郭航的事迹，充分体现了中唐文化人坚定地反对割据、心向朝廷的政治态度，而这更得到了广泛的肯定和赞扬。《新唐书》编者根据沈亚之的文章，将他们的事迹收入《忠义传》，其中提到的有关人事比沈文更多。①如提到高沐（应即为沈文中的高钵）之父高冯，在宣武镇从事时，因节帅李灵耀谋反，曾"密遣人奏贼纤悉"，结果事泄被杀。高沐的拥朝廷、反割据，显然是继承了其父遗志。《忠义传》还提到李公度、贾直言、崔承宠、杨偕、陈佑、崔清等人，"皆抗节忤贼"，因此被囚，直到李师道败死，他们才重获自由。

时至中晚唐，变幻莫测的政治舞台上，允许士人们扮演的，大抵就是这种英勇悲壮而受苦受难的角色。这类角色虽然不再像初盛唐人那样意气风发，对未来充满信心，但他们的灵魂却

---

① 见《新唐书》卷193。

是与前辈们息息相通的。他们只能以时代所允许和要求的方式来提出和实现政治理想,来回答和解决现实摆在他们面前的种种难题。

这样,我们对于中晚唐士人的格外尊重、格外提倡侠义之气,也就比较容易理解了。

士人们从来就在内心深处崇拜侠义之举。这里有一种心理上的补偿机制在起作用。而在时势动荡、大乱将成的社会,在法制毁坏、暴力横行的时代,侠义行为就更显出它独特的力量,因而受到正直文士特别的青睐。上面提到的郭旷、郭航,他们的行为在某种意义上就很符合侠义的要求。尤其是当李师道召问郭航,郭旷担心事机败露准备一死了之时,承担送信任务的郭航慨然表示:"事觉,吾独死,君无患!"后果然自杀,其事遂寝。他的举动就很带一点侠气。他之所以受到推重,原因也在于此。两《唐书》中记载了不少这样的人物,尤其是《新唐书》的《忠义传》。中晚唐时期颇为繁荣的传奇小说,也清楚地表现出这种倾向。牛肃的《吴保安传》、李朝威的《柳毅传》、沈亚之的《冯燕传》,还有李公佐的《谢小娥传》、杜光庭的《虬髯客传》和著名的聂隐娘、红线故事等等,其所写的内容情节、人物形象虽然差异很大,但核心都只在宣扬"侠义"二字。如此众多的作品在主题上的殊途同归,当然不是偶然的事。在这里,正透露了中晚唐时期士风对前代的继承和经演变而产生的新特征。

考察晚唐至唐末的士风,我们不难发现其多方面的变化。

知识分子的敏感和脆弱，使他们被一种末日临近感所笼罩。李商隐的两联诗最典型地表达了这种颓衰情绪。一联是"夕阳无限好，只是近黄昏"，一联是"运去不逢青海马，力穷难拔蜀山蛇"。通过比喻和象征，诗人倾吐无力挽救江河日下的国运的悲哀和苦恼。前辈们为大唐如日中天的皇皇事业讴歌赞颂的热情已一扫而光，甚至连中兴也成为一场幻梦，他们已经在内心为唐王朝奏响了挽歌。他们已不再期望李唐君主中会出现一个唐太宗式的人物，所以也就不再像白居易写《新乐府》诗时，以这位开国圣皇为楷模来要求当世君主。他们常常想起的倒是陈后主、隋炀帝这些亡国之君，担心的是当今皇帝不幸步了他们的后尘。

对于自身的命运，他们也丧失了前人似的自信。虽然按照惯例，他们仍在应举求仕，但"申管晏之谈，谋帝王之术，奋其智能，愿为辅弼。使寰区大定，海县清一"和"致君尧舜上，再使风俗淳"之类的豪言壮语却说不出来了，即使说，也显得勉强而空洞。既然如此，独善其身，隐逸韬晦者便增多起来。而随着朝廷政局的进一步恶化，士人风气更出现了另一种重大变化，那就是对朝廷的向心力日见其弱，而离心力却日见其强，并且终于导致了知识分子纷纷逃离政治中心，以求全身避祸的现象。

在封建大一统的王朝统治下，文士们本不会轻易改变对一个王朝的忠诚和依附，除非他们对这个王朝确实灰心失望到了极点。因此，大批文士摆脱常轨，离唐而去，既是由唐王朝的衰朽没落所造成，又是唐王朝的政治凝聚力大大丧失，其统治即将土崩瓦解的征兆和标志。时代的迁易促使了士风的变化，反过来也可以说，士风的变化构成了时代迁易的一个重要侧面。

司空图无疑是大唐的忠臣。朱温篡唐，哀帝遇弑，他乃"不食而卒"。可是司空图也是唐末较早主动辞官并屡次谢绝重出的重要官员。广明元年（880）冬，黄巢起义军攻入长安，他正在朝任礼部郎中之职，皇帝连夜溜走，他和不少官员一样"扈从不及"，实际上是被抛弃了，便"间关至河中"，好不容易逃回老家中条山王官谷。这一次他还没有决心隐遁。光启元年（885），僖宗自蜀还京，他接受了中书舍人的任命。但不久因李克用军逼京师，僖宗再次出逃，司空图再次"扈从不及"，返归王官谷，他终于彻底心灰意冷了。等到唐昭宗上台，他便拒绝出仕。史载："龙纪初（889），复拜（司空图）旧官，以疾解。景福中（893），拜谏议大夫，不赴。后再以户部侍郎召，身谢阙下，数日即引去。昭宗在华（896—897），召拜兵部侍郎，以足疾固自乞。会迁洛阳（904），柳璨希贼臣意，诛天下才望，助丧王室，诏图入朝，图阳堕笏，趣意野耄。璨知无意于世，乃听还。"① 司空图的辞官退隐可谓坚定不移矣。

韦庄和韩偓是两位有意脱离中央、遁于地方的著名官员。韦庄于唐昭宗乾宁四年（897）奉朝命出使西蜀，蜀帅王建留之，辟掌书记，朝廷以起居郎征韦，王建上表挽留，从此以

---

① 以上所述，据两《唐书》之《僖宗本纪》《司空图传》，并请参《唐才子传校笺》之有关部分。

后韦庄便再未回朝任职,而成为王建的重要谋臣。天祐三年(906)十月,王建立行台,承制封拜,以韦庄为安抚副使。后来王建称帝,韦庄曾拜相,数年后卒。韦庄的留于蜀地,固然与王建对他的器重有关,但同时也是出于他本人的愿望。宋人计有功说韦庄"以中原多故,潜欲依王建"①,这是深得其情的。

韩偓的逃离稍迟于韦庄。他曾经是唐昭宗倚重的大臣,但为权奸朱温所不喜,本来要杀他,幸有人救助,终于从翰林学士的位置上一路贬斥下去,成为邓州司马。后来昭宗被弑,哀帝即位,复召偓为翰林学士,韩偓却再也不敢入朝,于天祐二年(905),带领其族南奔闽中依王审知,侨居于福建南安。以后朝廷曾两次征召,韩偓均辞而不往。② 当时因遭乱而避入闽地的著名文人还有崔道融、杨沂丰(《新五代史》作杨沂)等。五代初期,王审知统治的闽国,相对比较安定,因此吸引了不少落难文人(除韩、崔外,包括本属闽籍的陈峤、黄滔、徐寅、翁承赞等)。

风雨飘摇的唐王朝在屠君和权奸统治下,已成为正直之士的死地。天祐二年五月,宰相柳璨伙同凶焰万丈的梁王朱全忠贬逐大批朝士,连宰相独孤损、裴枢、崔远也在所不免。"自余或门胄高华,或科第自进,居三省台阁以名检自处、声迹稍著者,皆指为浮薄,贬逐无虚日,缙绅为之一空。"③ 随后便发生了

---

① 见计有功《唐诗纪事》卷68。
② 关于韩偓事,见《新唐书·韩偓传》《十国春秋·韩偓传》。
③ 见《资治通鉴》卷265。

"白马之祸"——"全忠聚（裴）枢等及朝士贬官者三十余人于白马驿，一夕尽杀之，投尸于河"。当时唆使朱全忠做出此举的谋士李振，是一个不第举人，他说："此辈常自谓清流，宜投之黄河，使为浊流！"①其凶残冷酷简直令人发指。倘若韩偓不是及时逃走，恐怕很难幸免于难。柳璨、李振是士子中的败类，朱全忠是杀人不眨眼的魔王，在这种人横行的朝廷里，当然只能如司马光《资治通鉴》所记述的那样："时，士大夫避乱，多不入朝。"

唐代士风演变到这一步，实际上也集中地反映了当时百姓的心理和政治倾向，士风与世风在对待李唐王朝的态度上，是完全一致的。下面试举二例说明之。

唐末著名诗人罗隐屡试不中第，但为宰相郑畋、李蔚所知，留居长安，曾上疏言事，未被采纳。"已而遇罗尊者，以相术劝隐曰：'君志在一第，官不过簿尉耳。若能罢举，东归霸国，富贵必矣。'"②这位罗尊者的意思很明白：只有远离朝廷，才有出路。他以相术规劝罗隐的目的就是要他远走高飞。这是黄巢起义前的事，后来罗隐辗转回到家乡——钱镠统治下的吴越，果然受到善待。

又有一位杨彦伯，曾在唐中童子科，昭宗窜凤翔，他也曾追随，后改仕于杨行密开创的吴国。史载："初，彦伯谒选长安。一夕，抵华阴旅舍，有店妪能知方来休咎。彦伯将行，忽失所

---

① 见《资治通鉴》卷265。
② 见《十国春秋》卷84《罗隐传》。

著履,诘责童仆甚喧。妪曰:'将行而失鞋,事不谐矣。京国有乱,尔当备历百艰。君爵禄皆在江淮,官至门下侍郎。'"① 这位老妪的手法和宗旨与罗尊者大致相同,都是鼓励文士与唐王朝疏离的。

这两则极富民间传说性质的史料,不是很清楚地说明了在对李唐王朝已绝望这一点上,士心和民心是完全相通的吗?当文化人和百姓们大都认为一个政权已必亡无疑并采取实际行动弃它而去的时候,这个政权的末日也就真是屈指可数了。

大批文士对于他们祖辈曾衷心拥戴过的李唐政权,表现出不可逆转的离心倾向,这可以说是晚唐、唐末士风最显著的特征,也是其与前此士风最根本的区别所在。透过这个文化现象,我们获得观察和把握唐代历史的一个新角度,或许还可以从中引出一种对历史发展和时代迁易的带规律性的看法。

需要说明的是,我们对唐代士风的论析,是远不够全面的。唐代士人中也存在着争名争利、献媚求宠、拉拢死党、排斥异己、相互倾轧乃至全然抛弃道德原则、丧失政治气节等不良风气。在某些时候、某些人身上还表现得相当严重、相当突出。比如在唐代官场中,曾发生过不止一次的朋党之争,早期的如姚崇与张说之争,中期的如元载、杨炎、刘晏之争和陆贽、窦参之争。晚期的牛李党争更是持久激烈、影响深远。造成这种党争的原因固然十分复杂,并且各有其特殊性,两党之间也并

---

① 见《十国春秋》卷9《杨彦伯传》。

非无正邪、善恶、是非之分，但士人本身素质上的缺陷、士风的弊病也在党争中暴露无遗。又比如煽动安禄山叛乱并成为其谋主的高尚、严庄，以及前面提到朱全忠残害大批知识分子的帮凶柳璨、李振，他们本身也是文人，他们也反映并代表了当时的一种士风，这些理应在我们的视野之中，但限于篇幅，这里却不能展开论述了。

神灵崇拜与巫术禁忌

一、与人共存的神灵世界：现象的泛观

一个与真实社会生活平行的虚幻世界——神灵崇拜与原始思维——从老子李耳到太上玄元皇帝——五岳四渎的封王晋爵——被神化的风雨雷电——祭祀后稷的春秋两社：仪式的展示——城隍神的职掌与地位——无处不在的民间诸神——佛道偶像与民间神灵的融混：玄武、二郎神、托塔李天王

中国古代的民间神灵崇拜十分发达。

唐代社会是一个几乎时时、处处、事事都存在着神灵崇拜现象、活动和观念的社会。这种普遍广泛的神灵崇拜渗透于唐人社会生活的每一方面、每一层次，几乎可以说，在唐代真实的社会生活之外，还与之平行地存在着一个虚幻的神灵鬼怪世界。从唯物的观点看，这是一个心造的、并不真实的世界，但就其对唐人实际生活（包括日常物质生活和更为精微深层的精神生活）的影响来看，它又是一个无可否认的客观存在。因此，它是整个唐代文化的一个组成部分，而且必然同作为社会生活和人民心态曲折反映的文学发生种种微妙的关系。

　　从民俗学的角度看,民间神灵崇拜从属于范围宽广、内容丰富的信仰民俗。民间神灵崇拜不同于原始社会中对神的崇拜,它已大大超越原始思维的范畴,带上了后世各种文化的烙印。民间神灵崇拜也不同于宗教中的崇拜,它无须组成某种固定的组织,没有发展出教义不同的宗派,尚未形成由教主严格制定的统一宗教仪式和规约,当然也就不需要一批专司此职的人员。

　　但是,民间神灵崇拜又与原始思维、与后世人为的宗教有着很密切的关系。它的形成与原始思维的代代传袭分不开。它所表现的"万物有灵"观念、对超自然神秘力量的信奉以及信仰的自发性、随意性,都与原始思维的特征有着千丝万缕的联系。而人为的宗教,如在中国古代长期流传,势力雄广的佛教、道教等,对民间神灵崇拜的影响更是不可低估。佛、道两教对民间神灵崇拜有相当的渗透。长期的互浸互染,致使佛、道两教的某些神与民间神灵崇拜中的信仰对象产生了种种复杂纷繁的交叉、重叠和转换的现象。民间神灵崇拜就是这样一种既有别于原始思维和人为宗教,又与它们无法截然割断关系的社会观念和文化现象。弄清民间神灵崇拜的性质,是我们论析它与唐代文学两者关系的必要前提。

　　说到唐代民间神灵崇拜的繁荣,可以从两条具体材料入手。李肇《唐国史补》卷下有云:

　　　　每岁有司行祀典者,不可胜纪,一乡一里,必有祠庙焉。

江南有驿吏，以干事自任。典郡者初至，吏白曰："驿中已理，请一阅之。"刺史乃往，初见一室，署云酒库，诸酝毕熟，其外画一神。刺史问："何也？"答曰："杜康。"刺史曰："公有余也。"又一室，署云茶库，诸茗毕贮，复有一神。问曰："何？"曰："陆鸿渐也。"刺史益善之。又一室署云菹库，诸菹毕备，亦有一神。问曰："何？"吏曰："蔡伯喈。"刺史大笑曰："不必置此。"

由此一斑，足见唐人神灵崇拜之盛、之笃。藏酒之库置杜康以为神，储茶之库置陆羽以为神，都还说得过去。所谓菹库，大概是贮存各种腌酱之菜的，竟也拉出蔡伯喈为神，就有点匪夷所思了。难怪刺史感到可笑乃至不妥。

唐人神灵崇拜的盛况，尚有多方面的情况应当予以注意，以下试略做分说。

（一）最高统治者大开封神晋爵之举，为民间神灵崇拜推波助澜。

老子李耳原是自汉魏以来就渐渐被神化的人物。后来道教将其推为始祖，以老子《道德经》五千言为本教不刊的经典。晋代以后，老子地位日隆，被称为"老君""太上老君"。到了唐朝，李耳的地位又获得一次巨大的提升。据《唐会要》卷50《尊崇道教》记载："武德三年（620）五月，晋州人吉善，行于羊角山，见一老叟，乘白马朱鬣，仪容甚伟，曰：'为吾语唐天子，吾汝祖也。今年平贼后，子孙享国千岁。'高祖异之，乃立庙于其地。"这个传说很可能是因为唐高祖李渊崇奉老子，利用李耳与自己同姓以争取群众而产生。到唐高宗乾封元年（666）二月，就追封老君为"太上玄元皇帝"，正式承认唐王室乃是这位神仙的远脉子孙，从而使自己的统治地位显得更加堂皇而宏远。崇老信仙、好事喜功的唐玄宗则三次为这位神仙远祖加尊号："至天宝二年正月十五日，加号太上玄元皇帝为大圣祖玄元皇帝，八载六月十五日，加号为大圣祖大道玄元皇帝，十三载二月七日，加号大圣高上大道金阙玄元皇帝。"[1]唐玄宗还充分利用行政手段和科举、教育制度，推广和扩大对老子的崇拜，开元二十九年（741）正月"诏两京及诸州各置玄元皇帝庙一所，并置崇玄学。其生徒令习《道德经》及《庄子》《列子》《文子》等"，在据传为老子出生地的亳州真源县，置先天太后及玄元庙，各设令一人。不久又下令："两京及天下诸郡于开元观、开元寺，以金铜铸玄元等身天尊及佛各一躯。"当西京太清宫建成之时，"命工人于太白山采白石，为玄元圣容，又采白石为玄宗圣容，侍立于玄元之右。皆依王者衮冕之服，缯彩珠玉为之"，可谓虔敬之至。

由于老子地位的升迁，他的几位弟子也有幸沾光获得封号："庄子号南华真人，文子号通玄真人，列子号冲虚真人，庚桑子号洞虚真人。改《庄子》为《南华真经》，《文子》为《通玄真

---

[1] 见《唐会要》卷50《尊崇道教》。

经》,《列子》为《冲虚真经》,《庚桑子》为《洞虚真经》。"① 封建王朝的这一系列举动,既是对早就存在于民间的老子崇拜和道教信仰的肯定,又是对这种崇信变本加厉的发展和加温。

对于山川湖海以及日月星辰、风雨雷电之类自然现象的神化与崇拜,也是自古以来就存在于民间并且曾得到统治者承认和利用的。唐朝皇帝在以往的基础上又将其推进一步。泰山、华山、恒山、衡山、嵩山五岳之神,都被授予越来越高的人间爵位:"则天垂拱四年(688)四月……因改嵩山为神岳,授太师、使持节、神岳大都督、天中王,禁断刍牧。其天中王及显圣侯,并为置庙。"又:"玄宗先天二年(即开元元年,713),封华岳神为金天王。开元十三年(725),封泰山神为天齐王。天宝五载(746),封中岳神为中天王,南岳神为司天王,北岳神为安天王。"②

山岳之神被封为王爵,于是相应地把四渎封为公,把四海封为王。《旧唐书·礼仪志》载,天宝六载(747)时,"河渎封灵源公,济渎封清源公,江渎封广源公,淮渎封长源公。十载(751)正月,四海并封为王"。东海为广德王,南海为广利王,西海为广润王,北海为广泽王,并指派专人去祭祀。

风伯雨师,原来只享受"小祀",天宝四载(745)起,皇帝下敕令将其改为"中祀",并且详细规定了祭坛的位置、大小和祭品的种类、数量、来源,祭祀时所用的乐章,以及主祭

---

① 见《旧唐书·礼仪志》。
② 见《旧唐书·礼仪志》。

官的级别,等等。不久雷神也获得了同样待遇。在民间使用的《历日》(即日历)上,也明确注出某日应该祭祀风伯。如敦煌遗书中,P.2765《甲寅年历日》(唐文宗大和八年的日历)于正月二日癸丑下,写明"祭风伯"。又 S.1439 大中十二年《日历》、P.3284 咸通五年《日历》、S.2404 五代后唐同光二年《日历》,均写明于正月的某个丑日"祭风伯"的规定。[①] 风雨雷电的被神化、被敬畏和被崇拜信仰,一方面因为它们作为自然界的一种伟力尚未被人们所认识和把握,一方面又因为它们跟农业生产、田禾六畜,亦即和人民的物质生活,有着直接的关系,确实能一定程度地影响乃至决定人的命运。因此古代对它们的虔诚膜拜和丰盛祭祀,便不宜用"迷信"两字予以简单化的判定,而需看到其重视风雨"济时育物"之功、"至切苍生"之效的功利目的。

受到唐统治者加官晋爵待遇的民间神仙还有不少。例如,在民间一直受到崇敬的姜太公,在上元元年(760)闰四月,追封为武成王,"有司依文宣王置庙"。[②] 又如,唐元和年间,封民间尊奉为潮神的伍子胥为惠广侯。此外还有万回、文昌神、寿星、扬州五司徒、常州武烈帝等[③],可谓不胜枚举。

(二)神仙崇拜渗透到社会生活的每一个角落。

如果说名山巨岳、江河湖海乃至日月星辰、风雨雷电都是

---

① 请参高国藩《敦煌民俗资料导论》第 10 章《神话信仰风俗》,台湾新文丰出版公司 1993 年。
② 见《唐会要》卷 23《武成王庙》。
③ 参见宗力、刘群《中国民间诸神》,河北人民出版社 1986 年。

封建时代官民共同崇祀的一些大神的话，那么，还有一些和下层普通百姓日常生活关系更为密切的较小的神，对他们的崇仰信奉构成了民间神灵崇拜的主体。

土地之神，或曰社神、后土之神，或者与谷神合称为后稷之神，也许是古代与"昊天上帝"一起得到最广泛崇祀的神灵。这种渊源于原始时代的自然崇拜，在以农业生产为主要生产方式和物质生活来源的社会里，其广度与强度均有增无减。上天"系日月，行四时，生万物"，土地"载育黎元，长兹庶物"，稷神"主兹百谷，粒此群黎"，都是关系着亿万黎元性命乃至国家社会存亡的大事情，不由得人们不给予特殊的尊崇。

汉以前只有春社，汉代开始设春秋两社。在唐代，大体也是仲春仲秋各一次祭祀社稷。这种祭祀不但有皇帝主持的朝廷级典礼，而且有刺史县令主持的州县级仪式，还有各地方由社正（即里正）主持的乡里级活动。朝廷级、州县级礼仪十分烦琐隆重，属于国家的正规礼仪。祭典的仪式、陈列的器皿贡物、所用的音乐和祝文的格式等，都有严格的规定。这种礼仪的历史传承性非常明显，而实质上则是民俗活动的升华和精致化。乡里一级的仪式，虽也由传承而来，民间气息毕竟较浓。

让我们具体地看一下唐时乡间祭社的活动过程。

《唐会要》卷10上《诸里祭社稷仪》的记载相当详细。大致是"前一日，社正及诸社人应祭者，各清斋一日，于家正寝。应设馔之家，先修治神树之下，又为瘗埳（坎）于神树之北，深取足容物。掌事者设社正位于稷座西北十步，东面；诸社人位于其后,东面南上;设祝奉血豆位于瘗埳之北,南向"。这是祭祀前的准备,对于祭器之数、祭物及祭席位置等,亦均有详细的规定。"祭日,未明,烹牲于厨。夙兴,掌馔者实祭器,掌事者以席入。""质明,社正以下各服其服",在外恭候。这时"掌事者以盥水器入……又以酒尊入……实尊酒讫","祝(由社人有学职者充之,担任跪读祝文之事)及执尊者,入当社神北,南向,以东为上,皆再拜。执酒尊者就尊后立,其执盥者就盥器后立"。至此,一切准备就绪,仪式开始:"赞礼者引社正以下,俱就位,立定。赞礼者赞'再拜',社正以下皆再拜。祝诣尊所,赞礼者'再拜',社正以下皆再拜。掌事者以馔入,各设于神座前。……讫,掌事者出。"这时,赞礼引社正洗手、洗酒爵并拭干,随后便引至社神座前,"跪奠爵于馔右",起立以后,站在一边。于是祝人持版进,跪读祝文。祝文的内容主要是向后稷神明的佑护表示感激。祝文念毕,社正以下及社人等,俱再拜。祭社之仪告一段落。接下去是祭稷神,也要由祝人跪读祝文。祝文念完,诸人再拜后,由"赞礼者引社正立于社神座前,南向立",由刚才念祝文的祝人以爵酌"社稷神福酒"进社正。"社正再拜,受酒讫,跪祭酒,遂饮卒爵。"祝人把酒尊送还尊所后,社正起立,再拜。这才由赞礼者将社正引还本位,立定。赞祝者又呼"再拜",诸人再拜。下一步是祝人将事先准备好的牲畜之血置于坎。坎东西各有一人,用土将坎填上一半,赞礼者见这一切做完,便可宣布礼毕,乃引社正等出。祝人与执尊者也复位,再拜,出。至此,祭社之仪告终。于是将多余的祭品拿出来，"社人等俱于此饮，如常会之仪"。而刚才念过的写着祝词的"祝版"，则于祭所燔烧。

社祭是乡里间一年两度的大事。春社向土地神卜稼，祈求丰收；秋社向土地神报功，酬谢护佑。当然都是与农业生产、与农村生活密切相关的重大节日，所以得到农民的普遍重视和欢迎。

与土地神有关并且同样受到广泛崇祀的，是各地的山神、水神。名山大川已由皇帝加封，由朝廷主祭，各地还有许多名气稍小，但在当地人心目中地位重要的山川湖塘。在十分普遍的神灵崇拜思潮和氛围之中，这些山川湖塘也纷纷被设置了相关的神灵。城隍们常常被视为一方水土灾祸和福祉的主宰。各地百姓和负有守土抚民之责的地方官，也就必须按时祭祀城隍。如果遇到特大困难，也可以临时向他们祈求援助。这类活动在唐代历史和文学的文献中，都留下了许多宝贵而有趣的资料。

跟城市居民关系密切的，则是城隍神。城隍之名始见于《易·泰卦·上六》，所谓"城复于隍"。隍，指守护城市的池壕沟渠（有水为池，无水为隍）。城隍的被神化，已是很久远的事。相传远古"蜡祭八神"中的"水庸"，就是城隍的初型。到了唐代，对城隍神的崇拜更是大为兴盛[1]，几乎每一个城市都供奉着这位自己的保护神。因此，每一个州县长官，赴任之初必

---

[1] 李阳冰《缙云县城隍神记》云城隍神，祀典所无，唯吴越有之。此说不确，已为历代学者指出。事实上北齐时已见于正式记载（见《北齐书·慕容俨传》）。又，明朝何孟春《余冬序录》也说祀城隍神不独吴越。

要祭祀城隍，而当人们祈雨祈晴或者禳除灾害时，也常常以祭城隍为必要步骤。这种祭祀，都需要一篇情词恳切的祝文。唐朝不少有名文人的文集中，都保留了这方面的作品。在民间虔诚的奉祀之中，城隍神实际上已成为在冥冥中与朝廷委命的地方长官共同治理一方、掌管百姓命运的神明。所以后来常有某些为当地做出特殊贡献的真实人物被尊奉或附会为城隍神。而地方官与城隍神的关系也颇为微妙，一方面是人神关系，所以不能不示之以恭敬，一方面又似乎有平起平坐的"同僚"之谊，所以在祝文中提出祈请并不特别客气，有时甚至颇有命令、威胁的口气。

　　社神、城隍神与每一个城乡居民都有关，但还有比他们更为深入每家每户之中，与人们日常生活发生更为频繁密切关系的神灵，那就是诸如门神、灶神、厕神乃至与妇女起居常用的镜子有关的镜神之类。这些神虽是人们心造的幻影，却往往附会于一定的人物形象，其所依附的具体人物常因时地条件之不同而有所不同。例如门神，或曰是神荼、郁垒，或曰是钟馗乃至秦琼、尉迟恭。灶神，我们在前面已提及，或曰名隗，状如美女，又曰姓张名单，字子郭。厕神又名紫姑神，据云是一位被大妇逼死的小妾变成，其姓名亦有多种说法。这些神灵虽然大抵是每年在某个固定的日子祭祀一次，实际上却每日每时与人们生活在一起。他们与人们的关系，用句俗话来说，真正是"抬头不见低头见"。

　　除此以外，在唐代还活跃着一批与经济、社会等各个方面密切相关的神灵。这里有属于农业的,种树的有树神、果神,种瓜的有瓜神,种茶的有茶神,养蚕的有蚕神,育花的有花神;有属于手工业的,如冶炼业有铜神,酿造业有酒神,做饼的有饼师神;属于运输业的,则有船神;伶官艺人信奉梨园神;文人和一切与文事有关的行当,多信奉文昌神。遇到婚丧之事,也离不开神仙,有以红线系男女双方使之终缔姻缘的月下老人,还有一大批主持阴间事务的鬼神。甚而至于,人身某一部分,如头发,据说也有神灵主宰着,那就是发神苍华。

上面所述,还只是唐人神灵崇拜的一部分,带有举例的性质。但仅此已可以清晰地看到,在唐人生活的方方面面,确实无不渗透着民间神灵崇拜。

(三)唐代民间神灵崇拜与佛道两教的偶像崇拜呈现交叉融合的趋势。

佛道两教虽有种种矛盾,但在唐时由于先后得到皇帝的支持鼓励,势力互有消长。从总体看,两教在唐代均有较大发展,均曾盛极一时。而其影响则既普遍又深入地达到全国民间。这就导致一个结果,即有些原本是佛教、道教中的神,被民间接受,并逐渐与民间信仰的神灵相杂相混相融,使某些神灵成为你中有我,我中有你的综合性偶像。最典型的如玉皇大帝、太上老君。他们本是道教的最高神之一,但后来远远超出道教范围,成为民间普遍信仰的神。而佛教创始人乔达摩·悉达多的尊号如来佛,以及观世音菩萨、阎罗王、地藏王之类,也无不在市人乡民口中变得十分稔熟,即使他们并非佛教徒,也往往愿意虔诚地供奉这些神灵。

另一方面，佛道两教也将在民众中有影响的神灵吸收到自己教门之中。其初始目的或者是为了以此招徕更多信徒，而结果却扩大了民间信仰中的神灵的影响。比如，源于原始自然崇拜的玄武信仰，古已有之。唐代由于道教对它的重视，在民间信仰中，玄武的地位有所升高。当时，原本是天上星宿的玄武，已获得龟蛇作为神的象征，其法力也明显增强了。传说某人见到"蛇缠一龟"而不知其为玄武，遂用锄击杀之，"其家数十口，旬日内相次而殒"。① 又如赫赫有名的二郎神，本是民间早已崇信的勇士赵昱。托名柳宗元的《龙城录》说他曾持刀入水刺蛟平息水患，隋时拜嘉州太守，唐太宗时封为神勇大将军，庙食灌江口。唐明皇避安史之乱至蜀，又加封为赤城王。而道教正是利用民间对赵昱的信仰，把他奉为与李二郎（李冰之子）相抗衡的新二郎神。

再如，李靖是唐初名将，战绩辉煌，功高爵显。民间遂渐渐将其神化，如传说他能通神，曾代龙行雨，等等。② 而佛教中手托宝塔的毗沙门天王及其三子哪吒，在唐时亦很为著名。在佛教中国化的过程中，毗沙门天王与李靖渐渐融合起来，最后竟根本无从分辨了。这个融合过程的开端，可能即在唐朝，或与佛教之利用民间信仰有关。

唐人神灵崇拜的盛况，还有许多事实，除了以上几种情况

---

① 于逖《灵应录》，见《通俗编》卷19。
② 见李复言《续玄怪录》的《李卫公靖》篇。

外，唐人还自创了一批新神，使本来就够庞大的神仙队伍愈益壮大起来。

二、祷祝、娱神及其他

> 名目繁多的祭文——与神灵崇拜相关的赋颂赞碑与杂文——郊庙歌辞——李贺《神弦》诗——社日诗——以神灵入诗，态度并不尽同——唐人小说与神灵崇拜——《崔炜》：漫游神灵世界——《灵应传》：人神的交往与互助

唐代社会从上到下几乎无处不在、无时不有的神灵崇拜，同当时异常繁荣的文学创作，有着十分密切而多样的关系。在这里，文学不是消极被动地反映，而是积极主动地参与。当时神灵崇拜的等级和形式是那样繁多，事实上，在任何一种等级和形式的祭神活动中，文学都是不可或缺的参与者。唐代相当大数量的文学作品，各种体裁的诗、赋、文章，即产生于此类活动之中，或与此类活动有关。

文学参与神灵崇拜活动的事实可谓举不胜举，为论述的方便起见，下面仍从几个方面分述之。

首先从与神灵崇拜有关的祭文来看。这类祭文种类名目之多，正是祭祀方式繁多的反映。这里有一般的祭文，如祭百神，

祭名山、大川,祭城隍神,等等。大凡地方官到任,总要在适当时机举行祭奠诸神,特别是城隍神的仪式,其意义似乎在于人间的官吏向分管此地的神灵致意,以便共同保护好该地的百姓。如白居易于长庆四年(824)任杭州刺史时,就曾在《禜浙江文》中说:"居易祗承玺书,兴利除害,守土守水,职与神(指浙江神)同。"① 张说、张九龄、许远、韩愈、杜牧等身为地方行政长官,均亲自写过祭城隍文。而李商隐虽未曾独当一面,但作为节度使府的掌书记,也曾为府主写过许多祭城隍文。倘若祈祷得到满足,那么在每年的一定时候,便要举行"报赛"即酬报献功的祭神活动。这时所作的祭文,叫作"赛文"。唐朝不少文人写过赛文,如张说有《赛江文》,独孤及有《为杨右相赛西岳文》,杜牧有《赛木瓜神文》,等等。② 诗人李商隐又是一个写作"赛神文"的好手,他的文集中,现存此类文章近三十篇,其中约一半入选于宋人编纂的《文苑英华》,其报赛的对象有大舜庙、越王神、白石神、海阳神、古榄神、兰麻神以及众多的山神、城隍神等,可见其内容的丰富。

除了上述祭文,还有一些特殊的名目,如在禜祭、袷祭时所用的祭文。禜,也是一种禳除灾害的祭仪,其方式是临时圈地,以芳草捆扎,围成祭祀场所来施行仪式。这种祭仪同样需要祭文,因所祭对象不同,分别命名为《禜海文》《禜城门文》

---

① 白居易《禜浙江文》,见《文苑英华》卷995。禜是古代攘除灾害的一种祭典,禜文即用于祭典仪式之中。
② 以上各文均见《文苑英华》卷997。

《禜土龙文》《禜门（指国门）文》以及上面提到的白居易所写的《禜浙江文》等。祃，是一种军中祭仪，往往就在行军所止之处进行，所祭对象是军前的大纛（即牙旗），所以称为《祃牙文》，也可以称《祭纛文》，陈子昂、柳宗元、独孤及等人都写过此类文字。

其他与神灵崇拜发生直接间接关系的散文还有多种，兹举例简列如下：

赋，《文苑英华》收有四卷有关禋祀的赋（见卷54至57），试举几篇，如杜甫的三大礼赋，即《朝献太清宫赋》《朝享太庙赋》《有事于南郊赋》，如萧颖士、贾餗各有一篇《至日圆丘祀昊天上帝赋》，如周钤的《南郊享寿星赋》，张馀庆《祀后土赋》，等等；

颂，如王勃《拜南郊颂》，张说《大唐封禅坛颂》，达奚珣《华山述圣颂》，等等；

赞，如苏颋《为韦驸马奉为先圣绣阿弥陀像赞》，于邵《观世音菩萨画像赞》，穆员《绣地藏菩萨赞》，等等；

碑志，如李隆基、张说《后土神祠碑》，韩愈《衢州徐偃王庙碑》《南海神庙碑》，柳宗元《湘源二妃碑》，令狐楚《白杨神新庙碑》，王延昌《河渎神灵源公祠庙碑》，等等；

传，如吕谭《霍山神传》之类；

记，如权德舆《洪州西山风雨池记》，卢恕《楚州新修吴太宰伍相神庙记》，李栖筠《济州谷城黄石公祠记》，裴处权《祷河侯庙记》，袁循《修黄魔神庙记》，等等；

论议，如李德裕《祷祠论》，褚无量《皇后不合祭南郊议》，李磎《敬鬼神议》，等等；

杂文，如韩愈《讼风伯》《送穷文》，沈颜《祭祀不祈说》，皮日休《祝疟疠文》，陆龟蒙《祝牛宫辞》《祀灶解》，等等。

唐代诗歌高度繁荣，唐诗与神灵崇拜的关系是很密切的。中国各种类型的诗歌历来与神灵崇拜有关，朝廷祀神活动所必需的郊庙歌辞自汉代以来就很发达，形成古诗的一大门类。这类诗歌因为它的实用价值，在唐代仍然受到重视，除了部分沿用旧文外，大抵是重新创作，作者则是皇帝本人和在朝中担任要职或极负文名的官员。《旧唐书·音乐志》凡四卷，其中两卷即详载了在各种祭祀仪典上所用的音乐及歌词。音乐部分现在已很难知其详，而诗歌部分则保存完好。这里略举一例以概其余：

冬至祀昊天于圆丘乐章八首

贞观二年，祖孝孙定雅乐。贞观六年，褚亮、虞世南、魏徵等作此词，今行用。

降神，用《**豫和**》（引者按：《豫和》为乐名，下同，不另注）

上灵睠命兮膺会昌，盛德殷荐叶辰良。景福降兮圣德远，玄化穆兮天历长。

皇帝行，用《**太和**》

穆穆我后，道应千龄。登三处大，得一居贞。礼唯崇德，乐以和声。百神仰止，天下文明。

登歌奠玉帛，用《肃和》

阊阳播气，甄耀垂明。有赫圆宰，深仁曲成。日丽苍璧，烟开紫营。聿遵虔享，式降鸿祯。

迎俎入，用《雍和》（歌辞略）

酌献饮福，用《寿和》（歌辞略）

送文舞出迎武舞入，用《舒和》

叠璧凝影皇坛路，编珠流彩帝郊前。已奏黄钟歌大吕，还符宝历祚昌年。

武舞作，用《凯安》

昔在炎运终，中华乱无象。酆郊赤乌见，邙山黑云上。大赉下周车，禁暴开殷网。幽明同叶赞，鼎祚齐天壤。

送神，用《豫和》

歌奏毕兮礼献终，六龙驭兮神将升。明德感兮非黍稷，降福简兮祚休徵。

从这里我们可以看到祀神歌的内容和样式。就内容而言，它们无非是祝颂和祈求，比较单调乏味，但其形式却颇为丰富多样，楚辞体、四言、五言、七言，均有了。在别的一些歌词中，还有三言的。从篇幅说，则二韵、三韵、四韵不等，主要是依乐曲长短而定。如果仔细分析，则各首歌词的艺术性并不相同。有些歌词，如张说为玄宗封泰山所作的祀天乐章之一，云，"亿上帝，临下庭。骑日月，陪列星。嘉祝信，大糦馨。澹神心,醉皇灵",也还清新可喜。

在民间祀神活动中,也同样需要诗歌的参与。《楚辞·九歌》就是古代这类祀神歌的杰出代表。在唐代,类似的创作依然不少,例如中唐诗人包佶就写有《祀风师乐章》《祀雨师乐章》。我们从著名诗人李贺的《神弦》《神弦曲》和《神弦别曲》可以看出唐时民间祀神活动的情况。清人王琦注李贺歌诗,在《神弦曲》的题下加按语道:"神弦曲者,乃祭祀神祇,弦歌以娱神之曲也。此诗言狸哭狐死,火起鸮巢,是所祈者其诛邪讨魅之神欤?"李贺这三首诗的作用在于娱神,而其内容则是非常生动地描绘了唐时民间祀神的过程。其《神弦》诗云:

女巫浇酒云满空,玉炉炭火香冬冬。海神山鬼来座中,纸钱窸窣鸣旋风。相思木帖金舞鸾,攒蛾一啑重一弹。呼星召鬼歆杯盘,山魅食时人森寒。终南日色低平湾,神兮长在有无间。神嗔神喜师更颜,送神万骑还青山。

这就把女巫从击鼓迎神、洒酒焚香开始的一系列举止和纸钱飘飞、巫师唱诵呼鬼以及鬼神降临歆享时的森然可怖气氛,直到巫师和鬼神对话完毕,送神离去的全过程都做了反映。岑参《龙女祠》、韩愈《郴州祈雨》等诗,也都具体而形象地表现了民间求神祈雨的情景。

前面已经说过,社日是普及全国直到一切穷乡僻壤的一种祭神活动,因此,有许多诗人创作与"社日"有关的诗,如杜甫《社日两篇》、刘言史《嘉兴社日》、李建勋《田家三首》(之二)、王驾《社日》等。李建勋的诗,写的是秋社,其中"木榻擎社酒,瓦鼓送神钱"两句,摄下了社日的两个场面。王驾是唐末人,大顺元年(890)进士,他的《社日》诗反映当时南方农村相对平静、富庶的生活:

  鹅湖山下稻粱肥,豚栅鸡栖半掩扉。桑柘影斜春社散,家家扶得醉人归。

  由此也可看出,春日祭社活动,在农村实已变为民众聚宴娱乐的节日,是辛劳沉重的生产活动的一种调剂。

  在唐诗中,到处都有受到民众崇信的神仙灵鬼们的身影和足迹。在这里我们既可以看到玄元皇帝老子这样受过敕封的神,也可以看到在民间传说中形成的湘水二妃、明星玉女、高唐神女、麻姑仙女、毛女、紫姑、花神、酒神、风神、船神以及殉国的屈大夫、冤死的伍子胥、战殁的蒋子文、长寿的张果老等等。这些神灵或与宗教信仰相混杂相交叉,或者纯系民俗信仰而与宗教无关,但都成为活跃在唐诗中的一种独特形象,都为唐诗增添了奇丽绚烂的浪漫主义色彩。

  需要说明的是,在作品中写到诸位神灵的诗人们,对待民间神灵崇拜的态度并不完全一致,甚至有很大差异。有的基本上认同,甚至深信不疑;有的不过是当作一种"诗料",当作一种与时间地点相关的典故,用入诗中;有的更不过是替自己的创作制造气氛、调配色彩而已。也有的诗人对这种信仰有所怀疑，因而或直接或婉曲地提出批评，对几乎泛滥成灾的淫祠则往往加以明确的反对和抨击。还有的诗人则简直是借题发挥，虽然作品中涉及神灵，其真正题旨却在于讽喻他事，抒发某种感慨议论。凡此种种，均需予以分别，不可笼统视之，一概而论。

最后，应该谈一谈唐人笔记小说同民间神灵崇拜的关系。在这些叙事文学作品中，神灵往往作为有名有姓、有出身来历，甚至有生动肖像的活生生的文学形象而出现。大致可分为两种情况。其一，有些作品原是流传于民间的奇闻逸事，后来被文人整理记录了下来。牛肃《纪闻》、戴孚《广异记》、陈劭《通幽记》、谷神子《博异志》、薛用弱《集异记》、于逖《灵应录》、段成式《酉阳杂俎》等都有大量记载。其二，在民间神灵崇拜故事的启发下，不少唐代作家利用这类传说故事的素材，创造出了一篇篇美丽动人的小说。这类作品数量很多，这里试举二例。

裴铏《传奇》有《崔炜》一篇，是情节曲折、结构完整的小说，其篇幅为三千字左右。该文述崔炜出于同情，帮助一老妪（鲍姑），而得其所赠越井冈艾。用此艾为任翁（秦南海尉任嚣之灵）治病，任恩将仇报，欲杀崔炜以飨独脚鬼。任翁女救出崔炜。崔炜逃生时，不料堕井。又用艾灸去一巨蛇唇上的赘疣。蛇赠径寸珠酬炜，炜不受。于是蛇负炜来到南越王赵佗之墓。崔炜在此见到赵佗侍女、田夫人等人之灵，并遇到羊城使者前来通报人间消息。后崔炜出洞,回到人间,寻访羊城使者却无所获。一日于城隍庙中,"忽见神像有类使者",这才恍然大悟,羊城使者即广州(五羊城)的城隍神。① 中元日,还阳的田夫人与其成婚,崔炜才一一弄清在地下所遇见的人事。

这篇小说通过崔炜的经历将许多受到民间供奉的神灵,如鲍姑、南越王赵佗、任嚣、广州城隍、田横等,与人间的官吏,如广州刺史徐申、赵昌,监察御史崔子向这些时代不同、本来不可能发生关系的人物串联起来,情节荒诞离奇而结构却相当严谨,首尾一贯,充分显示了唐末小说家的创作水平。但话又说回来,裴铏的构思与设计无疑离不开当时盛行的民间神灵崇拜。

唐人传奇中还有一篇篇幅比《崔炜》更长的《灵应传》。见《太平广记》卷492,不著撰人。② 故事说,泾州之东故薛举城旁有善女湫,湫神名九娘子,"乡人立祠于旁……岁之水旱疢禳,皆得祈请焉"。在州的西二百余里,又有朝那湫,湫神朝那是个男神,灵应更广更强。朝那因为替弟弟向九娘子求亲遭到严词拒绝,便兴兵攻打善女湫。九娘子奋起抵抗,但"众寡不敌,三战三北",于是只好托梦请求驻扎在当地的节度使周宝派兵将去帮她。这样神灵与人间就有了更进一步的关系。在九娘子向周宝陈述身世和请求帮助的长篇话语中,我们见到更多的

---

① 见《裴铏传奇》,周楞伽辑注,上海古籍出版社1980年。
② 周楞伽说《灵应传》作者为孙揆,然其说未详,见周辑注《裴铏传奇》,第13页。

神灵，如她追述先世如何从会稽之鄮县迁来泾州，如何"先为灵应君，寻受封应圣侯，后以阴灵普济，功德及民，又封普济王"。九娘子既是水神，她的祖先亲戚也都与水有关，如她说"彭蠡、洞庭，皆外祖也，陵水、罗水，皆中表也"等。此外，她还提及了不少在传奇作品（如《梁四公记》和《柳毅传》）中出现过的神灵和情节。可以说，作者把流传于民间或已被著录于文字的有关传说，加以编织附会，然后以九娘子神为中心，造出了一张小小的水神谱系，并让这些神灵与人程度不同地发生关系。再说周宝同意发兵支持九娘子，因为神灵生活在另一世界，所以这些兵都是早已亡没者，而率军的大将也必须"暴卒"才行。

这篇小说所反映的神灵观念大致是这样的：在生人的世界以外，还有一个神灵的世界。两个世界的组织模式并没有多大区别，都是宗法制的，由家长统治的；子女，特别是女儿，在婚姻问题上，必须遵从家长的意志，不能自主，更不能自由选择。同人世间一样，神灵们也有善恶、强弱之别，以强凌弱也是常见的事。唐人显然是把对社会的认识移植到神灵世界的构建上去了。在他们的观念中，神灵世界和人世间是可以沟通的。人通过祭祀向神灵表达愿望，而当神灵有求于人时，便求助于托梦，人从神的梦示中就知道了自己应该如何去做。人与神既可以互通信息，也可以互相帮助。这一切实际上正是唐人民俗文化中神灵崇拜的一种反映，写作《灵应传》的作家，只不过通过这个故事的叙述，做了民俗观念的代言人罢了。

是不是可以这样说，无数渗透着神灵崇拜观念的民间口头传说，为唐传奇提供了丰富的题材资源，而唐传奇的加工创造，又为此类口头传说的定型化、长期保存和更广泛流传做出了贡献。这就是它们两者之间，也是神灵崇拜观念与唐代一切文学样式之间的关系。

三、迷信中的实用功利

> 雷神的惩罚：华亭堰典的故事——天谴：李师道宫毁人亡——锁骨菩萨与延州女子的重合——朝廷的禋祀与封典——术士的鼓煽与淫祀——明智者的抵制——李磎《敬鬼神议》和沈颜《祭祀不祈说》——张巡、颜真卿的成神——孝悌之神万回哥哥——维护贫富前定观、剥夺不义致富者：阴吏掠剩使的被创造——水浇茶神陆鸿渐——软硬兼施的《祭仰山神文》——崇敬是为了索取

从现代人的眼光看来，形形色色的民间神灵崇拜，也许可以一言蔽之曰：迷信。事情的实质也的确如此。但这种说法未免过于笼统，大而化之。古代民间神灵崇拜现象以及与其有关的各类文学作品，对于我们来说，恰是追溯和了解古人文化心理的一宗宝贵资料。这对研究和探寻中国人文化心理结构的深层积淀，无疑也极为有用。对非科学的文化现象完全可以而且

应该做出科学的分析。

唐人纷繁而多彩的神灵崇拜,并不是突如其来地产生的。它承袭了原始思维中的基本核心,其作用则在于借以补偿和调节社会生活带给自身的心灵失衡。因此它的非科学性是显而易见的。封建统治者为巩固自己的统治,有意识地利用这一点。人为宗教也想通过民间信仰来扩大影响,因此不遗余力地进行着渗透,从而使部分民间神带上了宗教色彩,又使一部分宗教神深入民间,并在许多场合下形成交叉融合、莫辨你我的情况。

原始信仰作为一种古文化层积于唐人观念之中,人为宗教作为一种活文化充当着唐人文化心理的组成部分。但唐人的神灵崇拜也自有创造和发展。许多古已有之的神,或宗教中的神,在唐人心目中都获得了一些与唐代社会生活有关、与唐人文化心理相谐的新品质。

例如风雨雷电之神都是古老的自然神,唐人也继续崇拜他们。其中雷神似乎最得唐人青睐,因而除了他的自然属性以外,又增添了某些人间性或曰人情味。唐代民间有种观念,认为凡做亏心事者,将会被雷击毙,因为雷神主持正义、疾恶如仇。民间流传此类传说,显然有警诫后人的用心,也于无意中对雷神性格做了一些刻画。

《原化记》的《华亭堰典》篇说,唐贞元年间,华亭堰典之妻与人私通,又盗邻家一手巾。邻家来典处寻找,典与其妻不但不归还原物,反而大骂一通。邻居气不过,诅咒他们的恶行:"神道岂容汝乎!"典发誓道:"如真像你说的那样,让我一家都遭雷劈。"当晚，果然有大风雨，震怒的雷神击破堰典家房屋，典及妻均死。[①]这则传说故事所包含的文化意义相当复杂，就其涉及的雷神崇拜而言，雷神在此故事中已成为痛恨奸恶、惩罚迅速而绝不留情的执法者形象。雷神所获得的诸种品格，均为时人所赋予，实为社会理想和舆论的曲折映射。

《宣室志》中记载：元和中，藩镇李师道据守青齐，"蓄兵勇锐，地广千里，储积数百万，不贡不觐"。宪宗派兵讨伐，竟被打败。李从此更加骄横，建造新官，格局与天子正殿相抗衡。然而官殿刚刚建成，便被雷神震击倾圮，"继以天火，了无遗者"。青齐地方的百姓私下说："为人臣而逆其君者，祸固宜矣，今谪见于天，安可逃其戾乎！"旬余，师道果诛死。这则故事讽喻意义明显，其中羼杂着忠君思想、等级观念和对藩镇割据及其骄奢淫逸生活的不满，还有恶贯满盈、天网不漏这样的天道观，等等。雷神在其中扮演了一个镇压不臣的皇权维护者角色。自然神雷公不是颇有一点人间风宪之官的色彩了吗？而这一色彩，当然是唐人在原始信仰上加以涂抹的结果。

道教的产生本与民间神灵崇拜关系密切，道教形成后又反过来影响民间神灵崇拜，两者早就结有不解之缘。唐人崇信的许多神仙灵怪自然带有道教色彩，不需多说。

佛教是外来宗教，但到唐代，也已流行了数百年，可以说深入人心了。唐人关于冥间世界、阴曹地府的想象，大抵跟佛

[①] 见《太平广记》卷393。

教的宣传有关。托塔李天王形象由李靖和毗沙门天王结合而成的事实，也说明佛教对民间神灵信仰的渗透是颇见成效的。李复言《续玄怪录》中有一则故事说，延州有一妇人，与众多年少之子淫纵。死后瘗于路旁。后有胡僧来，始知她乃是锁骨菩萨。① 这就是佛经上有名的马郎妇观音故事，也就是唐代宝卷中的鱼篮观音故事。然而在由文人录载的民间传说中，这位佛教之神已与"延州女子"的形象重合了。

唐代民间神灵崇拜，可以说一方面是原始信仰沉积的结果，一方面打上了中外文化交流的印记，而综合地表现为唐人独特的文化心态。对于后代人来说，它本身又构成一层新的文化积淀。中国人文化心理结构的模式，便跟这种世代的积淀分不开。

封建时代的阶级分野，常使得官民处于对立或潜在对立的状态之下。但在神灵信仰问题上，情况却有些特殊。官府、朝廷、皇帝对于具有普遍影响的民间信仰大都表示认可、同意和接受，民间神灵崇拜因此得以走进官邸和皇宫。许多列于国家祀典，形成某种固定仪式的禋祀，其最初来源往往是在民间。同时，由于皇帝的提倡和推崇，特别是运用国家权力和法律形式对某些神灵加以晋封，载入仪典，这又对民间神灵崇拜有极大的刺激推广作用，所谓上有所好，下必甚焉。

前文曾提及唐朝皇帝自李渊起就开始尊崇被道教奉为始祖的李耳。于是李耳的封号一直被追加到"大圣高上大道金阙玄

---

① 见《续玄怪录》的《延州妇人》篇。

元皇帝"。全国各地都敕建玄元庙，后更规定，京师长安的叫太清宫，东都洛阳的叫太微宫，天下诸郡的则叫紫极宫。官方设立了众多宫观，民间道观在其影响下也如雨后春笋般建立起来。

设立寺观，是为了祭奠供奉。由祭老子而联想到祭其他神灵，不少希求幸进的方术之士，摸准皇帝脾气，在祭祀神灵上大做文章。天宝三载（744），术士苏嘉庆请祀九宫贵神。① 王玙"少习礼学，博求祠祭仪注以干时"，后更专以祠事求宠，唐肃宗时位至宰相。"肃宗尝不豫……玙乃遣女巫分行天下，祈祭名山大川，巫皆盛服乘传而行……肃宗亲谒九宫神，殷勤于祠祷，皆玙所启也"。② 代宗时又有道士李国祯，"请于昭应县南三十里山顶置天华上宫露台、大地婆父、三皇、道君、太古天皇、中古伏羲娲皇等祠堂，并置扫洒宫户一百户。又于县之东义扶谷故湫置龙堂，并许之"。③ 德宗时，术士匡彭祖又"请每于四季月郊祀天地"。④ 据《唐会要》卷23《缘祀裁制》记载，唐代一年十二个月，朝廷祭祀共有八十次，这真是不折不扣的淫祀。当时民间神灵崇拜和与之相应的祭祀活动本就相当发达，朝廷这种做法必然会更大地煽起民间的崇祀神鬼之风。在这种泛滥一时的淫祀现象中，非常明显地暴露出中国自古以来在许多问题

---

① 见《旧唐书·礼仪志》。
② 见《旧唐书·王玙传》。
③ 见《旧唐书·王玙传》。
④ 见《旧唐书·礼仪志》。

上常有的上有所好、下必过甚以及上下交相煽惑,总要变本加厉地把事情推到荒谬的极端才肯罢休的民族文化心理。

当然,也有头脑清醒的人,那就是比较了解下情的官吏和正直有识之士。为了抵制唐睿宗为金仙、玉真二公主入道而各造寺观一座的命令,左散骑常侍魏知古、吏部员外郎崔莅、中书舍人裴漼、右补阙辛替否、大理少卿韦凑等纷纷献表上疏,表示反对,尽管他们的反对并无实效。①《旧唐书·李德裕传》载,长庆三年(823)他担任浙西观察使时"锐于布政,凡旧俗之害民者,悉革其弊。江岭之间信巫祝,惑鬼怪……德裕欲变其风,择乡人之有识者,谕之以言,绳之以法,数年之间,弊风顿革。属郡祠庙,按方志前代名臣贤后则祠之,四郡之内,除淫祠一千一十所"。由此也可见当时江南淫祠之多。李德裕的善政使百姓受惠,也得到明智有识之士的赞赏,如诗人徐凝就作《浙西李尚书奏毁淫昏庙》诗赞美:"传闻废淫祀,万里静山陂。欲慰灵均恨,先烧靳尚祠。"李德裕还对另一些由于迷信而起的陋俗,如民间竭财厚葬的风俗,加以禁止,对于纯洁民风起了良好作用。唐时,在地方官任上做过类似事情的并非李德裕一人,韩愈、柳宗元等都曾有过破除迷信之举。

还有人著书立说予以反对。李磎《敬鬼神议》,对自古以来立为不刊之典的敬鬼神之礼、祷祠祭祀等提出驳难。他认为鬼神实不可知,更未必有灵,论证道:"今江东委巷之礼祠夏禹,

---

① 见《唐会要》卷50《观》。

蜀人则祠先主与武侯。祈祝徼福，昧亦甚矣。且夏之后桀奔南巢，蜀之后主面缚于成都。苟有神禹、先主、武侯之灵，何不救也？岂有未能救其骨肉子孙而爱他人乎？推而考之，则鬼神未必能专为利害也。"①又有沈颜，为中唐名臣沈传师之孙，著有《聱书》十卷②，其书今佚，但在《全唐文》中仍保留了他的《妖详辨》《祭祀不祈说》《时日无吉凶解》等篇，均明确反对迷信，甚至达到大声疾呼的地步："必以明神可祈，福佑可量，则三代不易世，秦汉不更氏，王者无明暗，卿士无贤愚，能尽其祭祀则享其福祚矣……而不知人事之起，匪成即败，匪得即失，用之有巧拙，智之有先后，岁有丰俭，运有否泰，非神之所置也。于是废业而不为非，竭产而不为悔，奸巫乘之，以语祸福，竟不能明，浸以成俗，得非上失其正，下效其为者乎！"③在君臣上下一片淫祠佞神之风中，这是多么清醒而健康的声音。

中国文化史上，每当一种社会风气因上下相煽而形成弊端、酿成祸害时，总会有一些明智有识之士挺身而出，高唱异调，企图力抗流俗，从而相对地抑制了这种风气过度的猖炽和流衍。中国古代文化能够不断在斗争中前进，不致走入狭谷绝境而殪亡，这大概也是原因之一。

唐人在民间神灵信仰中，传承了对于许多旧神的崇拜，并且还自行确立了一系列新的神明。分析这些新神得以确立的原

---

① 见《文苑英华》卷764。
② 见《新唐书·艺文志》。
③ 《祭祀不祈说》，见《全唐文》卷868。

因，颇能看出唐人文化心理的某些侧面，其中最主要的便是唐人对当时道德伦理规范的张扬。

安史之乱时，固守睢阳、捍卫江淮的张巡及其战友许远、南霁云、雷万春等人，是唐人新奉立的神，其职责大抵为驱邪逐恶、守护地方。在与藩镇的斗争中表现出高风亮节的颜真卿，也是自唐开始被神化的。他们由人而神的原因何在？根据史实，不外乎两点：第一是忠，忠于唐朝，忠于职守；第二是勇，面对强敌顽强不屈，最后壮烈捐躯。他们的死，或为保卫江淮大片土地，或为震慑藩镇的嚣张气焰做出了贡献，但更重要的是显示了一种精神、一种品质，成为封建伦理道德规范所最为称许，也最为需要的一种楷模和典范。因此，张巡和颜真卿之被神化，实质上是"忠勇"这种封建道德和个人品质的被神化。老百姓祭祀他们，或许是因为他们的辉煌战绩，或许是因为他们的死换来了更多人的生，但从封建帝王那边来看，对他们追封加赠，下旨立庙，则是为了树立忠臣义士的榜样，为了宣传有利于统治者地位的伦理道德信条。民间的英雄崇拜正好成了统治者鼓吹忠君保国思想的舆论基础。

孝悌，即孝顺父母，尊兄爱弟，也是我国传统伦理道德中的重要规范。因孝行昭著而得到赞扬褒颂的人，历来多有。而在唐朝，则出现了一位因孝悌之举而变为神的普通人，那就是少时痴呆、长入佛门的万回。

关于万回的传说，胡璩《谭宾录》和段成式《酉阳杂俎》均有记载。《酉阳杂俎》所记较简，云：

僧万回年二十余，貌痴不语。其兄戍辽阳，久绝音问，或传其死，其家为作斋。万回忽卷饼茹，大言曰："兄在，我将馈之。"出门如飞，马驰不及。及暮而还，得其兄书，缄封犹湿，计往返一日万里，因号焉。①

　　《谭宾录》所述万回神迹较详，而究其能够被民间奉为神的道德原因则同样是"孝悌"两字，而且对此表述更为清晰。如先写其受父鞭挞而无怨，接写其父母因万回之兄远戍安西，音问隔绝，"日夕涕泣而忧思焉，回顾念父母感念之甚"，这才提出前往探望的请求。则他的行为显为慰亲而发，孝思益发明显。②

　　从万回神的传奇来历，可以窥见我国民族文化心理中重孝悌观念的力量。此后，万回在民间一直被崇奉信仰，渐渐演变为能够预卜吉凶、排忧解难的喜神。乡里百姓均亲切地呼之为万回哥哥，视之为和事老人。其蓬头褴褛、善眉笑目的样子，深为百姓所喜爱。发展到清代，竟又同唐僧寒山、拾得二人相合，成为民间喜闻乐见的喜庆之神和合二仙，而被雍正御封为"和合二圣"。

　　在唐人传奇中有大量涉及冥界情景的传说故事，甚为详细

---

① 见《酉阳杂俎》前集卷3。
② 《谭宾录》，《新唐书·艺文志》小说家类著录，十卷。作者胡璩，唐文宗、武宗时人。此书今残，《太平广记》引有佚文。此书说万回之兄远戍安西，与《酉阳杂俎》所说万回之兄戍辽阳，差异甚大，这正是民间传说的特点。安西、辽阳，谓其距万回家之远而已。

地描述了阴曹地府的等级结构、人事关系、所守职司以及对待鬼魂的种种酷刑。很显然，这里有佛教地狱说的影响，但更重要的，冥间世界其实是现实社会，特别是官府衙门的阴暗投影。冥官之愚懵昏聩，阴吏之贪狡凶残，刑法之名目繁多、惨无人道以及贪赃枉法、徇私舞弊、敲诈勒索、收受贿赂，这一切岂不都是人间官衙牢狱里常见的景象？值得注意的是，在这一系列民间传说中，也发生了创造新神的现象。

牛僧孺《玄怪录》的《掠剩使》篇，说杜陵韦元方外兄裴璞，原任邠州新平县尉，元和五年卒。长庆初，元方下第，在前往陇右途中竟与裴璞相遇。询之，才知裴璞已在阴间任"陇右山川掠剩使"，其职司是专门掠刷世人命数注定以外的剩财。裴璞宣扬的是钱财命定论：数外之财，一文也不可保，不是被虚耗枉蚀，就是遭逢横事，破丧殆尽。但我们从中却既可以体察出唐代百姓对于贫富不均，对于某些人巧取豪夺、聚敛不义之财的不满和诅咒，又可以感受到一种贫富前定的宿命观，而这两者都是我们民族文化中根深蒂固的传统因素。穷人痛恨富豪，希望阴间的掠剩使去剥夺他们的财富；富人害怕穷人，便宣扬穷富均是前定，均由掠剩使操纵，因此不必胡思乱想，更不可轻举妄动，而应安分守己，乐天知命。对于同一神明的不同期待，对于同一道理的不同解释，以及对于同一伦理道德规范之不同侧面的强调，也许正是诸对立阶级可以共存于庞杂而统一的民族文化共同体之中的原因。

当然，也有全民族共同推崇、共同向往的伦理道德规范，并因符合这种规范和理想而由人变成神的情况。这在唐代民间神灵崇拜中也有实例可寻。

比如，孙思邈可以说是由于智慧、博学之故而被尊为神明的。《旧唐书》说他"七岁就学，日诵千余言"，在当时被人誉为"圣童"。《新唐书》称他"通百家说"。[①]孙思邈是唐朝一位最善用药的名医，所著《千金方》被作为药物书的经典。他的智慧中还包含着治病救人的人道因素。他之成为神仙，被称为"药王"，与古代扁鹊、华佗，以及以博闻强识著称的东方朔、张华等人成为民间神所经历的过程大抵相似。颜真卿之成神，除因忠勇外，也与他的"博学、工辞章"，"善正、草书，笔力遒婉，世宝传之"有关。[②]而唐人陆羽（鸿渐）之所以被奉为"茶圣"，大概因为他在品茶上有丰富经验，并留下专门著作《茶经》。

又比如，著名的长寿者也往往获得变神的殊荣。孙思邈就是一个长寿者。张果老也是"时人传其有长年秘术，自云年数百岁矣"。[③]传说他怀中藏有仙药，敷于齿上，能使因饮毒堇之汁而焦缩的牙齿新生，"粲然洁白"。经过道教徒的渲染，他这种长生不老、返老还童的本领愈益迷惑民众。因为这正迎合了一般人都会有的崇拜生命、渴望长生的心理以及认为年长寿永说明道德修养高深的观念。

凡此种种，均足以说明对于民间神灵崇拜仅仅斥之为迷信，

---

① 见《新唐书·孙思邈传》。
② 见《新唐书·颜真卿传》。
③ 见《旧唐书·张果传》。

显然远远不够。这种迷信的背后，的确潜藏着一定的文化意义，往深层探寻，实在颇有必要。

敬畏与利用相结合的信仰态度，是唐人民间神灵崇拜最能体现中国传统文化精神的一个侧面。这里的核心是实用功利主义。正如英国人类学家马林诺夫斯基所说："巫术之所以进行，完全为的是实行。支配巫术的是粗浅的信仰，表演巫术的是简易而单调的技术……巫术纯粹是一套实用的行为，是达到某种目的所取的手段。"① 当然，唐人自己并没有实用功利主义这个概念，这是我们根据他们的言论、行为概括出来的，也是对其性质的一种认识。

其实，从前面的论述中，我们应该可以得出这个结论。比如唐人将忠勇无畏者、智慧杰出者、孝悌卓著者奉为崇祀的神明，从更深的意识层次来看，便是因为这些品质于人有用有益，或已达到某种功利，或可预期某种功利。儒家的亚圣孟轲，曾教训梁惠王曰："何必曰利？"然而不幸得很，古往今来的中国人出言行事，包括崇祀鬼神，却很少能够不想到"利"，很少能够不从功利出发，不过各阶级中的人所期望的功利有所不同而已。

正因为这样，唐人对于神灵的态度便只能是敬畏与利用的结合。敬则敬矣，畏则畏矣，而归根到底是为了让这些神仙灵鬼有利有益于己。

《唐国史补》卷中载："巩县陶者多为瓷偶人，号陆鸿渐，买

---

① 见［英］马林诺夫斯基《巫术科学宗教与神话》，李安宅译，中国民间文艺出版社1986年。

数十茶器得一鸿渐,市人沽茗不利,辄灌注之。"看来茶仙陆鸿渐既受到尊敬,又不免受到某种驱遣。这种既含敬意,又颇似不敬的做法,正是唐人对待神灵态度的真实写照。唐人的可爱之处在于他们并不隐讳这一点,相反,是理直气壮、开诚布公地讲出来。古人毕竟纯朴天真,故气盛而言宜。

试看韩愈在袁州所写的一篇祭仰山神的文章[①],对于神明在敬语的形式下又赋予了何等不敬的功利主义。该文一开始就毫不客气地声言神是依人为生的,以此作为展开下文的大前提。神既依人为生,自应奉事于人。如今久不降雨,天旱伤农,难道不是神的失责吗?不过韩愈行文巧妙,并不直接指斥,而以不利于神的后果告之:"人将无以为命,神亦将无所降依,不敢不以告。"口吻软中有硬,恭敬中含着威胁。下文笔锋一转,把矛头拉回自身:如果我做刺史的有罪,可以惩罚我一人,为什么要连累百姓呢?这种高姿态,对于同有佑护乡土之责的仰山之神来说,又是一层压力。最后两句"以时赐雨,使获承祭不怠,神亦永有饮食",简直就是命令,当然也含着劝诱和许诺。总而言之,韩愈虽是人间官吏,但在向神明祈祷求告时,气势上却完全凌驾于神灵之上。

对神尚且如此,对怪就更不必说了。韩愈为驱赶害人的鳄鱼而作的《鳄鱼文》,口气就更要强硬得多。也并非单单性格刚强、笔力雄健的韩愈如此,以文笔柔丽清婉著称的李商隐,写

[①] 《袁州祭神文》三首之二,见《韩昌黎文集校注》,上海古籍出版社1986年。

起祭神文来，同样是用这种口气。《文苑英华》祭文类"神祠"门收张说、张九龄、陈子昂、白居易、杜牧等人祭神文多篇，各人文风容有差异，但对神既崇敬又有所需索、加以利用的态度则基本相同。

这种神灵崇拜中的实用功利态度，恐怕不是偶然发生的，而是人间君臣、官民、上下关系的一种折射，是封建社会人际关系中无权者对掌权者态度的一种反映。拿身处社会最底层的普通百姓而言，他们无论是对待各种神灵（比如进驻每个家庭"上天言好事，下界保平安"的灶神），还是对待皇帝朝臣乃至各级父母官，岂不都是这样既十分敬畏又有所需索，既不得不服侍供养又敢于腹诽口讥甚至揶揄嘲弄，倘不能最低限度地满足他们的要求，就要毫不留情面地诅咒斥骂吗？这样看来，唐人对于神灵的崇拜固然有迷信无知的一面，但要说他们一律真的那样愚昧、那样无保留地盲信神灵，那倒也有点冤枉。

四、祈求、诅咒和驱鬼的巫术

巫术与禁忌的性质——求雨求晴：祈求巫术的一大内容——巫师与阴阳人——巫事仪式和狄惟谦杀巫——以言语为手段的诅咒巫术——唐太宗吞蝗的巫术意义——驱鬼巫术及其心理基础——一次规模巨大的集体驱鬼巫术活动——画虎头、书聻字的习俗及有关传说——傩逐疫鬼——"驱傩击鼓吹长笛，瘦鬼染面唯齿白"：孟郊《弦歌行》——宫中傩舞：《乐府杂录》的记载——孙颀《春傩赋》、乔琳《大傩赋》

唐人对神灵的态度，一方面是敬畏，一方面是利用，这是唐代，或许也是整个中国古代神灵信仰的一大特点。与此相关，在唐代社会生活中，便到处可见巫术活动与禁忌戒条。巫术活动的性质，是向神灵求告，其目的则在于获得帮助，解决困难。因此不妨说巫术具有某种积极进取的特征。禁忌戒条则与之不同，是对人们行为言语的限制，是要求规避和约束，以免触怒神灵，造成灾祸，因此似乎具有更多的防范意义。当然，无论积极进取还是消极防范，都是以保障人的切身利益为根本目的。

上面所说对山川湖海以及土地神的许多崇祀活动，往往就带有祈求巫术的性质。人们期望得到这些神灵的保护，从而风调雨顺，农桑茂盛，五谷丰登，六畜兴旺。

《旧唐书·德宗本纪》：贞元十五年（799）"四月丁丑，以久旱，令阴阳人法术祈雨"。贞元十九年（803）"五月辛亥……自正月至是未雨，分命祈祷山川"。大旱带来的后果，很可能是农田绝产，这在古代是一种大灾难。反过来，过分的雨水也是极可怕的。《唐会要》卷44记载："大历四年（769），京师大雨水，斗米直八百，他物称是。命闭市北门，置一土台，台高五尺，上置五方坛，坛上立一黄旛以祈晴。"在这种情况下，便不能不动用巫术手段了。"令阴阳人法术祈雨"，所谓"阴阳人"

实即巫师,以其能沟通天人,联络阳世阴间,故称之为"阴阳人"。让巫师行法术祈雨,这不是一般的祷祝,是一种临时决定的非常之举。上引另两条材料虽未说明是否用了"阴阳人",但按常理惯例推之,则在这一类祈求巫术活动中总是少不了他们的参与。

巫师是这类祈求巫术活动的主持者。前面提到李贺《神弦》诗,实际上,它描写的就是由女巫师操持的一次祈求巫术活动。诗人没有说明人们要巫师祈求什么,也没有写出祈求的结果,诗人的兴趣只在渲染那种肃穆而神秘的气氛,诗歌毕竟不是专门用来记录民俗的资料。不过,这首诗所表现的巫术活动还比较顺利,却是可以大致判断的。也有不成功的祈求活动,也有因祈求失败而遭殃的女巫。

《剧谈录》记载这样一则传说:唐会昌年间(841—846),晋阳大旱,"自春徂夏,数百里田皆耗敳"。晋阳令狄惟谦(名臣狄仁杰之后)亲自去晋祠祈祷,然"略无其应"。当地有一郭姓女巫,"少攻符术,多行厌胜",曾出入宫掖,被赐天师号。狄惟谦据百姓推荐,登门一再恳请,郭天师终于应允祈雨。举行仪式那天,"乃具车舆,列旛盖,惟谦躬为控马,既至祠所,盛设供帐,磬折庭中"。女巫祷求了一整天,第二日,才对狄惟谦说:"我为尔飞符上界请雨,已奉天帝命,必在至诚,三日雨当足矣。"好消息传出,于是四郊百姓云集于此,等待天降大雨。然而,三日过去,并无一点下雨的征兆。女巫又说,这是因为你当县令的无德,我为你再祈告上天,七日后才会有雨。

狄惟谦引罪自责,对女巫奉之愈谨。然而,七天过去,仍未下雨。女巫想走,惟谦不放。她竟勃然变色,痛骂狄惟谦不知天道,说:"天时未肯下雨,留我将复奚为!"狄惟谦乃婉言劝女巫暂留一宿,明日饯行。他于当夜做好一切布置。第二天,女巫发现饯别宴毫无安排,大恣诃责。狄惟谦怒道:"左道女巫,妖惑日久,当须毙在此日,焉敢言归!"于是命左右,拉女巫于神前鞭背二十,然后投于漂水。又命在祠后的高山上设席焚香,祷告上苍。此时,阖城骇愕,观者如堵。忽然,大片云层涌来,先覆盖了狄惟谦站立之处,然后"四郊云物会之,雷震数声,甘雨大澍,原野无不滂流"。狄惟谦杀巫求雨获得了成功。①

我们详细地介绍了这则传说故事,因为它比较全面地反映了当时人们的那种复杂矛盾的心理。这里既有对祈求巫术的虔诚笃信,又在一定程度上揭露了这种巫术的不可靠、不灵验。从故事情节的渊源来说,它显然受了古老传说"西门豹治邺"的影响,而从它所表现的神灵崇拜和信仰观来看,又与原始的"牺牲"观念有关。远古时代,商汤求雨,曾剪甲爪亲祷于桑林;如今狄惟谦鞭打女巫,并把女巫投入水中,实际上也就是把她充作了供奉上天的牺牲。这篇故事讲述的是唐人一次求雨巫术活动,而其血脉深处,则与古代的神话传说相应而潜通,我们由此感受到民俗文化传统深沉的伟力和它同文学的难解因缘。

---

① 见《太平广记》卷396。

上面讲的是祈求巫术。祈求巫术以行动为主,往往有一整套的仪式程序。与之不同,诅咒巫术或神判巫术则以言语为主。前已引述的《原化记》"华亭堰典"故事,被盗的邻居不但未能讨回失物,还挨了骂,于是诅咒华亭堰典与其妻。而堰典及其妻子由于有错不认,更由于赌咒发誓——尽管此誓是为了骗取邻居信任而违心地立下,却果真应了誓言所说,被雷击死。这里是人们的话语显示出了一种魔力,这也就是诅咒巫术的功能。

在唐代历史上,盛传着唐太宗吞蝗的故事。据《唐会要》卷44载:

> 贞观二年六月十六日,终南等县蝗。上至苑中,掇蝗数枚咒之曰:"人以谷为命,而汝食之,是害吾百姓也。百姓有过,在予一人,尔若有灵,但当蚀我,无害百姓。"将吞之。侍臣曰:"恐致疾。"遽来谏止。上曰:"所冀移灾朕躬,何疾之避?"遂吞之。自是蝗不为灾。

这则故事所表现的皇帝吞蝗行为及其与侍臣的对话,既含有诅咒巫术的意味,又含有祈求巫术的因素。所谓"尔若有灵,但当蚀我,无害百姓",是太宗对蝗虫的咒骂,而其吞蝗之举及"所冀移灾朕躬"云云,则明显含有祈求之意,居然还相当灵验,就此灭了蝗灾。此事无论真假,史官载以入书,当然是为了颂扬大唐英主的舍己爱民,但无意中却以当时人们的眼光记录了百姓普遍信以为真的行之有效的巫术行为,只不过在记载中把这种行为说成是皇帝的美德罢了。

唐代民间还活跃着驱鬼避邪巫术。这种巫术形式多种多样,然而目的大致相同——驱逐避开危害人类的各种鬼魅。认为自然界的灾害、人类的疾病、意外死亡等,都是由于鬼魅作祟,期望通过巫术手段,躲过和消除这些不幸的灾祸和病患,便是此类巫术盛行不衰的社会心理基础。

杜佑《通典》卷7记载了这样一件事:"(天宝)十三载,京城秋霖,……其所在川谷泛溢,京城坊市墙宇崩坏向尽。东京瀍洛又溢,堤坏,飘损十九坊居人邑屋。"面临如此灾难,政府一面开仓粜粮,一面下令:"遣京城诸坊人家,于门前作泥人,长三尺,左手指天,右手指地,十月方霁。"

正史上记载了这场历时六十余日的大雨,也记载了政府开仓赈民之举,但没有提到令市民家家做三尺泥人,左手指天,右手指地之事。《通典》记载了此事,但没有说明这个主意的由来,也没有说明这个行动的意义。我们认为,这大概可以说是一场规模巨大的集体驱鬼避邪巫术活动,泥人以手指天划地,虽不排除含有祈求祷祝之意,但似乎更多的是倾向于表达愤怒、悲怆、控诉乃至警告、恫吓的情感。做出这个建议的,恐怕也只能是方士巫师之类的人物。

《酉阳杂俎》续集卷4记云:"俗好于门上画虎头、书聻字,谓阴刀鬼名,可息疫疠也。予读《汉旧仪》说,傩逐疫鬼,又立桃人、苇索、沧耳、虎等。聻为合沧耳也。"关于这位"阴刀

鬼",唐时还附会出了这样一则传说:

> 河东冯渐,名家子,以明经入仕,性与俗背,后弃官隐居伊水上。有道士李君以道术闻,尤善视鬼。朝士皆慕其能。李君后退隐汝颍,适遇渐于伊洛间,知渐有奇术,甚重之。大历中,有博陵崔公者,与李君为僚,甚善。李君寓书于崔曰:"当今制鬼,无过渐耳。"是时朝士咸知渐有神术数,往往道其名。别后长安中人率以"渐"字题其门者,盖用此也。①

这些记述,说明在门上画虎头、书写阴刀鬼的名字以驱逐疫疠,保护一家人健康平安,确是唐时普遍的风俗。这种带有明显驱鬼和避邪巫术意味的习俗,起源很早,至唐代仍很盛行。直至今日,在某些地区,主要是农村,由其演变而来的种种习俗,如端午节在门前插柳枝、悬艾草,在小孩脑门上用雄黄写"王"字等,仍可见到,可谓绵延不绝,源远流长。

上面在《酉阳杂俎》中提到"傩逐疫鬼",驱傩是更正规而典型的逐鬼避邪巫术。在唐时这种具有一定仪式的巫术活动还相当发达。孟郊的《弦歌行》写的就是民间驱傩仪式:"驱傩击鼓吹长笛,瘦鬼染面惟齿白。暗中崒崒拽茅鞭,裸足朱裈行戚戚。相顾笑声冲庭燎,桃弧射矢时独叫。"这种仪式多在腊月举

---

① 见《太平广记》卷75。

行，所以我们在《年终之祭》一节中已有所介绍。当然这种仪式有时也放在季春，后来逐渐由具有实用驱鬼意义的活动，变为一种游艺文娱性的舞蹈表演。段安节《乐府杂录》有"驱傩"一条，介绍宫中此种表演的规模与方式颇为详细：

> 用方相四人，戴冠及面具，黄金为四目，衣熊裘，执戈扬盾，口作傩傩之声，以逐疫也。右十二人，皆朱发，衣白画衣。各执麻鞭，辫麻为之，长数尺，振之声甚厉。乃呼神名，其有甲作食凶者，沸谓食梦者，腾兰食不祥者，览诸食名者，祖盟强食其磔死寄生者，桃根食箧者等。侲子，五百小儿为之，衣朱褶青襦，戴面具。以晦日于紫宸殿前傩，张宫悬乐。太常卿及少卿押乐正到西阁门，丞并太乐署令、鼓吹署令、协律郎并押乐在殿前。事前十日，太常卿并诸官于本寺先阅傩，并遍阅诸乐。其日大宴，三五署官，其朝寮家皆上棚观之，百姓亦入看，颇谓壮观也。

这里提到了主持逐鬼的"方相"，以及口呼"十二神"名、以麻鞭逐之的表演者，还提到了参与驱傩的、由小儿扮演的"侲子"。这种由政府部门操办，动员大量从艺人员参加的乐舞表演，是每年的一件大事，所以除百官朝僚及其家属可以观看外，百姓亦可入看。

以文学作品形式描述驱傩之戏的，还有乔琳的《大傩赋》

和孙颀的《春傩赋》。①

从孙颀的《春傩赋》我们可以较详细地了解岁末之傩与春傩的不同情景：

> 命方相氏，出傩百神。丹首缥裳，辫发文身。拟金鼓以腾跃，执戈矛以逡巡。驱赤疫于四裔，保皇家于万人。斯乃卒岁之傩也。

这是岁末之傩，春傩的情景在孙颀笔下似乎更为壮观：

> ……其弓乃桃，其矢乃棘。野仲无以施其计，游光曷足逞其慝？然而礼法肃设，千旌骈罗，祠青帝以邀福，抑金方以与傩。将以窒阴气，发阳和。已矣哉，斯欲陈傩之仪，述傩之饰。盛可以仰，功可以抑，腾金耀于四目，被熊皮于五色。乍炜炜以煌煌，或旴旴而艳艳。既秉戈而扬盾，率百隶而是职。及乎出未央，经上林，芳菲发越，瑕秽漂沉。时令既毕，嘉贶是寻。黄龙白凤，大辂南金。聚高冠之岌岌，会长剑之森森。我皇尧舜比德，夔龙是扶，春傩高门，载驰载驱，玉以制容，金以饰途。流声教以布濩，乃洋溢于天衢……

---

① 两赋分别见《文苑英华》卷22、卷23。

乔琳的《大傩赋》用于具体描绘的笔墨较少，但强调了每岁的傩事乃是著于"成命"的国家盛典，与"一人垂拱，万方同庆"有直接的关系，所以该赋在描写了宫中傩事的仪式之后，借国人之口称道说：

当今日月既明，乾元以亨。福穰穰兮共苍生，恩湛湛兮莫与京。恩既湛兮傩人出，春王正兮粤翌日。愿吾君兮千万寿，保巍巍兮唐之室。

这就把施行大傩仪式的根本目的及其巫祝性质表现得非常清楚。在这一点上，两篇赋是完全一致的。

五、预兆和占卜巫术

祥瑞：预兆和占卜巫术的典型代表——恶兆预示不可逃脱的厄运——鉴识预兆成为知识者的必备技能——《游仙窟》的人物对话和示兆成语——权德舆《玉台体》诗中的示兆意识——"暗掷金钱卜远人"和"投金钱赌侍帝寝"——唐代妇女特殊的占卜形式：镜听——靠卖卜为生的专业卜者——崔群自筮——贾耽：一位因善占卜而格外受民间欢迎的宰相

预兆和占卜巫术本是民间流行最广的巫术活动之一。这是一种世界性的现象:"渴想知道未来,是一种普遍的人性。因为要满足这渴想而产生的种种占卜方法,不但是多得指不胜屈,而且是这样为人所习见习闻。"[1] 在唐代上自宫廷,下至城乡普通百姓之家,往往都想借助各种自然迹象和人为方式来探求未知,预测将来。所以这类巫术深深浸入民俗,颇为发达。

帝王们最崇信的所谓"祥瑞",其实质就是这种巫术的运用。历代史书对此记载几乎触目皆是,唐代也不例外。《唐会要》就专有"祥瑞"一门,记录了许多实例。虽然也有唐太宗那样的明白人,下诏指出"家给人足而无瑞,不害为尧舜;百姓愁怨而多瑞,不害为桀纣"[2](贞观二年诏书)。但他毕竟没有禁止各地申报祥瑞,只是有所限制而已。后来玄宗、顺宗、宪宗等虽也下诏表示,"朕以所宝为贤,至如嘉禾神芝,奇禽异兽,盖虚美也",但也只是将祥瑞分为大、中、小三等,规定"大瑞(如麟、凤、龟、龙出现)即随表奏闻,中瑞、下瑞,申报有司,元日闻奏"[3]。可见一种习俗一旦形成风气,要彻底扭转是很困难的。统治术与政绩均远不如太宗的,他的子孙们,当然更不能抵制这种巫术的魅力和一时可见的效用。于是,一面是朝廷颁发禁止进奏祥瑞的诏告,一面却是各地申报祥瑞不绝。

---

[1] 见[英]瑞爱德原著,江绍原编译《现代英国民俗与民俗学》,上海文艺出版社1988年据上海中华书局1932年版本影印。
[2] 见《唐会要》卷28《祥瑞上》所引贞观二年(628)九月唐太宗语。
[3] 见《唐会要》卷29《祥瑞下》所引元和二年(807)中书门下奏文。

更有一班乖巧的、善于逢迎的臣子，热衷于制造渲染种种祥瑞之迹，朝廷也就欣然受之，有的甚至因此而改换年号，以应祥瑞，以求吉利。

如唐高宗龙朔三年（663）十二月十六日，绛州麟见。二十六日，含元殿前麟趾见。至来年正月一日，改元麟德。上元三年（676）十一月一日，陈州上言，"宛丘县凤凰集，众鸟数万，前后翔从，行列齐整，色别为群"，三日，遂改元仪凤。也有因此而更改地名的，如天宝三载（744）武威郡奏，"番禾县嘉瑞乡天宝山有醴泉涌出，岭石化为瑞面，远近贫乏者，取以给食"，于是便将番禾县改成了天宝县。还有地方官请求将祥瑞载入史册的。如大历二年（767），岭南怀集县有阳雁飞来，节度使徐浩以为从来翔雁不过五岭，这是个大吉兆，"乞编入史"，朝廷从之。大历八年解县、安邑两池生乳盐，户部侍郎判度支韩滉以为吉兆，"请荐于清庙，编之史册"，朝廷也予以同意，并将两池分别赐号"宝应""庆灵"。元和九年（814），夏州修城，在地下出土许多"如新器物"一般的釜，也认为是难得的祥瑞，请求"宣付史馆"，得到了允许。[①] 凡此种种均说明预兆在唐时的风行。

了解并掌握预兆占卜巫术，对出现的某种征兆做出解释，或以一种方法禳求化解凶异之兆，在当时实已成为许多知识者的必备技能。比如《唐会要》卷43《流星》载：

---

① 以上诸事均出《唐会要》卷28、卷29。

> 武德三年（620）十月三十日，有流星坠于东都城内，殷殷有声。高祖谓侍臣曰："此何祥也？"起居舍人令狐德棻曰："司马懿之伐辽东也，有流星坠辽东梁水上，寻而公孙渊败走，晋军追之，至其星坠所，斩之。此王世充灭亡之兆也。"

从令狐德棻的回答来看，他是熟悉这种巫术的，即知道流星坠地说明了什么，还了解有关的历史例证和当前的阐释应用。而随时解答皇帝的询问，则是一个近侍之臣必尽的职责。

被杜甫列为"饮中八仙"之一，而于天宝六载（747）被害于李林甫之手的李适之，也是一个相信并懂得此种巫术的人。《明皇杂录》卷上述：

> 李适之既贵且豪，常列鼎于前，以具膳羞。一旦庭中鼎跃出相斗，家僮告适之，乃往其所，酹酒自誓，而斗亦不解，鼎耳及足皆落。明日，适之罢知政事，拜太子少保。①

发生了食鼎相斗的怪事，深知其是凶兆的李适之立即采取措施，然而凶兆不断，甚至愈益严重，结果反应极快，次日就被罢了官。然而"时人知其祸未止也"，最终不但李适之本人被酖杀，连他的儿子也被贬逐、被杖杀。李适之与李林甫不睦，

---

① 郑处诲《明皇杂录》，见《开元天宝遗事十种》，丁如明辑校，上海古籍出版社 1985 年。

由来已久，时人深知其早晚必遭毒手。这则附会出来的故事，把食鼎相斗之类子虚乌有之事描绘得如此真切有据，则表明了当时的人们是多么相信，又多么会编织瑞应预兆之说。

上面所举，只是几个例子。除此以外，一切自然现象，如星辰位置的变化、日食月食、狂风淫雨、巨雷霹雳、地震、彗星以及与季节不符的开花结果、吐丝作茧，或特大的丰收，异常的灾变之类，均可以被视为某种征兆，总之，只要这现象是反常的、罕见的、奇特的，就大抵都能成为某种事变的征兆。在民俗中，对于这种征兆的习惯看法，多半是"事后应验"，即对两个本无关联的现象，做比附性解释，以说明某事发生的必然性。这种解释在民间传说和野史小说中特别多。例如《开元天宝遗事》卷下记载一事，云："武库中刀枪自鸣，识者以为不祥之兆。后果有禄山之乱、大驾西幸之应也。"就是把武库刀枪自鸣与安禄山叛乱二事牵合起来，以前者为后者的征兆，而事实上，这不过是典型的"事后诸葛亮"而已。有时即使并不应验，人们也喜欢根据以往的经验做类似的联想，从而使之成为一种约定俗成的习惯性思维，也就是一种民俗。若稍追究，则可看出形成这种民俗的思想基础，乃是相信天人可以相关相应的普遍心理状态，是自古以来的"天人合一"世界观，不过到唐代，这种具有神秘色彩的哲思，已经充分大众化了。

视种种自然或生理现象为吉凶的预兆，如所谓"目瞤得酒食，灯火花得钱财，干鹊噪而行人至，蜘蛛集而百事喜"[①]之类，

---

① 见《西京杂记》卷3。

这乃是由来已久、源远流长的民俗预兆观,当初与预兆和占卜巫术有关,后来巫术意味渐渐淡化,但在百姓心目中依然很有分量,流传到唐代其势力并不稍衰,在文学作品中也颇多表现。敦煌变文中,其例甚为常见。如《汉将王陵变》写到王陵率军劫楚营之前夜,"项羽帐中盛寝之次,不觉精神恍惚,神思不安,攉然惊觉,遍体汗流",仿佛有一种不祥的预感。后来项羽捉了王陵老母,想用她来劝降,王陵来到楚营之前,忽感"眼瞤耳热",心中疑虑,不久果然传来王母自杀的噩耗。又如《捉季布传文》说到季布潜逃,来到周家,"周氏夫妇餐馔次,须臾敢(感)得动精神。罢饭停餐惊耳热,捻箸横匙怪眼瞤。"[①]这是一个眼瞤耳热有远客将到的典型例子。这在文人创作中也比比皆是。例如,传奇小说《游仙窟》写到男主人公张鷟来到"神仙窟"中与女主人公十娘、五嫂相见,她们十分高兴,相互间有这样一段对话:

五嫂回头笑向十娘曰:"朝闻乌鹊语,真成好客来。"
下官(男主人公自称)曰:"昨夜眼皮瞤,今朝见好人。"

从这里可以看到,此类民俗已经直接进入了谚语,成为人们日常生活中对某些现象的现成解释,并用以抒发内心的情感。王建的《祝鹊》诗也表述了类似情绪和民俗:"神鹊神鹊好言语,

---

① 《汉将王陵变》《捉季布传文》,均见《敦煌变文集》,人民文学出版社1957年。

行人早回多利赊。我今庭中栽好树,与汝作巢当报汝。"再如权德舆仿民歌风格写成的《玉台体十二首》之第十一首:

  昨夜裙带解,今朝蟢子飞。铅华不可弃,莫是藁砧归?

  无论是"神鹊语"还是"蟢子飞",都是征兆预告,诗中自然流露出一种祝福和快慰的情意。

  也许不满足于被动地静等预兆出现,唐人喜欢进行占卜和其他一些巫术活动。

  占卜的方法多种多样,有专业的方式,也有业余的方式。业余的占卜方式几乎是人人都会的,具体的办法也很简单。例如于鹄《江南曲》所表现的女子掷金钱以卜问外出的亲人何时归来:

  偶向江边采白蘋,还随女伴赛江神。众中不敢分明语,暗掷金钱卜远人。①

  这种掷钱占卜法究竟如何施行,或者即为今日中外都有的看掷出钱币的正反面以决吉凶或行止也未可知。这种方法在民间和宫中都很流行。敦煌遗书中《伍子胥变文》写子胥逃遁之时,"行得二十余里,遂乃眼瞤耳热,遂即画地而卜,占见外甥

---

① 见《全唐诗》卷310。

来趁。用水头上禳之,将竹插于腰下,又用木屐倒著,并画地户天门,遂即卧于芦中,咒而言曰:捉我者殃,趁我者亡,急急如律令!"①伍子胥因眼瞤耳热而有所感,于是自行占卜,并设法禳解,果然使欲来追赶并将他捉送朝廷的外甥打消了念头,躲过了一场灾祸。这是民间相信、运用占卜之例。五代人王仁裕在《开元天宝遗事》中也曾提到"内廷嫔妃,每至春时,各于禁中结伴三人至五人,掷金钱为戏"的习俗,又曾说起,在唐玄宗李隆基尚未专宠杨玉环之前,"宫中嫔妃辈,投金钱赌侍帝寝,以亲者为胜"的游戏。这两条材料,第二条占卜祈求的意味比较明显。第一条的"掷金钱为戏",恐亦难免一赌胜负,而这种胜负的背后又难免联系着能否"侍帝寝"这样切身的问题。

古时女子,良人远行,经年不归,当思念之情无已之时,也求助于占卜。这时,她们除了请教巫者卜师外,也采用一些自己可行的办法,如"镜听"。这在唐诗中有所反映。王建、李廓均有《镜听词》②:

重重摩挲嫁时镜,夫婿远行凭镜听。回身不遣别人知,人意丁宁镜神圣。怀中收拾双锦带,恐畏街头见惊怪。嗟嗟嚓嚓下堂阶,独自灶前来跪拜。出门愿不闻悲哀,郎在任郎回未回。月明地上人过尽,好语多同皆道来。卷帷上

---

① 见《敦煌变文集》,人民文学出版社 1957 年。
② 王建诗见《全唐诗》卷 298,李廓诗见《全唐诗》卷 479。

床喜不定,与郎裁衣失翻正。可中三日得相见,重绣锦囊磨镜面。

匣中取镜辞灶王,罗衣掩尽明月光。昔时长著照容色,今夜潜将听消息。门前地黑人来稀,无人错道朝夕归。更深弱体冷如铁,绣带菱花怀里热。铜片铜片如有灵,愿照得见行人千里形。

从两首诗可以看出,所谓"镜听"的办法是占卜人于深夜独自怀抱铜镜,避开众人,在灶神面前跪拜求告。按照后世的记载,这时占卜人还须口念咒语七遍。① 然后怀镜出门,悄悄听人说话,这时听到的第一句话,就预兆着事情的吉凶。所以王诗云"出门愿不闻悲哀",因为没听到悲哀的话语,就意味着吉利;李诗云"无人错道朝夕归",因为没有听到路人谈论"朝夕归"的话而颇感遗憾。接下去是闭眼信步行走七步,开眼照镜,随其所照,去应合人言,据说十分灵验。李诗所谓"更深弱体冷如铁,绣带菱花怀里热。铜片铜片如有灵,愿照得见行人千里形",写的就是这个女子虽然没有听到符合心意的吉利话,仍然在街上行走,盼望铜镜终能照见其良人的行踪,表达了一种深沉而缠绵的渴望,而在这样的叙述描写之中,也就流露了诗作者对这位女子诚挚的同情。这种"镜听"的占卜方法因为简单易行,至宋明时代仍很流行,又称作"响卜"或"瓢

---

① 据《佩文韵府》引《琅嬛记》所云。

卦",近世已不多见。

占卜之事,往往有地方特色。上述镜听多在中原地区,南方则有鸡卵、鸡骨之卜,"南方逐除夜,及将发船,皆杀鸡择骨为卜,传古法也"。又有所谓虎卜、紫姑卜、牛蹄卜等。①

唐代民间还流行着另一些巫术意味更重的活动。其中有的不妨称作交感巫术,即利用人或动物的肢体的一部分,施行法术,达到某种目的。敦煌卷子中保留了不少这类材料。P.2610《攘女子婚人述秘法》中有这样两条:"凡欲令夫爱敬,取夫大母(拇)指甲,烧成灰,和酒服之,验。""凡欲令夫爱敬,妇人自取目下毛二七枚,烧作灰,和酒服之,验。"P.2666背面的《奇方》又载:"治妇人无子,多年不产,取白狗乳,与著产门中,以行房之,得。""夫憎妇,取鼠尾烧作灰,和酒与夫服之,即怜妇。"

这类活动有的与宗教相结合,其神秘色彩就更浓了。如P.3920《千臂千眼陀罗尼神咒经》云:"若为人怨恶,横相谟(谋)害者,取净土或面或蜡,捻作披(彼)人形状,于千眼像前咒,宾刀子一百八遍,一截一称彼名,烧尽一百八只,彼人即得欢喜,终身以厚重而相爱敬。"这是用巫术和经咒化解仇怨之法。类似例子还有许多。②

所谓专业的占卜,指巫者卜师或方术之士应人之请所进行

---

① 请参段公路《北户录》中"鸡卵卜""鸡骨卜"诸条。
② 此节据高国藩《敦煌民俗资料导论》第11章《巫术信仰风俗》,高书对此举例丰富,论之甚详,请参。

的占卜活动。这一类严君平的徒子徒孙们,在唐时乡村市井之中均有不少,长安、洛阳尤多,他们的身影常常出现在小说之中。《太平广记》卷160引《玉堂闲话·灌园婴女》云,有一秀才,切于婚姻,久求未得,"乃诣善《易》者以决之"。这位善《易》者就是一位卜人,他为秀才占了一卦,说秀才的夫人现在还是一个二岁女婴,其父是个灌园叟,住在滑州某地等。秀才不信,也不服,可是历经多年,几番波折,他到底还是娶了这个长大了的"灌园婴女",可见那位卜人当初的预言是多么灵验。再如《玄怪录》中《张左》篇,主人公曾因一个怪梦而"诣占梦者于江陵市",那占梦者就是职业占卜人。又如《朝野佥载》载张鷟故宅有一桑树,高四五丈,无故枯死,寻而祖亡。没后,有明阴阳者云:"乔木先枯,众子必孤,此其验也。"这位明阴阳者应当也是个专业的卜师。

不但有以此为职业的卜师,即卖卜人,甚至有专营占卜业的"卜铺""卜肆"。洛阳的瞽者葫芦生,就是中唐一位极负盛名的卜师,唐人许多笔记都载有他占卜灵验的故事。早在隋末唐初,王绩就有一诗题为《戏题卜铺壁》,盛唐张九龄亦有《送姚评事入蜀各赋一物得卜肆》,均可为唐时多卜肆之证。而且,许多知识者、文人以及官吏,不但相信占卜,还多少会一点。如果说白居易《放言五首》之三所谓的"赠君一法决狐疑,不用钻龟与祝蓍",还不一定是实指唐人的占卜活动,那么,刘禹锡的《送李策秀才还湖南》诗中,记述李策之语曰"昨日讯灵龟,繇言利艰贞"云云,则是这位士子明明白白的占卜行为了。

赵璘《因话录》记有这样一个故事：

> 崔相国群之镇徐州，尝以《崔氏易林》自筮。遇"乾"之"大畜"，其《繇》曰："典策法书，藏在兰台。虽遭乱渎，独不遇灾。"及经王智兴之变，果除秘书监也。

崔群就是以官僚而善于占卜的一例。相传中唐宰相贾耽也是一个精于"术数"的人，阴阳象纬，无不洞晓，曾经多次用以解决疑难问题。有一次有个老叟丢了一头牛，先请桑国师占卜，桑对他说："你的牛在贾相国帽筒中。"老叟拦住贾耽的马头诉说此事，贾耽没有责怪老叟，从帽筒中取出一个"式盘"（亦称"展盘"，占卜用具），就在马上为他算了一卦，告诉老叟："你的牛在安国观三门后面大槐树的鹊巢中。"老叟赶往安国观寻找，爬上树梢，探看鹊巢，可是并没有牛。当他失望地从树上下来时，不意突然发现树下系着一头牛，安闲地吃着草，正是自己丢失的牛，给牛吃草的那家人，也就是偷牛者。① 这则民间传说故事说明，占卜之术像贾耽这样身为宰相的大官也是不妨行之，并且是深受百姓欢迎的。

既有专业的卜师，自然也就会有他们依以为据的占卜之书。这类书在敦煌卷子中保存了不少，如 P.3868、P.4778 的《管公明卜要诀经》，P.3803 的《占卜书残卷》，P.3398《卜法》等，

---

① 见《太平广记》卷 78 引《芝田录》。

高国藩先生《敦煌民俗资料导论》一书对此有详细介绍，我们就不赘引了。

六、梦和占梦

> 对梦的解释具有民族性和时代性——梦的预兆作用和释梦者的智慧——借梦为叙事框架的唐人小说《枕中记》《南柯太守传》——李公佐为谢小娥释梦中隐语——沈亚之《异梦记》《秦梦记》——唐人梦观念的复杂性：杜颜《梦赋》——诗人之梦

对于做梦这个生理现象，古人把它看得很神秘，但是在生活中，梦又是一个常见现象，人们经常在跟它打交道。对于梦的看法，对于梦的解读，往往具有鲜明的民族特征和时代特征。例如，一般中国人对梦的产生机理和梦的真实含义，既与奥地利心理学家、犹太人弗洛伊德梦的学说有明显不同，也与魔幻现实主义小说，如《百年孤独》等书中所表现的拉美民族对梦的看法和解释颇异其趣。①事实上，各民族总是只能从自己特定的生活和历史，即从这样那样的现实来反观、审视、解读和注

---

① 当然，也不排除有某些相同或相通之处，特别是当弗氏学说和拉美小说传入中国后，人们在某些观点上的认同。但就更深层的民俗而言，中国人对梦的看法，特别是许多具体解释，毕竟是中国式的。

释自己形形色色的梦。梦的形式常常是虚幻的，对梦的理解也可以充满想象和虚构，但无论是梦还是解梦，都与一定的现实与历史生活有关——不过反映在梦中的生活常常是变形了的。

中国古人有一种传统看法，认为梦往往实际上是某种征兆的预示，只是常人不能及时解释破译而已。所谓不能及时破译，是因为总要到事后才证明梦的灵验。古代许多带有附会性质的梦验故事，如著名文人江淹、郭璞、李峤、李白等于梦中被授予或被收去彩笔的故事，就是这样制造出来的。在唐代，这些传说故事数量依然很多，有的且进入正史。最典型的如李峤儿时梦人遗双笔，自是文辞大进，后与苏味道并称为"苏李"；王勃夜读《易》，梦中若有人告语，"《易》有太极，子勉思之"，醒后学业大进，作《易发挥》数篇；李白之母梦长庚星而生子，遂名为"太白"，故李白有"谪仙人"风度；等等。《新唐书》卷161《张荐传》附其祖张鷟事迹，云：

> 祖鷟，字文成，早惠绝伦。为儿时，梦紫文大鸟，五色成文，止其廷。大父曰："吾闻五色赤文，凤也；紫文，鷟鷟也。若壮，殆以文章瑞朝廷乎？"遂命以名。

这是解释张鷟之名的由来，却与他儿时一梦有关，而张鷟后来果然是以文才，特别是判词策对获名于世，主考官称其所对为"天下无双"，同僚赞其"文辞犹青铜钱，万选万中"，京中文士遂给他一个绰号，叫"青钱学士"。由此可见，他幼时的梦似乎还很灵验。在这个故事中，张鷟的祖父对梦的解释，证明他透彻地理解了梦文的征兆。能够及时解读破译梦示的征兆，并不是一件容易的事。鉴于这种认识，解梦便成为占卜者的一种特长，甚至一种专利，而记梦，包括记述占梦的灵验与否，则成了文学作品特别是小说野史常见的题材，且为历代读者所喜闻乐见。如段成式《酉阳杂俎》前集卷8即有一类共十五条专门记与梦有关之事，其中颇有一些精彩有趣的内容。

敦煌遗书《伍子胥变文》的最后，有吴王做梦，宰嚭和伍子胥为他解释一节：

> 尔时吴王夜梦见殿上有神光，二梦见城头郁郁苍苍，三梦见城头交兵斗战，四梦见血流东南。吴王即遣宰彼（宰嚭）解梦。宰彼曰："梦见殿上神光者福禄盛；城头郁郁苍苍者露如霜；南壁下匣北壁匡王寿命长，城门交兵者王手（守）备缠绵；血流东南行者越军亡。"吴王即遣子胥解梦……子胥曰："臣解此梦，是大不祥。王若用宰彼此言，吴国定知除丧。"王曰："何为？"子胥直词解梦："王梦见殿上神光者，有大人至；城头郁郁苍苍者，荆棘备（被）；南壁下有匣、北壁下有匡者，王失位；城门交兵战者，越军至；血流东南者，尸遍地。王军国灭，都缘宰彼之言。"

这里详细描写了吴王的梦境，描写了宰嚭、伍子胥对同一梦境的不同解释。梦只是一种预兆，是对未来之事的一种提示或警报。究竟如何解释，全凭释梦者的主观理解。这段描写，实际上是通过释梦进一步刻画了宰嚭、子胥二人的忠奸之分。后来的事实，证明伍子胥的解释是合乎梦的真意的。变文中的这段描写，告诉我们承认梦有警示作用，从而努力对梦境做出解释，确是唐人民俗生活中的常事。

为了规范对于梦境的解释，中国古人创造了一种可以用作工具的《解梦书》。敦煌遗书中有不少这类书籍的残本，其中最完整而且来头最大的，则是 P.3908《新集周公解梦书》。此书内分天文、地理、杂事、哀乐、器服、财物、舍宅、四时、冢墓、林木、山水、禽兽等十八章，对各种梦境都判以吉凶。这类书的文学价值很低，民俗价值却是很高的。①

唐人传奇中，沈既济的《枕中记》、李公佐的《南柯太守传》则是借梦境影写现实，将人世间一生的"宠辱之道，穷达之运，得丧之理，死生之情"集中到一个短梦中加以揭示，借以宣泄"贵极禄位，权倾国都，达人视此，蚁聚何殊"的感慨。在这里，梦境基本上是故事的外壳，但同时也渗透着梦示预兆的观念。如《南柯太守传》写淳于棼在槐安国收到已经去世的父亲的来信，信中有"岁在丁丑，当与汝相见"之语，当时不明其意；又曾巧遇老友周弁、田子华，当时没想到别的，只是一场欢喜；待到他告别槐安国时，其岳父、槐安国王又有"诸

---

① 高国藩《敦煌民俗学》（上海文艺出版社 1989 年）和《敦煌古俗与民俗流变——中国民俗探微》（河海大学出版社 1989 年）有关章节对此有详细介绍，此不具引，请参阅。

孙留此,无以为念,后三年,当令迎生"的话,当时也不甚在意。但是,当他到家之后,派人去找周弁、田子华时,周、田二人一个是"暴疾已逝";一个"亦寝疾于床";"后三年,岁在丁丑,(淳于棼)亦终于家"。梦境中的预告,至此全部兑现。《南柯太守传》这种写法,其思维方式和路径完全符合唐代士庶共持的梦境示兆观念,不但为文人士大夫所首肯,也完全为普通百姓(即使他没有多少文化)所接受。

李公佐所作的另一篇传奇《谢小娥传》,以及后来据之模拟改作之《尼妙寂》(作者李复言,收入其传奇集《续玄怪录》),都有托梦和解梦的情节。谢小娥的父亲、丈夫被江贼害死,冤魂托梦于小娥,分别告诉她一句"隐语":"杀我者:车中猴,门东草""杀我者:禾中走,一日夫"。但小娥不能猜透其所指,到处向人请教,都未能参详。后来遇到李公佐,经过一番静思默想,才由"隐语"悟出,杀人犯乃是申兰、申春二人。谢小娥有了这个线索,又经过一番寻找和忍辱负重的筹谋,终于手刃仇人并报告官府将这伙江贼一网打尽。在这篇小说中,冤死之人托梦,但梦中所言仅是"隐语"而不直接揭示出事实真相,这正与民俗中将梦视为对征兆的变形预示这种想法一致。在一般民俗看来,梦往往具有某种含义,由一定的原因所引起,如谢小娥之梦见父、夫,当然绝非偶然。但梦在起到预示作用时,它所显示的形象、所道出的话语,又往往需要经过变形,借用曲折的隐喻或隐语(谜语)。正因为这样,才需要占梦者,由他们来破译解读。在《谢小娥传》中,文士李公佐就扮演了这个占梦者的角色。在《酉阳杂俎》前集卷 8 的有关记述中，也涉及不少善占梦者，如拓跋魏时的杨元慎，唐时的韦正贯、韩泉、威远军小将梅伯成及江淮王生等，其中江淮王生还是一个占梦专业户，"榜言解梦"，十分灵验。

唐人传奇中的记梦之作也有一些并不着重于占梦、解梦，只是借用梦境创造出一种艺术的氛围、一种独特的境界，把本来绝无可能发生的事，写得似乎凿凿有据，而根本目的则在于可以尽情发挥描写才能，使之栩栩如生，如闻如见，从而让作者充溢于心的诗情绮念可以得到一个最佳、最充分的舒泄环境。在这里，沈亚之的《异梦录》和《秦梦记》堪称杰作。前者写邢凤于梦中遇古美人，听其吟诗并作"弓弯舞"之事；后者写沈亚之梦入秦冢，与秦穆公之女弄玉结为伉俪之乐，及弄玉病死后沈的悲伤哀悼，其中特意传写出沈在各种情境下所作的歌诗多首，这些歌诗由于与人物的遭遇和特定的情节相关联，其悲凄艳丽的美感比该作者其他的抒情诗似更易于打动人心。然而即使这样的作品，作者构思的根据，也在于认为梦境与现实有着某种必然的联系或瓜葛。邢凤之所以会梦见古美人，是因为他"质得故豪家洞门曲房之第，即其寝而昼偃"——他入梦之处正是古美人当年所居之址，这就跟《红楼梦》所写贾宝玉因昼寝于秦可卿卧室，在那个香艳靡丽的环境中入睡，才会绮梦连连，得游太虚幻境一样。而沈亚之之所以会更荒唐地梦到与弄玉成婚，则是因为他所客居的橐泉邸舍，正是秦穆公的葬处，故其友闻说他的梦中奇遇后，解道："非其（穆公）神灵凭乎?"在小说作者对梦境前后的描写中,实际上就包含着他对梦这个现象的看法。而这虽然似乎离占梦、解梦颇远,实质上却是相通的。

唐人对于梦的看法,除了有神秘的一面,还有较为客观、实际的一面,这后一面就带有一定的科学性。例如《酉阳杂俎》前集卷8《梦》中记有这样一件事:"成式表兄卢有则,梦看击鼓。及觉,小弟戏叩门为街鼓也。"这就把做梦的一种原因说清楚了。梦境原来与外界的刺激有关,只是进入梦境,有所变异,以假作真罢了。同卷又有这样的话:"夫瞽者无梦,则知梦者习也";"愚者少梦,不独至人,问之驺皂,百夕无一梦也"。这都是有一定道理的。但这种科学性是初始的、朦胧的,往往与神秘性混合在一起的。开元时人杜颀有《梦赋》[①],是一篇专门咏梦的文学作品,就表现了这两个侧面的交混和参差互见:

> 夫人者何,乾坤之至精;夫梦者何,精爽之所成。及乎群动息、闲宇清,澹尔安寝,俨乎无营,亦或不意而得,亦或因感而生。明休咎之先兆,通喜怒之深情。……

对于梦的产生,杜颀的态度显然是比较实际的,"不意而得","因感而生",就说得挺朴素、挺实在。认为梦能"通喜怒之深情",也几乎点到了问题的本质。下面描写梦境的奇妙

---

① 见《全唐文》卷358。

功用，其实也都在人之常情常理之内："曾有慕而忽来，属所思而必往。虽辽万里，遽谐畴昔之游；纵置九泉，亦觏平生之像。……常驰恋于定省，忽飞魂于寐寤；撩轩幌而无隔，邈山河之径度。常倏忽而往来，竟不由于道路。"这几乎是古往今来每个人都有过的梦体验。但一句"明休咎之先兆"，表明他毕竟没有完全突破当时民俗生活中普遍流行时梦观念。赋中还举出一大堆梦征兆吉或兆凶的例子，来证实前语，但又表示了某种怀疑，从而引出整篇文章最重要的两句话：

> 是以太古无梦以绝欲，圣人肇梦以治想。

既然梦与人的欲念（喜怒哀乐都是因为欲念所引起的）有关，所以"绝欲"者自然便能无梦了。庄子所谓的"古之真人，其寝不梦，其觉无忧"，文中子王通所谓的"至人其寝无梦"，指的即是这种境界。但如果无梦之境不可得到，那么"圣人"对于梦的态度，便是按梦的指示去做，如虔诚地寻求贤者，以利于国家政治。

关于古代圣君因梦而求贤得贤，或反过来说，古之贤能之士本沉埋于草莱薮泽，后因圣君按梦兆而求访，终被擢于上位，得以充分发挥才能，这样的历史故实，不但为历代文人（尤其唐人）所津津乐道，而且为他们梦寐以求。黄帝因梦而得风后与力牧，商汤因梦而得伊挚，武丁（殷高宗）因梦拔傅说于囚徒，周文王因梦识吕尚于磻溪，乃至齐桓公因梦而令管仲邀求甯戚，这些都是屡经加工、反复增饰的著例。杜颁《梦赋》之末，就把文章落到了这一点上：

  独有遭遇明时，羁游上国，才誉不振，命途仍塞。仰轩后之通感，慕殷宗而见擢。当捧日而披诚，庶明君之梦得！

  他是多么希望自己也能如伊挚、吕尚那样被当世的明君做入梦中，从而得到拔擢和重用啊。而他的这种希望，乃至曲折地表达这种希望的《梦赋》，里面就贯穿着来源邈古而在唐代民俗中仍然盛行着的梦观念——梦是一种预兆，是天向人昭示某种意向和前景的表征。一个士人渴望受到朝廷重视，投身于政治事业，这是一种现实的要求；他在表达这种要求时，选择的却是梦示预兆这一超现实的思路。杜颁的这篇赋就是如此将现实的政治要求和颇富神秘色彩的梦观念浑然地整合在一起，从而为我们提供了窥探唐代民俗梦文化的一个视点。
  唐诗中也有大量写梦的作品。但诗人笔下的梦，他们所构设和描绘的梦境，多半只是缅怀过去或畅想未来的产物，是他们想象力极度高扬时所创造的虚幻情景。在这里，"梦"，相当于"幻"，倒并无多么浓厚的预兆或占卜意味。比如杜甫和罗隐《归梦》诗、元稹的《梦游春诗》，是对于往日岁月的回忆，李白的《梦游天姥吟留别》，是对于未来游历登临之事的畅想，李贺的《梦天》写的是诗人之思腾越天外，反观地球之所见，纯粹是一篇假设之辞，而李商隐的《七月二十八日夜与王郑二秀才听雨后梦作》所写的梦境，则是对现实环境做了充分提炼后的变形反映。这些大抵都与前文所说的预兆和占卜无关，应该属于另一种类型了。

七、随处可见的禁忌

> 禁忌的含义 —— 同姓不婚：来自生活经验的禁忌 —— 《义山杂纂》中的禁忌：社会文明的体现 —— 小心人影：为防备鬼神的祸害 —— 每日宜忌 ——《四时纂要》——禁忌与民族心理 —— 禁忌与移情 —— 言语禁忌 —— 避讳与反避讳 —— 诗谶：一种文字禁忌及其给文学创作的影响 —— 对禁忌严肃性的淡化处理

我们在前面讲巫术时，就曾提到禁忌的问题。大体说来，巫术与禁忌都跟神灵崇拜有关，两者的区别只在于前者往往采取祈求、祝愿、诅咒等相对比较积极的行为方式，而禁忌则倾向于比较消极的规避、约束和防范。但归根到底，两者都是以保障人的切身利益为出发点和最终目的的。也有一些禁忌，或许未必与神灵崇拜相关，而来自约定俗成和文化传承。可是，这类禁忌同样反映着某些特定的观念。

所谓禁忌，就是规定人在某种场合、某种条件下，不能做什么或不能说什么，如果这些戒条未能被遵守，便会给违反者本人甚至更多人带来危害或灾难。

不能说所有的禁忌都是迷信，都是文明未开化的表现。有的禁忌实质上是人类生活经验的结晶，是无数代人花费巨大代价才取得的宝贵教训，是完全符合科学道理的。

例如，中国自古以来有同姓不婚的禁忌，所谓"娶妻不娶同姓，买妾不知其姓则卜之"①，这显然是为了避免近亲联姻后代不蕃而规定的。古时同姓者往往就是近亲，近亲的婚配曾经造成许多恶果，古人在生活实践中反复经历，虽未必能加以科学的说明，但终于发现这与同姓结婚有极大关系，于是便以禁忌的方式把这种经验固定下来并代代相传。

也有一些禁忌，是在社会生活中逐步形成，是为了更好地调节人际关系而约定俗成的，因而也是民俗传统的组成部分。

唐时有一本杂记性的书，传为诗人李商隐所撰，名叫《义山杂纂》，其中就提及许多日常生活中应当避忌的事项。比如其"不祥"条之下列举了几件事："卧吃食；无事嗟叹；寝如尸；荐上座；露顶吃食；对日月大小便；未食，碗中先插匙箸；卧床上唱歌曲；牵父母作咒誓；妇人发垂下不收；露顶写字；捶胸骂人。"其"失去就"条下，复列举数事曰："卸起帽与人言谈；袯衣出门迎客；不敲门直入人家；主人未请先上厅坐；席局上不慎涕唾；主人未揖食先举箸；探手隔坐取物；众食未了先卸箸；开人家盘盒书启；骂人家奴婢；钻壁窥人家。""不祥"

---

① 见《礼记·曲礼上》。《郊特牲》曰："夫昏礼，万世之始也，取于异姓，所以附远厚别也。"

者，做了会招灾惹祸；"失去就"者，做了便有失体面，有伤大雅，当然都是应该尽量避免，也就是予以禁忌的。上述种种就并无任何迷信成分，相反，这些规定不是有益于卫生，就是符合于道德，不是有益于个人健康，就是有助于社会交往，应该说是唐人文明程度的一种标志，反映了唐代社会对仪表举止之美的某些要求。而且，这些要求也并非仅对文人士子的，许多乃是全民认同的社会公德和一般礼貌。当然，从作者郑重其事地一一列举、加以强调的情况看，当时也许还有不少人未能自觉、完美地做到这些，但至少可以看出社会舆论的倾向，也就是民间风俗习惯的主流。像这样的禁忌，不但无可非议，而且每个社会都有，都需要。我们常说的"入乡问俗"，就包含着询问和了解这些禁忌在内。有时候，异地异族的风习在我们看来比上述种种远为离奇古怪，为了尊重对方，我们也得予以遵守呢。

当然，唐人也有许多毫无道理的禁忌，今人甚至全然无法理解，这些大抵与神灵崇拜观念，也就是科学不发达时的迷信思想有关。

如《酉阳杂俎》前集卷11《广知》，记着几条当时的禁忌，其中两条似乎略有关联：

> 俗讳五月上屋，言五月人蜕，上屋见影，魂当去。

> 宝历中，有王山人取人本命日，五更张灯相人影，知

休咎。言人影欲深，深则贵而寿；影不欲照水、照井及浴盆中，古人避影亦为此。古蠼螋、短狐、踏影蛊，皆中人影为害。近有人善炙人影治病者。

看来唐人一如古人，把自己的身影看得极重要、极神秘。其思路简直就跟弗雷泽在《金枝》中所介绍的非洲或澳洲的原始人极端重视自己的名字，绝不肯把它亲口告诉别人一样。那些原始人认为，个人的名字和他的灵魂相连，名字让人家知道了，就会被人家施以法术来加害于自己。这是他们对名字保密的动机。① 而唐人之重影，也是因为影子与真人具有相连相等的关系，以至于懂得其中奥秘者，竟能够在特定时间凭人影的深浅预言他们的贵贱寿夭，或为人炙其影而治病。短狐，也就是古书中所讲的"蜮"，它的特殊本领是"含沙射影"，蠼螋和踏影蛊也都能"中人影为害"。而人只要不暴露自己的影子，这些害人虫就无能为力。按照这个逻辑，避影当然是绝对必需的。五月上屋，虽不一定有被短狐等射中的危险，但却有可能让灵魂离去，所以同样是要不得的。

据此可知，那些在今人看来无理而荒谬的禁忌，当初形成之际却是有其特殊的理由和逻辑的。时过境迁，那些理由和逻

---

① 詹·乔·弗雷泽《金枝》自第十九章至二十二章集中介绍非洲、澳洲原始部落所持的禁忌，其中《个人名字的禁忌》一节，有云："原始人把自己的名字看作是自身极重要的部分，因而非常注意保护它。"参见《金枝》，徐育新等译，中国民间文艺出版社1987年。

辑不再成立，禁忌自然也就不能存在。正如今人不信自己的身影有如此妙用，也不信存在着如此的危险，所以对上述唐人的禁忌便只能付之一笑而已。

五月不能上屋，是一种行为方面的禁忌，此类戒条构成了民俗生活中禁忌的主体。就在同书同卷还记了当时流行的另外许多禁忌：

> 入山忌日：大月忌三日、十一日、十五日、十八日、二十四日、二十六日、三十日；小月忌一日、五日、十三日、十六日、二十六日、二十八日。

> 凡人不可北向理发、脱衣及唾、大小便。

> 三月三日不可食百草心，四月四日勿伐树木，五月五日勿见血，六月六日勿起土，七月七日勿思忖恶事，八月四日勿市履屣，九月九日勿起床席，十月五日勿罚责人……

这使我们想起旧时的"皇历"，那上面有"每日宜忌"一项，规定着这一天能做什么，不能做什么。还使我们想起现代作家赵树理著名的小说《小二黑结婚》，那里面有个被讽刺的人物叫二诸葛，他的可笑就在于每做一件事都得查一下皇历，所以每天都生活得战战兢兢。《酉阳杂俎》所列还只是零星的举例性质的，唐时另有一书，名《四时纂要》（编撰者韩鄂），以记述农业生产习俗为主，按四时十二月排列，其中占候、择吉、禳镇等涉及禁忌的内容就费去将近一半篇幅。①

试举其正月所记为例。有"诸凶日"一目，下云："子为狼藉，巳为天刚，亥为河魁，不可为百事；嫁娶、埋葬尤忌。他月仿此。"看来正月里最好什么也别做，但嫁娶似尚未禁绝。"嫁娶日"规定："求妇成日吉；天雄在寅，地雌在午，不可嫁娶；新妇下车，壬时吉。"

又有"禳镇日"，云："正旦元日，以鹊巢烧之著厕，辟兵；又厕前草，月初上寅日烧中庭，令人一家不著天行。"就是说，你如果做了这两件事，便可躲过某些灾难，诸如兵祸，或天疫时病等。

关于农业生产，有"五谷祭（忌）日"一条，写道："凡种五谷，常以生、长日种，吉；老、死日，收薄；忌日种，伤败；用成、满、平、定、开日，佳；九焦、死日，不收。"

人每做一件事，本来就有成败、利害或者说吉凶、泰否两种可能，这本书就教你如何趋利避害。②可是，此书却并未阐明成败利害的道理，因为在它看来这是无须论证的公理，只要知其然就行，无须再问所以然的。

在敦煌卷子中，有一种 P.2661 背面的《诸杂略得要抄子》，

---

① 韩鄂《四时纂要》，国内早佚，六十年代初，在日本发现朝鲜重刻本，遂得引回，1981 年农业出版社有缪启愉校释本。
② 书中有"天道占""晦朔占""岁首杂占""占月影""占云气""占风""占雷、雨"以及"元日占""上元日占""黄道占""黑道占"之类名目。以占卜来预知吉凶，趋利避害也。

另有几种七曜历日，如 P.3081《七曜日吉凶推》、P.2693《七曜历日》以及 S.2404、P.3403 两种《历日》，都载有每日宜忌的内容。以 P.3403 为例，可见一斑：

推七曜直用日吉凶法。

第一蜜（星期日；以下顺推）太阳直日，宜出行，捉走失，吉事重吉，凶事重凶。

第二莫，太阳直日，宜纳财，治病、修井、灶、门户，吉；忌见官，凶。

第三云汉，火直日，宜买六畜，合火，下书契，合市，吉；忌针灸，凶。

第四嘀，水直日，宜人学，造功德，一切功巧皆成，人畜走失直来，吉。

第五温没斯，木直日，宜受法，忌见官，市口马，着新衣，修门户，吉。

第六忽颉，金直日，宜见官，礼事，买庄宅，下文状，洗头，吉。

第七鸡缓，土直日，宜典庄田，市买牛马，利加万倍，修仓库，吉。

但也有规定更多禁忌，这也不得、那也凶险的。P.3081 中七曜日的禁忌就是如此。高国藩先生《敦煌古俗与民俗流变》第八章介绍此卷，统计出七天中共有二十六种禁忌，"总之，除了吃饭、劳动、睡觉，人的一切杂事及娱乐都不准"①。

照这些书说来，人们日常行事的危险性实在太大，只要稍一疏忽，便有可能犯忌，弄得事与愿违。所以，它们又不免成了束缚人们手脚的紧箍咒。这样，一方面要生活，要做各种事，一方面却又必须小心翼翼、束手束脚，就连生性豪放开朗的唐人也不能例外。这不能不说是我们民俗生活中一种矛盾的、奇怪的现象。这类禁忌的产生，与我们的先人对于"天意"，即尚未为他们所把握的、表现为极大偶然性的自然规律（常被讹为鬼神）的崇拜乃至迷信，有密切联系。虽然严守禁忌的结果，未必就能迎合天意，就能躲过鬼神的祸害，但一代代人还是如此恪守着。

值得注意的是，这种行事要择吉而动、要有所避忌的观念，实际上已经深深地浸入了我们民族的灵魂，成为一种几乎是不言而喻的集体无意识，甚至时至今日，在我们现代人的灵魂深处、在下意识中，依然不同程度地起着作用。

还有一些禁忌，很难查考出何以如此的道理和它形成的历史。但在实践中，能看出是人的感情或观念在起作用。例如，唐人见到蜘蛛一般是不打不杀的，因为蜘蛛一名蟢蛛，能够向人报喜，特别是远行人归家的喜讯，所以民间普遍认为杀之不祥。为了强调这一观念，张读《宣室志》上甚至载一故事，以因果报应的方式形象地加以宣传。故事说，御史韦君出京途中

---

① 高国藩《敦煌古俗与民俗流变——中国民俗探微》，河海大学出版社1989年。

暂歇于馆亭，见柱上有只白蜘蛛，怕它螫人，便用指头杀了它。谁知过了一会儿，又来一只，韦如法炮制，就这样一连杀死两只蜘蛛，并叫手下人把蛛网扫净。第二天一早，韦君以手抚柱，猛觉指痛不可忍，原来已被一只白蜘蛛所螫。他赶紧拂去蜘蛛，但手已肿了起来，不几天，红肿蔓及整条手臂，等他回到家中，很快就死了。[1]认为蜘蛛还有喜鹊能够报喜，因此对它们要给予保护，不可随便打死，这种禁忌是中国特有的传统观念，也许不妨说是移情作用的结果，但确实是非常富有特色的一种民俗，虽然它并无多少科学道理可言。

上面讲的是行为方面的禁忌，此外还有言语、包括文字方面的禁忌。也就是说，有些话不能说，如果一定要说，则必须换个说法；有些话不能形诸笔墨，倘若不慎违反了禁忌，则会造成或重或轻的恶果。

形成此类禁忌的根本前提，是鬼神世界在人们观念中的存在。李匡乂《资暇集》中有"生子始"一条，讲到当时人们的一种禁忌：

> 俗生男必绐云女，女绐云男。意者以其形新魄怯，虑鬼物知而逼摄，不欲诚告。

原来生男要说是女，生女要说是男，为的是骗骗鬼物，以

---

[1] 见张读《宣室志》。

免它加害于幼小的生命。禁忌,在这里是人对付可能不利于自己的鬼神之手段。这类禁忌的产生,既说明人的软弱,也显示人的聪明。当然,如果根本不信鬼神的存在,也就不需要这类禁忌了。

避讳也是一种语言禁忌。所谓避讳,就是对人不可直呼其名。小辈对长辈,或者下级对上级,固然必须如此,即便朋友同僚之间,也习惯如此。所以当时的文化人,几乎人人有字号,而正式的大名却成为"讳"。文人或官僚互称,生疏或尊重的,往往用其郡望、籍贯、官职,如果是地方官,则常用其任职的地名;若是已死者,也可以用其谥号;熟悉或亲昵的,则往往称其字号、小名或行第。

这种行为方式,似与《金枝》所讲非洲、澳洲原始民族有关名字的禁忌颇为相像。① 实质上,避讳之事在我国起源很早,那最初促使我们的祖先实行避讳的原因,虽然不甚明了,但恐怕也与他们把名字与用此名之人及与此人的灵魂相联系、相等同这类原始思维有关。姓名即人,即人之灵魂,这样的观念在以往,在文化落后的地方通过"叫魂"之类的行为表现得相当清楚。

当然,避讳之事发展到唐代,已与最初的意义有所不同,

---

① 《金枝》第二十二章《禁忌的词汇》第二节《亲戚名字的禁忌》中讲道:"布鲁岛上的阿尔福尔人忌讳说自己父母或岳父母的名字,甚至与这些名字发音相似的普通事物的名称用词也不说。"在卡菲尔人、吉尔吉斯人、托里斯海峡两边的岛民中,也有此风俗。

与非洲、澳洲原始民族的情况也有所区别。前面曾提到，原始民族确是把名字与灵魂相联系的，最怕别人对自己的名字施加法术，所以轻易不肯把名字告人。唐人的避讳，在形式上与动机上都有所不同。

唐人的避讳，其动机主要是为了向对方示敬，而不是怕被人谋害，所以他们不是不肯把自己名字告诉别人，而是不肯在交往中触及别人（特别是该人父祖）的名字，也就是所谓"家讳"。唐人，尤其是士林中人，普遍懂得在与人交往中，绝对不能触及对方的家讳，否则就是犯了大忌，就是对对方的极大不敬和冒犯。

《明皇杂录》记载一件轶事，说玄宗十分器重苏颋，欲任命他做宰相，便让中书舍人萧嵩起草制书（任命状）。萧嵩写完后，玄宗反复读了几遍，不能满意。他对萧说：苏颋是苏瓌之子，朕不想在任命儿子为相的制书中直斥其父之名，所以你的文章中"国之瑰（瓌）宝"这一句，必须改一下。

这件事说明，唐玄宗既很尊重苏瓌父子，又很尊重士林通行的避讳习俗。

既然连旁人父祖之名都不能直斥，自家父祖的名讳当然更不能说了。这种禁忌有时也会发展到荒谬的地步，不但父祖的名讳用字不能说，甚至声音相同相近的字也必须回避，这就是所谓"避嫌名"。

也是在唐玄宗时代，发生过这样一件事：玄宗任贾曾为中书舍人，这本是一个美职，但贾曾却拒绝了，原因是他的父亲叫贾忠,"忠"与中书舍人的"中"同音,所以他不能接受。没办法,只好改任他为谏议大夫、知制诰。可是,后来朝廷又一次要任命贾曾为中书舍人,他当然照例拒绝。这一回有议者说:中书是曹司之名,与曾父之名忠,是音同而字别,所以于礼无嫌。贾曾这才就了中书舍人之职。①

贾曾之举动,显出任何本无大弊之事若行之过分,可以弄得多么迂腐可笑。倘再加有意发挥,无限夸大,则会更加有害。所以,避讳的禁忌在唐代也引起一些有识之士的反对。

中唐古文运动的倡导者韩愈,写过一篇题为《讳辩》的文章,其缘起是因为他鼓励青年李贺去应进士考试,引起一些人的反对和攻击。这些妒忌李贺才能的人说,李贺的父亲名晋肃,晋与进同音,李贺去应进士试,就犯了父讳,犯了"嫌名律",劝他去应试的人也犯了同样的错误。韩愈的文章针对此种言论做了有力批驳。他列举古律规定的"二名不偏讳""不讳嫌名",指出避讳本来就很难彻底,而且有极不合理之处,所以自古圣人周公、孔子、曾参等人都加以灵活处理。汉代以来对帝后之名虽然注意避讳,但也适可而止。韩愈揭示死抠"嫌名律"(即避同音字)的荒谬道:

父名晋肃,子不得举进士;若父名"仁",子不得为人乎?

---

① 见钱易《南部新书》甲卷。

这真是对避讳不合理性的致命一击。虽然由于反对者人多势众，韩愈的辩驳并未能改变李贺的处境，李贺终于没有去应进士举，但毕竟向滔滔世俗表明了自己的态度，留下了一篇义正词严的好文章。

我们不止一次地说过，文化人、文学家对于一般民俗的态度有认同、顺从和反对等几种，并不是一味地照单全收。他们一方面从民俗生活中汲取种种营养，一方面也同某些陋俗恶习做斗争。这后一方面乃是推动民间风俗向更纯、更美移易变化的重要动力之一，因此是更值得重视的。

在唐代文人中，除了避名讳成风外，还有一种相当普遍的观念，就是所谓"诗谶"的观念。他们认为一个人的诗文内容或风格，不仅是其内在人格和思想风貌的体现，而且与他的命运息息相关，某些诗文甚至可以成为未来遭遇的征兆。如赵璘《因话录》卷3载：

> 进士李为作《泪赋》及《轻》《薄》《暗》《小》四赋，李贺作乐府，多属意花草蜂蝶之间，二子竟不远大。文字之作，可以定相命之优劣矣。

只因所写作品题材偏小偏卑，或风格悲而不壮，过于凄清肃杀，竟就决定了他们终生不幸的命运。文字之作就这样决定了他们"相命之优劣"！反过来说，就是他们犯了吟诗作文的禁忌，他们不懂有些题材是不可进入诗文的，有些感受和情绪是不可如实表达的，甚至有些字眼是不能触及的，必须有所回避，必须有所伪饰。也就是说，人们作文和说话一样必须严守某些禁忌，而如果犯了忌，那后果是很可怕的。

这里有个例子。晚唐有位诗人滕倪，"苦心为新诗，嘉声早播"，他远游吉州，颇得在那里做刺史的本家滕迈的赏识。秋天，滕倪要上京赶考了，临行作诗留别，那首诗全文如下：

秋初江上别旌旗，故国无家泪欲垂。千里未知投足处，前程便是听猿时。误攻文字身空老，却返渔樵计已迟。羽翼凋零飞不得，丹霄无路接差池。

滕迈读了这诗，非常担心地说："是必不祥！"为什么呢？就因为这诗情调过悲，而且有"故国无家""前程听猿""丹霄无路"，特别是"羽翼凋零"这样不吉利的话，预兆着他不但不能进士及第，而且将不久于人世。后来滕倪果然就死在进京途中的一个小旅馆里。人们都说，那首告别诗成了他自身命运的谶言。

其实，人们并非不懂，滕倪之死本怪不得那首诗。他们之所以要做如此的牵强附会，主要是为了对滕倪应举多次毫无结果的遭遇表示同情，其中也有同病相怜的心情，但也反映了中国文人认为"文字通神"这一类潜意识。他们是真心相信这一点的，所以在对滕倪表示哀悯的同时，也有引以为戒之意。中国文人普遍认为，生活处境穷困潦倒还不要紧，但吟诗作文决不可有穷酸气，更不能有阴沉晦暗之气，倘若不然，那么诗文中的晦气就可能带来生活中真正的倒霉事情。所以他们总是真诚地、有意识地在写作中避免一些东西，自觉不自觉地遵守着某种禁忌。

中国文人对于文字禁忌的普遍相信，给古代文学带来十分深刻的影响，就是他们所作的诗文往往有事实作伪或感情作伪，即故意讳饰的问题。他们非常害怕自己诗文的风格、境界被人认为渺小低下，更害怕因此影响自己的宦途乃至寿命，所以往往故意说许多大话、空话，却偏不肯说真话，偏不肯写出自己真实处境和真实心情，尤其绝对不肯说丧气话、倒霉话或者有可能引出此种效果的话。这种风气给古代文学留下的烙印，是一方面多豪气、多壮语，另一方面也多虚情、多假话。这是我们在读古代诗文时需要了解的。

毫无疑问，禁忌有它不可违拗的严肃性。有的禁忌甚至超越约定俗成的不成文法范畴，而变为一种成文法。比如唐王室姓李，竟为了避其姓氏之讳而禁止民众吃鲤鱼，只因鲤、李同音而已。《酉阳杂俎》前集卷17载："国朝律，取得鲤鱼即宜放，仍不得吃，号赤鲩公，卖者杖六十，言鲤为李也。"这真是因避讳而惠及池鱼了。

但是也正因为许多禁忌有无可讳言的荒谬性，它的严肃性就不能不大打折扣。事实上，愈是森严酷厉的禁忌，人们违反它的可能和机会就愈大愈多。

就以上述食鲤犯律之事而言，究竟执行得怎么样，实在是大可怀疑的。民间乃至官员食鲤在唐代绝不罕见，李复言《续玄怪录》中《薛伟》篇，写的就是一位官吏因梦化为赤鲤后，被渔夫捕去，并险些被他的同事们吃掉的故事。小说中那些准备大吃鲤鱼的官吏们，无论事前还是事后，都显然没有感受到上述禁忌的约束和威慑。

每年五月五日端午节似乎是一个多事的、含义复杂的日子。一方面，人们要划龙舟、吃粽子，纪念屈原；一方面，要挂艾条、喝雄黄酒，以避瘟疫；一方面，又认为这个日子十分凶险，据说这一天出生的孩子，长到门户那么高时，就会不利于父亲。所以，历史上有将生于此日的孩子杀死不养的民俗，大概也确实有不少婴儿因此而死。如汉人胡广，因生于此日，其家将他放进一个大瓮扔进江中。幸亏被人救起，否则岂不必死无疑？然而正因为这个禁忌实在太残酷了，所以违背它的也大有人在。

战国时代著名四公子之一的孟尝君田文，就出生在五月五日，他父亲依照惯例告诉家人不要养他，但母亲却来了个阳奉阴违。田文不但长大，而且很有成就，也并未克父。汉代的王凤、南朝宋的王镇恶，也都是此日出生，差点儿被丢弃，却终于被违俗而保存下来的。唐朝也有类似的事，初唐时的崔信明，生于五月五日正中时分，而且当时恰巧有几只五色雀儿在庭树鸣叫。要不要养活这个孩子呢？其家起初颇犹豫，特请太史令为之占卜，卜辞尚吉，这才保住小命。① 这说明其家在找到了某

---

① 参两《唐书》之《崔信明传》。

种根据后,便不再严遵禁忌。

综上所说,禁忌在民俗生活中确实随处可见。从各色各样的禁忌,颇能窥见我们民族集体心理和思维的特征,同时也能看到我们民族的文明程度。而古人对于禁忌的遵守和违背,又颇鲜明地显示了我们民族那种灵活的、求实的处事态度,而这正是我们民族文化精神一个颇为重要而突出的特征。

民间文学与技艺

民间文学与技艺，是民俗文化的重要组成部分。其中民间文学，是彼时民众的口头创作，由口头的语言录载为书面文字而传承下来，它们是昔日社会生活、民情风习和人们思想观念、价值体系的沉积物，也就是民俗文化的积淀。因此，这种以文学形态出现的民俗资料，自然是我们极感兴趣的研究对象。民间技艺所指的范围很广，它既包括文艺范畴的音乐、歌舞、杂耍、百戏，也包括美术、陶瓷、雕塑以及一切民间的工艺品制作，其中的每一种都有其独特的表现与历史，而且有不少与今日的民间工艺有着渊源关系，所以也是民俗研究的重要对象。但这方面涉及的专业知识太多太广，非我们的学力所能及。本书所能做的，只是利用唐代文献勾勒其繁荣状况和所达到的高度水平而已。

下面分神话、传说、谣谚、技艺等几个方面略做论述。

一、神话的流传与再创造

异形人国神话的传承 —— 伏羲女娲神话的新变 —— 唐

> 人诗文中的女娲 —— 共工神话的发展 —— 夸父逐日：从神话到地方风物传说 —— 日月神话与唐诗 —— 卢仝《月蚀诗》的神话表现 —— 李商隐诗：化为典故的神话

神话产生在远古时期，是人类最早的精神文化产品之一。神话的产生及其所发挥的功能，与一个部落、部族、氏族、民族的生存和繁衍有很密切的关系。作为一个民族文化的源头，神话具有举足轻重的地位。

具有顽强的生命力，是神话的一大特点。随着历史发展、时代变迁，神话赖以产生的环境发生了很大变化，人类度过了自己的童年，逐步走向成熟，神话时代一去不复返了。但是，先是作为一种口承文学，后来在口头传承与书面载录并行或相互影响的方式下，它却一代代地流传并保存了下来。

到了唐代，继承魏晋志人、志怪小说传统的笔记、小说大量涌现，其中就包含着不少古神话的记录。这些记录有的虽然十分简略，但在今天看来却很宝贵，因为它们有的采自后来散佚掉的古籍，有的录自时人的口述，前者更多地保留了古老神话的原始形态，后者则更多地显示着时代的印记。无论前者还是后者，都表明神话这种古老的文化产品，在唐代依然保持着相当的生命力，它们还在流传着，并且还在流传中演变着。

唐代又是诗歌大繁荣和文人开始有意创作小说的时代，唐人不少小说与神话原型有关，把这两种重要文学形式与神话的流传演变联系起来考察，可以进一步看到唐人对于神话素材的利用、加工和改造。

本章从唐人对于那些古老神话的流传与录载入手，渐次引申到他们在文学创作中对于神话材料的利用，意在说明神话这种古老的精神文化产品，在唐人的民俗生活中依然存在着，甚至依然相当地活跃着。

让我们从有趣的异形人国神话谈起。

这类神话在《山海经》中记载最多，比如有所谓"羽民国""奇肱国""讙头国""贯匈国""周饶国""长臂国""一臂国"等。历来的神话学者都认为，这是一种起源邈古的神话。它们的产生与部落图腾有关，也与人类在认识自身的过程中，某些片面的观察或夸张的描述有关。如所谓讙头国，据说乃是尧子丹朱的后裔，丹朱死后灵魂化为鸟，所以这个国家的人也就长着人脸、鸟嘴，背上有翅。① 其实，这也许只能说明这个部落是以鸟为图腾的罢了。而《海外南经》中说，长臂国人的形象是"捕鱼水中，两手各操一鱼"，则很可能是因为该部落的人以捕鱼为生，手执捕鱼工具。在其他群体的人们眼中，留下了"臂长"和"操鱼"的印象，从而获得长臂国之称。

唐人笔记中，类似于《山海经》所记的异形人国的神话遗存甚多。例如，李冗《独异志》卷上有云：

《山海经》有大耳国，其人寝，常以一耳为席，一耳

---

① 见《山海经》的《海外南经》《大荒南经》。

为衾。

《括地志》^①云：

> 小人国在大秦南，人才三尺。其耕稼之时，惧鹤所食，大秦卫助之。即僬侥国，其人穴居也。

这两条记载，分明是承继《山海经》而来，《独异志》那条还特意指出了这一点。事实上《山海经》中并没有大耳国，在《海外北经》中倒有关于"聂耳国"的介绍："聂耳之国在无肠国东，使两文虎，为人两手聂其耳。悬居海水中，及水所出入奇物。两虎在其东。"何谓"两手聂其耳"？郭璞注曰："言耳长，行则以手摄持之也。"^②原来是因为该国之人耳朵特别大，须用两手经常托着自己的大耳朵，才能行动，所以才获得"聂耳国"之名的。《独异志》所述的大耳国，也就是《山海经》中的聂耳国，只是这个国家的名字通俗化了，关于他们的大耳朵也有了更为风趣的想象和描绘，竟说该国之人在睡觉时是一耳为席、一耳为衾。而《山海经》中本来有手操两只花斑大虎，所居之处与虎为伴的这些更为原始和野蛮的情节，却不见了。有的情节放大了，加强了，有的情节缩小了，甚至消失了，这不正是神话在民间长期流传、演变的真实情况吗？

---

① 李泰著，共五百五十卷，其书散佚，《汉唐地理书钞》有辑本二卷。
② 见《山海经校注》，袁珂校注，第237页，上海古籍出版社1980年。

有关小人国的记载,《山海经》中有多处。如《海外南经》云"周饶国在其东,其为人短小,冠带。一曰焦侥国在三首东",《大荒南经》云"有小人名曰焦侥之国,几姓,嘉谷是食""有小人,名曰菌人",《大荒东经》云"有小人国,名靖人",等等。

《括地志》关于小人国的记述应与《山海经》有关,但它所述内容似更具体而生动。其中提到小人国之民"惧鹤所食"的情节,类似的内容还见于唐人所著的《穷神秘苑》①和《神异录》②。二书均有"鹤民"条,所谓"鹤民",即"惧鹤所食"之民的意思,因为他们特别矮小,能够为鹤所吞。

从《山海经》中的"小人",到唐人所述"鹤民"之间,还有托名东方朔的《神异经》,其《西荒经》中有一段关于"鹄国"的记载:

> 西海之外有鹄国焉,男女皆长七寸,为人自然有礼,好经纶拜跪。其人皆寿三百岁。其行如飞,日行千里,百物不敢犯之。惟畏海鹄,遇辄吞之,亦寿三百岁。此人在鹄腹中不死,而鹄一举千里。

这里吞吃小人的变成了"海鹄(鹤)",除了这点变化外,对小人的描写显然也具体得多了,最值得注意的是,小人们都

---

① 作者焦璐,其书今佚,《太平广记》引有残篇。
② 作者不详,佚文亦见《太平广记》。

被文明化了。

到了唐人的记述,不少细节又有新变化。《括地志》文字还比较简单,《神异录》基本上是《神异经·西荒经》的翻版,《穷神秘苑》对"鹤民"的描写就有很多增饰。首先是个子更为矮小:"西北海戌亥之地,有鹤民国,人长三寸。"其次是鹤民们也有了"君子""小人"之分,他们虽然都很惧怕鹤患,但鹤民中的"君子"已能"常刻木为己状,或数百,聚于荒野水际。以为小人,吞之而有患。凡百千度,后见真者过去,亦不能食"。故意制造些木头小人让海鹤去吞,海鹤上当次数多了,就连真的鹤民也不敢再吞,"君子"的智慧堪称高明。又说:"人多在山涧溪岸之旁,穿穴为国,或三十步五十步为一国,如此不啻千万,春夏则食路草实,秋冬食草根。值暑则裸形,遇寒则编细草为衣,亦解服气。"穴居、裸形、食草和编草为衣还不稀罕,竟然连道家的修炼术"服气"也会。这种唐人神话记录中的"鹤民"比起《山海经》和《神异经》时代来,真是长进得太多了。这种带有时代烙印的增饰,说明关于小人国的神话,在唐代不但依然存活,而且还有所发展。

关于人类始祖女娲伏羲的神话,其起源很古,传承到唐代,出现了这样一条材料:

> 昔宇宙初开之时,只有女娲兄妹二人,在昆仑山,而天下未有人民。议以为夫妻,又自羞耻。兄即与其妹上昆仑山,咒曰:"天若遣我兄妹二人为夫妻,而烟悉合;若不,

使烟散。"于是烟即合。其妹即来就兄，乃结草为扇，以障其面。今时取妇执扇，象其事也。①

这段记载是神话学者绝不能忽视的。它不但证明了女娲为创造人类的母性大神的身份，又是原始社会时期存在兄妹婚形态的真实记录。然而，这条记载不仅是对兄妹婚的一种追忆，又反映了文明时代逐步建立起伦理道德观念的人们，对往古兄妹婚的反思。人们在繁衍自身的长期实践中，渐渐懂得了近亲婚配的害处，牢固地确立了兄妹不能成婚的观念，这从记载中女娲兄妹不得已要结为夫妻时自感羞耻的表现已可看出。正因为这样，才进而产生了他们在正式结婚之前探询天意、谋求天准的情节，而这种人事取决于天意的观念，则是后世才发展起来的。

这则材料并未提到原为女娲之兄、后与女娲结为夫妻的男子是何人。借助别的资料，我们可以知道，这个先兄后夫的男子便是另一位大神伏羲。中唐诗人卢仝的名作《与马异结交诗》有云：

神农画八卦，凿破天心胸。女娲本是伏羲妇（一作女娲伏羲妹），恐天怒，捣炼五色石，引日月之针、五星之缕把天补。补了三日不肯归婿家，走向日中放老鸦。月里栽

---

① 李冗《独异志》卷下。这里"结草为扇，以障其面"的情节，据云就是婚俗中"障面""却扇"习俗的由来与依据。

> 桂养虾蟆，天公发怒化（一作罚）龙蛇……①

从我们所引的这几句，即可看出卢仝是一位想象力极强的险怪派诗人；但"女娲本是伏羲妇"以及日中有鸦，月中有虾蟆、桂树这些话却不是他的发明，而是他对当时尚在流传的古神话的复述。"女娲本是伏羲妇"一作"女娲伏羲妹"，更说明了当时"妹""妇"二说以及先"妹"后"妇"的说法，都在流传而并未统一。这也正是神话流传史的真实情况——如果统一，倒不合逻辑了。

关于女娲，《新唐书·五行志》"土为变怪"条有一记载，曰："天宝十一载（752）六月，虢州阌乡黄河中女娲墓因大雨晦冥，失其所在。至乾元二年（759）六月乙未夜，濒河人闻有风雷声，晓见其墓踊出，下有巨石，上有双柳，各长丈余，时号风陵堆。占曰：塚墓自移，天下破。"其材料来源是佚书《唐历》。该书有《女娲墓》一条，现保存于《太平广记》卷390，其文云：

> 潼关口河湄上，有树数株，虽水暴涨，亦不漂没，时人号为女娲墓。唐天宝十三年五月内，因大风吹失所在。乾元二年六月，虢州刺史王晋光上言，今月一日，河上侧近，忽闻风雷，晓见坟踊出，上有双柳树，下（有）巨石，柳各高丈余。

---

① 见《全唐诗》卷388。

同样的内容，又见《酉阳杂俎》前集卷1《忠志》，可见这是当时一个广泛流传的民间神话传说。时人的目的在于说明天下大乱早有征兆，而利用的却正是古神话资料。在神话意象中，"树"往往具有特殊象征意义，它是神祇抵达上天的一种凭借。《山海经·海内南经》中的"建木"，《海外北经》中的"三桑""寻木"，《海外东经》中的"扶桑"等，均具有某种"天梯"的功能。这里不会被暴涨之水漂没的"树数株"，被当成是女娲墓的标志，显然是古老神话因子的遗迹，而把这墓定位于女娲，或许与女娲是一位与洪水抗争过的女神有关。这段记载的后半截，则是唐时才产生的传说，由此可以看到古神话的思维方式是如何影响了后人，后人据此仿造的某些传说又如何被黏附到古神话原体上去的。

唐人诗文中亦常提到女娲，除上引卢仝《与马异结交诗》外，如李白《上云乐》云，"女娲戏黄土，团作愚下人。散在六合间，蒙蒙若沙尘"，是对古神话的复述。李贺《李凭箜篌引》云："女娲炼石补天处，石破天惊逗秋雨。"借对神话的引申发挥而缔造意境，渲染音乐的伟力。韩琮则因一块陨石引起诗兴，写道："何时成五色，却上女娲天？"① 以此寓含自己盼望入朝为官、飞黄腾达的心愿。李商隐《宜都内人》一文，假托内人向武则天进谏，肯定"古有女娲，亦不正是天子，佐伏羲理九州耳"，所运用的也是经过后人历史化的古神话。又有佚名的《炼

---

① 《兴平县野中得落星石移至县斋》，见《全唐诗》卷565。

石补天赋》① 专门歌颂女娲补天的功绩等等。可见这个神话题材在唐人心目中的地位。

与女娲补天相关的，是共工头触不周山致使天崩地陷的神话。这个神话较早的完整形态见于《淮南子·天文训》：

> 昔者共工与颛顼争为帝，怒而触不周之山，天柱折，地维绝，天倾西北，故日月星辰移焉，地不满东南，故水潦尘埃归焉。

在唐人的记录里，这则神话大体如旧，但在不少细节上却有所变化：

> 当其（女娲）末年也，诸侯有共工氏，任智刑以强，霸而不王，以水乘木，乃与祝融战，不胜而怒，乃头触不周山崩，天柱折，地维缺。女娲乃炼五色石以补天，断鳌足以立四极。②

> 共工，神农时诸侯也，而与神农争定天下。共工大怒，以头触不周山，山崩，天柱折，地维绝，故天倾西北隅，地缺东南角。又女娲炼五石以补天缺也。出《淮南子》。③

---

① 载《文苑英华》卷1。
② 见司马贞《补史记·三皇本纪》。
③ 《珊玉集》卷12《壮力篇第二》，王汝涛《全唐小说》抄自黎庶昌《古逸丛书》，今转引。

比较三者，可以看到共工神话流传至唐时的种种变化。《瑚玉集》中的文字虽说出自《淮南子》，然而明显通俗化了。而且共工的身份还成了一位诸侯，只是一说为神农时诸侯，一说为女娲时诸侯。而共工与之争斗的对象也有了种种说法，他不再是与颛顼争帝，而是与祝融战，或与神农争天下。总之，共工的神格被抹淡了，出现了向历史人物靠拢的趋势。更值得注意的是，《淮南子·天文训》所载共工怒触不周山神话，并未接上女娲补天之说，女娲补天之事见于同书《览冥训》。《淮南子》时代尚未联系起来的两则神话，在王充《论衡·谈天篇》中已被缀合[1]，而司马贞和《瑚玉集》的记载，则表明这种说法在唐代是被普遍接受的。中国神话材料比较零碎片段，给后人留下了连缀拼接的余地，从这个例子亦可见一斑。

与共工有关的神话，在《通典·礼十一》中还有一条记录：

> 共工之子曰修，好远游，舟车所至，足迹所达，靡不穷览，故祀以为祖神。

祖神，即行路之神，这段记载虽抄自古本《白虎通》，但从《通典》记此一条可知，唐代民间这种祭拜行路之神的风俗是始终延续着的。这可以说是神话因素进入民俗生活实践的例子。

古神话与新时代民俗文化相结合的另一种情况是其因素进

---

[1] 参见袁珂《古神话选释》，第29页，人民文学出版社1979年。

入各地风物传说。像前述阌乡的女娲墓，其实质即是如此。另外，还可以夸父追日神话为例说明之。

夸父追日神话见于《山海经·海外北经》：

> 夸父与日逐走，入日。渴，欲得饮，饮于河、渭，河、渭不足，北饮大泽，未至，道渴而死。弃其杖，化为邓林。

这则神话本身实已含有地方风物的因素，夸父弃杖所化的，不就是一处地名、一处景物吗？而到唐人笔记中，就记载了一处与夸父有关的风物：

> 辰州东有三山，鼎足直上，各数千丈。古老传云："邓夸父与日竞走，至此煮饭，此三山者，夸父支鼎之石也。"[1]

辰州，唐属黔中道，在今湘西地区。《元和郡县图志》卷30辰州卢溪县下有三山谷，一名辰山。传为夸父支鼎做饭的三山，大概就是指这里。这种说法自然只是一种附会。然而值得注意的是，特意指出的"古老传云"，实质就是指明，此乃古代流传下来的神话。这则夸父追日的神话核心未变，但后世之人大概考虑到在逐日的过程中，还有一个要煮饭吃，以使体力不减的实际问题，才发展出新情节，并把它与辰州三山相附会，于是

---

[1] 见《朝野佥载》卷5。

就使古神话变得更富于生活气息了。

由夸父追日,可以联及关于日月的神话。这是古神话中很重要,内容很丰富的一类,反映了原始先民对于宇宙天体的观察、思考和幻想。诸如羲和驭日、日浴扶桑、日落咸池、羿射九日、日中金乌、常羲生月、月中桂树、月中蟾蜍、月中玉兔、嫦娥奔月等等,都是著名的神话故事。这些内容,到唐代依然为民众所津津乐道,为文人所经常涉笔,成为他们创作中极爱使用的题材。如果尽情胪列,简直不胜枚举。试略举数例以说明之。

运用神话素材歌咏日、月,而风格最为古朴真淳者,无过于诗仙李太白的乐府诗《日出入行》和《古朗月行》:

> 日出东方隈,似从地底来。历天又入海,六龙所舍安在哉!其始与终古不息,人非元气,安得与之久徘徊?草不谢荣于春风,木不怨落于秋天。谁挥鞭策驱四运,万物兴歇皆自然。羲和羲和,汝奚汩没于荒淫之波?鲁阳何德,驻景挥戈。逆道违天,矫诬实多。吾将囊括大块,浩然与溟涬同科。

> 小时不识月,呼作白玉盘。又疑瑶台镜,飞在青云端。仙人垂两足,桂树何团团。白兔捣药成,问言与谁餐?蟾蜍蚀圆影,大明夜已残。羿昔落九乌,天人清且安。阴精此沦惑,去去不足观。忧来其如何?凄怆摧心肝。

太白诗"蟾蜍蚀圆影，大明夜已残"两句，提到月食，但没有细写。中唐险怪诗人卢仝的《月蚀诗》则是一首描写月食情景的杰作，撇开它的政治寓意不谈，请看它对月食景象的渲染：

……此时怪事发，有物吞食来。轮如壮士斧斫坏，桂似雪山风拉摧。百炼镜，照见胆，平地埋寒灰；火龙珠，飞出脑，却入蚌蛤胎。摧环破壁眼看尽，当天一搭如煤炲。磨踪灭迹须臾间，便似万古不可开。不料至神物，有此大狼狈。

尤其值得注意的，是全篇充斥着古神话的因子：

传闻古老说，蚀月虾蟆精，径圆千里入汝腹，汝此痴骸阿谁生？可从海窟来，便解缘青冥。恐是睚睫间，掩塞所化成？黄帝有二目，帝舜重瞳明，二帝悬四目，四海生光辉。吾不遇二帝，溷溷不可知，何故瞳子上，坐受虫豸欺。长嗟白兔捣灵药，恰似有意防奸非。药成满白不中度，委任白兔夫何为？忆昔尧为天，十日烧九州，金烁水银流，玉炒丹砂焦，六合烘为窑，尧心增百忧。帝见尧心忧，勃然发怒决洪流。立拟沃杀九日妖，天高日走沃不及，但见万国赤子䰇䰇生鱼头。此时九御导九日，争持节幡麾幢旒。驾车六九五十四头蛟螭虬，掣电九火辀……

以下还有许多，不烦赘引。仅从上引即可看到，它涉及了黄帝、帝舜、十日烧九州、羲和御日、洪水泛滥等上古神话，证明这些东西对卢仝来说，简直是烂熟于胸。不但熟悉，而且在此基础上，他还有所发挥、创造。例如，卢仝将日、月说成是天的一双眼睛，有了它们才有白天，才使漫漫长夜中能够有光亮。而月食则是虾蟆精吞食了天的这颗眼睛，是极端可怕而且可恨的事。作者不禁责问：传闻白兔捣药，本以为是用来"防奸非"的，怎么现在一点用也没有？由此他又忆起太阳神话并驰骋想象，道是当初十日烧九州，地上的帝王尧为此忧心忡忡，天帝决定用洪水淹死其中的九个，结果太阳没被淹死，地上却遭了洪水之灾。作者于是责怪虾蟆精那时为什么不去吞食多余的太阳："恨汝时当食，藏头抆脑不肯食；不当食，张唇哆嘴食不休！"他诅咒虾蟆精道："食天之眼养逆命，安得上帝请汝刘（按：刘者，刘也，杀也，征服之意）。"《月蚀诗》整篇就建筑在这种对古神话的重新解释、重新编排之上。

卢仝《月蚀诗》的产生，不是偶然的。一方面，这是一首政治诗，"月食"影指中唐以后日益控制皇权的阉寺宦官。另一方面，也因为元和五年（810）秋确实发生了一次月食，而月食这种天象从来就是广大民众所留意、所关心的。

唐时民间流传着月食是虾蟆精吞食月亮的传说，当月食之时，地上的人就要采取种种行动，来拯救月亮。其中最普遍的便是敲锣打鼓乃至敲击一切响器，企图以此赶跑、吓退虾蟆精。于鹄《古词三首》之二写道："新长青丝发，哑哑言语黠。随人

敲铜镜,街头救明月。"写的就是一个少女在月食时的活动。她当时敲击的是一面铜镜。《开元天宝遗事》"击鉴救月"条曰:

> 长安城中,每月蚀时,即士女取鉴,向月击之,满郭如是,盖云救月蚀也。

这些都可以说是卢仝《月蚀诗》的背景。这背景说明古神话在唐时还存活在民间,还是时人民俗生活的一部分,是联系人与天,联系今人与古人的一座桥梁。

当然,有关月亮的神话还多,比如"嫦娥奔月",在唐代也非常广泛地流传着,并且极受文人的青睐,常常入于他们的笔端。笔记或小说中的例子,像《独异志》卷上就有一条:"羿烧仙药,药成。其妻姮娥窃而食之,遂奔入月中。"诗中写到的就更多了。嫦娥奔月的意象,可以有多种理解角度,大多诗人以之入诗,突出了她那清丽而又寂寞的美,但也有诗人强调了她的孤独凄惶和无望的痛苦。如李商隐的《嫦娥》和《寄远》二诗:

> 云母屏风烛影深,长河渐落晓星沉。嫦娥应悔偷灵药,碧海青天夜夜心。

> 姮娥捣药无时已,玉女投壶未肯休。何日桑田俱变了,不教伊水更东流。

诗的字里行间对嫦娥充满了深挚的同情,且为后人保存了珍贵的神话资料。

李商隐对嫦娥形象可谓情有独钟,在诗中屡屡提到她,如《河内诗二首》其一:"常娥衣薄不禁寒,蟾蜍夜艳秋河月。"《房君珊瑚散》:"不见姮娥影,清秋守月轮。月中闲杵臼,桂子捣成尘。"《月夕》:"兔寒蟾冷桂花白,此夜姮娥应断肠。"就连他寄托在滔滔浊流中不畏清寒孤苦而坚持理想、忠贞不渝的情思时,也不忘嫦娥形象:

初闻征雁已无蝉,百尺楼南水接天。青女素娥俱耐冷,月中霜里斗婵娟。

在这首《霜月》诗中,嫦娥(素娥)这个神话人物,已成为一个凝聚着我们民族文化传统的文学典故。这是值得重视的现象。对于古神话来说,它历经流传演变,从先民和古人口中渐渐走向书面文字,这是其发展演变史的一个阶段。而后,又从一般的书面文字结晶为文人习用并为民众普遍认同的典实,这是它发展演变史上的又一阶段。达到此境后,古神话不但又一次获得新的生命,而且这生命将更永久,更能葆有其青春活力。试看如今,中国普通百姓,不是还都记忆着奔月的、在广寒宫中寂寞孤处的嫦娥吗?

嫦娥成为诗中常用之典,只是一例而已。神话故事除进化为文学典故,也大量地成为文学创作的题目,唐代的赋即有不少是以古神话为题的，如前引佚名《炼石补天赋》，又如《日浴咸池赋》（柳喜）、《羿射九日赋》（周鍼）、《海日照三神山赋》（纥干俞）、《姮娥奔月赋》（蒋防）、《月中桂树赋》（赵蕃）等。

女娲和嫦娥只是众多神话人物中的两个，举此可以类推其余。在唐时民间口头和文人笔下仍然活跃着的古神话，除了上述种种，还有许多，诸如盘古神话、黄帝神话、西王母神话、鲧禹治水神话乃至少数民族始祖的盘瓠神话等，均有材料和线索可寻。总之，我们可以说，神话流传至唐代，虽然其文化地位已比远古有所削弱，但仍然存活于广大民间，参与着当时的民俗文化生活，有的还与当时流行的宗教（佛、道，主要是道教）结合，成为或进入盛极一时的仙话。古老的神话在唐代并未终止，而是继续着自己发展演变的历史。

二、神话原型与唐人传奇

从搜奇记逸到创作小说——龙蛇神话与异物传说——《柳毅传》：作为水神的龙——《李卫公靖》：作为雨神的龙——《崔炜》《周邯》：龙与宝珠——《萧旷》：唐人对龙性的认识——李徵化虎、薛伟化鱼：人与异类的互变——《白猿传》《孙恪》：人猿姻缘——唐传奇人兽互变与其神话原型之比较——人兽通婚、集体无意识与社会意义的赋予神话与唐诗的关系，我们在上章已有所论及。然而，神话的再创造更多地是体现在唐人传奇对神话原型的运用之中，因此，我们特列出这一节，专论唐人传奇与神话原型的关系。

唐人传奇与六朝志怪志人小说同样都有"搜奇记逸"的特征。这个特征就决定了它们与叙事文学的源头——神话，以及活跃在民间口头的传说故事之类有着直接的、十分密切的关系。唐传奇正处于文人对民间口头传承的神话、传说、遗闻逸事从仅做记录向自觉创作过渡的阶段。一方面是沿着旧轨相当忠实、质朴无华地记录；另一方面又不满足于这种记录而意欲有所增删、有所发展、有所变化、有所创新，如鲁迅所说的"是时则始有意为小说"[①]。这就使我们从唐人传奇中既能看到许多神话原型的再现复映，又能看到它们的种种变异。对此类现象进行探究，或将有助于我们了解并把握唐人文化意识、创作思想，以及文人创作与民俗文化关系的某些方面。唐人传奇作品中，涉及的神话原型不少，下面试择取几个进行观察分析。

在中国古代神话中，龙（以及与之形状类似的蛇）的形象占据极为显著的地位。一些重要的大神，如伏羲、女娲、共工、轩辕、祝融，以及文化英雄如鲧、禹等，往往不是"人头蛇躯"，便是"人首龙身"。这些神话在唐人的口头与笔下依然流传着。这从上一节的叙述中可以看出。同时，有关龙蛇的神话，又表现出与异物传说相黏附、相渗透的趋势。例如《朝野

---

① 见《中国小说史略》第八篇。

金载》卷5一连八条记述"蛇异",其中不少有纪实性,但其第一条云:

> 东海有蛇丘,地险多渐洳,众蛇居之,无人民。蛇或有人头而蛇身。

所谓"人头蛇身",恐怕不是虚构就是来自古神话的传闻。《酉阳杂俎》也多次提到龙蛇之异,如前集卷5《怪术》,便记昝老、翟乾祐等能以法术令蛇、龙行事,卷17《广动植之二》依据王充《论衡·龙虚》之文,曰:"龙头上有一物,如博山形,名尺木。龙无尺木,不能升天。"凡此皆说明龙蛇神话甚为唐人所乐道。

这一点,在唐人传奇中也充分表现出来。比如,远古神话中的龙(蛇)神有着种种行为和事迹,但在这类故事中,有一个重要的母题,就是他们往往与水有着密不可分的关系。他们之中,有的是中国历史上著名的治水英雄(如鲧、禹治水,女娲在水患后用芦灰加以堙塞等),而有的又是掀起水害的恶神(如共工"振滔洪水",共工之臣相繇,"禹湮洪水,杀相繇"等)。正因为龙(蛇)神与水的关系十分明显,所以有的学者认为龙就是带来雨水的云或闪电;有的学者认为龙是某种生活在水中的动物;也有的学者认为龙就是大水冲上岸边时的层层翻滚的波浪。而在唐传奇中,那些具有龙(蛇)形象的神怪,也往往就是水神。

《柳毅传》《灵应传》《刘贯词》《张无颇》等篇，都提及处于水底的龙宫和居住在那里的龙形的水神。柳毅受见斥于夫家的龙女之托，代她送信到洞庭龙宫。他依龙女之言，来到洞庭湖南岸，换下衣带向岸边的社橘树连击三下，不一会儿，便有个武士装束的人从水里出来，"揭水指路，引毅以进"，很快就到了水底龙宫。武士的话说得明白："吾君，龙也，龙以水为神……"刘贯词也是为替龙子送信，来到渭河桥下，依龙子所说，合上眼叩一下桥柱，"忽有一人应，因视之，则失桥及潭矣，有朱门甲第，楼阁参差。有紫衣使拱立于前"……就这样来到龙宫，见到龙母、龙女。

《张无颇》全篇并未明确提到水中龙宫，但广利王既是唐玄宗所封的南海海神，那么张无颇乘上江畔画舸直驶王府，不言而喻是到了南海龙王的府第。而后整篇故事都是在此前提下展开的：贵主所居庭院的气派，贵主和广利王所赠送的礼物，以及贵主嫁与无颇后，广利王所说的"张郎不同诸婿，须归人间"云云，无不表明此篇写的还是人与龙女缔姻的故事。而在人们的观念中，水底龙宫的水神其实就是龙形的神。

唐传奇中这些具有龙形的神，与神话原型的关系，还表现在它们与其原型一样，都具备呼风唤雨的能力和掌管人间雨情的职责。

柳毅遇到龙女时，她正在牧羊。柳毅曾问起这些羊有什么用处。女曰："非羊也，雨工也。"柳毅再问："何为雨工?"女曰："雷霆之类也。"这段话告诉我们：龙女放牧的其实不是羊，而是管行雨的神灵。龙女的夫家是泾河龙神,掌管人间雨情,当然也是其职权范围内的事。柳毅在龙宫中,还见到了龙女的叔父钱塘君发怒时的情景:"俄有赤龙长千余尺,电目血舌,朱鳞火鬣,项掣金锁,锁牵玉柱,千雷万霆,激绕其身,霰雪雨雹,一时皆下,乃擘青天而飞去。"正是这个钱塘君,"昔尧遭洪水九年者,乃此子一怒也;近与天将失意,塞其五山"。而且,在他救回侄女的过程中,竟又杀了六十万生命,损伤庄稼八百里。钱塘君的外形,是古人想象中的巨龙,而观其行为,则明显地留有远古神话中共工及其臣相繇的影子。

《刘贯词》篇中的龙子蔡霞回家时的情景,也是"漕洛波腾,瀺灂晦日",意思是说,洛河的水波涛翻滚,水浪几乎要遮住日光。在唐代文人的心目中,龙生活于水中,又与水的涨落有莫大关系,于此也可见一斑。

由于想象的发展和推演,从龙能行雨的笼统说法而连及其他许多问题的故事,便出现在唐人传奇之中。《续玄怪录》中《李卫公靖》就是非常有趣的一篇。故事说,卫国公李靖,未做官前,有一次因射猎迷路,天色又晚,只得借住在山中一人家。奇怪的是荒山之中竟有此"朱门大第,墙宇甚峻"的人家。出面接待他的太夫人又是个"年可五十余,青裙素襦,神气清雅,宛若士大夫家"的妇女。而最令人纳闷的是,招待李靖吃的东西:"食颇鲜美,然多鱼"——荒山之中,哪来的鱼鲜呢?至于请李靖住的房屋用具更是十分讲究:"二青衣送床席裀褥,衾被香洁,皆极铺陈。"接着,一件不可思议的事发生了,半夜,来了个使者,送来命令:"天符,大郎子报当行雨,周此山七里,五更须足,无慢滞,无暴伤!"原来是天帝命令这人家的"大郎子"在五更前给山周围七里的地方下一场雨,既不得迟误,又不准过猛过大。然而,所谓"大郎子"即太夫人的儿子,外出吃喜酒去了,无论如何来不及通知他赶回来,于是老太太只好来请李靖——因为他不是个寻常人。她首先告诉李靖:"此非人宅,乃龙宫也。"这就向读者解释了上述房舍宏大、食用精致(而且"多鱼")的原因。但把龙宫安放在荒山之中,这却颇为别出心裁。至于龙的行雨,要听天帝的命令,并且限时限量,不可稍差,这更是对于以往有关神话的丰富与发展。李靖急人之难,同意帮忙。于是老太太便取出雨器——一个小瓶子,又给李靖一匹青骢马,教了他一套行雨之法。李靖照此做去,起初一切顺利,谁知后来他出于好心,想给遭到旱灾的地方多一点雨水,竟从小瓶子里洒了二十倍的水下去,结果使那里发起了大水。同时也给老太太和她的儿子带来了灾难:"妾已受谴,杖八十矣。"袒视其背,血痕满焉。"儿子并连坐,如何?"我们看到,龙这种神话原型,不但取得了人的外形,而且它们的生活和所受到的制约,也明显地人间化、社会化。封建社会的等级和法律制度已多多少少地映射到龙的生活中。这个故事中的龙,其实已成为封建社会里掌管某种职守的官员。正如白居易《点额鱼》诗对化龙之鱼所说:"见说在天行雨苦,为龙未必胜为鱼。"这可以说是唐人给口传神话打上的时代烙印。

远古神话中的龙(蛇)常常与宝珠有联系。《庄子·列御寇》

篇提到骊龙颔下藏有宝珠。《让王》篇中有所谓随侯之珠（《吕氏春秋》《说苑》《淮南子》等都提到过这颗宝珠）。"龙蛇＋宝珠"逐渐形成稳定的结构模式，而成为一种神话原型。这种原型在唐传奇中也时有所见。

裴铏《传奇》中《崔炜》篇说，崔炜跌落在一枯井中，用艾灸医治好井中龙王（白蛇）唇上的疣，这条白蛇"遂吐径寸珠酬炜"，崔炜不受，对白蛇说："龙王能施云雨，阴阳莫测，神变由心，行藏在己，必能有道，拯援沉沦……但得一归，不愿怀宝。"于是白蛇把崔炜带入仙境，最后竟得美女、宝珠。

《传奇》还有一篇《周邯》，提到八角井中有金龙潜在井底，守着数颗宝珠，用雨水润泽一方土地，而一旦有人要夺取明珠，金龙发起怒来，将会使"百里为江湖，万人为鱼鳖"，也就是说会掀起一场大洪水灾患。在这里，龙、明珠、洪水三种意象联系在一起。这种联系，恐怕不是偶然的。人们长期以来形成一种观念，龙是深藏于水中的神灵，而生长在蚌中的珍珠，也只能是从水中来。珍珠是如此可爱，又如此名贵，它是龙宫中值得骄傲的宝藏，因此也只有作为水下神灵的龙（蛇）才有权掌握它。于是水便成了联系龙与珠的中介——龙与珠不可须臾离开的生命依托。这也许就是不符合理性思维法则的神话思维逻辑吧。

上承六朝志怪小说传统的唐人传奇，还很明显地依循着这种不合逻辑的神话思维。许多作者津津乐道关于"龙"的种种传奇故事，这也可以说是当时广大民众对于"龙"故事兴趣浓厚的一种反映。口传神话不仅给文人创作提供了许多材料,而且促进了他们的想象和思索。同时,文人对有关问题系统深入的思考及其创作成果,又必然会反馈到民间,使这一类神话辗转地反复地得到流传和丰富。

裴铏《传奇》中有《萧旷》一篇很值得注意。①故事中有一段讲到萧旷与织绡娘子对于龙的谈论。所谓织绡娘子,乃"洛浦龙君之处女",因此当萧向她提出有关龙的种种问题时,她均能对答如流。

萧一共提了八个问题。其中第一个属于涉笔成趣:"近日人世,或传柳毅灵姻之事,有之乎?"后面七个均与龙的特性或前此龙的故事有关。如:"或闻龙畏铁,有之乎?""雷氏子佩丰城剑至延平津,跃入水,化为龙,有之乎?""梭化为龙,如何?""龙之变化如神,又何病而求马师皇疗之?""龙之嗜燕血,有之乎?""龙何好?(有何嗜好?)""龙之修行,向何门而得?"

如果说萧旷的问题反映了唐人对龙这一神话形象所关注的诸方面,那么织绡娘子的回答,便大致上反映出唐人对于龙的看法。这些看法概括起来说,就是要把龙与蛟螭分开,畏铁、嗜燕血的是蛟、螭或蜃,而不是龙。龙属木类,因此可以由梭而不会由剑化成。龙有好睡的特点,但却不会生病,让马师皇看病,不过是为了"验师皇之能"而已。诸如此类的说法,有的是由传承而来,有的是对口传神话的解释或补充。而其中最

---

① 《萧旷》,见《太平广记》卷311。

值得注意的还是道教思想对于神话形象的渗入。织绡娘子答龙的嗜好是极爱睡觉，竟能够一觉睡到一颗种子在其鳞甲间长成合抱大树才醒，接着说了这样一段话：

> 龙方觉悟，遂振迅修行，脱其体而入虚无，澄其神而归寂灭，自然形之与气，随其化用，散入真空，若未胚胖，若未凝结，如物有恍惚，精奇杳冥。当此之时，虽百骸五体，尽可入于芥子之内，随举止无所不之，自得还原返本之术，与造化争功矣。

在回答"龙之修行，向何门而得"的问题时，织绡娘子又说道：

> 高真所修之术何异？上士修之，形神俱达；中士修之，神超形沉；下士修之，形神俱堕。且当修之时，气爽而神凝，有物出焉，即老子云："恍恍惚惚，其中有物"也。

这两篇话从内容到口气都多么像是道家方士的说教。至于"百骸五体，尽可入于芥子之内"的说法则又取自佛教的"纳须弥入尘毛芥子"。由此可见，龙的神话原型在唐人手中已经一定程度地成了他们别有寄托、别有宣阐的文学意象。唐人固然还相当尊重甚至信仰着龙，但他们也已自觉不自觉地开始以打着时代烙印的主观意识，去看待、驾驭乃至改造这个神话原型，从而使神话素材获得愈益浓厚的人间生活色彩。

足以证明这一论断的，除了上述例子外，《柳毅传》《灵应传》《张天颃》等故事，当然同样有力。洞庭龙女在夫家所受的凌辱虐待，作为寡妇的九娘子的艰难境遇，以及洞庭龙女和广利王女对于爱情和家庭生活的向往追求，如果脱去神话传说的外衣，岂非就是唐朝现实社会生活某个方面的曲折反映？这几则故事中龙这个神话原型，显然已具有更多的人间气息和人情味了。而有关龙的神话传说，在唐以后的文学创作，例如许多话本和戏曲作品中，正是沿着这个方向继续演进的。

人与异类（动物、植物或其他物体）形体的相互交换，是构成远古神话的一个重要情节因素，也是一种重要的神话思维方式。正如袁珂先生所说："人变成物，物变成人，一种事物变成另外一种事物……它往往构成神话故事情节的主干。"①

远古神话中，有的神本身就具有兽形外貌，除了上述所提到的与龙（蛇）的外形有关的神外，仅《山海经》一书中，所提到的具有其他动物形状的神就还有不少。如人面鸟身的禺强、虎首人身的强良、八首人面虎身十尾的天吴等等。此外，《绎史》引《帝王世纪》说炎帝神农氏人身牛首，而干宝《搜神记》中记述盘瓠是犬形……认真翻检一下，这种人形与兽形混杂的神，在中国远古神话中可谓数量可观。

除了人与异类在外形上的天然混杂外，神话中人和异类的

---

① 见袁珂《中国神话史·前言》，上海文艺出版社1988年。

关系，还表现在神人能变为异类。如盘古"垂死化身"，肢体变成大地山河。炎帝之女变成精卫鸟，炎帝又一女死后化为䔿草。在关于蚕马的神话中，女子被马皮所裹一起变化为蚕。有的神虽未明确说能变为异类，但却能与异类随便交流，如《汉书·地理志》说伯益"知禽兽"，《后汉书·蔡邕传》说他"综声于鸟语"，可见他既了解禽兽习性，又能通鸟语。《山海经》中还不止一次描绘过长相奇异，具有某种动物本领的形象，如骧头国、长臂国、厌火国的人等。

这种神话和神话思维模式影响魏晋志怪小说，便造成大量变形故事，而其流风余韵延至唐代，又使唐人传奇中充满了这一类由人与异类形体互变的神话情节因素引起的异闻奇事。甚至可以说，如若撤除"变形"这个关节，许多唐人传奇作品之"奇"就会变得黯然失色，甚至荡然无存，有的连故事本身都将无法成立。

也许是因为猿猴从外形到种系都最接近人类，所以猿猴化人故事便很自然地产生，这类故事在唐传奇中颇为常见。① 著名的如《补江总白猿传》（作者不详），讲述一只大白猿，掳了几十名美妇人养在洞中，它自己则能够变为一个六尺多高的美男子，并能读木简，言语中表现得知识渊博、见解透彻。这是一个猿化为男子而夺取人间妇女的故事。另一种情况是猿化为女子而与人间的男子结合。例如裴铏《传奇》中《孙恪》篇，记

---

① 关于猿猴变人传说，或云与印度佛经与民间神话传说之东来有关，这里暂不讨论。

述下第秀才孙恪娶袁氏女——实为老猿变化而成的女子，共同生活十几年，生有二子。某次旅行，"袁氏每遇青松高山，凝睇久之，若有不快意"。后来经过她所来自的高山，"有野猿数十，连臂下于高松……悲啸扪萝而跃，袁氏恻然"。终于她敌不过本性和同类的呼唤，"遂裂衣化为老猿，追啸者跃树而去"。张读《宣室志》卷8陈岩故事、李隐《潇湘录》中的焦封故事均属此类。

唐传奇中异类化人的故事当然远不止猿猴。《会昌解颐录》（作者不详）中《黑叟》篇，黑叟夫妇为了摆脱官兵的捕捉，双双化作白鹤，向天空飞去。牛僧孺《玄怪录》里《郭元振》篇，那个"能祸福人，每岁求偶于乡人，乡人必择处女之美者而嫁焉"的乌将军，是由大猪变化而成的。同书《萧至忠》篇，一名被仙界贬谪为人间道士的严含质，屋内木架上搭着张虎皮，披上虎皮他就会变成老虎，脱下虎皮时就俨然是个道士。他的朋友，那个"鼻有三角，体被豹鞟，目闪闪如电，向谷长啸"而能召集虎、兕、鹿、豕、狐、兔、雉等群兽的长人，也是亦人亦兽（有时为人，有时为兽）的角色。

人化为虎，也是这类变形故事的一大宗。薛用弱《集异记》的崔韬故事、薛渔思《河东记》的申屠澄故事，所述均为人娶虎化之女为妻而终于离异。裴铏《传奇》的《王居贞》篇，则是王居贞披虎皮而暂时化为老虎，却于无意中吃掉儿子的故事。在所有人变化为虎的奇闻中，张读《宣室志》所载李徵故事最有思致，且最富有悲剧意味。在这篇作品，李徵通过与友人袁修的对话,说明自己变虎的过程、原因、变虎之后的生活情状和痛苦心情,实在是借助了神话情节精心构思的一篇借虎的形态写人之遭遇和心理的小说。

此外可以与人互变的禽兽还多,例如人可以变狐、变狼、变鸟、变鱼,反过来,狐、狼、鸟、鱼乃至驴、牛等,也都可以变成人形。不仅动物,植物中的树木花草,物件中的水精、笔、骰子、漆桶、铁杵、灯台瓦甑之类,也可以化为人形,说人话,甚至吟诗作文。诸如此类的例子在唐人传奇中可谓举不胜举,其中李复言《续玄怪录·薛伟》写青城主簿薛伟"为热所逼",在梦中化为赤鲤的感觉与奇遇,构思最为精巧,行文最富情致。

对于这种反复出现的有趣现象,无论究其产生的原因,还是论其意义价值,都可以做多方面的分析。本文则拟着重从它们与神话原型的关系来论述。

唐传奇中这种人与异类的互相变形,显然源于古代神话的原型。①这一点恐怕是众所公认的。但我们又看到了唐传奇与神话原型的不同特点。在远古神话中,人与兽的外形,有的本来就集于一身,是人与兽的拼合。但在唐传奇中已很少看到这种"野蛮"的形式,绝大多数的情况是人与异形的完全变换,即为人时,就是不折不扣的人形,如若为兽时,则又是地地道道的

---

① 按加拿大著名文学批评家、神话-原型批评论者弗莱的意见,原型,"即一种典型的、反复出现的意象"。参见叶舒宪选编《神话-原型批评》第151页,陕西师范大学出版社 1987 年。

兽态，只不过心理上，却又可以互通互渗。古代神话中也不乏人兽转化的例子，但这种转化往往是自然而然，不需附加什么条件。而在唐传奇中这种变形却常是有条件的。最容易办到的，就是披上一张兽皮，或者吃了某种东西等。至于有的变化，则需要更充足的理由和准备。如李徵之变虎，与他的"恃才倨傲，不能屈迹卑僚，尝郁郁不乐"，以及长期漂泊江湖，事业无成的极端忧愤有关。而薛伟之变鱼，则与他"为热所逼，殆不可堪"，遂一心一意想变成鱼去水中游泳的强烈意念有关。在古神话中，能跨越人与异类界限的神，一般来说是不可匹敌的。而在唐传奇中，则他们虽获得某种异类的奇异本领或特性，因而在某个方面优于人类，但却又不免会有某些弱点，有时这些弱点还足以致命。例如，变虎者怕射，变鱼者怕被钓被捕。又如《补江总白猿传》的大白猿，诚然力大无穷，全身坚如铁石，刀砍不进，虽百人持兵器也难以为敌，但其脐下几寸却是不能抵挡兵刃之处。结果终于被人"刺其脐下，即饮刃，血射如注"。这些变化，似乎显示出唐人传奇在神话思维模式之外的理性思维成分，或者说唐人思维在现实性和理智性方面有所增加。唐人传奇既有继承神话思维模式、保留神话情节因素的一面，同时，由于生产力水平的提高，人对自身与自然的认识均有所深化，因此即使在这种以传达奇闻逸事为中心的故事中，也无可避免地反映了当时人们的认识水平，尽管这种反映是相当微弱而曲折的。

　　历来人与异类相通、变形的神话，表现得较多的一种模式是人兽通婚，唐人传奇似也并不例外。唐人利用这一神话原型创造了许多凄婉动人的爱情篇章。其中最脍炙人口的莫过于《柳毅传》和《任氏传》。柳毅与龙女化身的卢氏女结成美满夫妻，而任氏则以狐女之身与人结合之后，最终丧生于猛犬之口。上面提及的孙恪、陈岩、焦封、崔韬、申屠澄诸故事，则或为人猿联姻，或为人虎结亲。除此而外，唐传奇中异类化为女人与男子相恋、结婚的故事还很不少。如李公佐《南柯太守传》中，淳于棼与蚂蚁化身而成的金枝公主结婚；《异闻录》（作者不详）中的《姚生传》，则叙述天上三颗星——织女、婺女、嫛女——变成女子分别嫁给姚生的儿子和两个外甥，等等。

我国远古神话中人与异类通婚的情节因素，如高辛帝少女嫁给狗化身的盘瓠，禹娶狐族涂山氏之女等，均广为人知。神话中这类情节素的出现，似乎与原始社会不同图腾的氏族及部落之间的通婚有关。"部落划分成集团，各有其图腾，即有某种动物的或大自然其他某种造物的名称，这种有生和无生的物体，久而久之就被崇奉为该集团的第一祖先。"[1]因此，当后人在讲述祖先的婚姻故事和本族繁衍的历史时，就很容易把代表部落的图腾与祖先其人混为一谈，于是也就难免会出现婚姻中有异类（实为某集团的图腾）介入的情节因素。当然，也不排除这类神话情节的发生，与先民思维中"万物有灵""物我不分"的原始观念，以及他们对于人与自然关系的混沌意识有关。

---

[1] 见［法］拉法格《母权制——家庭探源》，刘魁立译，载《民间文艺集刊》第6集。

然而，这种原始的混沌的观念，并没有因为人对自身与对客观世界的认识有所提高而完全消失。作为远古神话给予后世的影响，这种观念长久地保存在古代人民的"集体无意识"之中。当人类在幻想中把握和处理自身与外界万物，特别是与动植物的关系时，表现出强烈的主体精神，这种精神的内核，即天下万物以人为主的观念。因此，一切飞禽走兽、花草虫鱼，变化的最高形式和最后归宿，只能是人。① 既然它们可以变成人，那么就可以而且应当与人发生各种各样的关系。人与异类确实可以发生多种关系，如主仆关系、朋友关系等。而只有冲破了人与异物关系中最大的障碍，使它们得与人发生婚媾，这才证明它们真正地成了人而不再是异物。也就是说，只有幻想到这一步，这种幻想才算是彻底了，到顶了。人兽通婚的故事之所以不但在民俗文化中被津津乐道，而且也为封建文人所喜欢采录、描述，恐怕与人们追求这种幻想的彻底性有关。当然，人类毕竟又是理智的，所以大多数人兽通婚故事中，这种结合最终又会因为某种原因而至于离异。

当然，上述这种"集体无意识"是会随着时代变迁而不断发生变化的。一方面是神话在口头的传承中发生种种变异；另一方面，是历代各种阶层的人又在口头创作中不断地创造出与远古神话有着很深渊源关系的仙话、鬼话和种种传说故事。但

---

① 这一点对后代释道两家思想有着决定性的影响。如两家均认为无论是蛇虎狐兔，还是花草树木，只有数十百年甚至千年的修行，才能变为人形，就说明了这一点。至于它们又多数变成女身，这大概与封建思想的烙印有关。

不管怎么变,在这个民俗文化的历史之流中,人兽通婚始终是极受青睐的重要题材之一。

我们翻检历代文人笔记,就可以发现这类故事之数量确实可观。尤其值得注意的,则是出现了渐渐固定下来的一定的程序。这里,比较典型的有干宝《搜神记》中"毛衣女"传说(即流传于世界不少地区的天鹅处女型故事)、托名陶潜的《搜神后记》中"白衣素女"传说(即后世盛传不衰的田螺姑娘故事),以及龙女传说、白蛇传说等。

这些故事的具体内容尽管不同,尤其是结局可以有种种情况,其中大部分是变形的鸟兽在某种特定的条件和契机下,显露本相,并终于离开人间而他去。也有一些是以夫妻和谐、白头到老为结局的。但无论它们有多少不同之处,有两个核心是必不可少的,那就是:一、鸟兽的变形为人;二、这些变形为人的鸟兽与人的婚姻。我们说唐人传奇某些作品具有明显的这种神话原型,就因为它们不管千变万化,都离不开这两个核心。而且许多故事不但具有变形与婚姻两大内容,就连以往神话思维中所包含着的禁忌因素都仍留有痕迹。比如,"毛衣女"模式,是由鸟变来的女子因毛羽被藏而滞留人间,一旦发现毛羽,即会重新披上毛羽而飞走。唐人传奇中的申屠澄故事,则是其妻发现自己的虎皮并披上后,重新变为老虎"哮吼拏攖,突门而去"。很显然,申屠澄妻重获虎皮和毛衣女复得毛羽,都触犯了禁忌,这些神话思维中的禁忌,性质是相同的。当然,禁忌的范围在唐人传奇中似乎又有所发展。那就是,他们很强调外界环境对于变形者的影响。裴铏《传奇》中的孙恪故事、李隐《潇湘录》中的焦封故事，他们的猿妻之所以最后会恢复原形逃逸而去，就因为他们由于某种原因又回到了猿猴聚居的深山老林。这种环境的变换，同样犯了禁忌，于是恢复原形和兽性的事便发生了。这个情节恐怕便是后人把握了神话思维模式的精髓，又加上自己的幻想所创造的。而透过这个情节，我们不难体会到唐代传奇作家对于人以及人以外的广阔自然世界的某种思考，和由这种思考所引起的惆怅和感慨之绪。

唐人传奇中也有利用变形与婚姻两大内核构筑起来，却使之承担更多更大的社会意义的作品。在这里，作者所表现出来的主体精神和社会意图都更为强烈，因而这类具有神话传说色彩的传奇作品，也就更富于时代精神和个人的风格特色。

《柳毅传》的神话基质是丰富的，神话色彩也异常浓郁，但透过神话形式，可以清晰地看到妇女在唐代社会中的实际地位和生活状况。《任氏传》中狐化女的情节因素，渊源古老，但统观全篇，作者沈既济的注意力远非停止于传述一个凄婉动人的狐女悲剧故事，他真正的创作动力是批判现实社会中那种对女子"徒悦其色而不征其情性"的男子。从这一点来看，《任氏传》确实为古代妇女舒泄了积愤。如果说神话情节因素使沈既济的感慨获得了形象体现和在当时历史条件下向外传导的良好形式，那么沈既济的感慨和他的生花妙笔，则使存在于唐时民俗文化中的一种神话原型得到了新的生命，从而对后世的文化（包括上层文化和底层文化）都产生了一定的影响。文人创作与民俗文化就是这样一种相互滋润、双向交流的关系。

借助于"异类变形"的神话原型或与其有关的民俗文化形态来抒写感慨、寄托情愫、阐述见解、发表议论，在唐代和以后的文人创作中屡见不鲜。唐人传奇中，如牛僧孺《玄怪录》中《元无有》篇，张读《宣室志》中"甑杵为妖"故事，唐人散文中如韩愈的《毛颖传》，唐诗中如白居易的《禽虫十二章》均属此类。我们在清理文学史发展脉络时，亟须充分注意其与民俗文化的关系。

在唐传奇中可以见到遗迹的神话原型，除上述龙的形象和变形模式以外，还有多种。比如远古神话中有关"人祭""寄生"之类的情节，便屡屡在唐传奇中复现或部分复现。

裴铏《传奇》中《崔炜》篇有一个情节，崔炜来到任翁家，用艾为任翁治病。任翁家供奉一个名叫"独脚神"的恶鬼，"每三岁，必杀一人飨之"。这次又到了祭祀独脚神的时候，任翁竟想杀崔炜以祭献。幸亏任翁之女相救，崔炜才逃了出来。在这个故事中，三年要杀一个活人以祭祀神，并且祭祀时还有一套仪式（所谓"具神馔"），就与原始社会的人祭习俗以及有关人祭的神话相似。《玄怪录》中《郭元振》篇，那个被供奉为神道的乌将军，也是每年要有一名女子给他当配偶，而且嫁女之日必布置得"灯烛荧煌，牢馔罗列"，次日则"女之父母兄弟及乡中耆老，相与舁榇而来，将取其尸，以备殓殡"，可见这种活动实际上也是一种"人祭"礼俗。无论唐代是否真的还存在这种陋俗，其来源之古远是可以肯定的。

寄生神话在唐传奇中的遗迹，见于《玄怪录》的《巴邛人》篇和《续玄怪录》中《刁俊朝》篇。在这些作品里，硕大的橘子和脖子上的巨瘤，其作用颇近似于古代神话中的葫芦、南瓜之类。更值得注意的是，两篇传奇都牵涉到巴地，即葫芦神话流传颇广的我国西南一带。

这些传奇作品既明显有神话原型的存在，又像前已分析的那样打着时代的烙印。李玫《纂异记》中《浮梁张令》篇，将贪官对华岳神的祭祀与贿赂求情、暗疏关节联系起来，非常辛辣地讽刺了封建官场中"关节既到，难为不应"的腐败现象。

唐人传奇正处于中国古代叙事文学走向成熟和繁荣的重要历史转折点上，因此可以说它非常典型而突出地表现了在传承基础上的创新，表现了源于神话原型而又突破旧有框框的特点。唐传奇一方面从古代神话（包括由于口传而留存于当时的神话传说）汲取营养，一方面又给后世的文学，特别是小说戏剧，提供了十分丰富的原型和素材，这只要看一看宋元话本、元明戏曲直到清代和近世小说的创作情况，就可以一目了然。因此，在梳理中国文学史，特别是叙事文学发展的历史轨迹时，应该十分重视体现了文人创作与民俗文化双向交流的唐人传奇。

三、丰富多彩的民间传说

载录民间传说的渊薮——各种人物传说——风物传

说——异物传说——异俗传说——胡人识宝传说——外来传说——传说的载录与再创作

唐代和中国历史上任何一个时代一样，在广大民间随时随处产生着、流传着极为丰富多样的传说故事。可以说，凡是有人群、有社会生活的地方，也就一定有形形色色的传闻、议论和琐言，所谓街谈巷语、道听途说之类，这就是我们所说的民间传说。如果把它们形诸笔墨、载于书册，便是所谓稗官野史、小说家流。

中国文人自古以来有将遗闻逸事或奇闻怪事录成文字以传诸后世的传统，唐人也不例外。唐人所作的野史杂史、各类笔记乃至志怪传奇等叙事性作品，数量相当可观。我们今天还可看到的，如张鷟《朝野佥载》、刘𫗧《隋唐嘉话》、刘肃《大唐新语》、李肇《唐国史补》、赵璘《因话录》、李德裕《次柳氏旧闻》、韦绚《刘宾客嘉话录》、郑处诲《明皇杂录》、裴廷裕《东观奏记》、王仁裕《开元天宝遗事》等，明显属于野史或杂史；而如崔令钦《教坊记》、封演《封氏闻见记》、段安节《乐府杂录》、苏鹗《杜阳杂编》、孙棨《北里志》、孟棨《本事诗》、范摅《云溪友议》、李濬《松窗杂录》、冯翊子《桂苑丛谈》乃至近似地志的《岭表录异》（刘恂）、《桂林风土记》（莫休符）等等，则是性质不同的笔记。此外还有我们熟悉的诸多抄撮旧书或杂记传闻而成的志怪小说，如《冥报记》《灵怪集》《广异记》《博异志》《独异志》《宣室志》之类，那些篇幅曼长、文采斐然的传奇作品，以及那些有所散逸而尚存片段的各种著作里面，都蕴含着民间传说的丰富宝藏，可供我们探索采掘之用。

民间传说既是民俗生活的产物，又是民俗生活的组成部分，其中最富有现实性的部分，也可以说就是当时社会生活的见证，虽然它们对生活往往有所变形、有所夸张，但在这种表象背后却存在着某些具有本质性的东西。因此，记录民间传说的杂史笔记虽非正史，有时却可以补充正史或印证正史。这是我们对它们予以重视的根本原因。

关于民间传说的分类，前人说法很多。本书作者之一曾在考察了这些说法并研究了民间传说的实际状况后，于其所著《中国民间传说》[①]一书中提出按内容性质和功用的不同将它们分为描述性的和解释性的两大类，每个大类下再依其被描述或被解释的对象之不同分为若干小类。这样的做法是为了将纷繁复杂的民间传说梳理清楚。所以，本书仍然利用这种分类法，结合唐代民间传说的实际来加以论述。

（一）各种人物传说

这是一种典型的描述性传说，也是在唐代文献中蕴藏量最丰富的传说。

应该说，民间传说对当时社会各色人等都是有反映的，上自帝王将相、嫔妃贵姬，下至贩夫走卒、乞丐妓女，都可成为

[①] 程蔷《中国民间传说》，浙江教育出版社，1989年7月第1版；1995年3月修订重版。

其描述对象，没有禁区可言。

对于皇帝、后妃生活的隔膜和好奇，促使关于他们的传说数量偏多。

上面提到的许多野史杂史，其中一个最重要的内容便是载录帝王、后妃的生活传说，有的更把他们当作书中的主角，如《明皇杂录》《开元天宝遗事》等，就很有代表性。

这一类传说的内容大抵有几个方面。一是关于帝王的神奇出生或神秘死亡，如说唐太宗李世民出生时，"有二龙戏于馆门之外，三日而去"[①]，这是自古以来宣扬皇帝是天生龙种的故事的翻版；如说"明皇自为上皇，尝玩一紫玉笛，一日吹笛，有双鹤下。顾左右曰：上帝召我为孔升真人。未几果崩"[②]；或说某个皇帝（一说为顺宗，一说为宪宗）头眩离座，被军士们簇拥出宫门，遂被阴吏迎去——也就是死了[③]；等等。

另一是描写或在想象中描写帝妃的日常生活和他们的感情纠葛。这方面的材料最多，白居易《长恨歌》和陈鸿《长恨歌传》就是在大量民间传说的基础上写成的。陈鸿在文末明说："世所隐者，鸿非史官，不知。所知者有《玄宗内传》，今在。予所据，王质夫说之尔。"[④] 他的意思是，《长恨歌传》所写的，

---

① 见《旧唐书·太宗本纪》。
② 见《明皇杂录》卷末所辑佚文，见《开元天宝遗事十种》，上海古籍出版社1985年。
③ 见《续玄怪录·辛公平上仙》，并参程毅中《唐代小说史话》，文化艺术出版社1990年。
④ 见《文苑英华》卷794所载《丽情集》本《长恨歌传》。

既非史官们掌握的宫闱秘事，也不是《玄宗内传》那些众所周知的事，而是友人王质夫所说的民间传闻。具体来说，便是如临邛道士以李少君之术致杨妃精魂不至、道士游神驭气至蓬莱最高山玉妃太真院见到杨玉环，道士向杨玉环求一秘事以告明皇，杨讲出天宝十载七夕在骊山与明皇相誓，愿世世为夫妻，以及杨玉环叹息因动凡心而不得久居仙界，并预言明皇也将不久人世等情节。白、陈写作的时间是元和元年（806），距杨玉环死于马嵬坡已整整五十年，距唐明皇之死也已有四十四年，正是此类民间传说从酝酿到大量产生的时代。上述这些情节反映此时民间对李、杨二人加以谴责的态度已有所改变，基本上已持同情态度，对他们的爱情和死亡都大大地加以美化了。

实事求是地说，民间传说往往美化普通民众所根本不了解的帝妃生活，把这种生活想象得很浪漫、很有诗意。或者说，我们所能见到的、由文人记录下来的那些传说，大抵都有这个倾向，表现了当时许多文人对皇帝的膜拜和对宫中生活的艳羡。例如许多传说都把唐明皇描写成风流才子，而且是得到天神帮助、佑护的人。《开天传信记》中有这样一条：

> 上（玄宗）尝坐朝，以手指上下按其腹。
>
> 朝退，高力士曰："陛下向来数以手指按其腹，岂非圣体小不安耶？"上曰："非也。吾昨夜梦游月宫，诸仙娱予以上清之乐，寥亮清越，殆非人间所闻也。酣醉久之，合奏诸乐以送吾归。其曲凄楚动人，杳杳在耳。吾回，以玉

笛寻之，尽得之矣。坐朝之际，虑忽遗忘，故怀玉笛，时以手指上下寻，非不安。"力士再拜，贺曰："非常之事也。愿陛下为臣一奏之。"其声寥寥然，不可名言也。力士又再拜，且请其名。上笑言曰："此曲名《紫云回》。"遂载于乐章，今太常刻石在焉。

唐明皇确有音乐才赋，这个传说则把他进一步神化了，由此又派生出一系列类似的传说，如说他曾在道士引导下到过月宫，从而学得天乐等等。[①]虽然唐人笔记对帝王有所美化乃至神化，但它们也有客观平实的一面，毕竟反映了一定的历史真实，我们仍然可以从中看出很多问题。

例如，《开元天宝遗事》中有"助情花"一条：

明皇正宠妃子，不视朝政。安禄山初承圣眷，因进助情花香百粒，大小如粳米而色红。每当寝处之际，则含香一粒，助情发兴，筋力不倦。帝秘之曰："此亦汉之慎恤胶也。"

这当然只是传说而已，说者和记者对明皇的不视朝政虽然并无严厉批判之词，但显然有所不满。由于它真实地记述了明

---

① 参《太平广记》卷77《叶法善》："法善又尝引上（玄宗）游于月宫，因聆其天乐。上自晓音律，默记其曲，而归传之，遂为霓裳羽衣曲。"下注原出《广德神异录》。

皇君臣的行为，使我们具体地看到了明皇与贵妃的淫靡放纵，也了解到安禄山献春药以邀宠的手法。这就是它的价值所在。

又如，裴廷裕《东观奏记》专载宣宗一朝遗闻逸事，其中一条刻画唐宣宗勤于治理而又好弄智术的独特个性，非常精彩：

> 上（宣宗）每孜孜求理，焦劳不倦。一日密召学士韦澳，尽屏左右，谓澳曰："朕每便殿与节度观察使刺史语，要知所委州郡风俗物产。卿宜秘采访，撰次一文书进来。虽家臣与老，不得漏泄。"
>
> 澳奉宣旨，即采十道四蕃志，更博采访，撰成一策，题曰《处分语》，自写面进，虽子弟不得闻也。
>
> 后数日，薛弘宗除邓州刺史。澳有别业在南阳，召弘宗饯之。弘宗曰："昨日中谢，圣上处分当州事惊人。"澳访之，即《处分语》中事也。君上亲总万机，自古未有。

这条材料已涉及皇帝和大臣的关系，这是帝王传说的又一重要方面，数量同样很多。《朝野佥载》《大唐新语》和以李泌为主角的《邺侯家传》大部分内容就属此类。

还有一类传说是专门关于文臣武将的，涉及他们之间的种种关系、他们的文武才能和业绩功勋、他们的成长过程和发家史、他们的特殊性格或嗜好等，其中既有对能臣勇将的颂美，也有对贪官酷吏的鞭挞，不乏饶有兴味和借鉴启发意义的故事。兹举二例以概其余。第一例出于卢言的《卢氏杂说》：

> 郑馀庆清俭有重德。一日，忽召亲朋官数人会食，众皆惊。朝僚以故相望重，皆凌晨诣之。至日高，馀庆方出，闲话移时，诸人皆嚣然。馀庆呼左右曰："处分厨家，烂蒸去毛，莫拗折项。"诸人相顾，以为必蒸鹅鸭之类。逡巡异台盘出，酱醋亦极香新。良久就餐，每人前下粟米饭一碗，蒸葫芦一枚。相国餐美，诸人强进而罢。

这则故事描写了郑馀庆的节俭，从他很香地吃糙米饭和蒸葫芦来看，似乎平素就是如此，而他的客人显然吃不惯，可见平时生活水平与他差距甚大。故事讲得有板有眼，有诱人的悬念，而且非常幽默，可能在流传中经过了多人的加工。

第二例出于刘悚《隋唐嘉话》卷下：

> 李昭德为内史，娄师德为纳言，相随入朝。娄体肥行缓，李屡顾待不即至，乃发怒曰："巨耐杀人田舍汉！"娄闻之，反徐笑曰："师德不是田舍汉，更阿谁是？"
>
> 娄师德弟拜代州刺史，将行，谓之曰："吾以不才，位居宰相；汝今又得州牧，叨据过分，人所嫉也，将何以全先人发肤？"弟长跪曰："自今虽有唾某面者，某亦不敢言，但拭之而已。以此自勉，庶免兄忧。"师德曰："此适所谓为我忧也。夫前人唾者，发于怒也。汝今拭之，是恶其唾而拭之，是逆前人怒也。唾不拭将自干，何若笑而受之？"武后之年，竟保其宠禄，率是道也。

两件事两个细节，不但把娄师德的性格和处世哲学表现得鲜明活脱，而且深刻地触及了官场中、官僚间那种复杂微妙的关系和处处隐伏着的危险。娄师德之所以形成那样乡愿式的性格，除了本人的因素外，与环境有莫大的关系，而他也果然因此在充满危机的武则天朝保住自己的禄位。后世成语"唾面自干"的典故即出于此传说。

还有一类传说是以著名文人诗家或其他艺术家为主角的。我们在前文引用过许多这方面材料，如王昌龄等三人旗亭传唱的故事就是。又如众所周知的李白梦笔生花、贺知章为他金龟换酒、玄宗召其作诗高力士为其脱靴，以及他最后捉月而死等，都是有名的传说。这里再举一个画家和剑术家的例子。《太平广记》卷212《吴道玄》篇引《独异志》云：

> 开元中，将军裴旻居母丧，诣道子，请于东都天宫寺画神鬼数壁，以资冥助。道子答曰："废画已久，若将军有意，为吾缠结，舞剑一曲，庶因猛励，获通幽冥。"旻于是脱去缞服，若常时装饰，走马如飞，左旋右抽，掷剑入云，高数十丈，若电光下射。旻引手执鞘承之，剑透室而入。观者数千百人，无不惊慄。道子于是援毫图壁，飒然风起，为天下之壮观。道子平生所画，得意无出于此。

这则精彩的传说故事，描写了两位艺术家高超入神的造诣，道出了不同艺术门类相互感发激荡的奥秘，也有力地渲染了盛唐时代那种昂扬豪迈的文化氛围。

再一类传说的主角是社会上各种异人奇才。这里有天文学家一行和尚，精通法术的方士张果、叶法善、罗公远，医术高明的孙思邈，被尊为"茶圣"的陆羽，著名的占卜家葫芦生，能够日行万里的万回哥哥，还有形形色色身怀绝技的民间艺人、工匠、侠客、棋士、僧尼道人（包括西域胡僧）等。还有在当时普遍流传的神仙鬼怪传说，我们也不妨把它粗线条地列入此类。这类传说虽然往往夸张渲染得远远超乎实际，而且往往有意宣扬宗教迷信观念，但依然具有颇高的价值。因为它们向我们展示了极其广阔的社会生活面，使我们得以窥见往往被正史所遗忘的唐代社会的许多角落。作为一定时代民俗生活的积淀，它们还或直露或曲折地表现了当时的普遍社会心理和文化氛围，因此对于民俗学特别是历史民俗学研究者来说，便更具有基础意义的不可替代的史料价值。

（二）风物传说

这类传说多数具有解释性。通过一则故事，说明某地山川景致的来源或命名缘由，是此类传说的一般模式。在唐人笔记中，其数量也颇可观。从内容来看，它们有的很古老，但在唐代仍然流传着，有的则是唐代民俗生活的产物。

例如我们在前面讲神话时说到，古神话流传发展的趋向和标志之一，便是它与风物传说的结合，辰州的三山，传说那是夸父逐日途中支锅做饭所留下的遗迹，这就是古老相传之例。又如，据《黎州图经》云，当地有座圣钟山，其来历如下：

> 古老传此山有钟，闻其声而形不见。南诏犯境，钟则预鸣。唐天宝、大和、咸通、乾符之载，群蛮来寇，皆有征也。昔有名僧讲大乘经论，钟亦震焉。乾宁中，刺史张惠安请门僧、京师右街净众寺惠维讲《妙法莲花经》一遍，此钟频鸣，如人扣击，知向所传者不谬矣。

很显然，这是一则古已有之而在唐代得到丰富和加强的风物传说，解释了圣钟山得名之由。

有的风物传说与历史人物有关，如与舜之二妃有关的九嶷山、君山、黄陵庙以及斑竹传说，如与介之推及其妹有关的介山和妒女泉传说之类。《朝野佥载》卷6述妒女泉传说云：

> 并州石艾、寿阳二界有妒女泉，有神庙，泉水沉洁澈千丈，祭者投钱及羊骨，皎然皆见。俗传妒女者，介之推妹，与兄竞，去泉百里，寒食不许举火，至今犹然。女锦衣红鲜，装束盛服，及有人取山丹、百合经过者，必雷风电雹以震之。

虽属附会，倒也有趣。上面举的都是古人，唐代当时人物的行踪也造成了一些新景致和新传说，如与诗人李白有关，便在其所到的蜀中、湖北、山东、安徽等地产生了洗笔处、读书处、赏月处、捉月处乃至死后的坟墓等多处景点，而且有的还不止一处。又如因与"茶圣"陆羽有关而成为名胜的山和

泉,也远非一处。在韩愈曾经被贬任职的潮州,有这样的风物传说:

> 韩山,在潮州海阳治东,顶有三峰,形如笔架。韩文公守潮尝游此,因名。有文公祠,祠旁有木,郡人以其花之繁稀卜科第盛衰,因名韩木。

像这样与著名文人或名臣名将,乃至名僧、名道、名妓的行迹相关的传说在唐代确是不少的。

有的则与民间情事有关,如许多地方都有的望夫山、望夫石传说之类。又如李冗《独异志》卷中有如下一条:

> 淄川有女曰颜文姜,事姑孝谨,樵薪之外,复汲山泉以供姑饮。一旦,缉笼之下,忽涌一泉,清泠可爱。时人谓之"颜娘泉",至今利物。

传说不仅说明了颜娘泉的来历,而且突出地赞美了文姜的尽孝,清楚地表达了民间的伦理道德观念。风物传说的价值主要有两方面,一是美化本乡本土的山山水水,使自然形态的风物被灌注以民族的人文精神,从而更便于寄托对祖国、对本民族历史的热爱;另一就是通过传说标举民族大众所认同的伦理道德和价值观念,并使之深入人心,起到代代相传、潜移默化的巨大作用。

（三）异物传说

这类传说几乎到处都有，有的在当地其实并不稀罕，却被好奇的有心人写入书册；有的乃是传闻，而且是经过添油加醋、夸张渲染的传闻，然而虽不免远离实际情况，透过表象仍可寻到某些实际的影子；而有的所谓异物，则是科学知识不发达时代某些尚未被认识的事物而已，在今天人们的眼中，倒不妨当作古人所提供的科学资料看待。下面试举例说明之。

许多唐人笔记都有这方面的内容，也有专记此类传说的，如沈如筠的《异物志》①，段成式的《酉阳杂俎》、李冗《独异志》、张读《宣室志》、刘恂《岭表录异》、佚名《神异录》和冯贽的《记事珠》《云仙杂记》等，是记载此类传说最多的几部。尤其是《酉阳杂俎》，不但记得多而且编排得系统、清晰，所以最便于利用。

《酉阳杂俎》前集卷10标题即为《物异》，其中记了许多奇异的物事，如能够"照人五脏"的秦镜，"食一枚，心中一孔明，食至七，心七窍洞彻，可以夜书"的萤火芝，"罽宾国所贡，光明洁白，可照一室"的上清珠，等等。卷16至卷20总题为《广动植》，内分羽篇、毛篇、鳞介篇、虫篇、木篇、草篇和肉攫部，分门别类地载述动植物中奇异稀见之物。

段成式是个写作态度十分严谨的作家，因为所记大多得自

---

① 沈如筠《异物志》，见《新唐书·艺文志》小说家类著录，三卷。然宋元间已亡佚，今唯于《太平广记》可见佚文六则，然据考均非沈氏书中原文。参李剑国《唐五代志怪传奇叙录》，南开大学出版社1993年。

传说,而非本人亲见,所以他总是尽可能地记明来源,以示决不蹈空妄说。这样,在上述诸篇中虽然有不少内容仍显得不可思议,但很多还是可以理解的。例如下面两条:

> 井鱼脑有穴,每翕水辄于脑穴蹙出,如飞泉散落海中,舟人竞以空器贮之。海水咸苦,经鱼脑穴出,反淡如泉水焉。成式见梵僧普提胜说。

> 奔䱇一名濿,非鱼非蛟,大如船,长二三丈,色如鲇,有两乳在腹下,雄雌阴阳类人,取其子著岸上,声如婴儿啼。顶上有孔通头,气出嚇嚇作声,必大风,行者以为候。相传懒妇所化。杀一头得膏三四斛,取之烧灯,照读书、纺织辄暗,照欢乐之处则明。

据其所述这两种海鱼的特征,岂不很像我们通常所说的鲸鱼吗?这是异物实为罕见之物的例子,《岭表录异》中多数也属此类,其纪实性很强,科学价值也很高。①

有的本是当地普通物产而被附会以某种传说,也可算入此类。如《岭表录异》卷中所述的韩朋鸟即是:"韩朋鸟者,乃凫

---

① 《酉阳杂俎》前集卷10《物异》:"鱼石,衡阳湘乡县有石鱼山,山石色黑,理若生雌黄,开发一重,辄有鱼形,鳞鳍首尾有若画,长数寸,烧之作鱼腥。"是否是一种化石?《岭表录异》卷上:"南海秋夏间,或云物惨然,则见其晕如虹,长六七尺,比候则飓风必发,故呼为飓母。"所记亦富于科学性。

鹭之类。此鸟每双飞,泛溪浦。水禽中鸂鶒、鸳鸯、鸀鹥、岭北皆有之,唯韩朋鸟未之见也。"接下去便引了干宝《搜神记》上韩朋及其妻被宋康王所害,死后双双化为鸟,"恒栖其树,朝暮悲鸣"的故事,并说明:"南人谓此禽即韩朋夫妇之精魂,故以韩氏名之。"很显然,是当地的人们把韩朋夫妇的传说与这种习惯于双宿双栖的鸟儿联系起来了,遂使这并不起眼的小鸟成了一种身负古人幽灵的异物,也对这种鸟儿的习性做出了一种解释。

还有一些异物传说往往与更离奇的幻想或观念相联系,《宣室志》所载大部分即属此类。如卷1的消面虫,卷5的枯木怪、蒲萄怪、蓬蔓妖,卷6的水银精、清水珠、玉清三宝等便是。这也是异物传说很重要的形态。

消面虫一则,说的是吴郡陆颙自幼嗜面,吃得愈多人却愈瘦,有胡人来,用药引他吐出腹中一条"长二寸许,色青,状如蛙"的虫,从此病愈,原来这条虫就叫"消面虫"。胡人拿这条虫到海边去放在一个银鼎中烧了七日七夜,竟迫使海中仙人一再献宝求饶,最后仙人拿出入海宝珠,胡人吞珠后携陆颙一起游龙宫、入蛟室,取得"致亿万之资"的宝物,两人都成了巨富。这则传说中的消面虫,岂不就是具有奇特功能的异物?但它的奇特功能显然并不是真实的而是幻想的,是出自唐人对于海底龙宫、对于龙宫宝物、对于胡人识宝能力的流行观念。这可以说是具有复合主题的异物传说。

异物传说在唐代的繁荣,是自《山海经》《博物志》以来,广大民众特别是知识界勤于观察、勤于载录传统的继承与发扬。它显示了唐人对于博物知识的浓厚兴趣，也显示了当时活跃而自由的文化空气。

（四）异俗传说

关于各地，特别是边远少数民族地区的特异风俗，唐人诗文中多有记载。有的记载原是很真实的，只是在另一地区、另一民俗圈的人看来觉得不好理解，不可思议或者认为其不合理、不道德，是要不得的鄙陋之俗而已。

例如，唐代岭南、黔中地区盛行人口贩卖，尤其是买卖未成年的儿童，使之为仆役或阉宦，几乎形成一种普遍风俗。柳宗元任柳州刺史时了解此风，并曾听人讲过一个儿童勇敢地与人贩子做斗争的事，遂作《童区寄传》述之。其文开篇即写道：

> 越人少恩，生男女以货视之。自毁齿（七八岁）以上，父兄鬻卖，以觊其利。不足，则盗取他室，束缚钳梏之。至有须鬣者，力不胜，皆屈为僮。当道相贼杀以为俗。幸得壮大，则缚取么弱者。汉官因以为己利，苟得僮，恣所为不问。以是越中户口滋耗，少得自脱……

看得出来，出于对儿童的人道同情，出于对当地人口减少的忧虑，柳宗元对此风是深恶痛绝的，并且他以实际行动来对抗和扭转此种风俗。《旧唐书·柳宗元传》："柳州土俗，以男女质钱，过期则没入钱主。宗元革其乡法，其已没者，仍出私钱赎之，归其父母。"《新唐书》本传所记更详："柳人以男女质钱，过期不赎，子本均，则没为奴婢。宗元设方计，悉赎归之。尤贫者，令书庸，视直足相当，还其质。已没者，出己钱助赎。"韩愈在被贬为袁州刺史时也有类似行动："袁州之俗，男女隶于人者，逾约则没入出钱之家。愈至，设法赎其所没男女，归其父母。仍削其俗法，不许隶人。"①

唐代许多曾遭到贬逐或曾到过边地的官员，在自己的诗文中多多少少都会留下异地风俗的痕迹，从初唐的"四杰"、沈、宋到盛唐的王昌龄、李、杜、高、岑，到中唐的元、白、韩、柳、刘禹锡，再到晚唐的鲍溶、雍陶和温、李，每个人都是如此。这里仅举白居易一首以概其余。此诗题为《送客春游岭南二十韵》，作者注曰"因叙岭南方物以谕之"，全诗主旨在于勉励即将远行的友人。从这首诗可以看出，白居易本人虽未去过岭南，但对那里的风土人情倒是颇有了解的。诗的后半段如下：

瘴地难为老，蛮陬不易驯。土民稀白首，洞主尽黄巾。战舰犹惊浪，戎车未息尘。红旗围卉服，紫绶裹文身。面苦桄榔裛，浆酸橄榄新。牙樯迎海舶，铜鼓赛江神。不冻贪泉暖，无霜毒草春。云烟蟒蛇气，刀剑鳄鱼鳞。路足羁栖客，官多谪逐臣。天黄生飓母（原注：飓母如断虹，欲大风即见），雨黑长枫人（原注：枫人因夜雷雨辄暗长数

---

① 见《旧唐书·韩愈传》。

丈）。回使先传语，征轩早返轮。须防杯里蛊（原注：南方蛊毒多置酒中），莫爱橐中珍。北与南殊俗，身将货孰亲？尝闻君子诫，忧道不忧贫。

诗中将岭南地区描写得相当野蛮落后，应该说不无偏见，但也一定程度地反映了唐时彼地的实况。若以其中表现异物、异俗的密度而言，却可算是同类作品中的佼佼者。

许多笔记小说家，也总要在自己的著作中列入这个内容。《朝野佥载》卷2的"五溪蛮"条、"真腊国"条，卷5的"岭南风俗"条等，《酉阳杂俎》前集卷4《境异》，所记即全为境外风俗。试举二条为例：

坚昆部落，非狼种，其先所生之窟在曲漫山北。自谓上代有神与牸牛交于此窟。其人发黄，目绿，赤髭髯。其髭髯俱黑者，汉将李陵及其兵众之胤也。

拨拨力国，在西南海中，不食五谷，食肉而已。常针牛畜脉取血，和乳生食。无衣服，唯腰下用羊皮掩之。其妇人洁白端正，国人自掠卖与外国商人，其价数倍……

这一北一南两条材料，既有古神话遗迹（如坚昆对其起源与祖先的说法），又有历史和传说的成分，同时又记下了民俗风情。像这样的材料在唐人笔记和小说中数量相当丰富。

异物、异俗传说在唐代非常繁荣，不是没有原因的。这与整个唐代由于国力强盛而造就的辽阔疆域和一览天下的壮伟气魄，是分不开的，也与文化界普遍的乐观进取精神和知识兴趣分不开。

盛唐之初，玄奘和尚西行求法，前后十九年历经西域一百多国（包括城邦和地区），回到长安，很快便将一路见闻和所掌握的各国自然、人文等情况写出，这就是著名的《大唐西域记》。此书的价值是多方面的，仅记述各国异物、异俗传说就为其他书所无法比拟。下面在讲外来传说时，还要提到本书，这里暂不细说。

唐朝的外交活动非常频繁，当时的官员，无论出使域外，还是接待国外来使，都十分留意该国该地的民情风俗，并能够及时向有关部门乃至宰臣报告或写成书面文件。中唐宰相贾耽"好地理学，凡四夷之使及使四夷还者，必与之从容，讯其山川土地之终始。是以九州之夷险，百蛮之土俗，区分指画，备究源流"。他花了三十年时间，编写成巨著《海内华夷图》《古今郡国县道四夷述》。它们虽然早已散佚，不可得见，但在作者给皇帝的表章中，仍可略知其内容："绝域之比邻，异蕃之习俗，梯山献琛之路，乘舶来朝之人，咸究竟其源流，访求其居处。阛阓之行贾，戎貊之遗老，莫不听其言而掇其要。间阎之琐语，风谣之小说，亦收其是而芟其伪。"

中唐另一位宰相杜佑，倾注半生心力撰著卷帙浩繁的《通典》，在《州郡典》中按古九州的分布列述各州郡地理物产，同时不忘介绍各地风俗。其《边防典》共十六卷,列述四方外国和少数民族,更以记载其民族历史和特异风俗为主要内容。如讲到突厥和高车国的祖先都是"狼种"——人与狼交的后代,而其风俗即与此有关:"故其人好引声长歌,有似狼嗥。""其俗,蹲踞媟嫟,无所忌避。""俗无谷,不作酒。""俗不洁净。喜致震霆,每震,则叫呼射天而弃之移去。至于来岁秋,马肥,复相率集于震所,埋杀羊,燃火,拔刀,女巫祝说,似如中国祓除,而群队驰马旋绕,百匝乃止……"①

正是在这样一种关注异物、异俗的文化空气之中,搜集、记载此类传说才会成为许多文人的自觉行动。

有一个问题需要在这里附带谈一下,那就是对于境外或某些少数民族的风俗,唐人往往持批评甚至蔑视态度。这里确实有十分要不得的民族优越感,有因为不了解而造成的隔膜感,但应该说也有反映文明程度不同的一面。那些有害社会人生的恶俗陋习,无论属于哪个民族,都是应当革除抛弃的。值得注意的是,唐朝政府对于外国外族的风俗习惯基本上采取了尊重的态度。一次派人出使吐蕃,随员中有一人叫苟曾。有人提醒正使,吐蕃讳狗,不宜用苟曾为判官。正使马上报告朝廷,朝廷立即下令让苟曾改姓荀。②能够注意入乡问俗,并能尊重他人习俗,这正是文明程度较高的表现。

问题的另一面是各族风俗习惯的相互影响。由于唐朝是一

---

① 见杜佑《通典》卷197《边防十三·北狄四》。
② 见《封氏闻见记·避忌》。

个开放社会，外国人特别是西域胡人来华或者中国人去外国，都是很普通的事，而人的来往必然带来生活习惯的流通，于是风俗的交流和互渗便不可避免。一方面是许多外国外族人的华化，另一方面则是西域胡风对唐代边远地带（如敦煌一带）、对中原，乃至对长安的影响。陈鸿祖《东城老父传》借主人公贾昌之口说："今（指唐宪宗元和年间）北胡与京师杂处，娶妻生子。长安中少年，有胡心矣！"其影响之深可想而知。其实，这种影响未必是坏事，唐代文化的丰富多彩、充满活力，唐代文学艺术各门类能达到那样的高度，恐怕都与这种影响有一定关系。关于西域文明对唐代文化各门类的影响，近现代多种史书以及日本石田干之助所著《长安之春》、向达所著《唐代长安与西域文明》等，均有或略或详的论述，这里不再赘言。

当然，对于异俗的抵制也是不可避免的。这里最有名的例子是对"泼寒胡戏"的禁绝。"泼寒胡戏"起源于波斯，是为纪念甘雨解除灾难性的干旱而创立的。① 传入唐土后，很快风靡一时，长安、洛阳等大城市，每至腊月寒冬就搞这种活动，皇帝后妃都要登楼观看。这种活动的做法是"裸露形体，浇灌衢路，鼓舞跳跃而索寒"，所谓"裸体跳足""挥水投泥"②，大概是非常热烈而壮观的，所以深得全国上下欢迎。但是也有人反对，认为这一活动来自胡人，不合传统，不合国情，建议禁断。经过反复论证，主禁派终于得胜，于开元元年（713）十二月正式下

---

① 参韩儒林《泼寒胡戏与泼水节的起源》，见《向达先生纪念论文集》。
② 见《唐会要》卷34《杂录》所载吕元泰疏，张说谏。

敕禁断。①

总之，对于异俗的流传、载录和有选择地吸收或抵制，是一个有广大民众共同参与的能动的历史过程，自然也就是唐人文化生活的一项重要内容。

（五）胡人识宝传说

识宝传说在中国古已有之，到了唐代，由于中西交通发达、中外贸易频繁、西域僧商来华人数众多，此类传说遂获得与胡人相结合的时代色彩，所以又称胡人识宝传说，并成为唐代民间传说中很具特色和特殊意义的一个品类。

和上述种种传说一样，其材料散见于唐人笔记与小说。本书作者之一曾就此专题撰有专著《中国识宝传说研究》②，书后列举参考文献，属于唐人笔记或小说的有二十多种，这里不再重复。

本章上面讲异物传说时所举出的消面虫故事，换一个角度看，其实也就是识宝传说，而且足为此类传说的典型模式。这里再看一例，出处是戴孚《广异记》，篇名《宝珠》。

这个故事开始时说，"咸阳岳寺后，有周武帝冢，其上缀冠珠，大如瑞梅，历代不以为宝"。接着说，唐时一士人无意中拿到了它，却未在意，临行时把它遗忘在寺里。后在陈留旅邸夜闻胡人斗宝，他随口说起此珠。众胡人大骇，出了很多很多钱，央求士人回咸阳去找那珠。士人果然找回了那颗珠子，并

---

① 见两《唐书》之《玄宗纪》及《旧唐书·张说传》，其敕略曰："腊月乞寒，外蕃所出，渐浸成俗，因循已久。自今以后，无问蕃汉，即宜禁断。"
② 见程蔷《中国识宝传说研究》，上海文艺出版社1986年。

把它交给了胡人。众胡狂喜，饮乐十余日，问士人想卖多少钱？士人"极口求一千缗"，以为是狮子大开口了。谁知胡人却嫌他要价太低，认为是侮辱了宝珠。众人决议，付他五万缗。然后全体胡人和士人一起到海上去"观珠之价"。大胡"以银铛煎醍醐，又以金瓶盛珠，于醍醐中重煎"，经过七日，龙宫以许多宝物来赎，大胡都不同意。最后迫使二龙女投入瓶中和宝珠熔合成膏。大胡用这膏涂脚，"步行水上，舍舟而去"，成了出世之仙，其他胡人用所煎醍醐涂船，就能得到顺风返回家乡。

识宝传说的文化寓意很丰富，《中国识宝传说研究》对此有较多分析，可以参看。这里只想再说一点：表面上，它渲染了胡人的宝物知识、识宝能力和他们对宝物的珍视，还强调了胡人的豪爽和重信义的商业道德；实质上是流露了极深厚的民族自豪感，暗示中国大地处处有宝，许多在我国人看来极普通的东西，胡人却以之为巨宝，甚至是关系到他们国家存亡的宝贝，所以他们才会历尽辛苦、花费巨万到中国来求宝。综观唐代众多的胡人识宝传说，是颇能感受到渗透于其中的盛唐气象的。

（六）外来传说

前面所论的某些异物异俗传说，若究其来源，不少就来自域外，笼统地说也可算是外来传说。不过，那些传说大抵比较简单，还不系统完整，严格说来只是传说的素材。而这里所谓的外来传说则专指那些产生于境外，本身形式已相当完整，足可独立存在，传入后曾对我国文学发生过影响的作品。

唐僧玄奘所著的《大唐西域记》，专述所历所闻之外国历史、地理、人情风俗，其中自然包括了大量该国该地的民间传说。而对于唐人来说，这些传说便是十分新鲜、闻所未闻的外来传说了。此书经季羡林等先生整理校注，列出详细目录，从中即可看出几乎每个重要国家都收录了有关的神话传说。试举一例如下。

该书卷 11 讲到僧伽罗国（即今斯里兰卡），首先介绍两个有关其国始祖的传说。第一个故事说，该国始祖乃是一只雄狮与被它所掠的南印度某国公主所生之子，所以"形貌同人，性种畜也"。此子长大后知道实情，便携母妹逃归其母出生之地，成为一家平民。雄狮发现妻儿失踪，发疯似的到处寻找，到处伤人。国人猎狮多日，不能成功，国王乃悬巨赏除害。此子闻讯，与母商量意欲前往，母反对，此子乃背母而行。这只无人能敌的雄狮，一见儿子，变得异常驯服，直到被他用刀杀死，仍然那样慈爱温和。此子成了英雄，但在国王威逼下终于讲出自己的身世。他背叛生身之父的行径使国人大为愤怒，国王决定"重赏以酬其功，远放以诛其逆"。于是装二船，多储粮糗，母留其国，此子与其妹各一舟，令其随波漂荡。此子漂到一个叫宝渚的地方，建立了国家。因为他曾执狮子，就把国名定为狮子国，也就是后来的僧伽罗国。其妹则建立了西大女国。

第二个故事出于佛经，说僧伽罗代父经商，去到一岛。岛上五百罗刹女与众商人配合生子，却又要将他们关入铁牢，一一吃掉。僧伽罗依靠佛经神咒帮助，逃离该岛。罗刹女竟先赶到其家，以假言惑僧伽罗之父。僧伽罗归，极言进谏，其父不听，竟娶罗刹女为妻。不久，罗刹女果屠其家。血的事实教育了大家，公推僧伽罗为王。他遂带领人民前往罗刹女岛，令众人识破美人计，以佛经神咒护身，打败罗刹女，救出尚未被吃的商人，在此建立了国家。根据佛经，这乃是释迦如来本生之事。

两个故事是对僧伽罗国起源和始祖的两种解释，是从神话演变过来的民间传说。它们在当地和僧伽罗族人中自是传之久远，但在玄奘写入《大唐西域记》之前，中国知道此故事的人是不多的。

像这种首次传入中国的外来传说，《酉阳杂俎》中也有很多，如波斯王女那息筑城、龟兹国王阿主儿降龙、乾陀国王讨南天竺国等故事。又如《宣室志·杨叟》，说杨叟其子向一老僧求生人心以疗父疾，老僧原曾表示愿牺牲自身，后忽化猿遁走，并引佛经嘲笑杨子。这故事是由《佛本生经》中鳖谋猴肝传说变化而来。

《大唐西域记》卷7婆罗痆斯国所记的烈士池传说，在中国影响更大。这个传说进入中国后与道教观念相结合，牛僧孺《玄怪录》中的《杜子春》、薛渔思《河东记》的《萧洞玄》、段成式《酉阳杂俎》续集卷4"中岳道士顾玄绩"条、裴铏《传奇》的《韦自东》篇等都与之有关。

印度故事影响唐代传说之例，还有陈劭《通幽记》中《妙女》篇，其主要情节即来源于佛教提头赖吒天王故事等。①

---

① 参程毅中《唐代小说史话》，文化艺术出版社1990年。

阿拉伯故事也有传入。《河东记》中《板桥三娘子》篇，述三娘子用施过法术的麦做饼待客，客食饼后尽变为驴。后被一客窥破，以其术反治其人，三娘子亦变为驴，道上逢一得道老人而解。据研究者考证，来源是阿拉伯著名的《一千零一夜》故事。《一千零一夜》中《白第鲁·巴西睦太子和赵赫兰公主的故事》，其前半就是讲述一个公主如何运用法术种出小麦，磨出面粉，使人食用后变为牛马驴骡，后来自己反被变成一匹母骡，几经曲折才又恢复人形。《板桥三娘子》的情节与之很相像，所以很可能是这个阿拉伯故事的"中国翻版"。①

民间传说本是口头文学，产生于田间农舍、坊里街市或文界官场，流传播扬于农夫市民、闺阁商贾乃至士人官宦之口。它们往往随着流播而日渐附益成长，但也可能即生即灭，不得存活。总之，民间传说就是这样，大量地生出，大量地消亡，能够传诸后世者，只是其中的极少一部分。所以，我们对于那些勤于笔耕而将口头传说记录下来的人，总是抱着一份感激的心情。

既然是口头传说，便很难有个统一的版本，记录者也有权加以润色修改，所以说，任何传说从产生到被记录、被写定，就是一个连续不断的再创作过程。此理甚明，无须多说。

唐人对于传说的再创作还表现在利用其题材写作诗赋作品，这同他们运用神话题材的方法相类似。如赋中有以历史传说为

---

① 参杨宪益《译余偶拾》，生活·读书·新知三联书店1983年；刘守华《比较故事学》，上海文艺出版社1995年。

题的张式《燕昭王筑黄金台赋》、白居易《汉高祖斩白蛇赋》之类,也有以各种民间传说为题的,像佚名之《五丁力士开蜀门赋》、白行简《望夫化为石赋》、浩虚舟《舒姑泉赋》、张良器《海人献冰蚕赋》等。

诗歌中有一类,从前笼统称之为咏史诗,其实,所咏者不少是传说而非信史。例如杜牧脍炙人口的七绝《赤壁》的后两句"东风不与周郎便,铜雀春深锁二乔",用的就是三国时候的传说。为杜牧所激赏的张祜,写了很多歌咏玄宗时代宫中生活的作品,如《集灵台二首》之二和《雨霖铃》:

虢国夫人承主恩,平明骑马入宫门。却嫌脂粉污颜色,淡扫蛾眉朝至尊。

雨霖铃夜却归秦,犹见张徽一曲新。长说上皇和泪教,月明南内更无人。

显然也是用了和白居易、陈鸿他们所知的类似的明皇传说,而且也同他们一样,是做了加工和赋予了感情色彩的。

大量的其他民间传说也以各种方式进入诗歌。有的是直接用之,如徐凝的《山鹧鸪词》:"南越岭头山鹧鸪,传是当时守贞女。化为飞鸟怨何人?犹有啼声带蛮语。"又如刘禹锡的《望夫石》:"终日望夫夫不归,化为孤石苦相思。望来已是几千载,只似当时初望时。"有的是化用,如钱起《省试湘灵鼓瑟》《归雁》，因为要切潇湘的地望，便都用了大舜二妃化为湘水之神的传说。李商隐诗向来以用典多而著称，其所用之典许多即出自传说。如最享盛誉的《锦瑟》诗中二联：

> 庄生晓梦迷蝴蝶，望帝春心托杜鹃。沧海月明珠有泪，蓝田日暖玉生烟。

除首句出自古籍外，其余三句均与传说有关。蜀王杜宇死后化为杜鹃鸟、南海鲛人流泪成珠、蓝田宝玉因日照而生烟，都是古今传说，被诗人化用入作品，表达了深沉的悲怆感和幻灭感。又如其《重过圣女祠》诗之颈联"萼绿华来无定所，杜兰香去未移时"，用的则是道教神仙传说，萼绿华和杜兰香是两位女仙。

前面我们曾说，古神话在流传演变中经历了由口头到书面，又由一般书面文字凝固为习用之典的过程。这个过程的意义，就在于一代代人民对于民俗传承的再创造。在这一点上，民间传说与之没有什么两样。

四、民间歌谣谚语

边地民歌——踏歌之风——敦煌曲子词——谚语：生活经验的总结——民谣——文人与民谣——绰号——隐语

中国自古歌谣发达，所以传统也特别深厚。唐代更是民歌谣谚的黄金时代，创作面之广，作品之多，质量之高，为历代所难以比肩。

这里有四乡八野各具特色、配合音乐舞蹈的民歌曲词，有街市坊间、文场官界乃至朝中后宫所流传的谣谚。两种形式都是唐代民俗生活的产物和最佳见证。

唐代各地百姓均喜唱歌，尤其是江南人民更有此传统。《子夜》《欢闻》《读曲》《采莲》之类由南朝传承而来的民歌小曲，至唐依旧遍唱不衰，引得很多文人墨客纷纷仿效。西南巴蜀黔中一带，更是民歌发达地区，加上著名诗人白居易、刘禹锡的大力播扬，其民歌不仅在唐代，而且至今名闻遐迩。

从白、刘二人诗中，我们还可看到西南民歌流传演唱的情况。白居易任忠州刺史时，作《听竹枝赠李侍御》诗，云："巴童巫女竹枝歌，懊恼何人怨咽多。"又作《竹枝词》诗，其二云："竹枝苦怨怨何人，夜静山空歇又闻。蛮儿巴女齐声唱，愁杀江南病使君。"从中都能看到当地民歌之盛。刘禹锡也说：

> 余来建平（夔州），里中儿联歌竹枝，吹短笛击鼓以赴节。歌者扬袂睢舞，以曲多为贤。聆其音，中黄钟之羽。卒章激讦如吴声，虽伧儜不可分，而含思宛转，有淇澳之艳音。

这就把民间唱歌的情景描写出来了。他的诗中也多方面地写到此景,如"楚水巴山江雨多,巴人能唱本乡歌""蹋曲兴无穷,调同词不同""荡桨巴童歌竹枝""灯下妆成月下歌"等,其中还写到男女对唱、踏歌联欢的场面:

　　春江月出大堤平,堤上女郎连袂行。唱尽新词欢不见,红霞映树鹧鸪鸣。

　　新词宛转递相传,振袖倾鬟风露前。月落乌啼云雨散,游童陌上拾花钿。

　　江南江北望烟波,入夜行人相应歌。桃叶传情竹枝怨,水流无限月明多。

这种遍唱民歌之风,不仅在边远地区有,即在中原,在京洛,也同样存在。《酉阳杂俎》卷14中,有一条写某士人梦见屏风上众妇人在其床前踏歌,齐声唱道"长安女儿踏春阳,无处春阳不断肠。舞袖弓腰浑忘却,蛾眉空带九秋霜"。虽是梦境,却反映了当年京中也有春日踏歌之风。这种风气也传入宫中,但是由于环境不同,颇受到抵制。《说郛》卷77引《景龙文馆记》曰:

　　内殿奏《合生歌》,其言浅秽。武平一谏曰:"妖胡、娼妓、街童、市女,谈妃主之情貌,列王公之名质,咏歌蹈舞，号曰'合生'，不可施于宫禁。"①

由此可知，宫禁虽然森森，却不能阻挡市井"咏歌蹈舞"的侵入。

说到民歌，不能不提小曲；说到小曲，则不能不提敦煌曲子。曲子本是音乐作品，主要用途是歌唱；但歌唱不仅有声，还须有词，这就跟文学发生了关系。古代没有办法保存声音，即使偶有曲谱留存，今人破译也很困难。可是，供演唱的歌词却比较便于保存，我们今天还可看到不少。敦煌曲子词因为较多地保留了小词的原始状态，所以在文学史上最负盛名。

前辈学者曾根据敦煌卷子的原题名整理出《云谣集杂曲子》三十首，这只是全部敦煌曲词的很小一部分。到王重民的《敦煌曲子词集》、任半塘的《敦煌歌辞总编》，其数量就大大增加了。

这是一些民间风味极浓的小词，即使有的曾经文人润饰，仍然留有不少本色。特别是其中反映妇女生活和心理的作品，感情和语言都更显朴素真淳，与一般文人作品颇为异趣。这里略举数篇，以见一斑。

> 枕前发尽千般愿，要休且待青山烂。水面上秤锤浮，直待黄河彻底枯。白日参辰现，北斗回南面。休即未能休，

---

① 参《新唐书·武平一传》，其中提到"合生"乃胡人所唱，但这种"异曲新声"很有市场，"始自王公，稍及闾巷"，莫不欢迎。武平一之谏，不被采纳。

且待三更见日头。①

这首《菩萨蛮》是恋人的誓词,简单地说海枯石烂已经远觉不够,于是举出一系列绝不可能发生的事来比喻,表示爱情的永世不渝。它使人想起汉乐府中的《上邪》。

天上月,遥望似一团银。夜久更阑风渐紧,为奴吹散月边云,照见负心人。②

叵耐灵鹊多谩语,送喜何曾有凭据?几度飞来活捉取,锁上金笼休共语。比拟好心来送喜,谁知锁我在金笼里。欲他征夫早归来,腾身却放我向青云里。③

这两首词调,一为《望江南》,一为《鹊踏枝》,都强烈直率、毫无遮拦甚至夸张绝对地抒发思妇的心情。所谓"负心人",其实是想极、念极时的恨话,犹如今日日常生活中的"死鬼""杀千刀"一般,是爱的骂语。至于拿灵鹊开刀泄恨,也正与施肩吾《望夫词》之"自家夫婿无消息,却恨桥头卖卜人"的迁怒如出一辙。

敦煌歌词中也有写从军之苦的,写其他日常生活的,大都不及上引一类活泼动人,这里不再细说。

---

① 见王重民《敦煌曲子词集》,商务印书馆1950年。
② 见罗振玉《敦煌零拾》,上虞罗氏1924年铅印本。
③ 见王重民《敦煌曲子词集》,商务印书馆1950年。

民歌、曲词都是能唱的诗。谣谚不同，民谣有一部分能唱，但不是都能唱，至于谚语大抵都不能唱，而是只能说。然而，谣谚往往短小凝练、押韵上口、易诵好记，从内容到形式都具有诗的某些特质。而且就内容说，谣谚往往是民俗生活的直接反映，比任何一种艺术形式都更贴近民众，更易为普通百姓所掌握，因而也更为他们所喜闻乐见。

许多谣谚是民众生活经验的概括总结。如唐时有谚云："春雨甲子，赤地千里；夏雨甲子，乘船入市；秋雨甲子，禾头生耳；冬雨甲子，鹊巢下地，其年大水。"① 显然是人们多少年来对于天时气候和水旱之灾关系进行观察、分析所得出的结论，它未必科学，但不是没有一点道理。当这种总结与农业生产相联系，便成为农谚。如谓"小麦忌戌，大麦忌子""木再花，夏有雹；李再花，秋大霜"② 之类。它们是民间谚语中的一个独特品种。像秦中童谣"颠当颠当牢守门，蠮螉寇汝无处奔"③ 这一类，描写的是自然物或现象，是人们长期观察自然之所得，性质近似农谚。

民间又有这样的话："买鱼得鲂，不如食茹。宁去累世宅，不去鳘鱼额。洛鲤伊鲂，贵于牛羊。"④ 显然都是日常生活的经验总结，也反映了唐人的饮食嗜好和情趣。

---

① 见张鷟《朝野佥载》卷 1。
② 见段成式《酉阳杂俎》前集卷 16《广动植之一》。
③ 同上书，卷 17《广动植之二·虫篇》，颠当是蜘蛛之一种，设网伏于地，捕食昆虫。
④ 见段成式《酉阳杂俎》前集卷 16《广动植之一》。

有些谚语反映人际关系,反映我国传统社会的伦理观念和经验。唐代宗之女升平公主下嫁功臣郭子仪之子郭暖。有一次夫妇吵架,郭暖出言不逊,公主回去告状,子仪也已缚子进宫请罪。代宗引了一条谚语劝亲家翁不必把此事放在心上。这谚语是:"不痴不聋,不作阿家(音姑,指婆母)阿翁。"意谓小两口之事,上辈人只能睁个眼闭个眼,装痴作聋,认真不得。这本是民间的经验,其影响也深入宫中,而且仿佛至今有效。当然,郭暖得罪公主,皇帝不加追究,与其父在平定安史之乱、捍卫唐室的斗争中功勋巨大,代宗与他关系非同寻常有关,这又当别论。

据说裴度为人不信术数,不好服食,有句口头禅,叫作:"鸡猪鱼蒜,逢着则吃;生老病死,时至则行。"流传开去,遂由个人的警句变成了大众认同的谚语,反映了一部分人的生活态度。

下面说到民谣。谣谚二者关系密切,形式上不大好分。如果一定要分,那还得从内容着眼。民谣的现实性可能要更强一些,往往是对当前生活中的人或事做出反应,其最大价值就在于此。

我们在《都市民俗》里,曾讲到一个从小贩发家的人,外号邹骆驼,他的社会地位本来是不高的。但到了他的儿子邹昉,却和驸马之子萧佺结为好友。于是时人语曰:"萧佺驸马子,邹昉骆驼儿。非关道德合,只为钱相知。"意谓他们的友谊是建立在金钱基础上的,由此我们既可推知邹骆驼富裕的程度,又可了解到当时社会风尚的一个侧面。

如果有人积德行善，邻舍街坊受其恩惠，时间久了便会有好口碑，甚至有赞美他的歌谣产生。李肇《唐国史补》记述道：

  宋清卖药于长安西市，朝官出入移贬，清辄卖药迎送之。贫士请药，常多折券，人有急难，倾财救之。岁计所入，利亦百倍。长安言："人有义声，卖药宋清。"

"人有义声，卖药宋清"，就是当时的民谣了。一个官员为百姓做了好事，人们也会用歌谣来赞美他。《大唐新语》卷4记载一件事：

  薛大鼎为沧州刺史，界内先有棣河，隋末填塞，大鼎奏闻开之，引鱼盐于海。百姓歌曰："新河得通舟楫利，直至沧海鱼盐至。昔日徒行今骋驷，美哉薛公德滂被。"

当然，要注意，这类赞歌有时其实是有关官员组织创作的。据《旧唐书·韦坚传》记载：韦坚做水陆转运使时，筑堰引水，穿广运潭以通舟楫，将江淮乃至南海一带丰富的物产，如绫罗、锦绣、名瓷、好酒、真珠、象牙、翡翠之类，源源不断地运往京师。这本是为皇帝后宫或达官贵戚们服务的，与普通百姓并无多大关系。但就有一个善体上意的小官崔成甫，利用先前广泛流传的歌谣写了许多新词，组织大批妇人演唱。他本人还

"自衣缺胯绿衫、锦半臂,偏袒膊,红罗抹额,于第一船作号头唱之。和者妇人一百人,皆鲜服靓妆,齐声接影,鼓笛胡部以应之……"像这样的民歌大合唱,虽然所用的是民间老调,虽然也反映一定时期的繁荣景象,但是究竟代表了多少真正的民意却大可斟酌。

倒是另一些带揭露性、讽刺性的民谣,常常较多地反映现实,喊出了民众的心声。《朝野佥载》一书保存的有关材料相当丰富,这里试举一条嘲讽既昏且贪的泽州都督王熊的民谣:"前得尹佛子(王熊前任姓尹,办事公平),后得王癞獭。判事驴咬瓜,唤人牛嚼沫。见钱满面喜,无镪从头喝。尝逢饿夜叉,百姓不可活。"不必多说什么,这位官员的丑恶形象已经活脱呈现出来。

唐高宗时的达官郝处俊、许钦明既是同乡,又是亲戚,在地方上很有势力,当地又有富户田氏、彭氏,以捐布助军而得为官,江淮间遂有谣曰:"贵如许、郝,富若田、彭。"许、郝二氏后来移居京洛,其后代子弟、乡党亲属,大都长得很丑陋,但因为家中富贵,所以总是盛饰衣冠车马,炫耀于里巷。这就引来民谣,道是"衣裳好,仪貌恶;不姓许,即姓郝"。挖苦不算很尖刻,但揶揄之意明显。

武则天革唐建周,为了笼络人心,也为了招揽人才,决定亲自考试举人,并给大批应试举人以"试官"名义,即先试行为官。天授二年(691)、长寿元年(692)两次均录用数十人,"无问贤愚,悉加擢用。高者试凤阁舍人、给事中,次试员外郎、侍御史、补阙、拾遗、校书郎"。① 于是社会上出现了这样的民谣：

> 补阙连车载，拾遗平斗量。杷椎侍御史，碗脱校书郎。
> 评事不读律，博士不寻章。面糊存抚使，眯目圣神皇。

把这批不合格的官员和推荐他们的存抚使、录取任用他们的武则天本人全都讽刺在内。据说有人打探到了此谣的作者，告到武则天那里，要求治以重罪，则天笑曰："但使卿辈不滥，何恤人言？"这答话虽有权术意味，总算还比较清醒。②

由于民谣往往触及某些社会现实，所以它能够成为极好的风俗史资料。这里姑再以士人举子为对象稍做说明。

唐时，士人举子是一批很活跃的人，由他们造作或与他们有关的谣谚数量极多。例如，当时进身之路有明经、进士等科，而进士及第者则仕宦之途更宽更捷，因此进士科也就更难考，遂有所谓"三十老明经，五十少进士"之语，就是说，五十岁能考上进士还算年轻，而三十岁考中明经科已算是蹉跎蹭蹬的了。

每年的进士考试之后，总有一些人落榜，但他们并不就此罢休，从当年的七月起，便重新开始向当朝权要或名公巨卿进

---

① 见《资治通鉴》卷205"长寿元年"下，并参《通典》卷19《职官典》。
② 见《资治通鉴》卷205"长寿元年"下，并参《朝野佥载》卷4，张鷟谓前四句为其所作，后四句为沈全交作。

献新文,以求拔解,为再一次考试做准备。于是在京师百姓眼中,只见穿着布衣白衫的读书人奔波进出于豪门大宅之间,就送他们一句话,叫作"槐花黄,举子忙"①,既是写实,又似乎带点儿同情。而在士子们中间,则又流传着另一句话,叫作"未见王、窦,徒劳漫走",何以如此?原来,王、窦分别指王崇、窦贤,两家都住在长安太平坊,率以科目为资,足以升沉后进,如无他们帮忙,士子们的努力往往白费,故科目举人相谓如此。②

未及第的士子为了取得推荐,免不了求助于有力者,这是当时的常情。即使心高气傲如李白者,也不能例外。他曾多次上书有关官员,而且喜欢在文中引用(也可能根本就是他所造作或加工的)当时的歌谣,既赞美对方,又为下文做好铺垫。如《上安州裴长史书》云:

故时人歌曰:"宾朋何喧喧,日夜裴公门。愿得裴公之一言,不须驱马埒华轩。"白不知君侯何以得此声于天壤之间,岂不由重诺好贤,谦以得也?

又如《与韩荆州书》云:

白闻天下谈士相聚而言曰:"生不用封万户侯,但愿一

---

① 见涵芬楼《说郛》卷74引李绰《秦中岁时记》。
② 见《唐摭言》卷7《升沉后进》。

识韩荆州！"

所谓"时人歌"，所谓"谈士相聚之言"，不管它是李白所传，抑或李白所创，其性质都与我们所说的谣谚相当。因为谣谚是公众的声音，也就一定程度地代表了舆论，所以李白特以此来加强文气。

不过文士虽然用心，却未必有效，请托失败者居多。而确实也有弄权勾结、上下其手的在位者，如晚唐的"苏张三杨"："（杨）虞卿佞柔，善谐丽权幸，倚为奸利。岁举选者，皆走门下，署第注员，无不得所欲，升沉在牙颊间。当时有苏景胤、张元夫，而虞卿兄弟汝士、汉公为人所奔向，故语曰：欲趋举场，问苏、张；苏、张犹可，三杨杀我！"①

杨虞卿是当时炙手可热的宰相牛僧孺、李宗闵的亲信，此人特别能言善辩，喜以口语轩轾人事、评是论非，在"牛李（牛僧孺与李德裕）党争"中是个中坚性的风云人物。所以后来李党刘轲写《牛羊日历》，便借用（也可能是造作）京师谣语"太牢笔，少牢口，南北东西何处走？""门生故吏，非牛则李"来攻击他们。在古代祭礼中，"太牢"用牛，"少牢"用羊，这里分别指僧孺、虞卿。像这种反映官场中矛盾斗争或相互攻击的谣语，唐时是很多的。

事实上，用简洁上口的语言表达意思，已是唐人的一种习

---

① 见《新唐书·杨虞卿传》。

惯，社会的上层下层都无例外。有时人们在言谈中，甚至会自然而然地加以运用。《资治通鉴》卷211开元四年（716）下载："紫微舍人高仲舒博通典籍，齐澣练习时务，姚（崇）宋（璟）每坐二人以质所疑。既而叹曰：'欲知古，问高君；欲知今，问齐君，可以无阙政矣。'"就是自然采用谣语方式说话之例。

也正因为如此，所以唐人也往往会为某种目的而"造谣"。前面举过崔成甫制《得宝歌》之事，这里还可再举二例。其一，就在徐敬业起兵反武则天之前，长安市井小儿忽然遍唱一支儿歌，道是："一片火，两片火，绯衣小儿当殿坐。"当时任中书令的裴炎以为这首歌是他将要做皇帝的谶言，便决意为徐的内应。其实这歌乃是骆宾王所写，然后又教给长安小儿以造成声势的。① 这虽然只是传说，裴炎是否真的因此而参与反武，难以断定；但当时人们（上自帝王百官，下至黎民百姓）相信广泛流传的民谣，把它当作终将应验的谶言，则是绝对真实的。这正是当时一种普遍社会心理，一种几乎为全社会所认同的民俗。其二，黄巢起义前，民间流传童谣"金色虾蟆争努眼，翻却曹州天下反"，实际上就是起义者为制造舆论而自创的。

两《唐书》的《五行志》都有《诗妖》一目，内容就是记录各色各样的民谣。它们在传唱之初往往其意不明，但过了一段时间却会应验，证明谣语实际上是谶言和预兆。据说安乐公主于洛州造安乐寺，童谣曰"可怜安乐寺，了了树头悬"，后来

---

① 见《朝野佥载》卷5。

安乐公主在政争中果然被乱兵所杀,并被追贬为"悖逆庶人"。原来童谣所谓"了了树头悬"者,就是她事败被杀的预告。这无疑是一种迷信,然而却是一种起源邃古,很能反映我们民族性格的风俗习惯。

唐人还有一个相当普遍的习惯,就是爱替别人起绰号。文人笔记乃至正史中的例子不胜枚举。如称姚崇为"赶蛇鹳鹊",卢怀慎为"伴食宰相""觑鼠猫儿",姜皎为"饱椹母猪",宋璟为"有脚阳春",酷吏李全交为"人头罗刹",王旭为"鬼面夜叉",等等。这些绰号代表了时人对被起绰号者的评价、看法,某种程度上就是一种口碑,而且是影响极大、传播极快的舆论宣传,从中也能看到唐人的活泼性格和充沛的创造力。

在民间文学分类中,谜语与谣谚往往被划为一类。谜语,在古代叫作隐语。唐人创作的谜语所存不多。这里略举二例。一是乐工李謩请李白为其外孙起名,李白以谜语诗应之的故事。诗云:"树下彼何人,不语真吾好。语若及日中,烟霏谢成宝。"李謩不解,李白的解释是,第一句隐木子,合为李字;第二句"不语"隐莫言,合为謩字,"好"隐女子,就是外孙;第三句隐言午,即许字;第四句隐云出封中之意,取云封二字。全诗谜底是"李謩外孙许云封"。①

第二个例子出于李公佐的小说《谢小娥传》。小娥梦见被害的父兄告以凶手姓名,分别为"车中猴,门东草""禾中走,一

---

① 袁郊《甘泽谣》中《许云封》一篇,见《太平广记》卷204。

日夫",也是两个字谜。后破解为申兰、申春。

如果细究,谜语的种类也不少,上面所举即包括会意谜、拆字谜,此外还有利用音韵、反切法制的谜等,这里不再一一举例。

五、民间技艺

> 游戏性技艺和生产性技艺——花样繁多的游艺百戏——僧俗皆喜的说话转变——戏剧的萌芽与雏形——徘谐——精湛绝伦的织绣工艺——实现浪漫构思的超凡能力

民间技艺,包括产生和活跃于民间的各种技术、艺术,所指极为广泛。为了论述的方便清晰,我们将其按性质分为两大部分,一为游戏性技艺,一为生产性技艺。

游戏性技艺主要指那些表现为游艺或表演的民间艺术。它们利用和依靠艺人本身的体质条件,经过长期专门的训练,获得一种有较高难度的技巧,从而无论是在歌唱、舞蹈、百戏杂技,抑或是说话、转经、徘谐演戏之中,都能达到创造美和令人观赏后得到美感享受的程度。这里也包括那些竞技性的民间游戏,如围棋、弹棋、博塞、樗蒲、投壶、射覆乃至蹴鞠、角力、拔河、赛船之类。

生产性技艺则指各色各样的民间工艺，从纺织刺绣、雕塑绘画到一切既实用又具有美学价值的工艺品生产。生产性技艺最后总是要凝聚为某种物质产品，这是它与游戏性技艺最大的不同之点。

这两种技艺大抵是与社会的文化消费和物质享受相联系，可以说是为社会和时代锦上添花的事。但它们却不仅仅体现了民间艺人非常聪明的头脑、旺盛的创造力、灵巧的双手和身体，显示了人经过训练能够在各方面达到怎样的高度，更重要的是通过他们的劳动和创造，相当程度地反映了时代的文化氛围乃至文化精神。我们说唐代是一个精神文明昌盛繁荣的时代，是必须把整个民间技艺所取得的成就计算在内的。

唐人实在是比他们的任何前代人都更爱玩、爱享受，也更会玩、会享受的一代人。尤其值得注意的是，不但上层统治者如此，就是市井平民、乡间百姓也不例外。因而造成一种相当浓郁的创造文化、消费文化的时代气氛。唐代民间技艺之丰富多彩、精湛超绝、人才辈出，完全是由此决定的。

并不是所有的游艺方式都由唐人发明，但许多早已有之的游艺到唐代获得新的发展。如上面提及的围棋之类，唐人不但样样都玩，而且都有所创造。围棋已经普及到僻远的山村，连极普通的农村妇女中也有棋艺极高的强手。《集异记》中有一则传奇故事说，"翰林善围棋者王积薪"在蜀中深山某孤姥家投宿，夜闻此姥与其媳隔屋围棋。出于好奇，暗记她们双方口述的棋谱，至三十六手，忽闻姥向其媳曰："子已败矣，吾止胜九枰耳。"而王积薪对其中的奥妙尚未领悟。次日,积薪向她们请教,孤姥与其媳"乃指示攻守杀夺救应防拒之法",并告诉他"止此已无敌于人间矣"。从此以后,积薪之艺果然绝无其伦。故事之末有意将孤姥及其媳仙化,说王积薪告别后,行十数步回头再看,昨夜借宿之屋已不复存在了。但透过这种虚构,我们看到的是围棋棋艺的深入民间。正因为这种游艺的普及,才有可能产生王积薪、顾师言这样的著名国手,创始出"镇神头"这样的著名招数。①

其他带竞技性乃至赌博性的游艺亦复如此。古已有之的博塞之戏,在唐代就有许多新发展。李肇《唐国史补》卷下对此述之甚详:

> 今之博戏,有长行最盛。其具有局有子,子有黄黑各十五,掷采之骰有二。其法生于握槊,变于双陆。……又有小双陆、围透、大点、小点、游谈、凤翼之名,然无如长行也。……王公大人,颇或耽玩,至有废庆吊、忘寝休、辍饮食者。及博徒是强名争胜谓之撩零,假借分画谓之囊家,囊家十一而取,谓之乞头。有通宵而战者,有破产而输者,其工者近有浑镐、崔师本。

---

① 苏鹗《杜阳杂编》卷下,载国手、翰林棋待诏顾师言与日本国王子围棋,至三十三下,胜负未决,经紧张思索,下出"镇神头","乃是解两征势也",制伏了对手。

这位崔师本爱赌成性，又好为古之樗蒲，《唐国史补》详细具体地记载了他在游戏规则上的继承与发展。事实上，酷爱此戏的远非崔师本一人，因为这种游戏是需要对手的。据载，武则天和她的子侄男宠们都爱此戏，诗人崔颢也很热衷。甚至恂恂儒者的杜甫年轻时也曾偶一为之。从他的《今夕行》，就可看出唐人在这方面的豪迈气概。从这首诗可以看出，杜甫和当时人都认为，赌博也是可以见出为人性情、胸襟和气魄的：

今夕何夕岁云徂，更长烛明不可孤。咸阳客舍一事无，相与博塞为欢娱。凭陵大叫呼五白，袒跣不肯成枭卢。英雄有时亦如此，邂逅岂即非良图？君莫笑刘毅从来布衣愿，家无儋石输百万。

至于弹棋、投壶、藏钩、射覆，也为唐人所喜爱。文学作品中对此亦多有表现，如韦应物、李颀各有一首《弹棋歌》，阎伯屿有《弹棋局赋》，而李商隐《无题》诗"隔座送钩春酒暖，分曹射覆蜡灯红"两句，就很好地渲染了官员们做这种游艺时的情景和气氛。

文戏如此，武戏，也就是需要更强健的体魄、更充沛的体力、竞技性更强的游艺乃至运动，在唐代同样花式繁多。在前面《岁时节日》《妇女生活与习俗》，分别提到过一些这方面的内容，如拔河、竞渡、秋千之类，这些属于群众性的活动；如戴竿、寻橦、走索、剑舞、马戏之类，这些属于表演性的杂技，唐时所谓的百戏主要就是指这类杂技。它们技术性非常强，而且往往有很大危险性，因此需由训练有素的艺人承担演出。另外，如竞技性的蹴鞠、马球，则由于活动所需条件较苛，如要有平坦的场地、一定数量的马或驴，以及一定规格的器械（曲杖和波罗球等），所以参与面较窄，但在贵族和军中依旧十分普及，有好几位皇帝，像玄宗、穆宗、敬宗、宣宗，还是球迷和场上好手。蹴鞠是用脚踢充了气的球，历史比较悠久。① 马球运动由国外传入，在唐代达到极盛。② 以往正史常把唐代皇帝喜爱打球作为他们荒淫失职的表现加以批判，其实酷爱某项体育运动，未必具有那么大的危害，这些皇帝的根本问题并不在这里。就这些运动的性质而言，倒还是称得上健康有益、颇具阳刚之美的。在唐代，不但男子、军人能够上马打球，而且女子也能组织球队对打，说明当时的妇女还不是那么柔弱无力，而是充满朝气，以矫健勇敢为美的。

游戏性技艺中，还有几项应该提及，那就是说话、转变、俳谐和各类戏剧。

说话，后世更习惯的称呼是说书或说评书，在唐时也叫市

---

① 蹴鞠，又叫踢球。《文苑英华》卷81，佚名《内人蹋球赋》描写曰："扬袂叠足，徘徊踯躅。虽进退而有据，常竞竞而自勖。球体兮似珠，人颜兮似玉。下则雷风之宛转，上则神仙之结束。无习斜流，恒为正游。球不离足，足不离球。"同卷又有《气球赋》，亦写此游艺。唐僖宗好此戏，自称"步打进士"，见孙光宪《北梦琐言》卷1。
② 请参封演《封氏闻见记》卷6"打球"条。向达《长安打球小考》叙述甚详，见其《唐代长安与西域文明》一书首篇，生活·读书·新知三联书店1957年。

人小说。这在当时民间可能已相当普遍。元稹《酬翰林白学士代书一百韵》"光阴听话移"句自注云："尝于新昌宅说《一枝花话》,自寅至巳,犹未毕词也。"一个故事说两个多时辰,若不是具有很高技巧的艺人,是很难如此敷衍,也很难抓住听众的。郭湜《高力士外传》写到,玄宗从蜀中返回长安,被尊为太上皇,不预政事,每日百无聊赖,唯靠"讲经论议,转变说话"解闷。讲经论议,或许还可由上皇与力士二人自己进行,转变说话,却非僧人艺人莫办。段成式《酉阳杂俎》续集卷4记其"因弟生日观杂戏,有市人小说"。这位说小说的"市人"把扁鹊念成了褊鹊,作者向他指出,市人解释道,这种念法二十年前曾得一位秀才肯定,而世人念成扁字才是错的。后来段氏读到另一本书,才知市人所说是实。由此可见,这位市人实在是一位老艺人了。

唐人说话的文字底本,现在敦煌文书中尚可见到。例如《庐山远公话》《韩擒虎话本》等。

转变,本是僧人宣讲佛经之事,因佛经多故事,且讲者需引人兴趣,故讲经中乃穿插有关故事,并挂出图画以收直观之效。后又发展到俗讲,即所讲并非佛经及佛经故事,而是历史、传说或社会故事。形式则或全用散文说或与说唱相结合。其依据的底本大量保存在敦煌石窟之中,我们现在已不难看到。这里有宗教性的《妙法莲华经讲经文》《降魔变文》《目连变文》等,有讲述历史或传说故事的《伍子胥变文》《汉将王陵变》《孟姜女变文》《董永变文》等,还有反映唐末边疆守将和社会生活的《张义潮变文》《张淮深变文》。

关于僧讲、俗讲的具体形式,唐人诗中也曾写到,如吉师老《看蜀女转昭君变》诗。今引其全文如下:

> 妖姬未著石榴裙,自道家连锦水濆。檀口解知千载事,清词堪叹九秋文。翠眉颦处楚边月,画卷开时塞外云。说尽绮罗当日恨,昭君传意向文君。

这位蜀女年轻漂亮,只是佛门打扮,未著石榴裙而已。她熟练而优美地说唱并且搬演昭君故事,使人不禁感到她的眉眼和举动都颇有昭君的意思。她还打开了一幅画,画的就是昭君出塞,仿佛画面上飘动着塞外的风云。她的表演十分动情,把王昭君的幽恨和卓文君的勇敢抗争相联系、做对比,给人无穷的遐想和启示。

说话和转变的叙事之中,都有着丰富的戏剧因素。跌宕起伏的情节、扣人心弦的悬念、体现人物性格和特定情境的对话,处处都为真正的戏剧准备着条件。而萌芽态的、初具规模的戏剧雏形则早已存在。

唐有所谓"参军戏"。其形式还很简单,大约只有参军和苍鹘两个角色,以风趣滑稽的对话取得愉悦观众的效果。它和俳谐的区别还不是很大,有些著名的俳谐演员同时也就是参军戏表演者。如开元时代的黄幡绰、张野狐、李仙鹤,会昌时代的曹叔度、刘泉水,大中时代的孙乾、刘璃瓶,咸通时代的范传康、上官唐卿、吕敬迁等。有时参军由女伶扮演。《因话录》卷1宫部载："肃宗宴于宫中，女优有弄假官戏，其绿衣秉简者，谓之参军桩。"有时参军也"弄假妇人"，即男扮女，这大概可算是最早的男旦了。

木偶傀儡戏在唐时亦很发达，它比参军戏的历史悠久，可能在戏剧性方面也比参军戏更加成熟，所以很得人们喜爱。韦绚《刘宾客嘉话录》记云：

> 大司徒杜公（杜佑）在维扬也，尝召宾幕闲语："我致政之后，必买一小驷八九千者，饱食讫而跨之，著一粗布襕衫，入市看盘铃傀儡，足矣。"……司徒深旨不在傀儡，盖自污耳。司徒公后致仕，果行前志。谏官上疏，言三公不合入市。公曰："吾计中矣！"计者，即自污耳。

这条材料说明，当日市上确有傀儡戏的演出，且其服务对象主要为市井平民，地位很高的三公即使已离职也是不宜去看的，如果去了，就是"自污"，表明他彻底地抛弃了干预政治的念头。这里提到"盘铃傀儡"之名，虽无具体描写，但多少形象化了一些。杜佑在《通典》中就讲得更清楚些："歌舞戏，有大面、拨头、踏摇娘、窟礧子等戏。"其中窟礧子也就是傀儡戏：

> 窟礧子，亦曰魁礧子，作偶人以戏，善歌舞。本丧乐也，汉末始用之于嘉会。北齐后主高纬尤所好。高丽之国

亦有之。今间市盛行焉。①

看来这种演出应该是很有趣味、很吸引人的。至于木偶的模样，有一首诗叫《傀儡吟》的，描写道："刻木牵丝作老翁，鸡皮鹤发与真同。"② 这是一个做成老翁的牵丝木偶，活脱逼真，其他做成少男少女或文人武士者当亦如此。

杜佑说退休后要入市看木偶戏，事实上当时长安戏场很多，演出的也未必全是傀儡戏。《独异志》卷上有条材料说：

唐贞元中，有乞者解如海，其手自臂而堕，足自胫而脱，善击球、樗蒲戏，又善剑舞、数丹丸，挟二妻，生子数人。至元和末犹在长安戏场中，日集数千人观之。

这里提到长安戏场，单看解如海这位奇人表演的，每日就有数千人之多，戏场的规模也就可想而知。而且它们分布在全城各处，"长安戏场多集于慈恩（寺），小者在青龙（寺），其次荐福（寺）、永寿（寺）"。戏剧演出和宗教宣讲在当时尚未分家，僧徒艺人均需借助于说唱、表演来争取听众，所以造成戏

---

① 见《通典》卷146《乐典》。
② 此诗《全唐诗》中重出，一见卷3，唐明皇作；一见卷202，梁锽作，题为《咏木老人》，一作《咏窟礧子人》。宋阮阅《诗话总龟》引《明皇杂录》云："明皇在南内，耿耿不乐，每自吟太白《傀儡》诗云云。"按：此说误。此诗非太白诗，亦非明皇作，盖因其后二句为"须臾弄罢浑无事，还似人生一世中"，明皇深有所感，遂常吟之耳，原作应为梁锽。

场集于寺庙的情况。像慈恩寺戏场，公主贵戚也是经常出入的。唐宣宗之女万寿公主嫁郑颢，某次颢弟病危，宣宗派中使往视，中使归，宣宗问公主何在？答曰，在慈恩寺观戏场。宣宗即令召公主入官，训斥道："岂有小郎病，不往省视，乃观戏乎？"① 由此可知，看戏在当时已是很经常、很普通的事。我们知道，到宋代，说书艺术、戏剧演出都有一个大的飞跃，勾栏瓦舍遍布汴梁、临安，这固然与当时大城市的发展、城市居民文化消费的蓬勃要求等现实原因有关，也与唐人为其奠定的基础分不开。

既然从事于各种游艺活动的人数众多，必然会涌现许多人才。上述各行各业均有自己的杰出人物。这里介绍一位著名的俳谐演员以见一斑。

优人李可及是晚唐时代的著名演员，"善转喉舌，对至尊弄媚眼，作头脑，连声作词，唱新声曲，须臾即百数方休"。② 有一次，懿宗皇帝生日，宫中照例举行"三教论衡"，和尚道士讲论完毕，轮到倡优登台为戏。李可及 "乃儒服峨巾，褒衣博带摄齐以升崇座"，扮成一个儒生大模大样地在台上一坐，宣布由他来做三教（儒、释、道）论衡。

这时，他的搭档（犹如后世相声中的"捧哏"）便问："先生既然博通三教，请问释迦如来是何人啊？"可及答曰："是妇人。"问者惊曰："何也？"可及说："《金刚经》上有句话，叫'敷座而

---

① 见《资治通鉴》卷248 "大中二年"下。
② 见《杜阳杂编》卷下。

坐',如果释迦如来不是妇人,为何要夫坐而后儿坐呢?"

原来他利用谐音法把佛经上的"敷座而坐",变成了"夫坐儿坐",跟佛祖开了个玩笑。

下面用同样的办法开道家祖师太上老君和儒家圣人孔子的玩笑。

《道德经》云:"吾有大患,是吾有身;及吾无身,吾复何患?"他把"有身"解释为怀孕,即俗说有了身子,于是老子也成了女人。

《论语》云:"沽之哉,我待价者也。"价,谐音嫁,若非女子,又哪里谈得上待嫁呢?就这样,孔子岂不也成了女人?

这种利用谐音误读而制造笑料的技巧,我们今天仍很熟悉,相声中运用尤多,李可及却早已用得纯熟自如而富于创造性了。

关于游戏性技艺,我们已经讲了不少。由此可以看到唐人文化生活的丰富活跃,看到唐人精神状态的生动活泼。下面要讲的是民间的生产性技艺,其中有的与此有着密切的、不可分割的关系。

例如上面讲到傀儡戏所需用的木偶,在民间艺人手中,它们被制作得栩栩如生。傀儡戏的演出,属于游戏性技艺;而制作木偶,就该算是生产性技艺了。没有后者,便保证不了前者的顺利进行。事实上这种技艺在民间有很久远的传统。《列子·汤问》所述的偃师,就造了一个跟真人等长、外表足可乱真、能唱会舞、千变万化唯意所适的木人。晋人傅玄《马先生传》① 也写到其时有人造出能够击鼓吹箫、跳丸掷剑、缘絙倒立的大木人。所以,唐人木偶做得格外精巧并非偶然。《朝野佥载》卷 6 有云:

  洛州殷文亮曾为县令,性巧好酒。刻木为人,衣以缯彩,酌酒行觞,皆有次第。又作妓女,唱歌吹笙,皆能应节。饮不尽,即木小儿不肯把;饮未竟,则木妓女歌管连理催。此亦莫测其神妙也。

  将作大匠杨务廉甚有巧思,常于沁州市内刻木作僧,手执一碗,自能行乞。碗中钱满,关键忽发,自然作声云:"布施"。市人竞观,欲其作声,施者日盈数千矣。

  唐人还有更富于想象力、更浪漫的创造。有些故事以幻想形式出现,其实反映的乃是工匠的绝技或理想中的绝技。

  《潇湘录》书中有《襄阳老叟》一篇,讲的是襄阳鼓刀之徒唐并华,得异人所授宝斧,遂巧妙通神,造飞物即能飞,造行物即能行,至于栋宇楼阁,更是拿手好戏,不烦余刃。后来他为了盗取一女,造了一双能飞的木鹤,两人驾之飞往千里以外。唐代文献中,类似的故事还有不少。

  有些民间艺人手工技巧所达到的高度,说来令人难以置信,但史书记载,文人笔录,诗家讴歌,众口一致反复言之,却又

---

① 见《全晋文》卷 50,傅玄文补遗,辑自《白孔六帖》。

不由你不信。如顺宗时有个叫卢眉娘的南海姑娘，"幼而慧悟，工巧无比"，她"能于一尺绢上绣《法华经》七卷，字之大小，不逾粟粒，而点划分明，细于毛发，其品题章句，无有遗阙"。这是何等高的工艺水平！"更善作飞仙盖，以丝一缕分为三缕，染成五彩，于掌中结为伞盖五重，其中有十洲三岛、天人玉女、台殿麟凤之象，而外列执幢捧节之童，亦不啻千数。其盖阔一丈，秤之无三数两。自煎灵香膏傅之，则虬硬不断。"[①]这无疑是一种更精巧的手工编织物，制作的难度可想而知，但看文中描写得清楚确凿，不像是胡编乱造。[②]

事实上，当时的织造工艺水平确实很高。《旧唐书·五行志》载："中宗女安乐公主，有尚方织成毛裙，合百鸟毛，正看为一色，旁看为一色，日中为一色，影中为一色，百鸟之状，并见裙中。凡造两腰，一献韦氏，计价百万。……安乐初出降武延秀，蜀川献单丝碧罗笼裙，缕金为花鸟，细如丝发。鸟子大如粟米，眼鼻嘴甲俱成，明目者方见之。"尚方代表宫中的织造水平，蜀川所献也是官府督造，但具体劳作的匠人，其实还是来自民间。这一点，我们重温一下白居易《新乐府》中的《红线毯》《缭绫》，即可明白。

唐代民间手工业颇为发达，丝织品易朽，今人极难见到唐时遗物，但有的工艺品通过地下发掘却还可见到。如有些陶瓷

---

① 见《杜阳杂编》卷中。
② 《杜阳杂编》卷中还记有浙东国贡舞女飞鸾、轻凤所著耕罗衣、所戴轻金冠，其工艺均极佳，令人叹为观止。

制品，特别是金银、玉石制品就保存得很完好。1987年4月2日陕西扶风法门寺真身宝塔地宫的发掘，就提供了大批当年为迎送舍利而奉献的金银器、珠玉法器和丝织品，从而使我们具体地领略了唐人手工艺的高超造诣，也使以往的许多怀疑涣然冰释了。

结　语

到此为止，我们从六个方面对唐代的民俗文化做了一番考察，也可以说，是对分属各民俗圈的唐人的生活和种种民俗事象做了一番巡礼，仿佛是回到一千多年前的历史环境之中做了一次匆匆的游览观光。

在即将结束这次学术旅游的时候，我们对以民俗与文学为主要代表的唐代文化究竟留下了怎样的总体印象呢？

前人曾对唐代文化的总貌和总体特征做过一些宏观的概括。

例如，南宋学者章如愚的《山堂考索》前集卷61地理门"历代所尚"条曾历数古代时尚，认为"商之政尚猛，故其俗激昂而奋勇；……西汉尚经术，东汉尚名节，晋尚虚浮"，而唐则"尚词章"。

罗香林写于抗日战争期间的《唐代文化研究史》则认为，唐代文化的特点表现为"三性"，即开创性、世界性、适应性。

张亮采《中国风俗史》一书，又概括唐代民风的总特征为"奢侈成风"。

而李约瑟《中国科学技术史》第一卷概述中国历史，特意指出"文学活动本身是唐代的特殊光荣","可是对于科学史家来说，唐代却不如后来的宋代那么有意义。这两个朝代的气氛完全不同。唐代是人文主义的，而宋代则较着重于科学技术方面"。

我们以为，这些概括虽与立论者各自的学术立场、知识准备乃至发表观点的时代背景有关，所以各有其侧重之点，但都有相当的道理，也都有相当的客观性和启发意义。但对一个历时数百载的朝代的文化特征，做出言简意赅的概括实在不易。章、张二位的说法似乎有些以偏概全，而对时代的变迁给予风俗演变的影响也注意不够。罗氏说法无疑能够大长在艰苦抗战中的国人之志气，但就学术而言，则比较笼统，突出唐文化的独特性稍差。至于李约瑟的说法，相当精辟，但是否即足以涵盖全部唐代文化，仍然需要斟酌。

事实上，三百年间唐王朝虽然一直姓李（武周仅十多年），民情风俗却无虑数变，而就在同一时期，不同地域、不同民俗圈所表现的精神特征也有着许多细微差别。我们在论文人士子风习时，曾注意这方面的辨析。士风是世风的集中表现，也是世风的一面镜子，唐代世风之复杂与变化，从士风的状况就可看出端倪。所以，本书主要是对唐代民俗文化的方方面面作具体的观照审视，而暂时不对其做像上述前人那样的笼统而简单的概括。

以前我们没有从民俗学的角度去读唐代文学作品，也没有认真思考过唐代文学与民俗的关系，如今是不看不想犹可，越看越想，就越加觉得两者关系密不可分。于是，到处是可用的材料，每一条材料都能从不同角度说明问题。如果要为它们找一个凝聚力较强的理论核心，也许可以用"精神文明"这个概念来做统帅。的确，无论民俗还是文学，都是一个时代精神文明的组成部分，但毕竟又只是其中很小的一部分而已。

　　本书的动机和做法是从六个方面努力向唐代的精神文明聚焦，希望通过这六个方面的考察分析，将有唐一代纷繁多彩的民俗事象做个梳理，把唐代各色人等的生活状况，把他们乐观开放、积极进取的精神状态及其变迁演化描述出来，从而描画出大唐文化的基本轮廓。回首看去，尽管字数已经不少，但与唐代人民所创造的辉煌文明相比，这些无疑是远远不够的。要讲好这个问题，需要更多更细致深入的论著才行。

　　由于学力和篇幅的限制，有些本应纳入本书的问题和材料，有的甚至本可以作为专章来写的，现在没有这样做，如关于人生礼仪、佛道二教、敦煌文学之类，还有外来文化影响渗透的问题，都只散在各篇各节之中，未能做集中的处理。而这些，即使单写一部专门论著，也会是非常充实精彩、非常有兴味的。这步工作只有寄望于来日和来人了。

　　一个课题有它的完成期限，一本著作也总有它一定的范围和篇幅，但科学研究之路却是无尽头的。在本书即将结束之际，我们深深感到意犹未尽，犹如一次旅游远未将值得一到的景点全都走遍，有许多遗漏，也就有许多遗憾。所以我们想说一句：下次一定还要来！这是我们真诚的愿望和打算。

我们深深感到，从民俗和文学的交叉这个角度进行研究，是愈搞愈有搞头，也许这正是我们此番研究的最大收获之一。所以，在写这篇结束语时，我们想得更多的，与其说是本书的终结，不如说是对下一步研究的酝酿和筹划。

举世闻名、辉煌灿烂、为每一个中国人引为自豪的大唐文明，是值得人们为之贡献毕生精力的，而整个中华文明史上，值得我们阐发弘扬之处还有很多，我们愿和学界同行一起，为这项事业而努力工作。

参考书目

《全唐文》，[清]董诰等编，影印本，中华书局1983年。

《全唐诗》，[清]彭定求等编，中华书局1960年。

《文苑英华》，[宋]李昉等编，影印本，中华书局1966年。

《通典》，[唐]杜佑撰，王文锦等校点，中华书局1988年。

《唐大诏令集》，[宋]宋敏求编，洪丕谟等点校，学林出版社1992年。

《唐会要》，[宋]王溥撰，上海古籍出版社1991年。

《册府元龟》，[宋]王钦若等编，影印本，中华书局1960年。

《旧唐书》，[后晋]刘昫等撰，中华书局1975年。

《新唐书》，[宋]欧阳修、宋祁撰，中华书局1975年。

《旧五代史》，[宋]薛正居等撰，中华书局1976年。

《新五代史》，[宋]欧阳修撰，[宋]徐无党注，中华书局1974年。

《太平广记》，[宋]李昉等编，中华书局1961年。

《唐诗纪事》，[宋]计有功撰，上海古籍出版社1987年。

《周礼》，十三经注疏本。

《礼记》，十三经注疏本。

《仪礼》，十三经注疏本。

《李太白文集》，[清]王琦注，四部备要本。

《杜少陵集详注》，[清]仇兆鳌注，万有文库本。

《元稹集》，[唐]元稹撰，冀勤点校，中华书局1982年。

《白居易集笺校》，[唐]白居易著，朱金城笺校，上海古籍出版社1988年。

《刘禹锡集笺证》，[唐]刘禹锡著，瞿蜕园笺证，上海古籍出版社1989年。

《柳河东集》，[宋]廖莹中注，万有文库本。

《韩昌黎诗系年集释》，[唐]韩愈著，钱仲联集释，上海古籍出版社1984年。

《张承吉文集》，影印本，上海古籍出版社1979年。

《李长吉歌诗汇解》，[清]王琦撰，四部备要本。

《玉谿生诗笺注》，[清]冯浩撰，四部备要本。

《李商隐诗歌集解》，刘学锴、余恕诚著，中华书局1988年。

《樊川文集》，[唐]杜牧著，上海古籍出版社1978年。

《朝野佥载·隋唐嘉话》，[唐]刘悚、张鷟撰，程毅中、赵守俨点校，中华书局1979年。

《教坊记》，中国古典戏曲论著集成本，中国戏剧出版社1959年。

《封氏闻见记》，[唐]封演撰，四库全书本。

《大唐新语》，[唐]刘肃撰，许德楠等点校，中华书局1984年。

《唐国史补·因话录》，[唐]李肇等撰，上海古籍出版社1983年。

《次柳氏旧闻》，[唐]李德裕撰，四库全书本。

《开元天宝遗事十种》，[五代]王仁裕等撰，丁如明辑校，上海古籍出版社1985年。

《本事诗》，[唐]孟棨撰，历代诗话续编本，中华书局1983年。

《刘宾客嘉话录》，[唐]韦绚撰，四库全书本。

《云溪友议》，[唐]范摅撰，笔记小说大观本，江苏广陵古籍刻印社1984年。

《义山杂纂》，[唐]李商隐著，丛书集成初编本。

《乐府杂录》，中国古典戏曲论著集成本，中国戏剧出版社1959年。

《杜阳杂编》，笔记小说大观本，江苏广陵古籍刻印社1983年。

《玉泉子》，笔记小说大观本，江苏广陵古籍刻印社1983年。

《北里志》，[唐]孙棨撰，收入《教坊记·北里志·青楼集》，古典文学出版社1957年。

《玄怪录·续玄怪录》，[唐]牛僧孺、李复言编，程毅中点校，中华书局1982年。

《冥报记·广异记》，[唐]唐临、戴孚撰，方诗铭辑校，中华书局1992年。

《博异志·集异记》，[唐]谷神子、薛用弱撰，中华书局1980年。

《独异志·宣室志》，[唐]李冗、张读撰，张永钦、侯志明点校，中华书局1983年。

《原化记》，[唐]皇甫氏，古今说部丛书本，上海文艺出版社1991年。

《甘泽谣》，[唐]袁郊撰，丛书集成初编本。

《潇湘录》，[唐]柳祥撰，丛书集成初编本。

《乾𦠆子》，[唐]温庭筠撰，丛书集成初编本。

《酉阳杂俎》，[唐]段成式撰，方南生点校，中华书局1981年。

《裴铏传奇》，[唐]裴铏著，周楞伽辑注，上海古籍出版社1980年。

《剧谈录》，[唐]康骈撰，四库全书本。

《唐摭言》，[五代]王定保著，古典文学出版社1957年。

《唐人小说》，汪辟疆校录，上海古籍出版社 1978 年。

《唐语林校证》，[宋]王谠撰，周勋初校证，中华书局 1987 年。

《大唐西域记校注》，[唐]玄奘、辩机原著，季羡林等校注，中华书局 1985 年。

《入唐求法巡礼行记校注》，[日]释圆仁原著，[日]小野胜年原注、白化文等修订校注，周一良审阅，花山文艺出版社 1992 年。

《隋唐五代史》，吕思勉著，中华书局 1959 年。

《隋唐史》，岑仲勉著，中华书局 1982 年。

《唐史馀沈》，岑仲勉著，上海古籍出版社 1979 年。

《隋唐五代史纲（修订本）》，韩国磐著，人民出版社 1977 年。

《中国大百科全书·中国历史：隋唐五代史》，中国大百科全书出版社 1988 年。

《隋唐制度渊源略论稿》，陈寅恪著，上海古籍出版社 1982 年。

《唐代政治史述论稿》，陈寅恪著，上海古籍出版社 1982 年。

《元白诗笺证稿》，陈寅恪著，上海古籍出版社 1978 年。

《敦煌歌辞总编》，任半塘编著，上海古籍出版社 1987 年。

《唐声诗》，任半塘著，上海古籍出版社 1982 年。

《唐戏弄》，任半塘著，上海古籍出版社 1984 年。

《敦煌变文集》，王重民等编，人民文学出版社 1957 年。

《唐代诗人墓志汇编（出土文献卷）》，胡可先、杨琼编著，上海古籍出版社 2021 年。

《登科记考》，[清]徐松撰，赵守俨点校，中华书局 1984 年。

《唐两京城坊考》，[清]徐松撰，[清]张穆校补，方严点校，中华书局 1985 年。

《唐代进士行卷与文学》，程千帆著，上海古籍出版社1980年。

《唐代科举与文学》，傅璇琮著，陕西人民出版社1986年。

《唐才子传校笺》，傅璇琮主编，中华书局1987—1995年。

《话本小说概论》，胡士莹著，中华书局1980年。

《唐代小说史话》，程毅中著，文化艺术出版社1990年。

《唐五代志怪传奇叙录》，李剑国著，南开大学出版社1993年。

《唐代长安与西域文明》，向达著，生活·读书·新知三联书店1957年。

《丝绸之路与西域文化艺术》，常任侠著，上海文艺出版社1981年。

《唐代扬州史考》，李廷先著，江苏古籍出版社1992年。

《钟敬文民间文学论集》，钟敬文著，上海文艺出版社1982—1985年。

《钟敬文学术论著自选集》，钟敬文著，首都师范大学出版社1994年。

《民俗文化与民俗生活》，高丙中著，中国社会科学出版社1994年。

《中国娼妓史》，王书奴著，生活书店1934年。

《敦煌变文社会风俗事物考》，罗宗涛著，台湾文史哲出版社1974年。

《敦煌民俗资料导论》，高国藩著，台湾新文丰出版公司1993年。

《敦煌民俗学》，高国藩著，上海文艺出版社1989年。

《唐五代书仪研究》，周一良、赵和平著，中国社会科学出版社1995年。

《唐代工商业》，张泽咸著，中国社会科学出版社1995年。

《敦煌婚姻文化》，谭蝉雪著，甘肃人民出版社1993年。

《比较故事学》，刘守华著，上海文艺出版社1995年。

《长安史迹考》，[日]足立喜六著，杨錬译，商务印书馆1935年。

《长安之春（增订本）》，[日]石田干之助著，日本平凡社1967年。

《原始文化》，[英]爱德华·泰勒著，连树声译，上海文艺出版社1992年。

《金枝》，［英］詹姆斯·乔治·弗雷泽著，徐育新等译，中国民间文艺出版社 1987 年。

《巫术科学宗教与神话》，［英］马林诺夫斯基著，李安宅译，中国民间文艺出版社 1986 年。

《世界民俗学》，［美］阿兰·邓迪斯编，陈建宪等译，上海文艺出版社 1990 年。

《庆典》，［美］维克多·特纳编，方永德等译，上海文艺出版社 1993 年。

后 记

本书是我们酝酿已久的一个题目。大约在五六年前，程蔷就曾向钟敬文先生请教过历史民俗学的问题，并曾具体地谈到我们拟从民俗学的角度审视唐代文学、尝试把古代文学研究与民俗学相结合的想法，得到了先生的肯定。先生认为，无论是从文学史研究还是从民俗学研究来看，这个题目都是新颖的、有意义的，值得做一番探讨。接着还从几个方面对我们这项工作做了提示，例如先生说，在论到作家和民俗的关系时，除了要谈民俗生活是他们创作的源泉，还应特别论述民俗传统对于作家养成（从作家的价值观念、人格情操到审美趣味的培养等）的巨大作用，以前的文学史和作家研究往往只注意或强调经典文化的影响，而忽略了像汪洋大海一样包围着、浸润着人们的民俗生活，忽略了民俗文化对作家心灵世界和创作活动的滋养和制约，这显然是片面的。钟先生的话，既使我们增强了信心，又给我们以很大启发。

这以后，我们就在以往积累的基础上，分头开始了新的资料准备。我们在题目要求的范围内，尽可能地扩大阅读面，也重读了一些以前读过不止一次的作品和史料，无论新读到的还是早读过的，都获得不少新鲜的体会，从而进一步增强了完成这个课题的信心，同时也是在酝酿着投入写作的情绪冲动。

1992年，我们的课题申请被中华社科基金批准立项，并获得了一定资助，这对我们是很大的鼓舞，也为我们解决了一些困难。

课题正式上马以后，我们详细讨论了全书的理论构架，草拟了章节目录，并据此做了初步分工，不久便写出了一些样稿。

为了使以后的工作少走弯路，我们曾将部分文稿呈请国内同行指教，还曾带着它们去参加过一些学术讨论会，如唐代文学研究年会、国际唐文化研讨会、民俗文化论坛等，在会上做了报告或者发言，听取了许多专家学者的意见。后来，其中一部分文章还曾发表在《文学评论》《中国民间文化》《民间文学论坛》《中国文学研究》等学术刊物上。

应该说，我们的工作进行得相当顺利，按照原定计划，在1994年底完成全书，不会有什么问题。但是，就在那年年初，董乃斌担任了文学所副所长，这对他来说是一项新的、很不熟悉的工作。从此以后，他个人进行研究和写作的时间减少了，有些本来拟由他执笔的篇章，在搁置了一段时间后，只好改由程蔷来写，以致形成目前这样全书大部分由程蔷完成的局面，而在时间上，也比原计划推迟了几个月。

我们原来打算全书写30到35万字左右，因为曾经请教过一些出版界的朋友，他们说再长的话，出版起来困难会更大。所以，我们在写作中一向很注意约束笔墨。可是不管怎么控制，不管我们已经如何忍痛割爱，最后竟还是超过了这个限度。对于它的出版，我们实在担心得很。

幸运的是，中国社会科学院每年有一笔经费用来资助学术著作的出版。于是我们按照规定手续向主管部门提出了申请，经过严格的审查评定，和文学所的其他几部著作分别获得了所需的资金补助。在这里，我们要特别感谢为本书作"专家推荐"的刘世德和祁连休两位先生，也诚挚地感谢我所、我院主持和具体操作此项工作的部门与同志。

在本书即将付印出版的时候，我们还想对本书的责任编辑冯广裕同志和老校友、上海文艺出版社副编审涂石同志致以谢意，在我们的写作和本书编辑出版过程中，他们曾给了许多鼓励和切实的帮助。

写出以上这些，并非为了报流水账，更非出于客套。我们深深感到做成一件事情之不易，它需要好多环节的贯通和配合。这本书虽由我们写出，但如果最初没有钟先生的肯定和提示，后来没有众多同行的关注、指教和帮助，它终将只是一堆废纸而已。

现在我们的心情是一则以喜、一则以惧。喜的是自己的书出版有望，惧的是它将受到更多读者的审阅和批评。但我们本来就懂得，科学研究之路是没有尽头的，任何批评意见，对我们今后的研究都将是一种促进的助力。所以，我们在等待这本书出版的时候和在这本书出版之后，都会认真地企盼着学界同仁和广大读者的赐教和指正。

程蔷　董乃斌
于中国社会科学院文学研究所
1996年元月

新版后记

本书的前身是 1996 年由中国社会科学出版社出版的《唐帝国的精神文明——民俗与文学》。算起来，那已是二十五年前的事了。

承蒙后浪出版公司宋希於先生的盛情，数月前来信相询，是否愿意修订后由他们重版。

我们当然是乐意的。此书出版后，虽曾得到过一些同行的好评，但从未再印过，现在有出版社愿意重印，说明它的内容今天可能仍有价值，为读者所需要。而我们自己也能借此从头细读一遍，做些必要的修改，补上一些后来记下的材料，温故知新，学而时习之，不亦乐乎？

宋先生和他的编辑同仁对原书提出了不少好意见，又给我们提供了原书的电子版（字号较大，排版疏朗，显是有意照顾老眼），使我们的修订工作做起来较为方便，同时可以提高效率。于是我们在商讨了方案后，从九月中启动了这项工作。

我们接受意见，修改了书名，把原本稍显空泛的"唐帝国的精神文明"，改为贴合实际而较带文艺气息的"浮世长安"，副标题亦改为"唐代的民俗与人文"。相应地修改了导论和一些相关部分。主要的工作是对照着原书校读电子稿，核对引文，填空改错，除零星的材料增补外，又利用新材料添写了一个小节。总体来说，工程不算大。但就这样，三个月时间很快过去了，2021年已到末梢，新年的足音已经临近。

修改的过程中，我们经常想起当年埋头奋战的情景，想起钟敬文先生对我们的教诲和帮助，想起那时节文学所许多可敬可爱的同事，也不能不想起那无声流逝的时光，已经带走了太多的人和事，而我们竟都已经步入耄耋之年。

值得欣慰的是，无论文学研究还是民俗研究，或者是唐史研究，近年来都是新人辈出，新成果不断，研究得是越深越细了。真所谓长江后浪推前浪，雏凤清于老凤声！

现在我们准备交稿了，此后还有一系列的工作要做，最后才能把书送到读者手中。感谢这工作链上前前后后每一位为此付出辛劳的先生或女士，也感谢愿意花费宝贵光阴阅读本书的朋友们——让我们共同欣赏赞叹灿烂的大唐文化，共同为建设新的更辉煌的中华文化而努力！

程蔷　董乃斌

2021年12月中于上海

附 唐代风华图录

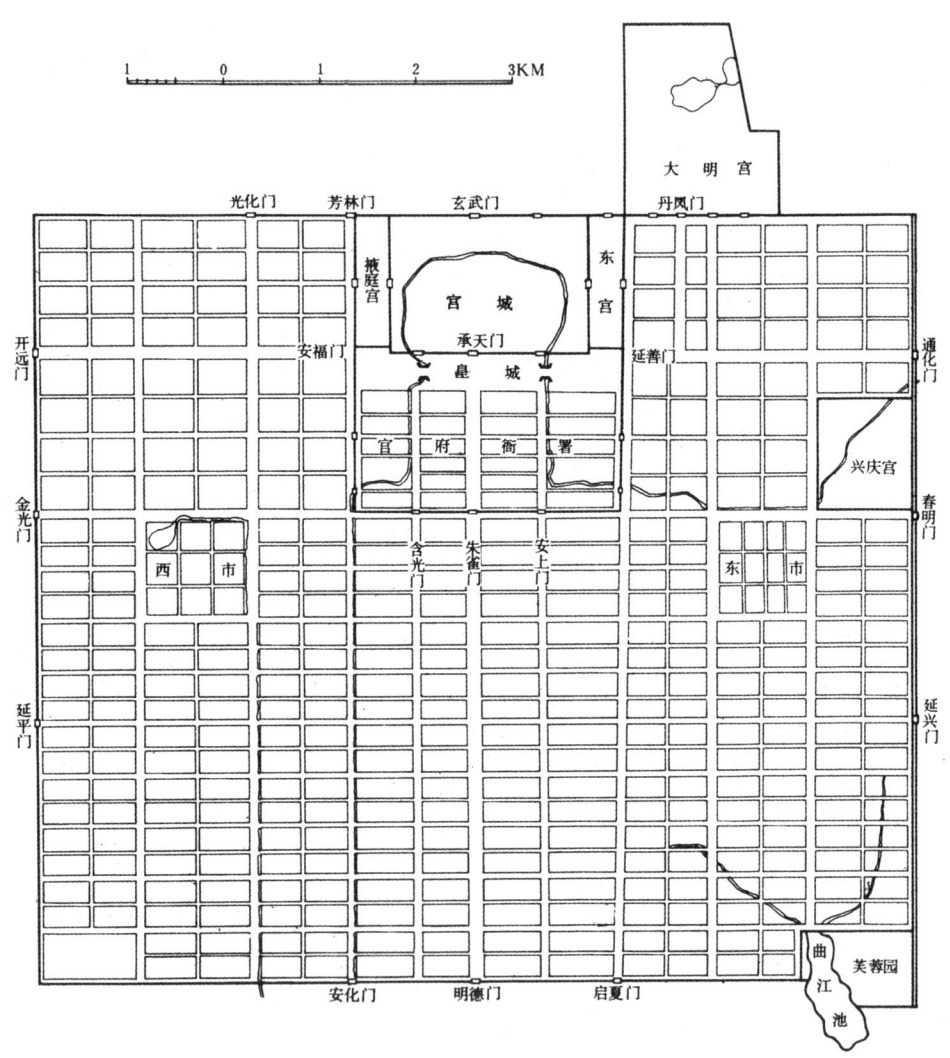

唐长安城平面示意图

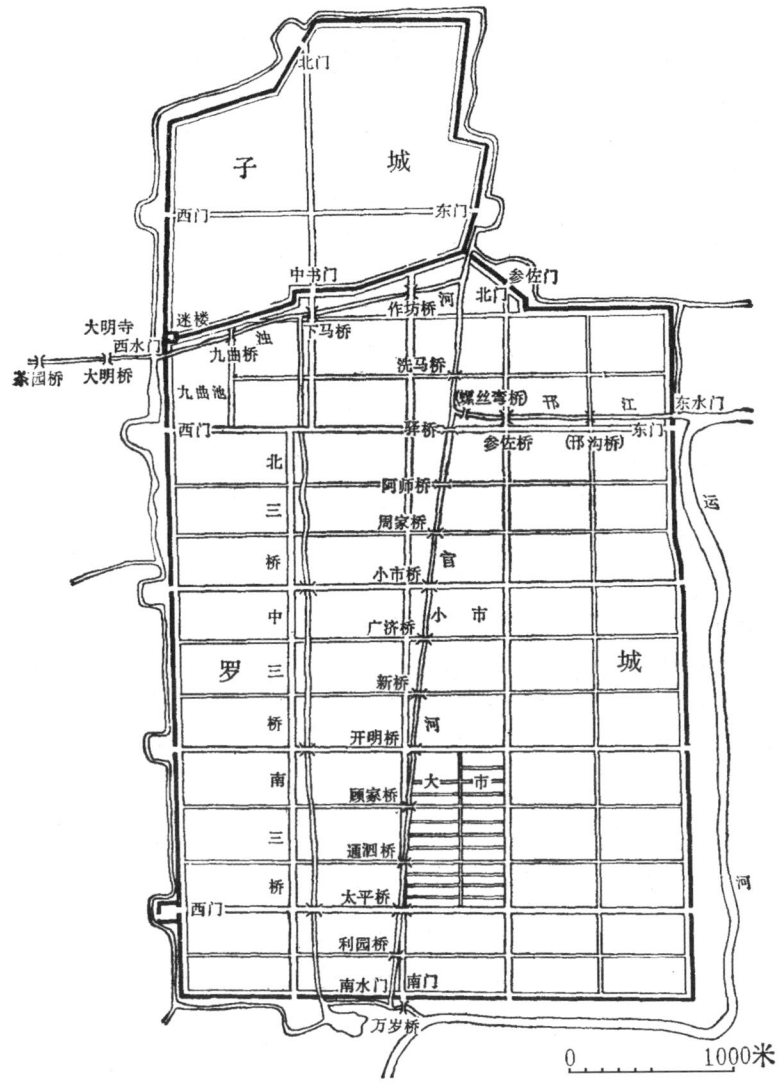

唐扬州城平面示意图

李思训《京畿瑞雪图》

注：本图录仅为示意，所录画作的作者皆依通行说法标注。

李昭道《明皇幸蜀图》

李思训《江帆楼阁图》

韩幹《牧马图》

张萱《虢国夫人游春图》

周昉《挥扇仕女图》(局部)

周昉《簪花仕女图》(局部)

张萱《捣练图》

阎立本《步辇图》

西安执失奉节墓 红衣舞女壁画

咸阳底张湾唐墓 吹排箫乐伎壁画

榆林窟第 25 窟　耕种图

莫高窟第 23 窟　雨中耕作图

唐太宗像

武则天像

李白像

杜甫像

彩绘贴金陶武士俑

彩绘贴金陶文官俑

三彩女坐俑

三彩女立俑

彩绘骑马击球陶俑

陶乐舞群俑

哭泣陶俑

描金石刻武士俑

三彩骆驼载乐俑

花鸟人物螺钿铜镜

金梳背

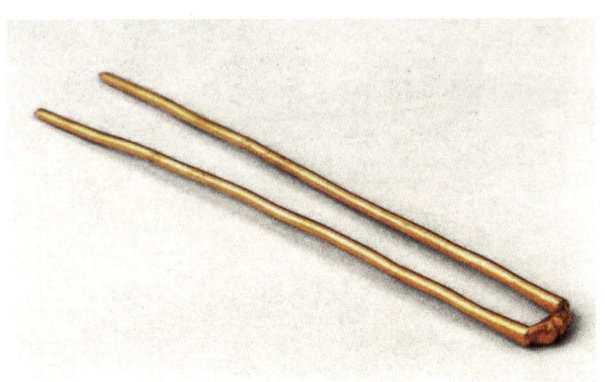

云头形金钗

素面椭圆形银碗

凸纹玻璃杯

鎏金飞廉纹六曲银盘

金筐宝钿团花纹金杯

开元通宝铜钱

白瓷莲瓣座灯

绞胎瓷枕

花釉瓷壶

唐墓出土的饺子、点心

陶磨、陶碾、陶碓和陶井栏

麻布

麻鞋